W0060250

Das Zerwürfnis
Klaus Wiegrefe

Klaus Wiegrefe

Das Zerwürfnis

Helmut Schmidt, Jimmy Carter
und die Krise der deutsch-amerikanischen
Beziehungen

Propyläen

Für Sabine, Paul und Emilia

Inhalt

Einleitung

Im Jahrhundertsommer 1976 waren die deutsch-amerikanischen Beziehungen so freundlich wie das Wetter. Während die Sonne Tag für Tag vom blauen Himmel strahlte, feierten die Amerikaner mit Paraden und Konfetti den 200. Jahrestag ihrer Unabhängigkeit, und die Westdeutschen feierten fröhlich mit. In zahllosen Veranstaltungen zwischen Nordsee und Schwarzwald erinnerten sie an die »Boston Tea-Party« und deren Folgen. Den zentralen Festakt richtete die Bundesregierung in der Frankfurter Paulskirche aus. Als Hauptgast wurde der amerikanische Vizepräsident Nelson Rockefeller begrüßt, der eigens aus Washington angereist war. Im Gepäck seiner Frau befand sich der Vermerk eines Mitarbeiters des Weißen Hauses, der den Stand der Dinge zusammenfaßte. In der Vorlage war zu lesen: »Die Beziehungen zwischen den Vereinigten Staaten und der Bundesrepublik Deutschland, im vergangenen Vierteljahrhundert meistens eng und herzlich, sind nie besser gewesen als heute. Es gibt keine ernsten Probleme im bilateralen Verhältnis, und unsere Positionen stimmen in fast allen wichtigen aktuellen internationalen und multilateralen Fragen von beiderseitigem Interesse überein.«[1]

Diese Einschätzung hätte auch aus deutscher Feder stammen können. Als das Auswärtige Amt wenig später seinerseits die Lage resümierte, war von einem besonderen Vertrauensverhältnis die Rede, das man in den vergangenen Jahren erreicht habe.[2] Die sozial-liberale Bundesregierung unter Kanzler Helmut Schmidt (SPD) und Außenminister Hans-Dietrich Genscher (FDP) harmonierte tatsächlich in einem ungewöhnlichen Ausmaß mit der US-Regierung von Präsident Gerald Ford. Beide, Schmidt wie Ford, waren 1974 überraschend an die Macht gelangt. Ford hatte vom Rücktritt seines Vorgängers Richard Nixon nach dem Watergate-Skandal profitiert; Schmidt war dem SPD-Vorsitzenden Willy Brandt gefolgt, der das Kanzleramt wegen der Affäre um den DDR-Spion Günter Guillaume verlassen hatte.

Ob in der Ost-, Wirtschafts- oder Energiepolitik – stets stimmten beide Seiten überein, oder es gelang, geräuschlos Einigkeit herzustellen. Sogar persönliche Freundschaften entstanden in dieser Zeit, soweit das in der Politik möglich ist. Bis heute pflegen Schmidt und Ford, Genscher und der damalige US-Außenminister Henry Kissinger, die Verteidigungsminister Georg Leber und Donald Rumsfeld und andere den Kontakt zueinander. Der glanzvolle Auftritt einer deutschen Delegation unter Führung Schmidts bei den amerikanischen Unabhängigkeitsfeierlichkeiten in Washington bildete im Juli 1976 den symbolischen Höhepunkt dieser engen Partnerschaft.

Nur wenige Monate später bot sich jedoch ein ganz anderes Bild. Ford hatte im November 1976 die Präsidentschaftswahl gegen den Demokraten Jimmy (James) Earl Carter verloren. Schon kurz nach dessen Amtsantritt im Januar 1977 berichteten Journalisten, daß die Beziehungen zwischen Bonn und Washington »vor der schwersten Belastungsprobe der letzten Jahre«[3] stünden. In einer Fülle von Fragen vertraten beide Seiten auf einmal divergierende Positionen, und ein staunendes Publikum registrierte, wie Bonn und Washington einander einen öffentlichen Schlagabtausch lieferten, statt die Differenzen intern zu bereinigen. Im März 1977 warnte der Kanzler den amerikanischen Botschafter in Bonn, Walter Stoessel, daß er sich noch nie so sehr um die Beziehungen zu den USA gesorgt habe.[4]

Dem Fehlstart folgten über vier Jahre hinweg immer neue Kontroversen zu fast allen wichtigen Themen: Wirtschafts- und Währungspolitik, Energieversorgung und nukleare Proliferation, Entspannung und militärische Sicherheit. Das deutsch-amerikanische Verhältnis, klagte im Juli 1980 der außenpolitische Nestor der CDU, Kurt Birrenbach, sei noch nie so schlecht gewesen.[5] Dieser Bewertung hat sich die Forschung heute weitgehend angeschlossen.[6]

Die Beteiligten beschimpften einander während der gemeinsamen Regierungsjahre und danach als »Nervensäge«[7] (Carter über Schmidt), »den Problemen nicht gewachsen«[8] (Schmidt über Carter), »religiöser Schwärmer«[9] (Genscher über Carter), »polnischer Nationalist«[10] (Staatsminister Hans-Jürgen Wischnewski über Carters Sicherheitsberater Zbigniew Brzezinski). Man fand einander inkompetent, unzuverlässig, stur oder naiv.

Verteidigungsminister Hans Apel notierte in seinem Tagebuch: »Ob Finanzminister, ob Verteidigungsminister, die Vertreter der Regierung Carter sind alle gleich: fixiert auf die Forderungen der USA, unverschämt in der Vertretung der eigenen Interessen, mit wenig Verständnis für komplexe psychologische, politische Probleme der Europäer.«[11] Ebenso kritisch fiel das Urteil aus, das Brzezinski über die Bundesregierung und insbesondere über Schmidt in seinen Erinnerungen zu Papier brachte.[12]

Am Ende – im Wahljahr 1980 – hofften beide Seiten, im jeweils anderen Land werde die Opposition die Regierenden ablösen. Und beide Seiten versuchten, die Wahlergebnisse in diesem Sinne zu beeinflussen. Nach Einschätzung von Carters Domestic Policy Advisor, dem wichtigsten innenpolitischen Berater des Präsidenten, Stuart Eizenstat, war die ständige Kritik Schmidts, der in den USA große Reputation besaß, tatsächlich einer der Gründe für Carters Niederlage gegen Ronald Reagan.[13] Zwei Jahre später verlor auch Schmidt die Macht, kurioserweise im Zusammenhang mit einer Entscheidung, die er gemeinsam mit Carter getroffen hatte, nämlich dem NATO-Doppelbeschluß von 1979.

Die Wirkung des Konflikts war nachhaltig. Auf US-Seite trug er zu dem Mißtrauen gegenüber der Bonner Außenpolitik bei, das während der achtziger Jahre in der amerikanischen Öffentlichkeit immer wieder zu vernehmen war. Selbst sogenannte »old German hands«, Diplomaten und Politiker, die in den ersten Nachkriegsjahrzehnten die amerikanische Deutschlandpolitik gestaltet hatten und für die Position Bonns immer viel Sympathie aufbrachten, wurden skeptisch. Die Westdeutschen befänden sich auf einer gefährlichen Gratwanderung zwischen Ost und West, urteilte etwa der ehemalige US-Hochkommissar John McCloy im November 1980.[14] Die ständigen deutschen Zweifel an der Außenpolitik Washingtons waren ein Grund für die »Bündnismüdigkeit der amerikanischen Europapolitik«,[15] die dann unter Reagan in einen unterschwelligen amerikanischen Unilateralismus mündete.[16]

In der Bundesrepublik wiederum erlebte der Antiamerikanismus bei der jungen Generation einen neuen Aufschwung.[17] Mit den Grünen formierte sich eine Partei, die in breiten Teilen davon durchdrungen war.[18] Der Konflikt in den deutsch-amerikanischen Beziehungen zu Zeiten Schmidts und Carters war dafür nicht allein verantwortlich, aber man wird ihm eine katalysierende Wirkung zuschreiben können. Meinungsumfragen belegen, daß das Vertrauen der Deutschen in die Führungsfähigkeiten der amerikanischen Politik während der Carter-Jahre deutlich zurückging.[19] Zugleich nahm die Zahl derjenigen zu, die Carter auch als Person ablehnten.[20] Immer mehr Deutsche befürworteten eine Politik der Äquidistanz gegenüber den Supermächten – ein Trend, der 1978 einsetzte und im Januar 1983 seinen vorläufigen Höhepunkt fand, als über die Hälfte der Befragten eine solche Haltung einnahm.[21]

Dem entsprach, daß die Auseinandersetzung mit Washington keineswegs auf die Bundesregierung beschränkt blieb, sondern Carters Politik, wie zu zeigen sein wird, bei der CDU/CSU-Opposition ebenso wie bei den Koalitionsparteien und in den Medien auf scharfe Kritik stieß. Antiamerikanische Stereotypen fanden auf einmal breite Zustimmung bis hinein in die politische Elite der Bundesrepublik. Das bedeutete einen Bruch mit der Tradition des Bonner Politikbetriebs, sich dem Antiamerikanismus geschlossen entgegenzustellen.[22]

An der grundsätzlichen atlantischen Ausrichtung der Union änderte dies allerdings wenig.[23] Nicht so bei der SPD. Die Sozialdemokraten gingen zunehmend auf Distanz zum westlichen Bündnis;[24] die Enttäuschung über die amerikanische Außenpolitik unter Carter und später Reagan war einer der Gründe dafür. Schmidt mochte seiner Partei auf diesem Wege zwar nicht folgen, aber es war bezeichnend für die Vertrauenskrise zwischen Bonn und Washington, daß der einstige Atlantiker zunehmend in gaullistischer Diktion über das westliche Bündnis urteilte und diesem ein deutlich anderes Gesicht geben wollte.[25]

Aus diesem Szenario ergeben sich die Leitfragen für das vorliegende Buch. Wie ist es zu erklären, daß sich das deutsch-amerikanische Verhältnis nach dem Regierungswechsel von Ford zu Carter derart verschlechterte? Schließlich waren seit 1949 enge und stabile Beziehungen entstanden, und in der Bundesrepublik gab es 1976 über alle Parteigrenzen hinweg einen breiten pro-atlantischen Konsens.[26] Woraus erwuchsen also die Gegensätze, und warum gelang es nicht, sie geräuschlos zu überwinden?

Lag es an Schmidt und Carter, welche die Berliner Politikwissenschaftlerin Helga Haftendorn als »zwei stolze Männer« bezeichnete, »die aus Unverständnis für die Handlungsmaximen des jeweils anderen sich den gegenseitigen Respekt versagten«?[27] Waren Mißverständnisse, Fehleinschätzungen, allianzpolitisches Mißmanagement oder exogene Entwicklungen die Ursache? Ging es um Interessengegensätze, die dadurch entstanden, daß Amerika eine Weltmacht und die Bundesrepublik nur eine Mittelmacht ist?[28] Handelte es sich um eine Neuauflage jenes vielzitierten Antagonismus zwischen angeblich weiser europäischer Realpolitik und weltfremdem liberalen, demokratischen Internationalismus amerikanischer Prägung?[29] Oder gab es ganz andere Gründe?

Diese Fragen stellen sich um so dringlicher, als sowohl die Bundesregierung wie auch Carter 1976 eigentlich beabsichtigt hatten, das bisherige gute Verhältnis zwischen Bonn und Washington fortzusetzen. Der Kanzler hielt einen solchen Kurs aus innen- wie außenpolitischen Gründen für geboten. Während die europäischen Verbündeten durch die Weltwirtschaftskrise Mitte der siebziger Jahre in Schwierigkeiten geraten waren, befand sich die Bundesrepublik in einer vergleichsweise stabilen Lage. Schmidt fürchtete, daß eine daraus resultierende exponierte Stellung einer internationalen Deutschfeindlichkeit Auftrieb geben könnte. Von den USA erhoffte er sich dagegen Unterstützung.[30] Auch hatte der Kanzler die Anerkennung genutzt, die ihm durch Ford zuteil wurde, um sich bei der Bundestagswahl 1976 dem deutschen Publikum als international renommierter Krisenmanager zu präsentieren. Insofern lag es nahe, dort anzuschließen, wo man mit Ford aufgehört hatte.

Die SPD-Führung befürwortete diesen Kurs. Gerade erst hatte die Partei, deren Verhältnis zu den Vereinigten Staaten durch den Vietnamkrieg jahrelang belastet worden war, sich entschlossen, die Kontakte zum linken Flügel der amerikanischen Demokraten auszubauen.[31] Der SPD-Vorsitzende Willy Brandt hoffte als neugewählter Präsident der Sozialistischen Internationale auf eine Zusammenarbeit mit den Demokraten im Rahmen einer von ihm propagierten »Allianz für Frieden und Fortschritt«.[32] Gemeinsam wollte man sich der Themen Abrüstung, Menschenrechtsverletzungen in der Dritten Welt und Verbesserung der Nord-Süd-Beziehungen annehmen. Vom neuen US-Präsidenten versprach sich Brandt zunächst viel.[33] Was Carter während des Wahlkampfes zur Außen-, Wirtschafts- und Sozialpolitik vorgetragen hatte, wäre in vielen Punkten auf das Wohlwollen eines sozialdemokratischen Parteitages gestoßen. Die Übereinstimmung zwischen dem Präsidenten und der deutschen Sozialdemokratie in politischen Grundsatzfragen sei groß und werde noch zunehmen, prognostizierte der ehemalige Kanzleramtsminister Brandts und spätere außenpolitische Sprecher der SPD-Fraktion, Horst Ehmke, Anfang 1977.[34]

Die Haltung der FDP unterschied sich davon nicht wesentlich. Die Liberalen begegneten Carter zwar mit Zurückhaltung, aber an der atlantischen Ausrichtung der Partei konnte es keinen Zweifel geben. Die Koalitionspartner verständigten sich nach der Bundestagswahl im Oktober 1976 darauf, den Beziehungen zu den USA weiterhin Vorrang vor allen anderen Bindungen einzuräumen.[35]

Und auch Carter wollte Kontinuität.[36] Im Wahlkampf hatte er die Europapolitik Kissingers scharf kritisiert und ihm Rücksichtslosigkeit gegenüber den Verbündeten vorgeworfen. Mit zwei symbolischen Gesten noch vor seinem Amtsantritt – einer Botschaft an den NATO-Rat und einer Reise des angehenden Vizepräsidenten Walter Mondale nach Europa und Japan – unterstrich Carter seine Absicht, mit den Alliierten eng zusammenzuarbeiten. Die Bundesrepublik sollte davon nicht ausgenommen sein. Vielmehr erklärte der Demokrat im Wahlkampf, er strebe eine »besondere Beziehung« zu Bonn an.[37] Doch dann kam alles anders. Warum?

Der Versuch, diese Frage zu beantworten, verspricht in mehrfacher Hinsicht Gewinn. Zunächst und vordringlich geht es darum, eine Lücke in der Forschung zur Geschichte der deutsch-amerikanischen Beziehungen zu schließen. Denn erstaunlicherweise ist der Konflikt zwischen den Regierungen Carters und Schmidts bis heute nicht aufgearbeitet. Darüber hinaus will dieses Buch Argumente für die seit einigen Jahren anhaltende Auseinandersetzung über den machtpolitischen Gehalt der Bonner Außenpolitik liefern.[38] Anders als die europäischen Nachbarn, so legen Autoren wie Hans-Peter Schwarz oder Christian Hacke nahe, habe die alte Bundesrepublik sich einer »Machtvergessenheit« anheimgegeben und deshalb ihre nationalen Interessen nicht ausreichend durchgesetzt.[39] Gottfried Niedhart, Hans Karl Rupp und andere haben diesem Urteil zum Teil heftig widersprochen.[40] Historisch fundierte Untersuchungen zum Gegenstand der Diskussion sind allerdings rar. Die vorliegende Arbeit möchte einen Beitrag dazu leisten, indem sie auch der Frage nachgeht, wie die Bundesregierung ihre Interessen gegenüber Washington wahrnahm. Haben Schmidt und Genscher Handlungsspielräume ungenutzt gelassen, oder haben sie ihr Blatt ausgereizt?

Eng mit dieser Frage verbunden ist ein weiterer Themenkomplex, der zunehmend an Aufmerksamkeit gewinnt. Es geht um das Einflußverhältnis zwischen den Supermächten und ihren Verbündeten während des Ost-West-Konflikts. Und auch dazu kann eine Analyse der deutsch-amerikanischen Beziehungen in den späten siebziger Jahren Argumente beisteuern. Der Umstand, daß kleine Alliierte unverhältnismäßig großen Einfluß ausüben, hat schon vor Jahrzehnten Wissenschaftler beschäftigt.[41] Damals richtete sich das Interesse auf das Verhältnis von Dritte-Welt-Staaten zu den USA. Nach dem Ende des Kalten Krieges und der Freigabe großer Dokumentenbestände hat sich die Aufmerksamkeit nun der

Rolle der europäischen Verbündeten gegenüber der Sowjetunion und den Vereinigten Staaten zugewandt.

Die Forschung steht dabei erst am Anfang.[42] Zum Teil scheinen sich die Ergebnisse aus anderen Regionen der Welt auf Europa übertragen zu lassen. So vertritt Hope Harrison die These, daß während der Berlinkrise der späten fünfziger und frühen sechziger Jahre der »Schwanz« (die DDR) mit dem »Hund« (der UdSSR) gewackelt habe. Auch Thomas Risse-Kappen, der der Frage nachgegangen ist, welche Rolle einige europäische Regierungen bei der Formulierung amerikanischer Außenpolitik während des Kalten Krieges gespielt haben, betont den großen Einfluß der Europäer, ohne freilich so weit zu gehen wie Harrison mit Blick auf den Ostblock.[43]

Wie sieht es nun im Verhältnis zwischen Schmidt und Carter aus? Was konnten der Kanzler und der Präsident jeweils durchsetzen, und womit und warum sind sie gescheitert? Bislang liegen nur Antworten für den Bereich der Sicherheits- und Entspannungspolitik auf der Grundlage veröffentlichter Materialien vor.[44] Demnach verfolgte Bonn in Abgrenzung zu Washington »weitgehend seine eigene Linie«;[45] das Vermögen, auf die Position der USA Einfluß zu nehmen, sei hingegen begrenzt gewesen. Hat dieses Ergebnis angesichts der vielen nun zugänglichen Quellen Bestand? Und läßt es sich auf die ganze Bandbreite der deutsch-amerikanischen Beziehungen übertragen?

Bei dem Versuch, diese Fragen zu klären, halfen die Erkenntnisse, die Richard Neustadt schon 1970 publiziert hat.[46] Der amerikanische Wissenschaftler untersuchte in seinem Buch »Alliance Politics« die britisch-amerikanischen Konflikte in der Suezkrise 1956 und in der Skybold-Affäre 1962/63, als Washington auf die Produktion der atomaren Skybold-Raketen verzichtete, obwohl man Großbritannien eine Lieferung der Waffen zugesagt und von London bereits Gegenleistungen erhalten hatte. Wie konnten zwei Verbündete, die seit Jahrzehnten derart eng kooperiert hatten wie Washington und London, in solche Gegensätze geraten? Neustadt veröffentlichte seine Arbeit nicht nur aus akademischem Interesse heraus. Noch tobte der Vietnamkrieg, und der Historiker zweifelte an der Fähigkeit der US-Regierung, die Entwicklung in Südvietnam zu steuern. Wenn sich schon die Beziehungen zu dem engsten Verbündeten Großbritannien so schwierig gestalteten, so Neustadts Analogie, wie sah es dann erst mit einem fernen Verbündeten wie Südvietnam aus?

Neustadt beschreibt in »Alliance Politics« denn auch die Schwierigkeiten beider Seiten, sich in die Lage des jeweils anderen zu versetzen. Seine These, daß die Dominanz der binnengeleiteten Sichtweise ursächlich war für die britisch-amerikanischen Krisen (»was vom Ausland aus betrachtet irrational wirkte, war von innen gesehen vernünftig«),[47] läßt sich – das sei an dieser Stelle vorweggenommen – in mancher Hinsicht auf die deutsch-amerikanischen Beziehungen übertragen.

Dieses Ergebnis unterscheidet sich freilich von jener im deutschen Schrifttum verbreiteten und von Schmidt inspirierten Deutung, die Carter allein die Zerrüttung des Verhältnisses anlastet.[48] Der deutsch-amerikanische Konflikt erscheint in dieser Perspektive als Teil der inzwischen mit stolzem Unterton verbreiteten Meistererzählung von der Emanzipation des westdeutschen Teilstaates.[49] Dabei drohen die Schattenseiten der Bonner Politik, etwa in der Frage der Menschenrechte oder der Ausfuhrpolitik, zunehmend aus dem Blickfeld zu geraten. Auch war der Kurs Schmidts und Genschers keineswegs so stetig und berechenbar, multilateral und im europäischen Kontext abgesichert, wie in der Öffentlichkeit vielfach behauptet wurde und wird.

Diese Erkenntnisse sollten dazu beitragen, auch in der Bundesrepublik zu einer ausgewogenen Sicht auf die Präsidentschaft Carters zu gelangen; in den USA hat dieser Prozeß schon vor Jahren begonnen.[50] Der Mann aus Georgia, den die Wähler 1980 mit der höchsten Wahlniederlage, die ein amtierender Präsident je zu verzeichnen hatte, geradezu aus dem Amt jagten, genießt heute hohes Ansehen. Das verdankt er zwar hauptsächlich seinem humanitären Engagement nach dem Ende der Präsidentschaft sowie seinen vielbeachteten Vermittlungsbemühungen in allen Teilen der Welt, die ihm 2002 den Friedensnobelpreis einbrachten. Aber auch Carters Amtszeit wird inzwischen in mildem Licht gesehen. Er ist der einzige US-Präsident nach dem Zweiten Weltkrieg, in dessen Wahlperiode kein amerikanischer Soldat im Kampf starb. Der von ihm 1978 vermittelte Frieden zwischen Israel und Ägypten, die Rückgabe des Panama-Kanals, die Aufnahme diplomatischer Beziehungen zu China, das SALT-II-Abkommen mit der Sowjetunion über Rüstungsbegrenzung, sein Einsatz für die Menschenrechte – Carters Bilanz in der Außenpolitik kann sich durchaus sehen lassen.

Auch das Urteil über seine Innenpolitik hat sich mittlerweile gewandelt. Die von ihm angestoßene Deregulierung der amerikanischen Wirtschaft war eine Voraussetzung für den Boom in den achtziger und neunziger Jahren. Im Vergleich zu Reagans Schuldenpolitik verfolgte er einen ökonomisch grundsoliden Kurs. Die Daten zu Wachstum und Beschäftigung lassen ihn besser dastehen als Richard Nixon oder Gerald Ford.[51] Und im Gegensatz zu seinen unmittelbaren Vorgängern und Nachfolgern kann er auf eine Amtszeit ohne Skandale zurückblicken, was die Amerikaner heute zu schätzen wissen.

Es gibt also genug Gründe, sich mit dem deutsch-amerikanischen Verhältnis zu Zeiten von Schmidt und Carter zu beschäftigen, und verschiedentlich ist das auch schon getan worden, etwa in Gesamtdarstellungen zur Geschichte und Außenpolitik der Bundesrepublik und der USA,[52] in Biographien zu Schmidt und Carter[53] oder in Sammelbänden zur Geschichte der deutsch-amerikanischen Beziehungen.[54] Auch liegen zu einzelnen Aspekten Untersuchungen vor. Barbara Heep[55] und Thomas Paes[56] haben sich ausführlich mit den Gegensätzen in der Sicherheits- und Entspannungspolitik beschäftigt. Von Michael Brenner, Karl Kaiser und Lothar Wilker wurden die Hintergründe des »Brasiliengeschäfts« beleuchtet; ein deutsches Konsortium wollte einen kompletten Nuklearkreislauf nach Brasilien liefern, und die USA fürchteten, die Südamerikaner könnten die Technologie zum Bau einer Atombombe nutzen.[57] Darüber hinaus gibt es Detailstudien zu verschiedenen Themen der internationalen Beziehungen, die auch das deutsch-amerikanische Verhältnis berühren: zur Entspannungs- beziehungsweise Ostpolitik von Frank Fischer, Raymond Garthoff und Timothy Garton

Ash,[58] zu den Weltwirtschaftsgipfeln von Robert Putnam und C. Randall Henning,[59] zum Nato-Doppelbeschluß von Herbert Dittgen, Helga Haftendorn und zahlreichen anderen Autoren,[60] zur Neutronenwaffe von Volker Matthée, Vincent Auger und Sherri Wasserman.[61] Doch eine Monographie, die sich mit der beispiellosen Krise in den deutsch-amerikanischen Beziehungen befasst, fehlt bislang.

Ein Grund dafür war die Quellenlage. Es steht zwar eine umfangreiche Memoirenliteratur zur Verfügung, aber viele Unterlagen sind erst jetzt zugänglich geworden. An erster Stelle müssen dabei auf deutscher Seite das Privatarchiv Helmut Schmidts in Hamburg sowie sein Depositum im Archiv der sozialen Demokratie in Bonn genannt werden. Die dort vorhandenen Materialien trugen viel zu diesem Buch bei. Ausdrücklich sei Helmut Schmidt, der auch half, Kontakte zu anderen Zeitzeugen herzustellen, für seine Unterstützung gedankt.

Manche Lücke in der Überlieferung konnte mit Unterlagen aus dem Depositum Hans-Jürgen Wischnewskis sowie den Nachlässen Kurt Matticks und Willy Brandts geschlossen werden. Auch der damalige Generalinspekteur der Bundeswehr, Jürgen Brandt, der frühere Kanzleramtschef Manfred Schüler und Karl Kaiser, damals Direktor des Forschungsinstituts der Deutschen Gesellschaft für Auswärtige Politik (DGAP), waren so freundlich, ihre Privatarchive ganz oder teilweise zu öffnen. Ihnen allen möchte ich an dieser Stelle herzlich danken; kontroverse außen- oder wirtschaftspolitische Standpunkte wurden manchmal erst durch die bei ihnen eingesehenen Papiere erkennbar.

Als besonders wertvoll erwiesen sich die Notizbücher von Armin Grünewald, bis 1980 stellvertretender Regierungssprecher. Er schrieb in Sitzungen mit, hielt Hintergrundgespräche des Kanzlers mit Journalisten fest und notierte sich oft, wie Schmidt bestimmte Sachverhalte einschätzte und welche Argumente die deutsche Haltung bestimmten. Grünewald ließ mich seine Aufzeichnungen wenige Wochen vor seinem frühen Tod kopieren. Ohne seine Kladden wäre vieles im Dunkeln geblieben.

Großzügig zeigte sich die SPD. Sowohl die Akten des Parteivorstandes als auch der Bundestagsfraktion konnten im Archiv der sozialen Demokratie ohne Einschränkung ausgewertet werden. Die FDP gewährte ebenfalls Zugang zu den Unterlagen ihrer Bundesgremien. Gesperrt blieben allerdings die Papiere der Fraktion und die Deposita (vor allem Genschers Depositum wäre von großem Interesse gewesen). An aussagekräftigen Quellen von deutscher Seite mangelt es also nicht mehr, auch wenn die Akten der Bundesregierung gemäß der Rechtslage noch gesperrt sind.

Während hier die forschungsfeindlichen Regeln des Bundesarchivgesetzes gelten, gibt die US-Regierung unterdessen fortlaufend Akten der Carter-Präsidentschaft frei. In der Carter Library in Atlanta sind inzwischen umfangreiche Unterlagen, insbesondere zur Wirtschafts- und Währungspolitik, aber auch große Teile der Korrespondenz zwischen Schmidt und Carter zugänglich.

Zudem verdienen die Aufzeichnungen, die Stuart Eizenstat während der Jahre im Weißen Haus angefertigt hat, besondere Erwähnung, weil sie halfen, die verschiedenen Positionen in der US-Regierung zu rekonstruieren. In ihnen ist oft festgehalten, was etwa in den Protokollen des Kabinetts nicht auftaucht. Die Papiere lagen während Eizenstats Zeit als Botschafter bei der EG Anfang der neunziger Jahre auf dem Dachboden seiner Brüsseler Residenz und konnten dort eingesehen werden, wofür ihm hier zu danken ist.

Charles Schultze, als Vorsitzender des Council of Economic Advisers Hauptratgeber Carters in Wirtschaftsfragen, hat Einblick in die Memoranden gewährt, die er für den Präsidenten schrieb und die sich nun in der Brookings Institution befinden. Auch ihm gilt mein Dank.

Mit zahlreichen Zeitzeugen habe ich Interviews geführt, größtenteils zwischen 1992 und 1994. Ihnen danke ich ausdrücklich für die Bereitschaft, sich – zum Teil mehrfach – für Gespräche zur Verfügung zu stellen. Auf diese Weise ließ sich manche Fehleinschätzung korrigieren. Mancher wollte lieber anonym bleiben, in den Fußnoten ist dies entsprechend vermerkt.

Nach Abschluß der Recherchen stand mir vor allem ein Gesprächspartner unermüdlich zur Seite: David Schoenbaum. Er hat diese Studie einst angeregt und die Niederschrift kritisch begleitet. Bis zum Schluß waren wir oft unterschiedlicher Meinung, doch ohne seine Anregungen wäre die Arbeit eine andere geworden. Dafür sei ihm herzlich gedankt. Meinem Doktorvater Heinrich August Winkler danke ich vor allem für seine große Geduld und die Ermutigung, das Projekt trotz widriger Umstände fortzusetzen. Dieses Buch hätte ohne die freundliche Hilfe von zahlreichen Archivaren nicht geschrieben werden können. Insbesondere die Betreuung durch Jim Yancey von der Carter Library und Christoph Stamm sowie die anderen Archivare im Archiv der sozialen Demokratie hätte nicht besser sein können, und dafür möchte ich ihnen ausdrücklich danken.

Die Untersuchung wurde ermöglicht durch ein Promotionsstipendium der Friedrich-Ebert-Stiftung Anfang der neunziger Jahre. Der German Marshall Fund finanzierte einen mehrmonatigen Aufenthalt in den USA; von den Mitteln des Nuclear History Project wurde ein Besuch bei der Stiftung Wissenschaft und Politik, damals noch in Ebenhausen angesiedelt, bezahlt. Allen drei Organisationen danke ich für die Unterstützung.

Es war mir eine große Hilfe, daß Heiko Buschke, Freund und Kollege, das Manuskript kritisch durchgesehen hat. Fritjof Meyer und Heinz P. Lohfeldt, Zeitzeugen der Ära Schmidt/Carter in der *Spiegel*-Redaktion, haben haben wertvolle Hinweise gegeben. Klaus-Dieter Schmidt und Catherine Stockinger halfen bei den Feinheiten der Übersetzung. Hubert Leber übernahm das Lektorat, Hans-Ulrich Seebohm die Schlußredaktion, Frau Gisela Hidde das Korrekturlesen. Sie erstellte auch das Register. Ihnen allen sei herzlich gedankt. Das Buch ist meiner Familie gewidmet.

I. Grundlagen

Als Jimmy Carter am 20. Januar 1977 zum 39. Präsidenten der Vereinigten Staaten von Amerika vereidigt wurde, befanden sich die Beziehungen zwischen der Bundesrepublik und den USA in einem tiefgreifenden Wandlungsprozeß. Die Stellung beider Staaten zueinander und in der Welt hatte sich im Vergleich zu den ersten Nachkriegsjahrzehnten grundlegend verändert. Die Regeln und Abhängigkeiten, die nach Gründung der Bundesrepublik 1949 das deutsch-amerikanische Verhältnis lange Zeit bestimmt hatten, galten nicht mehr in der gleichen Weise. »Atlantis Lost« – so lautete der Titel eines Bandes, den der New Yorker Council on Foreign Relations, das bedeutendste außenpolitische Forum der USA, in jenen Tagen zur Zukunft des westlichen Bündnisses veröffentlichte.[1] Die Überschrift spiegelte den Zeitgeist wider: Ruhmreich, aber ebenso verloren und unauffindbar wie die sagenumwobene Insel, gehörte das »goldene Zeitalter« in der transatlantischen Zusammenarbeit,[2] wie der deutsche Botschafter in Washington von 1973 bis 1979, Berndt von Staden, die Nachkriegsjahrzehnte genannt hat, der Vergangenheit an.

1. Das Ende des goldenen Zeitalters

Ursprünglich war die Bundesrepublik der Musteralliierte der USA gewesen.[1] Das enge Bündnis mit Washington galt als »zweites Grundgesetz«[2] der Bonner Republik. Ob in der

NATO, gegenüber dem Ostblock oder in den Gremien der Weltwirtschaftsorganisationen – auf keinen ihrer Verbündeten konnten sich die Amerikaner so verlassen wie auf die Westdeutschen. Diese trugen damit ihrer Abhängigkeit von den USA Rechnung, an deren Beginn die Neuorientierung der amerikanischen Außenpolitik 1946/47 gestanden hatte.[3] Washington war damals zu dem Schluß gekommen, daß der Wiederaufbau Westeuropas das ökonomische Potential der westdeutschen Besatzungszonen erfordere und ein prosperierendes Westeuropa wiederum Voraussetzung für die Eindämmung der sowjetischen Expansion sei.[4] Daß zugleich auch die Deutschen in Form der Westintegration eingedämmt werden sollten, tat der (west)deutsch-amerikanischen Kooperation keinen Abbruch.[5]

Die USA agierten dabei passiver, als lange Zeit vermutet wurde.[6] An ihrer entscheidenden Rolle ändert dies nichts. Erst die amerikanische Bereitschaft, sich in Europa dauerhaft zu engagieren, ermöglichte die Gründung der Bundesrepublik. So kurz nach dem Zweiten Weltkrieg hätten die anderen Europäer diesen Schritt sonst nicht hingenommen. Ohne die Eingriffe der Amerikaner wäre auch die politische und wirtschaftliche Ausgestaltung des Bonner Teilstaates anders ausgefallen.[7] Und ohne die Politik der Präsidenten Harry S. Truman und Dwight D. Eisenhower hätten die Westdeutschen 1955 kaum die – eingeschränkte – Souveränität erlangt.[8]

Die vier Säulen

Auch danach war kein Partner für die Bundesrepublik so wichtig wie die USA. In der Hochphase des Kalten Krieges garantierten die Vereinigten Staaten die politische und territoriale Integrität der Bonner Republik einschließlich West-Berlins. Mehr noch: Der amerikanische Präsident entschied über Leben und Tod der Verbündeten. Denn die US-Streitkräfte stellten nicht nur die meisten Soldaten, sondern auch die Nuklearwaffen, auf denen die Verteidigungsstrategie der NATO beruhte. Ob auf westdeutschem Territorium Atomsprengköpfe gezündet wurden, hing von Entscheidungen ab, die der amerikanische Staatschef oder – im Fall eines Überraschungsangriffs – sogar nur ein amerikanischer Truppenkommandeur traf. Es ist bezeichnend für das Abhängigkeitsverhältnis der frühen Jahre, daß Bonn weder in die Planung eines Atomwaffeneinsatzes noch in die Festlegung der zu vernichtenden Ziele einbezogen war.[9]

Dabei bildete die sicherheitspolitische Abhängigkeit nur eine der Säulen, auf denen der politische Einfluß der USA ruhte. In der Deutschlandpolitik erwies es sich ebenfalls als unverzichtbar, daß Washington die offizielle Haltung der Bundesrepublik unterstützte.[10] Denn diese verstand sich als Provisorium, ausgerichtet auf die Wiederherstellung eines geeinten deutschen Staates unter Einschluß der seit 1945 zu Polen und der Sowjetunion gehörenden Ostgebiete. Ohne amerikanische Rückendeckung ließ sich eine solche Rechtsposition nicht aufrechterhalten. Die USA waren schließlich die wichtigste der drei westlichen Mächte, die 1945 gemeinsam mit der Sowjetunion die oberste Regierungsgewalt in Deutschland übernommen und sich im Deutschland-Vertrag von 1955 ihre Rechte in allen Fragen, die Deutschland als Ganzes betrafen, ausdrücklich vorbehalten hatten. Daß Briten und Franzosen in den fünfziger Jahren schrittweise von der deutschen Position abrückten, ließ die Haltung Washingtons für Bonn noch bedeutender werden.

Die USA garantierten zudem – die dritte Säule – jenes Weltwirtschaftssystem, welches das deutsche »Wirtschaftswunder« erst ermöglichte.[11] Washington setzte in den fünfziger Jahren den Freihandel in der westlichen Welt durch, der es der rohstoffabhängigen Bundesrepublik enorm erleichterte, notwendige Güter zu importieren und Industriewaren zu exportieren.[12] Die US-Regierung stützte das auf grundsätzlich festen Wechselkursen beruhende Währungssystem von Bretton Woods und bestimmte über den jederzeit in Gold konvertierbaren US-Dollar als Reservewährung entscheidende Parameter für die Bonner Wirtschaftspolitik. Daß Washington große Zahlungsbilanzdefizite hinnahm, war Voraussetzung für die rapide Steigerung des Welthandels in den fünfziger Jahren, wovon die Bundesrepublik enorm profitierte. Die chronische Unterbewertung der D-Mark im Bretton-Woods-System förderte den exportorientierten Wachstumspfad der westdeutschen Wirtschaft. Trotz steigender deutscher Leistungsbilanzüberschüsse verzichteten die Amerikaner lange Zeit darauf, eine Aufwertung der D-Mark durchzusetzen.[13] Im Gegenzug unterstützte die Bundesrepublik durch eine liberale Außenwirtschaftspolitik die Pax Americana.[14]

Begleitet wurde diese politische, militärische und wirtschaftliche Abhängigkeit von einer »außergewöhnlichen Portion Gefühle«[15] (Fritz Stern). Den deutschen Eliten wurden die USA zum Vorbild und bewunderten Modell; seit Beginn der sechziger Jahre zeigten Meinungsumfragen breite proamerikanische Mehrheiten in allen Bevölkerungsschichten.[16] Als US-Präsident John F. Kennedy im Juni 1963 West-Berlin und die Bundesrepublik besuchte, wurde er so umjubelt, daß er einem Vertrauten im Scherz empfahl, depressive US-Präsidenten nach Deutschland zu schicken.[17] Eine solche Reise würde helfen.

Das Bündnis mit den Amerikanern gab den Deutschen offenbar psychischen Halt.[18] Nach der moralischen Katastrophe des »Dritten Reiches« ermöglichte das atlantische Bündnis der Bundesrepublik, sich in den antikommunistischen Grundkonsens des Westens einzugliedern und nun auf der »richtigen« Seite zu stehen.[19] Die USA wurden zum »Ersatzvaterland«,[20] und die Deutschen übten sich dem amerikanischen Lehrer gegenüber in der Rolle des Klassenbesten, wie die Historikerin Beatrix Heuser geschrieben hat.[21] Damit einher ging eine teilweise naive Vertrauensseligkeit gegenüber der Politik der westlichen Führungsmacht. »Von den Kommunisten erwartete man … nur das Schlimmste, von den Amerikanern aber alles – viel mehr jedenfalls, als sie leisten konnten und wollten«,[22] urteilt Peter Bender mit Blick auf die Deutschlandpolitik Washingtons; eine Diagnose, die auch für andere Gebiete zugetroffen hätte. Daß die Bundesrepublik mitunter als »51. Staat der USA« bezeichnet wurde, empfanden viele in Bonn als ehrenvoll.[23]

Der Einfluß der USA auf die westdeutsche Innenpolitik war daher so groß, daß der Politikwissenschaftler Wolfgang

Hanrieder das politische System der Bundesrepublik als »penetriert«[24] bezeichnete. »Wer in Amerika geschätzt wurde«, schrieb Egon Bahr, der Vertraute Willy Brandts, über die fünfziger und frühen sechziger Jahre, »stieg im Ansehen der Deutschen. Wer in Amerika beachtet wurde, mußte in Deutschland ernst genommen werden. Umgekehrt: Wer in Deutschland gewinnen wollte, mußte in Amerika gewinnend sein.«[25] Als die SPD über den richtigen Kanzlerkandidaten für die Bundestagswahl 1961 debattierte, war eines der wichtigsten Argumente, die für Willy Brandt ins Feld geführt wurden, dessen Bekanntheit, ja Beliebtheit in den USA.[26]

Den deutsch-amerikanischen Beziehungen fehlte jene historische Tradition, die etwa das Verhältnis zwischen Paris und Washington prägt.[27] Und so wurde in der Bundesrepublik zunehmend als Norm betrachtet, was eigentlich einer geschichtlichen Ausnahmesituation entsprang. Nach 1945 war das zerstörte Deutschland wohl der wichtigste Schauplatz, auf dem die Amerikaner den Wettstreit mit der Sowjetunion austrugen. Nie wieder war Deutschland für die amerikanische Außenpolitik so bedeutend wie in der unmittelbaren Nachkriegszeit.

US-Diplomaten, Geheimdienstler und Militärs beschäftigten sich jahrelang mit der Lage an der innerdeutschen Grenze oder in Berlin. Sie kannten die politischen Verhältnisse sehr genau. Der Historiker Thomas Schwartz hat die Situation so umschrieben: »US-Politiker ... betrachteten die Bundesrepublik ... als Mündel der Vereinigten Staaten, als heranwachsendes ›Kind‹ der Demokratie unter Aufsicht des mächtigen Vormunds.«[28] Daß Kanzler Konrad Adenauer die Wahlen von 1953 und 1957 gewann und schließlich auch die SPD auf den Weg der Westintegration einschwenkte, trug zu dem positiven Eindruck bei, den man in den USA von dem neuen westdeutschen Staat gewann. Flogen Bonner Politiker nach Washington oder New York, konnten sie sicher sein, dort auf ein ungewöhnlich hohes Maß an Verständnis zu stoßen. Nie wieder war die »Partei der Westdeutschen« in den USA so groß wie in jener Zeit.

Der neue Ton

In den sechziger Jahren begann sich die Situation grundlegend zu ändern. Das Verhältnis kühlte ab, der Ton wurde rauher. Die Art und Weise, wie zunächst Kennedy, später dessen Nachfolger Lyndon B. Johnson über Bonner Besorgnisse hinweggingen,[29] ließ auf deutscher Seite den Wunsch entstehen, die Beziehungen zu den USA auf eine neue Grundlage zu stellen.

Es begann damit, daß Kennedy das Wettrüsten mit der Sowjetunion eindämmen wollte, um die Gefahr eines Atomkrieges zu verringern. Der Ausgleich mit Moskau setzte allerdings voraus, daß der Status quo in Europa stabilisiert wurde.[30] Aus Kennedys Sicht war es unvermeidbar, nicht nur die DDR, sondern auch die Oder-Neiße-Linie als Westgrenze Polens anzuerkennen, was den Verzicht auf die deutschen Ostgebiete bedeutete.[31] Die Wiedervereinigung hielt er allenfalls als Ergebnis eines langfristigen Prozesses für möglich; die Folgen der Teilung, so seine Forderung, sollte Bonn im deutschdeutschen Kontakt selbst abmildern. Damit gab Washington deutschlandpolitische Positionen auf, die für Adenauer und seinen Nachfolger Ludwig Erhard von grundlegender Bedeutung waren. Gleichzeitig wurde auch Adenauers – vorgeschobene – Rechtfertigung für die Westintegration desavouiert, wonach eine westliche Politik der Stärke in absehbarer Zeit zur Wiedervereinigung führen würde.

Kennedys Kurs stieß vor allem in der Union auf Widerspruch. Wie die US-Regierung unter Präsident Johnson mit Erhard umging, ließ jedoch Atlantiker in allen Parteien auf Distanz zu Washington gehen. Erhard war ein erklärter Befürworter eines engen Bündnisses mit den USA gewesen. Gegen manchen innenpolitischen Widerstand hatte er sich hinter die umstrittene amerikanische Außenpolitik im Nahen Osten oder in Vietnam gestellt. Doch sein Einsatz zahlte sich politisch nicht aus, im Gegenteil. 1966 kam es wegen der Frage, wie die Verteidigungslasten verteilt werden sollten, zum Krach zwischen Deutschen und Amerikanern.[32] Im September flog der Kanzler zu Verhandlungen in die USA. Viele in Bonn empfanden die Reise als Bittgang, weil Johnson auf die Einhaltung getroffener Vereinbarungen pochte und nicht bereit war, auf die deutsche Haushaltslage Rücksicht zu nehmen, die sich deutlich verschlechtert hatte. Erhards Scheitern trug wesentlich zu seinem Sturz wenige Wochen später bei.[33]

Johnsons Haltung ließ einen Grundwiderspruch in der amerikanischen Deutschlandpolitik sichtbar werden. Einerseits hatte Washington den Wiederaufbau im Westen ermöglicht und gefördert. Daß die Bundesrepublik den Vereinigten Staaten einen Teil der Last abzunehmen vermochte, welche die amerikanische Führungsrolle mit sich brachte, ließ sich insofern als Erfolg der US-Politik verbuchen, und es lag nahe, von der Bundesregierung noch größere Unterstützung einzufordern. Gekleidet wurde dieser Anspruch in die Formulierung, die Deutschen müßten »erwachsen« werden. Doch ein solches »Erwachsenwerden« implizierte das Recht Bonns, sich amerikanischen Wünschen zu verweigern. Das taten die Westdeutschen auch in immer stärkerem Maße, und Washington fiel es nicht leicht, dies zu akzeptieren.

In den deutsch-amerikanischen Beziehungen bildete der Sturz Erhards eine Zäsur.[34] Es sei an der Zeit, verkündete dessen Nachfolger Kurt Georg Kiesinger im April 1967, die Stellung der Bundesrepublik gegenüber dem Verbündeten neu zu definieren: »Es gibt manchmal Deutsche, die glauben, es gäbe da so eine Freundschaft oder Freundschaftsdienste. Das gibt dann hinterher immer sehr böse Enttäuschungen. In der Politik herrschen Interessen zwischen den Völkern. Die amerikanische Politik verfolgt ... amerikanische Interessen. Aufgabe ist es festzustellen, inwieweit die amerikanischen Interessen mit den unseren, den deutschen und den europäischen übereinstimmen und inwieweit nicht oder nicht mehr.«[35]

Die Bundesregierung trat nun in Verhandlungen mit den Amerikanern deutlich selbstbewußter auf. Das war bei den Gesprächen über die Verteilung der Verteidigungslasten ebenso zu spüren wie in den Verhandlungen zum Atomwaffensperrvertrag oder in der Währungskrise 1968[36] – und Washington nahm es hin. Befördert wurde dieser eigenständige Kurs durch die Regierungsbeteiligung der SPD in der

Großen Koalition (1966–1969). Die Sozialdemokraten hatten sich während ihrer Oppositionszeit die Emanzipation der Bundesrepublik auf die Fahnen geschrieben. Sie waren frei von historisch bedingten Schuldkomplexen und jener daraus resultierenden Ergebenheitshaltung, die Hans-Peter Schwarz als typisch für die Nachkriegszeit beschrieb.[37] »Deutsche, wir können stolz sein auf unser Land«, lautete der Wahlslogan der SPD für die Bundestagswahl 1969.

Die danach gebildete sozial-liberale Koalition verstärkte die Politik der Emanzipation noch. In seiner ersten Regierungserklärung verkündete Willy Brandt, die deutsch-amerikanischen Interessen seien »tragfähig für eine selbständigere deutsche Politik in einer aktiveren Partnerschaft«.[38] Bezeichnend war, wie der ostpolitische Vordenker Egon Bahr, später zum Staatssekretär im Kanzleramt ernannt, dem amerikanischen Sicherheitsberater Henry Kissinger gegenüber in Washington auftrat: Er sei gekommen, um über die Grundlinien der neuen Ostpolitik zu informieren, und nicht, um sie zu diskutieren.[39] Die Regierung Brandt wurde zum Schrittmacher in der europäischen Entspannungspolitik und gab teilweise auch den Amerikanern das Tempo ihrer Détente-Politik vor. Zum neuen Ton paßte, daß Bonn in der NATO größere Mitspracherechte bei der Einsatzplanung für taktische Nuklearwaffen forderte. Das betraf vor allem die Frage, wann Atomwaffen von deutschem Boden aus und gegen Ziele auf deutschem Boden eingesetzt würden.[40]

Die westdeutsche Öffentlichkeit unterstützte das neue Auftreten der Regierung. Daß die USA und die Bundesrepublik unterschiedliche Interessen vertraten, meinte eine wachsende Zahl von Deutschen, wie Umfragen zeigen. Glaubten 1969 noch 34 Prozent an eine weitgehende Interessenidentität, so waren es 1974 nur noch 21 Prozent.[41] Und der Anteil derjenigen, die in den Vereinigten Staaten den »bestbefreundeten Staat« sahen, ging zwischen 1965 und 1973 von 59 auf 32 Prozent zurück.[42] Vor allem der Vietnamkrieg, aber auch die Rassenunruhen der sechziger Jahre und später der Watergate-Skandal veränderten das Bild der USA. Bewunderung schlug um in Ernüchterung, ja teilweise in Ablehnung.[43] Erstmals seit den Besatzungsjahren verbreiteten sich wieder antiamerikanische Stereotypen, besonders in der akademischen Jugend. Nun zeigte der Generationswechsel Wirkung. Der Historiker Hans Wilhelm Gatzke schreibt: »Von Wächtern der Freiheit und Beschützern der Schwachen wurden die Amerikaner zu Vorreitern des Imperialismus und zu den schlimmsten kapitalistischen Ausbeutern.«[44]

Zwar fand der neue Antiamerikanismus nur wenig Rückhalt in der Bevölkerung, doch ihre Bedeutung als »Leitbild« (Dietrich Thränhardt) hatten die USA Anfang der siebziger Jahre verloren.[45] Sie wurden nicht mehr als Exporteur von Demokratie, Wohlstand und Modernität wahrgenommen, sondern eher als Ursache von Problemen und Krisen, die sie in verbündete Länder trugen, etwa in Form von Inflation aufgrund der Kosten des Vietnamkrieges. Das Vertrauen in die amerikanischen Führungsfähigkeiten ging deutlich zurück. Mit dem Ansehensverlust der USA verschoben sich die innenpolitischen Koordinaten in der Bundesrepublik: Wer Wahlen gewinnen wollte, mußte nicht mehr notwendigerweise der Kandidat der amerikanischen Vormacht sein. Aber das wurde erst zur Zeit von Schmidt und Carter deutlich.

Bonns erweiterter Handlungsspielraum

In der neuen Bonner Haltung gegenüber den USA wurde ein machtpolitischer Wandel greifbar. Mit der Ostpolitik streifte Brandt die Fesseln ab, die sich die Bundesrepublik selbst angelegt hatte. Der Handlungsspielraum wuchs auch im Verhältnis zu Washington. Das war zwar nicht das Hauptziel des Brandtschen Kurses, aber ein erwünschter Nebeneffekt. Und obwohl die US-Regierung den deutschen Ausgleich mit Moskau, Warschau und Ost-Berlin nicht ohne Mißtrauen beobachtete, förderte sie ihn zugleich, denn im Prinzip paßte sich Brandt damit in die westliche Entspannungspolitik ein, wie sie von US-Präsident Nixon (1969–1974) und seinem Sicherheitsberater Kissinger verfolgt wurde.

Die Geschichte der Ostpolitik ist oft erzählt worden und soll hier nicht wiederholt werden.[46] Ihre allianzpolitische Wirkung war eindeutig: Indem Bonn den Status quo akzeptierte, mußte es fortan nicht mehr fürchten, daß sich Washington, London oder Paris an der Bundesrepublik vorbei mit Moskau über die deutsche Frage verständigten.[47] Die deutschlandpolitische Unterstützung der USA wurde damit zwar nicht unwichtig, verlor aber an Bedeutung. Und Washington konnte nicht mehr darauf zählen, daß sich Bonn bei Konflikten zwischen den USA und Westeuropa über die Ostpolitik stets auf die amerikanische Seite stellte.[48]

Kein anderer westeuropäischer Staat profitierte so sehr wie die Bundesrepublik davon, daß sich das Klima zwischen Ost und West entspannte und das Bedrohungsgefühl zurückging. Sicherheit wurde nicht mehr nur militärisch definiert, sondern auch politisch. Deutschland war nun kein Brennpunkt des Kalten Krieges mehr. Im sogenannten Moskauer Vertrag gab die Sowjetunion 1970 den Anspruch auf ein Interventionsrecht gegenüber der Bundesrepublik auf, den sie aus der Feindstaaten-Klausel der UN-Charta abgeleitet hatte. Moskau wie Bonn verpflichteten sich zum Gewaltverzicht. Durch das Vier-Mächte-Abkommen von 1971 fanden die Berlin-Krisen ein Ende. Die NATO und der Warschauer Pakt begannen, in Wien über konventionelle Abrüstung zu verhandeln. Die Gefahr eines Krieges in Europa nahm erkennbar ab und damit auch der Druck auf Bonn, sicherheitspolitisch stets den engen Schulterschluß mit den USA zu wahren.

Zugleich gewann die Bundesrepublik durch die Ostpolitik an Optionen. Sie konnte jetzt ihre wirtschaftliche Stärke in Osteuropa zur Geltung bringen. Bonn wurde zum bevorzugten Adressaten der sowjetischen Westeuropa-Politik und hatte die Möglichkeit, die Ost-West-Beziehungen nicht nur im Westen, sondern auch entlang der Ostachse zu beeinflussen. Daß Brandt zeitweise versuchte, die Rolle eines Dolmetschers zwischen Ost und West einzunehmen, spiegelte diese Entwicklung wider.[49] Er schrieb später: »Unsere Ostpolitik handelte zu einem wesentlichen Teil davon, daß wir uns stärker und anders als zuvor um unsere eigenen Angelegenheiten kümmerten und uns nicht allein darauf verließen, daß andere für uns mitsprächen. Dazu gehörte, daß wir ... gegenüber den osteuropäischen Regierungen zum Anwalt unserer eigenen Interessen wurden. Indem wir es taten, veränderte sich das Gewicht, das man uns in den Gremien der westeuropäischen, atlantischen und internationalen Zusammenarbeit beimaß. Die Bundesrepublik wurde selbständiger, sozusagen erwachsener.«[50]

Die Emanzipation der Bundesrepublik wurde während Brandts Kanzlerschaft durch die weltwirtschaftlichen Turbulenzen zusätzlich begünstigt. 1971 brach das Währungssystem von Bretton Woods zusammen. Die Folge war eine »neue Dimension politischer Unabhängigkeit«.[51] Weil die Stützungsverpflichtung gegenüber dem Dollar aufgehoben wurde, endeten die Realtransfers in die USA, die sich aus dem amerikanischen Zahlungsbilanzdefizit ergeben und mit deren Hilfe die Vereinigten Staaten ihr militärisches Engagement im Ausland finanziert hatten.[52] Die deutsche Geldpolitik gewann durch die Einführung des Floatens an Autonomie.[53] Der Bundesregierung stand nun mit der Aufwertung der D-Mark eine schlagkräftige Antwort auf importierte Inflation zur Verfügung. Zugleich wurde es für die Bundesregierung einfacher, eigene Haushaltsdefizite zu finanzieren, denn der Kursverfall des Dollars ließ die D-Mark zur zweiten Weltreservewährung werden[54] und die Währungsreserven der Bundesbank auf Rekordhöhe anschwellen.[55]

Noch wichtiger als die Ablösung des Bretton-Woods-Systems war für das deutsch-amerikanische Verhältnis allerdings die erste Weltwirtschaftskrise von 1973/74; mit ihr endete eine jahrzehntelange Periode hoher Wachstumsraten und gesicherter Energieversorgung.[56] Die Krise beschleunigte einen Prozeß, den der Politikwissenschaftler Stanley Hoffmann als »Verlagerung des Schwerpunkts der Weltpolitik vom diplomatisch-strategischen Feld auf die ökonomischen und monetären Beziehungen oder, wenn man so will, den Einzug der Ökonomie ins Reich der hohen Politik«[57] bezeichnet hat.

Neben die halbjährlichen Ministertagungen der NATO traten nun die regelmäßigen Weltwirtschaftsgipfel der wichtigsten Industriestaaten. Seit 1975 kamen die Staats- und Regierungschefs der USA, der Bundesrepublik, Großbritanniens, Frankreichs, Italiens und Japans (später auch Kanadas) zusammen, um über die Folgen der Wirtschaftskrise zu beraten. Preisstabilität und Vollbeschäftigung rückten auf der Prioritätenliste der westlichen Regierungen nach vorn, noch zusätzlich betont durch die Entspannung zwischen Ost und West, mit der militärische Macht innerhalb der Allianz an Bedeutung verlor. Die Wirtschaftskrise wurde zur zentralen Bedrohung, und wer sie bewältigen wollte, mußte über ökonomische Potenz und innenpolitische Stabilität verfügen. Es wertete die Bundesrepublik enorm auf, daß sie im Gegensatz zu den anderen großen westeuropäischen Staaten über beides verfügte.

Italien stand damals vor dem Bankrott und wurde zudem durch Terrorismus und Korruptionsskandale erschüttert.[58] In Großbritannien führte der Bergarbeiterstreik von 1973/74 das Land an den Rand des Abgrunds. Zwei Neuwahlen brachten zusätzlich zur wirtschaftlichen auch noch politische Instabilität.[59] In Frankreich wiederum begrenzten hohe Leistungsbilanzdefizite und eine galoppierende Inflation den politischen Spielraum von Präsident Valéry Giscard d'Estaing. Demgegenüber verfügte die Bundesregierung auch nach dem Rücktritt Brandts 1974 über eine solide Mehrheit im Bundestag. In Westdeutschland – der zweitstärksten Handelsnation der Welt und bedeutendsten Wirtschaftsmacht der EG[60] – kooperierten Gewerkschaften und Unternehmen bei der Bekämpfung der Krise. Die Zahlungsbilanz verzeichnete weiterhin hohe Überschüsse, die Zahl der Arbeitslosen stabilisierte sich bei einer Million, und die Inflationsrate pendelte sich im niedrigen einstelligen Bereich ein. Für die US-Regierungen unter Nixon und Ford war Bonn daher ein überaus attraktiver Partner.

Dies galt um so mehr, als auch die Stellung der USA sich veränderte. Parallel zum Aufstieg der Bundesrepublik vollzog sich der Niedergang der amerikanischen Position, für den das Debakel im Vietnamkrieg zum Symbol wurde. Der militärische und ökonomische Vorsprung der Vereinigten Staaten nach 1945 war zusammengeschmolzen.[61] Hatten die USA 1960 noch ein Viertel des globalen Bruttosozialproduktes hervorgebracht, so waren es zwanzig Jahre später 21,5 Prozent. Der amerikanische Anteil an der weltweiten Produktion von Industriegütern sank zwischen 1945 und 1980 von der Hälfte auf weniger als ein Drittel. Im gleichen Zeitraum ging der Beitrag der USA zum Weltexport von 24 Prozent auf gut 15 Prozent zurück. Statt über 53 Prozent der Weltwährungsreserven wie 1948 verfügte Washington in den frühen siebziger Jahren gerade noch über 15 Prozent. Das Ende von Bretton Woods beschränkte zudem die Bedeutung des Dollars im Weltwährungssystem.

Die USA verloren darüber hinaus ihre nuklearstrategische Überlegenheit gegenüber der Sowjetunion, und damit stellte sich die Frage, ob sie ihre europäischen Verbündeten überhaupt noch schützen konnten. Bestrebungen im Senat, die amerikanische Truppenpräsenz in Europa zu verringern, fachten die Zweifel an der Bündnisgarantie zusätzlich an. Helmut Schmidt etwa meinte 1968: »In zehn Jahren oder in fünf ist die NATO zerbröckelt, Amerika hat sich in Vietnam abgenutzt, und die Bundesrepublik sitzt womöglich als Psychiater am Krankenbett des amerikanischen Präsidenten. Das Gleichgewicht der Kräfte ist hinüber, und wir sitzen machtlos in der Mitte.«[62] Die Sorge um die Verläßlichkeit der westlichen Supermacht war entsprechend eines der Motive für die Bonner Ostpolitik gewesen. Sie sollte die östliche Supermacht einbinden und beschwichtigen. Man dürfe sich nicht, so Schmidt, »auf Gedeih und Verderb« abhängig machen von der Funktionstüchtigkeit einer Allianz, die sich in einem Verflachungsprozeß befinde.[63]

Der Machtverlust Washingtons war freilich nur relativ. So zeigte etwa der Yom-Kippur-Krieg von 1973, daß die Europäer, obwohl sie weit stärker von Öl aus dem Nahen Osten abhingen als die Amerikaner, viel weniger als jene in der Lage waren, Einfluß auf diese Region zu nehmen. Nur Washington konnte die Versorgung sicherstellen, und die amerikanische Import- und Währungspolitik wirkte sich zudem maßgeblich auf den Preis aus, den die Europäer für den Rohstoff zahlen mußten. Auch die Folgen der Weltwirtschaftskrise ließen sich ohne eine entsprechende Konjunkturpolitik der USA kaum bewältigen, vor allem dann nicht, wenn man, wie die sozial-liberale Koalition, auf den Export setzte und Inflationsbekämpfung zu einem politischen Schwerpunkt machte. Denn Washington blieb auch nach Bretton Woods die Möglichkeit, die Kosten einer defizitären Zahlungsbilanz zu externalisieren.[64] Der amerikanische Kapitalmarkt war immer noch so groß wie alle Kapitalmärkte der restlichen Welt zusammen. Der internationale Handel wurde weiterhin in Dollar abgewickelt, und über 80 Prozent der Weltwährungsreserven wurden nach wie vor in Dollar gehalten.[65] Solange die D-Mark zweite Weltreservewährung war, drohte jede Dollarschwäche zum Ansturm auf die deutsche Währung und damit zu einer exportfeindlichen Aufwertung und zu Geldentwertung zu führen.

Kanzler Schmidt erklärte 1974 gegenüber einem amerikanischen Journalisten: »... gegen den Willen der Vereinigten Staaten oder gegen die von ihr eingeschlagene Richtung kann man nichts erreichen. Man kann noch nicht einmal etwas erreichen, wenn sich die Vereinigten Staaten einfach enthalten und eine neutrale Rolle spielen ... Ihr müßt die Führung übernehmen.«[66]

Der Politikwissenschaftler Manfred Knapp hat das deutsch-amerikanische Verhältnis in der Nachkriegszeit treffend mit dem Begriff der »asymmetrischen Interdependenz«[67] umschrieben. Die Macht war ungleich verteilt, und beide waren aufeinander angewiesen, wenn auch in unterschiedlichem Maße. Mitte der siebziger Jahre hatte die Asymmetrie deutlich abgenommen. Die gegenseitige Abhängigkeit blieb freilich auch weiterhin bestehen.

Die neue Unübersichtlichkeit

Es wurde nun allerdings schwieriger für die Regierungen in Bonn und Washington, die bilateralen Beziehungen zu steuern. Die Entspannungspolitik und die Energiekrise öffneten das deutsch-amerikanische Verhältnis für Einflüsse Dritter, insbesondere der Sowjetunion und der OPEC-Mitglieder, wie sich in den Auseinandersetzungen zwischen Schmidt und Carter zeigen sollte. Die Verläßlichkeit, die das System von Bretton Woods mit sich gebracht hatte, war dahin (Historiker Harold James: »Niemand konnte mehr einfach auf das Vorhandensein bindender Regelungen pochen«).[68] Vor allem aber stellte sich heraus, daß die Staatsgeschäfte in Fragen der Wirtschafts- und der Energiepolitik nicht so leicht zu lenken waren wie die traditionelle Außenpolitik, die in der Nachkriegszeit eine Domäne der Exekutive gewesen war.[69]

Zum einen versagte die keynesianische Konjunktursteuerung weitgehend. Gerade zu dem Zeitpunkt, als die Wirtschaftspolitik in den Mittelpunkt der deutsch-amerikanischen Beziehungen rückte, wurde klar, daß der Konjunkturzyklus den Außenpolitikern Rahmenbedingungen vorgab, die sie nur unzureichend beeinflussen konnten. Zum anderen mußten nun zahlreiche innenpolitische Interessen berücksichtigt werden. Tarifabschlüssen, Zinserhöhungen der Zentralbanken oder Konjunkturprogrammen kam auf einmal außenpolitische Bedeutung zu, ohne daß deutsche Gewerkschaften oder amerikanische Senatoren sich bei ihren diesbezüglichen Entscheidungen von außenpolitischen Erwägungen leiten ließen. Bis dahin für die Außenpolitik eher unbedeutende Unterschiede zwischen der Bundesrepublik und den USA – etwa bei der Energieversorgung oder in den Finanzverfassungen – spielten plötzlich eine Rolle. Hatte sich die Zusammenarbeit zwischen westlichen Staaten vor 1973 größtenteils unabhängig von inneren Entwicklungen vollzogen, solange der Primat der Sicherheit gewahrt blieb, so endete diese Autonomie nun.[70]

Bundesregierung, Bundestag und die deutsche Botschaft in Washington reagierten darauf mit einem Ausbau der Kontakte zum Kongreß, während die politischen Stiftungen neue Dependancen einrichteten. Doch all das konnte an der Lage grundsätzlich nichts ändern: Dem deutschen Einfluß in Washington wie auch dem amerikanischen Einfluß in Bonn waren auf den neu in den Mittelpunkt gerückten Politikfeldern enge Grenzen gesetzt.

Daß in den USA der Watergate-Skandal und der Vietnamkrieg eine Schwächung der »Imperialen Präsidentschaft« zur Folge hatten, also jene Machtfülle begrenzt wurde, über die der amerikanische Staatschef seit dem Zweiten Weltkrieg verfügte, schränkte die Möglichkeiten der Bundesregierung zusätzlich ein.[71] Presse und Lobbyisten gewannen an Bedeutung. Die Zahl der außenpolitisch relevanten Akteure vervielfachte sich. Dazu trug auch bei, daß sich das Verhältnis zwischen Parlament und Regierung wandelte.

Der Einfluß des Kongresses auf die Außenpolitik stieg durch eine Reihe von Reformen. Zugleich wurde der parlamentarische Entscheidungsprozeß fragmentiert, weil man die Zahl der Ausschüsse vergrößerte, den Zugang zum wichtigen Ausschußvorsitz vereinfachte und die Kongreßarbeit transparenter machte. Der einzelne Abgeordnete bekam mehr Gewicht, doch es gestaltete sich infolgedessen schwieriger, auf dem Kapitol zu einem Konsens zu gelangen.

Die Berechenbarkeit der amerikanischen Außenpolitik nahm aus deutscher Sicht ab, weil die Dominanz der Exekutive über Entscheidungen, die Bonn unmittelbar berührten, nicht mehr gegeben war, wie sich vor allem in den amerikanisch-sowjetischen SALT-II-Verhandlungen über strategische Rüstungskontrolle und in der Gesetzgebung zur Energieversorgung in den Carter-Jahren noch zeigen sollte.[72]

Die Aufwertung des Kongresses ging einher mit dem Zerfall des außenpolitischen Establishments der USA, das die Deutschen nach dem Zweiten Weltkrieg kennen gelernt hatten.[73] Wer in den fünfziger oder sechziger Jahren nach Washington reiste, um mit außenpolitischen Entscheidungsträgern zu sprechen, traf fast ausschließlich auf weiße, protestantische Männer angelsächsischer Herkunft aus dem Nordosten der USA. Es waren Industrielle, Bankiers oder Rechtsanwälte, die in Yale oder Harvard studiert hatten. Sie kannten sich aus Veranstaltungen des Council on Foreign Relations und ließen sich von dessen Zeitschrift *Foreign Affairs* beeinflussen. Der Kalte Krieg, Freihandel und Atlantizismus prägten den inhaltlichen Konsens dieser Gruppe, die von einem aristokratischen Geist durchdrungen war. Eine ständige Rückkoppelung an den demokratischen Meinungsbildungsprozeß hielten Diplomaten wie George F. Kennan für überflüssig. Da Demokraten und Republikaner in der Außenpolitik weitgehend übereinstimmten, blieb die Vorherrschaft des kleinen Zirkels unangetastet – bis zum Ende der sechziger Jahre.

Der Vietnamkrieg ließ die Einigkeit zerbrechen, und die Kongreßreformen (wie auch die Bürgerrechtsbewegung) öffneten neuen Leuten den Weg in einflußreiche Stellungen.[74] Die Folge war eine »Pluralisierung und ideologische Einfärbung« der außenpolitische Elite.[75] Der Eurozentrismus des alten Establishments, dessen Mitglieder oft noch gegen die Wehrmacht gekämpft und dann den Weg der westdeutschen Republik begleitet hatten, wurde abgelöst durch ein wachsendes Interesse für Südostasien und andere Regionen der Welt. Nicht mehr die Berliner Luftbrücke, sondern die Tet-Offensive Nordvietnams Anfang 1968, die den Amerikanern die Brutalität des Vietnamkrieges vor Augen führte, war für die neue Generation in Washington das Schlüsselereignis, das ihre Weltsicht prägte.

Das Ergebnis dieser Entwicklung war paradox: Für einen Teil der neuen US-Elite verlor die Bundesrepublik gerade in dem Moment an Bedeutung, als Bonn das größte Gewicht seit 1949 zukam.

Gerald Ford setzt Maßstäbe

Der Wandel in den deutsch-amerikanischen Beziehungen war also grundlegend und umfassend. Er betraf die internationalen Rahmenbedingungen ebenso wie das bilaterale Verhältnis; er berührte die innenpolitischen Landschaften und veränderte die Regeln, nach denen die Allianz jahrzehntelang funktioniert hatte. Allerdings sollte er auch nicht überbewertet werden; daß er nicht zwangsläufig zu einer dauerhaften Belastung führen mußte, zeigte sich Mitte der siebziger Jahre ebenfalls. Denn unter Ford und Schmidt blühte das deutsch-amerikanische Verhältnis regelrecht auf.

Wie zufrieden die Bundesregierung mit der Situation gewesen war, macht der Brief deutlich, den der Kanzler an Ford nach dessen Abwahl 1976 schrieb: »Wenn ich das richtig sehe, konnte kein anderer Präsident der Vereinigten Staaten seit dem Zweiten Weltkrieg so schnell und auf so überzeugende Weise das Vertrauen europäischer Regierungen gewinnen. Und ich glaube, kein anderer deutscher Kanzler hat mit einem amerikanischen Präsidenten jemals auf so gutem Fuß gestanden und sich auf eine so tief verwurzelte Freundschaft verlassen können, wie ich es während Ihrer Amtszeit getan habe.«[76]

Aus Sicht Schmidts hatten Ford und Kissinger, der inzwischen zum Außenminister aufgestiegen war, gleich in dreifacher Hinsicht Standards gesetzt: Erstens nahmen sie Rücksicht auf Bonner Interessen, auch wenn dies dem Präsidenten Nachteile einbrachte, zweitens öffneten sie sich deutscher Einflußnahme, drittens befanden sich die politischen Linien beider Seiten im Einklang miteinander. Dies war der Maßstab, an dem Carter in der Bundesrepublik später gemessen wurde. Daß Fords und Kissingers Politik in den USA zunehmend in die Kritik geriet und auf Dauer nicht durchzuhalten war, übersahen dabei viele deutsche Beobachter.[77]

Zu Beginn von Fords Präsidentschaft im Sommer 1974 war nicht absehbar gewesen, daß sich das Verhältnis so harmonisch entwickeln würde. Auf Schmidt und Genscher wirkte Ford beim ihrem ersten Treffen wenig souverän. Doch das änderte sich bald. Im August 1975 schrieb Schmidt in einem Brief: »... Ford ermangelt leider noch sehr viel Berufs- und Führungserfahrung, er nimmt aber an Gewicht zu und vor allem: er ist ein anständiger, berechenbarer Mensch.«[78]

Die Beziehungen wurden enger. Schmidt und Ford waren pragmatische, in der Mitte des politischen Spektrums verankerte Politiker. Auf vielen Feldern verfolgten sie einen weitgehend identischen Kurs. Der Wirtschaftskrise in ihren Ländern begegneten sie mit einer Mischung aus Nachfrage- und Angebotspolitik.[79] Auch in den Verhandlungen zur Reorganisation des Weltwirtschaftssystems im Rahmen der Vereinten Nationen und des Allgemeinen Zoll- und Handelsabkommens (GATT) steuerten die USA und die Bundesrepublik meist in dieselbe Richtung: Sie sprachen sich vehement dagegen aus, den Welthandel zugunsten der Entwicklungsländer einzuschränken.[80]

Die Fortsetzung der Entspannungspolitik gehörte gleichfalls zum Credo beider Regierungen. Man war sich einig darin, die Sowjetunion als stabilen Faktor in die internationale Ordnung einzubinden. Das sollte auf der Basis des militärischen Gleichgewichts und durch eine Mischung von Eindämmung und Anreizen geschehen.[81] Denn beide blickten pessimistisch auf die Stellung des Westens gegenüber dem Ostblock. Daß sich die innenpolitische Ordnung im Machtbereich Moskaus verändern könnte, hielten sie für unwahrscheinlich. Als Schmidt kurz vor seiner ersten Moskaureise im Oktober 1974 dem amerikanischen Außenminister Kissinger seine Ziele darlegte, schrieb dieser zurück: »Ihre Gesamthaltung stimmt völlig mit der unseren überein ...«[82]

Schmidt und Kissinger kannten sich zudem seit Jahrzehnten und dachten in ähnlichen außenpolitischen Kategorien.[83] Wo es Berührungspunkte gab, konnte rasch Gleichklang erzielt werden. Bei den Verhandlungen über die Schlußakte der großen Ost-West-Konferenz für Sicherheit und Zusammenarbeit in Europa (KSZE) 1975 etwa machte sich Kissinger gegenüber Moskau die Bonner Forderung zu eigen, deutschlandpolitische Grundsatzpositionen angemessen in den Prinzipienkatalog aufzunehmen.[84] Gleichzeitig erklärte sich die Bundesregierung bereit, ehrgeizige Ziele zur Rüstungskontrolle fallenzulassen. Er habe keine Bedenken, ließ der Kanzler 1975 Ford und Kissinger wissen, Gespräche der NATO mit dem Warschauer Pakt über Truppenreduzierungen möglichst lange hinauszuziehen. Ford wollte so den von Kongreßmitgliedern geforderten einseitigen Rückzug amerikanischer Truppen aus Europa verhindern.[85]

An einer spannungsfreien Zusammenarbeit war sowohl der sozial-liberalen Koalition in Bonn als auch den Republikanern in Washington gelegen. Schmidt sorgte sich Mitte der siebziger Jahre um das Gleichgewicht in Europa angesichts der Schwäche der europäischen Nachbarn. Der Aufstieg der Bundesrepublik hatte seiner Auffassung nach Neid und Besorgnis in Ost- wie in Westeuropa hervorgerufen. Er fürchtete, Bonn könnte international isoliert werden: »... eine Wiederbelebung der Erinnerung nicht nur an Auschwitz und Hitler, sondern auch an Wilhelm II. und an Bismarck [ist] zu erwarten – eher sogar noch im Westen als im Osten. Berlin und die Erinnerung an Nazi-Deutschland können als Handicaps der deutschen Politik verstärkt in Erscheinung treten.«[86] Die Bundesrepublik sollte daher stets im Konvoi fahren, in der EG wie in der NATO. Während die Bundesrepublik in den fünfziger Jahren auf eine multilaterale Politik gesetzt hatte, um die eigene Schwäche zu kompensieren, so wollte Schmidt auf diese Weise nun die Stärke des Landes camouflieren. Doch die Chancen einer solchen Strategie beurteilte er skeptisch: »Dieser Versuch, unser Handeln multilateral abzudecken, wird nur teilweise gelingen, weil wir dabei (zwangsläufig und wider unseren eigenen Willen) innerhalb beider Systeme zu einem Führungsfaktor werden. Um so wichtiger ist, ... unser Verhältnis zu den USA zu pflegen.«[87] Die enge Abstimmung mit den USA sollte verhindern, daß Bonn in eine exponierte Lage geriet.[88]

Darüber hinaus benötigte der Kanzler die Hilfe des US-Präsidenten, um die Folgen der Weltwirtschaftskrise in der Bundesrepublik bekämpfen zu können; Ford war dazu gern bereit. Über Schmidt, den französischen Präsidenten Giscard und den britischen Premier Harold Wilson sagte er 1975: »Sie wollen keinen Konflikt, sondern Verständigung und Zusammenarbeit. Wir können etwas überaus Wichtiges tun, nämlich unsere freundschaftlichen Beziehungen zu ihnen stärken und nicht die Konfrontation fördern. Wir sollten unsere Differenzen zurückhaltend behandeln und die Zusammenarbeit betonen.«[89]

Der US-Präsident besaß nur schwachen innenpolitischen Rückhalt und war außenpolitisch unerfahren, wie seine Gegner in Washington monierten.[90] Auch hatte sich in den USA die Entspannungseuphorie der frühen siebziger Jahre verflüchtigt, und immer mehr Kritiker hielten Ford und insbesondere Kissinger vor, die Beziehungen zu den NATO-Verbündeten vernachlässigt zu haben. Nach Vietnam und Watergate war Amerika als Bündnisvormacht angeschlagen, ohne Selbstvertrauen und Washington darum besorgt, das verlorene Ansehen wiederherzustellen.[91] Im Senat kam der Isolationismus zu neuer Blüte. Dankbar registrierte man daher im Weißen Haus, daß Bonn bereit war, größere Lasten im Bündnis zu übernehmen.

Das wurde besonders deutlich, als die Weltwirtschaftskrise die politische Stabilität West- und Südeuropas bedrohte. In Portugal, Spanien und Griechenland war der Übergang von autoritären Regimen zu Demokratien gerade erst vollzogen worden oder noch im Fluß. In allen drei Ländern und auch in Italien gab es starke eurokommunistische Parteien. Unsicher waren zudem die Zukunft Jugoslawiens und der Fortgang des türkisch-griechischen Konflikts.[92] Washington fürchtete, die sowjetische Führung könnte diese Entwicklung für sich nutzen; auch die Bundesregierung war besorgt. Ford hoffte darauf, daß Westdeutschland als Stabilitätsanker wirken würde, und war daher bereit, auf Bonner (und Pariser) Wünsche einzugehen: »Im gesamten Südeuropa gärt es. In solch einer Situation brauchen sie [Italien, Spanien und Portugal, K.W.] politische und wirtschaftliche Hilfe. Deutschland und Frankreich müssen einspringen.«[93]

Die Bundesrepublik spielte in der Folge eine Schlüsselrolle, als es darum ging, die italienische und die britische Leistungsbilanzkrise beizulegen.[94] Griechenland, Spanien und Portugal profitierten ebenfalls erheblich von deutschen Finanzhilfen. Auch in der NATO ging die Bundesregierung neue Verpflichtungen ein und übernahm nach den USA den zweithöchsten Anteil an den gemeinsamen Verteidigungsausgaben. So sollte verhindert werden, daß Forderungen des amerikanischen Senats, US-Truppen aus Europa abzuziehen, realisiert würden.[95] Während die meisten europäischen NATO-Länder dazu tendierten, ihre Truppen zu reduzieren, wurde die Bundeswehr um 30000 Soldaten vergrößert.[96] Und als der Kongreß der amerikanischen Regierung untersagte, vereinbarte Waffenlieferungen an die Türkei zu leisten, sprang Bonn erneut ein.[97] Brent Scowcroft, der Nationale Sicherheitsberater Fords, resümierte 1976: »Wir haben keinen zuverlässigeren oder wichtigeren Verbündeten als die Bundesrepublik ...«[98]

Der deutsche Einfluß wurde noch dadurch verstärkt, daß Schmidt dem bescheidenen, zurückhaltenden Ford gegenüber schon bald die Rolle eines Mentors einnahm.[99] Er profitierte von seiner intellektuellen Brillanz, aber auch davon, daß er als ausgewiesener Atlantiker und ehemaliger Verteidigungsminister in den USA mehr Vertrauen genoß als sein Vorgänger Brandt.[100] Kissingers Stellvertreter Helmut Sonnenfeldt erinnerte sich später: »Als Schmidt die Regierung übernahm, herrschte Erleichterung. Zum Teil, weil diejenigen, die mit Deutschland befaßt waren, das Gefühl gehabt hatten, daß die Dinge in Deutschland sich verschoben und Brandt irgendwo in höheren Sphären schwebte.«[101] Schmidt war in den fünfziger Jahren einer der wenigen Deutschen gewesen, die Zugang zur sogenannten »security community«

gefunden hatten, also zu jenem transatlantischen Zirkel aus Politikern, Wissenschaftlern und Journalisten, die sich mit sicherheitspolitischen Fragen beschäftigten und mit dem amerikanischen Establishment eng vernetzt waren.

Hinter Schmidts pro-atlantischer Haltung stand nicht nur politisches Kalkül, sondern auch ein Stück persönlicher Affinität zu den USA. Er bewunderte die Vitalität der Amerikaner und war als junger Abgeordneter beeindruckt von Größe und Reichtum des Landes. Nach seiner ersten Amerikareise 1950 erwogen die Schmidts sogar, in die Vereinigten Staaten auszuwandern.[102] In den außenpolitischen Debatten der sechziger Jahre stand er auf der Seite der Atlantiker, gegen die Gaullisten. »Wir liebten Kennedy und mit ihm Amerika«, erinnerte er sich später.[103]

Die Republikaner rechneten dem Kanzler insbesondere hoch an, daß er in seiner Zeit als Verteidigungsminister (1969–1972) dafür eingetreten war, die USA in der NATO materiell zu entlasten. Später, als Finanzminister (1972–1974), hatte Schmidt zudem die Spannungen entschärft, die sich aus den Währungsturbulenzen zwischen Bonn und Washington ergaben. Von allen SPD-Ministern wandte er sich während Brandts Kanzlerschaft am deutlichsten gegen innerparteiliche Kritiker der NATO oder der westlichen Verteidigungspolitik. Mit seinen exzellenten Englischkenntnissen, seinen analytischen Fähigkeiten, der zupackenden Art und dem burschikosen Humor war Schmidt ein gerngesehener Gast in Washington. Botschafter Staden schrieb ihm 1973: »Sie gehören zu den nicht sehr zahlreichen europäischen Politikern, die hier nach meinen Beobachtungen wirklich gehört werden und hier Chancen haben, das hiesige Denken zu beeinflussen.«[104]

Dem Kanzler kam zugute, daß weder Ford noch Kissinger wirtschaftspolitisch beschlagen waren. Schmidts Wissen hatte Wirkung auf den US-Präsidenten, wie dieser später berichtete: »Ich war enorm beeindruckt von seiner Kenntnis der weltwirtschaftlichen Lage.«[105] Wie die beiden zueinander standen, zeigt das Protokoll eines Gesprächs vom Mai 1975: Der Kanzler schlug vor, riet, empfahl, kritisierte, während Ford nachfragte, um Rat bat, zuhörte.[106]

Mehrfach änderte der US-Präsident offenbar unter dem

Einfluß Schmidts seine Position. Im Dezember 1974 etwa wechselte Ford nach einem Treffen mit Schmidt seinen wirtschaftspolitischen Kurs und kurbelte die Konjunktur in den USA früher an als ursprünglich geplant.[107] Der Kanzler, erinnerte sich Kissinger später, habe den »Präsidenten auf das richtige Wirtschaftsgleis gehoben«.[108] 1975 folgte Ford dann dem Drängen Schmidts, der Stadt New York, die vor dem Bankrott stand, beizuspringen. Der Bundeskanzler fürchtete, daß sich ein Zusammenbruch der Metropole auf die gesamte Weltwirtschaft auswirken könnte.[109] Auch beteiligte sich Ford – gegen das Votum seiner Berater – 1975 an dem von Schmidt initiierten ersten Weltwirtschaftsgipfel in Rambouillet.[110]

In Bonn entstand der Eindruck, die westliche Welt werde auch vom Rhein aus geführt. In einem Jahresrückblick für die SPD-Führung schrieb Schmidt Anfang 1976 von einem »wesentlich im Verborgenen stattfindenden deutsche[n] Krisen-Management« für die Weltwirtschaft, das vor allem auf der Zusammenarbeit mit den USA beruhe.[111] Öffentlich erklärte Schmidt: »Seit zwei, drei oder vier Jahren sind die Zeiten vorbei, wo [sic] Deutschland wirtschaftlich ein Riese und politisch ein Zwerg war.«[112]

Für die Bundesrepublik zahlte sich die enge Kooperation mit dem US-Präsidenten auch noch in anderer Hinsicht aus. Denn bei einer Reihe von Kontroversen, von der Rüstungs- bis zur Exportpolitik, waren Ford und Kissinger bereit, auf deutsche Wünsche einzugehen, auch gegen Widerstand im eigenen Land. So wurden etwa die sogenannten Offset-Zahlungen abgeschafft, mit denen Bonn einen Teil der Kosten übernahm, die durch die Stationierung amerikanischer Truppen in der Bundesrepublik verursacht wurden. Ein anderes Beispiel: Trotz massiver Kritik aus dem Senat akzeptierte das Weiße Haus, daß deutsche Unternehmen sensitive Nuklearanlagen nach Brasilien liefern wollten (siehe Kapitel 3).

David Anderson, von 1975 bis 1977 Direktor des für die Bundesrepublik zuständigen Office of Central European Affairs im State Department, beschrieb die Haltung von Außenminister Kissinger und dessen Stellvertreter Sonnenfeldt später so: »Wenn die Deutschen kamen und irgend etwas unbedingt wollten ... sagten Henry [Kissinger, K. W.], Sonnenfeldt und andere: Gut, akzeptieren wir es.«[113]

Eine vergleichbare Konstellation in den deutsch-amerikanischen Beziehungen hat es weder davor noch danach jemals gegeben. Doch als Carter im Januar 1977 seine Präsidentschaft antrat, erwartete die Bundesregierung, dort weitermachen zu können, wo sie mit Ford aufgehört hatte. Das sollte sich als Irrtum erweisen.

2. Kontinuität oder Wandel?

Die gleiche oder zumindest eine ähnliche Rolle zu spielen wie bisher war die eine Annahme der Bundesregierung bei Carters Amtsantritt. Zudem erwartete sie vom neuen Präsidenten inhaltliche Kontinuität. Daß dieser eine andere Politik betreiben könnte als sein Vorgänger, mochte man sich auf deutscher Seite nicht recht vorstellen. Der Kanzler erklärte nach Carters Wahlsieg gegenüber amerikanischen Journalisten: »Ich glaube vorerst nicht, ob [sic] Carter was anderes macht als Ford; die Sachzwänge sind groß. Der Channel ist sehr schmal.«[1]

Aus Sicht Schmidts bezog sich diese Prognose nicht nur auf Carters Absichten; sie war zugleich eine Aussage über seine eigene Politik. Den Bundestagswahlkampf gegen Helmut Kohl (CDU) im Herbst 1976 hatte der Kanzler bezeichnenderweise mit dem Slogan »Modell Deutschland« geführt: Die sozial-liberale Koalition beanspruchte für sich, einen alternativlosen Kurs zu verfolgen, insbesondere in der Wirtschafts- und Entspannungspolitik. Genau das sah Carter, wie sich herausstellen sollte, ganz anders.

Keine Experimente

Als Carter sein Amt antrat, lag über Bonn bereits seit längerem eine bleierne Stimmung. Vier Jahre zuvor, in der Ära

Brandt, sei Deutschland noch voller Zuversicht gewesen, erinnerte sich Craig Whitney von der *New York Times*, alles schien möglich. Das hatte sich gründlich geändert. Whitney schrieb: »Optimismus hat Pessimismus Platz gemacht, Liberalität ungeduldigem Konservatismus, das Gefühl des Neuanfangs Gereiztheit und Ernüchterung.«[2] Die Bundesrepublik stand unter dem Eindruck des »Kulturschocks«, den die Weltwirtschaftskrise hervorgerufen hatte. Inzwischen war ins öffentliche Bewußtsein gesickert, daß es sich nicht nur um eine kurze Unterbrechung in der Geschichte des Wirtschaftswunders handelte, sondern daß Wachstumsschwäche und Massenarbeitslosigkeit Dauerphänomene waren, daß eine gesicherte Energieversorgung keineswegs als selbstverständlich vorausgesetzt werden konnte und daß die Industriegesellschaften lernen mußten, mit den vorhandenen Ressourcen sparsam umzugehen. In seiner Silvesteransprache 1976 gab Schmidt der Desillusionierung Ausdruck: »Wir alle hatten geglaubt, daß es eines Tages nach der Überwindung der Weltwirtschaftskrise wieder so weitergehen würde wie vorher. Doch gerade in den letzten Monaten ist uns klar geworden, daß nichts wieder so sein wird wie vor 1974.«[3]

Der Staatsrechtler Josef Isensee hat die Wirkung der Weltwirtschaftskrise mit dem Erdbeben von Lissabon 1755 verglichen, das der Aufklärung ihren Optimismus nahm. So wie damals sei auch in den siebziger Jahren Fortschrittseuphorie in Krisenbewußtsein umgeschlagen: »In ihr [der Krise, K.W.] spürte eine selbstbewußte, fortschrittsselige, machbarkeitsberauschte Gesellschaft schmerzhaft die Grenzen ihrer materiellen Ressourcen, mehr noch: die Grenze der innerstaatlichen Gestaltungsfreiheit, das Ende der Machbarkeit.«[4]

Der Übergang von Brandt zu Schmidt verkörperte den Stimmungswandel. Schmidt, ein pragmatischer Sozialdemokrat vom rechten Flügel der Partei, hatte seiner ersten Regierungserklärung 1974 das karge Motto »Kontinuität und Konzentration« gegeben und verkündet: »In einer Zeit weltweit wachsender Probleme konzentrieren wir uns in Realismus und Nüchternheit auf das Wesentliche, auf das, was jetzt notwendig ist, und lassen anderes beiseite.«[5] Die Reformvorhaben der Koalition wurden zusammengestrichen.

Schmidt eilte seit der Hamburger Flutkatastrophe von 1962, die er als Innensenator der Stadt zu bewältigen hatte, der Ruf eines Krisenmanagers voraus. In seiner Zeit als Verteidigungs- und Finanzminister galt er in der Öffentlichkeit als Garant dafür, daß Brandts Erneuerungspolitik nicht an Bodenhaftung verlor. Eine Reputation als Reformer hatte Schmidt nicht. Politik war für ihn mühsames Tagesgeschäft, basierend auf sozialdemokratischen Grundwerten und mit gesundem Menschenverstand zu betreiben.[6] Umfassende Gesellschaftsentwürfe blieben ihm fremd; wer Visionen habe, lautete sein vielzitiertes Bonmot, solle besser zum Arzt gehen. Für seine Politik gab er die Richtlinie vor, sie müsse vor allem stetig und berechenbar sein, Veränderungen sollten allenfalls in kleinen Schritten erfolgen. Daß ihm mit Hans-Dietrich Genscher als Außenminister und Vizekanzler ein Liberaler zur Seite stand, der sich vom Aufbruchspathos der sozial-liberalen Koalition nie hatte anstecken lassen, paßte ins Bild.

Dabei wäre es angesichts der Probleme, die sich am Horizont abzeichneten, durchaus plausibel gewesen, wenn die Bereitschaft zum Wandel zu- und nicht abgenommen hätte. Die Belastung der sozialen Sicherungssysteme durch die Massenarbeitslosigkeit, die Überregulierung der Märkte, die Kosten der sogenannten alten Industrien, der Umbau zur Dienstleistungsgesellschaft – die Notwendigkeit, Dinge zu verändern, war groß. Statt dessen begann in dieser Zeit der Reformstau, der in den neunziger Jahren die politische Tagesordnung bestimmte und teilweise noch heute bestimmt.[7]

Doch Gesellschaften verhalten sich selten logisch. Auf die globale ökonomische Krise reagierten Wirtschaft und Gesellschaft der Bundesrepublik jedenfalls nicht mit der nötigen Anpassungsflexibilität.[8] Und Schmidt war nicht bereit, sich dem allgemeinen Stimmungstrend entgegenzustellen. Es hätte ihn 1976 wohl auch den Wahlsieg gekostet. Vor der SPD-Fraktion erklärte er einige Monate danach warnend: »... das Sicherheitsbedürfnis der durchschnittlichen Wählerin und des durchschnittlichen Wählers [ist] gerade in unserem Lande Bundesrepublik Deutschland besonders ausgeprägt.«[9] Mit der »Modell Deutschland«-Rhetorik vermittelte der Kanzler den Eindruck, daß alles so bleiben könne, wie es war. Und im Vergleich zu Frankreich, Großbritannien oder Italien war die Bundesrepublik ja auch ein Hort von Prosperität und Stabilität.

Einer der besten britischen Deutschland-Kenner, Peter Pulzer, hat das System der (alten) Bundesrepublik anläßlich des 40. Jahrestages ihrer Gründung 1989 mit der Formel »Stabilität und Immobilität« gekennzeichnet.[10] Die Ursachen dafür sah Pulzer auch in der politischen Kultur des Landes. Seine Erkenntnis spitzte er in der These zu, daß nichts konservativer sei als eine erfolgreiche Revolution – und gemessen an den Erfahrungen der jüngeren deutschen Geschichte stellte die Bundesrepublik der siebziger Jahre in der Tat das Ergebnis einer erfolgreichen Revolution dar.

Nach zwei Weltkriegen, dem Zusammenbruch der Weimarer Republik, dem Nationalsozialismus mit seinen geistigen Verwüstungen, dem Holocaust, der Vertreibung von Millionen Deutschen und der mehrfachen Entwertung aller Ersparnisse war es gelungen, ein freiheitliches und wohlhabendes Gemeinwesen aufzubauen. Angesichts einer solchen Vorgeschichte war die Bereitschaft, das Bestehende in Frage zu stellen, nicht sehr ausgeprägt.[11] Und daß das Wirtschaftswunder und der Aufbau der Konsensdemokratie einander bedingten, trug zur Immobilität noch bei. Fast alle gesellschaftlichen Gruppen hatten am ökonomischen Erfolg partizipiert; jede Veränderung drohte damit den Besitzstand vieler zu gefährden.[12] Auf die Frage, wann es den Deutschen im 20. Jahrhundert am besten gegangen sei, hatten 1951 gerade einmal zwei Prozent mit »heute« geantwortet, 1963 waren es schon 63 Prozent und seit Anfang der siebziger Jahre über 80 Prozent.[13]

Von der Zukunft erwartete ein beträchtlicher Teil der Deutschen hingegen wenig Angenehmes. Nur 43 Prozent von ihnen waren 1976 der Ansicht, daß jemand, der heiratet und eine Familie gründet, beruhigt nach vorne sehen könne. Ein Drittel jedoch fürchtete einen Krieg – und zwar einen Weltkrieg.[14] Das war keine einmalige Momentaufnahme, diese Haltung läßt sich vielmehr über die ganze Geschichte der alten Bundesrepublik hinweg beobachten.[15] Auch ihrem materiellen Wohlstand vertrauten die Deutschen nicht. Daß das Leben mit der Zeit einfacher werde, behauptete nicht einmal ein Sechstel der Befragten, die meisten glaubten an das Gegenteil – der Unterschied zum amerikanischen Traum konnte kaum größer sein.

Die Deutschen seien, urteilte Bundespräsident Walter Scheel in einem Bonmot über seine Landsleute, verliebt in die Gegenwart. Wandel und Neuanfang stellten daher eher eine Gefährdung als eine Chance dar. Bezeichnenderweise nannte Schmidt als Grund dafür, daß er 1976 die Wiederwahl von US-Präsident Ford wünschte: »Man weiß, was man hat.«[16]

Unterschiedliche Mandate

Das »Modell Amerika« war 1976 mindestens so reparaturbedürftig wie das »Modell Deutschland«. In den USA prägte eine Glaubwürdigkeitskrise der Verfassungsinstitutionen die politische Stimmung. Das öffentliche Vertrauen in die Regierung war von 61 Prozent 1964 auf 22 Prozent 1976 gesunken.[17] Die Ursachen dafür waren vielfältig und reichten weit zurück. Eine wichtige Rolle spielten die Rassenunruhen der späten sechziger Jahre, die in Straßenschlachten zwischen der Polizei und brandschatzenden Jugendlichen eskalierten. Auch die Wunden, die der Vietnamkrieg geschlagen hatte, lagen noch offen.

Zudem war die wirtschaftliche Lage nicht einfach: Die USA hatten Mitte der siebziger Jahre mit zweistelligen Inflationsraten und Negativwachstum zu kämpfen. Die Ölkrise hatte eindrucksvoll demonstriert, daß die Energieversorgung dringend reformiert werden mußte; in manchen Orten war es zu Schlägereien um knappes Benzin gekommen. Andere Probleme – etwa daß im Norden und Osten des Landes die Innenstädte verödeten oder das Gesundheitssystem nicht funktionierte – trugen ebenfalls zum Eindruck eines allgemeinen Reformstaus bei.[18] Vor allem aber der Watergate-Skandal und immer neue Enthüllungen über politische oder moralische Fehltritte von Amtsträgern nährten Zweifel am Führungsvermögen der Elite. Gegenüber Politik und Politikern machte sich ein Zynismus breit, der über die übliche Anti-Washington-Stimmung, die periodisch in der amerikanischen Politik auftaucht, hinausging und sich in Carters überraschendem Wahlsieg 1976 Bahn brach.[19]

Der ehemalige Gouverneur von Georgia hatte in der amerikanischen Bundespolitik bis zur seiner Kandidatur keine Rolle gespielt. Geschickt wußte er im Wahlkampf seinen Außenseiterstatus zu nutzen. Werte, ebenso seine Kompetenz und Integrität (»I will never lie to you«) wurden in der Kampagne besonders hervorgehoben, die er »gegen Washington« führte.[20] Sein Sieg drückte denn auch den Wunsch nach einem Neuanfang aus, der den amerikanischen Traum rehabilitieren sollte.[21]

Schmidt und Carter hatten also sehr unterschiedliche Mandate. Zugespitzt formuliert galt: Während Schmidt 1976 im Amt bestätigt wurde, weil er das Ende der Brandtschen Reformära verkörperte und Stabilität in unsicheren Zeiten zu gewähren schien, gewann Carter die Wahl, weil er den Wandel symbolisierte, den viele Amerikaner für überfällig hielten.[22] Sie gaben Carter gerade deswegen die Stimme, weil er nicht zum Establishment zählte. Es hatte seit dem Zweiten Weltkrieg keinen US-Präsidenten gegeben, der auf seine Aufgabe schlechter vorbereitet gewesen wäre als er. Schmidt hingegen war zwei Jahre zuvor Bundeskanzler geworden, weil er für dieses Amt bessere Voraussetzungen mitbrachte als alle seine Vorgänger: Er saß seit 1953 im Bundestag, nur unterbrochen von der Zeit als Hamburger Innensenator (1961–1965), hatte drei Jahre lang den SPD-Fraktionsvorsitz innegehabt (1967–1969), war drei Jahre Verteidigungsminister (1969–1972) und zwei Jahre Finanzminister (1972–1974), einige Monate zugleich auch Wirtschaftsminister gewesen.

Der Gedanke liegt nahe, in den divergierenden Reaktionen auf die Probleme Mitte der siebziger Jahre die Manifestation eines Grundunterschiedes zwischen der eher strukturkonservativen Gesellschaft Westdeutschlands und dem eher dynamischen Gemeinwesen der USA zu sehen. Carter strahlte jenen Optimismus und jenes Sendungsbewußtsein aus, die aus dem Glauben an die amerikanische Mission erwuchsen. Trotz Krisenstimmung zweifelte die amerikanische Nation nicht an der Idee ihrer Auserwähltheit. Im Wahlkampf verkündete Carter: »Es gibt nur eine Nation auf der Welt, die wirklich zur Führung fähig ist …, und das sind die Vereinigten Staaten von Amerika.«[23] Die Anziehungskraft des amerikanischen Traumes, die Zuversicht, daß die Zukunft Gutes bringen werde, waren ungebrochen.

Die Angst vor Veränderung in der Bundesrepublik hingegen reflektierte die jüngere deutsche Geschichte, die Erinnerung an einen pervertierten und schließlich gebrochenen Nationalismus.[24] Es war bezeichnend, daß der Kanzler dem eigenen Volk mit tiefem Mißtrauen begegnete. Noch 1990 warnte Schmidt: »Wir Deutschen bleiben ein gefährdetes Volk. Nicht weil uns Gefahr von außen drohte; sie ist gegenwärtig nicht zu befürchten. Sondern wegen unserer Neigung zu Aufgeregtheit, Gefühlsüberschwang und Überheblichkeit.«[25] Was immer auch Carter beabsichtigte – wollte er die Deutschen gewinnen, mußte er Rücksicht nehmen auf ihre Neigung, möglichst wenig zu verändern.

Der Präsident aus dem Süden

Dem verbreiteten Wunsch der Amerikaner nach einem Neuanfang entsprach auf Seiten Carters und seiner engsten Mitarbeiter das Bestreben, sich von der Regierung Ford und mehr noch von dessen Vorgänger Nixon abzusetzen. Das Auftreten des Präsidenten, seine Redeweise, die Organisation des Weißen Hauses und die Führung der Ministerien, die Innen- wie die Außenpolitik – so wenig wie möglich sollte an den Mißbrauch des höchsten Staatsamtes erinnern. Schon bei der Feier zur Amtseinführung am 20. Januar 1977 brach Carter mit der Tradition. Er stieg nach der Vereidigung auf dem Weg vom Kapitol zum Weißen Haus aus der Limousine und lief unter dem Jubel der Zuschauer mit seiner Familie die historische Meile zu Fuß. Er verzichtete darauf, daß eine Kapelle stets »Hail to the Chief« spielte, wenn er in der Öffentlichkeit auftrat. Carter trug seine Koffer selbst und verlangte auch von hochrangigen Mitarbeitern, auf Fahrer zu verzichten und ihre Autos eigenhändig durch den Verkehr der Hauptstadt zu steuern. Die Atmosphäre sei vergleichbar mit der Aufbruchsstimmung unter Kennedy, hielt Egon Bahr, inzwischen SPD-Bundesgeschäftsführer, nach einem Kurzbesuch in Washington im Februar 1977 fest: »Mit der Bereitschaft, alles in Frage zu stellen, alles neu zu definieren. Alles neu zu überprüfen und notfalls alles anders zu machen.«[26]

Was Bahr bei seiner Reise beobachtete, ergab sich aus einer besonderen Konstellation: Seit 1844 war kein Demokrat aus den ehemaligen Südstaaten – ohne aus dem Weißen Haus heraus zu kandidieren – von seiner Partei nominiert worden.[27] Für Carter und viele seiner Mitstreiter hatte der Aufstieg zur Präsidentschaft daher große symbolische Bedeutung. Sie entstammten einer Region, die sich von anderen Teilen der USA lange Zeit unterschieden hatte – in ihrer rückständigen Wirtschafts- und Gesellschaftsstruktur, in ihrem politischen und kulturellen Selbstverständnis, vor allem aber in der Rassenfrage.[28]

Erst nach dem Zweiten Weltkrieg begann der ökonomische Aufstieg des Südens. An die Stelle der einst dominierenden Landwirtschaft traten eine prosperierende Industrie und ein boomender Dienstleistungssektor. Die Menschen verließen das Land und zogen in die Städte. Eine neue, kosmopolitische Elite bildete sich heraus. Durch die Bürgerrechtsbewegung endete Mitte der sechziger Jahre auch die Rassentrennung. Carter gehörte zu jener Garde junger Gouverneure der Demokratischen Partei, die diese Veränderungen repräsentierten und Anfang der siebziger Jahre an die Macht gekommen waren: »Er verkörperte den modernen Süden – ohne Rassenschranken, aufstiegsorientiert, weltoffen in politischen Fragen, ein Freund der Agrarindustrie, gut ausgebildet und geschickt in der Pflege seines öffentlichen Images.«[29]

Aus einer alteingesessenen Familie stammend, die in dem abgelegenen Plains – einem Ort mit wenigen hundert Einwohnern – ein kleines landwirtschaftliches Unternehmen führte, hatte er in Americus und Atlanta studiert und war dann als Berufsoffizier zur Marine gegangen, deren Naval Academy er in Annapolis 1946 abschloß. In den folgenden sieben Dienstjahren arbeitete Carter unter anderem für das Atom-U-Boot-Programm, bevor er sich nach dem Tod seines Vaters entschloß, das marode Familienunternehmen zu übernehmen. In wenigen Jahren sanierte und modernisierte er den Betrieb. Seine politische Laufbahn begann 1962, als er erstmals für den Senat von Georgia kandidierte. Die Wahl zum Präsidenten der USA empfand Carter als Zeichen der Versöhnung und Integration des Südens in den politischen »mainstream« des Landes.[30]

An den Vorurteilen, denen das Carter-Team auf dem Weg nach Washington und in der Hauptstadt selbst begegnete, änderte das jedoch wenig. »Southeners« galten vielerorts immer noch als rassistisch und tumb.[31] Insofern war es wenig verwunderlich, daß Carter und seine Mitarbeiter zeigen wollten, wie Redenschreiber James Fallows berichtet, daß sie keine Hinterwäldler waren.[32] Das notwendige Selbstvertrauen für einen Neubeginn war in dieser Administration im Übermaß vorhanden. Stuart Eizenstat, ein Anwalt aus Atlanta, der im Weißen Haus die Aufgabe des Domestic Policy Advisor übernahm und in den neunziger Jahren aufgrund seines Einsatzes für NS-Opfer auch in der Bundesrepublik bekannt wurde, erinnerte sich später an die Atmosphäre Anfang 1977: »Es herrschte eine enorme Begeisterung.«[33]

Carter wußte um seine ungewöhnlichen intellektuellen Fähigkeiten, zudem zehrte er als Baptist von der Erfahrung der Wiedergeburt, die er 1966 erlebt und die ihm, wie er sagte, »inneren Frieden« gebracht hatte, verbunden mit dem Gefühl, in dem was er tue, Gott neben sich zu haben.[34] Carters Biographen führen darauf seine große Selbstsicherheit zurück.[35]

Für die engen Mitarbeiter im Weißen Haus, despektierlich die »Georgia-Mafia« genannt, waren wohl eher die gemeinsamen Erfahrungen mit Carter ausschlaggebend. Seit dessen Eintritt in die Politik hatten sie immer wieder scheinbar unüberwindliche Hindernisse bewältigt. 1962 kandidierte Carter als vollkommen unbekannter Bewerber für den Senat von Georgia und setzte sich durch, obwohl das eingespielte Parteiestablishment der Demokraten mit Bestechung und Wahlfälschung gegen ihn arbeitete. Vier Jahre später gelang ihm bei den Gouverneurswahlen in Atlanta ein Achtungserfolg, nochmals vier Jahre später, 1970, konnte er die Residenz des

Gouverneurs beziehen. Sein Sieg bei der Präsidentschaftswahl 1976 bestätigte das Muster: Dem Außenseiter war nach einem beispiellosen, drei Jahre währenden Wahlkampf das Unerwartete gelungen. Als er seiner Mutter erzählt hatte, daß er Präsident werden wolle, hatte sie noch gefragt: »Präsident von was?«

Hamilton Jordan, einer der wichtigsten innenpolitischen Berater Carters, berichtete später über die Stimmung im Umfeld des Präsidenten: »Diese frühen Erfahrungen lehrten uns, daß wir uns nicht entmutigen lassen durften, weder von der Gefahr einer Niederlage noch von Leuten, die sagten: ›Das schafft Ihr nicht. Er kann sich nicht um das Amt des Präsidenten bewerben.‹ Unsere Antwort darauf lautete: ›Das haben wir alles schon gehört, und Jimmy Carter hat es sein ganzes politisches Leben lang gehört.‹«[36] Alles schien möglich.

Carter und Brzezinski

Mit Außenpolitik beschäftigte sich Carter erst seit 1973 systematisch, als er sich entschloß, für die Präsidentschaft zu kandidieren, und daher gezwungen war, außenpolitische Kompetenz zu erwerben und nachzuweisen. Er hatte Glück und wurde in die hochkarätige Trilaterale Kommission berufen, die David Rockefeller, Vorsitzender der Chase Manhattan Bank, gegründet hatte. Die Kommission brachte rund 200 prominente Unternehmer, Wissenschaftler, Journalisten, Politiker und Gewerkschaftsführer aus Nordamerika, Westeuropa und Japan zusammen – alle keine Regierungsmitglieder –, die zweimal im Jahr informell darüber diskutierten, wie das internationale System der Zukunft aussehen sollte.[37]

Obwohl die Trilaterale Kommission kein verbindliches Programm besaß, war man sich einig, daß Probleme wie der Zusammenbruch von Bretton Woods, die Energiekrise oder die ökologische Herausforderung durch globale Zusammenarbeit und kollektive Führung der USA, Japans, Westeuropas und einiger Schwellenländer gelöst werden mußten. Nur so glaubte man den Widerspruch aufheben zu können, daß die wechselseitige Abhängigkeit zunahm, die Möglichkeiten, auf internationale Probleme zu reagieren, jedoch primär nationale blieben.

Carter machte sich diese Vorstellung schnell zu eigen. Er lernte in der Trilateralen Kommission deren Direktor Zbigniew Brzezinski kennen und schätzen. Dieser wurde später zum wichtigsten außenpolitischen Berater Carters. Brzezinski war zum damaligen Zeitpunkt auf der Suche nach einem hoffnungsvollen demokratischen Präsidentschaftskandidaten, der ihn dorthin bringen sollte, wo sein akademischer und politischer Rivale Henry Kissinger seit Jahren saß: in das Weiße Haus.

Brzezinski war 1928 in Polen als Sohn eines adligen Diplomaten geboren worden. Die Kriegsjahre verbrachte die Familie in Kanada; erst Mitte der fünfziger Jahre kam »Zbig«, wie er genannt wurde, in die USA und schlug dort eine akademische Laufbahn als Politikwissenschaftler ein, die ihn schließlich an die Columbia University in New York führte. Sowohl Kennedys als auch Johnsons Regierung stand er gelegentlich mit Rat zur Seite. Ende der sechziger Jahre übernahm er die Leitung des politischen Planungsstabes im State Department, kehrte aber nach dem Wahlsieg Nixons in die akademische Welt zurück.

Obwohl Carter kaum Chancen eingeräumt wurden, die Wahl 1976 zu gewinnen, begann Brzezinski, dem Gouverneur regelmäßig Ausarbeitungen zur internationalen Politik zu schicken. Carter hat Brzezinski später als seinen »Lehrer« bezeichnet; er selbst war ein gelehriger Schüler.[38] Brzezinski präsentierte Carter eine optimistische und idealistische Weltsicht, die mit dem Glauben an die geschichtliche Mission der USA und der Bereitschaft, sich an den Wünschen der Öffentlichkeit zu orientieren, dem Selbstverständnis der amerikanischen Republik weit mehr entsprach als Kissingers Geheimdiplomatie im Stil des 19. Jahrhunderts: »Außenpolitik muß in einer Demokratie Vertrauen schaffen – eine Mischung aus moralischer Glaubwürdigkeit und allgemeinen Vorstellungen von den Wegen und Zielen einer Nation.«[39]

Brzezinski plädierte für einen Kurs, der dem anhaltenden Ost-West-Konflikt Rechnung tragen, zugleich jedoch über diesen hinausweisen sollte. Aus dem Vietnamkrieg hatte er die Lehre gezogen, daß die Eindämmungspolitik des Kalten Krieges nicht ausreichend sei. Zu lange waren die USA aus seiner Sicht auf die Sowjetunion und den Ost-West-Gegensatz fixiert gewesen. Die Welt befand sich jedoch, so Brzezinski, in einem Prozeß tiefgreifenden Wandels.[40] Um zu verhindern, daß dieser in einem globalen Chaos endete, das die Sowjetunion hätte nutzen können, sollte neben die traditionelle Gleichgewichtspolitik gegenüber dem Ostblock eine Art präventive Weltordnungspolitik treten. Die USA sollten mehr Rücksicht auf die Entwicklungs- und Schwellenländer nehmen, sich intensiver globalen Problemen wie Umweltschutz, Welternährung, Handel oder nuklearer Proliferation widmen und Menschenrechte und Demokratie stärker fördern als bisher. Eine solche – idealistische – »Ordnungspolitik« passte nach Brzezinskis Meinung besser in eine pluralistische Welt (und fand in den USA größeren Rückhalt) als die Strategie Kissingers, die auf die Rivalität mit der Sowjetunion fixiert war.[41]

Brzezinski wollte die Vereinigten Staaten aus der politischen Defensive bringen, in der er sie nach dem Vietnamkrieg wähnte. Daß in der ersten Hälfte der siebziger Jahre der Eurokommunismus erstarkte, der Antiamerikanismus weltweit zunahm und sich die Entwicklungsländer gegen den Westen wandten – das waren für ihn Anzeichen einer Art geschichtsphilosophisch begründeter Isolation der USA. In Analogie zu Stalins Formel vom »Aufbau des Sozialismus in einem Lande«, in der sich die Sonderstellung der Sowjetunion während der zwanziger Jahre spiegelte, sprach Brzezinski vom drohenden »Kapitalismus in einem Lande«.[42] Die USA dürften deshalb international nicht länger als Statusquo-Macht gelten, die sich dem Wandel der Welt widersetze. Um die ideologische Stärke der USA auszuspielen, war es aus Sicht Brzezinskis notwendig, eine Außenpolitik zu verfolgen, die Amerikas Werte widerspiegelte. Das Land sollte sich daher beim Einsatz militärischer Macht zurückhalten sowie auf Geheimdiplomatie und geheimdienstliche Eingriffe in anderen Ländern verzichten.

Was er anstrebte, beschrieb Brzezinski nach dem ersten

Regierungsjahr wie folgt: »… viel zu lange sind die Vereinigten Staaten – und das häufig zu Recht – als Gegner von Veränderungen betrachtet worden, als eine Nation, die hauptsächlich auf Stabilität um der Stabilität willen bedacht sei und um der Bewahrung von Privilegien willen vor allem das Mächtegleichgewicht im Auge habe. Wir haben uns bewußt vorgenommen, dies zu ändern. Die Vereinigten Staaten sollen mit dem Gedanken identifiziert werden, daß Veränderungen etwas Positives sind; daß wir glauben, daß internationale Veränderungen in konstruktive Bahnen gelenkt und mit unseren grundlegenden geistigen Werten in Übereinstimmung gebracht werden können.«[43]

Der Ansatz war dabei – trotz der düsteren Augenblicksbeschreibung – optimistisch und dynamisch. Der Politologe ging davon aus, daß Freiheit und Bürgerrechte für die meisten Menschen zu den zentralen Anliegen zählten und die USA diese Ideale stärker repräsentierten als jede andere Macht.[44] Brzezinski war sich bereits Anfang der siebziger Jahre sicher, daß das sowjetische Modell keine Zukunft habe.[45] Er sah in der Geschichte einen Verbündeten der USA – und nicht des realexistierenden Sozialismus.

Die trilaterale Zusammenarbeit zwischen Westeuropa, Amerika und Japan sollte den exekutiven Kern der neuen Weltordnungspolitik bilden.[46] Brzezinski plädierte deshalb für eine enge Verflechtung zwischen Tokio, Washington und den europäischen Hauptstädten. Die USA sollten dem Westen ein neues Gemeinsamkeitsgefühl vermitteln, das Bewußtsein, für die gleichen Ideale einzustehen.

Carter übernahm diese Gedanken und variierte sie nur leicht. Denn sein Berater lieferte ihm die Begründung für einen Kurs in der internationalen Politik, der in vielem mit seinen Vorstellungen vereinbar war.[47] Brzezinski sprach die aus baptistischen Wurzeln entspringende Neigung Carters an, eine wertgebundene Außenpolitik zu betreiben, die der Zusammenarbeit des Westens eine tiefere Dimension geben sollte als nur die einer Interessenallianz im Sinne Kissingers.[48]

Daß Brzezinski forderte, die Dritte Welt aufzuwerten und sich ihren Problemen zuzuwenden, appellierte wiederum an

Carters Erfahrung wirtschaftlicher Rückständigkeit und politischer Benachteiligung im Süden der USA.[49] Es war kein Zufall, daß der Präsident, wie sein Biograph und Mitarbeiter Peter Bourne später berichtete, mit Politikern aus Lateinamerika oder dem Nahen Osten besser zurechtkam als mit den Europäern.[50] Auch beim Thema Menschenrechte fühlte sich Carter kompetent. Die sogenannte Rassenfrage im Süden der USA hatte ihn zeit seines Lebens begleitet.

Brzezinskis Ideen boten zudem die Möglichkeit, das Wahlkampfkonzept auf die Außenpolitik auszudehnen. Sie waren originell und »umfassend« (»comprehensive«) – ein Schlüsselwort, das den Reformeifer des Carter-Teams widerspiegelte. Sie paßten zum Anti-Establishment-Ton des Wahlkampfes, denn Brzezinski forderte eine Außenpolitik, die an die Öffentlichkeit rückgekoppelt war und dort Mehrheiten erzeugte; genau das war Kissinger mißlungen. Und diese Ideen konnten mit Zustimmung rechnen.

Vieles, was Brzezinski entwarf, fand bei den liberalen Demokraten Anklang: die Abkehr vom Ost-West-Konflikt als Kompaß der US-Außenpolitik, die Betonung der Dritten Welt, die Relativierung militärischer Macht. Anderes begeisterte konservative Parteigänger Carters, denn das Konzept lief darauf hinaus, die sowjetische Einflußsphäre in Frage zu stellen und Moskau ideologisch herauszufordern. Die Kreml-Führung konnte wählen: sich dem globalen Wandel anzupassen oder historisch überflüssig zu werden. Insofern bot Brzezinski eine Möglichkeit, den Graben zu überbrükken, der sich seit dem Vietnamkrieg durch die Demokratische Partei zog.

Daß die Vorstellungen des späteren Sicherheitsberaters weltanschaulich nicht eindeutig zuzuordnen waren, machte sie für Carter noch attraktiver. Dieser wollte neue Wählergruppen jenseits der New-Deal-Koalition aus Gewerkschaftern, den weißen Wählern in den Südstaaten und den Arbeitern in den großen Industriestädten des Nordens und Mittleren Westens gewinnen. Früh hatte der Präsidentschaftskandidat erkannt, daß der demographische und sozioökonomische Wandel in den USA die Mehrheitsfähigkeit der Demokraten gefährdete.[51] Seine Antwort darauf war eine

Mischung aus liberalen und konservativen Elementen, auch wenn die einander teilweise widersprachen.

Den Westeuropäern schlug Carter während seines Wahlkampfes in Anlehnung an Brzezinskis Konzept eine trilaterale »Partnerschaft« mit den USA und Japan vor.[52] Sie sollte ergänzt werden durch Bindungen an regionale Schwellenmächte wie Brasilien oder den Iran. Gemeinsam wollte man den globalen Wandel begleiten und steuern. Dem Unilateralismus erteilte der Demokrat ausdrücklich eine Absage. Wie seine direkten Vorgänger ging auch er davon aus, daß die Mittel der USA beschränkt seien. Japan und Westeuropa sollten Führungsaufgaben übernehmen und Amerika dadurch entlasten: »Wir haben gelernt, daß mehr nicht unbedingt besser ist, daß zugegebenermaßen sogar unsere große Nation ihre Grenzen hat und daß wir weder alle Fragen beantworten noch alle Probleme lösen können.«[53]

Es war die Rede davon, einen Rat der Regierungschefs zu schaffen oder gemeinsame Sitzungen der Kabinette abzuhalten.[54] Den amerikanischen Führungsanspruch wollte Carter damit nicht preisgeben. Aber er definierte ihn weniger in machtpolitischen Kategorien als seine Vorgänger. Die USA sollten vielmehr ein Vorbild sein, an dem sich die Verbündeten orientieren konnten.[55] Warum diese das tun sollten, blieb freilich offen, da sich die Vereinigten Staaten, wie Carter selbst einräumte, ihren Status als Primus inter pares nach dem Vietnamkrieg erst wieder erarbeiten mußten. Offen blieb auch, ob der Präsident dem Trilateralismus auch dann Vorrang einräumen würde, wenn die Europäer sich in Fragen der »Weltordnungspolitik« dem amerikanischen Führungsanspruch nicht beugen sollten.

Das fremde Land

Über eine deutschlandpolitische Konzeption im engeren Sinne verfügte Carter nicht; allerdings bestand dafür auch keine Notwendigkeit. Die deutsche Frage lag wegen der Entspannungspolitik auf Eis. »Deutschland war kein Thema mehr«, erinnerte sich später David Anderson, Deutschland-Experte des State Department.[56] Im Rahmen der trilateralen Zusammenarbeit wollte Carter mit der Bundesregierung kooperieren wie mit London, Rom oder Paris; nicht weniger, aber auch nicht mehr.

Dazu paßte, daß in der neuen US-Regierung zwar zahlreiche Mitglieder der Trilateralen Kommission zu finden waren, es an Deutschlandspezialisten in Carters Umfeld aber mangelte.[57] Die engsten Berater des Präsidenten wie Hamilton Jordan, Stuart Eizenstat oder Pressesprecher Jody Powell kamen mit ihm aus Atlanta; ihnen fehlte jede außenpolitische Erfahrung, und die Bundesrepublik war ihnen entsprechend fremd. Bei den für Außenpolitik zuständigen Kabinettsmitgliedern ergab sich das gleiche Bild. Weder Außenminister Cyrus Vance noch Verteidigungsminister Harold Brown oder CIA-Chef Stansfield Turner zeigten sich mit dem westdeutschen Staat auch nur annähernd so vertraut, wie es Kissinger gewesen war. Nur Finanzminister Michael Blumenthal, dessen Familie in der NS-Zeit emigriert war, kannte sich zwischen Rhein und Elbe ein wenig aus. Doch Blumenthals Einfluß im Weißen Haus erwies sich von Beginn an als begrenzt.

Auch im National Security Council (NSC), der die US-Außenpolitik koordinierte und dem Präsidenten direkt zuarbeitete, mangelte es an Experten. Unter den rund 40 Mitarbeitern gab es wenige, die sich wie Catherine Kelleher oder Gregory Treverton zumindest auf wissenschaftlicher Ebene mit der Bundesrepublik beschäftigt hatten oder als deutschfreundlich galten wie Henry Owen, der die Weltwirtschaftsgipfel vorbereitete. Mit Brzezinski und David Aaron saßen dem NSC vielmehr zwei Männer vor, die ein distanziertes Verhältnis zu Deutschland hatten.

Brzezinski war 1939 der Besetzung Polens durch die Wehrmacht nur entgangen, weil die Regierung in Warschau seinen Vater im Jahr zuvor als polnischen Generalkonsul nach Kanada versetzt hatte. Wahrscheinlich wäre er sonst erschossen worden, pflegte Brzezinski deutsche Gesprächspartner gelegentlich zu schockieren. Sein Blick auf Deutschland – und die Sowjetunion – blieb von den polnischen Erfahrungen mit den beiden großen Nachbarn geprägt, wie sich ein Mitarbeiter erinnert: »Wenn man wissen wollte, was Zbigs Ansicht zu einem bestimmten Thema war, mußte man versuchen, sich vorzustellen, was die Polen dazu gemeint hätten.«[58]

Die Ehe Brzezinskis mit einer Nichte des tschechoslowakischen Präsidenten Eduard Benesch, der für die Vertreibung der Deutschen nach 1945 verantwortlich war, mag die Vorbehalte des Sicherheitsberaters noch verstärkt haben. Die Westbindung der Bundesrepublik betrachtete er mit Skepsis, die Ostpolitik mit Mißtrauen. Während er das französische Unabhängigkeitsstreben bewunderte, witterte er hinter entsprechenden deutschen Schritten den »Bismarckian dream« einer neuen deutsch-russischen Allianz.[59] Allerdings rechnete Brzezinski den Sozialdemokraten hoch an, daß sie die deutsch-polnische Versöhnung vorangebracht hatten.[60] Und er war sich bewußt, daß die amerikanische Europa-Politik ohne die Bundesrepublik kaum erfolgreich sein konnte.

Im State Department sah die Lage aus Bonner Sicht nicht viel besser aus. Außenminister Vance ernannte eine Reihe von jungen, liberalen Männern zu Abteilungsleitern, wie Anthony Lake oder Leslie Gelb von der *New York Times*, der zu Vances wohl wichtigstem Mitarbeiter in Abrüstungsfragen aufstieg. Der Kolumnist William Safire bezeichnete die Gruppe als »new-boys-network«. Der Vietnamkrieg hatte ihre Weltsicht geprägt, die Berliner Luftbrücke war für sie allenfalls eine Kindheitserinnerung.[61] Die europäische Abteilung wiederum litt darunter, daß ihr Leiter George Vest zuvor Pressesprecher Kissingers gewesen war und es in der neuen Regierung entsprechend schwer hatte. Und die US-Botschaft in Bonn mit ihren Hunderten von Mitarbeitern hatte schon unter Kissinger an Gewicht verloren. An ihrer Spitze stand mit Walter Stoessel zudem ein Diplomat, den Washington zuvor aus Moskau abberufen hatte, weil er dort unter mysteriösen Umständen erkrankt war. Am Rhein sollte er sich regenerieren.

Der Präsident teilte die Skepsis Brzezinskis gegenüber der Bundesrepublik nicht. Aber ein besonderes Verhältnis zu Deutschland hatte auch er nicht. Weder beherrschte er die Sprache, noch war er mit der deutschen Geschichte sonderlich vertraut. Nur einmal, 1973, hatte Carter Bonn und

West-Berlin im Rahmen einer Europa-Reise besucht. Er lernte dabei den sechs Jahre älteren Helmut Schmidt kennen, der damals Finanzminister war. Schmidt gehörte zu den wenigen deutschen Politikern, die überhaupt Interesse zeigten, amerikanische Besucher zu empfangen. Das Treffen verlief gut, obwohl die Männer wenig gemein hatten. Einerseits der überaus höfliche Carter, ein »Southern Gentleman« aus dem ländlichen, rückständigen Plains im heißen Süden der USA; andererseits Schmidt aus der wohlhabenden, traditionsreichen Großstadt im kühlen Norden, gefürchtet für seine verbalen Attacken und seinen Gestus intellektueller Überlegenheit.

Auch ihre Auffassung von Politik war verschieden. Der studierte Landwirt und Nachkriegs-Marineoffizier Carter bezog seine Energien und seine Selbstsicherheit aus der staatsfernen Religiosität des Südens. Der Weltkrieg-II-Leutnant Schmidt hingegen, der nach dem Studium bezeichnenderweise in die Hamburger Verwaltung gewechselt war, hing einem auf den Staat ausgerichteten Pflichtethos an.[62] Er verstand sich als »leitender Angestellter« der Bonner Republik und lehnte jede Form von geistiger Führung ausdrücklich ab.[63] Carter dagegen sah es als Aufgabe der Politik an, sich der Menschen auch in einem über das Tagesgeschäft hinausgehenden Sinne anzunehmen.[64] Er hatte sich lange mit der Frage beschäftigt, wie sich christliche Werte mit politischem Handeln vereinbaren ließen.[65] Die Antwort glaubte er bei dem Theologen Reinhold Niebuhr gefunden zu haben. Äquivalent zur christlichen Liebe im Privaten, so Carter, sei im Politischen die Schaffung von Gerechtigkeit.

Carter wollte 1973 für Investitionen von Volkswagen in Georgia werben; Schmidt arrangierte einen Besuch bei der VW-Spitze in Wolfsburg. Dann bot er seinem Gast an, die eine Hälfte der Zeit über deutsche Geschäfte in Georgia zu sprechen – was Carter interessierte – und die andere Hälfte über den Watergate-Skandal, was er selbst bevorzugte.[66] Carter fand diese direkte Art sympathisch. In seiner zentralen Wahlkampfbroschüre »Why not the Best?« berichtete er von der Begegnung und zeigte sich von Schmidts Ausführungen, insbesondere zur Energiepolitik, beeindruckt.[67] Es war dieses

Treffen, das ihn dazu verleitete, gegenüber dem *Spiegel* davon zu sprechen, er strebe eine »besondere Beziehung« zu Bonn an.[68]

Der fremde Präsident

So fremd die Bundesrepublik dem neuen US-Präsidenten war, so fremd waren freilich auch Carter und sein Team der Bonner Elite, von Brzezinski einmal abgesehen, der als Mitglied der »security community« schon seit Jahren in den Debatten zu europäischen Fragen eine Rolle spielte. Auf viele Posten berief Carter Demokraten, die wie Außenminister Vance oder Verteidigungsminister Brown schon in der Regierung Johnson führende Funktionen innegehabt hatten. In der Bundesrepublik aber kannte man sie nicht. Die Bonner Koalition (und nicht nur sie) wurde davon eingeholt, daß sie die Kontakte zur Demokratischen Partei während der Präsidentschaften von Nixon und Ford kaum gepflegt hatte. Bezeichnenderweise hielt es der spätere Generalinspekteur der Bundeswehr Harald Wust für einen Scherz, als ihm der NATO-Oberbefehlshaber Alexander Haig den Tip gab, daß ein Herr Brown neuer Verteidigungsminister werde. Wust glaubte, der Name Brown sei ein amerikanisches Allerwelts-Etikett wie im Deutschen Müller oder Schulze.[69]

Daß man mit Carter in der Bundesrepublik so wenig anzufangen wußte, lag auch daran, daß der amerikanische Süden sich noch Mitte der siebziger Jahre außerhalb des deutschen Blicks auf die USA befand, wie Schmidt später selbstkritisch einräumte: »... lange Zeit hatten viele Europäer beim Gedanken an die Vereinigten Staaten die Staaten im Nordosten oder im Mittleren Westen im Sinn und weniger diejenigen im Süden. Wie wir heute wissen, war das ein Fehler.«[70]

Die USA, so wie sie viele deutsche Politiker und Journalisten im goldenen Zeitalter der deutsch-amerikanischen Beziehungen kennengelernt hatten, waren durch die »Imperiale Präsidentschaft« und den außenpolitischen Konsens der beiden großen Parteien geprägt. Entsprechend hatte man sich an den Machtzentren des außenpolitischen Establishments orientiert, an Harvard, Washington und der Wall Street – und dazu geneigt, den Teil fürs Ganze zu nehmen. Anläßlich einer Preisverleihung an Kissinger 1992 erinnerte sich Schmidt: »Noch vor zwanzig Jahren … genügte es für einen deutschen Politiker, wenn er sich über die weitere internationale Politik der USA informieren wollte, einen Tag in Princeton oder in Harvard oder bei [Professor] Arnold Wolfers an der Johns Hopkins University zuzubringen, einen zweiten Tag, vielleicht nur einen halben Tag in New York City, zum Beispiel im Council on Foreign Relations, und dann einen dritten Tag in Washington, um mit zwei Senatoren zu sprechen, von jeder Seite einen … und natürlich mit Henry Kissinger.«[71]

Diese Konstellation war schon unter Ford nicht mehr gegeben. Freilich scheint der privilegierte Zugang, den die Deutschen in Kissingers Zeiten zum Weißen Haus hatten, verhindert zu haben, daß der Wandel wahrgenommen wurde. Die enge Verzahnung mit dem alten amerikanischen Establishment und der Mangel an eigenen Kontakten zum Umfeld Carters trugen dazu bei, daß viele der Vorurteile, denen die neuen Administration in Washington ausgesetzt war, in der Bundesrepublik ein Echo fanden. Alle hätten sich damals, so erinnerte sich 1993 ein Mitarbeiter der deutschen Botschaft in Washington, an die alten Bekannten gehalten, um herauszufinden, wer Carter sei und was man erwarten könne.[72] Und von diesen seien die neuen Leute aus Georgia oft als »naive Trottel vom Lande« dargestellt worden, ein Ressentiment, für das viele in Bonn empfänglich waren und gegen das Botschafter Berndt von Staden vergebens anzugehen suchte.

Marion Gräfin Dönhoff etwa, die Herausgeberin der *Zeit*, berichtete Schmidt Anfang 1977, sie sei zwei Wochen »in Amerika (Harvard, New York, Washington)« gewesen und habe den Eindruck »totaler Konzeptionslosigkeit, großer Aktivität und ziemlicher Konfusion«[73] gewonnen. Ihr im Anschluß an die Reise veröffentlichter Leitartikel war entsprechend kritisch.[74] Ein anderes Beispiel: Kurt Birrenbach, außenpolitischer Nestor der CDU, Präsident der Deutschen Gesellschaft für Auswärtige Politik (DGAP) und seit Jahrzehnten eine wichtige Figur im transatlantischen Dialog, hielt sich im März 1977 in Princeton, New York und Washington auf. Er sprach mit Brzezinski, aber eben auch mit dem ehemaligen Hochkommissar John McCloy, mit George Ball, dem stellvertetenden Außenminister unter John F. Kennedy, und natürlich mit Kissinger.[75] In seinem anschließenden Bericht vor einer Studiengruppe der DGAP sprach er Carter, den er als moralisierenden Naivling beschrieb, schlichtweg die Eignung zum Präsidenten ab.[76]

Das Bild vom Süden der USA wurde diesseits des Atlantiks vor allem durch die Rassenkonflikte und vielleicht noch durch die Schwäche der Gewerkschaften bestimmt – beides kaum dazu geeignet, Sympathien für die Region hervorzurufen, besonders nicht bei Sozialdemokraten. Auch in Europa galten Südstaatler als provinziell. Viele hätten damals geglaubt, Carter stamme aus einer Gegend, »wo nur Deppen herkommen«, beschreibt der frühere Kanzleramtschef Manfred Schüler die verbreitete Sichtweise.[77] Der SPD-Bundestagsabgeordnete Peter Corterier notierte im Sommer 1976 nach einer USA-Reise, daß Carters Politik in Georgia als sehr fortschrittlich gelte, und fügte bezeichnenderweise hinzu: »Aber Georgia ist ein Südstaat, … in dem sicher andere Maßstäbe gelten als in den übrigen USA.«[78]

Politiker, darunter Schmidt, und Journalisten machten sich schon bald lustig über Jimmy Carter, den unbedarften Erdnußfarmer.[79] Noch 1993 bezeichnete Gräfin Dönhoff den US-Präsidenten als »Narr«, der von »nichts eine Ahnung« gehabt habe.[80]

Während Schmidt, aber auch Genscher, in den Medien der USA Respekt und Anerkennung genossen, blieb Carter dies in Europa versagt.[81] Die Kluft des Anfangs hatte Bestand. Die politische Kultur der Südstaaten, die Carter geprägt hatte, war in Deutschland unbekannt; Sprache, Themen und Symbolik wirkten fremd. Viele machte es ratlos, daß Carter die Moral in der Politik so sehr betonte, sich populistisch für die sogenannten kleinen Leute engagierte, »das« Establishment angriff und eine weltanschaulich als eindeutig konservativ oder liberal festzumachende Orientierung vermissen ließ.

Carters Baptistentum, seine Erfahrung der Wiedergeburt war eines der Hauptthemen im US-Wahlkampf. Auch deutsche Medien wurden darauf aufmerksam. In der Bundesrepublik fand man es besorgniserregend, daß der wichtigste Politiker der Westens scheinbar seinen persönlichen Glauben mit dem staatlichen Amt verquickte. Auch Schmidt vermutete offenbar in Carter zunächst einen religiösen Eiferer.[82] Daß Religion in der politischen Kultur der USA nicht am Maßstab deutscher Innerlichkeit gemessen werden kann, drang im öffentlichen Bewußtsein nicht durch, wie Shepard Stone, Direktor des Aspen Institute in Berlin, berichtete: »Unsere europäischen Freunde sind über die Möglichkeit beunruhigt, daß Gott bei Entscheidungen um Hilfe gebeten werden könnte. Sie verstehen nicht, daß man tiefe religiöse Überzeugungen haben, sie offen äußern und doch nüchterne, rationale politische Entscheidungen treffen kann.«[83]

Das war also die Ausgangssituation: Während die Bundesregierung möglichst viel Kontinuität wünschte, neigte der neue US-Präsident dazu, soviel wie möglich zu verändern und sowenig wie möglich beim alten zu lassen. Während Bonn von den USA Deckung für die eigene – im Verborgenen ausgeübte – Führungsrolle in Europa erwartete, wollte Carter die europäischen Verbündeten bei »globalen« Themen in die Pflicht nehmen. Während die Bundesregierung hoffte und vielleicht sogar darauf setzte, auch nach dem Regierungswechsel eine Sonderrolle in Washington zu spielen, stand das Carter-Team in klarem Gegensatz zu Kissinger und Ford, die diese Sonderrolle ermöglicht hatten. Während Schmidt für seine Politik Modellcharakter beanspruchte, wünschte der US-Präsident, daß sich die Verbündeten am »Modell Amerika« orientierten. Es zeigte sich rasch, daß die deutsch-amerikanischen Beziehungen bei einer solchen Konstellation nicht harmonisch bleiben konnten.

II. Der Fehlstart

Es begann mit einem Verstoß gegen den internationalen Komment, der bereits vor Carters Regierungsantritt die Stimmung nachhaltig trübte. Schmidt bezog im amerikanischen Wahlkampf nämlich gleich mehrfach Stellung für Ford. Als er im Sommer 1976 Washington besuchte, gratulierte er dem Amtsinhaber öffentlich zu seiner Außen- und Wirtschaftspolitik; im Fernsehen und später auch im Magazin *Newsweek* lobte er ihn in höchsten Tönen.[1] Über den Konkurrenten Carter, erklärte der Kanzler hingegen, könne er nichts sagen, weder Gutes noch Schlechtes.

Schmidt hat sich nie dazu geäußert, warum er so vorging. Vielleicht wollte er den Eindruck berichtigen, den Carter hervorzurufen suchte, daß er in manchen Fragen der US-Regierung kritisch gegenüberstehe. So hatte der Herausforderer in seiner Wahlkampfbroschüre »Why not the Best?« Schmidt als Kronzeugen gegen die amerikanische Energiepolitik angeführt.[2] Vielleicht handelte es sich aber auch nur um einen Freundschaftsdienst in der stillen Hoffnung, die bewährte Zusammenarbeit mit Ford fortsetzen zu können. Schmidt hatte sich angewöhnt, zu Fragen der amerikanischen Innenpolitik sehr offen Stellung zu nehmen, und bis 1976 hatte ihm das nie Ärger eingebracht.[3]

Dieses Mal war es anders. Ausdrücklich hatte Botschafter Staden noch am 12. Oktober darauf hingewiesen, das Verhältnis von Carter, der als nachtragend galt, zu den Deutschen werde weitgehend davon abhängen, wie man ihm in Bonn begegne.[4] Vergebens. Noch bevor *Newsweek* das erwähnte Interview mit Schmidt veröffentlichte, beschwerte sich bereits Brzezinski, der Kenntnis von dem Text erlangt hatte, bei Staden. Der Kanzler, so forderte er – erfolglos –, solle den entstandenen Eindruck einer Parteinahme öffentlich korrigieren.[5]

Weil Schmidt in den USA großes Ansehen genoß, sahen führende Demokraten in dessen Äußerungen einen ernsthaften Nachteil für ihren Kandidaten. Senator Walter Mondale, der für das Amt des Vizepräsidenten antrat, soll sogar daran gezweifelt haben, unter diesen Umständen die Wahl gewinnen zu können (»Wie sollen wir dies denn schaffen, wenn Schmidt gegen Carter ist?«[6]). Carter wie Brzezinski verübelten dem Kanzler sein Vorgehen außerordentlich, wie sich ein Mitarbeiter später erinnerte: »Man konnte in den ersten Wochen der Amtszeit mit Brzezinski nicht über Deutschland reden, ohne einen Vortrag darüber zu bekommen, wie sehr Schmidt Ford unterstützt hatte.«[7]

Zur wechselseitigen Fremdheit trat damit von Beginn an eine Atmosphäre, die auf amerikanischer Seite von dem Verdacht geprägt war, in Bonn einen Gegenspieler vorzufinden. Der ohnehin nicht ausgeprägten Bereitschaft, auf deutsche Empfindlichkeiten Rücksicht zu nehmen, war dies nicht zuträglich. Vor allem aber schnitt Bonn sich damit Einflußmöglichkeiten ab, was um so stärker ins Gewicht fiel, als es in der neuen US-Regierung ohnehin an deutschfreundlichen Fürsprechern mangelte. Vergeblich bemühten sich sowohl Schmidt als auch Genscher um ein frühes Treffen mit dem neuen Präsidenten.[8] Der Kanzler begegnete Carter erst auf dem Londoner Weltwirtschaftsgipfel im Mai 1977.

Zu diesem Zeitpunkt war das deutsch-amerikanische Verhältnis bereits nachhaltig belastet. Gleich über drei Fragen gerieten die Bundesregierung und das Weiße Haus in den ersten Monaten aneinander: über die Lieferung sensitiver Nukleartechnologie durch die Kraftwerksunion (KWU) – eine gemeinsame Tochtergesellschaft von AEG und Siemens – nach Brasilien (Kapitel 3), über die Ausrichtung der Konjunkturpolitik (Kapitel 4) und über die weitere Entwicklung der Beziehungen zur Sowjetunion (Kapitel 5).

Alle drei Gegensätze waren Ausdruck der neuen Rahmenbedingungen nach dem Ende des goldenen Zeitalters: Der Konflikt über das Brasiliengeschäft entstammte nicht nur, aber auch der Unsicherheit über die künftige Energieversorgung. Der Gegensatz in der Konjunkturpolitik war Folge der Weltwirtschaftskrise. Und daß beide Seiten unterschiedlich auf Menschenrechtsverletzungen im Ostblock reagierten, resultierte aus den Interessendivergenzen, die die Entspannung mit sich brachte. Unter Ford hatte diese Konstellation das deutsch-amerikanische Verhältnis nicht belastet. Carter hingegen war entschlossen, mit der Politik seines Vorgängers in allen drei Fällen zu brechen.

Dabei vernachlässigte der angehende Präsident jedoch eine Regel der Diplomatie, wie ihm der Politikwissenschaftler Stanley Hoffmann in einem aufsehenerregenden Artikel (»The Hell of Good Intentions«) ein Jahr später ins Stammbuch schrieb: »... je ehrgeiziger eine Politik und je eindrucksvoller der Bruch mit der Vergangenheit, desto größer die Gefahr eines Fiaskos und desto größer die Notwendigkeit der ... Vorbereitung.«[9] Schon Hoffmann verwies darauf, und die weitere Forschung hat ihn darin bestätigt, daß es Carter leichtfiel, Ziele zu definieren, er jedoch Schwierigkeiten hatte, Prioritäten zu setzen und insbesondere eine Strategie zu entwickeln, das Angestrebte auch zu erreichen.[10] Er glaubte, ohne taktische Kompromisse und »linkage-Politik« auskommen zu können: »... für mich war es eine Art Frage des Stolzes, nicht zuzulassen, daß wichtige Entscheidungen für unser Land von ihren politischen Konsequenzen bestimmt würden ...«[11]

Die Zuversicht, daß sich »das Richtige« im Meinungsbildungsprozeß behaupten würde, gehörte zu dem merkwürdig apolitischen Politikverständnis Carters, das der Historiker Erwin Hargrove herausgearbeitet hat. Politik sollte nicht das Ergebnis von Absprachen sein oder durch Koalitionen zustande kommen, »sondern durch die Autorität des Wissens und die Berufung auf weithin geteilte Werte«.[12]

Der Präsident sah sich als Vertreter des Allgemeinwohls, der durch rationale Überzeugung die objektiv beste Lösung durchzusetzen sucht, auch im Weltmaßstab. Mit dem von Carter seit Anfang der sechziger Jahre verfolgten populistischen Konzept des Außenseiters, der »für das Volk« gegen die Partikularinteressen des Establishments zu Felde zieht, ließ sich das gut vereinbaren. Als er etwa – noch vor Amtsantritt – gefragt wurde, wie er Bonn vom Brasiliengeschäft abbringen wolle, antwortete er bezeichnenderweise: »durch normale Kanäle der diplomatischen Überredung«.[13] Warum die Bundesregierung ihm zugestehen sollte, was sie Ford verweigert hatte, blieb offen.

Damit einher ging ein Desinteresse an der Vorgeschichte von Problemen, wie Carters Redenschreiber James Fallows beobachtete. Den Präsidenten habe nur die »richtige« Lösung interessiert, nicht aber, was dazu geführt hatte, daß diese noch nicht umgesetzt worden war.[14] Aus diesem »Mangel an Neugier« (Fallows) resultierte eine groteske Überschätzung der eigenen Möglichkeiten – auch in der Politik gegenüber der Bundesrepublik. Anstatt diskret für einen Richtungswechsel zu werben, begann Carter, Bonn öffentlich unter Druck zu setzen. Wie zu erwarten, blieb der Erfolg aus. Vielmehr brachte die neue US-Regierung gleich in den ersten Monaten fast die gesamte politische Führung Westdeutschlands gegen sich auf.

Nun zeigte sich, was es ausmachte, daß es an Deutschlandexperten im Weißen Haus mangelte. Die USA waren für die Deutschen eben nicht mehr nachahmenswertes Vorbild. Vielmehr maß Bonn am Verhältnis zu Amerika (nicht etwa zu Frankreich oder Großbritannien), wie weit man mit der eigenen Emanzipation vorangekommen war. Und Carters Vorgehen ließ am Rhein rasch den Eindruck entstehen, es gehe ihm vor allem darum, den Handlungsspielraum, den die Bundesregierung in den Jahren zuvor gewonnen hatte, wieder einzuschränken. Prestigefragen überdeckten daher inhaltliche Erwägungen, und hätte sich Carter vorher klargemacht, wie stolz die westdeutsche Politik auf das seit 1945 Erreichte war, hätte er dies auch voraussehen können.

Bezeichnend ist die Klage, die Schmidt gegenüber dem befreundeten französischen Präsidenten Giscard führte: »All die letzten Jahre hindurch waren die Amerikaner daran gewöhnt, daß sie nur zu pfeifen brauchten, und schon kamen die Deutschen gerannt … Aber jetzt hat sich das Bild geändert. Die Zeit des Wiederaufbaus ist abgeschlossen. Unser Land hat seine wirtschaftliche Machtstellung und damit seine Würde wiedergewonnen. Die Amerikaner müssen endlich aufhören zu glauben, daß wir jedes Mal stramm stehen, wenn sie nur pfeifen.«[15] Es sind solche Formulierungen, die vermuten lassen, daß sich in der ersten Empörung über Carter auch ein Gefühl nationaler Kränkung Bahn brach.[16]

Während es Carter um die Sache selbst ging, sahen einige deutsche Politiker und Medienvertreter in dem Konflikt bezeichnenderweise eine Möglichkeit für die Bundesrepublik, noch weiter an Statur zu gewinnen. Wolf Bell, einer der führenden Bonner Journalisten, der als Genscher nahestehend galt, riet der Bundesregierung im März 1977, bei ihrer festen Haltung zu bleiben: »Sie [die Haltung, K.W.] hat immerhin die rasche Klärung des Mißverständnisses bewirkt, die Bundesrepublik könnte sich noch immer in der Rolle des Musterschülers gefallen. Doch sie kann mehr erreichen. Denn in den gegenwärtigen Schwierigkeiten steckt auch die Chance, das deutsch-amerikanische Verhältnis ein für allemal im Sinne ehrlicher Partnerschaft zu gestalten.«[17]

3. Das Brasiliengeschäft

Daß Carter nicht in ähnlichem Ausmaß auf deutsche Interessen Rücksicht zu nehmen gedachte wie Ford, zeigte sich zuerst beim Brasiliengeschäft. Die neue US-Regierung fürchtete, der Export von Nukleartechnologie durch westdeutsche Unternehmen könnte den Südamerikanern zum Bau der Atombombe verhelfen. Die Bundesregierung hingegen war nicht bereit, das lukrative Geschäft zu stornieren. Am Ende, im Juni 1977, kündigte Bonn an, künftig auf die Ausfuhr sensitiver Technologien zu verzichten; die Carter-Regierung wiederum stellte ihre öffentliche Kritik ein.

Darauf hätten sich beide Seiten bereits im Januar verständigen können – ohne monatelange Auseinandersetzungen. Daß es dazu nicht kam, lag freilich nicht nur an Carter. Auch der Bundesregierung fiel es schwer, sich in die Lage der Gegenseite zu versetzen. Viel zu spät erkannte Bonn, daß es den

Amerikanern nicht um kommerzielle Interessen ging. Und wie Carter überschätzte auch Schmidt seinen Einfluß und trug so dazu bei, daß der Konflikt eskalierte.

Export und Energie

Das Brasiliengeschäft stammte aus dem Jahre 1975.[1] Die Bundesregierung hatte damals ein Rahmenabkommen mit Brasilien unterzeichnet, das die Lieferung eines kompletten Nuklearkreislaufes durch ein Konsortium unter Führung der KWU vorsah.[2] Das Geschäft umfaßte die Förderung brasilianischen Urans, dessen Anreicherung, die Herstellung von Brennstäben und die Lieferung von bis zu acht Kernkraftwerken sowie einer Anlage zur Wiederaufarbeitung von abgebrannten Brennstäben (WAA). Das Filetstück bestand für die KWU in dem Bau der Kernkraftwerke. Die Brasilianer hingegen waren besonders an der Technologie zur Anreicherung von Uran und zur Wiederaufarbeitung interessiert. Mit einem geplanten Auftragsvolumen von 12 Milliarden Mark handelte es sich um das bis dahin größte Exportgeschäft in der Geschichte der Bundesrepublik. Etwa 20 000 hochqualifizierte Arbeitsplätze hingen nach Angaben der Bundesregierung an dem Projekt.[3]

Bonn verband mit dem Vertragsabschluß große Hoffnungen auf Folgeaufträge. Brasilien war auf dem Weg zur Industrialisierung und schien jene Investitionsgüter zu benötigen, welche die westdeutsche Industrie traditionell exportierte.[4] Auch energiepolitisch versprach man sich einiges von der Vereinbarung. Atomenergie wurde vor der Ölkrise und erst recht danach als *die* alternative Energiequelle der Zukunft betrachtet. Mitte der siebziger Jahre ging die Bundesregierung allerdings davon aus, daß die weltweiten Uranreserven schon Anfang der achtziger Jahre knapp würden. Da lag es nahe, mit Brasilien zusammenzuarbeiten, das über mehr als die Hälfte des damals bekannten Uranvorkommens verfügte.[5]

Vor allem aber schien das Brasiliengeschäft notwendig, um die deutsche Reaktorindustrie am Leben zu erhalten. Mit über 25 Milliarden Mark hatten Bund und Länder seit den fünfziger Jahren die Kernenergie gefördert.[6] Bonn wies diesem Wirtschaftszweig große industriepolitische Bedeutung zu.[7] Die Produktionskapazitäten der Branche waren jedoch nicht ausgelastet; dafür war der deutsche Markt zu klein. Ohne Exportaufträge drohte die Reaktorindustrie zum Milliardengrab für öffentliche Subventionen zu werden.[8]

Nun gab es allerdings nur wenige Staaten, die sich Kernenergie leisten konnten und zugleich nicht von der eigenen Industrie versorgt wurden. Hauptkonkurrenten auf dem Weltmarkt waren die amerikanischen Unternehmen General Electric und Westinghouse. Daß Amerika über Nuklearwaffen verfügte und daher problemlos angereichertes Uran liefern und die abgebrannten Brennstäbe wiederaufarbeiten, also eine Lösung für das Entsorgungsproblem anbieten konnte, war für beide Firmen im internationalen Wettbewerb stets von Nutzen gewesen. Indem die KWU Brasilien die Technologie zu Anreicherung und Wiederaufarbeitung verkaufen wollte, kompensierte sie erstmals diese Vorteile der US-Unternehmen.[9] Dem Brasiliengeschäft kam also eine Pilotfunktion zu.

Als der Vertrag im Sommer 1975 unterzeichnet wurde, war die Zustimmung entsprechend groß.[10] Die Frage, ob man damit den Brasilianern zur Atombombe verhalf, wurde in der Öffentlichkeit kaum gestellt.[11] Angesichts der Exportabhängigkeit der Bundesrepublik und der großen Hoffnungen, die die Regierung in die Kernenergie setzte, spielten Proliferationsbedenken traditionell eine nachgeordnete Rolle. Daß die Weitergabe von Atomgeheimnissen zumindest in Europa keine Gefahr darstellte, verstärkte diese Sichtweise noch. Bezeichnenderweise war beim Brasiliengeschäft nicht das Auswärtige Amt federführend, sondern das Bundesministerium für Forschung und Technologie (BMFT), das die Kernenergie grundsätzlich förderte. Ein institutionalisiertes Gegengewicht zur Atomlobby, das sich wie die Rüstungskontrollbehörde ACDA in Washington für Nicht-Proliferation einsetzte, gab es in Bonn nicht.

Die amerikanische Reaktion

Während es der Bundesregierung um Exportinteressen und Energiepolitik ging, dominierte auf amerikanischer Seite die Sorge, daß Nuklearwaffen verbreitet werden könnten. Die deutsch-brasilianischen Verhandlungen waren heimlich geführt worden. Als der Vertragsabschluß 1975 in den USA bekannt wurde, brach eine Welle der Entrüstung über der Bundesregierung zusammen. Senatoren, unter ihnen Carters späterer Vizepräsident Mondale, kritisierten das deutsche Vorgehen scharf. Die *New York Times* warf Bonn sogar »Nuclear Madness« vor.[12] Mit dem Geschäft würden die Deutschen ein nukleares Wettrüsten zwischen den Rivalen Brasilien und Argentinien auslösen und andere Industriestaaten dazu veranlassen, ebenfalls sensitive Technologien an Schwellenländer zu liefern – eine Gefahr für die USA und die westliche Welt. Daß gerade die Bundesrepublik, der engste Verbündete Washingtons in Europa, ausgerechnet nach Lateinamerika – in den Hinterhof der USA – Nukleartechnologie verkaufte, sorgte für besondere Empörung. Verhandlungen Frankreichs mit Pakistan oder Südkorea über ähnliche Geschäfte riefen nicht annähernd so viel Bitterkeit hervor.

In der Kritik spiegelte sich die Neuorientierung der amerikanischen Nuklearpolitik wider, die wenige Jahre zuvor eingesetzt hatte.[13] Seit Präsident Dwight D. Eisenhowers »Atoms for Peace«-Programm von 1953 hatten die USA versucht, die Verbreitung nuklearer Technologien zu steuern, indem sie den Nicht-Nuklearmächten enge technische Kooperation anboten.[14] 1974 jedoch führte Indien überraschend einen Atomtest durch. Friedliche und militärische Nutzung von Kernkraft ließen sich jetzt nicht mehr klar voneinander trennen, denn Indien hatte zivile Anlagen als Basis benutzt. Weniger die Weitergabe von Nuklearwaffen als vielmehr deren Eigenentwicklung galt fortan als Hauptgefahr. Das notwendige Wissen dafür war verbreitet. Infolge der Ölkrise wuchs das Interesse an Kernenergie, und mit der Wiederaufarbeitung und der neuen Reaktorgeneration des »Schnellen Brüters« standen Verfahren zur Verfügung oder kurz vor der Einführung, bei denen bombenfähiges Plutonium anfiel.

Der US-Kongreß reagierte darauf mit Plänen, das internationale Nuklearregime zu reformieren. Sie waren komplex und teilweise widersprüchlich, stimmten aber in einem überein: Ein zweites Indien durfte es nicht geben. Der amerikanischen Reaktorindustrie wurde ausdrücklich untersagt, Wiederaufarbeitungs- und Urananreicherungsanlagen zu verkaufen. Die KWU hatte nicht zuletzt deshalb von Brasilia den Zuschlag erhalten.

Im Gegensatz zur Bundesregierung hielten viele amerikanische Beobachter gerade Brasilien für nicht vertrauenswürdig. Das Land hatte weder den Nicht-Verbreitungsvertrag der Vereinten Nationen (NVV) noch das Abkommen über eine nuklearwaffenfreie Zone in Südamerika unterzeichnet und mehrfach Interesse an einer »friedlichen« Nuklearexplosion bekundet. Und da es sich um einen Präzedenzfall handelte, stand zudem zu befürchten, daß weitere Geschäfte dieser Art folgen würden. In der Tat zeigte sich Schmidt dem persischen Schah gegenüber bereit, zwei Anreicherungsanlagen zu liefern, bat aber bei seinem Besuch in Teheran 1975 um Geduld, »bis sich der Staub wegen des Brasilien-Abkommens gesetzt« habe.[15]

Die amerikanischen Bedenken stießen in Bonn auf entsprechend wenig Verständnis. Die steigende Nachfrage nach Kernenergie sei irreversibel, erklärte der Staatssekretär im Auswärtigen Amt, Walter Gehlhoff. Wenn man sich weigere, Technologie zu exportieren, würden die Schwellenländer ihre eigenen Nuklearprogramme entwickeln, ohne in das weltweite Nicht-Proliferationsregime eingebunden zu sein, und das sei mit Sicherheit die schlechteste Lösung.[16]

Daß die Einwände aus den USA nicht richtig eingeordnet wurden, hatte auch mit dem Stereotyp des »materialistischen Amerikaners«[17] zu tun, das im deutschen Denken tief verwurzelt war. Obwohl das Exportverbot der US-Regierung verhindert hatte, daß Westinghouse den Auftrag bekam, vermuteten alle Bundestagsparteien kommerzielle Interessen hinter der amerikanischen Haltung.[18] »Westinghouse ist ein Unterausschuß des amerikanischen Kongresses«, wurde Genscher in der Presse zitiert.[19] Schon als knapp zehn Jahre zuvor über den Atomwaffensperrvertrag (wie der NVV auch genannt wurde) diskutiert worden war, hatte die westdeutsche Öffentlichkeit dem Weißen Haus unterstellt, seine Bedenken hinsichtlich der Weitergabe von Nukleartechnik seien nur vorgeschoben.[20]

Selbst für einen überzeugten Atlantiker wie Schmidt hatte sich daran nichts geändert. Einem sowjetischen Gesprächspartner gegenüber behauptete er im Juni 1975, hinter der amerikanischen Politik der Nicht-Proliferation stünden »mächtige Monopole der USA ... und es sei sehr wesentlich, hier einen Durchbruch gegenüber diesen Monopolen zu schaffen«.[21] Das Brasiliengeschäft sei ein Testfall; wenn es zustande käme, böte es eine Möglichkeit, sich »von der Bevormundung durch die Vereinigten Staaten von Amerika freizumachen«. Der Abgeordnete Karl-Heinz Hansen vom linken Flügel der SPD sprach im Zusammenhang mit dem Brasiliengeschäft gar von einer »wirtschaftskriegsähnlichen Kampagne« durch US-Unternehmen gegen die Bundesregierung.[22]

Für die deutsche Seite ging es auch um prinzipielle Erwägungen. Bonn hatte dem NVV erst zugestimmt, als klar war, daß der Vertrag die zivile Nutzung der Kernenergie zuließ. Insofern liefen die amerikanischen Einwände auf eine einseitige Revision des NVV hinaus, auch wenn sie dem Zweck des Vertrages – Proliferation zu unterbinden – entsprachen. Den Kritikern in den USA gegenüber argumentierte Bonn, daß es keinen erkennbaren Grund für die Brasilianer gebe, Atombomben zu produzieren.[23] Brasilien liege nicht im Nahen Osten.[24] Daß brasilianische Unterhändler ein Anreicherungsverfahren verlangt hatten, welches die Herstellung waffenfähigen Materials erlaubte, wurde auf die Wirtschaftlichkeit dieser Methode zurückgeführt (im übrigen lehnte man die Wünsche der Südamerikaner in diesem Punkt ab).[25] Wenn Brasilien Nuklearwaffen herstellen wolle, argumentierte die Bundesregierung, sei dies billiger und schneller über Forschungsreaktoren zu erreichen.

Als Ford und Kissinger wegen des innenpolitischen Drucks in den USA versuchten, Bonn von dem Geschäft abzubringen, erreichten sie nur, daß Brasilien und die Bundesrepublik ein Zusatzabkommen mit der Internationalen Atomenergiebehörde (IAEO) abschlossen. Brasilien unterwarf sich darin zwar den schärfsten Kontrollauflagen, die einem Nicht-Unterzeichner des NVV bis dahin gemacht worden waren; und die Bundesrepublik ging über ihre rechtlichen Pflichten weit hinaus, als sie das Abkommen zur Bedingung für das Geschäft erklärte.[26]

Doch absolute Sicherheit garantierten die Auflagen nicht. Sie konnten im Ernstfall nicht verhindern, daß Brasilien Plutonium aus der Wiederaufarbeitungsanlage entnahm, höchstens dafür sorgen, daß es aufgedeckt würde. Und sie konnten auch nicht verhindern, daß die Südamerikaner in dem kontrollierten Nuklearkreislauf einschlägiges Know-how erwarben und es dann in anderen Anlagen, die dem Zugriff der IAEO entzogen waren, zum Bau von Atomwaffen nutzten. Diese Gefahr hatte auch das deutsche Forschungsministerium gesehen. Mit der Forderung, die Kontrollen auf alle atomaren Einrichtungen in Brasilien auszudehnen, war es jedoch bei den Südamerikanern auf unüberwindbaren Widerstand gestoßen. Und daran scheitern lassen wollten die Deutschen das Geschäft nicht.[27]

Der sogenannte Londoner Supplier's Club, in dem sich damals außer den USA und der Bundesrepublik auch Japan, Frankreich, Großbritannien und die Sowjetunion zusammengefunden hatten, um Exporte von nuklearer Technologie abzustimmen, sicherte die Vereinbarung international ab. Die Auflagen der IAEO wurden 1976 sogar zur Richtlinie für Nuklearexporte der Industrieländer erklärt.[28] Insofern hatte das Brasiliengeschäft aus deutscher Sicht Modellcharakter.

Es war Präsident Ford, der dafür sorgte, daß der Handel die Beziehungen zur Bundesregierung nicht belastete. Obwohl er damit in den USA Kritik auf sich zog, machte er sich die Einschätzung Bonns zu eigen: »Uns wurde von Kanzler Schmidt und der deutschen Regierung versichert, daß sie angemessene Einschränkungen gemacht und Auflagen erteilt hätten, so daß die Brasilianer keinen Vorteil aus den Nuklearinformationen ziehen könnten. Und ich akzeptierte diese Versicherung, vor allem aufgrund meines großen Vertrauens zu Helmut Schmidt.«[29]

Dabei war Brasilia zu diesem Zeitpunkt längst entschlossen, Atombomben zu bauen. Als die Südamerikaner von Bonn die gewünschte Anreicherungstechnologie nicht erhielten, starteten die Militärs ein geheimes Parallelprogramm zur Herstellung waffenfähigen Materials, das 1979 anlief.[30] Ob dabei Techniker, Wissenschaftler oder Ingenieure eingesetzt wurden, die sensitive Kenntnisse in der Zusammenarbeit mit deutschen Unternehmen erworben hatten, ist bis heute nicht endgültig geklärt, aber wahrscheinlich.[31]

Carters Forderungen

Die bislang zurückhaltende Politik der US-Regierung änderte sich, als Jimmy Carter die Gefahren der Atomenergie 1976 zum Wahlkampfthema machte. Während die Bundesregierung sich im Zweifelsfall von wirtschaftlichen und energiepolitischen Motiven leiten ließ, räumte er der Nicht-Proliferation absolute Priorität ein. Carter hatte als Marineoffizier im amerikanischen Atom-U-Boot-Programm gedient und konnte das Thema glaubwürdig besetzen. Im Kongreß, insbesondere unter Demokraten, ließ sich damit punkten.

Doch es ging ihm nicht nur um Wählerstimmen. Wie ernst er die Gefahr einer Ausbreitung von Nuklearwaffen nahm, zeigte eine Bemerkung, die er ungefähr ein Jahr später im Kabinett machte: »Wenn ich während meiner Präsidentschaft nichts anderes erreichen sollte als einen bedeutenden Fortschritt auf diesem Gebiet, wäre es die Sache wert gewesen.«[32] Proliferation gehörte für ihn zu jenen globalen Problemen, deren sich eine Weltordnungspolitik anzunehmen hatte.

Carter lehnte die Kernenergie nicht grundsätzlich ab, aber er war besorgt angesichts ihrer Gefahren. Seine Skepsis richtete sich insbesondere gegen die Plutoniumwirtschaft, also die kommerzielle Nutzung der Wiederaufarbeitungstechnologie und des Schnellen Brüters. Durch eine aufsehenerregende Studie der Ford-Stiftung sah er sich bestätigt.[33] Danach war die Plutoniumwirtschaft weder nützlich noch notwendig. Die Autoren, von denen später mehrere in der Carter-Regierung tätig wurden, wiesen das Hauptargument der Befürworter – knapper werdende Uranreserven – zurück. Die Vorräte seien umfangreicher als angenommen. Dagegen sei die Proliferationsgefahr unverhältnismäßig groß.

In einer Grundsatzrede forderte Carter daher am 25. September 1976 in San Diego ein weltweites Moratorium für die Ausfuhr von Anlagen zur Wiederaufarbeitung und Anreicherung.[34] Die USA sollten notfalls den Export von Nuklearbrennstoffen an diejenigen Länder einstellen, die sich nicht an ein solches Moratorium hielten. Angesichts der dominierenden Stellung der USA auf dem Anreicherungsmarkt war dies eine ernstzunehmende Drohung. Und es war ein erster Hinweis darauf, daß der Trilateralist Carter notfalls unilateral vorgehen würde, wenn Probleme globaler Bedeutung dies aus seiner Sicht erforderten.

Der angehende Präsident wollte mit dem Moratorium Zeit gewinnen, um proliferationssichere Lösungen für die Nutzung der Kernenergie zu finden. Die Schutzklauseln der Atomenergiebehörde, wie sie bei dem Brasiliengeschäft gelten sollten, lehnte Carter ab. Während Bonn die Verbreitung sensitiver Technologien begleiten und absichern wollte, zielte er darauf ab, sie zu verhindern. Von der Bundesregierung forderte er deshalb ausdrücklich, auf das Brasiliengeschäft zu verzichten.[35]

Dabei unterliefen ihm allerdings mehrere Fehleinschätzungen. Zum einen stand das deutsch-brasilianische Projekt erst am Anfang. Es sollten noch Jahre vergehen, bevor die ersten Lieferungen aus der Bundesrepublik in Südamerika eintrafen. Insofern bestand kein Grund zur Eile. Zudem verlangte er ja von Bonn, bereits unterzeichnete Verträge zu brechen. Um dies durchzusetzen, hätte Carter die verteidigungspolitische Karte ausspielen und einen allianzpolitischen Einsatz erbringen müssen, zu dem er nicht bereit war. Mit anderen Worten: Er eröffnete einen Konflikt, den er unter den gegebenen Umständen nicht für sich entscheiden konnte.

Und schließlich erschwerte sich Carter sein Vorhaben dadurch, daß er auch nach dem Wahlsieg fortfuhr, die Bundesregierung *öffentlich* unter Druck zu setzen; er hatte im Wahlkampf versprochen, Abschied von aller Geheimdiplomatie zu nehmen und »public diplomacy« zu praktizieren. Doch beim

Thema Proliferations-Verhinderung spielt Prestige traditionell eine besondere Rolle. Und Bonn reagierte den USA gegenüber, wie bereits beschrieben, in Prestigefragen nach dem langjährigen Emanzipationsprozeß besonders sensibel. »Die Westdeutschen betrachten sich mittlerweile als gleichberechtigt und erwarten, dementsprechend behandelt zu werden«, schrieb treffend der Journalist und Deutschland-Kenner David Binder in der *New York Times*.[36]

Die deutsche Antwort

In der Bundesrepublik riefen Carters Forderungen die bekannten Reaktionen hervor. Die *Welt* etwa argumentierte, Carter verfolge »unter dem Deckmantel der Moral handfeste Wirtschaftsinteressen«.[37] Das Auswärtige Amt vermutete, der angehende Präsident wolle die amerikanische Monopolstellung bei der Anreicherung von Uran zurückgewinnen.[38] Nur vereinzelt, so berichtete die amerikanische Botschaft in Bonn, würden auch selbstkritische Stimmen laut.[39] In den Koalitionsvereinbarungen vom 8. Dezember 1976 kamen SPD und FDP überein, sich Gesprächswünschen der USA nicht zu verweigern, in der Sache allerdings hart zu bleiben.[40] Vor allem die FDP plädierte gegen ein Aufweichen der deutschen Position. Die Liberalen sahen sich als Interessenvertreter der heimischen Industrie. Wirtschaftsminister Hans Friderichs fürchtete um deren Ansehen als Geschäftspartner in den Entwicklungsländern: »Das ist ein Prüfstein. Wenn wir da nachgeben, können wir gleich einpacken.«[41]

Etwas anders sah die Situation im Kanzleramt aus. Schmidt ließ sich vom Direktor des Forschungsinstituts der Deutschen Gesellschaft für Auswärtige Politik, Karl Kaiser, informieren. Der Politikwissenschaftler kannte einige Vordenker von Carters Kurs aus dem akademischen Leben, darunter auch Joseph Nye, Professor für Politikwissenschaft in Harvard, der im State Department für Fragen der Nicht-Proliferation zuständig war. Kaiser wußte, daß hinter der Politik des US-Präsidenten keineswegs ökonomische Interessen, sondern tiefe Überzeugungen standen.[42] Schmidt machte sich nach und nach diese Sichtweise zu eigen und räumte im kleinen Kreis ein, daß Carters Befürchtungen durchaus eine gewisse Berechtigung hätten.[43]

Den Druck auf Bonn erhöhte dann aber überraschenderweise nicht die amerikanische, sondern die französische Führung. Am 16. Dezember 1976 erklärte Paris, Frankreich werde in Zukunft auf die Ausfuhr sensitiver Technologie verzichten.[44] Gleichzeitig gab die französische Regierung zu erkennen, daß der bereits vereinbarte Verkauf einer Wiederaufarbeitungsanlage an Pakistan gestoppt werden könne, sollte es Washington gelingen, Islamabad zur Stornierung des Geschäfts zu bewegen.

Bonn verlor dadurch seinen wichtigsten Verbündeten in der Auseinandersetzung mit Washington. Was der Positionswechsel der Franzosen bedeutete, hielt der stellvertretende Regierungssprecher Armin Grünewald in seinem Notizbuch fest: »Fr.[ankreich, K.W.] zielt indirekt auf uns.«[45] Kurz danach rückten auch Holland und Großbritannien von Bonn ab, wahrscheinlich unter dem Einfluß Washingtons. Die Bundesrepublik betrieb mit beiden Ländern gemeinsam das Unternehmen Urenco, das Uran in Anlagen bei Almelo (Niederlande) und in Capenhurst (Großbritannien) anreicherte. Es war Teil des Brasiliengeschäfts, daß Urenco angereichertes Uran nach Südamerika liefern sollte.[46] Doch London wie Den Haag widersetzten sich nun der Vereinbarung. Grünewald notierte am 21. Dezember: »Alle Partner gehen gegen Geschäft vor … Das wird eine große Frage der Außenpolitik … Zeit gewinnen für Konsultationen mit Carter.«[47]

Hatte Schmidt ursprünglich gehofft, die Verbindung zu den USA könnte einer Isolation Bonns in Europa vorbeugen, so war die Bundesregierung nun gerade wegen der amerikanischen Politik unter den Staaten des alten Kontinents auf sich allein gestellt. Die erste Reaktion des Kanzlers darauf scheint die Idee gewesen zu sein, die Lieferung der Wiederaufarbeitungsanlage aufzugeben, um zumindest das Geschäft mit der Anreicherungsanlage zu retten.[48] Auch ließ er die Möglichkeiten eines Vertragsausstieges prüfen.[49] Schmidt wollte gewappnet sein, falls Carter mit dem angedrohten Exportboykott für angereichertes Uran Ernst machen sollte.

Daß die USA sich Ende 1976 mit ihren Lieferverpflichtungen im Rückstand befanden, wirkte wie ein Wink mit dem Zaunpfahl.[50]

Über die Feiertage zum Jahreswechsel verfolgte er dann jedoch eine andere Überlegung, die ihm Kaiser nahegebracht hatte. Dieser schlug eine multinationale Anlage für die Wiederaufarbeitung von Kernbrennstoffen vor; außer der Bundesrepublik und den Brasilianern sollten zwei weitere Nationen beteiligt werden. Schmidt notierte am Rand: »war schon bisher meine – noch nicht geäußerte! – Lösungsvorstellung. Erscheint mir heute noch wichtiger!«[51] Eine solche Anlage verringerte das Proliferationsrisiko und ließ den lukrativen Teil des Geschäfts unangetastet. Freilich mußte eine Reihe komplexer Fragen zu Standortwahl, Finanzierung und Aufsicht geklärt werden. Aber es war ein erster Schritt auf Carter zu. Darüber hinaus wollte Schmidt sich der französischen Position anpassen; bundesdeutsche Unternehmen sollten in Zukunft ebenfalls auf den Export von sensitiver Technologie verzichten.

Peter Hermes, Staatssekretär im Auswärtigen Amt, wurde beauftragt, noch vor Carters Inaugurationsrede heimlich nach Washington zu fliegen und dort guten Willen zu demonstrieren.[52] Schmidt avisierte seinen Emissär am 13. Januar 1977 in einem Telefongespräch mit Carter und erklärte bei dieser Gelegenheit, daß er großen Wert darauf lege, öffentliche Auseinandersetzungen über die Atompolitik zu vermeiden. Der Präsident möge sich deshalb vor seiner Rede ansehen, was Hermes mitbringe. Wenige Tage später machte sich der Staatssekretär auf den Weg. An diesem Punkt wäre eine rasche Beilegung des Konflikts zu erwarten gewesen. Carter konnte von Bonn realistischerweise nicht mehr erwarten als ein Exportmoratorium und den Versuch, das Brasiliengeschäft im Einverständnis mit den Südamerikanern zu modifizieren. Doch die Mission lief schief.

Der eine Grund dafür war der Zeitpunkt. Carters Auftreten im Wahlkampf hatte in Bonn die (fehlgehende) Befürchtung entstehen lassen, daß der Präsident sich in der Inaugurationsrede unwiderruflich festlegen würde. Dabei gab Carter erst nach seinem Amtsantritt Anweisung, bis zum 21. März eine

Vorlage für eine Direktive zur Nuklearpolitik zu erarbeiten.[53] Die grundsätzliche Entscheidung Washingtons darüber, wieviel allianzpolitisches Kapital für die Nicht-Proliferationspolitik eingesetzt werden sollte, stand also noch aus. Mit dem Versuch, den angehenden Präsidenten in diesem frühen Stadium zu beeinflussen, riskierte die Bundesregierung, daß Carter bloß reflexhaft die Äußerungen aus dem Wahlkampf wiederholen würde. Daß sie den Vorstoß dennoch unternahm, ist nur dadurch zu erklären, daß sie ernsthaft glaubte, die amerikanische Seite von ihrem Standpunkt überzeugen zu können.

Der zweite Grund für das Scheitern lag in der Person von Hermes. Man hatte ihn ausgewählt, weil er im Auswärtigen Amt für den Bereich zuständig war. Aber anstatt in Washington flexibel und geschmeidig Kompromißbereitschaft zu signalisieren, vermittelte der spröde, konservative Jurist den Eindruck, Bonn suche eine Kraftprobe. Hermes wird von Kollegen als kompetenter und intelligenter, aber auch unnachgiebiger Verhandlungspartner beschrieben. Beim Brasiliengeschäft war er der Meinung, die Bundesregierung dürfe sich »nicht ins Bockshorn jagen lassen«.[54] Hermes repräsentierte das neue Selbstbewußtsein, mit dem Bonn das Modell Deutschland vertrat – für die heikle Aufgabe in Washington nicht die beste Voraussetzung.

Obwohl diese Bundesregierung seit Jahren kontinuierlich mit den USA zu tun hatte, fiel es ihr offenkundig ähnlich schwer wie dem Carter-Team, sich in die Lage der anderen Seite zu versetzen. Und dabei scheiterte Hermes nicht etwa an Carters Mitarbeitern aus der »Georgia-Mafia«; vielmehr kam er mit Vertretern des klassischen Establishments nicht zurecht.

Der Staatssekretär traf nämlich zunächst mit dem designierten Vizepräsidenten Walter Mondale zusammen, der schon als Senator gegen das Brasiliengeschäft Stellung bezogen hatte. Der Deutsche argumentierte vor allem juristisch.[55] Er verwies darauf, daß die Bundesrepublik nach dem NVV das Recht habe, sensitive Technologie zu exportieren. Zugleich sei Bonn verpflichtet, betonte er, die Verträge mit Brasilien einzuhalten. Diese Ausführungen paßten zum steifen und formalen Auftreten des Staatssekretärs. Mondale gewann den Eindruck, daß Hermes das Proliferationsproblem nicht ernst nehme. Als der Emissär anschließend Nye im State Department aufsuchte, ging ihm dort schon der Ruf voraus: »The Germans want to play hardball.« Das Gespräch zwischen dem 54jährigen Hermes und dem alerten, 15 Jahre jüngeren Nye korrigierte dieses Bild nicht. Über die deutsche Bereitschaft, in Zukunft auf Geschäfte wie das mit den Brasilianern zu verzichten, scheint nicht einmal gesprochen worden zu sein.

Die Abneigung war gegenseitig. Nach seiner Rückkehr berichtete Hermes, wie ein Mitarbeiter Schmidts notierte: »Die Haltung der neuen Administration Carter in der Frage der Nuklear-Politik wird stark beeinflußt von einer intellektuellen Kamarilla (Berater von Mondale, Aaron, der neue Abteilungsleiter für Nuklearfragen im State Department, Nye, u. a.), die in ihrer Haltung ähnlich festgelegt seien wie Kleiman von der *New York Times*. In deren Einstellung seien moralische, politische und historische Motive durchsetzt mit antideutschen Ressentiments.« Die Bundesregierung müsse davon ausgehen, daß dieser im Wahlkampf aufgebaute Einfluß auf Carter und Mondale noch einige Wochen oder gar Monate anhalte – was bedeute, daß sie »unter starken Druck« geraten werde. Erst danach bestehe Aussicht auf »eine realistischere Betrachtungsweise, die der Bedeutung Brasiliens für die Lateinamerika-Politik der USA, Deutschlands für die Europapolitik etc. stärker Rechnung trägt«.[56]

Statt die Situation aufzulockern, hatte die Hermes-Mission die Fronten noch weiter verhärtet. Irritiert waren die Amerikaner vor allem deshalb, weil der Staatssekretär ihnen mitteilte, die Bundesregierung wolle Ende Februar der KWU die Genehmigung erteilen, den Brasilianern Blaupausen für Pilotanlagen zur Anreicherung und Wiederaufarbeitung zu übergeben. Washington fürchtete, daß die Unterlagen Informationen enthielten, mit denen Brasilia schneller an die Atombombe gelangen konnte. Bonn bestritt dies, konnte das Mißtrauen aber nicht ausräumen. Hermes' Gesprächspartner fühlten sich vielmehr unter Zeitdruck gesetzt. Die Ankündigung der deutschen Seite, bald grünes Licht für die Lieferanträge zu geben, wirkte wie ein Ultimatum. Nach Abreise des Staatssekretärs war in Washington von »Nötigung« die Rede. Gleich im ersten Brief, den Carter aus dem Weißen Haus an Schmidt richtete, bat er am 23. Januar um weitere Gespräche, bevor endgültig über die Anträge entschieden würde.[57]

Dabei hatte man in Bonn eigentlich an eine Geste des guten Willens gedacht, als man den Termin für die Genehmigung festsetzte. Seit Juni beziehungsweise Oktober 1976 lagen die Anträge für den Blaupausenexport beim Bundesamt für gewerbliche Wirtschaft.[58] Das Wirtschafts- und das Forschungsministerium hatten bereits im November 1976 gedrängt, Fakten zu schaffen und die Anträge abzusegnen.[59] Nach Auffassung der Bundesregierung war man dazu grundsätzlich verpflichtet. Aber um Carter nicht gleich nach seiner Wahl zu verprellen, hatte Schmidt den Termin auf Februar verschoben. Auch diese Entscheidung war in der fehlgehenden Annahme getroffen worden, man werde den neuen US-Präsidenten überzeugen können. Statt dessen gewann Washington den Eindruck, Bonn zögere und sei mit entsprechendem Druck von dem Blaupausenexport noch abzubringen.[60] Doch das stand für Schmidt nie zur Debatte. Als er die Amerikaner darüber informierte, daß er nicht unbegrenzt damit warten könne, die Exportgenehmigung zu erteilen, sah die Carter-Regierung darin kurioserweise einen Versuch des deutschen Regierungschefs, die Entschlossenheit Washingtons auszutesten. Später bedauerte der Kanzler, die Genehmigungen nicht früher erteilt zu haben: »Wir hätten das vor [der] Inauguration Carters machen sollen.«[61]

Der Mondale-Besuch

Die nächste diplomatische Panne folgte bereits wenige Tage nach Hermes' Rückkehr. Am 25. Januar 1977 kam Mondale im Rahmen einer Europa- und Japan-Reise nach Bonn. Die Tour sollte eigentlich den trilateralen Ansatz der neuen US-Regierung unterstreichen. Statt dessen belastete der Besuch das deutsch-amerikanische Verhältnis. Obwohl Schmidt den neuen Präsidenten ausdrücklich darum gebeten hatte, die

Kontroverse um das Brasiliengeschäft diskret zu behandeln, machte Mondale, der mit großem Journalistentroß anreiste, die Angelegenheit zu einem der Schwerpunkte des Besuches. Für Nye, der geräuschlose Konsultationen empfohlen hatte, lag darin der größte Fehler der amerikanischen Seite. Mit der Mondale-Visite war der stille Dialog, wie er mit Frankreich geführt wurde, gescheitert, bevor er begonnen hatte. Tatsächlich war der Gegensatz beim Brasiliengeschäft eines der Hauptthemen in den Medienberichten beiderseits des Atlantiks. Es wäre alles viel einfacher gewesen, urteilte hinterher auch der damalige SPD-Bundesgeschäftsführer Holger Börner, wenn die USA die Sache »leise und privat« angesprochen hätten.[62]

Mondales Aufenthalt stand von Beginn an unter keinem guten Stern. Am Tag bevor der Vizepräsident eintraf, hatte Schmidt im Restaurant des Bundestages mit Craig Whitney, dem Bonner Korrespondenten der *New York Times*, und dessen Kollegen Leonard Silk »geflachst«, wie er später sagte. Seine Bemerkungen waren am nächsten Tag in der Zeitung nachzulesen – etwa daß Carters Antrittsrede die Richtung gefehlt habe.[63] Der Staatsminister im Kanzleramt, Hans-Jürgen Wischnewski, der erfahren hatte, daß Mondale angeblich eine Absage des Besuches erwog, suchte diesen daraufhin noch vor Beginn der Gespräche auf, um die Wogen zu glätten.[64] Mit mäßigem Erfolg, wie sich ein Mitglied der amerikanischen Delegation später erinnerte: »Mondale was very preachy.«[65]

Der Kanzler empfand das Auftreten der US-Delegation in der Tat als belehrend. Während Ford seiner Einschätzung der brasilianischen Politik vertraut hatte, war der neue Vizepräsident nicht bereit, ihm zu glauben, daß die Blaupausen keine sensitiven Informationen enthielten. Grünewald notierte: »Mondale war in Punkt Brasilien noch stärker als gedacht.«[66] Immerhin signalisierte Schmidt erneut die Bereitschaft, das Geschäft zu multilateralisieren. Aber er lehnte es ab, die Lieferung der Blaupausen zu stornieren oder ein Moratorium zu verfügen.[67]

Ähnlich erfolglos waren die Amerikaner bei ihren Versuchen, Brasilien zu einer Kurskorrektur zu bewegen. Das Schwellenland reagierte traditionell empfindlich auf US-amerikanische Einflußnahme. Und die Carter-Administration hatte gerade Menschenrechtsverletzungen in dem südamerikanischen Staat gerügt, Brasilia daraufhin den militärischen Beistandspakt gekündigt. Als Außenminister Cyrus Vance Brasilien nun aufforderte, das Geschäft mit den Deutschen vorerst zurückzustellen, lehnte man brüsk ab.[68] Auch ein Besuch des stellvertretenden Außenministers Warren Christopher änderte daran nichts.[69] Den Deutschen teilten die Brasilianer mit, daß sie sich an das Abkommen halten würden und von Bonn das gleiche erwarteten.[70]

Als Staatssekretär Hermes am 10. und 11. Februar 1977 erneut in Washington verhandelte, stellte sich Christopher auf den Standpunkt, daß die Bundesregierung die Blaupausen unter diesen Umständen – also ohne Modifizierung des Projekts – nicht übergeben dürfe. Grünewald notierte: »Amerikaner ganz knallhart.«[71] Das deutsche Argument, die Blaupausen seien von untergeordneter Bedeutung, konterte Christopher mit dem Hinweis, dann sei von Bonn erst recht zu erwarten, sie zunächst nicht weiterzugeben. Immerhin präsentierte er jetzt erstmals einen substantiellen Vorschlag. Er erklärte, die USA seien bereit, die Versorgung Brasiliens mit angereichertem Uran zu übernehmen. Und die Wiederaufarbeitung der abgebrannten Brennstäbe solle in einer internationalen Anlage erfolgen. Anders als Schmidt wollte Christopher diese jedoch außerhalb Brasiliens ansiedeln.[72]

Der Vorschlag hatte zwei Nachteile. Die Amerikaner waren in der Vergangenheit ein unzuverlässiger Uranlieferant gewesen. Brasilien und die Bundesrepublik wollten nicht zuletzt deshalb ihre Abhängigkeit von den USA auf diesem Feld verringern und nicht erhöhen. Und zweitens diskriminierte Christophers Konzept Brasilien. Es schloß nicht nur eine nationale, sondern auch eine internationale Wiederaufarbeitungsanlage in dem Land aus. Insofern hatte der Vorschlag von vornherein wenig Chancen. Als der Vize-Außenminister von Bonn forderte, sich in Brasilia für diese Lösung einzusetzen, wies Hermes das zurück. In einem Gespräch mit Chefredakteuren deutscher Zeitungen kommentierte Schmidt den Vorstoß Christophers mit den Worten: »[Die Amerikaner, K.W.] Sind mit Alternativen noch nicht übergekommen [sic] ... außer alles an einer Stelle für die ganze Welt konzentrieren oder striktes Welt-Kontrollsystem (klingt nach Walt Disney).«[73]

Vor allem weil sich die US-Regierung weigerte, eine multilaterale Aufarbeitungsanlage in Brasilien zu akzeptieren, gewann man in Bonn den Eindruck, Carter sei gar nicht an einem Kompromiß interessiert, sondern wolle in Wirklichkeit die Gewichte im deutsch-amerikanischen Verhältnis neu austarieren.[74] Am 23. Februar schickte Schmidt einen langen Brief an den Präsidenten, in dem er erneut darauf verwies, daß der Atomwaffensperrvertrag die friedliche Nutzung der Kernenergie vorsehe und jede Diskriminierung ausschließe. Brzezinski notierte dazu: »Das ist das Argument, das wir von allen Seiten hören werden ... Natürlich übersieht es die Tatsache, daß das ›grundlegende Konzept‹ des NPT [Treaty on the Non-Proliferation of Nuclear Weapons, K.W.] die Verhinderung der Proliferation ist.«[75] Am grundsätzlichen Gegensatz – Priorität für kommerzielle Nutzung versus Priorität für Nicht-Verbreitung – hatte sich nichts geändert.

Zum inhaltlichen Dissens traten nun auch noch Mißverständnisse. Anfang März flog Außenminister Genscher wegen der sich zuspitzenden Entwicklung nach Washington. Anschließend glaubte er, den US-Präsidenten mit dem Hinweis überzeugt zu haben, daß die Deutschen zur Vertragstreue verpflichtet seien: »Es kann nicht in Ihrem Sinne sein, daß wir, ein Land, das in Europa eine herausragende Position innehat, vertragsbrüchig werden – heute gegenüber Brasilien, morgen gegenüber wem?«[76] Doch Genschers Sicht beruhte auf einem Irrtum, wie er vielen unterlief, die Carter zum ersten Mal begegneten. Der Präsident hatte die Eigenart, aus Höflichkeit nicht deutlich genug zu widersprechen, wenn er anderer Auffassung war. Zwei Tage nach Genschers Abreise wiederholte er in einem Brief an den deutschen Außenminister die amerikanische Position – sie war unverändert.[77]

Als Anfang März die Atlantik-Brücke, ein elitärer Verein zur Förderung der deutsch-amerikanischen Beziehungen, in Princeton eine ihrer Konferenzen für Parlamentarier, Wissenschaftler und Journalisten durchführte, trafen die Vertreter der USA in der Frage des Brasiliengeschäfts auf eine geschlossene deutsche Phalanx.[78] SPD, CDU/CSU und FDP stimmten nahtlos überein. Der Journalist und Kanzlervertraute Theo Sommer, der an der Konferenz teilnahm, schrieb anschließend in der *Zeit*: »Es mag ja sein, daß sie [die Amerikaner, K.W.] recht haben. Bloß: Sie sollten ihre Einsichten uns nicht aufzuzwingen versuchen. Wir müssen unserem eigenen Meinungsbildungsprozeß freien Lauf lassen, unsere eigenen Notwendigkeiten in Rechnung stellen dürfen. Ein Oktroi von außen? Nein.«[79]

Für zusätzlichen Mißmut in Bonn sorgte die Nachricht, die US-Regierung beliefere amerikanische Umweltschutzorganisationen mit Unterlagen, die von diesen an deutsche Kernkraftgegner weitergereicht würden.[80] Der Präsident, kritisierte Sommer, müsse sich schon entscheiden, mit wem er Politik machen wolle, mit dem Kanzler oder seinen Gegnern. Seinen Artikel schloß er mit der prophetischen Warnung: »Carter, wenn er nicht innehält, könnte es dahin bringen, aus deutschen Atlantikern Gaullisten zu machen. Die Zeitbombe tickt im Unterholz.«[81] Auch Gewerkschaften, Opposition und Großindustrie drängten die Bundesregierung festzubleiben. Arbeitgeberpräsident Hanns Martin Schleyer schrieb Schmidt, das Brasiliengeschäft werde »als Prüfstein für unsere Verläßlichkeit als Vertragspartner gesehen«.[82] Die Medien bezogen ebenfalls eindeutig Stellung.[83] Noch immer war man in der deutschen Öffentlichkeit weitgehend davon überzeugt, daß die US-Regierung aus kommerziellen Motiven handle.[84]

Wie die amerikanische Botschaft in Bonn berichtete, gehörte Schmidt zu den gemäßigten Kräften. Die SPD-Führung mußte mehrfach Forderungen aus der Fraktion abwehren, sich öffentlich für das Brasiliengeschäft auszusprechen, was die Stimmung noch weiter angeheizt hätte. Die Partei, so schätzte die Botschaft die Lage ein, unterstütze den Kanzler nicht nur darin, an dem Projekt festzuhalten, sondern würde auch Druck auf ihn ausüben, falls er nachgeben sollte.[85] Bei einem Besuch in den USA gab SPD-Chef Willy Brandt auf einer Pressekonferenz dem Unmut seiner Genossen Ausdruck: »... es sind neue Ideen entwickelt worden über die mit dem [atomaren, K.W.] Abfall verbundenen Gefahren. Wenn dem so ist, wird man eine Antwort darauf finden müssen, aber nicht in der Weise, daß man der deutschen Regierung sagt ... sie solle einen Vertrag besser aufgeben. Das geht nicht.«[86]

Obwohl der linke Flügel der SPD im Frühjahr 1977 Sturm lief gegen die Kernenergiepolitik der Bundesregierung, fand sich kaum jemand, der das Brasiliengeschäft kritisierte – ein erstaunlicher Umstand, wenn man bedenkt, welche Wucht die Anti-Atomkraft-Bewegung später entfaltete. Offensichtlich war der Wunsch, den USA zu trotzen, in diesem Fall stärker als die Ablehnung der Kernenergie.

Nun war also eingetreten, was nach Carters Wahlkampf und Mondales verunglücktem Besuch vorhersehbar gewesen war: Der Druck aus den USA sorgte für einen Schulterschluß in Bonn, zumal realistische Alternativvorschläge ausgeblieben waren. Schmidts Spielraum wurde dadurch kleiner, nicht größer, wie er selbst gegenüber US-Außenminister Vance erklärte: »Ich würde bei meiner Öffentlichkeit und beim Parlament mehr und mehr Gesicht verlieren, wenn wir es zu einem Vertragsbruch kommen ließen.«[87]

Und doch erkannte Carter noch immer nicht, daß die Art und Weise, wie er seine Politik betrieb, kontraproduktiv war. Die »Puristen«, wie der Politikwissenschaftler Michael Brenner die kleine Gruppe überzeugter Umweltschützer und Abrüstungsexperten nannte, dominierten die amerikanische Linie. Dazu gehörte die Biochemikerin Jessica Tuchman, die im National Security Council das Referat »Global Issues« leitete, eine Tochter der Publizistin Barbara Tuchman, die Deutschland gegenüber eher distanziert war; ebenso Katherine Schirmer vom Domestic Policy Council und der Umweltschützer Gustave Speth.[88] Für sie war die internationale Politik Neuland. Die atomare Gefahr hielten sie für so groß, daß ihnen auch ein unilaterales Vorgehen der USA gerechtfertigt erschien.

Carters Kurskorrektur

Doch langsam verschoben sich die Gewichte in der Carter-Administration. Hätte die Bundesregierung diesen Klärungsprozeß abgewartet, bevor sie Staatssekretär Hermes nach Washington schickte, wäre es vielleicht nie zu dem öffentlichen Schlagabtausch gekommen. Brzezinski drängte als erster darauf, die amerikanische Haltung zu korrigieren; überraschenderweise fand er in Mondale, dem langjährigen Kritiker des Brasiliengeschäfts, einen Verbündeten. Am 5. März 1977 warnte der Sicherheitsberater den Präsidenten, daß das Thema Proliferation zu einem ernsthaften Rückschlag in den Beziehungen zu Bonn führen könnte.[89] Brzezinski wie Mondale fürchteten um Carters Erfolg beim geplanten Weltwirtschaftsgipfel Anfang Mai in London. Von dort sollte ein Signal westlicher Geschlossenheit ausgehen. Nun drohte das Gegenteil einzutreten.

Paradoxerweise kamen Brzezinski ausgerechnet die Puristen mit ihrem Unilateralismus zu Hilfe. Denn sie sorgten beinahe für einen transatlantischen Eklat, und daraufhin überdachte auch der US-Präsident seine Haltung. Nach seinem Amtsantritt hatte Carter, wie bereits erwähnt, eine ressortübergreifende Arbeitsgruppe eingesetzt, die eine Direktive zur Nuklearpolitik erstellen sollte. Mitte März schloß diese Gruppe ihre Beratungen ab.[90] Es ging dabei sowohl um Wiederaufarbeitungsanlagen in den USA als auch um die Gefahren sensitiver Technologien weltweit. Wie sich herausstellte, gab es innerhalb der US-Regierung erhebliche Meinungsverschiedenheiten darüber, ob und mit welchen Mitteln die Verbündeten gezwungen werden sollten, auf nationale WAAs zu verzichten. Inhaltlich hatte die Debatte mit dem Brasiliengeschäft also nur am Rande zu tun.

Die Puristen, aber auch Verteidigungsminister Harold Brown und Energieminister James Schlesinger plädierten für eine harte Linie. Notfalls wollte man ein Embargo verhängen und die Lieferung angereicherten Urans unterbinden, um den Betrieb von WAAs in Frankreich, Japan oder der Bundesrepublik zu verhindern. Das State Department hingegen bevorzugte einen multilateralen Weg. Nye wollte eine INFCE-Konferenz (International Fuel Cycle Evaluation) etablieren, in der Vertreter von Staaten, die nukleare Brennstoffe verbrauchten oder erzeugten, zu einer gemeinsamen Bewertung des Nuklearkreislaufes kommen sollten. Carter neigte noch den Puristen zu und gab den Auftrag, die

Alliierten davon in Kenntnis zu setzen, daß die US-Regierung entschlossen sei, ihre Politik zur Wiederaufarbeitung entsprechend zu reformieren.

Am 29. März überreichte Botschafter Stoessel dem Bundeskanzler eine entsprechende Erklärung und kündigte an, Carter werde diese in den nächsten Tagen veröffentlichen. Vorab wolle der Präsident die Meinung der Bundesregierung erfahren; sie habe für eine Stellungnahme zwei Tage Zeit. Allein diese Fristsetzung verstimmte Schmidt. Noch mehr Ärger rief der Inhalt der Erklärung hervor, denn nun schien Carter eine zweite Front zu eröffnen.[91] Er verlangte nämlich nicht nur erneut, auf den Export sensitiver Technologien zu verzichten. Vielmehr sollte auch der Bau nationaler Wiederaufarbeitungsanlagen unterbleiben. Entsprechende Pläne in der Bundesrepublik hätten also zurückgestellt werden müssen. Für den Fall der Zuwiderhandlung kündigte der Präsident Sanktionen an.

Der amerikanische Staatschef maß sich damit ein Vetorecht in Fragen der deutschen Kernenergiepolitik an. Das Bonner Kabinett hatte gerade in der Vorwoche ein Energieprogramm verabschiedet, das die Errichtung einer WAA vorsah.[92] Schmidt verhehlte gegenüber Botschafter Stoessel nicht, wie empört er war. Man könne die Bundesrepublik »nicht wie Südkorea behandeln«. Die Deutschen seien ein Volk, das seine internationalen Verpflichtungen ernst nehme und sich seine Selbstachtung bewahren wolle. Es würde ihn nicht die geringste Mühe kosten, eine öffentliche »barrage« gegen Carters Stellungnahme zustande zu bringen.

Der Kanzler lehnte es ab, auf die Plutoniumwirtschaft im eigenen Land zu verzichten. Die Koalition sah in der WAA ein unverzichtbares Mittel, um das Atommüllproblem zu lösen. Nach Andeutungen Carters im Wahlkampf, er sei bereit, ausländischen Atommüll in den USA aufzunehmen, hatte die Bundesregierung in Washington angefragt, ob dies wirklich eine Option sei. Die Antwort war negativ gewesen.[93] Als zwei Tage nach Stoessels Vorsprache der amerikanische Außenminister Vance auf dem Rückweg aus Moskau in Bonn zwischenlandete, bekräftigte der Kanzler ihm gegenüber den Anspruch auf eine nationale WAA und erklärte zum Brasiliengeschäft, die Blaupausen würden jetzt geliefert.[94] Schmidt fügte hinzu: »Wir können die Erfüllung unseres Brasilienvertrages nicht von der Zustimmung der USA abhängig machen. Das wäre etwas Neues in unseren Beziehungen.«[95]

Ähnlich scharfe Reaktionen wie aus Deutschland gingen auch aus Japan und Frankreich in Washington ein.[96] Es war dieser Protest, der Carter zum Umdenken zwang, denn hier zeigte sich, wie hoch die politischen Kosten für einen unilateralen Kurs sein würden. Die Hinwendung zum Multilateralismus, die nun erfolgte, war grundsätzlicher Natur. Obwohl es primär um Wiederaufarbeitung ging, profitierte die Bundesregierung daher auch in der Frage des Brasiliengeschäfts davon. Der Konflikt darüber, erinnerte sich Brzezinski später, sei einfach eine zu große Belastung für das bilaterale Verhältnis geworden.

Als Schmidt nach seinem Gespräch mit Vance den US-Präsidenten von der deutschen Entscheidung zum Blaupausenexport informierte, erhob dieser keine Einwände mehr. Anfang April genehmigte das Bundeswirtschaftsministerium die Lieferanträge für die Fertigungsunterlagen und bekam dafür von allen Seiten Applaus: von der Industrie, den Gewerkschaften, aus der SPD und auch von der Opposition.[97] Die Bundesregierung, sekundierte Franz Josef Strauß, sei kein Befehlsempfänger.

Am 7. April erklärte Carter auf einer Pressekonferenz, daß die US-Regierung keineswegs beabsichtige, in der Proliferationspolitik den Verbündeten ihren Willen aufzuzwingen. Schmidt war erleichtert, wie Grünewalds Notizen von einem Gespräch mit Vertretern der Tarifparteien einige Wochen später zeigen: »Inzwischen hat sich unsere Angst auf 10 % reduziert. Zunächst war uns der Arsch mit [sic] Grundeis gegangen.«[98] So plötzlich wie das Brasiliengeschäft 1975 zu einem Thema der deutsch-amerikanischen Beziehungen geworden war, so plötzlich verschwand es wieder aus den Schlagzeilen. Auf dem Londoner Weltwirtschaftsgipfel im Mai 1977 schlugen die Amerikaner vor, die besagte INFCE-Konferenz einzurichten. Sie sollte bis 1980 eine Bewertung des Proliferationsproblems bei vollem Brennstoffzyklus abgeben. Bonn stimmte zu.

Zwar hoffte die amerikanische Seite weiterhin, Bonn wie Brasilia doch noch für eine alternative Konstruktion des Brasiliengeschäfts gewinnen zu können.[99] Doch mit dem multilateralen Ansatz war die Grundsatzentscheidung gefallen, darüber mit der Bundesregierung keinen Konflikt mehr zu suchen. Als spätere Vorstöße, Bonn zum Einlenken zu bewegen, erfolglos blieben, insistierte Washington nicht mehr. Carters Wahlniederlage 1980 beseitigte den Gegensatz endgültig.[100]

Einen Erfolg immerhin hatte Carter erzielt. Die Bundesregierung beschloß am 16. Juni 1977, was Schmidt den Amerikanern schon zu Jahresbeginn hatte anbieten wollen: ein Moratorium für die Ausfuhr sensitiver Technologien »bis auf weiteres«.[101] Bereits erwogene Exportgeschäfte mit dem Iran und Argentinien wurden nicht getätigt.

Was waren die Folgen des monatelangen Konflikts um das Brasiliengeschäft? In Washington blieb der Eindruck, daß die Bundesregierung für die idealistischen Ziele der Carter-Administration wenig Verständnis habe und vor allem Wirtschaftsinteressen verfolge.[102] In Bonn wiederum glaubte man, es mit einer amerikanischen Regierung zu tun zu haben, die auf deutsche Interessen keine Rücksicht nehme. Die Koalition hatte zugleich die Erfahrung gemacht, daß der Streit mit Carter zu einem innenpolitischen Solidarisierungseffekt führte. Gegen Druck aus den USA ließ sich problemlos eine geschlossene Front in der Bundesrepublik herstellen.

Unnachgiebigkeit, diese Lehre zog die Bundesregierung, zahlt sich aus. Ein Mitarbeiter Schmidts notierte am 14. April 1977: »Die Festigkeit, mit der wir unseren Standpunkt der Vertragstreue gegenüber der amerikanischen Seite vertreten haben, hat diese zum Einlenken veranlaßt.«[103] Die weitere Bonner Haltung wurde von dieser Erkenntnis geprägt.

4. Modell Deutschland gegen Modell USA

Der Streit um das Brasiliengeschäft hatte demonstriert, daß Carter nicht in gleichem Ausmaß auf deutsche Interessen Rücksicht zu nehmen gedachte wie Ford. Die parallel verlaufende Kontroverse um die »Lokomotivtheorie« zeigte, daß der neue Präsident auch Schmidts Mitführungsanspruch nicht in ähnlicher Weise gelten lassen wollte, wie das sein Vorgänger getan hatte. Vielmehr erwartete er, daß die Deutschen sich an der amerikanischen Politik orientierten.

Noch vor Carters Amtsantritt forderten dessen Mitarbeiter die Bundesregierung öffentlich auf, ihre konjunkturpolitischen Pläne für die kommende Legislaturperiode zu revidieren. Der weltweite Konjunkturverlauf war im Herbst 1976 verflacht.[1] Die meisten Volkswirtschaften Westeuropas hatten sich von der Rezession noch nicht erholt. Die Gefahr neuer Leistungsbilanzkrisen nahm zu, und damit stellte sich die Frage, in welchem Umfang und mit welchen Mitteln auf diese Entwicklung zu reagieren sei.[2] Von der Bundesregierung verlangte die neue Regierung in Washington, sie solle die Konjunktur ankurbeln. Doch Bonn lehnte ab. Dieser Gegensatz machte den Kern des Konflikts aus. Der daraus resultierende Schlagabtausch dauerte bis zum Londoner Weltwirtschaftsgipfel im Mai 1977 an.

Daß man inhaltlich nicht übereinstimmte, lag primär an den unterschiedlichen Ausgangsbedingungen, wie noch zu zeigen sein wird. Daß daraus eine monatelange öffentliche Auseinandersetzung wurde, war dem mangelnden Gespür der neuen US-Regierung zuzuschreiben. 1977 lagen hinter der sozial-liberalen Koalition vier Jahre Krisenmanagement, die sie nach eigener, aber auch nach internationaler Einschätzung bravourös gemeistert hatte. Die *Financial Times* hatte Schmidt 1976 zum »Man of the Year« gekürt. Unter den Regierungschefs der westlichen Welt verstand sich der Kanzler als Primus inter pares. In einem Brief an Willy Brandt schrieb er, daß »außer uns nur wenige Menschen auf der Welt« die Ursachen der globalen ökonomischen Krise begriffen hätten.[3] Selbstbewußt hatte die Bonner Regierung vor der Bundestagswahl ihrer Wirtschaftspolitik Modellcharakter zugesprochen: »Mit den Auswirkungen der größten Weltwirtschaftskrise seit den 30er Jahren sind wir in unserem Land weit besser fertig geworden als die meisten anderen Industriestaaten.«[4]

Daß die Carter-Regierung vor diesem Hintergrund annahm, Bonn würde bereitwillig den öffentlich erteilten Ratschlägen der gerade ins Amt Gekommenen folgen, war – neben dem Konflikt um das Brasiliengeschäft – ein weiterer Beleg für das begrenzte Einfühlungsvermögen in Washington. In diesem Fall stand allerdings nicht der Präsident selbst an vorderster Front. Treibende Kräfte waren vielmehr Vizepräsident Mondale, Professor Richard Cooper von der Yale-University, im State Department als stellvertretender Außenminister zuständig für Wirtschaftspolitik, und Fred Bergsten, im Schatzamt Abteilungsleiter für internationale Angelegenheiten. Auch Charles Schultze, bis zu Carters Wahlsieg Professor für Wirtschaftswissenschaften an der University of Maryland und hochrangiger Wissenschaftler an der Brookings Institution, zählte zu den Kritikern Bonns. Der Direktor des Council of Economic Advisers war der wohl wichtigste wirtschaftspolitische Berater des Präsidenten.

Die große Nähe zwischen Schmidt und Ford war aus Sicht des Carter-Teams dabei einmal mehr ein Manko. Als der Kanzler beim bereits erwähnten Treffen mit Vizepräsident Mondale im Januar 1977 darauf hinwies, wieviel die Deutschen William Simon, dem Finanzminister Fords, verdankten, kommentierte Mondale sarkastisch, die Carter-Leute würden Simon alles verdanken – ohne dessen Wirtschaftspolitik hätten sie die Wahlen nicht gewonnen.[5]

Schmidt wurde nun von seiner Rolle gegenüber Ford eingeholt. Diese war in Washington noch Jahre später ein Thema, wie eine Episode aus dem Jahre 1979 zeigt. Auf einem Empfang anläßlich eines Besuchs von Schmidt in Washington lobte Henry Kissinger den Kanzler für dessen wirtschaftspolitisches Einwirken auf Ford. Finanzminister Michael Blumenthal bedachte Kissingers Ausführungen in einer anschließenden Rede mit beißender Ironie: »Er [Kissinger, K.W.] ... wollte ... einem bedeutenden Gast, dem Kanzler der Bundesrepublik Deutschland, ein besonderes Kompliment machen, indem er ihn daran erinnerte, daß er ... ganz allein das Steuer in der Wirtschaftspolitik jener Regierung herumgerissen habe. Ihnen allen ist bekannt, wie erfolgreich die Wirtschaftspolitik jener Regierung war. Was daran ein Kompliment sein soll, weiß ich nicht.«[6]

Auch der öffentliche Schlagabtausch über ökonomische Fragen mobilisierte auf deutscher Seite Ressentiments und sorgte für eine national eingefärbte Empörung. Einmal mehr wurde deutlich, wie sehr sich das Verhältnis der Deutschen zu den USA gewandelt hatte. Was für Carter ein Nebenschauplatz seiner Wirtschaftspolitik war, erschien aus deutscher Sicht als Angriff auf die Souveränität des Landes, auf den wirtschaftspolitischen Führungsanspruch der Koalition und damit auch die Machtstellung der Bundesrepublik. Dabei wären paradoxerweise beide Seiten besser gefahren, wenn sie ihre wechselseitigen Ratschläge befolgt hätten. Der US-Regierung wären dann wohl zweistellige Inflationsraten erspart geblieben, die Bundesregierung wiederum hätte die Konjunktur zu einem Zeitpunkt belebt, als eine solche Initiative sinnvoll gewesen wäre – und nicht erst anderthalb Jahre danach (siehe Kapitel 9).

Die deutschen Erfahrungen

Daß die SPD/FDP-Koalition und die Carter-Regierung auf die schwächelnde Konjunktur im Herbst und Winter 1976 unterschiedlich reagierten, war im Kern eine Folge jenes Sonderwegs, den Bonn 1973 eingeschlagen hatte. Anders als die übrigen westeuropäischen Staaten hatten Bundesregierung und Bundesbank nämlich in jenem Jahr, und zwar schon vor der Ölkrise, mit einer Stabilisierungsrezession die steigende Inflation unter Kontrolle gebracht.[7] Dieser Schritt war trotz des Widerspruchs der Gewerkschaften erfolgt und in Teilen der SPD umstritten. Angesichts der abflauenden Reformstimmung, des Machtzuwachses der Bundesbank nach dem Ende des Bretton-Woods-Systems und der wiederaufkeimenden Inflationsangst konnte sich diese Opposition aber nicht durchsetzen. Der Keynesianismus hatte in der Bundesrepublik vergleichsweise spät Einzug gehalten, nämlich erst Ende der sechziger Jahre; nun verlor er an Gewicht.[8] Daß die Inflation von 1923 – und nicht etwa die Massenarbeitslosigkeit – das historische Trauma der Deutschen war, dürfte diese Tendenzwende befördert haben.

In der Debatte um die Rezessionsbekämpfung bildete sich eine Allianz aus Bundesbank, Industrie, dem Sachverständigenrat zur Begutachtung der gesamtwirtschaftlichen Entwicklung, den fünf Wirtschaftsforschungsinstituten, Teilen der CDU/CSU-Opposition, der FDP und einigen Sozialdemokraten, die einer ausschließlich nachfrageorientierten Konjunkturpolitik zunehmend skeptisch gegenüberstanden. Sie alle sahen in zu hohen Löhnen und nicht in einem Mangel an Nachfrage die Hauptursache für die Wachstumsschwäche.[9] Die Steuerung des Kaufverhaltens sollte sich entsprechend darauf beschränken, die Marktkräfte zu unterstützen und zu beschleunigen. Mittelfristig war das Ziel ein ausgeglichener Haushalt. Von einer zu expansiven Geldpolitik erwartete man nur eine steigende Inflation. Die Gewerkschaften und der linke Flügel der SPD beurteilten dies zwar anders, hielten sich im Vergleich zu anderen europäischen Ländern aber mit ihren Forderungen zurück. Für den Wandel des öffentlichen Klimas war das bezeichnend.[10]

Schmidt war in wirtschaftspolitischen Fragen pragmatisch. In kleiner Runde erklärte er einmal, es sei zweitrangig, ob ein ökonomisches Rezept richtig sei. Es müsse vor allem plausibel sein, um Vertrauen zu erwecken.[11] Schmidt hatte unter dem Einfluß seines einstigen Hochschullehrers und langjährigen Mentors Karl Schiller, Wirtschaftsminister unter Kiesinger und Brandt, zunächst keynesianische Positionen vertreten. Berühmt wurde sein Satz, ihm seien fünf Prozent Inflation lieber als fünf Prozent Arbeitslosigkeit – ein Hinweis auf die Phillips-Kurve, die für die Argumentation der Keynesianer in den sechziger Jahren von zentraler Bedeutung war. Später fand man den Kanzler auf seiten derjenigen, die Keynes' Theorien skeptisch betrachteten.[12]

In seinen Entscheidungen nahm Schmidt darauf Rücksicht, daß inzwischen die Neoklassiker die Meinungsführerschaft übernommen hatten. Er wußte, daß die SPD an zwei Punkten politisch besonders verwundbar war: hinsichtlich steigender Inflation und hinsichtlich der Verschuldung der öffentlichen Haushalte, durch die das alte Vorurteil bedient wurde, Sozialdemokraten könnten nicht mit Geld umgehen.[13] Als im Herbst 1974 die Weltwirtschaftskrise die Bundesrepublik erfaßte, reagierten Koalition und Bundesbank daher mit einer Mischung aus Angebots- und Nachfragepolitik – in Form eines Investitionsförderprogramms, einer umfassenden Steuerreform und einer leicht expansiven Geldpolitik.[14]

Die Erfahrungen, die man mit diesem »policy-mix« machte, verstärkten noch die Zweifel an den Möglichkeiten staatlicher Nachfragesteuerung. Denn erstens griffen die Maßnahmen entgegen der allgemeinen Erwartung nicht. Die privaten Haushalte legten die gesparten Steuergelder an, statt sie wie erhofft auszugeben – die Sparquote stieg auf die Rekordhöhe von 15,3 Prozent. Das Investitionsförderprogramm führte lediglich zu Mitnahmeeffekten; einen Investitionsboom bewirkte es nicht. Und auch die Geldpolitik zeigte nicht das gewünschte Resultat. Zweitens war es die anziehende Konjunktur in den USA und infolgedessen weltweit, die im Spätsommer 1975 die Wende brachte, nicht etwa die deutsche Politik. Die Auslandsnachfrage wurde zur stärksten Stütze des nun einsetzenden Aufschwungs. Das Befremden, auf das später die Vorschläge der Carter-Regierung in Bonn stießen, hatte auch mit diesen beiden Erfahrungen tun.

Obwohl man aus der Talsohle noch nicht heraus war, beschloß die Bundesregierung im September 1975, ihren Expansionskurs zu beenden und den Haushalt zu konsolidieren. Die Ausgaben der Ressorts wurden drastisch beschnitten, Steuererhöhungen in Angriff genommen und die Kreditaufnahme gesenkt.[15] Der Erfolg des Sparkurses war eindrucksvoll: Das Finanzierungsdefizit des Gesamtstaates wurde zwischen 1975 und 1977 halbiert. Gemeinsam mit Ford sicherte Schmidt diese Politik außenwirtschaftlich ab. Beide drängten die anderen OECD-Staaten dazu, den (zarten) Aufschwung nicht zu überhitzen und ebenfalls die öffentlichen Haushalte zu konsolidieren. Gegenüber Großbritannien und Italien, die mit erheblichen Zahlungsbilanzdefiziten zu kämpfen hatten, machten Washington und Bonn Ausgabendisziplin zur Bedingung von entsprechenden Krediten. Die Bundesregierung wollte unbedingt vermeiden, daß Rom oder London den Weg aus der Krise im Protektionismus suchten – und damit der exportorientierten deutschen Wirtschaft schadeten.

Die Gefahr, den Aufschwung durch die Haushaltskonsolidierung abzuwürgen, achtete die Bundesregierung gering.[16] Wie nach der Rezession von 1966/67, so die verbreitete Annahme, werde der normale Konjunkturzyklus wieder greifen. Und das schien zunächst auch einzutreffen. Das Wahljahr 1976 wurde zum Wirtschaftswunderjahr der sozial-liberalen Koalition. Das Bruttosozialprodukt (BSP) wuchs um 5,6 Prozent, die Preissteigerungrate sank. Doch dann kamen im Herbst die bereits erwähnten enttäuschenden Prognosen. »Allg. [emeine] Stimmung … einig, dass Aufschwung nicht mit gleichen Zuwachsraten 77 wie 76«, notierte Grünewald Ende November 1976.[17] Wie sich später erwies, war die öffentliche Hand zu früh auf den Sparkurs eingeschwenkt. Die Arbeitslosigkeit stieg zum Jahresende saisonbereinigt wieder an.

Daß die Bundesregierung in dieser Situation dennoch den Konsolidierungskurs fortsetzen wollte, zeigt, wie meinungsmächtig die neoklassisch orientierten Interpreten der Lage waren. »Eine auf kurzfristige Nachfragestimulierung angelegte expansive Ausgabenpolitik des Staates [wäre] gegenwärtig vermutlich … ›kontraproduktiv‹«, urteilten Bundesregierung und Sachverständigenrat einvernehmlich.[18] Das Programm, das der Kanzler dem Bundestag Mitte Dezember präsentierte, war ein typischer Koalitionskompromiß. Finanzminister Hans Apel (SPD) hatte die Forderung der FDP akzeptiert, die Unternehmen zu entlasten. Die ertragsunabhängigen Steuern sollten gesenkt werden. Im Gegenzug unterstützten die Liberalen Apel bei der lange geplanten Mehrwertsteuererhöhung. Sie sollte zum 1. Januar 1978 umgesetzt werden. Zum Ausgleich forderten und bekamen die Sozialpolitiker der SPD eine Erhöhung des Kindergeldes und eine steuerliche Entlastung der Familien. Dem Sparkurs tat das keinen Abbruch. Der Regierungsentwurf sah eine Neuverschuldung von 23 Milliarden Mark vor.

Einziges Zugeständnis an die Wirtschaftslage waren ein

Arbeitsmarktprogramm über 430 Millionen Mark und die Ankündigung eines »Programms für Zukunftsinvestitionen« (ZIP), das eine Fehlentwicklung des Konsolidierungskurses korrigieren sollte. Die öffentlichen Haushalte hatten bei den Investitionen und nicht bei den Leistungszusagen gespart, weil die politischen Kosten dafür geringer waren.[19] Mit Blick auf den Arbeitsmarkt war dies nicht sinnvoll, und die Koalition wollte mit dem ZIP gegensteuern.

Größenordnungen oder Zeitvorstellungen für das ZIP nannte der Kanzler zunächst nicht. Die Bundesregierung war bei diesem Programm auf die Mitarbeit von Ländern und Kommunen angewiesen. Mit ihnen mußte sich Bonn erst über die Finanzierung einig werden.[20] Intern ging die Bundesregierung davon aus, mit dem ZIP vor allem 1978 den Arbeitsmarkt zu entlasten.[21] Erst für diesen Zeitpunkt erwartete die Koalition einen endgültigen Konjunkturabschwung. Und in diesem Jahr standen Landtagswahlen in Hessen, Hamburg und Niedersachsen an. Von ihnen hing ab, ob die Unionsparteien die Zwei-Drittel-Mehrheit im Bundesrat erreichten und damit die Bundestagsmehrheit der Koalition blockieren könnten.

Die deutsch-amerikanischen Beziehungen wurden vom ZIP insoweit berührt, als die Bundesregierung das Programm in ein Paket internationaler Maßnahmen einbetten wollte. Der Kanzler plante einen neuen Weltwirtschaftsgipfel, auf dem die führenden Industriestaaten sich »die Schaffung einer für einen allgemeinen Beschäftigungsanstieg ausreichenden internationalen Nachfrage, vor allem nach Investitionsgütern, zur gemeinsamen Aufgabe ... machen« sollten.[22] Bonn dachte an gleichzeitige und gleichgerichtete, aber nicht identische Maßnahmen, um das Konjunkturklima zu verbessern und eine Investitionswelle in Gang zu setzen. Diese sollte den drohenden Konjunkturabschwung verhindern und der Bundesrepublik als Produzent von Investitionsgütern neue Aufträge bringen. Vom traditionell exportorientierten Wachstumspfad der westdeutschen Wirtschaft wollte man also nicht abweichen.

Daß bei der Gipfelidee mit Jimmy Carter grundsätzlich zu rechnen war, hatte dieser noch vor Amtsantritt angekündigt. Allerdings verfolgte er andere Vorstellungen als die Bundesregierung. Denn in den USA hatte der Keynesianismus (noch) nicht in gleicher Weise an Überzeugungskraft verloren wie in der Bundesrepublik, was auch mit historischen Prägungen zu tun haben mag. Massenarbeitslosigkeit und nicht Inflation, wie in Deutschland, war das historische Trauma vieler Amerikaner aus Carters Generation. Der Präsident, geboren 1924, war während der Wirtschaftskrise der dreißiger Jahre aufgewachsen und erinnerte sich mit Schrecken an die Millionen Erwerbslosen. Eine Stabilitätsrezession, wie sie Bundesbank und Bundesregierung 1973 der deutschen Wirtschaft verordnet hatten, lehnte er ausdrücklich ab: »Wir werden niemals Arbeitslosigkeit und Rezession als Instrumente zur Bekämpfung der Inflation benutzen.«[23]

Der angehende Präsident hatte eine Gruppe von Wirtschaftsexperten um sich geschart, die ihre politischen Erfahrungen in den sechziger Jahren gesammelt hatten, in der Hochzeit des Keynesianismus also.[24] Lawrence Klein von der University of Pennsylvania leitete den wirtschaftspolitischen Wahlkampfstab. Mit ihm arbeiteten Charles Schultze, einst Direktor des »Office of Management and Budget« in der Johnson-Regierung, und Arthur Okun, der unter Johnson dem Council of Economic Advisers vorgestanden hatte.

Sie interpretierten die Weltwirtschaftskrise mit Blick auf die gesamtwirtschaftliche Nachfrage. Die höheren Energiepreise wirkten aus ihrer Sicht wie eine Steuer, welche die Kaufbereitschaft von Unternehmen und Haushalten drastisch reduzierte. Eine expansive Haushaltspolitik sollte den Nachfrageausfall kompensieren. Sie war das Instrument, um die Konjunktur anzuheizen, Investitionen zu stimulieren und Arbeitsplätze zu schaffen – das Hauptziel der Carter-Regierung.[25] Der Glaube an die Wirksamkeit der öffentlichen Hand war hier noch ungebrochen, der Ansatz dieser Administration mithin »sozialdemokratischer« als jener der sozialliberalen Koalition nach 1973.

Den Inflationsgefahren, die aus dem Preisauftrieb erwuchsen, maß das Carter-Team demgegenüber wenig Bedeutung bei. Während die Bundesregierung schon vor der Ölkrise inflationäre Tendenzen in den westlichen Volkswirtschaften beobachtet hatte, ging man in Washington davon aus, daß der Ölpreisanstieg das Teuerungsproblem erst geschaffen habe und als exogen bedingter, einmaliger Schock im Laufe der Zeit aufgefangen werde. Solange die Kapazitäten der Unternehmen nicht ausgelastet waren – und das waren sie nicht –, glaubten Schultze und die anderen Berater Carters, daß eine expansive Geldpolitik die Inflation nicht antreibe, wie die Deutschen vermuteten, sondern die Produktion stimuliere. Höhere Steuereinnahmen aus einer anziehenden Konjunktur sollten den Haushalt wieder ausgleichen.[26] Washington und Bonn differierten damit auch in der Frage, wie die Legislaturperiode zu planen sei. Versuchte die Bundesregierung, den Etat am Anfang ihrer Amtszeit zu konsolidieren, wollte das Carter-Team dies erst am Ende tun.

Die konkreten Planungen begannen unmittelbar nach dem Wahlsieg. Die wirtschaftspolitische Beratergruppe, geführt von Klein und dominiert von Schultze, präsentierte Carter in dessen Privathaus in Plains am 1. Dezember 1976 ein sogenanntes Stimulusprogramm aus Steuersenkungen, öffentlichen Arbeitsbeschaffungsmaßnahmen und zusätzlichen Stellen im öffentlichen Dienst sowie einer Steuererstattung von 50 Dollar an jeden Steuerzahler.[27] Die Berater glaubten, damit 8 Prozent Wirtschaftswachstum 1977 und einen Rückgang der Arbeitslosigkeit von 7,8 Prozent auf gut 6 Prozent erreichen zu können.

Carter fehlte es an wirtschaftspolitischer Erfahrung, und er war, wie er einräumte, unsicher im Urteil. Er rieb sich an der Steuererstattung, an deren Wirksamkeit er zu Recht zweifelte, wie sich später erwies. Andererseits wurde er von verschiedenen Seiten bedrängt, die Konjunktur anzukurbeln. Das war zunächst einmal der Wunsch der Demokratischen Partei mit ihrem starken Gewerkschaftsflügel und der mächtigen Tradition des »New Deal«. Anfang Dezember forderten zudem Unternehmensvertreter von Carter, mehr als 20 Milliarden Dollar in die Wirtschaft zu pumpen, eine Woche später stießen die National League of Cities und die National Conference of Mayors, beides einflußreiche Interessengruppen, in das gleiche Horn; auch die Gewerkschaften drängten.[28] Während die Bundesregierung mit ihrem Konsolidierungskurs im Trend der öffentlichen Meinung lag, mußte Carter expandieren, wenn er keinen innenpolitischen Gegenwind entfachen wollte. Der angehende Präsident beschloß schließlich, das Programm mit einem Umfang von gut 30 Milliarden Dollar im Kongreß einzubringen. Das entsprach ungefähr einem Prozent des Bruttosozialprodukts der USA.

Trotz der grundsätzlichen Sorge vor importierter Inflation begrüßte die Bundesregierung diese Entscheidung zunächst. Pressesprecher Grünewald – für Wirtschaftspolitik zuständig – teilte Journalisten am 10. Januar 1977 auf Nachfrage mit, daß die Bundesregierung die »Richtung, die die amerikanische Regierung damit einschlägt, ... sehr befriedigend« finde.[29] Bei ihrem ersten Telefongespräch drei Tage später waren sich Schmidt und Carter über die Notwendigkeit eines abgestimmten Expansionsprogramms einig, an dem auch Frankreich, Japan und die Benelux-Staaten teilnehmen sollten, um der Welt zu zeigen, »daß man an einem Strang zieht«.[30]

Doch dann wurde bekannt, daß die designierte US-Regierung ihrem Stimulusprogramm eine Vorbildfunktion für andere Staaten zuwies.[31] Finanzminister Michael Blumenthal erklärte in einer Anhörung vor dem Kongreß, daß man von den »starken Ländern«, gemeint waren die Bundesrepublik und Japan mit ihren Zahlungsbilanzüberschüssen, ähnliche Maßnahmen erwarte, wie sie Carter für die USA beabsichtigte, also eine Stärkung der Binnennachfrage in der gleichen Größenordnung.[32]

Hinter der amerikanischen Forderung stand die sogenannte Lokomotivtheorie, deren Vordenker Fred Bergsten und Richard Cooper waren. Carter kannte die beiden Ökonomen aus der Trilateralen Kommission. Ihre Sorge galt den zahlungsbilanzschwachen Ländern in Westeuropa und der Dritten Welt, deren Bürden immer größer wurden, weil die Weltkonjunktur abflaute.[33] Einige Schuldnerländer, so befürchteten sie, könnten den Schuldendienst einstellen.

Cooper sah deswegen eine Bankenkrise wie in den dreißiger Jahren und ein Wiederaufleben des Protektionismus voraus. Beides drohte aus seiner Sicht demokratische Regierungen, die sich um die Konsolidierung ihrer Zahlungsbilanzen bemühten, aus dem Amt zu treiben und den Eurokommunisten oder autoritären Regimen den Weg zu ebnen. Die Lokomotivtheorie paßte sich insofern in die präventive »Weltordnungspolitik« Carters ein.

Kritisch beurteilte Cooper die gemeinsamen Bestrebungen Schmidts und Fords, die Defizitländer der OECD zur Ausgabendisziplin zu bewegen. Daß Länder wie Italien oder Großbritannien daran gescheitert waren, die Kosten der Ölkrise durch steigende Exporte zu finanzieren, führten die Lokomotivtheoretiker nicht auf die fehlende Wettbewerbsfähigkeit der italienischen oder britischen Unternehmen zurück, sondern auf das vergleichsweise geringe Wirtschaftswachstum der großen Handelsnationen USA, Japan und Westdeutschland.[34] Aus dieser Perspektive war es kein Ausdruck wirtschaftlicher Leistungskraft, daß die Bundesrepublik die höheren Ölpreise relativ problemlos bezahlen konnte, weil ihre Exporte zunahmen.

Die Politik Japans, der USA und der Bundesrepublik bewerteten die Experten vielmehr negativ. Ihr Vorwurf: Die drei größten Volkswirtschaften erschwerten mit ihren hohen Zahlungsbilanzüberschüssen die Lage der zahlungsbilanzschwachen OECD-Staaten. Cooper argumentierte in diesem Zusammenhang mechanistisch: Dem Zahlungsbilanzüberschuß der erdölexportierenden Länder, die in der OPEC organisiert waren, stehe ein entsprechendes Defizit gegenüber. Je weniger die großen Drei sich daran beteiligten, um so mehr müßten die schwachen Länder tragen.[35]

Cooper und Bergsten forderten deswegen von den drei Wirtschaftsriesen, ihre Binnennachfrage anzukurbeln. Dann könnten die anderen Länder ihre Ausfuhren in die Bundesrepublik, Japan und die USA steigern und damit sowohl ihre Arbeitslosigkeit senken als auch ihre Außenwirtschaftsposition verbessern. Im Herbst 1975 hatte Cooper einem japanischen Journalisten ein Interview gegeben, in dem er von den drei Staaten als »engines of growth« sprach. Die Übersetzung ins Japanische und wieder zurück ins Englische machte daraus »Lokomotiven«.[36]

Der Weltöffentlichkeit gegenüber erweckte die amerikanische Regierung den Eindruck, daß sie ihr Konzept aus globaler Verantwortung heraus verfolgen würde. Sie verschwieg, daß die Lokomotivtheorie auch der Förderung von Exporten aus den USA dienen sollte. In einem Memorandum an den Präsidenten vom 22. Januar 1977 notierte die Economic Policy Group, das wichtigste wirtschaftspolitische Koordinationsgremium in der Carter-Regierung, daß steigende Ausfuhren und daher wiederum zusätzliche Konjunkturmaßnahmen Bonns und Tokios erforderlich seien, um die Arbeitslosenquote in den USA senken zu können. Der entscheidende Halbsatz lautete: »... wenn Deutschland und Japan ihre eigenen Wirtschaften ankurbeln, könnten wir das Ziel erreichen.«[37] Bergsten und Cooper erklärten später, ihnen sei es darum gegangen, mit der Lokomotivtheorie die Belebung der US-Konjunktur außenwirtschaftlich abzufedern.[38] Bereits Ende 1976 verzeichnete die amerikanische Handelsbilanz ein Rekorddefizit;[39] diese Entwicklung habe man abbremsen wollen.

Dabei stand der Druck, den die US-Regierung auf Bonn ausübte, in einem Mißverhältnis zu den potentiellen Vorteilen. Der bereits erwähnte Lawrence Klein errechnete, daß das US-Handelsbilanzdefizit um lediglich eine Milliarde Dollar im ersten Jahr abnahm (und um drei Milliarden Dollar gerechnet auf zwei Jahre), wenn nicht nur das Bruttosozialprodukt der Bundesrepublik, sondern auch Japans, Belgiens, Hollands und Kanadas um ein Prozent zunahmen.[40] Schultze kam später zu einem ähnlichen Ergebnis.[41]

Druck auf Bonn

Die Bundesregierung reagierte empfindlich auf die neuen Forderungen. Noch ein halbes Jahr zuvor hatte sich Schmidt seines Einflusses in Washington gerühmt. Nun wurde er öffentlich attackiert. Auf der Sitzung der Trilateralen Kommission in Tokio Anfang Januar 1977 kritisierte etwa Cooper,

»die enormen deutschen Exportüberschüsse und Reserven seien die Kehrseite von gefährlichen Defiziten der anderen Industrieländer; ein weltwirtschaftlich führendes Land [gemeint war die Bundesrepublik, K.W.] könne sich der Verantwortung für die Gesamtentwicklung nicht entziehen, sondern müsse einen größeren aktiven Beitrag zur internationalen Nachfragesteigerung leisten«, wie der Berliner Politikwissenschaftler und Sozialdemokrat Richard Löwenthal dem Kanzler berichtete.[42]

Es war absehbar, daß sich mit Carters Amtsantritt die Gewichte im Konzert der OECD-Staaten zugunsten der zahlungsbilanzschwächeren Länder verschieben würden. Nicht zufällig begrüßte die Labour-Regierung in London den Wechsel in Washington. Schon bald forderten der britische Premierminister James Callaghan und Carter gemeinsam die Bundesregierung öffentlich auf, »besondere Aufgaben« zu übernehmen und die Binnenkonjunktur anzufachen.[43] Auch in der EG nahm der Gegenwind zu. Bonn fürchtete daher um den Konsolidierungsprozeß in West- und Südeuropa. Carter schien jene Kräfte zu ermuntern, die einen Aufschwung mit der Notenpresse finanzieren wollten. Während in Washington die Meinung vorherrschte, die Bundesregierung verhalte sich »egoistisch«, hatte diese wiederum den Eindruck, die Amerikaner erwarteten, daß man für das Versagen der Nachbarländer einstehe.[44]

Zudem erschwerte die Carter-Regierung die innenpolitische Situation der Bonner Koalition. Mit der Bundestagswahl im Oktober 1976 war die sozial-liberale Mehrheit auf zehn Sitze zusammengeschmolzen, und vier SPD-Abgeordnete hatten bereits wissen lassen, daß ihre Loyalität zum Kanzler begrenzt sei. Die Bundesregierung hatte zudem noch einen Fehlstart hingelegt. Schmidt mußte sich den Bruch eines Wahlkampfversprechens, die sogenannte Rentenlüge, vorwerfen lassen. Dadurch manövrierte er sich aus der innerparteilichen Schonzone, die ihm seine Amtsführung bis dahin garantiert hatte. Im Bundestag wurde er mit nur einer Stimme über der notwendigen Mehrheit wiedergewählt. Zum Jahresende begannen die Umfragewerte für die Regierung drastisch zu fallen, im Frühjahr näherten sie sich dem

Stand, den sie vor Willy Brandts Rücktritt erreicht hatten.[45] Schlecht gelaunt, gereizt, wohl auch gesundheitlich angeschlagen, schleppte sich der Kanzler durch den Winter und das Frühjahr.[46]

Es war nicht zu übersehen, daß in der SPD die Parteilinke an Einfluß gewann. In der Bundestagsfraktion stellte sie nach der Wahl mehr Vertreter als zuvor, was die fragile Koalition aus dem Gleichgewicht zu bringen drohte. Schmidt war es bis dahin gelungen, den widerstrebenden linken Parteiflügel einzubinden, indem er unter Verweis auf Sach- und Koalitionszwänge die eigene Politik als alternativlos zu präsentieren vermochte. Die amerikanische Kritik am Bonner Kurs stellte diese angebliche Alternativlosigkeit in Frage.

Auf einer Sitzung des SPD-Parteivorstands am 15. Januar 1977 verlangten Bildungsminister Helmut Rohde und der ehemalige Juso-Vorsitzende Wolfgang Roth, Vertreter des linken Flügels, daß die Bundesregierung sich an dem amerikanischen Programm orientieren solle.[47] Die Jusos unterstützten das.[48] Auch der DGB drängte. Die Gewerkschaftsführung hatte ihre moderate Lohnpolitik stets damit begründet, daß der Konjunkturaufschwung sich auf den Arbeitsmarkt auswirken würde; die neuen Zahlen aber sorgten für Enttäuschung. »Der Honigmond ist vorbei«, verkündete DGB-Vorsitzender Heinz Oskar Vetter mit Blick auf das Verhältnis zur Bundesregierung.[49]

Im Parteirat der SPD mußte Schmidt ausdrücklich auf Carters Politik eingehen, als er seinen Konsolidierungskurs rechtfertigte: »Glaubt mir, ich würde gerne diesen Impetus, diesen Optimismus teilen, den einige amerikanische Wissenschaftler nun der neuen Administration Präsident Carters injizieren; denn es ist ja unser Gedanke, daß die ganze industrielle Welt Konjunkturpolitik und Krisenüberwindung gemeinsam zu machen hätte. Das kommt ja nun nicht aus dem amerikanischen Wahlkampf her, diesen Gedanken haben wir zwei Jahre lang der ganzen Welt und zum Teil zu deren Überdruß von uns aus vorgetragen. Wir sind, weiß Gott, auf deren Seite! Und wir müssen davon nicht überzeugt werden! Ich würde sehr gerne in größerem finanziellen Maße daran mitwirken. Es ist nur die Frage, welche Konsequenzen dies dann nach 1, 2, 3 Jahren für unsere Wirtschaft haben würde. Es ist kein Zufall, daß die Länder, die in der Weltwirtschaftskrise außerordentliche Staatskredite aufgenommen und dabei ihre jeweilige Zentralbank unter Druck gesetzt haben ... daß die, die mit der Inflation besonders weit vorangegangen sind, nun mit der Arbeitslosigkeit besonders tief im Muddel sitzen.«[50]

Als Craig Whitney und Leonard Silk von der *New York Times* dem Kanzler am Vorabend des Mondale-Besuchs im Bundestagsrestaurant begegneten (siehe Kapitel 3), verbarg der gegenüber den Journalisten seinen Ärger kaum. Er bestritt den Vorbildanspruch des Weißen Hauses. Inflation und Arbeitslosigkeit seien in den USA doppelt so hoch wie in der Bundesrepublik. Nicht Bonn habe sich nach Washingtons Kurs zu richten, sondern umgekehrt:[51] »Amerikanische Wirtschaftswissenschaftler, die argumentieren, Reflation sei die Lösung unserer Wirtschaftsprobleme, sollten sich noch einmal mit den Problemen Europas beschäftigen. Bevor sie das nicht getan haben, sollten sie besser den Mund halten.«[52]

Er werde »nicht gerne öffentlich zu Ankurbelung-Anstrengungen [sic] ermuntert«, sagte Schmidt zu Mondale, als sie am Tag danach im Kanzleramt zusammentrafen.[53] Das Gespräch mit dem Vizepräsidenten und seinen Begleitern Cooper und Bergsten steigerte die Verstimmung noch. Mondale drohte dem Kanzler in verklausulierter Form, daß die USA eine Abwertung des Dollars zulassen würden mit entsprechenden Folgen für den deutschen Export, wenn Bonn nicht mehr unternehme, um die Konjunktur zu beleben.[54] An der Prognose der Bundesregierung, 1977 sei mit einem Wachstum von über fünf Prozent zu rechnen, gab es international nämlich erhebliche Zweifel.[55]

Inzwischen war in der Presse bekanntgeworden, daß Bonn nur zehn bis zwölf Milliarden Mark für das deutsche Investitionsprogramm vorsah. Die Amerikaner waren von dieser Größenordnung enttäuscht.[56] Während Carters Programm etwa ein Prozent des amerikanischen Bruttosozialprodukts ausmachte, sollte das ZIP nur 0,25 Prozent des deutschen BSP entsprechen.[57] Mondale schlug deshalb vor, den Umfang zu vergrößern und statt auf Infrastruktur-Investitionen stärker auf Steuersenkungen zu setzen.[58] Die für 1978 geplante Mehrwertsteuererhöhung sollte Bonn verschieben oder ganz darauf verzichten.

In ihrer Begründung griffen Mondale, Bergsten und Cooper auf die Argumente der Lokomotivtheorie zurück. Die wirtschaftliche Lage schwächerer Länder Südeuropas würde sich aufgrund der neueren Konjunkturentwicklung weiter verschlechtern. Andererseits verfüge die zahlungsbilanzstarke Bundesrepublik wie Japan und die USA über ungenutzte Kapazitäten, während die Inflationsrate niedrig sei. Da läge es doch nahe, durch Wachstum den Nachbarländern zu helfen.

Die Deutschen empfanden vor allem das Auftreten von Bergsten und Cooper als Zumutung.[59] Diese hätten dem wirtschaftspolitisch erfolgreichsten Staatsmann des Westens Ratschläge erteilt. Noch Monate später ärgerte sich Schmidt: »Dieser Fred Bergsten hat in seinem ganzen Leben nie für irgend etwas Verantwortung getragen. Er hat nie Entscheidungen gefällt. Und er hat genau da gesessen, wo Sie jetzt sitzen, und mir erklärt, wie ich Deutschland regieren soll.«[60] Schmidt kam später immer wieder auf diesen Besuch zurück.[61]

Weder er noch Apel oder Genscher fanden überzeugend, was die amerikanische Delegation vortrug. In den Koalitionsgesprächen hatte man sich für ein Investitionsprogramm und gegen Steuersenkungen entschieden, weil man enttäuschende Erfahrungen mit der Steuerreform von 1975 gemacht hatte. Die Bundesregierung ging davon aus, daß die Deutschen bei Steuersenkungen das gesparte Geld, statt es auszugeben, erneut auf Bankkonten deponieren würden. Auch gab es Grund zur Annahme, daß es 1977 an Massenkaufkraft nicht fehlen werde.[62] Es standen Tarifverhandlungen und damit Lohnerhöhungen bevor, und im Rahmen der Vermögensbildung wurden Auszahlungen im zweistelligen Milliardenbereich erwartet. Eine zusätzliche Nachfragestimulierung erschien deshalb unnötig, zumindest zum damaligen Zeitpunkt.

Gegenüber Mondales Delegation stellte Schmidt vor allem heraus, welchen Beitrag die Bundesrepublik bislang schon erbracht habe, um die europäischen Volkswirtschaften anzukurbeln. In einem später erstellten Vergleich aller konjunkturpolitischen Maßnahmen seit 1974 kam die Bundesregierung zu dem Ergebnis, sie habe umgerechnet sieben Prozent des Bruttosozialprodukts (auf der Basis von 1976) dafür ausgegeben, die USA hingegen nur 5,5 Prozent. Da nach Berechnungen der OECD zusätzliche Ausgaben in den USA bei den anderen OECD-Staaten einen Einkommenseffekt von 0,6 auslösten (für die Bundesrepublik betrug der Wert 1,3), ergab sich, daß von den Vereinigten Staaten bei einem gut dreimal so großen BSP nur um knapp ein Drittel stärkere Konjunkturimpulse auf die übrige Welt ausgingen als von der Bundesrepublik.[63]

Auch wies der Kanzler auf die Grenzen hin, die ihm die föderale Verfassung der Bundesrepublik setzte. Der Bund tätigte nur etwa ein Viertel aller öffentlichen Ausgaben; der Löwenanteil fiel auf Länder und Gemeinden. Um die Nachfrage überhaupt wirksam zu erhöhen, hätte sich Bonn entsprechend stark verschulden müssen.[64] Dem stand wiederum Artikel 115 des Grundgesetzes entgegen, der vorschreibt, daß die Kreditaufnahme des Bundes seine Investitionsleistungen nicht übersteigen darf. Schmidts drittes Argument betraf den Kapitalmarkt. Um diesen nicht zu überlasten und damit die Zinsen in die Höhe zu treiben, sollte die Kreditaufnahme nicht zu groß werden.[65]

Freilich darf man diese Einwände nicht überbewerten. Wie noch zu zeigen sein wird (siehe Kapitel 9), hinderten sie Bonn achtzehn Monate später nicht daran, auf die amerikanischen Forderungen einzugehen. Entscheidend war, daß in der deutschen Öffentlichkeit Anfang 1977 noch die Hoffnung überwog, die getroffenen Maßnahmen reichten aus. Erst nachdem sich das als falsch erwiesen hatte, nahm die Bereitschaft zu, die eigene Position zu überdenken. Als Mondale wieder abreiste, hatte er von der Bundesregierung deshalb lediglich die Zusage im Gepäck, »viel zu tun«. Eine Größenordnung nannten die Deutschen nicht. Den Umfang des ZIP wollte die Regierung erst im März festlegen.

In der Presse, bei den deutschen Großunternehmen, aber auch bei der Bundesbank gab es bezeichnenderweise breite Zustimmung für die unnachgiebige Haltung des Kanzlers.

Die deutsche Stabilitätspolitik habe Vorbildcharakter, befand Hans Roeper von der *Frankfurter Allgemeinen Zeitung*.[66] Seinen Artikel überschrieb er mit »Die ausländischen Besserwisser«. Bundesbankpräsident Karl Klasen unterstützte ebenfalls die Linie der Regierung.[67] Auch der Vorstandssprecher der Dresdner Bank, Jürgen Ponto, verteidigte bei einem USA-Besuch wenige Wochen später nachdrücklich die Argumentation Bonns.[68] Otto Wolff von Amerongen hatte schon vor Mondales Anreise den amerikanischen Kurs scharf kritisiert; als Präsident des Deutschen Industrie- und Handelstages (DIHT) vertrat er die Interessen der heimischen Exportwirtschaft, für die eine niedrige Inflationsrate die Geschäftsbedingungen deutlich verbesserte.[69]

Der Widerstand der Bundesregierung gegenüber den amerikanischen Forderungen, so schrieb der Direktor des Berliner Aspen-Instituts, Shepard Stone, am 18. Februar 1977 an Brzezinski, werde nahezu einhellig unterstützt.[70] Theo Sommer, Chefredakteur der *Zeit* und Schmidt-Vertrauter, hatte Stone gegenüber die deutsche Haltung mit den Worten zusammengefaßt: »... wir haben eine bessere Bilanz in der Wirtschaftspolitik als die USA. Versuchen Sie nicht, uns in dieser Angelegenheit herumzukommandieren ...«[71] Der Kanzler glaubte denn auch, einen Dauerkonflikt mit der US-Regierung über die Konjunkturpolitik durchstehen zu können, wie er in einem Gespräch mit Journalisten erklärte: »Zunächst mal will Carter vieles anders machen; das wird noch lange hin- und herpendeln ... Druck in Sachen Ökonomie kann ich aushalten!«[72]

Die Allianz aus Bundesregierung, Bundesbank, Geschäftsbanken und Unternehmensverbänden, die 1973 die stabilitätspolitische Wende eingeleitet hatte, war weiterhin intakt. Das bekamen nach Mondales Abreise auch die Vertreter der Gewerkschaften und des linken Parteiflügels der SPD zu spüren, die sich durch den Besuch des Vizepräsidenten ermuntert fühlten und erneut auf eine Ausweitung des Programms drängten; der DGB wollte es auf 20 Milliarden Mark erhöhen. Im Falle eines Konflikts über das ZIP, stellte Schmidt im Parteivorstand klar, »werde er sich immer an der Seite des Finanzministers befinden«.[73] Geradezu demonstrativ beschloß das Kabinett, die Neuverschuldung um weitere 1,4 Milliarden Mark zu senken.[74]

Erstarrte Fronten

In den Wochen nach Mondales Visite beschränkten sich beide Seiten darauf, ihre unterschiedlichen Positionen über die Medien auszutauschen.[75] Der Wirtschaftswissenschaftler Robert Solomon von der Brookings Institution, ein Weggefährte von Bergsten und Cooper, sprach Anfang Februar in Kongreßanhörungen aus, was viele Mitglieder der US-Administration dachten: »Da die deutsche Regierungsführung nicht zögerte, während der jüngsten Wirtschafts- und Finanzkrise unseren britischen Freunden Lektionen zu erteilen, dürfte eine Belehrung an die deutsche Adresse ebenfalls am Platz sein.«[76] Zwei Wochen später schlugen Bergsten und Cooper in die gleiche Kerbe. Schmidt habe 1974 Ford Ratschläge erteilt, nun wolle die US-Regierung den deutschen Verbündeten auf den Pfad der Tugend zurückgeleiten.[77] Von der Bundesregierung verlangte der stellvertretende Außenminister, so lange Leistungsbilanzdefizite in Kauf zu nehmen, wie die OPEC-Staaten Überschüsse erzielten.[78] Dies war eine unrealistische Forderung. Um sie zu erfüllen, hätte die Koalition ihre wirtschaftspolitische Krisenstrategie vollständig revidieren müssen.

Unterdessen einigten sich die G-7-Staaten darauf, den nächsten Weltwirtschaftsgipfel, gefolgt von einem NATO-Gipfel, Anfang Mai 1977 in London abzuhalten. Daß es dort zum Konflikt zwischen Deutschen und Japanern auf der einen, Amerikanern und Briten auf der anderen Seite kommen würde, war absehbar.

Allerdings schwächte der Konjunkturverlauf im Frühjahr die Argumente beider Seiten. Am 23. März verabschiedete das Bundeskabinett das ZIP in einem Umfang von 16 Milliarden Mark. Die Summe lag um ein Drittel höher als noch im Januar geplant. Vor allem Investitionen in den Bereichen Verkehr, umweltfreundliche Energieversorgung und Wohnungsbau sollten gefördert werden.[79] Wirtschaftsminister

Friderichs erklärte, er erwarte allein aufgrund des ZIP für 1977 eine Steigerung des Bruttosozialproduktes um 2,5 Prozent.[80]

Der US-Regierung signalisierte Schmidt, man sei mit der Aufstockung den amerikanischen Wünschen entgegengekommen.[81] Das Hauptmotiv dafür aber war die anhaltende Konjunkturschwäche, welche die bereits prekäre innenpolitische Situation des Bonner Bündnisses weiter erschwerte.[82] Durch die koalitionsinterne Kontroverse um die Kernenergie war die Bundesregierung inzwischen derart in Bedrängnis geraten, daß Schmidt am 22. März vor der SPD-Fraktion mit Rücktritt drohte und größere Unterstützung forderte. Mit der Erweiterung des ZIP versuchte er, zumindest wirtschaftspolitisch aus der Schußlinie des linken Parteiflügels und der Gewerkschaften zu kommen, denn dort hatte man unablässig eine Erhöhung verlangt.[83]

Im April verschlechterten sich die Konjunkturaussichten weiter. Die Skepsis der Amerikaner gegenüber den deutschen Zahlen erwies sich im nachhinein als berechtigt. Die Wirtschaftsforschungsinstitute in Köln, Berlin und München berichteten von einer überraschenden Nachfrageschwäche in den ersten beiden Monaten des Jahres, die alle Vorhersagen in Frage stelle.[84] Auch im Kanzleramt ging man inzwischen von einer zu erwartenden Wachstumsrate von unter vier Prozent aus.[85] Als die Koalitionsspitzen am 4. Mai die Lage erörterten, erwog man sogar, die geplante Mehrwertsteuererhöhung, die auf Drängen der FDP und wegen des Widerstandes der unionsregierten Bundesländer bereits von zwei auf ein Prozent reduziert worden war, ganz aufzugeben – wie es Mondale bei seinem Besuch gefordert hatte.[86]

Doch Finanzminister Apel riet ab und konnte sich mit dem Argument durchsetzen, man würde mit ständigen Korrekturen die Unsicherheit in der Wirtschaft noch vergrößern und zugleich signalisieren, daß man die weitere Entwicklung pessimistisch einschätze. Und schlechte Nachrichten konnte die angeschlagene Regierung nicht gebrauchen; die SPD war bereits in der zweiten Aprilhälfte durch eine Reihe von Vorfällen erschüttert worden.[87] Man beschloß deshalb, die Entscheidung erst einmal zu vertagen.

Freilich litt auch die Überzeugungskraft der amerikanischen Position. Trotz des strengen Winters wuchs nämlich das Bruttosozialprodukt der USA im ersten Quartal 1977 um 5,8 Prozent. Zugleich zog die Teuerung derart an, daß Finanzminister Blumenthal ein Anti-Inflationsprogramm vorbereitete.[88] Damit stellte sich die Frage, ob das Stimulusprogramm noch notwendig war, zumal Carter Schwierigkeiten hatte, es durch den Kongreß zu bringen.[89] Ein Beschluß des Senats war erst im Sommer zu erwarten.

»Sagte, wenn Wirtschaftszahlen so aussähen, sei er nicht einverstanden«, notierte Eizenstat nach einem Gespräch mit Carter am 11. April. Zwei Tage später versammelte der Präsident die zuständigen Kabinettsmitglieder sowie seine innenpolitischen Berater im Roosevelt-Zimmer des Weißen Hauses, um mit ihnen die Lage zu beraten. Den Aufzeichnungen Eizenstats zufolge legte er dar, daß er erwäge, das Steuerpaket zurückzuziehen, weil die Verkaufszahlen im Einzelhandel – ein guter Konjunkturindikator – drastisch gestiegen waren.[90]

Die Vertreter des liberalen Flügels in der Demokratischen Partei, Schultze und Vizepräsident Mondale, argumentierten dagegen, der Aufschwung sei noch nicht gesichert, und deshalb müsse die Kaufkraft gestärkt werden. Zudem verlören die USA an Überzeugungsvermögen gegenüber der Bundesrepublik und Japan, wenn sie das Steuerpaket reduzierten – eine Überlegung, die Carter zu teilen schien.[91] Beide wurden unterstützt von den innenpolitischen Beratern Eizenstat und Jordan, die angesichts des Zickzackkurses um Carters Glaubwürdigkeit fürchteten. Finanzminister Blumenthal, Haushaltsdirektor Bert Lance und der Vorsitzende der US-Notenbank, Arthur Burns, sorgten sich hingegen um die Geldwertstabilität. Sie hatten der Expansionsstrategie Carters von Anfang an skeptisch gegenübergestanden und zeigten Verständnis für die deutschen Argumente gegen die Lokomotivtheorie.[92]

Am Ende entschied Carter, die Steuerrückzahlung und die Steuerbefreiung für Unternehmensinvestitionen zu streichen und das Stimulusprogramm so um 14 Milliarden Dollar zu reduzieren. Später behauptete er, damit habe er schon im

April 1977 jener Inflationsgefahr begegnen wollen, die maßgeblich zu seiner schweren Wahlniederlage 1980 beitrug.[93] Eizenstats Aufzeichnungen lassen daran zweifeln. Die Bemerkung Blumenthals, daß die Steuerrückzahlung die Inflation anheize, wies der Präsident zurück. Ihm ging es wohl um die im Wahlkampf versprochene Haushaltssanierung, nicht um die zunehmende Geldentwertung.

Die Bundesregierung registrierte Carters Entscheidung mit Genugtuung und sah sich in ihrer Sorge um die Geldwertstabilität und in der Ablehnung der Lokomotivtheorie bestätigt. »Der Druck auf unsere eigene Konjunkturpolitik entfällt damit praktisch«, kommentierte Botschafter Staden.[94] Daß dies eine Illusion war, zeigte sich freilich wenige Tage vor dem Weltwirtschaftsgipfel, als die sogenannten Sherpas, die Beauftragten der sieben Regierungen zur Vorbereitung des Treffens, sich nicht über das zu unterzeichnende Kommuniqué einigen konnten.[95] Der US-Präsident war keineswegs gewillt, die Bundesrepublik und Japan aus der Pflicht zu entlassen.

Der Londoner Weltwirtschaftsgipfel

Die Atmosphäre am Vorabend des Gipfels war entsprechend gespannt. Die Medien spekulierten darüber, ob Carter den Kanzler »in die Knie« zwinge, wie David Binder im *Stern* fragte.[96] Giftige Bemerkungen wurden kolportiert; so soll Schmidt angekündigt haben: »Wir werden es Carter schon beibringen.«[97] Vom US-Präsidenten wiederum wurde berichtet, er beabsichtige, den Europäern ein Licht aufzustecken.[98]

Die Stimmungsmache im Umfeld stand in eigenartigem Kontrast zu den Bemühungen des Kanzlers, das Gespräch inhaltlich vorzubereiten. Erklären läßt sich dieser Gegensatz wohl nur dadurch, daß Schmidt sich öffentlich als unnachgiebiger Vertreter deutscher Interessen darstellen und zugleich möglichst günstige Bedingungen für die Zusammenkunft mit Carter schaffen wollte. Er schickte mehrere »Segelanweisungen« (so nannte man im Kanzleramt die Grundsatzpapiere, mit denen Gipfel vorbereitet wurden) nach Washington – eine Geste der Vertrauens. Zudem bemühte er sich sogar um gleich zwei Termine mit dem Präsidenten in London; allerdings vergeblich.[99] Man vereinbarte nur ein gemeinsames Arbeitsfrühstück am Sonnabend, dem 7. Mai, in der prachtvollen amerikanischen Botschaft im Regent's Park, dem 1930 von der Woolworth-Erbin Barbara Hutton erbauten Winfield House.

Für die Historiker Richard Neustadt und Ernest May war die morgendliche Begegnung ein Beispiel für das Unvermögen beider Seiten, den jeweils anderen zu »plazieren«, also in den politischen, kulturellen und historischen Kontext einzuordnen. Carter hätte wissen können (und auch müssen), so Neustadt und May, daß Schmidt angesichts seiner früheren Rolle gegenüber Ford zumindest nach außen hin den Eindruck erwecken wollte, daß sein Wort in Washington weiterhin Gewicht habe.[100] In der Tat hatte sich der Kanzler wenige Tage vor dem Gipfel darüber beklagt, daß der Präsident ihn nicht um Rat frage.[101] Sein Versuch, zwei Termine bei Carter zu bekommen, muß auch in diesem Zusammenhang gesehen werden.

Doch die US-Regierung erkannte die Signale nicht. In den Vorbereitungsunterlagen des State Department dominierte die – am deutsch-amerikanischen Verhältnis der fünfziger Jahre orientierte – Annahme, der Kanzler sei nach den Konflikten der ersten Monate in der Defensive: »Die Westdeutschen werden nach Mitteln und Wegen suchen, die deutsch-amerikanischen Beziehungen nach der jüngsten Verschlechterung wenigstens teilweise wieder in Ordnung zu bringen.«[102] Die Amerikaner ließen daher nicht einmal den Anschein aufkommen, daß der Kanzler noch eine ähnliche Rolle spielen könnte wie unter Ford. Der Wunsch Schmidts nach einem zweiten Treffen mit Carter wurde mit der Begründung zurückgewiesen, der Präsident müsse auch mit den Vertretern Luxemburgs, der Niederlande und Norwegens zusammenkommen, und daher habe er keine Zeit. Unter Ford wäre das undenkbar gewesen.

Und als Schmidt am 7. Mai um 7.30 Uhr vor dem Regent's Park vorfuhr, beobachtet vom deutschen Journalistentroß, war niemand da, der ihn empfangen hätte. In Begleitung von

Genscher und dem Abteilungsleiter für Außen- und Sicherheitspolitik im Kanzleramt, Jürgen Ruhfus, »schlenderte er barhäuptig und im grauen Büroanzug mit seiner Begleitung vom Park-Portal die hundert Meter bis zur dunklen Haustür des Botschafter-Palais hinan. Er fand sie verschlossen, zögerte, öffnete dann eigenhändig – und stieß hinter der Tür auf den wartenden Jimmy Carter.«[103] Schnell machte unter den Journalisten das Wort vom »Gang nach Canossa« die Runde.[104]

Carter entwarf im anschließenden Gespräch seine Pläne und Vorstellungen; als Schmidt ihm Ratschläge geben wollte, war der Präsident nicht so empfänglich, wie es der Kanzler erwartete. Zu allem Überfluß sprach Brzezinski diesen auch noch mit »Helmut« an und mokierte sich darüber, daß der deutsche Regierungschef, der seinerseits den Sicherheitsberater »Zbig« nannte, dies offenkundig unangemessen fand. Sichtlich mühsam kam dem Kanzler nach dem Treffen vor der Presse das persönliche »Jimmy« über die Lippen. Zu Grünewald, der ihn begleitete, sagte er, Carter verstehe nichts von den Dingen.[105] Den mitreisenden Journalisten gegenüber vermittelte die deutsche Delegation den Eindruck, man betrachte den Präsidenten als »lernfähig«.[106] Es waren herablassende Kommentare dieser Art, die auch nach dem Gipfel verhinderten, daß die Atmosphäre sich deutlich verbesserte und Schmidt den Einfluß erhielt, den er sich wünschte.

Freilich wußte auch der Kanzler seinen Gesprächspartner nicht zu »plazieren«. Carter galt als überaus selbstbewußter Mann, der auf seine intellektuellen Fähigkeiten (zu Recht) stolz war. Nach der Vorgeschichte stand zudem zu erwarten, daß er Schmidt reserviert begegnen würde. Der Kanzler hätte also besser den Eindruck vermieden, daß er den Präsidenten nicht für voll nehme. Genau das aber tat er. Schmidt habe ihn, so Carter später, wie »einen Studenten« behandelt, der von Wirtschaftsfragen nichts verstehe, und ihm einen Vortrag über das Einmaleins der Volkswirtschaft gehalten.[107]

Auch in der Sache kamen sich beide Seiten nicht näher. In der ersten Plenarsitzung des Gipfels unterstützte Carter ausdrücklich die Briten in ihrer Forderung, Bonn müsse mehr tun, um die Konjunktur anzukurbeln. Schmidt antwortete mit den bekannten Argumenten. Als die Sherpas abseits der Regierungschefs über das Kommuniqué verhandelten, stieß die deutsche Delegation auf amerikanischen Widerstand, als sie den Passus aufnehmen wollte: »Inflation verringert die Arbeitslosigkeit nicht. Im Gegenteil, sie ist eine ihrer Hauptursachen.« Erst als Karl Otto Pöhl, Staatssekretär im Bundesfinanzministerium, den Raum verließ, gaben die Amerikaner nach, um eine Eskalation zu vermeiden.[108] Kurioserweise war Pöhl nur hinausgegangen, um sich die Beine zu vertreten. Als der Staatssekretär wiederkam, fand er seine Formulierung im Text des Gipfelkommuniqués wieder.

Im Gegenzug verpflichteten sich die Überschußländer, zusätzliche Maßnahmen zu ergreifen, sollten sie ihre Wachstumsziele nicht erreichen. Obwohl offiziell keine Zahlen festgeschrieben wurden, herrschte de facto Einigkeit, daß die Bundesrepublik fünf Prozent anstreben sollte, wie es Bonn im Jahreswirtschaftsbericht prognostiziert hatte.[109] Damit war absehbar, daß weitere amerikanische Forderungen auf die Bundesregierung zukommen würden, falls die Konjunktur nicht doch ansprang, was niemand erwartete. Der Londoner Gipfel hatte den Konflikt um die Lokomotivtheorie nicht gelöst, sondern nur aufgeschoben.

5. Hilfe für Breschnew?

Die Konflikte um das Brasiliengeschäft und die Wirtschaftspolitik beeinträchtigten das Ansehen der neuen US-Regierung bei allen Bundestagsparteien; die Kontroverse über die Ostpolitik, die zeitgleich stattfand, brachte vor allem die SPD gegen Carter auf. Seit dessen Wahlsieg verfolgten die Sozialdemokraten mit wachsender Beunruhigung, daß der neue Mann im Weißen Haus sich von der Politik seines Vorgängers gegenüber Moskau absetzte. Daß Carter öffentlich die Verletzung der Menschenrechte in Osteuropa kritisierte und einen ehrgeizigen Neuansatz bei den amerikanisch-sowjetischen SALT-Verhandlungen über die Begrenzung von strategischen Nuklearwaffen verfolgte, nährte die Sorge, der US-Präsident könne Porzellan in der Entspannungspolitik zerschlagen, mit weitreichenden Folgen für die Bonner Ostpolitik.

Vordergründig ging es darum, daß beide Seiten den Kreml unterschiedlich einschätzten: Was konnte der Westen der sowjetischen Führung an Veränderung zumuten, und wann überforderte er die alten Männer im Politbüro? Dahinter verbarg sich der eigentliche Gegensatz. Bonn und Washington verfolgten nicht dieselben Ziele, hegten verschiedene Erwartungen und bewerteten das Erreichte auf zweierlei Weise. Während in der Koalition ein breiter Konsens darüber bestand, daß der Westen die bisherige Politik möglichst unverändert weiterführen sollte, mehrten sich in den USA die kritischen Stimmen. Es zeichnete sich bereits ab, daß der Versuch, einen Ausgleich mit der Sowjetunion zu erreichen, in den Vereinigten Staaten auf Dauer nur dann mehrheitsfähig war, wenn die Kreml-Führung größere Zurückhaltung übte. Carter, der die Entspannung grundsätzlich befürwortete, suchte dem Rechnung zu tragen. Seine Politik war insofern eine Art letztes Angebot an Moskau vor einem zweiten Kalten Krieg.

Die sowjetische Spitze schätzte dies bekanntlich falsch ein, und auch Bonn brachte wenig Verständnis für die Haltung des Präsidenten auf. Man warf den Neuankömmlingen im Weißen Haus Naivität und Unkenntnis vor;[1] Carter wiederum beklagte die »Furchtsamkeit« (»timidity«) der Verbündeten, also der Deutschen und anderen Westeuropäer gegenüber der Sowjetunion.[2] Anstatt den Kreml zu drängen, auf die neue Situation zu reagieren, forderte die Bundesregierung von Carter, auf den alten Pfad zurückzukehren. Zeitweilig ließ sich Schmidt sogar vor Breschnews Karren spannen. Die Folge war, daß sich die Beziehungen zwischen Bonn und Washington weiter verschlechterten.

Eine »zweite Phase« der Ostpolitik

Dabei hatten die Sozialdemokraten zunächst darauf gesetzt, gerade in der Entspannungspolitik eng mit Carter zusammenzuarbeiten. Die SPD plante eine »zweite Phase« der Ostpolitik, wie Brandt während des Wahlkampfes erklärte, und dafür erschien die Kooperation mit den USA unverzichtbar.[3] Carter sollte dem Ost-West-Verhältnis in Europa neue Impulse geben, von denen Bonn sich Fortschritte in den eigenen Beziehungen zu Moskau, Ost-Berlin oder Warschau erhoffte. Den Schulterschluß der Bundesrepublik mit den USA wollte die SPD-Führung dann auch innenpolitisch nutzen. Brandt schrieb Anfang 1977 in einem Brief an Schmidt: »Im Windschatten der amerikanisch-sowjetischen Bemühungen wird auch bei uns wieder deutlicher werden, daß die Gegner der Entspannungspolitik sich auch mit Amerika anlegen müssen.«[4]

Der Wunsch nach einer »zweite Phase« war an der Parteibasis wie in der SPD-Führung verbreitet. Während Brandts Kanzlerschaft hatte sich der Ausgleich mit dem Osten zum moralisch überhöhten Mythos entwickelt.[5] Die Neue Linke war nicht nur, aber vor allem deshalb in die SPD geströmt. Die innenpolitische Polarisierung durch die Ostverträge und der plebiszitäre Charakter der Bundestagswahl 1972 mit dem überwältigenden Wahlsieg Brandts hatten ein übriges dazu getan, die »Friedenspolitik« zu einer der Säulen sozialdemokratischer Identität werden zu lassen.

Und die Koalition konnte einiges an Erfolgen für sich verbuchen: Die Lage um Berlin hatte sich beruhigt, viele kleine Probleme, die sich aus der Insellage des Westteils der Stadt ergaben, waren schrittweise gelöst worden, die deutsch-deutschen Kontakte nahmen zu, die Reisemöglichkeiten ebenfalls. Zudem wuchs die Zahl der Aussiedler aus Osteuropa, der Ost-Handel erlebte einen Aufschwung. Das allgemeine politische Klima zwischen Ost und West hatte sich verbessert, und der Handlungsspielraum der Bundesrepublik war größer geworden.

Entsprechend unzufrieden waren viele Sozialdemokraten damit, daß die einst so glanzvolle Ostpolitik unter Schmidt ein Schattendasein führte. Vom Verlauf des Wahlkampfes 1976 sahen sie sich bestätigt. Gegen dessen Ende hatte der Kanzler die Entspannung doch noch in den Vordergrund gerückt. Eine parteiinterne Auswertung kam zu dem Schluß, daß dies für den knappen Sieg entscheidend gewesen sei.[6] Auf keinem anderen Feld besaß die SPD eine ähnlich hohe Problemlösungskompetenz. Schmidt gab denn auch dem Drängen aus der Partei nach und signalisierte, daß die Bundesregierung in der neuen Legislaturperiode ostpolitisch aktiver sein werde als bisher.[7] Den weitergehenden Vorstellungen Bahrs und Brandts von einer europäischen Friedensordnung hatte Schmidt zwar immer skeptisch gegenübergestanden. Doch grundsätzlich war auch er der Meinung, daß es im deutschen Interesse liege, die Ostpolitik fortzusetzen.

Daß die Regierung nach der Wahl mit der »Rentenlüge«, den schlechten Konjunkturdaten und dem Aufbegehren der SPD-Linken einen Fehlstart hingelegt hatte, dürfte den Kanzler in dieser Auffassung bestärkt haben. Albrecht Müller, Leiter der für innenpolitische Planung zuständigen Abteilung V im Kanzleramt, schlug ihm neben anderem bezeichnenderweise eine »außenpolitische Offensive« in Abrüstungsfragen vor, um den öffentlichen Ansehensverlust von Partei und Regierung zu kompensieren.[8] Die Abrüstungspolitik sollte Müller zufolge auch eines der Themen sein, um die »Schwierigkeiten des Winters (Preise, Arbeitslosigkeit, Kommunalwahlen)« zu konterkarieren und so die Landtagswahlen 1978 vorzubereiten.

Koalitionspolitische Erwägungen spielten für Schmidt (und andere Sozialdemokraten) ebenfalls eine Rolle. Die FDP-Führung hatte sich unter dem Vorsitz Genschers von der Idee eines »sozial-liberalen Bündnisses« verabschiedet, von dem während der Kanzlerschaft Brandts noch überhöhend die Rede gewesen war. Genscher bemühte sich vielmehr darum, auch mit der CDU koalitionsfähig zu sein.[9] Die Sozialdemokraten beobachteten dieses Taktieren mißtrauisch. Ihnen war bewußt, daß vor allem ein Thema CDU und FDP voneinander trennte: die Ostpolitik. Je mehr die SPD diese herausstellte, desto größer wurde der Druck auf die FDP-Führung, wie Müller mit Blick auf die von ihm geforderte

Abrüstungsinitiative schrieb: »Die FDP kann ihre Position im Unklaren lassen, solange das Thema [Abrüstung, K.W.] nicht stärker in den Vordergrund gerückt wird als in der Vergangenheit. Für den Fall der kontroversen Debatte des Themas aber müßte sich die FDP-Führung ihren ca. 50–70% betont sozial-liberalen Wählern eher fügen.«[10]

Von Carter erhoffte Schmidt sich Unterstützung. Genscher hatte sich angewöhnt, von der »realistischen Entspannungspolitik« zu sprechen, die er in Abgrenzung zur angeblich unrealistischen Version der Sozialdemokraten betrieb. In operativen Fragen hatte der Außenminister immer wieder Härte gezeigt. Ein »entscheidendes Problem« aller ostpolitischen Pläne sah Schmidt folglich darin, die FDP-Führung mitzuziehen.[11] Der Kanzler glaubte, daß die »Konsistenz des Entspannungswillens von Präsident Carter [dabei] helfen« könne.[12]

Freilich versprach der Begriff der »zweiten Phase« mehr, als er bei genauerem Hinsehen halten konnte. Die Überlegungen in der SPD-Spitze kreisten um einen bescheidenen Ausbau der Vertragsbeziehungen zu den Ostblockstaaten und um die MBFR-Gespräche in Wien, wo NATO und Warschauer Pakt seit 1973 über die Reduzierung insbesondere der konventionellen Streitkräfte verhandelten.[13] In beiden Fällen ging es weniger um zukunftsweisende Entwürfe; man wollte vielmehr Störfaktoren ausschalten, die immer wieder Schatten auf das bislang Erreichte warfen.

Die Amerikaner wurden vor allem bei MBFR gebraucht. Düstere Prognosen der NATO-Stäbe über das militärische Kräfteverhältnis hatten die Herbsttagung der NATO im Dezember 1976 überschattet. Daß sich die militärischen Gewichte schleichend zugunsten der Sowjetunion verschoben, rief auch in Teilen der SPD Besorgnis hervor. Denn während der Osten seine Streitkräfte modernisierte, tendierten viele westeuropäische Regierungen dazu, die Verteidigungshaushalte aufgrund der Wirtschaftskrise zusammenzustreichen.[14] Eine Einigung in Wien sollte diesen Trend korrigieren.[15] Zugleich sah man darin eine innenpolitische Chance, wie SPD-Geschäftsführer Bahr an Schmidt schrieb: »Das Thema wird die gleiche Wirkung haben wie die erste Phase der Ostpolitik. Es wird die Phantasie der Menschen beschäftigen, die Partei integrieren, die Koalition solidarisieren und die Opposition spalten.«[16]

Daß man dabei auf die USA setzte, ergab sich zum einen aus dem militärischen Gewicht der Supermacht, zum anderen aus dem Zusammenhang von SALT II und MBFR. Die festgefahrenen Gespräche in Wien benötigten aus deutscher Sicht einen politischen Anstoß, und der konnte in einem erfolgreichen Abschluß von SALT II bestehen.[17] Zum Bedauern Schmidts war es Präsident Ford nicht mehr gelungen, vor dem amerikanischen Wahlkampf eine Einigung mit Breschnew zu erzielen, obwohl beide Seiten sich optimistisch gegeben hatten. Der Kanzler war jedoch zuversichtlich, daß Carter bis zum Jahresende 1977 ein Abkommen aushandeln und das Ganze mit einem amerikanisch-sowjetischen Gipfel krönen könnte. Dann sollte es auch bei MBFR vorangehen.

»Reciprocal« und »Comprehensive«

Es ist rückblickend leicht zu erkennen, daß die Bundesregierung von falschen Annahmen ausging. Die SALT-II-Verhandlungen waren bei Carters Amtsantritt nicht annähernd so weit gediehen, wie Bonn aufgrund der Informationen durch Ford und Kissinger glaubte,[18] und bei MBFR gab es wohl nie eine Chance, daß West und Ost zu einer Einigung kämen.[19] Doch nicht nur Schmidt täuschte sich über die Aussichten einer amerikanisch-sowjetischen Annäherung. Auch Carter ging überoptimistisch in seine Präsidentschaft.

Im Wahlkampf hatte er emphatisch die Amoralität des Wettrüstens kritisiert und sein Interesse an einer raschen Einigung bei SALT signalisiert.[20] Bald schon wollte er mit Breschnew zusammentreffen. Er sprach davon, die Beziehungen zur Sowjetunion wie zu »England« zu gestalten.[21] In Fragen der sogenannten Weltordnungspolitik bot Carter Moskau seine Kooperation an; dies betraf Themen wie Nicht-Proliferation, Abrüstung oder auch Terrorismusbekämpfung.[22] Zugleich machte er allerdings auch deutlich, daß er von der sowjetischen Führung ein größeres Entgegenkommen erwartete als bisher. Die USA, so erklärte er, hätten in der Vergangenheit zu viel gegeben und zu wenig erhalten.[23] In Zukunft müßten die Vorteile der Entspannung ausgewogener verteilt werden.

Hier zeigte sich der prinzipielle Unterschied zwischen der amerikanischen und der deutschen Ostpolitik. Bonn ging es darum, eine Antwort auf die Probleme zu finden, die im weitesten Sinne Hitlers Weltkrieg in Europa hinterlassen hatte: die Teilung Deutschlands, die SED-Diktatur, das vergiftete Verhältnis zu den osteuropäischen Nachbarn. Angesichts dieser Meßlatte hielt man im sozial-liberalen Lager das Erreichte für einen Erfolg; freilich blieb Sozialdemokraten und Liberalen auch kaum etwas anderes übrig, wenn man bedenkt, wie stark die Koalition innenpolitisch von der Ostpolitik abhängig war. Bei einer solchen Bilanz spielte es eine eher untergeordnete Rolle, welche Politik die Sowjetunion außerhalb Europas verfolgte und wie sich ihr nukleares Potential im Vergleich zu dem der USA entwickelte. Jedenfalls sah man darin in Bonn noch keinen Grund, den eigenen Kurs zu korrigieren.

Die von Nixon, Kissinger und Ford verfolgte Ostpolitik hingegen zielte auf das amerikanisch-sowjetische Kräfteverhältnis weltweit. Durch »linkage«, also eine Mischung aus Anreizen und Druck, sollte die Sowjetunion zur Zurückhaltung bewegt werden. Und gemessen an diesem Ziel glaubten immer mehr Amerikaner, von Moskau übervorteilt worden zu sein.[24] Daß die Sowjetunion während des Yom-Kippur-Krieges 1973 die arabische Seite unterstützte, sich 1975 in den angolanischen Bürgerkrieg einmischte und zudem weiter atomar aufrüstete, ließ den Begriff Détente bei vielen Kritikern zu einem Synonym für die Schwächung amerikanischer Macht werden.

Hinzu kam, daß nach dem Watergate-Skandal und der Niederlage in Vietnam der Wunsch nach einer idealistischen und moralisch fundierten Außenpolitik um sich griff.[25] Zunehmend wurde bemängelt, Kissinger orientiere sich vor allem an »Stabilität« und »Ordnung« und berücksichtige nicht ausreichend Menschenrechtsfragen bei der Definition amerikanischer Interessen. Viele hatten den Eindruck, so der Historiker John Lewis Gaddis, daß es Kissinger und die Präsidenten, denen er diente, versäumt hätten, das angemessene Verhältnis zwischen Politik und Prinzip herzustellen, das jede Nation brauche, um ihr Selbstvertrauen zu bewahren.[26]

Weil die »Imperiale Präsidentschaft« geschwächt war und der Kongreß an Macht gewonnen hatte, drohte der allgemeine Stimmungsumschwung auf die operative Außenpolitik durchzuschlagen. In einem Memorandum an Carter vom Oktober 1976 schrieb Vance: »Amerikanische Innen- und Außenpolitik haben sich immer gegenseitig beeinflußt. Diese wechselseitige Abhängigkeit ist jedoch zunehmend wichtiger geworden.«[27] Carter müsse deshalb eine Politik betreiben, die im Volk und im Kongreß unterstützt werde. Kissinger war dies nicht gelungen.

Schon im Wahlkampf war damit absehbar, daß Carter neue Wege beschreiten würde. Nur wenn es gelang, die amerikanische Ostpolitik vom doppelten Verdacht zu befreien, sie sei amoralisch und schwäche die USA, konnte er auf innenpolitischen Rückhalt zählen. Und dieser war nötig, um die SALT-II-Verhandlungen, nach allgemeiner Auffassung das Kernstück der Entspannungspolitik, erfolgreich abzuschließen und für die Ratifizierung eines Abkommens die notwendige Zwei-Drittel-Mehrheit im Senat zu mobilisieren. Denn weder Demokraten noch Republikaner sind geschlossene Weltanschauungsparteien. Keine der beiden hatte sich der Entspannungspolitik in ähnlichem Ausmaß verschrieben wie SPD und FDP.

Carter konnte sich daher nicht auf die Unterstützung der demokratischen Senatoren verlassen, sondern mußte sich seine Mehrheit erst suchen. Wie schwierig das sein würde, zeigte sich, als über die Nominierung des Chefunterhändlers für die SALT-II-Verhandlungen abgestimmt wurde. Diese Wahl galt allgemein als Indikator für die Stimmung im Senat, und der Kandidat des Präsidenten, Paul Warnke, wurde mit nur 58 zu 40 Stimmen bestätigt.

Die Schlüsselbegriffe für Carters Ansatz waren »comprehensive« (umfassend) und »reciprocal« (wechselseitig).[28] Hinter »comprehensive« stand die Absicht, die auf Europa begrenzte Entspannung geographisch und substantiell auszudehnen.[29] Mit »reciprocal« wiederum erhob die neue US-

Regierung den Anspruch, es nicht der Sowjetunion zu überlassen, wie Entspannung und friedliche Koexistenz definiert wurden. Der Westen sollte vielmehr »gegenhalten«. Er werde, kündigte Carter an, härter verhandeln als Ford.

Die ungeplante Menschenrechtsoffensive

Der deutsch-amerikanische Gegensatz entzündete sich an der Frage, wie der Westen auf die Verletzung der Menschenrechte in Osteuropa reagieren sollte. Carter hatte im Wahlkampf erklärt, daß er zur Unterdrückung von Dissidenten nicht schweigen werde,[30] und noch vor seinem Amtsantritt begann er, dies auch umzusetzen. Er schickte dem sowjetischen Regimekritiker Wladimir Slepak Solidaritätsgrüße, nachdem die *New York Times* von Übergriffen des KGB gegen den Bürgerrechtler berichtet hatte. Zwei Monate später empfing der designierte Außenminister Vance den exilierten Oppositionellen Andrej Amalrik.

Immer wieder warf Carter Moskau vor, die Schlußakte der Konferenz für Sicherheit und Zusammenarbeit in Europa (KSZE) zu verletzen. Mit diesem Dokument hatten sich 1975 die Teilnehmerstaaten aus Ost und West verpflichtet, die Menschenrechte zu achten und ihre Durchsetzung zu fördern. Ausdrücklich versicherte Carter den Opfern der sowjetischen Diktatur seine Sympathie und Unterstützung. Als der KGB im Winter eine weitere Repressionswelle startete, reagierte die neue US-Regierung mit einem Feuerwerk an Verlautbarungen und symbolischen Akten.

Am 27. Januar 1977 ergriff das State Department in einer Erklärung erstmals in der amerikanischen Geschichte Partei für einen einzelnen Dissidenten; es war Andrej Sacharow. Am 5. Februar antwortete der Präsident auf ein öffentliches Schreiben des Nobelpreisträgers, in dem dieser um Unterstützung für andere Menschenrechtler bat. Zwei Tage danach kritisierte das State Department die Verhaftung eines weiteren Oppositionellen. Am 1. März schließlich empfingen Carter und Mondale mit Wladimir Bukowski einen Bürgerrechtler im Weißen Haus, im Gegensatz zu Ford und Kissinger, die sich geweigert hatten, mit Alexander Solschenizyn zusammenzutreffen. Vergebens versuchte die sowjetische Führung, erst auf diplomatischen Kanälen und dann öffentlich, dem neuen Präsidenten zu signalisieren, daß er nicht beides haben könne – lautstarken Einsatz für Dissidenten und Fortschritte im bilateralen Verhältnis auf anderen Feldern, etwa bei SALT.[31]

Daß Carter die Menschenrechtsfrage derart in den Vordergrund schob, ergab sich aus der Konstellation im Wahlkampf. Ford und Kissinger waren in diesem Punkt angreifbar, und in der Öffentlichkeit stieß das Thema auf großes Interesse.[32] Der Glaube, daß die USA eine historische Mission zur Durchsetzung der Menschenrechte zu erfüllen hätten, ist Bestandteil der amerikanischen Ideologie, und nach acht Jahren Realpolitik unter Kissinger war der Wunsch verbreitet, daran wieder anzuknüpfen. Der Moralist Carter, Bewunderer des US-Präsidenten Woodrow Wilson (1913–1921), der landläufig als Verkörperung des amerikanischen Idealismus gilt, kam dem gerne nach.

Mit einer aktiven Menschenrechtspolitik ließen sich Stimmen auf beiden Seiten des Spektrums gewinnen: bei Liberalen mit Blick auf Südkorea und Chile, bei Konservativen mit Blick auf Osteuropa.[33] Sie hatte damit auch eine integrierende Wirkung auf die zerstrittene Demokratische Partei. Es handelte sich, wie der Politikwissenschaftler Joshua Muravchik schrieb, um »einen Punkt seltener Einigkeit in einer ansonsten tief gespaltenen Partei«.[34]

Was als geschickter Schachzug im Wahlkampf begann, gewann allerdings rasch grundsätzlichen Charakter, denn Carter wollte das einmal gefundene Thema nicht mehr aufgeben. Der Umgang mit Menschenrechtsverletzungen zählte zu den elementaren Erfahrungen in seinem Leben. Er und seine Frau Rosalyn waren in den fünfziger Jahren zeitweise von Nachbarn und Bekannten geschnitten, ihre Kinder verprügelt und das Familienunternehmen boykottiert worden, weil sie sich dem Protest der weißen Landbevölkerung gegen die Aufhebung der Rassentrennung in den Schulen verweigert hatten. Über Jahrzehnte hinweg war in den ehemaligen Südstaaten fast jede politische Frage mit dem »race issue« verbunden.

Daß die Diskriminierung dort schließlich (weitgehend) endete, ließ Carter den Schluß ziehen, der Fall Georgia lasse sich auf die Weltpolitik übertragen: »Ich glaube, daß mein besonderes Interesse an den Menschenrechten zu einem großen Teil darauf zurückgeht, daß ich gesehen habe, welch' enormen Nutzen die Verwirklichung der Bürgerrechte für schwarze Menschen ... dem Süden gebracht hat. Als ich ... Präsident wurde, war es für mich aufgrund dieser Erfahrung und Erinnerung fast eine Verpflichtung, die (Respektierung der) Menschenrechte weltweit zu fördern.«[35]

Darin sah der Präsident, bestätigt durch Brzezinski, nur Vorteile.[36] Er erwartete eine Stärkung der amerikanischen Position, insbesondere in den Entwicklungsländern, aber auch im ideologischen Wettstreit mit der Sowjetunion.[37] Zudem hoffte er, das angeschlagene Selbstbewußtsein der USA könne sich daran aufrichten, wie er in einem Brief schrieb: »Dieses Thema enthält einen Kern, um den herum wir den Nationalstolz und die Bindung an die Nation wieder aufbauen können.«[38]

Zunächst reagierte Carter lediglich auf Übergriffe in Osteuropa. Eine Strategie, was auf welche Weise zu welchem Preis gegenüber der Sowjetunion erreicht werden sollte, hatte er im Herbst und Winter 1976/77 jedoch nicht, wie er später einräumte.[39] Erst Monate nach Amtsantritt wurde mit der systematischen Arbeit daran begonnen. Allerdings war Carter von der Kraft der freiheitlichen Idee überzeugt, wie er in einer Rede im Mai 1977 erklärte: »Wir hängen nicht der Illusion an, daß Veränderungen [im Ostblock, K.W.] leicht herbeigeführt werden können oder bald kommen werden. Aber ich glaube auch, daß es ein Fehler wäre, die Macht der Worte und der Ideen, die von Worten verkörpert werden, zu unterschätzen.«[40] Obwohl man sich seit dem Vietnamkrieg der eigenen Grenzen bewußt war, strahlte der Präsident jene Zuversicht aus, die dem amerikanischen Sendungsglauben eigen ist. Einen Prioritätenkonflikt zwischen seinen Zielen bei SALT und seiner Menschenrechtspolitik sah Carter damals nicht.[41]

In gewisser Weise schien das eine dem anderen sogar zuträglich. Ein Vermerk von Pressesprecher Jody Powell für

Carter zum Umgang mit den Dissidenten enthüllt dessen Kalkül: »Mir scheint, die Sowjets müßten Ihre Haltung doch verstehen. Es ist notwendig, innenpolitische Unterstützung für Initiativen zur Rüstungskontrolle und für die Entspannungspolitik im allgemeinen zu gewinnen.«[42] Und als Carters späterer Stabschef Hamilton Jordan darauf hinwies, daß sich der Präsident in außenpolitischen Fragen als moderater Konservativer präsentieren müsse, wenn er Erfolg haben wolle, notierte dieser handschriftlich am Rand: »Die Sowjets herauszufordern ist ›konservativ‹.«[43]

Schmidts Sorge um Breschnew

Die amerikanische Öffentlichkeit und der Kongreß reagierten mit großer Zustimmung auf die Initiativen des Präsidenten zugunsten sowjetischer Dissidenten.[44] Außerhalb der USA, insbesondere bei den deutschen Verbündeten, traf der amerikanische Staatschef hingegen auf offene Ablehnung. Die Bundesregierung ließ keinen Zweifel daran, daß sie die öffentlichen Stellungnahmen für falsch hielt. Diese, so glaubte man, gaben den Gegnern der Entspannung in West wie Ost Auftrieb und gefährdeten damit nicht nur die sogenannte zweite Phase, sondern stellten auch Erreichtes in Frage. Die Koalitionsparteien und die Gewerkschaften stimmten dem ausdrücklich zu. Auch in der Öffentlichkeit konnten Schmidt und Genscher auf jene Bataillone zählen, die der Koalition Jahre zuvor im Streit um die Ostverträge beigestanden hatten.[45] Gräfin Dönhoff etwa klagte, daß Carter die Welt in »Katastrophen und Sackgassen« zu führen drohe.[46]

Hinter dem Einsatz des US-Präsidenten für Bürgerrechtler vermutete man Unwissenheit, innenpolitische Interessen oder sogar religiöses Eiferertum.[47] Keines dieser Motive war geeignet, in Bonn Sympathien hervorzurufen. »Geringe Kenntnis von Problemen, die uns beschäftigen«, resümierte etwa Egon Bahr nach einem Besuch in Washington.[48] In der Tat hatten, wie Brzezinski gegenüber dem Verfasser einräumte, mögliche Folgen für die Deutschen in der DDR und Osteuropa in den amerikanischen Überlegungen keine Rolle gespielt.[49]

Aber auch in Bonn vermochten sich offenkundig nur wenige in die Gedankenwelt des Präsidenten zu versetzen. Ende der fünfziger Jahre hatte der US-Historiker Dexter Perkins in einem Aufsatz die Frage aufgeworfen: »Was ist einzigartig an der amerikanischen Außenpolitik?« Als Antwort benannte er zwei Faktoren: ihre moralische Ausrichtung und die große Bedeutung der öffentlichen Meinung für sie.[50] Beides stieß bei Schmidt, Brandt oder Wehner auf Kritik.

Daß Carters Haltung dem Selbstverständnis der amerikanischen Demokratie eher entsprach als die Kissingers, wurde in Bonn nicht wahrgenommen. Bezeichnend war der Wortwechsel zwischen einem (im Protokoll nicht namentlich genannten) Deutschen und einem (ebenfalls anonym bleibenden) amerikanischen Regierungsmitglied auf der Bilderbergkonferenz in Torquai Ende April, einem streng vertraulichen Treffen hochrangiger Wirtschaftsführer und Politiker. Auf die Beschwerde des Deutschen, die US-Regierung habe die Verbündeten in der Menschenrechtsfrage nicht vorab konsultiert, antwortete der Amerikaner: »... es sei nicht nötig, sich in einer Sache abzustimmen, die das Wesen der Nation ausmache ...«[51]

Auch die Rückkoppelung Carters an den amerikanischen Souverän sorgte diesseits des Atlantiks für Befremden. Dabei hatten die Gründerväter der USA »in bewußter Abweichung von der europäischen Verfassungstheorie eine Verfassung geschaffen, die die Außenpolitik in größtem Maße der demokratischen Kontrolle unterwirft«.[52]

Der CDU-Politiker Kurt Birrenbach gab dem verbreiteten Ressentiment in einem Vortrag Anfang 1977 Ausdruck. Carters Vorgehen sei »laienhaft und nicht durchdacht«, der Präsident lasse »den Sinn für die politischen Realitäten vermissen« und höre nicht »auf die Ratschläge der wirklichen Kenner der Lage«. Carter, so Birrenbach, würde einmal mehr zeigen, daß Politiker, »die nicht in der Ostküste Amerikas verwurzelt [sind], ... zu introvertiert und auf den eigenen Kontinent hin orientiert ...« seien.[53]

Bereits im November 1976 warnte Schmidt im Gespräch mit amerikanischen Journalisten, die sowjetische Führung könne Carters Äußerungen mißverstehen und ihn für einen

Gegner der Entspannung halten.[54] Am 24. Januar 1977 erneuerte er die Kritik während eines Interviews im britischen Fernsehen: »Es ist wirklich zu nichts gut, sie [die Sowjets, K.W.] ständig zu piesacken.«[55] Andere Koalitionspolitiker, auch Genscher, äußerten sich ähnlich. Für die Entspannungspolitik sei es um so besser, je weniger anklagende Reden gehalten würden.[56]

Der sowjetischen Führung gegenüber signalisierte Bonn ausdrücklich Distanz zum amerikanischen Kurs. Der Bürgerrechtler Bukowski, der um ein Gespräch mit Brandt bat, wurde an Rudi Arndt, Frankfurter Oberbürgermeister und Mitglied des SPD-Bundesvorstandes, sowie an SPD-Geschäftsführer Bahr verwiesen.[57] Auch Genscher war als FDP-Vorsitzender nicht bereit, den Dissidenten zu treffen. Als Andrej Amalrik um einen Termin bei Schmidt ersuchte, bot ihm das Kanzleramt ein Gespräch mit Staatsminister Wischnewski an. Der sowjetische Botschafter Valentin Falin wurde vorab informiert. Das Kanzleramt hatte sich mit Genscher abgesprochen und lehnte sich an die britische und französische Position an – weder Premier Callaghan noch Präsident Giscard wollten Amalrik empfangen; in Paris führte ihn die Polizei ab, weil er gegen die Entscheidung protestierte.

Nach Falins Erinnerung hat Schmidt ihm gegenüber die Verletzung der Menschenrechte in der Sowjetunion nicht thematisiert.[58] In der Bundestagsdebatte über die Regierungserklärung am 19. Januar 1977 kündigte der Kanzler zwar an, daß er mit Breschnew über den Korb III der KSZE-Schlußakte – sie enthält die Bestimmungen zu den Menschenrechten – sprechen wolle.[59] An anderer Stelle drückte er aber auch ein »gewisses politisches Verständnis« dafür aus, »daß manches dort [im Ostblock, K.W.] sehr viel länger dauert«.[60]

Schmidt ließ in jenen Tagen dem sowjetischen Generalsekretär eine Botschaft zukommen, die nicht vorliegt. Aber der Reaktion Breschnews läßt sich entnehmen, daß der Kanzler darin den Unterschied zwischen Bonn und Washington unterstrich. Im Herbst 1977 stand in Belgrad das erste KSZE-Nachfolgetreffen an. Die Teilnehmerstaaten aus West und Ost wollten eine Bilanz ziehen und über die weitere Entwicklung beraten. Die Bundesregierung fürchtete, Carters Kurs werde einen harten Schlagabtausch zur Folge haben.[61] Breschnew schrieb zurück: »Wie es mir scheint, haben wir gemeinsame Auffassung [sic] in bezug auf den Charakter und den Inhalt des Treffens in Belgrad.«[62] Der Generalsekretär bot vertrauliche Konsultationen an, um die »Taktik und konkrete Schritte auf dem Treffen in Belgrad abzustimmen«. Dieses Angebot war plump, aber es zeigte doch, daß Breschnew die Botschaft verstanden hatte.

Wie Schmidt plädierten viele in SPD und FDP für Zurückhaltung. Peter von Oertzen, Mitglied im SPD-Bundesvorstand, klagte später darüber, daß es »in der großen Mehrheit der Partei, und zwar gerade unter den Linken der Partei, eine gewisse Hemmung [gibt], diese Auseinandersetzung [mit dem ›stalinistischen Herrschafts- und Unterdrückungssystem‹] öffentlich, lautstark und offensiv zu führen, weil man dort irrigerweise annimmt, dies stünde im Gegensatz zur Entspannungspolitik«.[63]

Die neue Ostpolitik war einhergegangen mit einer Aufweichung des antitotalitären Konsenses.[64] Anders als in den USA mit ihrer starken liberalen Tradition hatte sich in der Bundesrepublik eine »politische Kultur der Entspannungsära« herausgebildet.[65] Für die Neue Linke war die Ostpolitik eher Friedens- als Reform- oder gar Wiedervereinigungspolitik. Die Dissidenten störten, und daß Bukowski und Amalrik, nachdem sie in den Westen abgeschoben worden waren, hier der Union Schützenhilfe gegen die Bundesregierung leisteten,[66] machte sie Sozialdemokraten und Liberalen nicht gerade sympathischer.[67] Schmidt konnte insofern breiten Rückhalt dafür erwarten, daß er anders als Carter auf diskrete Absprachen mit Moskau setzte, um politischen Häftlingen die Ausreise in den Westen zu ermöglichen. In diesem Sinne hatten sich der Kanzler und Genscher für Bukowski eingesetzt und ihre Vorgänger für Solschenizyn.

Dabei hatte die Brandtsche Ostpolitik ursprünglich auf eine Liberalisierung durch Stabilisierung gezielt.[68] Sie beruhte auf der Annahme, daß die Ostblockregime ihren Völkern nur dann mehr Freiheiten einräumen würden, wenn sie sich ihrer Macht sicher wähnten – eine naheliegende Vermutung nach den gescheiterten Aufständen in der DDR 1953 und in Ungarn 1956 sowie der Niederschlagung des Prager Frühlings 1968.

Allerdings war die Konzeption vom »Wandel durch Annäherung« (Bahr) in den sechziger Jahren entwickelt worden, als in den kommunistischen Parteien des Ostens Reformer auf dem Vormarsch schienen. Ein Jahrzehnt später war von der Hoffnung auf Wandel angesichts der Verkrustungen der Breschnew-Ära nicht mehr viel übriggeblieben. Wie Brandt 1976 vor der Nordatlantischen Versammlung desillusioniert ausführte, sei es zwar zu begrüßen, wenn sich die östlichen Regime infolge der zunehmenden Kontakte veränderten, aber sicher sei dies keineswegs.[69]

Nicht einmal von Breschnews Nachfolgergeneration war ein Aufbruch zu erwarten. In einem Brief an Bahr schrieb Schmidt 1978: »Wenn ich mir vorstelle, daß in einigen Jahren Breschnew und seine Equipe aus biologischen Gründen nicht mehr im Amte sein könnten, ist dies eine schreckliche Aussicht.«[70] Der Kanzler fürchtete, ein neuer Generalsekretär würde wie einst Nikita Chruschtschow Berlinkrisen provozieren oder sich in Abenteuer wie die Kubakrise stürzen: »Man könne sich nur wünschen, daß er [Breschnew, K.W.] noch lange am Ruder bleibe und nicht etwa durch jemanden wie Chruschtschow ersetzt werde.«[71]

Schmidt hatte freilich nie die hochfliegenden Erwartungen und Pläne Brandts und Bahrs geteilt beziehungsweise sich zu eigen gemacht. Schon zu Beginn der neuen Ostpolitik verkündete er, daß eine europäische Friedensordnung sich »nicht zur Aufgabe setzen [darf] …, einen anderen Freiheitsgrad in irgendwelchen anderen Staaten, die uns eigentlich nichts angehen, herbeizuführen«.[72] Wer im Schutz des Gleichgewichts agiere, dürfe nicht versuchen, andere aus diesem Gleichgewicht herauszubrechen.[73] Die Frage der Menschenrechte, räumte Schmidt später ein, war »für uns außenpolitisch immer nur ein Nebenthema«.[74]

Vielleicht hatte es auch mit persönlichen Erfahrungen zu tun, daß Bonn und Washington unterschiedliche Perspektiven entwickelten. Viele Mitglieder der Bundesregierung waren im »Dritten Reich« aufgewachsen und verfolgten später genau das Schicksal der Menschen in der DDR. Das mag den Blick auf die Interessen der sich konform gebenden Mehrheit geprägt haben, die Besuche und Post aus dem Westen empfangen wollte, von den Früchten der wirtschaftlichen Zusammenarbeit zu profitieren hoffte und Risiken fürchtete.[75]

Carter und seine engen Mitarbeiter hingegen hatten in Georgia erlebt, wie eine zunächst kleine Minderheit von Mutigen eine ganze Gesellschaft verändern konnte.[76] Auch deshalb mag der Präsident zuversichtlicher über Wandlungsmöglichkeiten im Ostblock gewesen sein als der Kanzler, der von den damals 16,8 Millionen Deutschen in der DDR als Geiseln des Kreml sprach. Wer mit Geiselnehmern verhandelt, befindet sich bekanntlich immer in der Defensive. Schmidt wollte Moskau mit der Ostpolitik beschwichtigen, nicht herausfordern.

Hatte man mit einer Politik der Liberalisierung durch Stabilisierung begonnen, so ging es inzwischen nur noch darum, das bislang Erreichte kurzfristig zu sichern, nicht zuletzt aus innenpolitischen Gründen. Bezeichnenderweise mokierte sich Schmidt in seinen Erinnerungen darüber, daß Carter ihn im Frühjahr 1977 fragte: »›Helmut, können wir beide nicht die Mauer in Berlin beseitigen?‹ Verblüfft fragte ich zurück: ›Wie? Auf welchem Wege?‹ Carters Antwort: ›Ich dachte, Sie hätten vielleicht ein Rezept dafür.‹«[77] Schmidt wertete Carters Frage als Beleg für dessen Unkenntnis – doch was der Präsident ansprach, war einmal das Ziel der Ostpolitik gewesen.

Daß Carters Menschenrechtspolitik der deutschen Opposition Auftrieb gab, trug ein übriges zur Verärgerung in der Koalition bei. Die Union forderte Schmidt und Genscher auf, sich in ähnlicher Weise für Dissidenten einzusetzen wie Carter. »Wo, so frage ich angesichts all dieser Stimmen aus der freien Welt, bleibt hier Ihre Stimme, die Stimme der Bundesregierung und der Koalition?« rief Hans Graf Huyn (CSU) der Regierung in der Menschenrechtsdebatte des Bundestages zu.[78] Demonstrativ traf sich der CDU-Vorsitzende Helmut Kohl mit Amalrik. Auch die Zeitungen des gegenüber der Ostpolitik kritischen Springer Verlages nutzten die Gelegenheit. *Bild am Sonntag* verlieh Carter den Preis

»Mann des Jahres«. In Schmidts Kanzleramt beklagte man später die »Aufbauschung amerikanischer Äußerungen durch die Springer-Presse« und das »Hochspielen amerikanischer Äußerungen durch die Opposition«.[79]

Die Bundesregierung definierte den Einsatz für Menschenrechte anders als der neue US-Präsident. Ihr Blick richtete sich weniger auf Reformen in Ost-Berlin, Prag oder Moskau als vielmehr auf die Deutschen in der DDR und in Osteuropa, die reisen oder ausreisen wollten. Weit über 100 000 von ihnen waren seit der Unterzeichnung der KSZE-Schlußakte in die Bundesrepublik gekommen, und Schmidt fürchtete (oder behauptete dies zumindest), Carters deutliche Stellungnahmen könnten diesen Prozeß beenden.[80]

Der Kanzler ging davon aus, daß es im Kreml Falken und Tauben gebe. Informationen aus Polen, Ungarn, Jugoslawien, von Botschafter Falin und aus dem geheimen »back channel« zwischen Schmidt und Breschnew, von dem man heute weiß, daß er über den KGB lief, bestätigten diese Annahme.[81] Den kranken und nur phasenweise regierungsfähigen Generalsekretär[82] zählte Schmidt zu den Anhängern der Entspannung. Und so lag das Argument nahe, daß jeder Versuch, die Ostblockregime zu unterminieren, Breschnew schade und den Falken in die Hände spiele.[83] Es entspreche zwar nicht westlichen Wertvorstellungen, aber die osteuropäischen Staaten, mit denen man verhandle, bräuchten »eine gewisse innere Stabilität, wenn die Entspannungspolitik funktionieren soll«, erklärte der Kanzler auf einer Sitzung des SPD-Parteirats Anfang 1977.[84]

Während es für die Amerikaner angesichts der mageren Bilanz der Détente keinen Grund gab, auf eventuelle Fraktionskämpfe in der KPdSU Rücksicht zu nehmen, setzte Bonn ganz auf den Generalsekretär. Aus dieser Sicht schien die öffentliche Kritik der Carter-Regierung an Menschenrechtsverletzungen im Ostblock ganz und gar kontraproduktiv. Denn wenn Breschnew geschwächt und seine vermeintlichen Gegenspieler gestärkt würden, so drohte das die SALT-II-Verhandlungen zu belasten und damit die deutschen Pläne für einen Fortschritt bei MBFR zunichte zu machen.[85] Grünewald notierte während eines Gesprächs des Kanzlers mit

Korrespondenten: »Politischer Impuls für MBFR? Dafür spielt SALT Rolle. Da ist hochgepuschte Menschenrechtsfrage hinderlich.«[86]

»Deep Cuts«

Daß Bonn und Washington in der Ostpolitik von unterschiedlichen Vorstellungen ausgingen, zeigte sich nicht nur in der Haltung gegenüber Dissidenten, sondern auch bei SALT II. Der amerikanische Außenminister Vance unterbreitete im März 1977 Breschnew neue Vorschläge, die von der sowjetischen Führung scharf zurückgewiesen wurden. Die Bundesregierung zeigte dafür Verständnis. Sie hielt die Offerte weder in der Substanz noch in der Form für geglückt. Vances Moskau-Mission verstärkte die Sorge der Deutschen, daß Carter die Entspannungspolitik leichtfertig verspiele.

Bonn wäre es bei SALT am liebsten gewesen, wenn der neue US-Präsident die Verhandlungspolitik Fords einfach weitergeführt hätte. Dieser hatte sich mit Breschnew auf dem Gipfel von Wladiwostok im Dezember 1974 darauf verständigt, jeder Supermacht das Recht auf 2400 Abschußgestelle zuzubilligen. De facto hätten damit beide Seite ihre vorhandenen Potentiale noch ausbauen können. Auf eine Unterzeichnung hatte man sich aber weder damals noch in den folgenden zwei Jahren einigen können. Dennoch ging Bonn (irrtümlich) davon aus, daß ein Abschluß in kurzer Zeit zu erreichen sei.

Für Carter hatte die Vereinbarung von Wladiwostok mehrere Makel. Sie war von Kissinger und Ford ausgehandelt worden;[87] Carters Mitarbeiter bezeichneten sie als »Wenn-Ford-die-Wahl-gewonnen-hätte-Option«. Sodann wollte der Präsident das Wettrüsten beenden und nicht die Aufrüstung noch befördern.[88] Vor allem aber war fraglich, ob sich für die Absprache Fords eine Mehrheit im Senat finden würde. Liberale monierten, daß der Rüstungswettlauf allenfalls stabilisiert, aber nicht revidiert werde. Von den ungleich einflußreicheren konservativen Kritikern kam der Einwand, die Sowjetunion werde bevorteilt.[89]

Dieser Ansicht waren auch Brzezinski, Verteidigungsminister Harold Brown und die Führung der Streitkräfte. Die wachsende Zahl sowjetischer Interkontinentalraketen (ICBM) mit Mehrfachsprengköpfen und größerer Zielgenauigkeit bereitete ihnen Sorge. Sie fürchteten, eine jüngere Generation an der Spitze des Kremls könnte in Versuchung geraten, mit einem Erstschlag die amerikanischen ICBM-Silos zu zerstören und Washington vor die Wahl zu stellen, einen Diktatfrieden zu akzeptieren oder einen totalen Nuklearkrieg in Kauf zu nehmen.[90] Die Vereinbarung von Wladiwostok stellte keine Abhilfe dar, denn anders als die USA, die den Schwerpunkt ihrer Rüstung traditionell auf qualitative Verbesserung legten, wollte die Sowjetunion die vereinbarte Obergrenze ausschöpfen. Die Alternative bestand aus amerikanischer Sicht darin, tiefe Einschnitte in die Rüstungsarsenale, insbesondere bei den schweren sowjetischen ICBMs, anzustreben, sogenannte »deep cuts«.

Carter zeigte sich dafür aus den erwähnten Gründen offen. Wie Brzezinski berichtet, traf der Präsident in den ersten Wochen des Jahres 1977 mehrfach mit Paul Nitze, einem der führenden konservativen Strategie-Experten der USA, und dem überaus einflußreichen Senator Henry Jackson zusammen. Beide hegten große Bedenken, was die sowjetische Erstschlagsfähigkeit anging, und drängten Carter, vom Kreml eine deutliche Verringerung des Raketenprogramms zu verlangen. Carter wußte, daß er gegen den Widerstand der beiden konservativen Demokraten ein SALT-Abkommen nur mit Mühe oder gar nicht durch den Senat bringen konnte. Für die Energiegesetzgebung, das Herzstück der innenpolitischen Reformen Carters, war Jackson im übrigen ebenfalls von großer Bedeutung.[91] Auch deshalb lag es nahe, seine Sorgen zu berücksichtigen.

Am 19. März entschied der Präsident, Vance mit der Forderung nach »deep cuts« in die sowjetische Hauptstadt zu schicken; falls der Kreml ablehnte, sollte der Außenminister einen Vorschlag präsentieren, der auf der Absprache von Wladiwostok beruhte und über diese nur wenig hinausging. Die entscheidenden Reduzierungen wären dabei überwiegend auf Kosten Moskaus gegangen:[92] Ford hatte dem Kreml

308 schwere ICBMs zugestanden, Carter wollte die Zahl ohne Gegenleistung halbieren. Die Sowjets sollten bereits gebaute ICBMs mit Mehrfachsprengköpfen zerstören, die USA hingegen nur auf die geplante MX-Rakete, eine mobile, zielgenaue Atomwaffe, verzichten. Der Westen dürfte ungehindert sogenannte Marschflugkörper – tieffliegende Drohnen – bauen und in Europa stationieren. Diese konnten die Sowjetunion erreichen, während das Aktionsfeld des sowjetischen Backfire-Bombers auf Europa beschränkt bleiben sollte.

Wer wie Carter echte Abrüstung wollte und zudem Erstschlagsstabilität anstrebte, kam angesichts der sowjetischen Rüstungsdynamik an asymmetrischen Vorschlägen nicht vorbei, was im Rückblick auch sowjetische Diplomaten einräumen. Doch 1977 dominierte in Moskau noch das traditionelle, vom Zweiten Weltkrieg beeinflußte Sicherheitsdenken. Und wie die Amerikaner ihren Neuansatz diplomatisch umsetzten, trug nicht dazu bei, die sowjetische Seite für »deep cuts« zu erwärmen. Selbstkritisch räumte Carter später ein: »Hätte ich damals gewußt, was ich jetzt über die Sowjetunion weiß, wäre ich anders an die Sache herangegangen ...«[93] Anstatt Breschnew vorab detailliert zu informieren und bei ihm diskret für das Verhandlungsangebot zu werben, breitete Carter seine Ideen öffentlich aus. Er wollte signalisieren, daß seine Regierung – anders als Kissinger – die Zustimmung von Kongreß und Öffentlichkeit suche. Auf sowjetischer Seite erweckte er dadurch allerdings den Eindruck, es gehe ihm um einen Propagandacoup.[94] Und da Carter vor aller Welt verkündete, mit neuen Vorschlägen aufzuwarten, falls Vances Mission scheitern sollte, lud er den Kreml geradezu ein, die Offerte zurückzuweisen.[95]

Entsprechend gingen denn auch die meisten amerikanischen Entscheidungsträger – mit Ausnahme Carters – von einer Ablehnung aus. Sie hofften allerdings, daß Breschnew mit einem Gegenvorschlag antworten würde. Doch dies trat nicht ein.[96] Während der Gespräche Ende März in Moskau schlug Breschnew lediglich vor, im Mai in Genf erneut zusammenzukommen.[97] Immerhin war damit absehbar, daß der Verhandlungsprozeß weiterlaufen würde. Doch anschließend trat die amerikanische Delegation so ungeschickt vor der Presse auf, daß ein Schlagabtausch mit gegenseitigen Anklagen, Drohungen und Vorwürfen folgte, in den am Ende sowohl Carter als auch der sowjetische Außenminister Andrej Gromyko verwickelt waren. Das gab der Vance-Mission den Anschein, für einen ernsthaften Rückschlag gesorgt zu haben.[98]

Angesichts der pazifistischen Tradition der SPD (und mit Blick auf ihre Rolle als Abrüstungspartei in den achtziger Jahren) wäre eigentlich zu erwarten gewesen, daß die »deep cuts«-Vorschläge in Bonn auf Sympathie oder zumindest Verständnis stoßen würden. Doch die innenpolitisch angeschlagene Koalition sah nur ein weiteres Problem am Horizont aufziehen: einen Rückschlag im SALT-Prozeß. Als Vance am 31. März, aus Moskau kommend, in Bonn zwischenlandete, fand er überaus besorgte Gesprächspartner vor.

Die Bundesregierung hielt die Idee eines Neuansatzes für falsch – eine Meinung, die Vance zu teilen schien.[99] Zwar verfolgte auch Bonn mit Sorge, wie die Sowjetunion ihr nuklearstrategisches Potential ausbaute. Schmidt hatte deshalb bereits größere Rüstungsanstrengungen der Amerikaner gefordert.[100] Doch entscheidend war für den Kanzler, daß bald ein Abkommen erreicht wurde. »Waren US-SALT-Vorschläge ausgewogen? Uns schien das nicht gerade chancenreich«, notierte Pressesprecher Grünewald am 4. April. »Test der US, wie man als Neuling vorpreschen kann. Riskant: so viel, so schnell, so unvorbereitet.«[101]

Aus deutscher Sicht übervorteilten die amerikanischen Vorschläge Moskau und desavouierten Breschnew im Politbüro.[102] Vor allem Schmidt monierte, daß Carter nicht ausreichend berücksichtigt habe, wieviel politisches Kapital Breschnew in SALT investiert hatte. Die Bundesregierung sah sich nun auch in ihren Bedenken bestätigt, daß Carters öffentlicher Einsatz für Dissidenten die eigenen Pläne gefährden könnte.

Carters Rückzieher

Drei Wochen nach der Vance-Mission erreichten Bonn allerdings erste Hinweise, daß Carter seine Politik abschwächte. In einem privaten Schreiben an Schmidt berichtete Botschafter Staden von einer zunehmenden taktischen Beweglichkeit Carters in der Menschenrechtsfrage. Zudem vermerkte er, daß die US-Regierung sich bemühe, bei SALT »den in Moskau erzeugten Initialschock wieder abzufangen«.[103]

Die treibenden Kräfte hinter der Kurskorrektur waren Brzezinski und Vance, die besorgt registrierten, daß der amerikanisch-sowjetische Austausch der neuen Regierung zu entgleiten drohte.[104] An die Stelle der öffentlichen trat wieder die Geheimdiplomatie; und statt »deep cuts«, deren Erörterung man auf SALT III verschob, wurde die Vereinbarung von Wladiwostok wieder zum Referenzpunkt. Als Außenminister Vance Mitte Mai 1977 in Genf mit Gromyko verhandelte, konnte zwar noch kein Durchbruch erzielt werden. Aber beide Seiten einigten sich über den Rahmen und die Struktur eines SALT-II-Abkommens, das am Ende zwar über die Abmachung von Wladiwostok erheblich hinausging, aber zugleich deutlich hinter den »deep cuts«-Vorschlägen zurückblieb.

Auch in der Menschenrechtsfrage modifizierte Carter seine Position. Brzezinski hatte bereits im Februar davor gewarnt, daß jede öffentliche Reaktion auf Menschenrechtsverletzungen den Präsidenten unter Druck setzte, beim nächsten Fall genauso oder ähnlich zu handeln, was entsprechende Folgen für die Beziehungen zur Sowjetunion haben mußte.[105] Carter hatte daraufhin in mehreren Reden betont, daß es ihm nicht nur um die Menschenrechte in der Sowjetunion gehe, sondern diese weltweit respektiert werden müßten. Mit Stellungnahmen zu Einzelfällen hielt sich die US-Regierung in den folgenden Wochen zurück.[106] Ein zweites Schreiben Sacharows wurde nicht beantwortet, die Ehefrau des inhaftierten Dissidenten Anatoli Schtscharanski nicht empfangen. Vor Journalisten prognostizierte Schmidt am 27. April, daß Carter am Ende des Jahres dieselben Positionen einnehmen werde wie Ford.[107]

Der Verlauf der beiden Londoner Gipfel wenige Tage später bestätigte die Bundesregierung in dieser Auffassung. Als Schmidt mit Carter zusammentraf, erklärte der Präsident den deutschen Aufzeichnungen zufolge, er habe die Reaktion der Sowjetunion falsch eingeschätzt. Das habe zu einer Verzögerung bei SALT II geführt.[108] Die Selbstkritik wiederholte er wenige Tage später beim Treffen der sogenannten Berlin-Gruppe der drei Westalliierten und der Bundesregierung, die im Anschluß an den Weltwirtschaftsgipfel in London tagte. Sein Verhalten begründete er damit, daß es nach Watergate notwendig gewesen sei, die moralischen Grundlagen der amerikanischen Politik wiederherzustellen.

Die Bonner Delegation registrierte diese Worte mit Genugtuung und Erleichterung.[109] Nun stand zu hoffen, daß Carter sich den bewährten Einsichten letztlich nicht verweigern würde. Offenbar um die politische Rendite für diesen vermeintlichen Wandel einzufahren, schrieb der Kanzler am 2. Juni 1977 an Generalsekretär Breschnew: »Mir liegt daran, ... meinen Eindruck zu übermitteln, daß es dort [in London, K.W.] gelungen ist, Präsident Carter davon zu überzeugen, wie unklug es wäre – im allgemeinen Interesse, nicht zuletzt aber auch im europäischen Interesse – die Frage der Menschenrechte zu scharf, absolut und damit unrealistisch zu behandeln. Es scheint, wenn man die letzte Zeit überblickt, daß diese Bemühungen nicht unfruchtbar gewesen sind ...«[110]

Für Bonn schien somit alles auf dem besten Wege. Doch der deutschen Wahrnehmung zum Trotz war Washington keineswegs bereit, das Engagement in Menschenrechtsfragen auf jenes Minimum zu reduzieren, das Kissinger an den Tag gelegt hatte. Carter zeigte nur größere taktische Flexibilität. Vor allem aber versuchte die Sowjetunion, die Sorge der Bundesregierung um ihre Ostpolitik zu instrumentalisieren – die Hinweise aus Bonn auf den angeblichen deutschen Einfluß in Washington waren in dieser Hinsicht ja geradezu eine Einladung gewesen.

Im Juni begann eine weitere Runde gegenseitiger Anschuldigungen zwischen Moskau und Washington. Zunächst veröffentlichte das State Department einen Bericht, in dem alle Teilnehmerstaaten der KSZE und damit auch die Sowjetunion hinsichtlich der Einhaltung der Schlußakte beurteilt wurden. Carter war gesetzlich verpflichtet, die Untersuchung freizugeben; der Kongreß hatte dies 1976 beschlossen. Der Bericht stellte keineswegs auf Konfrontation ab und wurde durch eine ausgewogene Erklärung Vances noch abgemildert. Doch die *Prawda* drohte ernsthafte Konsequenzen für die amerikanisch-sowjetischen Beziehungen an, falls die US-Regierung ihren Kurs in der Menschenrechtsfrage nicht ändere.[111]

Am 11. Juni wurde Robert Toth, Korrespondent der *Los Angeles Times* in Moskau, unter Spionage-Verdacht verhaftet, vom KGB verhört und anschließend ausgewiesen.[112] Kurz darauf untersagte der Kreml dem US-Botschafter Malcolm Toon die Ansprache zum amerikanischen Nationalfeiertag im sowjetischen Fernsehen.[113] Als Carter einen amerikanisch-sowjetischen Gipfel vorschlug, lehnte Breschnew ab. In der Kabinettssitzung am 27. Juni 1977 hielt der US-Präsident fest, daß sich die Sowjets auf diplomatischen Kanälen ungleich konzilianter zeigten als in der Öffentlichkeit. Sowohl Brzezinski wie Außenminister Vance glaubten denn auch, daß die Sowjets versuchten, einen Keil in die westliche Allianz zu treiben.[114]

Das sowjetische Doppelspiel

Moskau betrieb in der Tat ein Doppelspiel. Während man auf der Arbeitsebene mit den Amerikanern gut vorankam, signalisierte Breschnew der Bundesregierung, daß er die Entspannungspolitik fortführen wolle, jedoch Sorge habe, mit Carter sei dies nicht möglich. Sowohl dem Staatsminister im Auswärtigen Amt, Klaus von Dohnanyi, als auch Außenminister Genscher wurde eine solche Sichtweise bei Besuchen in Moskau Mitte Juni nahegebracht.[115] Nach einem Besuch des sowjetischen Mittelsmannes (»Go-Between«) Waleri Lednew bei Bahr, der anschließend Schmidt informierte, notierte der Kanzler: »[Breschnew, K.W.] weiß nicht, woran er mit Carter ist. Will Carter seine Verbündeten beruhigen; oder kann er sein Wort nicht halten. Oder ist er unberechenbar.«[116]

Beunruhigt registrierte Schmidt die Information Lednews, daß Breschnew sich für SALT II nun Zeit nehmen wolle. In einer Botschaft, die von Lednew über Bahr an Schmidt weitergegeben wurde, forderte der sowjetische Generalsekretär den Kanzler dazu auf, Carter gegenüber zu handeln: »Allem Anschein nach steht der amerikanische Präsident unter dem Einfluß verschieden gefärbter politischer Kräfte. Wollen wir hoffen, daß das vernünftige Herangehen letzten Endes im Weissen Haus die Oberhand gewinnt ... Aber das Richtigste [sic] wäre es wohl, sich nicht auf den Selbstlauf der Dinge zu verlassen, sondern die Arbeit mit der amerikanischen Seite unablässig fortzusetzen.«[117] Wie wenig Vertrauen Carter in Bonn genoß, läßt sich daran ersehen, daß die sowjetische Sorge durchgehend für glaubwürdig gehalten wurde.[118] Carter sei »völlig unberechenbar«, kritisierte etwa Eugen Selbmann, der außenpolitische Mitarbeiter Wehners in der SPD-Fraktion.[119]

Der Kanzler fühlte sich von dem Präsidenten gar getäuscht.[120] Er hatte bereits in der ersten Junihälfte James (»Scotty«) Reston, den einflußreichen Kolumnisten der *New York Times*, empfangen. Obwohl das Gespräch »off the record« war, sickerte schnell durch, wer die Quelle für Restons Artikel »A View from Bonn« vom 15. Juni 1977 war. Der Journalist berichtete darin, daß zwischen Bonn und Washington Übereinstimmung in den Grundsätzen der Menschenrechtspolitik herrsche, jedoch nicht darüber, wie sich Theorie und Praxis vereinigen ließen. Er gab die Kritik Schmidts wieder, daß Carters Politik die Ost-West-Spannungen erhöhe und damit die Chancen vermindere, Deutschen jenseits der Mauer die Ausreise zu ermöglichen. Vor allem aber, so schrieb Reston, fühlten sich die Deutschen getäuscht, denn Carter habe ihnen in London zugesagt, sich in der Menschenrechtsfrage zurückzuhalten. Statt dessen habe der Präsident am Vorabend der KSZE-Nachfolgekonferenz in Belgrad die Lage verschlechtert.

Den Amerikanern war diese Kritik unverständlich, sowohl inhaltlich als auch der Form nach, in der Schmidt sie auf öffentlichem Wege ausbreitete.[121] Schließlich hatte man sich gegenüber Moskau zurückgehalten. Davon abgesehen war aus amerikanischer Sicht die in London erzielte Übereinstimmung nicht so weitgehend gewesen, wie der Kanzler glaubte. Carter erweckte häufiger bei Gesprächspartnern durch konziliante Formulierungen den Eindruck, daß er ganz ihrer Meinung sei – auch wenn dies nicht der Fall war.[122] So war es beim Gipfel gewesen. Botschafter Staden warnte Schmidt später davor, »daß aus dem Verlauf von Gesprächen ein höheres Maß an Übereinstimmung gefolgert wird, als tatsächlich vorhanden ist«.[123] Als Horst Ehmke Ende Juni mit Brzezinski zusammentraf, war dieser sichtlich verärgert: Ob die Äußerungen gegenüber Reston denn nötig gewesen seien? Der Sicherheitsberater vermutete kleinliche persönliche Motive dahinter. Auf dem Londoner Weltwirtschaftgipfel habe Schmidt im Schatten Carters gestanden und dies dem Präsidenten nicht verziehen – eine wohl zutreffende Vermutung, denn Giscard berichtet ähnliches.[124] Doch war dies nicht der Grund für das Interview gewesen.

Auch Carter selbst, der sich viel auf seine Fähigkeit zugute hielt, Menschen im Vier-Augen-Gespräch zu überzeugen, zeigte sich verstimmt. Während Schmidt geglaubt hatte, den Präsidenten in London überzeugt zu haben, hatte dieser seinerseits angenommen, ihm sei es gelungen, den Bonner Regierungschef für sich zu gewinnen.[125] Die Treffen mit dem Kanzler, so Carter 1982, seien meist harmonisch verlaufen. »Kaum waren wir auseinander, gab's in den Kolumnen von Scotty Reston oder Joseph Kraft oder in deutschen Blättern kritische Helmut-Zitate über mich, über Außenminister Vance, über Sicherheitsberater Dr. Brzezinski, über den Vizepräsidenten. Ich habe das nicht verstanden.«[126] Später erklärte man sich im Weißen Haus das Verhalten Schmidts, der sich aus amerikanischer Sicht nicht unter Kontrolle zu haben schien, mit dessen Schilddrüsenerkrankung und bemühte sogar eigens einen Psychologen der CIA, der ein Psychogramm des Kanzlers erstellte.[127] Schmidt war 1972 zweimal an der Schilddrüse operiert worden, was auch in den USA bekannt war.[128]

Dabei ist das Kalkül des Kanzlers leicht zu durchschauen. Mit dem öffentlich gemachten Dissens signalisierte er den Sowjets, daß er ihrem Wunsch nachkam und für Carters Politik nicht in Haftung genommen werden wollte. Zugleich konnte er angesichts seines Ansehens in den USA darauf hoffen, mit seiner Kritik Wirkung zu erzielen. Das Reston-Interview zeigt insofern wie unter einem Brennglas, in welchem Ausmaß sich die deutsch-amerikanischen Beziehungen seit der Nachkriegszeit gewandelt hatten: Die ostpolitischen Interessen liefen auseinander, der Kanzler konnte es sich innenpolitisch erlauben, gegen die US-Regierung Stellung zu beziehen, und er konnte darauf hoffen, in den USA damit Gehör zu finden.

Als Restons Artikel erschien, war bereits vereinbart, daß Schmidt und Genscher im Juli 1977 nach Washington reisen sollten. Die Entspannungspolitik, das war absehbar, würde zum Hauptthema des Besuchs werden. Schmidt bemühte sich deshalb um Rückendeckung der westeuropäischen Verbündeten und hatte damit Erfolg. Der Europäische Rat bat den Kanzler Ende Juni ausdrücklich, Carter zu übermitteln, daß man das öffentliche Engagement der US-Regierung für die Einhaltung der Menschenrechte in Osteuropa mit Sorge beobachte.[129] Auch Kanadas Regierung signalisierte diesen Wunsch.[130] Nur der britische Premierminister Callaghan stellte sich hinter Carter.

Vor allem mit Giscard wußte sich Schmidt einig. Der französische Präsident hatte kurz zuvor Breschnew in Paris empfangen und sich davon überzeugen lassen, daß die sowjetische Führung über Carters Politik beunruhigt sei. Wie Schmidt hatte zudem auch Giscard ein Signal aus Moskau erhalten, daß SALT scheitern werde, wenn der US-Präsident sich in der Menschenrechtsfrage nicht zurückhalte.[131] Beide kamen deshalb überein, sich angesichts dieser Entwicklung direkt in die amerikanisch-sowjetischen Beziehungen einzuschalten.[132] Die deutsche Delegation machte sich allerdings bei ihrer Ankunft in Washington wenig Hoffnungen, damit erfolgreich zu sein. Sie fürchtete vielmehr die Nachwirkungen des Reston-Artikels.[133] Doch zu ihrer eigenen Überraschung wurden die Deutschen überaus freundlich aufgenommen.

Als der Hubschrauber mit Schmidt am 13. Juli gegen 10.30 Uhr vor dem Weißen Haus landete, erwartete ihn dort ein Staatsempfang mit jenem traditionellen Pomp, den Carter nach seiner Amtsübernahme eigentlich hatte reduzieren wollen.[134] Eine Marinekapelle spielte bei schwüler Hitze die Nationalhymnen, dann schritten Kanzler und Präsident die Ehrenformationen der drei Waffengattungen ab. Carter begrüßte seinen Gast als »großartigen Freund und einen der herausragenden Staatsmänner der Welt« und lobte ihn überschwenglich. Mit einem so herzlichen Empfang habe man nicht gerechnet, räumte Regierungssprecher Klaus Bölling vor mitreisenden Journalisten ein.[135]

Die Reaktion Schmidts war dennoch kühl.[136] Die Diskrepanz zwischen den beiden Regierungschefs, so erinnerte sich ein Minister Carters, der dabei war, hätte nicht größer sein können. Auf der einen Seite der ehemalige Gouverneur aus den Südstaaten, der den Eindruck vermittelte, es sei ihm eine große Ehre, den Weltstaatsmann aus Bonn zu empfangen. Auf der anderen Seite der Kanzler, der nach zwei Sätzen zur Sache kommen wollte. Erst später, nach der ersten Sitzung im größeren Kreis, zeigte die amerikanische »Offensive des Lächelns«, wie es die *Süddeutsche Zeitung* nannte, Wirkung. Denn Carter war erkennbar darum bemüht, die Gegensätze herunterzuspielen. Das ging zum einen auf die wachsende Kritik in den USA zurück, die neue Regierung verprelle unnötig die europäischen Verbündeten.[137] Zum anderen wollte Carter dem sowjetischen Einfluß entgegenwirken.[138]

Seine Regierung habe großes Interesse daran, die Beziehungen zur Sowjetunion zu verbessern, eröffnete er das Gespräch. Er sei optimistisch, was den weiteren Verlauf der SALT-Verhandlungen angehe. Auch würde er jederzeit mit Breschnew zusammentreffen, wenn dieser es wolle. Bei der KSZE-Nachfolgekonferenz in Belgrad werde Washington auf einen Erfolg hinarbeiten und niemanden bloßstellen. Ausdrücklich wies der Präsident darauf hin, daß Breschnew nur die negativen Aspekte im amerikanisch-sowjetischen Verhältnis betone und es ihm offenbar gelungen sei, in Europa den Eindruck zu verbreiten, daß die USA keine Fortschritte wollten. Das, so Carter, sei falsch. Selbstkritisch räumte er ein, möglicherweise habe er zu viel zu schnell gewollt und die Sowjets überfordert.[139]

In seiner Antwort warb Schmidt um Verständnis für Breschnew.[140] Da der Generalsekretär im Politbüro der

KPdSU eine der Hauptstützen der Entspannung sei, müsse man ihm den sogenannten Falken gegenüber behilflich sein und ihm einen Informationsvorsprung einräumen. Carter solle einen direkten Kontakt zwischen sich und Breschnew herstellen und diesen über amerikanische Maßnahmen im Vorfeld unterrichten. Der Kanzler bot seine Hilfe beim Aufbau eines solchen Kontaktes an.

Der Vorschlag entsprach westdeutscher Praxis. Der bereits erwähnte Lednew, der offiziell als Journalist für die Zeitschrift *Sowjetskaja Kultura* arbeitete, übermittelte alle vier bis sechs Wochen Botschaften zwischen Breschnew und Schmidt. Doch der Kanzler wollte nicht nur die Kommunikation verbessern, sein Ziel war auch, den Einfluß von Brzezinski zurückzudrängen. In dem Sicherheitsberater sah Schmidt die treibende Kraft hinter der Menschenrechtskampagne und den neuen SALT-Vorschlägen. Auf dem Londoner Gipfel waren die beiden zudem auch persönlich aneinandergeraten, zur Überraschung Brzezinskis, der Schmidt seit langem kannte.[141] Feindlich habe man ihr Verhältnis bis dahin ganz und gar nicht nennen können, erzählte er 1993.[142]

Daß gerade Brzezinski sich darum bemüht hatte, im Streit um das Brasiliengeschäft und die Lokomotivtheorie mäßigend auf Carter einzuwirken, wurde im Kanzleramt übersehen. Auch war man sich offensichtlich nicht darüber im klaren, wie eng das Verhältnis zwischen Präsident und Sicherheitsberater war; der Versuch, die Position des letzteren zu unterminieren, konnte daher nur kontraproduktiv sein. Carter sah Brzezinski vier- bis fünfmal täglich. Er schätzte dessen interessante, witzige Vorträge und Aperçus (»Woran erinnert die Sowjetunion? Unter Lenin an eine religiöse Erweckungsbewegung, unter Stalin an ein Gefängnis, unter Chruschtschow an einen Zirkus und unter Breschnew an die amerikanische Post«). Vor allem aber war Carter von Brzezinski schon unterstützt worden, als sonst nur wenige auf ihn setzten. Das schmiedete zusammen.

In Bonn vermutete man, für den Kurs des US-Präsidenten spiele es eine Rolle, daß der Sicherheitsberater durch seine polnische Herkunft geprägt sei und Carter entsprechend beeinflusse. Kanzleramtsminister Wischnewski bezeichnete Brzezinski später als »ein[en] fanatische[n] polnische[n] Nationalist[en], woraus sich seine besonders scharfe antisowjetische Haltung« ergebe.[143] Auch Schmidt hielt ihn für einen »Falken«.[144]

Brzezinski wiederum empfand die Hinweise auf seine polnischen Wurzeln als ehrabschneidend. Schmidt habe schließlich von Kissinger auch nicht als »dem Juden« gesprochen.[145] Vor allem aber ärgerten ihn die abschätzigen Bemerkungen des Kanzlers über Carter, die immer wieder nach Washington drangen. Botschafter Staden erinnert sich, daß er in schöner Regelmäßigkeit nach dem Erscheinen des *Spiegel* von Brzezinski gefragt wurde, was die kritischen Kommentare deutscher Regierungsmitglieder, vor allem Schmidts, über Carter zu bedeuten hätten, die in dem Nachrichtenmagazin zitiert wurden.[146]

So hatte Brzezinski auch kurz vor der Anreise Schmidts erfahren, daß der Kanzler sich deutschen Journalisten gegenüber abfällig zu Carter geäußert hatte: »Was Carter angeht, spricht er [Schmidt, K.W.] gegenüber engen Vertrauten wie Ted Sommer und auch gegenüber deutschen Journalisten, von denen ich es hier gehört habe, leider und, wie ich denke, törichterweise weiterhin von ›diesem emporgekommenen Erdnußfarmer‹ etc.«[147] Es war insofern nicht erstaunlich, daß der Sicherheitsberater Schmidts Vorschlag eines Mittelsmannes (»Go-Between«) hintertrieb. Da auch Moskau daran nicht interessiert war, blieb der Vorstoß ohne Folgen – sieht man davon ab, daß er das Verhältnis zwischen Schmidt und Carters wichtigstem außenpolitischem Ratgeber weiter eintrübte.[148]

Nach dem Gala-Dinner im Weißen Haus sprachen Schmidt und Carter allein miteinander, von 23.15 Uhr bis 0.10 Uhr, wie das Büro des Präsidenten vermerkte. Es habe »Gerüchte über Irritationen« zwischen Bonn und Washington gegeben, verkündeten die beiden am nächsten Tag; in Zukunft würden sie derartigen Behauptungen entschieden entgegentreten.[149] Damit war der Ton gesetzt. Im ZDF erklärte der Kanzler, die deutsch-amerikanischen Beziehungen seien besser als je zuvor.[150]

Intern sah man das freilich anders. Denn Carter ließ keinen Zweifel daran, daß er sich, bei aller Zurückhaltung, die deutsche Position zum Thema Menschenrechte nicht zu eigen machen wollte. Botschafter Staden schrieb an Schmidt einige Tage nach dessen Rückreise: »Von moralischen und innenpolitischen Erwägungen abgesehen, betrachten der Präsident und sein Ratgeber [Brzezinski, K.W.] die Menschenrechtsfrage unter globalen Gesichtspunkten ... Aus dieser Optik, die auf die von Ihnen dargestellten Verhältnisse in der sowjetischen Führung, in Osteuropa und im innereuropäischen sowie innerdeutschen West-Ost-Verhältnis nur bedingt Rücksicht nimmt, ergibt sich auch für die Zukunft die Möglichkeit von Differenzen.«[151] Schmidt stimmte zu. Als er Giscard über seinen Besuch in Washington berichtete, ging auch er nicht mehr davon aus, daß die US-Regierung bis zum Jahresende auf Fords Kurs einschwenken würde.[152] Die Bundesregierung begann sich auf eine dauerhafte Belastung der deutsch-amerikanischen Beziehungen einzustellen.

III. Zerrüttung

Es dauerte denn auch nicht lange, bis sich neues Ungemach abzeichnete. Nur wenige Wochen nach Schmidts Rückkehr aus den USA setzte eine zweite Welle von Konflikten ein. Bonn und Washington gerieten teils zeitgleich, teils zeitlich versetzt in mehreren Fragen aneinander: ein weiteres Mal über die amerikanische Verhandlungsstrategie bei SALT (Kapitel 6), über die Stationierung der sogenannten Neutronenbombe in der Bundesrepublik (Kapitel 7) und über den Kursverfall des Dollars (Kapitel 8). Im Frühjahr 1978 war das deutsch-amerikanische Verhältnis zerrüttet.

Auch diese zweite Konfliktwelle ergab sich indirekt aus dem Ende der amerikanischen Vormachtstellung, wie sie für die Nachkriegszeit bestimmend gewesen war. Der Nuklearschirm der USA erschien den Verbündeten nicht mehr wetterfest, seit die Sowjetunion strategische Parität erreicht hatte. Daraus resultierte der Konflikt um die Mittelstreckenwaffen. Zugleich waren die Vereinigten Staaten nicht mehr bereit, wie bisher die politischen und ökonomischen Kosten zu tragen, die ihre Position als westliche Schutzmacht mit sich brachte. Dies führte zu den Gegensätzen in der Dollarfrage und bei der Neutronenwaffe.

Auf deutscher Seite bildete sich nun, wie Fritz Stern beobachtete, eine »nahezu permanente Stimmung der Nörgelei und des Unbehagens« heraus.[1] Im Frühjahr 1978 notierte ein Mitarbeiter Erich Honeckers, was er vom sowjetischen Botschafter Falin über einen Mittelsmann gehört hatte: »Aus allen Gesprächen mit führenden Leuten in Bonn gehe hervor, daß man gegenüber den USA gereizt sei. Carter habe die anerkannten Regeln der Zusammenarbeit zwischen den USA und der BRD in Frage gestellt. In Bonner Kreisen herrsche eine große Verunsicherung über die Frage, wie sich die USA weiter verhalten werden.«[2]

Daß Carter zunehmend in innenpolitische Schwierigkeiten geriet, verstärkte den schlechten Eindruck, den viele in Bonn vom neuen Mann im Weißen Haus gewonnen hatten. Nach einem frühen Allzeithoch in den Meinungsumfragen fielen die Popularitätswerte des Präsidenten in den USA seit Jahresmitte 1977 beständig. Einer der Hauptgründe dafür war, daß zahlreiche Reformvorhaben im Kongreß festgelaufen waren.[3] Teils lag dies daran, daß Carter das Parlament mit komplexen Gesetzesvorlagen geradezu überschüttete; teils lag es an der Zersplitterung der Macht im Senat, die es Vertretern von Partikularinteressen leicht machte, Initiativen zu blockieren. Selbst Moses hätte Probleme gehabt, die Zehn Gebote durch den Kongreß zu bringen, meinte Carters Domestic Policy Advisor Stuart Eizenstat.[4] Die Misere hatte aber auch mit der Unerfahrenheit der neuen Regierung zu tun, die den Kontakt zu den Parlamentariern nicht pflegte, deren Briefe unbeantwortet ließ und Telefonanrufe von Kongreßmitgliedern ignorierte.

Was das Verhältnis zum Parlament für (s)einen Präsidenten bedeutete, hat Eizenstat später mit den Worten analysiert: »… wenn der Kongreß Gutes über Sie sagt, gelangt es in die Presse, ausländische Regierungen bekommen es mit, das ganze Klima in Washington wird sich in Leitartikeln widerspiegeln … Und das Bild, das man sich vom Präsidenten macht, ist ein positives.«[5] Im Falle Carters war das Gegenteil der Fall. Die Vorurteile des Washingtoner Establishments gegen die Emporkömmlinge aus dem Süden – »Can those Georgians run the government?« – schienen sich zu bestätigen. Daß der neue Präsident in der Innenpolitik seinen Kurs – mit guten Gründen – mehrfach korrigierte, ließ den schon im Wahlkampf erhobenen Vorwurf, Carter wisse nicht, was er wolle, wieder laut werden.[6]

Da es keinen vertrauensvollen Austausch zwischen Kanzleramt und Weißem Haus mehr gab wie seinerzeit unter Ford, blieben die kritischen Einschätzungen unkorrigiert, die über den Atlantik nach Bonn gelangten.[7] Die Konfliktbereitschaft der Bundesregierung dürften solche Berichte verstärkt haben, zumal die Deutschen, wie auch andere europäische Verbündete der Amerikaner, sowohl von liberalen wie konservativen Kritikern Carters in den USA aufgefordert wurden, auf die Administration einzuwirken – natürlich jeweils im Sinne der Kritiker.[8]

Es gab zwei Möglichkeiten, auf die Politik Carters zu reagieren. Den harmonischen Weg wählte der britische Premierminister Callaghan, der sich persönlich um den Präsidenten bemühte und ein väterlich-freundschaftliches Verhältnis aufbaute. Britisch-amerikanische Interessengegensätze waren damit nicht aus der Welt, aber sie wurden leise und verdeckt ausgetragen, was am Ende beiden nutzte. Die Bundesregierung hatte hingegen schon im ersten Halbjahr 1977 die Erfahrung gemacht, daß ihr eine Auseinandersetzung mit Carter innenpolitisch durchaus zuträglich sein konnte.

Einer Infratest-Umfrage aus dem Juni 1977 zufolge, die sich im Depositum Schmidts im Archiv der sozialen Demokratie befindet, war die am besten bewertete Eigenschaft der SPD, daß sie »Deutschlands Position in der Welt« stärke.[9] Daß sich die Bundesregierung Carter gegenüber für die Bonner Variante der Ostpolitik stark machte, brachte ihr Anerkennung und Zustimmung aus den Reihen der Sozialdemokraten, hatte hier also integrierende Wirkung. Und mit ihrer Unnachgiebigkeit in ökonomischen Fragen konnte die Koalition als Verfechter nationaler Interessen im konservativen und liberalen Lager punkten.

Der Unterschied zu den ersten Nachkriegsjahrzehnten hätte nicht deutlicher sein können. Die Bundesregierung profilierte sich zunehmend gegen die Bündnisvormacht. Eine Studie unbekannter Herkunft, die im State Department zirkulierte und über die Bonner US-Botschaft auch ins Kanzleramt gelangte, kam zu dem Schluß, daß die Deutschen in Schmidt den »Schutzherrn« ihrer Interessen sehen würden und nicht etwa ein Risiko für die Sicherheit Westdeutschlands. Er agiere »geschickt als Sprecher des westdeutschen Establishments« und werde dafür politisch belohnt.[10]

Zu Recht wies der Autor darauf hin, daß die Bonner Regierung damit einer Stimmung in der Bundesrepublik entsprach, zu der sie zwar mit ihrer Kritik an Carter beitrug, die sich ihrer Kontrolle aber letztlich entzog. Die Vermutung liegt nahe, daß der offenkundig verbreitete Wunsch nach Emanzipation von den USA Teil eines Prozesses war, in dem sich ein westdeutsches Nationalbewußtsein herausbildete.[11] Zur »Selbstanerkennung der Bundesrepublik« (Heinrich August Winkler) gehörte es offenbar, sich von den Vereinigten Staaten abzugrenzen.[12]

Die US-Regierung dagegen empfand die ständige Kritik des deutschen Verbündeten zunehmend als Herausforderung der amerikanischen Führungsposition, was sie in gewisser Weise auch war. Am 24. Februar 1978 schickte Brzezinski ein Memorandum an Carter, das Schmidt in einem Atemzug mit Breschnew nannte: »Ein Präsident muß nicht nur geliebt und respektiert, sondern auch gefürchtet werden. Ich schlage vor, daß Sie den Eindruck, Sie und die Administration seien zu abgehoben, dadurch zu zerstreuen versuchen, daß Sie ein paar umstrittene Themen auswählen und Härte zeigen. Auf diese Weise machen Sie jedermann klar, daß man sich mit den USA nicht anlegen sollte. Wenn wir das nicht bald tun, werden uns Begin, Breschnew, Vorster, Schmidt, Castro und Gaddafi auf der Nase herumtanzen.«[13] Energieminister James Schlesinger forderte ebenfalls, den Deutschen klarzumachen, daß die USA sich nicht »herumschubsen« ließen.[14] Der Präsident müsse dagegen vorgehen, denn, so Schlesinger, »Schmidt has blood in his eyes«.

Erneut zeigte sich, wie schwer es den Regierungen Carter und Schmidt/Genscher fiel, Verständnis für die jeweils andere Seite aufzubringen und Interessengegensätze zu »managen«. Die atmosphärischen Störungen entwickelten vielmehr eine Eigendynamik, und das Verhältnis zwischen Schmidt und Carter spielte dabei eine wesentliche Rolle. Denn wie Willy Brandts ehemaliger Redenschreiber Martin Süskind berichtete, übernehmen bis zu einem gewissen Grad »die jeweiligen Verwaltungsapparate die Launen ihrer Chefs«.[15] Kritik an der US-Administration war nun aus allen Ebenen der Bundesregierung zu vernehmen und wurde zum politischen Gemeingut in Bonn.

Die sich aufbauende Mißstimmung erschwerte jede offene

Kommunikation und klare Koordination. Das Debakel um die Neutronenwaffe ist dafür ein Beispiel; auch der Konflikt um Marschflugkörper und SS-20-Raketen läßt sich anders kaum erklären. Obwohl beide Seiten oft gute Gründe für ihre Haltung hatten, war ihr Vorgehen aus Sicht der jeweils anderen bestenfalls unverständlich, eher aber rücksichtslos oder sogar gefährlich. Die Neustadt-Regel – »was vom Ausland aus betrachtet irrational wirkte, war von innen gesehen vernünftig« – bestätigte sich hier.[16]

6. Die Vertrauenslücke

Die zweite Konfliktwelle setzte ein, als sich Ende September 1977 Carter und der sowjetische Außenminister Andrej Gromyko in den SALT-Verhandlungen auf gemeinsame Obergrenzen für ihre strategischen Nuklearwaffen einigten.[1] Viele Beobachter sahen darin den Durchbruch. Im Weißen Haus glaubte man, die Gespräche bis zum Jahresende abschließen zu können.[2] Kaum jemand ahnte, daß es noch fast zwei Jahre dauern würde, ehe Carter und Breschnew das SALT-II-Abkommen im Juni 1979 in Wien unterzeichnen konnten.

Nachdem die Deutschen monatelang auf Fortschritte bei SALT gedrängt hatten, wäre zu erwarten gewesen, daß Bonn die Nachricht von der Einigung begrüßen würde. Schließlich war damit die Befürchtung widerlegt, der amerikanische Einsatz für verfolgte Dissidenten würde Erfolge bei den SALT-II-Verhandlungen ausschließen.[3] Doch als Brzezinski den Kanzler am 27. September 1977 in Bonn informierte, reagierte der kühl. »Ich habe ... durch mehrere kritische Zwischenfragen eine gewisse Distanz erkennen lassen«, notierte Schmidt nach dem Vier-Augen-Gespräch.[4] Das Auswärtige Amt und das Verteidigungsministerium sollten sich der Sache sofort annehmen. Im »Kleeblatt«, dem Beraterkreis mit Regierungssprecher Klaus Bölling, Kanzleramtschef Manfred Schüler und Hans-Jürgen Wischnewski, Staatsminister im Kanzleramt, kritisierte Schmidt bald darauf, das erreichte

Ergebnis benachteilige die USA wie die Europäer und koppele beide voneinander ab.[5]

Brzezinski war von der Kritik nicht überrascht. Er hatte Carter bereits im Sommer 1977 gewarnt: »Die Europäer sind immer nervös. Sind die amerikanisch-sowjetischen Beziehungen gut, fürchten sie ein Kondominium, sind sie schlecht, fühlen sie sich bedroht.«[6] Nun trat der erste Fall ein. Denn der Kanzler monierte Carters Zusage an die Sowjets, für eine Dauer von drei Jahren auf land- und seegestützte Marschflugkörper (Cruise Missiles) mit einer Reichweite von über 600 Kilometern zu verzichten, während zugleich die sowjetischen SS-20-Raketen – eine ballistische Mittelstreckenwaffe mit drei Sprengköpfen und 5000 Kilometern Reichweite – keinen Einschränkungen unterliegen sollten.[7]

Bei den Marschflugkörpern, die sich noch in der Entwicklung befanden, handelte es sich um treffgenaue und billige Drohnen. Sie konnten die sowjetische Luftabwehr unterfliegen und waren aufgrund ihrer Reichweite gut geeignet für einen Einsatz in Europa. Zwar standen die Cruise Missiles vor Ablauf der drei Jahre gar nicht zur Verfügung. Doch Bonn fürchtete, die SALT-Vereinbarung könnte präjudizierend wirken, also dazu führen, daß Washington endgültig auf diese Waffe verzichtete. »BK [Bundeskanzler, K.W.] kritisch zu SALT II ... US geben Optionen auf«, notierte Grünewald.[8]

Aus Sicht der Bundesregierung opferten die USA damit ein militärisches Instrument, das den Europäern nutzen konnte, und verzichteten zugleich darauf, einer Bedrohung – durch die SS-20 – zu begegnen, die nur die Verbündeten betraf, denn die sowjetischen Mittelstreckenraketen konnten die USA (außer Alaska) nicht erreichen. Schmidt kritisierte pointiert, was das für Bonn bedeutete: »... gleiche Sicherheit nur für USA und Sowjetunion, ungleiche Sicherheit für die Partner.«[9]

Aus der Perspektive Washingtons war diese Einschätzung unverständlich. Die Carter-Regierung hatte ihre entsprechende Zusage an Moskau gerade deshalb auf drei Jahre beschränkt, um sich die Option auf Marschflugkörper offenzuhalten. Und daß die SS-20 eine besondere Bedrohung darstellte, glaubten die Amerikaner nicht, wie noch zu zeigen sein wird. In der deutschen Kritik sah Washington nur eine Belastung der SALT-II-Verhandlungen und eine Gefahr für den Zusammenhalt der NATO.

Die Marschflugkörper

Die Gegensätze ergaben sich im Kern aus der geo- und machtpolitischen Konstellation. Die Bundesrepublik war gegenüber der Sowjetunion ungleich stärker exponiert als die USA. Und Bonn konnte und wollte keine eigenen Atomwaffen erwerben, sondern mußte sich, wie andere westeuropäische Staaten, ganz auf den amerikanischen Nuklearschirm verlassen. Diese Abhängigkeit erzeugte bei allen Europäern eine gewisse Unruhe, was angesichts der realpolitischen Tradition des alten Kontinents mit dem ständigen Wechsel von Allianzen nicht verwundert. Die Deutschen allerdings zeigten sich besonders mißtrauisch.[10]

Die Bundesrepublik war Frontstaat, wäre also von einem Krieg zuerst betroffen gewesen, und noch stand man in Hitlers Schatten – wer würde für die Deutschen kämpfen wollen? Hinzu kam, daß seit Ende der sechziger Jahre zwischen den beiden Supermächten ein nukleares Patt bestand, und dieses im Rahmen von SALT auch kodifiziert wurde. War Washington wirklich bereit, New York für Hamburg zu opfern? Und vor allem: Glaubte Moskau daran?

Endgültig ausräumen ließen sich die Zweifel an der amerikanischen Sicherheitsgarantie nicht, denn die letzte Gewißheit konnte nur der Ernstfall bringen, der bekanntlich nicht eintrat. Die Folge war, daß die Deutschen die US-Nuklearwaffenpolitik als »ständigen Lügendetektortest« für das Versprechen Washingtons ansahen, die Bundesrepublik atomar zu verteidigen.[11] Auch die Haltung Carters zu Marschflugkörpern und zu den SS-20-Raketen betrachtete man aus diesem Blickwinkel. Daß die Administration neben verteidigungspolitischen Erwägungen auch Fragen der Proliferationsgefahr und der Rüstungskontrolle ins Kalkül zog, stieß in der Bundesrepublik auf wenig Verständnis. Während die nukleare Supermacht ihre Interessen global definierte, traf die nicht-nukleare Regionalmacht ihr Urteil ausschließlich mit Blick auf Europa.

Schon unter Ford hatten Bonn und Washington daher unterschiedliche Auffassungen zum Thema Mittelstreckenwaffen vertreten. Allerdings waren die Beziehungen dadurch noch nicht belastet worden. Erst die wachsende Vertrauenslücke zwischen Schmidt und Carter änderte das – obwohl sich die Position des neuen US-Präsidenten in den wesentlichen Punkten nicht von der seines Vorgängers unterschied.

Doch der Reihe nach. Das Bonner Verteidigungsministerium hatte seit 1974 aufmerksam die Entwicklung der Marschflugkörper in den USA verfolgt.[12] Vertreter amerikanischer Rüstungsunternehmen und auch des Pentagons, die Verbündete für die inneramerikanische Auseinandersetzung um Haushaltsmittel suchten, warben damals regelrecht für die neue Wunderwaffe, die nuklear wie konventionell bestückte Flugzeuge ersetzen konnte. Und das Interesse von Verteidigungsminister Georg Leber war groß, zunächst vor allem an der konventionellen, dann auch an der nuklearen Variante.

Denn in der NATO mangelte es Mitte der siebziger Jahre an taktischen Nuklearwaffen mit großer Reichweite (Long Range Theater Nuclear Forces, LRTNF), welche die Sowjetunion von Westeuropa aus erreichen konnten. Nur 122 amerikanische F-111- und britische Vulcan-Bomber waren dazu in der Lage.[13] Und die Erfolge der von den Ägyptern eingesetzten sowjetischen Flugabwehr im Yom-Kippur-Krieg 1973 ließen daran zweifeln, daß die Bomber im Kriegsfall überhaupt bis in die Sowjetunion vordringen würden.[14] Marschflugkörper schienen eine ideale Alternative zu sein.

Auf den ersten Blick handelte es sich also um ein rüstungstechnisches Modernisierungsprojekt. Aber den Deutschen ging es um weit mehr. LRTNF hatten aus ihrer Sicht die Funktion, Europa an die strategischen Waffensysteme der USA »anzukoppeln«.[15] Sie sollten Moskau signalisieren, daß sowjetisches Territorium im Ernstfall kein Sanktuarium sein würde, und darüber hinaus *beiden* Supermächten verdeutlichen, daß sich ein nuklearer Konflikt nicht auf Deutschland beschränken ließe. Fords Verteidigungsminister Schlesinger (der spätere Energieminister Carters) hatte nämlich erklärt, die Abschreckung würde verstärkt, wenn die USA in der Lage seien, einen auf Europa begrenzten Atomkrieg zu führen.[16]

Anders formuliert: Ohne Marschflugkörper drohte die Bundesrepublik (samt der DDR) bei einem Krieg zum Schlachtfeld zu werden, auf dem Amerikaner und Sowjets einander einen atomaren Schlagabtausch ohne Schaden für ihre eigenen Länder liefern konnten. Der spätere Generalinspekteur der Bundeswehr, General Jürgen Brandt, damals Leiter der Stabsabteilung Militärpolitik im Bonner Verteidigungsministerium, warnte in diesem Sinne: »Wäre man nicht bereit, … diese Fähigkeit [zu Angriffen auf die Sowjetunion, K.W.] aufrechtzuerhalten, die bisher von Flugzeugen gewährleistet war, denen jetzt die Eindringfähigkeit fehlt, dann würde man sich zu einer Abkoppelung innerhalb der Theater Nuclear Forces [taktische Nuklearwaffen, K.W.] hingeben. Das würde bedeuten, daß die nukleare Feldschlacht auf deutschem Territorium durch eigene Mitwirkung provoziert würde.«[17]

Im Sommer 1976 hatte Leber deshalb in der Nuklearen Planungsgruppe (NPG)[18] deutliches Interesse an der Aufstellung von landgestützten Marschflugkörpern bekundet.[19] Allerdings war dieser Schritt in der Koalition nicht abgestimmt. Schmidt sprach später von »Fehlern« des Verteidigungsministers und räumte ein, dem Themenkomplex zu wenig Aufmerksamkeit gewidmet zu haben.[20] Schließlich bedeutete eine Stationierung, daß erstmals seit Beginn der neuen Ostpolitik die Sowjetunion von der Bundesrepublik aus nuklear bedroht worden wäre. Es ist kaum anzunehmen, daß Brandt oder Wehner dem zugestimmt hätten, schon gar nicht im Wahlkampfjahr 1976.

Entsprechend vorsichtig hatte die US-Regierung auf die deutschen Signale reagiert, auch wenn viele in und außerhalb der Administration die Drohne als billige Alternative zu Flugzeugen schätzten.[21] Seit dem Scheitern des Projekts einer multilateralen Atomstreitmacht (MLF) in den sechziger Jahren – einige NATO-Mitglieder wollten gemeinsam eine Flotte mit nuklearen Mittelstreckenwaffen unterhalten – war sich Washington bewußt, daß das Thema »weitreichende Mittelstreckenwaffen« das Risiko barg, die NATO zu spalten und ihr politisch mehr zu schaden als zu nutzen.[22] Hinzu kam, daß

US-Außenminister Kissinger die Marschflugkörper als Verhandlungsmasse bei den SALT-II-Gesprächen nutzen wollte. Er bot Moskau – wie Carter 1977 – an, für drei Jahre auf eine Stationierung zu verzichten, falls die Gegenseite zu entsprechenden Konzessionen bereit wäre; doch Breschnew lehnte ab.[23] Anders als Carter verheimlichte der Außenminister seine Offerte allerdings vor den Verbündeten. Das hatte zur Folge, daß Schmidt 1977 glaubte, der US-Präsident sei hinter die Verhandlungsposition Kissingers zurückgegangen.[24]

Die SS-20

Auch in dem zweiten Streitpunkt zwischen Schmidt und Carter – der SS-20 – vertraten Bonn und Washington schon zu Zeiten Fords unterschiedliche Auffassungen. Seit den sechziger Jahren verfolgten die Deutschen (und andere Europäer) aufmerksam die sowjetische Nuklearrüstung im Mittelstreckenbereich, weil sie fürchteten, diese könnte Westeuropa von den USA abkoppeln.

Die entsprechenden Szenarien, welche die besorgten Europäer entwarfen, hielt Washington für unwahrscheinlich.[25] Dennoch hatten die Amerikaner die Sorge der Verbündeten unter anderem mit dem Hinweis zu entkräften versucht, daß sie in der Lage seien, die Abschußrampen der sowjetischen SS-4- und SS-5-Raketen – Vorläufer der SS-20 – mit einem Erstschlag auszuschalten.[26] Als erste Hinweise auf die mobile SS-20 auftauchten, die nicht so leicht zu treffen war, wurden die Amerikaner von ihrem Wort eingeholt. Denn wer die SS-4 und SS-5 ernst nahm, mußte erst recht die SS-20 ernst nehmen. Mehr noch: Angesichts der strategischen Parität zwischen den Supermächten begannen die Verbündeten daran zu zweifeln, daß die USA überhaupt in der Lage waren, ihre strategischen Systeme für die Verteidigung in Europa gegen sowjetische Mittelstreckenwaffen einzusetzen, egal ob gegen die alten Raketen oder die neue SS-20.

Georg Leber wurde 1975 auf einer NATO-Tagung über die SS-20 informiert: »Ich fuhr sehr beunruhigt nach Bonn zurück ... Die Nachricht über eine neue Mittelstreckenrakete mußte die gesamte bisherige Nato-Strategie sprengen und ad absurdum führen. Künftig würde ein Angreifer aus dem Osten wahrscheinlich nicht warten, bis der Westen eine nukleare Waffe zünden würde, um ein Signal zu geben. Er wäre in der Lage, eine der neuen Mittelstreckenraketen ... auf Westeuropa zu feuern und einen der ersten drei Köpfe politisch wirken zu lassen.«[27] Der Minister fürchtete, der Kreml könnte sich dazu verleiten lassen, Erpressungspolitik zu betreiben – so wie es Chruschtschow, dessen Schatten einmal mehr auf die sowjetische Außenpolitik fiel, während der Suezkrise 1956 gegenüber London versucht hatte.[28] Leber beschloß, den Kanzler zu warnen.

Schmidt, den bereits die Vorläufer der SS-20 in Sorge versetzt hatten,[29] zeigte sich zunächst skeptisch: »Das ist alles Militaristengeschwätz!«[30] Aber dann machte er sich die Überlegungen des Verteidigungsministers zu eigen, weniger mit Blick auf Breschnew als auf die Nachfolgegeneration in der Kreml-Führung.[31] Wie andere westliche Beobachter war auch er ursprünglich davon ausgegangen, daß die Sowjets die SS-4 und SS-5 ersatzlos verschrotten würden. Daß sie das nicht taten, ließ ihn zu der Ansicht gelangen, Moskau versuche mit der SS-20 Vorteile aus dem nuklearen Patt zu ziehen und die Einheit der NATO auszuhebeln.

Wie man heute weiß, beruhte Schmidts Einschätzung auf falschen Annahmen. Auf Breschnew folgte – nach zwei Übergangskandidaten – Michail Gorbatschow, kein neuer Chruschtschow. Auch hatte der Kreml nie vorgesehen, die SS-4 und SS-5 ohne Nachfolgemodell zu streichen, weil er den sowjetischen Mittelstreckenraketen andere Funktionen zusprach, als der Westen unterstellte.[32] Entsprechend ist für die Vermutung, Moskau habe einen isolierten Einsatz der SS-20 auch nur erwogen, nach 1991 nie ein Beleg aufgetaucht.[33] Vielmehr entschied sich Moskau höchstwahrscheinlich aus rüstungstechnischen und verhandlungspolitischen Gründen dafür, diese Waffe zu konstruieren.[34] Doch in Bonn dominierte ein »worst-case«-Denken, wie Lebers Nachfolger als Verteidigungsminister, Hans Apel, 1978 einräumte.[35]

Eine letzte Antwort auf die Frage, ob die Stationierung der SS-20 dem Kreml neue Optionen eröffnete, kann es naturgemäß nicht geben, weil der von Leber unterstellte Krisenfall ausblieb. Sicher ist jedenfalls, daß diese Waffe in dem Augenblick an Erpressungspotential gewann, als Schmidt und die Bundesregierung das so wahrnahmen.

An Marschflugkörpern waren die Deutschen jetzt um so mehr interessiert, denn die SS-20 verstärkte noch die Sorge vor einer Regionalisierung möglicher Konflikte. Am 5. Oktober 1976 fragte NATO-Botschafter Rolf Pauls offiziell bei den Amerikanern an, ob Marschflugkörper eine Lösung für das SS-20-Problem darstellten.[36] Und wieder agierte die Ford-Regierung zurückhaltend. Die deutschen Befürchtungen hielt man für übertrieben: »Es ist ausgeschlossen, daß die UdSSR die SS-X-20 gegen NATO-Europa einsetzen oder einzusetzen drohen könnte, ohne eine Vergeltung von völlig unannehmbarem Ausmaß von seiten der NATO, einschließlich der strategischen Streitkräfte der USA, zu riskieren.«[37]

Das US-Außenministerium fürchtete, die Deutschen könnten in ihrem Bestreben, den Bereich der Mittelstreckenwaffen isoliert von der strategischen Ebene zu behandeln, genau das fördern, was sie eigentlich verhindern wollten – die Abkoppelung der USA von Europa mit weitreichenden Folgen für das westliche Bündnis. Entsprechend versuchte Washington, die Deutschen (und die anderen Europäer) zu beruhigen. Ford erhöhte die Zahl jener U-Boot-gestützten ballistischen Raketen, die für die Abschreckung in Europa vorgesehen waren und der NATO assigniert wurden, und stationierte ein zusätzliches Geschwader F-111-Bomber in Großbritannien.[38] Beides sollte den Eindruck korrigieren, die USA strebten danach, das Schlachtfeld eines künftigen Krieges auf Europa zu begrenzen.

Vor allem aber gelang es Ford und Kissinger, den Kanzler für sich zu gewinnen, indem sie ihm das Gefühl vermittelten, mit in der Schaltzentrale der amerikanischen Supermacht zu sitzen. Schmidt hatte zwei international anerkannte Fachbücher zu Strategiefragen geschrieben; er war kompetent und erwartete, entsprechend behandelt zu werden. Ford und Kissinger respektierten das. Obwohl die Bundesrepublik keine Nuklearmacht war, tauschten sie sich mit dem Bonner Regierungschef über strategische Probleme aus und trugen so dazu bei, daß das Thema SS-20 die deutsch-amerikanischen Beziehungen nicht belastete.

Dem Kanzler sagte Ford offenbar zu, die sowjetischen Mittelstreckenraketen nach der Präsidentschaftswahl in die SALT-Verhandlungen einzubeziehen.[39] Ob der Präsident das wirklich beabsichtigte, ist fraglich, denn ein solcher Schritt hätte bedeutet, SALT neu zu konzipieren. Bis dahin hatten die Supermächte nur über strategische Waffen verhandelt, und die SS-20 zählte nicht dazu. Aber die Beruhigungspille tat ihre Wirkung.

Der amerikanische Kurs

An dieser Situation sollte sich auch in den ersten Monaten der Carter-Regierung nichts ändern. Aus deutscher Sicht war zunächst einmal vordringlich, daß die SALT-II-Verhandlungen unter der neuen Administration überhaupt vorankamen. Und zumindest hinsichtlich der Marschflugkörper gab es ermutigende Signale aus Washington. Als Außenminister Vance im März 1977 in Moskau verhandelte, lehnte er substantielle Beschränkungen für diesen Waffentyp ab. Vielmehr teilte Verteidigungsminister Brown seinem deutschen Amtskollegen mit, daß im Haushaltsentwurf für 1978 Mittel zur Entwicklung von landgestützten Marschflugkörpern vorgesehen seien.

Aber dann begann sich das Bild zu wandeln. Im Mai 1977 näherten sich Gromyko und Vance in Genf einer Einigung, die ein drei Jahre währendes Verbot vorsah, see- und landgestützte Marschflugkörper mit einer Reichweite von über 600 Kilometern zu stationieren – wie es Kissinger den Sowjets schon 1976 heimlich vorgeschlagen hatte. Und obwohl die sich anbahnende Vereinbarung, die Carter und Gromyko dann im September festzurrten, keine Option verschloß, weil die Marschflugkörper noch in der Entwicklung waren, wurde erste Kritik laut.[40]

Die Deutschen wußten, daß sowohl im State Department als auch in der Rüstungskontrollbehörde ACDA viele der

Meinung waren, daß Marschflugkörper eine große Gefahr für die Zukunft der Rüstungskontrolle darstellten und das Ost-West-Verhältnis zu destabilisieren drohten.[41] Die Reichweite der Drohne ließ sich nämlich nicht verifizieren (es sei denn, man baute sie auseinander). Zudem verwischten Marschflugkörper die Grenze zwischen nuklearen und konventionellen Waffen, weil sie mit konventionellen Sprengköpfen Aufgaben ausführen konnten, die sonst Nuklearwaffen wahrnahmen. Die Trennung zwischen konventionellen und nuklearen sowie strategischen und taktischen Waffen, auf der die SALT-Verhandlungen und das gesamte Rüstungskontrollregime beruhten, drohte damit hinfällig zu werden.

Und schließlich gab es die Sorge, Marschflugkörper könnten der Proliferation zuträglich sein. Eine der höchsten Barrieren gegen die Verbreitung von Atomwaffen bildeten die immensen Kosten, die beim Bau von Trägersystemen anfielen. Die günstigen Marschflugkörper hebelten diese Hürde nach Ansicht vieler Experten aus – alles Gesichtspunkte, die in den deutschen Überlegungen keine Rolle spielten.[42] Für Bonn zählte nur eines: Die Option auf Marschflugkörper sollte aufrechterhalten werden. Und so wuchs am Rhein der Verdacht, die vorläufige Absprache zwischen Vance und Gromyko – noch war ein SALT-II-Abkommen nicht unterschrieben – werde mit einer endgültigen Preisgabe enden.

Obwohl die Position der USA keineswegs in diesem Sinne determiniert war, gelang es Carter im Gegensatz zu Ford und Kissinger nicht, die anschwellende Kritik einzudämmen. Vielmehr verfestigte sich in Bonn der Eindruck, das amerikanische Handeln werde einmal mehr durch Unkenntnis und Rücksichtslosigkeit bestimmt, wie Schmidt gegenüber Giscard erkennen ließ: »›Nur weil er [Carter, K.W.] mal als Offizier an Bord eines Atom-U-Boots gedient hat, glaubt er, er kennt sich in Atomtechnik aus‹, sagte Helmut ganz im Vertrauen zu mir. ›Aber er hat keine Ahnung von Strategie, und das ist das Entscheidende.‹«[43] Für die Glaubwürdigkeit der US-Sicherheitsgarantie wie der amerikanischen SALT-Politik war diese Sichtweise fatal.

Zweifel an Carter

Kurz nach seinem Amtsantritt hatte Carter prüfen lassen, ob nicht eine Minimalabschreckung von wenigen hundert Nuklearwaffen für die Sicherheit des Westens ausreiche. Anfang der achtziger Jahre hätte ihm diese Idee wahrscheinlich großen Beifall bei der SPD eingebracht, doch im Frühjahr 1977 gab es noch keine Friedensbewegung. Die Bundesregierung – bereits in Sorge über die erweiterte Abschreckung – fürchtete sofort eine Regionalisierung der europäischen Verteidigung und damit das Ende der amerikanischen Nukleargarantie für Europa. Als auch die Streitkräfte der USA Sturm liefen, zog der Präsident den Vorschlag zwar wieder zurück, doch der Vertrauensverlust war eingetreten.

Bald darauf wurde bekannt, daß Carter den Schwerpunkt der amerikanischen Interkontinentalraketen (ICBM) auf U-Boote verlagerte. Er war darum bemüht, die Zweitschlagfähigkeit der USA zu verbessern und dadurch die nukleare Abschreckung zu stabilisieren. Aus deutscher Sicht zählte allerdings nur der damit einhergehende Verlust an Zielgenauigkeit, der die Zweifel noch größer werden ließ, ob Washington zum nuklearen Ersteinsatz mit ICBMs gegenüber sowjetischen Mittelstreckenwaffen bereit war.[44]

Die ungeschickte Konsultationspolitik der US-Regierung im Sommer und Herbst 1977 sorgte dafür, daß der Argwohn weiter wuchs. Zunächst wurde den Europäern eine umfassende Unterrichtung über die neuen Marschflugkörper zugesichert, dann sagte Washington diese wieder ab. Das State Department fürchtete, daß das Pentagon, in dem nach wie vor zahlreiche Mitarbeiter Marschflugkörper befürworteten, die Gelegenheit nutzen könnte, um das Interesse der Europäer weiter anzufachen, anstatt ihnen ein ausgewogenes Bild der Vor- und Nachteile zu präsentieren.[45]

Als Senator Henry Jackson Druck ausübte – im Staat Washington, aus dem er kam, hatte der Konzern Boeing seinen Sitz, dem aus kommerziellen Gründen am Bau dieser Waffe lag –, reiste schließlich doch eine Delegation nach Europa. Sie hinterließ dort aber den Eindruck, man wolle den Verbündeten die Marschflugkörper ausreden.

Zum schlechten Eindruck trug weiterhin eine Episode im Spätsommer bei. Am 3. August 1977 veröffentlichte die *International Herald Tribune* einen Artikel über das Presidential Review Memorandum (PRM) Nummer 10.[46] PRM waren vom Präsidenten angeordnete Studien, die Entscheidungsgrundlagen für verbindliche Direktiven bildeten. PRM 10 beschäftigte sich mit dem Kräfteverhältnis zwischen Ost und West[47] und sah vor, im Falle eines sowjetischen Angriffs die Verbände der NATO an die Linie Weser-Lech zurückzuziehen und dort die Verteidigung aufzubauen, also ein Viertel bis ein Drittel des bundesdeutschen Territoriums preiszugeben. Die Autorin Lynn Davis – Deputy Assistant Secretary of Defense – argumentierte, damit werde dem augenblicklichen Verteidigungsstand der NATO Rechnung getragen.

Die Bundesregierung protestierte prompt.[48] Und auch aus dem verteidigungspolitischen Establishment der USA gab es heftigen Widerspruch. General Jürgen Brandt notierte nach einer Reise in die USA: »Die z. T. massive Kritik aus der Washingtoner Scene [sic] reichte von: ›Schlechteste aller PRMs!‹ über ›Studie naiver Amateure, die ihren Lernprozeß als Neuankömmlinge in der Administration noch nicht abgeschlossen haben‹ bis zu ›wer diese PRM-10 geschrieben hat, ist ein Idiot!‹ ...« Als ein Mitarbeiter Brzezinskis den deutschen Besucher mit dem Hinweis zu beschwichtigen versuchte, hier würden nur Optionen für den Verteidigungsfall durchgespielt, entgegnete Brandt scharf: »Haben Sie auch die bedingungslose Kapitulation erwogen?«[49]

Ähnlich ungeschickt gingen die Amerikaner schließlich mit dem Kanzler um. Schmidt schreibt in seinen Erinnerungen, er habe im Laufe des Jahres 1977 Brzezinski und Carter mehrfach seine Befürchtungen wegen der SS-20 vorgetragen.[50] Anders als Ford und Kissinger vermochten deren Nachfolger den Bonner Regierungschef jedoch nicht einzubinden. Diesen habe es vielmehr geärgert und gekränkt, daß seine Besorgnisse in Washington nicht ernst genommen wurden, berichtete später Brandt.[51] Anstatt Schmidts Bedürfnis nach Anerkennung und Status zu befriedigen, erweckte Sicherheitsberater Brzezinski den Eindruck, das Thema Mittelstreckenwaffen sei »doch gar nicht die Sache Bonns, sondern die der USA«.[52]

Der Kanzler, der zunächst auch andere Motive für die amerikanische SALT-Politik in Erwägung gezogen hatte, kam zu dem Schluß, daß Carter sich »nicht von Rücksichtnahmen auf europäische Sicherheitsinteressen stören« lassen wolle.[53]

Man kann nur spekulieren, ob es Carter unter anderen Umständen gelungen wäre, die Besorgnisse Bonns auszuräumen oder die Deutschen zumindest zum Stillhalten zu bewegen, wie es Ford vermocht hatte. So jedenfalls blieben entsprechende Versuche im Sommer und Herbst 1977 erfolglos. Vergebens wiesen die Amerikaner darauf hin, daß die SS-20 keine Ziele anvisierte, die nicht vorher schon durch sowjetische Raketen abgedeckt gewesen wären. Die deutsche Argumentation, gegen die SS-20 müßten Interkontinentalwaffen eingesetzt werden und die Sowjets könnten darauf spekulieren, daß die Amerikaner davor im Ernstfall zurückschreckten, hielten die Mitarbeiter Carters für genauso unbegründet wie die der Ford-Regierung.[54]

Überhaupt fanden viele im State Department, in der Rüstungskontrollbehörde ACDA und im Weißen Haus die Bonner Vorstellung nicht überzeugend, in Europa stationierte Mittelstreckenwaffen könnten den Kontinent an Amerika koppeln (ACDA-Direktor Warnke: »logischer Unsinn«[55]). Aus sowjetischer Sicht, so lautete das Gegenargument, sei es doch einerlei, ob man von Belgien oder Nord-Dakota aus von amerikanischen Nuklearwaffen getroffen werde. Der deutschen Forderung, es müsse ein »eurostrategisches« Gleichgewicht hergestellt werden, begegnete die Carter-Regierung mit dem Hinweis, damit würde genau die Isolierung Europas gefördert, die Bonn ja eigentlich verhindern wolle.

Brzezinskis Stellvertreter Aaron erinnerte sich später: »Wir haben mehrere Besprechungen mit ihnen gehabt, bei denen wir sämtliche Zahlen durchgegangen sind: Das hier haben sie [die Sowjets, K.W.], das hier haben wir ... Wir haben ihnen gesagt, daß wir ICBMs haben und SLBMs [Sea Launched Ballistic Missiles, seegestützte ballistische Flugkörper, K.W.] und Hunderte von Sprengköpfen, die auf der NATO assignierten Poseidon-U-Booten stationiert sind, und daß ihre Leute in unserem Zielplanungszentrum in Omaha [Gemeinsamer Strategischer Zielplanungsstab auf dem Luftwaffenstützpunkt Offutt in Omaha/Nebraska, K.W.] sitzen. Hier gibt es keine Ziellücke; wir zielen mit unserem Zeug auf Dinge, die sowohl für Westeuropa als auch für uns selbst von Interesse sind; wir haben begrenzte Optionen, so daß wir diese Ziele angreifen können, ohne den Dritten Weltkrieg auszulösen; andererseits schrecken wir auch nicht vor dem Dritten Weltkrieg zurück, denn wir stehen alle zusammen. Und sie haben uns angesehen und gesagt, das ist schön und gut, aber die Russen stationieren die SS-20, und wir haben nichts Vergleichbares.«[56]

Ausräumen konnte Washington die deutschen Zweifel nicht; die Bonner Sorgen waren politischer, die amerikanischen Antworten militärischer Natur. Das Mißtrauen der Deutschen resultierte aus der Entwicklung des globalen Kräfteverhältnisses, aus dem Ansehensverlust der USA seit dem Vietnamkrieg im allgemeinen und der Carter-Regierung im besonderen. Konsultationen über die SS-20 änderten daran wenig.

Kritik aus Bonn

Anders als zur Zeit Fords brachte Schmidt das Thema nun auch in die Öffentlichkeit. Auf dem NATO-Gipfel in London erklärte er Anfang Mai 1977 in einer improvisierten Rede, er gehe davon aus, daß die USA ihre strategischen Nuklearwaffen künftig nur noch zu ihrer eigenen Verteidigung einsetzen würden.[57] Es war das erste Mal, daß ein Bundeskanzler die amerikanische Sicherheitsgarantie vor aller Welt in Frage stellte. Üblicherweise galt unter Bonner Diplomaten die Regel, daß offen geäußerte Zweifel nur einem selber schadeten.

Wenige Wochen später publizierte die Regierung eine Antwort auf eine Große Anfrage aus dem Bundestag, in der sie ihr Interesse an Marschflugkörpern erstmals öffentlich bekundete und Washington indirekt aufforderte, mit Blick auf die SS-20 dafür zu sorgen, daß für die Verteidigung Westeuropas »die oberste Stufe der Abschreckung, die nuklear-strategischen Systeme, verfügbar« sei.[58] Zeitzeugen zufolge soll

Bonn die Amerikaner darauf gedrängt haben, sich bei SALT einen Vorsprung von 5000 Nuklearsprengköpfen zu sichern (Stand 1977: 8500 zu 4000 zugunsten der USA mit sinkender Tendenz),[59] um die sowjetischen Mittelstreckenwaffen abzudecken.

Am 28. Oktober erneuerte Schmidt vor dem International Institute for Strategic Studies (IISS) in London seine Zweifel an der Glaubwürdigkeit der erweiterten Abschreckung angesichts von SALT: »SALT schreibt das nuklearstrategische Gleichgewicht zwischen der Sowjetunion und den USA vertraglich fest. Man kann es auch anders ausdrücken: Durch SALT neutralisieren sich die strategischen Nuklearpotentiale der USA und der Sowjetunion.«[60] Der Kanzler verlangte, den Mittelstreckenbereich in Verhandlungen zu berücksichtigen. Daß Carter die SS-20 nicht in die SALT-Gespräche mit aufgenommen hatte, wurde ihm jetzt von Schmidt öffentlich indirekt zum Vorwurf gemacht.

Mit ihrer Kritik stand die Bundesregierung nicht allein. Das Protokoll einer Tagung der Konrad-Adenauer-Stiftung im November 1977 in Washington mit Vertretern der CDU/CSU-Opposition vermerkte: »Man stellte verbittert die Frage: Warum haben die Vereinigten Staaten die Marschflugkörper auf den SALT-Verhandlungstisch gelegt, ohne zu verlangen, daß vergleichbare sowjetische Systeme, wie die SS-20-Raketen, ebenfalls in die Verhandlungen einbezogen werden? Amerika wurde Arglist und sogar Betrug vorgeworfen.«[61]

Von Manfred Wörner, dem verteidigungspolitischen Sprecher der Unionsfraktion, und von einem Diplomaten, der Alfred Dregger nahestand, der Galionsfigur des rechten Parteiflügels der CDU, berichtete eine amerikanische Quelle im November 1977, beide wünschten eine unabhängigere Haltung der Bundesrepublik und einen Ausgleich mit der Sowjetunion (»come to terms with Moscow«) für den Fall, daß Carter seine Politik nicht korrigiere.[62] Besonders verärgert waren die Deutschen über die sogenannte Nichtumgehungsklausel, auf die sich die SALT-Unterhändler geeinigt hatten. Sie sollte verhindern, daß Russen und Amerikaner ein SALT-II-Abkommen unterliefen, indem sie Waffensysteme – sprich Marschflugkörper – an ihre Verbündeten weitergaben.[63]

Was Schmidt davon hielt, ließ er einige Monate später in einer Rede vor der Sondergeneralversammlung der Vereinten Nationen zum Thema Abrüstung durchblicken: »Wenn … Rüstungskontrolle im Namen des Friedens zu hegemonialer Machtpolitik oder zu einem Mehrklassen-Völkerrecht mißbraucht würde, dann könnte sie keine Zustimmung finden. Versuche, Nationen Restriktionen aufzuerlegen, an deren Zustandekommen sie nicht beteiligt waren, würden den Bedürfnissen des Friedens nicht gerecht.«[64] Mehrfach scheinen deutsche Politiker und Beamte den Supermächten sogar mit der Möglichkeit europäischer Marschflugkörper gedroht zu haben, wobei unklar bleibt, ob es sich dabei um nuklear oder konventionell bestückte Systeme oder beides handeln sollte. So warnte ein Teilnehmer der erwähnten Konferenz der Adenauer-Stiftung, falls die Amerikaner die Option auf diesen Waffentyp preisgäben, müßten die Europäer sich selber helfen: »Sie müssen es nicht für uns tun; wir können es selbst tun.«[65]

Interessant ist in diesem Zusammenhang die Aussage eines hochrangigen Mitarbeiters im US-Außenministerium. Danach soll die CIA ihm mitgeteilt haben, daß deutsche Rüstungsunternehmen Technologie für Marschflugkörper erworben hätten. Der Amerikaner sprach daraufhin nach eigenem Bekunden Botschafter Staden an; anschließend seien die Käufe eingestellt worden.[66] Auch Juli Kwizinski, damals Gesandter an der sowjetischen Botschaft in Bonn, berichtet, der Leiter der außenpolitischen Abteilung im Kanzleramt, Jürgen Ruhfus, habe mit der Entwicklung und Aufstellung eigener Marschflugkörper gedroht.[67]

Einem Pressebericht zufolge soll Frankreich Ende 1977 Bonn und London eine gemeinsam finanzierte, überwiegend von Briten und Franzosen gebaute Rakete unter europäischer Flagge angeboten haben.[68] Helmut Schmidt notierte zum gleichen Zeitpunkt am Rande eines Briefes zum Thema Marschflugkörper: »können europ. Staaten auch aus eigener Fähigkeit entwickeln«.[69] Es gibt freilich keinen Beleg dafür, daß die Bundesregierung ernsthaft den Bau europäischer oder gar deutscher Marschflugkörper beabsichtigte.[70] Die hier aufgeführten Äußerungen sind – zumindest nach jetzigem Quellenstand – Indikatoren dafür, wie sehr Bonn über die Carter-Regierung und die sowjetische Nuklearrüstung verstimmt war.

Die deutsche Konzeptionslosigkeit

Daß die Deutschen im Sommer und Herbst 1977 zur amerikanischen SALT-Verhandlungsführung zunehmend auf Distanz gingen, kam für den Präsidenten zu einem denkbar ungünstigen Zeitpunkt. Denn nachdem die Fortschritte in den Gesprächen bei Gromykos USA-Besuch im September bekanntgeworden waren, hatten die SALT-Kritiker der Regierung »den Krieg erklärt«.[71] In der zweiten Oktober- und in der ersten Novemberhälfte stapelten sich auf Carters Schreibtisch die Warnungen, daß sich die für Frühjahr 1978 angestrebte Ratifizierung eines SALT-II-Abkommens überaus schwierig gestalten werde.[72] Das Verbindungsbüro des Weißen Hauses zum Kongreß bezeichnete sie sogar als »die größte außenpolitische Herausforderung für diese Administration«.[73]

Daß die SS-20 ausgeklammert blieben und Carter angeblich die Marschflugkörper-Option preisgeben wollte, zählte zu den Hauptangriffspunkten der Opposition. In einer aufsehenerregenden Pressekonferenz am 1. November 1977 nannte sie Paul Nitze vom neu gegründeten »Committee on the Present Danger« an prominenter Stelle.[74] Senator Jackson machte in dieser Hinsicht ebenfalls Stimmung.

Für die amerikanischen SALT-Gegner zahlte sich aus, daß sie schon früh einen intellektuellen Brückenkopf in der Bundesrepublik errichtet hatten. Seit 1975 führte Uwe Nerlich von der Stiftung Wissenschaft und Politik in Ebenhausen gemeinsam mit Albert Wohlstetter, Professor an der Universität von Chicago und einer der profiliertesten SALT-Kritiker, sogenannte European American Workshops (EAW) durch. Hohe Beamte des deutschen Verteidigungsministeriums und des Auswärtigen Amtes nahmen daran teil. Wohlstetter wurde auch von Schmidt als Gesprächspartner geschätzt. Den stets besorgten Deutschen lieferten die Amerikaner dabei Daten und Argumente zu den Mittelstreckenwaffen, die dann in die USA zurückschallten.[75]

Aber auch dem SALT-Projekt wohlgewogene Senatoren wie Charles Mathias kritisierten, wie die Carter-Regierung mit den europäischen Verbündeten umging: »Die Administration muß die Empfindlichkeiten unserer Freunde in Europa beachten. Unsere Signale an sie müssen klar und schlüssig sein. Wir können nicht den Europäern Marschflugkörper andienen und gleichzeitig mit den Sowjets über Weitergabe- und Umgehungsverbote verhandeln, die auf Marschflugkörper angewandt würden. Die NATO steht vor ernsten Problemen. Die politisch-wirtschaftliche Stabilität bei einer Reihe unserer europäischen Verbündeten ist gefährdet. Jetzt ist nicht die Zeit für Schocktherapien, sondern für besonnene amerikanische Führung.«[76]

Carter mußte reagieren. Aber wie unter Ford überwog in der US-Regierung die Vorsicht. Die spätere Nachrüstungsdebatte belegt, wie berechtigt dies war. Die erweiterte Abschreckung bildete ein wesentliches Bindeglied in der Allianz und war immer wieder Ursache politischer Krisen gewesen. Sich daran zu wagen, war nur sinnvoll, wenn die Europäer es unbedingt wollten. Doch schon zur Amtszeit von Ford fanden die Amerikaner die Signale aus Bonn verwirrend;[77] 1977 hatte sich daran nichts geändert.

Die deutsche Haltung war in vielerlei Hinsicht widersprüchlich. Seit Carters Wahlsieg hatte Schmidt gedrängt, SALT II möglichst rasch zu einem Abschluß zu führen. Gegenüber amerikanischen Journalisten hatte er sogar erklärt, daß ein Abkommen nützlich sei, »wie immer es aussieht«.[78] Nun auf einmal, als eine Unterzeichnung unmittelbar bevorzustehen schien, sollte neu verhandelt werden, denn darauf lief die Forderung hinaus, die SS-20 einzubeziehen und die vereinbarte Beschränkung der Marschflugkörper zu korrigieren. Angesichts des großen sowjetischen Interesses an einer Begrenzung dieser Waffen war nicht einmal sicher, ob man sich dann am Ende überhaupt würde einigen können – was wiederum dem deutschen Drängen auf Fortschritte in der Entspannungspolitik zuwiderlief.

Der Carter-Regierung war begreiflicherweise nicht daran

gelegen, das Verhandlungspaket aufzuknüpfen, wie sich David Gompert, damals Deputy Director im Bureau of Politico-Military Affairs im State Department, erinnert: »Wir glaubten, einem SALT-II-Abkommen nahe zu sein, und wollten zum damaligen Zeitpunkt dieses Faß nicht aufmachen.«[79] Das galt um so mehr, als die Bundesregierung weiterhin betonte, sie wünsche eine baldige Unterzeichnung des Vertrages. »Es darf nicht der Eindruck entstehen, als ob wir hier Schwierigkeiten hinsichtlich der Verhandlungen erzeugen wollten«, beteuerte etwa Günther van Well, Staatssekretär im Auswärtigen Amt, bei einem Hintergrundgespräch mit der Presse.[80] Entsprechend vorsichtig hatte sich Schmidt gegenüber Brzezinski geäußert. Der Sicherheitsberater berichtete nach seinem Bonn-Besuch im Kabinett, die Europäer seien über die amerikanische Verhandlungsführung hinsichtlich der Marschflugkörper »etwas besorgt«[81] – das klang nicht nach Handlungsbedarf.

Zudem stand die Forderung Schmidts, die SS-20 in SALT einzubeziehen, im Gegensatz zu der Position, die Bonn (wie die anderen Westeuropäer) jahrelang eingenommen hatte: nämlich den Mittelstreckenbereich aus SALT *herauszuhalten*.[82] Es war nämlich nicht zu erwarten, daß es gelingen würde, nur die sowjetischen Mittelstreckenwaffen wegzuverhandeln, ohne Einschnitte bei den westlichen LRTNF hinnehmen zu müssen, die in der deutschen Wahrnehmung eine so überragende Rolle für die Ankoppelung Europas an die USA spielten. Noch im Frühjahr 1977 hatte sich Botschafter Staden besorgt gezeigt, Carter könnte das Thema europäische Nuklearstreitkräfte in die SALT-Gespräche aufnehmen.[83]

Keineswegs eindeutig war die deutsche Haltung auch hinsichtlich der Frage, unter welchem Rubrum die SS-20 verhandelt werden sollten. In der bereits erwähnten Regierungsantwort auf die Große Anfrage aus dem Bundestag war davon die Rede, die Mittelstreckenwaffen in »künftigen SALT-Vereinbarungen« zu thematisieren. Der Kanzler sprach jedoch in seiner Rede vor dem IISS in London und gegenüber den Amerikanern auch davon, man solle sich des Themas parallel zu SALT annehmen.[84] Das konnte sich auf die MBFR-Verhandlungen beziehen. Hier gab es im Rahmen der Debatte über die Neutronenbombe entsprechende Überlegungen (siehe Kapitel 7), aber auch diese waren nicht ausgereift und widersprachen Standpunkten, die Bonn jahrelang vehement verteidigt hatte.

In der Tat fehlte der Bundesregierung ein Konzept. Der Kanzler rief zwar im Spätsommer und Herbst 1977 zweimal einen kleinen Kreis von Beamten und externen Fachleuten in Hamburg und Bonn zusammen. Doch man kam über Ansätze nicht hinaus, weil Schmidt und seine Mitarbeiter zu dieser Zeit vor allem damit beschäftigt waren, den entführten Arbeitgeberpräsidenten Hanns Martin Schleyer freizubekommen. Danach beauftragte Schmidt zwar wiederholt das Auswärtige Amt und das Verteidigungsministerium, Leitlinien zum Thema Mittelstreckenwaffen zu erarbeiten, aber auch daraus wurde 1977 nichts. Die beiden Ressorts konnten sich nicht einigen.[85]

Entsprechend unklar war auch, welche Haltung die Bundesregierung zu den Marschflugkörpern einnahm. Schmidt hatte sie gegenüber Brzezinski im September 1977 ein »Pfand« genannt, das man nicht preisgeben solle. So sah es auch die SPD. Diese Waffen sollten als Verhandlungsmasse herhalten.

In seiner Rede vor dem IISS forderte der Kanzler dann, die Allianz müsse für die gültige Strategie »ausreichende und richtige Mittel« bereitstellen,[86] falls es nicht gelänge, »die in Europa bestehenden Disparitäten« abzubauen. Im Vortragstext findet sich allerdings auch der Satz: »... wir in Europa müssen besonders sorgfältig darauf achten, daß diese Verhandlungen [SALT, K.W.] die Komponenten der NATO-Abschreckungsstrategie nicht beeinträchtigen.«[87] Das ließ die Begründung anklingen, mit der das deutsche Verteidigungsministerium in der NATO seit längerem sein Interesse geltend machte, die Marschflugkörper *unabhängig* von der SS-20 aufzustellen.

Aber war die sozialdemokratisch geführte Bundesregierung wirklich bereit, diesen Schritt zu gehen? Angesichts des Bonner Schlingerkurses in der Frage der Neutronenwaffe (siehe Kapitel 7) mußte man daran zweifeln. Schließlich bildeten Marschflugkörper eine weitaus größere Gefahr für die deutsche Ostpolitik als die Neutronenwaffe. Als Helmut Sonnenfeldt, ehemaliger Mitarbeiter Kissingers, beim Abendessen im Anschluß an Schmidts IISS-Rede bei diesem nachfragte, ob er stationieren wolle, falls man sich mit Moskau nicht einigen könne, wich der Kanzler aus. Eine Modernisierung ohne Verhandlungen sprach Sonnenfeldt gar nicht erst an.

Den Amerikanern erschien die Position der Deutschen folglich unausgegoren. David Gompert vom State Department erinnerte sich 1993: »... wir wollten nicht in eine Lage geraten, in der wir uns eine Option für SALT II vorbehalten, große Aufmerksamkeit auf die SS-20 gelenkt und die Glaubwürdigkeit des strategischen Engagements der USA in Zweifel gezogen hatten ..., wenn die Europäer am Ende nicht bereit waren, bei einer Stationierung mitzumachen.«[88]

Es war wenig verwunderlich, daß Carter in dieser Situation – das SALT-II-Abkommen war noch nicht unterzeichnet, die Position der Bündnispartner unklar – zurückhaltend vorging. Zunächst sollte die Situation weiter analysiert und herausgefunden werden, was die Verbündeten genau wünschten.[89] Während der NATO-Herbsttagung Anfang Dezember 1977 sicherte ihnen Außenminister Vance ausführliche Konsultationen zu den Verhandlungsthemen für SALT III zu.[90] Daß die SS-20 ein potentieller Kandidat dafür war, signalisierte Carter Ende des Jahres auf einer Pressekonferenz.[91] Mehr konnte man aus amerikanischer Sicht zu diesem Zeitpunkt nicht tun.

Auch bei den Marschflugkörpern blieb Carter vorsichtig. Seit dem Herbst tagte im Rahmen der NATO eine sogenannte High Level Group (HLG), in die alle Mitglieder des Bündnisses, die der Nuklearen Planungsgruppe angehörten, Delegationen entsandten.[92] Die HLG sollte grundsätzlich über die Modernisierung von taktischen Nuklearwaffen und auch über Marschflugkörper beraten. Der Auftrag an die amerikanische Delegation lautete, ergebnisoffen zu sondieren. Im Februar 1978, während einer Tagung in Los Alamos, einigte sich die Gruppe auf Drängen der Deutschen, Briten und Norweger jedoch darauf, eine begrenzte Modernisierung des bestehenden weitreichenden Potentials (»evolutionary upward adjustment«) anzustreben,[93] mit Reichweiten bis in die UdSSR, »short of Moscow« (sprich Marschflugkörper).

Als in Washington bekannt wurde, welche Zusagen der amerikanische Delegationsleiter David McGiffert, Assistant Secretary of Defense, gegeben hatte, griff das Weiße Haus sofort ein, wie sich ein Mitarbeiter später erinnerte. War damit »die Stationierung von landgestützten Marschflugkörpern mit einer Reichweite von 2500 Kilometern in Europa gemeint? Wenn ja, wo? Wurden die innenpolitischen Probleme der Stationierungsländer diskutiert? Die sowjetische Reaktion? Wurde eine militärische Begründung gegeben? Wurde die Politik zur Rüstungskontrolle ausformuliert? Die Antwort auf all diese rhetorischen Fragen lautete offenkundig nein.«[94]

Im Weißen Haus zog der National Security Council unter Leitung Brzezinskis die Notbremse. Beim nächsten Treffen der High Level Group im März 1978 in Brüssel waren die Amerikaner deutlich zurückhaltender, sehr zur Verärgerung der deutschen und der britischen Delegation. Der Schatten, den das Thema Mittelstreckenwaffen auf die deutsch-amerikanischen Beziehungen geworfen hatte, blieb bestehen.

7. Das Neutronenbomben-Fiasko

Während der Konflikt um die Mittelstreckenwaffen weitgehend abseits des öffentlichen Interesses ausgetragen wurde, dominierte ein anderes Thema über neun Monate hinweg die Titelseiten der Tageszeitungen: der Streit um die sogenannte Neutronenbombe. Von Juli 1977 bis April 1978 rangen Bonn und Washington um die Frage, ob und unter welchen Bedingungen Neutronenwaffen produziert und in der Bundesrepublik disloziert (also stationiert) werden sollten.

Der Konflikt folgte den inzwischen vertrauten Linien. Carter wollte einmal mehr Veränderungen, nämlich eine neue Form der Lastenteilung, einmal mehr beharrte die Bundesregierung auf dem Status quo. Zunächst lief die Entwicklung auf einen Kompromiß zu. Doch als die beteiligten Ministerien nach mühseligen Verhandlungen eine Lösung im

Rahmen der NATO gefunden hatten, stellte sich im letzten Augenblick heraus, daß die amerikanische Position nicht mit dem Präsidenten abgestimmt war und dieser den sich anbahnenden Beschluß ablehnte.

In Bonn galt der Präsident danach endgültig als unberechenbarer und unzuverlässiger Verbündeter; und es ist ihm bis zum Ende seiner Amtszeit auch nicht mehr gelungen, diesen Eindruck zu korrigieren. In Interviews und Gesprächen wie in seinen Erinnerungen hat Schmidt immer wieder hervorgehoben, wie sehr die Auseinandersetzung um die Neutronenwaffe sein Bild von dem amerikanischen Staatschef geprägt hat. Carter hingegen fühlte sich erneut in eine Situation manövriert, in der sich die Bundesrepublik ihrer Verantwortung verweigerte und ihm den Schwarzen Peter zuschob.

Die Entstehungsgeschichte

Ausgangspunkt war ein Zeitungsartikel in der *Washington Post* vom 6. Juni 1977.[1] Der Journalist Walter Pincus berichtete dort, daß im Haushalt der amerikanischen Energiebehörde ERDA Gelder verborgen seien, mit denen die US-Regierung heimlich eine neuartige Waffe von großer Grausamkeit finanziere: den Neutronensprengkopf, der auf Kurzstreckenraketen montiert oder als Artilleriemunition verwendet werden solle. Als besondere Eigenschaft der sogenannten Neutronenbombe nannte Pincus, daß sie Menschen töte, Materie, etwa Häuser, jedoch intakt lasse.

Was Pincus mit der Aura der Enthüllung umgab, war längst kein Geheimnis mehr. Die Fachpresse hatte mehrfach über die Entwicklung der »Enhanced Radiation Weapon« (ERW) berichtet, wie die Neutronenwaffe offiziell hieß. Der Kongreß war noch von Fords Verteidigungsminister James Schlesinger informiert worden. Mehrfach war die ERW Gegenstand von Anhörungen gewesen. Pincus' Bericht beruhte auf einer solchen Anhörung.

Auch war die Neutronenbombe nicht grausamer als andere taktische Nuklearwaffen. Sie nutzte den Strahlungsanteil einer Kernexplosion, ohne Hitze und Druckwelle in gleichem Ausmaß zu erzeugen wie herkömmliche TNF. Eine solche Technologie eignete sich besonders dazu, Panzerkeile und mechanisierte Verbände zu bekämpfen. Die ERW sollte die Besatzungen töten, ohne dabei ganze Landstriche zu verwüsten.[2] Damit versprach sie, das Dilemma der NATO abzuschwächen, daß ein Nuklearwaffeneinsatz zu zerstören drohte, was eigentlich verteidigt werden sollte. Entsprechend hatte Ford noch im November 1976 der Entwicklung zugestimmt. Revolutionär war die neue Technologie nicht. Sie veränderte weder die amerikanische Nuklearstrategie noch das Kräfteverhältnis zwischen Ost und West.

Der Aufregung in der Öffentlichkeit tat dies keinen Abbruch; binnen weniger Wochen wurde die Neutronenwaffe zu einem heftig umstrittenen Rüstungsprojekt. Vier Jahre nach dem Watergate-Skandal erweckte die Darstellung von Pincus den Eindruck, daß die Regierung das Parlament täuschen wollte. Und die griffige Formel von der »Immobilienbombe« rief die versprengten Reste der amerikanischen Friedensbewegung auf den Plan. Eine Flut von kritischen Leserbriefen erreichte lokale wie überregionale Zeitungen.[3] Am 7. Juli warfen Demonstranten blutgefüllte Flaschen an die Mauern des Verteidigungsministeriums.

Im Kongreß stand zum Zeitpunkt von Pincus' Artikel die jährliche Abstimmung über den Etat der Energiebehörde an, der die Gelder für die Entwicklung der ERW enthielt. Die öffentliche Empörung blieb im Parlament nicht ohne Wirkung. Am 14. Juni genehmigte das Repräsentantenhaus nur mit knapper Mehrheit den ERDA-Haushalt, acht Tage später zog der Bewilligungsausschuß des Senats mit einer ebenfalls nur knappen Mehrheit nach. Vor allem der republikanische Senator Mark Hatfield aus Oregon mobilisierte beträchtlichen Widerstand.

Hatfield war 1945 als junger Marine-Offizier einer der ersten amerikanischen Soldaten gewesen, die Hiroshima nach der Explosion der Atombombe betreten hatten; seine Bedenken führte er daher mit großer moralischer Autorität ins Feld. Er fürchtete eine gefährliche Eskalation des nuklearen Wettrüstens. Daß die Neutronenwaffe geringere Kollateralschäden hervorrief als die bisherige Technologie, erhöhte aus seiner

Sicht nicht etwa den Abschreckungswert, wie die Befürworter meinten, sondern machte vielmehr den Einsatz wahrscheinlicher. Besonders erfolgreich warb Hatfield bei liberalen Demokraten darum, den Geldhahn für das Projekt zuzudrehen. Als Anfang Juli die Beratungen im Plenum des Senats begannen, war eine Ablehnung deshalb nicht mehr auszuschließen.

In dieser Situation schaltete sich Carter ein. Zunächst war er von der Diskussion überrascht worden. Der Präsident wußte nicht, wovon die Rede war, als der Artikel von Pincus erschien; das Verteidigungsministerium hatte die Neutronenwaffe als Routineangelegenheit behandelt. Carter entschloß sich, auf Zeit zu spielen, und ließ Pressesprecher Powell verkünden, er werde sich erst nach gründlicher Prüfung im November äußern. Er bat allerdings den Kongreß, die entsprechenden Haushaltsmittel vorab zu bewilligen, um ihm alle Optionen offenzuhalten.[4]

Das Kalkül hinter diesem Schritt ist leicht zu erkennen. Der Präsident wollte abrüsten, nicht aufrüsten.[5] Wenige Monate zuvor hatte er in seiner Antrittsrede noch vom Traum einer atomwaffenfreien Erde gesprochen. Und nun sollte er selber das nukleare Arsenal weiter auffüllen? Carter fand diese Vorstellung nur schwer erträglich, und daß die Experten der Rüstungskontrollbehörde ACDA kritisch auf die Neutronenwaffe blickten, bestärkte ihn darin. Die Fachleute fürchteten, die ERW könnte einen umfassenden Teststoppvertrag erschweren, Schwierigkeiten im Proliferationsbereich hervorrufen und die MBFR-Verhandlungen über konventionelle Rüstungskontrolle belasten. In Wien lag ein Angebot des Westens vor, bei entsprechendem Entgegenkommen der Sowjets 1000 taktische Nuklearwaffen aus Europa abzuziehen – die Einführung der ERW mußte dieses Angebot abwerten. Das waren gewichtige Einwände.

Andererseits kam eine sofortige Entscheidung gegen die Neutronenwaffe für Carter auch nicht in Frage. Dagegen sprach seine ständige Besorgnis, in sicherheitspolitischen Fragen als »weich« zu gelten. Dagegen sprach ferner, daß sich das State Department und das Pentagon für die Produktion der ERW einsetzten, unter anderem aus Rücksichtnahme auf die Europäer. Die Verteidigungsminister der Allianz hatten 1970 – die Bundesrepublik wurde damals übrigens von Helmut Schmidt vertreten – von den USA ausdrücklich gefordert, taktische Nuklearwaffen zu entwickeln, deren Einsatz geringere Kollateralschäden verursachen würde.[6] Genau das versprach die ERW. Die Alliierten signalisierten sofort Interesse, als die Amerikaner sie 1975 erstmals über die neue Waffe informierten.[7]

Angesichts dieser komplexen Situation lag es für den Präsidenten nahe, Konsultationen mit den Verbündeten und den Klärungsprozeß in der eigenen Regierung abzuwarten, ehe er eine endgültige Entscheidung traf. Die Hoffnung auf Zeitgewinn zerstob allerdings, als der Senat sich weigerte, Carter den erhofften Blankoscheck auszustellen und den öffentlichen Protest so auf sich zu ziehen. Es sei verständlich, daß sich der Präsident seine Optionen offenhalten wolle, erklärte Senator Henry John Heinz, aber das wolle auch der Kongreß.[8]

Mit 43 zu 42 Stimmen beschloß der Senat, nur dann Mittel für die Neutronenwaffe zu bewilligen, wenn Carter erkläre, daß deren Produktion im nationalen Interesse sei. Der Druck auf den Präsidenten, Farbe zu bekennen, nahm damit zu.[9] In seiner Not verfiel dieser schließlich auf eine Kompromißformel. Unmittelbar vor der entscheidenden Sitzung des Senats schrieb er in einem offenen Brief an die Parlamentarier, daß die Neutronenwaffe »im Interesse der Sicherheit unseres Landes liegt«.[10] Sie erhöhe die Glaubwürdigkeit der Abschreckung und stärke die Verteidigungskraft des Westens. Zugleich wies Carter jedoch darauf hin, daß er sich noch nicht festgelegt habe, die Produktion auch anzuordnen, und zwei Studien von Verteidigungsministerium und Rüstungskontrollbehörde über die Implikationen der ERW abwarten wolle. Beide sollten am 15. August vorliegen; erst danach wolle er endgültig entscheiden.

Der Präsident glaubte, dem Senat damit in der Form, nicht aber in der Sache entgegengekommen zu sein.[11] Doch die Wahrnehmung im Senat und in der Öffentlichkeit war eine andere. Die Senatoren bewilligten denn auch Stunden, nachdem der Brief veröffentlicht worden war, mit breiter Mehrheit die Gelder. Sie hatten ein Votum des Präsidenten verlangt und mit dem Schreiben nach allgemeiner Lesart auch bekommen. Viele der vorher skeptischen Parlamentarier gaben ihren Widerstand gegen die ERW nun auf. Und Carter galt fortan als Befürworter der Neutronenwaffe; die Grundlage für das erste deutsch-amerikanische Mißverständnis zu diesem Thema war damit gelegt.

»Symbol der Perversion des Denkens«

Bis zu diesem Zeitpunkt handelte es sich bei der Debatte über die Neutronenwaffe um eine inneramerikanische Angelegenheit. Die Diskussion war in der Bundesrepublik zwar zur Kenntnis genommen worden, aber bedeutungslos geblieben. Wie in Washington, so kannte man auch in Bonn die ERW nur im Verteidigungsministerium, das die Entscheidung des Senats begrüßte. Man habe ja von den USA stets verlangt, Nuklearwaffen zu entwickeln, die geringe Kollateralschäden verursachten, schrieb Georg Leber später.[12] Verärgert war der Verteidigungsminister nur, weil er aus der Zeitung erfuhr, daß die ERW bereits produktionsreif war.[13] Das hatte er nicht gewußt.

Carters Haltung nahm man auf deutscher Seite nicht anders wahr als auf amerikanischer. Der Brief an den Senat wurde als Zustimmung gedeutet.[14] Daß der Präsident zögerte, führte die Bundesregierung darauf zurück, daß er Rücksicht auf die Kritiker nehmen wolle. Seine inhaltlichen Bedenken wurden also als innenpolitischer Opportunismus interpretiert, nicht als Distanz zum ERW-Projekt selbst. Jeder Schritt Carters, der darauf hinauslief, die Europäer stärker an der Produktionsentscheidung zu beteiligen, war fortan mit dem Odium behaftet, er wolle den Verbündeten die Kosten der inneramerikanischen Auseinandersetzung aufbürden. »Ich bin doch nicht dazu da, Carters innenpolitische Schwierigkeiten bei der Neutronenwaffe zu beseitigen«, zitierte die *Welt* später die Worte eines ungenannten führenden Sozialdemokraten.[15] Der Satz spiegelte die Sicht der Bundesregierung wider.

Die amerikanische Debatte erreichte die Bundesrepublik zehn Tage nach der Abstimmung im Senat. Am 21. Juli 1977 veröffentlichte SPD-Geschäftsführer Bahr im *Vorwärts* einen Kommentar unter dem Titel: »Ist die Menschheit dabei, verrückt zu werden?« Bahr bezeichnete darin die Neutronenwaffe als »Symbol der Perversion des Denkens«, weil sie Menschen vernichte und Materie verschone. Damit werde die »Skala aller Werte auf den Kopf gestellt«, die Menschheitsfrage an den Rand gedrängt. Was wolle man eigentlich schützen, fragte der Sozialdemokrat, »Materialismus im triumphalen Exzess oder Leben?«

Der Artikel hatte eine enorme Resonanz. Es war Bahr, der die Erkenntnis ins öffentliche Bewußtsein trug, daß der Bestimmungsort der Neutronenwaffe letztlich die deutsch-deutsche Grenze sein würde. Vor allem der linke Flügel der SPD machte mobil und forderte von der Bundesregierung, eine Dislozierung in Westdeutschland unbedingt zu verhindern.[16] Daß Carter auf die ERW am liebsten verzichtet hätte, nahm von den deutschen Kritikern kaum jemand zur Kenntnis.

Bahr behauptete später, der Artikel sei nur durch Zufall entstanden.[17] Er habe gerade an einem Grundsatzpapier zur Würde des Menschen gearbeitet, als eine Agenturmeldung auf seinem Tisch gelandet sei. Sie enthielt Bahr zufolge Erklärungen des NATO-Oberbefehlshabers Alexander Haig, »die so taten, als handele es sich um eine politisch längst entschiedene Sache und die Frage der Ausrüstung sei nur eine Frage der Zeit«.[18] Der Gegensatz sei ihm sofort aufgefallen. Auf der einen Seite die Neutronenbombe, deren Vorzug darin gelegen habe, »›nur‹ Menschen zu zerstören«, auf der anderen die Menschenwürde. Außerdem fand Bahr, daß er als SPD-Geschäftsführer hätte wissen müssen, wenn die Einführung der Neutronenwaffe bereits beschlossen gewesen sei. Verärgert habe er deshalb den Artikel diktiert und ihn nach Rücksprache mit Willy Brandt veröffentlicht.[19]

Die Reaktion in der SPD mit ihrer pazifistischen und antinuklearen Tradition kann Bahr indes kaum überrascht haben. Die Nuklearstrategie der NATO fand in der gesamten Bevölkerung nur begrenzten Rückhalt.[20] Durch die 1977 gerade anlaufende Debatte um die Atomenergie war die Partei zusätzlich sensibilisiert. Der stellvertretende Fraktionsvorsitzende Horst Ehmke hatte sich schon Wochen zuvor gewundert, daß im Streit um die Kernenergie Nuklearwaffen unbeachtet blieben.[21] Erneut, so schien es vielen Sozialdemokraten, trieben die anonymen Mächte einer komplexen Industriegesellschaft im Namen der Rationalisierung die Politik vor sich her, dieses Mal auf militärischem Feld.

Mit seiner Zuspitzung, die Neutronenwaffe töte Menschen, aber schone Sachwerte, spielte Bahr zudem auf der Klaviatur der Kapitalismuskritik, die in der SPD-internen Grundwertedebatte eine große Rolle spielte. Die ERW erschien aus dieser Sicht als Perversion einer materialistischen Gesellschaft. Nun schlug es erstmals auf die Sozialdemokraten in der Regierung zurück, daß sic dic Entspannungspolitik immer wieder zur Raison d'être der Koalition crklärt und sich selber als Anwalt der Détente gegenüber den Amerikanern präsentiert hatten. In der SPD fürchtete man mehr und mehr ein Ende der Ost-West-Entspannung, da ließ sich die Produktion der Neutronenwaffe nur schwer begründen. Anders sah es bei der FDP aus. Außenminister Genscher und der verteidigungspolitische Sprecher der Bundestagsfraktion, Jürgen Möllemann, begrüßten das neue Waffensystem als Antwort auf die sowjetische Panzerrüstung. Indirekt mahnten sie den Koalitionspartner SPD, die Diskussion zu versachlichen.[22]

Versachlichung war auch das Ziel der sozialdemokratischen Regierungsmitglieder. Vor der Sommerpause wäre die Koalition beinahe zerbrochen; nur gegen beträchtlichen Widerstand aus den eigenen Reihen war der Haushalt durch den Bundestag gebracht worden. Nun wollte Schmidt den Fehlstart in die Legislaturperiode vergessen machen und einen Neuanfang versuchen. Da kam eine Debatte um die Neutronenwaffe ungelegen. Die Bundesregierung erklärte auch deshalb, daß es in Bonn nichts zu entscheiden gebe. Zunächst müsse Washington die Produktion beschließen, dann werde man in der NATO beraten, und erst anschließend stehe ein deutsches Votum an.[23] Allerdings erweckten Schmidt, Genscher und Leber in Hintergrundgesprächen mit Journalisten den Eindruck, daß sie die Neutronenwaffe grundsätzlich befürworteten, und das schlug sich auch in der Berichterstattung der Medien nieder.

Insofern war es nicht weiter verwunderlich, daß in der

amerikanischen Wahrnehmung die zustimmenden Signale aus Bonn überwogen. Die Bundesregierung, vertreten durch das Verteidigungsministerium, hatte die Entwicklung der ERW stets unterstützt, und ein Positionswechsel der Deutschen war nicht erkennbar. Daß Schmidt nicht offen die Produktion forderte, erklärte man sich in Washington wiederum mit innenpolitischer Rücksichtnahme des Kanzlers.

Die Flucht vor der Entscheidung

Als Brown, Brzezinski und Vance sich Mitte August trafen, um die Entscheidung vorzubereiten, die Carter dem Senat in Aussicht gestellt hatte, beschlossen sie, eine Delegation nach Europa zu schicken, um die Haltung mit den Verbündeten abzustimmen. Da die von Carter eingeforderten Studien mittlerweile vorlagen, empfahlen Brzezinski und Brown jedoch dem Präsidenten, die Produktion der ERW bereits vorab anzuordnen. Das entsprach dem üblichen Verfahren in der NATO: Die USA entschieden über die Produktion von Nuklearwaffen, dann berieten sie mit den Verbündeten über eine Stationierung.

Doch zum Erstaunen seiner Mitarbeiter folgte Carter nicht ihrem Rat, sondern beschloß, vor einem endgültigen Votum die Gespräche mit den Westeuropäern abzuwarten.[24] Er wollte nicht allein eine Nuklearwaffe mit den Eigenschaften der ERW verantworten. Die Welt solle ihn nicht für einen »Menschenfresser« halten, vertraute er Brzezinski an, der wie die meisten in Carters Umfeld dessen antinuklearen Impuls unterschätzt hatte.[25] Und damit wurde die Neutronenwaffe zu einem Thema der deutsch-amerikanischen Beziehungen.

Denn der US-Präsident fand, daß die Verbündeten einen Teil der Verantwortung übernehmen sollten. Brzezinski notierte am 17. August: »... wir vereinbarten, die Europäer zu drängen, mehr Interesse am Besitz der Bombe und deshalb auch mehr Bereitschaft zu zeigen, einen Teil des politischen Sperrfeuers auf sich zu ziehen. Andernfalls werden wir das europäische Desinteresse zum Anlaß für eine negative Entscheidung nehmen.«[26]

Die Idee, die Europäer stärker einzubinden, war nicht neu. Senator Clairborne Pell hatte schon Wochen zuvor von den Alliierten gefordert, sich vorab zur Dislozierung der ERW zu äußern.[27] Es sei sinnlos, eine Waffe für mehrere Milliarden Dollar zu produzieren, die niemand haben wolle. Diese Einschätzung machte sich Carter zu eigen.[28] Mitte September fuhr deshalb eine Delegation auf Abteilungsleiterebene unter Federführung des Pentagons nach Brüssel, um dort von den Europäern die gewünschte Stellungnahme zu erhalten; eigene Präferenzen sollten die US-Diplomaten nicht zu erkennen geben.

Dieser Auftrag war ein geradezu revolutionärer Schritt. Erstmals in der Geschichte der NATO delegierte ein amerikanischer Präsident die Entscheidung über die Produktion einer amerikanischen Nuklearwaffe de facto an die europäischen Verbündeten. Jahrzehntelang hatten diese nicht einmal gewußt, welche atomaren Arsenale die Amerikaner auf ihrem Territorium lagerten. Carter im Rückblick: »Ich wollte nicht, daß die Vereinigten Staaten eine Waffe entwickeln und sie dann den Europäern aufzwingen. Ich dachte, daß die Zeit dafür vorbei sei.«[29]

Der Schritt paßte zur trilateralen Grundhaltung des Präsidenten. Zum vertrauten Bild Carters im Jahre 1977 gehört freilich auch, daß er seine Schachzüge ungenügend vorbereitete und unter seinen Beratern niemand kenntnis- oder einflußreich genug war, ihn zu korrigieren. So auch bei der Neutronenwaffe.

Das amerikanische Anliegen warf nämlich eine Fülle ungeklärter Fragen auf. Sollten die Europäer in Zukunft grundsätzlich an Entscheidungen zur Produktion taktischer Nuklearwaffen beteiligt werden oder nur in diesem Fall? Wie und in welchem Gremium würden solche Entscheidungen zustande kommen? Sollten die Europäer dann auch ein Veto-Recht erhalten? Wie würden die Kosten verteilt werden? Sollte es auch ein neues Mitspracherecht beim Einsatz von Atomwaffen geben? Wie wollte man verhindern, daß die Sowjetunion durch massiven Druck auf schwächere NATO-Mitglieder Rüstungsentscheidungen der Allianz torpedierte? Washington hatte auf keine dieser Fragen eine überzeugende

Antwort, wie die Europäer während der Gespräche mit der amerikanischen Delegation in Brüssel feststellten.

Auch sonst war die Neutronenwaffe ein denkbar schlechter Testfall für ein neues Verfahren der Lastenteilung im Bündnis. Denn während Carter seit der deutlichen Entscheidung des Senats unter Druck stand, *für* die Produktion zu votieren, bedrängten große Gruppen in Europa ihre Regierungen, *gegen* die Neutronenwaffe Stellung zu beziehen.[30] Obwohl man jahrelang von den USA gefordert hatte, entsprechende Waffen zu entwickeln, war Bonn nicht bereit, dem Ansinnen Carters nachzukommen. »Bevor nicht Ihr Präsident eine Entscheidung getroffen hat, werden wir nicht zur Stationierung auffordern und uns damit politisch zum Narren machen«, erklärte ein deutscher Beamter amerikanischen Reportern.[31]

Die Europäer, die sonst häufig beklagten, nicht ausreichend konsultiert zu werden – in diesem Fall wollten sie es nicht. Und damit drehten sich die Gespräche im Kreis. Ein Mitglied der amerikanischen Delegation erinnerte sich später: »Wir hielten unseren Vortrag und legten die technischen Einzelheiten dar, und dann fragten wir: ›Was denken Sie?‹ Die Europäer erwiderten: ›Nun, wir sind es gewohnt, daß Sie uns sagen, was Sie denken. Unsere Regierung muß wissen: Was denken Sie?‹«[32]

Die Bundesregierung stand nicht allein. In Italien und Holland gab es ähnlich hitzige Debatten wie in Westdeutschland. Norwegen und Dänemark verweigerten traditionell jede nukleare Rolle in der NATO. Belgien wollte sich ebenfalls nicht exponieren. Und für die Briten hatte eine Stationierung wenig Sinn, außer bei ihren Truppen in der Bundesrepublik. Abgesehen davon gab es auch in der regierenden Labour Party Widerstand. Nur Griechenland und die Türkei waren bereit, Produktion und Dislozierung zu unterstützen, zogen sich jedoch wieder zurück, als die Beratungen zu keinem Ergebnis führten. Die amerikanische Delegation reiste mit leeren Händen wieder aus Brüssel ab.

Als einige Wochen später US-Verteidigungsminister Brown beim Treffen der Nuklearen Planungsgruppe in Bari einen erneuten Versuch unternahm, von den Verbündeten ein Votum zu bekommen, blieb er ähnlich erfolglos. Leber und Brown hatten identische Anweisungen; sie sollten herausfinden, was der andere wollte, ohne selber Stellung zu beziehen.[33] Beide bemühten sich vergeblich. Der von Carter erhoffte Flankenschutz aus Europa kam nicht zustande.

Schmidts Taktieren

Wie Schmidt von Carter, so glaubte paradoxerweise auch der Präsident vom Kanzler, dieser wolle eigentlich die Neutronenwaffe und halte sich nur aus innenpolitischen Gründen zurück. Am 8. September 1977 hatte Schmidt einen Brief an Carter geschrieben, der sich – wenn man davon ausging, daß Bonn die Stationierung der Neutronenwaffe wünschte – so las, als ob der Kanzler um Verständnis dafür bat, daß er sich öffentlich nicht dazu bekannte: »Ich möchte diese Gelegenheit ergreifen, Jimmy, um eine andere, für die Innenpolitik der Bundesrepublik Deutschland äußerst heikle Angelegenheit anzusprechen. Ich habe die hitzige Debatte, die im Kongreß und in der amerikanischen Öffentlichkeit über die Neutronenwaffen geführt worden ist, aufmerksam verfolgt, und ich nehme an, man hat Sie darüber informiert, daß die Diskussionen und Reaktionen in meinem Land sogar noch leidenschaftlicher gewesen sind. Die Bundesregierung wird diese Angelegenheit mit viel Geschick und Fingerspitzengefühl behandeln müssen. Ich werde sie so bald wie möglich vor den Bundessicherheitsrat bringen und wäre dankbar, wenn Ihre Regierung in der Zwischenzeit gegenüber der Öffentlichkeit Zurückhaltung in dieser Sache üben könnte.«[34]

De facto hatte Schmidt jedoch, nachdem er zunächst dazu neigte, die Neutronenwaffe zu befürworten, inzwischen eine ablehnende Haltung eingenommen, wahrscheinlich aufgrund von Gesprächen mit Bahr Anfang September.[35] Ein erster Hinweis findet sich in einer handschriftlichen Notiz vom 5. oder 6. September 1977: »Gefahr für Veränderung der [nuklearen, K.W.] Schwelle evident«.[36] Demnach drohte die ERW aus Sicht des Kanzlers den Einsatz von Nuklearwaffen wahrscheinlicher zu machen.

In einer Sitzung des Bundessicherheitsrates am 5. Oktober

präsentierte Schmidt dann eine Reihe von Argumenten gegen die Stationierung von Neutronenwaffen. Wenn man diese im Kriegsfall verwende, so warnte er ausdrücklich, könnte dies Europa von den USA abkoppeln. Zudem sei möglich, daß aufgrund einer Stationierung andere NATO-Partner ihre Ausgaben für konventionelle Verteidigung kürzten, was die Bundesrepublik stärker exponieren würde. Und schließlich könnte der Kreml im Gegenzug die Rüstungsspirale weiter anziehen.

Die Entwicklung laufe unter Umständen darauf hinaus, daß sich die strategische Stellung der Bundesrepublik gegenüber der Sowjetunion entscheidend verändere. Schmidt konnte sich bei dieser Annahme darauf stützen, daß die sowjetische Führung inzwischen eine Kampagne gegen die Neutronenwaffe gestartet hatte, die der Koalition vor Augen führte, welcher ostpolitische Preis hier gegebenenfalls zu entrichten war. Der geplante Besuch Breschnews in Bonn wurde im Herbst 1977 immer wieder verschoben. Mehrfach drohte der Generalsekretär, daß ein Votum für die Dislozierung der Neutronenwaffe das deutsch-sowjetische Verhältnis erheblich belasten werde. Schmidt ließ ihm daraufhin am 1. November 1977 über Lednew mitteilen, daß die Bundesregierung eine Entscheidung erst in ein bis drei Jahren treffen wolle, also lange nach Breschnews Besuch.[37]

Öffentlich machte der Kanzler seine Zweifel am Sinn der ERW freilich nicht. Er wollte der CDU/CSU nicht die Möglichkeit geben, sich als Hüter westlicher Abwehrkraft zu profilieren: »nicht harte Verteidgg. der CDU überlassen, SPD weiche Verteidigung«, notierte er.[38] Ein Nein zur Neutronenwaffe hätte wohl auch die Arbeit in der Koalition erschwert und FDP und CDU näher zusammenrücken lassen. Hinzu kam die Sorge um die angespannten deutsch-amerikanischen Beziehungen.[39] Da Schmidt davon ausging, daß der Präsident von Bonn die Zustimmung zur ERW erwartete, glaubte er, sich nach seinen Attacken auf Carters SALT-II-Politik nicht noch einen weiteren Konflikt leisten zu können: »BK kritisch zu SALT II ... dann nicht auch noch gegen Neutronenwaffe sein!« notierte Grünewald.[40]

Nach außen verbarg der Kanzler seine ablehnende Haltung hinter dem Hinweis, die Bundesrepublik sei keine Nuklearmacht und wolle auch keine werden. Deshalb werde man sich weder für noch gegen die Produktion aussprechen. Damit nahmen Schmidt und Carter weitgehend identische Positionen ein: Beide standen Regierungen vor, die jahrelang in der NATO die Entwicklung von Atomwaffen befürwortet hatten, welche geringere Kollateralschäden verursachten als herkömmliche Systeme; beide wollten aber die nun entwickelte Neutronenwaffe nicht stationieren; beide glaubten jedoch, der jeweils andere wünsche das und halte sich nur wegen der politischen Kosten zurück; beide wollten sich an diesen Kosten nicht beteiligen.

Es hat in der zweiten Jahreshälfte 1977 nicht viele Möglichkeiten gegeben, die wechselseitige Fehleinschätzung zu durchbrechen. Die beste bot sich wohl beim Besuch Brzezinskis in Bonn am 27. September. Schmidt verhehlte gegenüber dem Sicherheitsberater seine Bedenken nicht. Die Produktionsentscheidung liege ausschließlich in amerikanischer Hand. Wenn Carter sich dazu entschließe, werde danach die gesamte NATO Stellung beziehen müssen, und erst dann sei zu überlegen, wo die ERW stationiert werde – wobei Schmidt festlegte, daß eine Dislozierung ausschließlich in der Bundesrepublik nicht in Frage kam.

Daß Bonn am Ende für eine Stationierung optieren würde, stellte Schmidt immerhin in Aussicht. Aber dieses Votum, so machte er auch deutlich, sei frühestens in zwei bis drei Jahren zu erwarten.[41] Wenn der Präsident ihn dränge, sofort Stellung zu beziehen, werde er wahrscheinlich ablehnen. Als Brzezinski einwarf, dann bleibe nur die Alternative, das Projekt abzublasen oder die Neutronenwaffe bei den Wiener MBFR-Verhandlungen einzubringen, riet Schmidt zu letzterem. Dies war das Maximum an Entgegenkommen, zu dem der Kanzler bereit war und das er der SPD zumuten konnte: die Neutronenwaffe als Verhandlungsmasse in den Gesprächen über Rüstungskontrolle, um die sowjetische Rüstungsdynamik zu stoppen.

Im August war von Carter ein Junktim zwischen Produktions- und Stationierungsentscheidung aufgestellt worden. Spätestens nach Brzezinskis Treffen mit dem Kanzler hätte er davon Abstand nehmen müssen, die ERW herstellen zu lassen, zumal sich Giscard und Callaghan ähnlich ablehnend äußerten wie Schmidt.[42] Doch der Präsident griff nicht ein.

Carters Inkonsequenz

Wahrscheinlich ist Carters Zögern auf den Einfluß der zuständigen Kabinettsmitglieder zurückzuführen. Brzezinski, Verteidigungsminister Brown, Außenminister Vance und ACDA-Direktor Warnke hatten sich nämlich inzwischen untereinander darauf geeinigt, den Versuch zu unternehmen, in der NATO einen Konsens für die Produktion herbeizuführen.[43] Sie fürchteten, europäische Befürworter der Neutronenwaffe würden andernfalls die Ratifizierung eines SALT-II-Abkommens erschweren.[44] Auch wollten sie den Eindruck vermeiden, die sowjetische Propagandakampagne zeige Wirkung. Die anhaltende Entschlußlosigkeit nagte am Ansehen des Präsidenten als Führer der westlichen Allianz. Selbst ein Kritiker der ERW wie Vance, der ein klares Mißverhältnis zwischen militärischem Nutzen und politischen Kosten diagnostizierte, lenkte jetzt ein; der Schatten der Neutronenwaffe habe bereits über jeder NATO-Sitzung gelegen.[45] Die USA sollten vorangehen.

In diesem Sinne bedrängten die vier den Präsidenten. Vielleicht vermittelten sie ihm dabei auch einen falschen Eindruck von der Haltung der Europäer. Darauf läßt zumindest das Protokoll der Kabinettsitzung vom 31. Oktober schließen, in der Brzezinski von seiner Europareise berichtete. Der Sicherheitsberater wird mit der Aussage zitiert, die Verbündeten neigten zur Zustimmung.[46] Davon konnte nun wirklich keine Rede sein. Einige Tage zuvor hatte er denn auch gegenüber Eizenstat das Gegenteil behauptet,[47] und es stellt sich die Frage, ob ERW-Befürworter Brzezinski den Präsidenten gezielt falsch informierte – ein Verdacht, den er später strikt zurückwies.[48]

Um den Europäern die Zustimmung zu erleichtern, setzten sich Vance, Brzezinski, Brown und Warnke für Rüstungskontrollverhandlungen mit den Sowjets ein. Umstritten war dabei, wie das Angebot an den Kreml aussehen sollte.[49] Vance und Warnke plädierten für eine Vereinbarung im Rahmen der MBFR-Verhandlungen: Der Westen solle auf die Produktion der ERW verzichten, die Sowjetunion dafür ihre Panzerverbände reduzieren – schließlich war die Neutronenwaffe vor allem zur Abwehr von Panzerangriffen gedacht. Allerdings hatte die Wiener Konferenz bereits eine überladene Tagesordnung. Zudem war »Symmetrie« der Abrüstung einer der Verhandlungsgrundsätze und die Atomwaffe ERW mit Panzern nicht gleichzusetzen.

Als Alternative schlug das Pentagon daher vor, von der Sowjetunion Zurückhaltung bei der SS-20 zu fordern. Eine solche bilaterale Vereinbarung ließ sich leichter realisieren als ein Abkommen im Rahmen von MBFR. Und eine Beschränkung der SS-20 würde die Kritiker der SALT-Verhandlungsführung in Europa und im Senat besänftigen. Da Brzezinski sich auf die Seite Browns schlug, wurde die SS-20-Option zur amerikanischen Position.

Ende November bot Carter in einem Brief dem Kanzler auf dieser Grundlage an, gemeinsam einen Verhandlungsvorschlag an Moskau zu formulieren. Nach den Vorstellungen des Präsidenten sollte sich der Westen für die Verhandlungen zwei Jahre Zeit nehmen.[50] In der Kernfrage gab Carter nicht nach. Er erklärte ausdrücklich, daß er die ERW nur produzieren werde, wenn er dafür und für die Stationierung die Zustimmung der NATO-Verbündeten erhalte.[51] Genau das lehnte Schmidt erneut ab. Er schrieb zurück, daß er zu deutsch-amerikanischen Gesprächen bereit sei, die Dislozierung aber nicht vorab zusichern könne.

Obwohl der Kanzler damit abermals signalisierte, Carter nicht entgegenzukommen, intensivierten die Amerikaner die Beratungen innerhalb der NATO, um im Frühjahr einen Bündnisbeschluß zu erreichen. Im Mai 1978 stand ein NATO-Gipfel in Washington an, außerdem eine Sondergeneralversammlung der Vereinten Nationen zum Thema Abrüstung. Bis dahin wollte Washington das Problem ERW vom Tisch haben.[52] Entsprechend drängten die Amerikaner auf der Arbeitsebene die Verbündeten zur Eile.

Der SPD-Parteitag Mitte November bestärkte Schmidt unterdessen in seiner Haltung. Die Neutronenwaffe war neben der Kernenergie ein Hauptthema. Unter dem Druck der Delegierten mußte die Antragskommission den Leitantrag des Parteivorstandes revidieren, der ursprünglich ganz allgemein gefordert hatte, die ERW in Rüstungskontrollverhandlungen einzubeziehen. Die Bundesregierung wurde statt dessen aufgefordert, die »Voraussetzungen dafür zu schaffen, daß eine Lagerung der Neutronenwaffe auf dem Gebiet der Bundesrepublik nicht notwendig wird«.[53] Und selbst um eine Mehrheit für diesen Beschluß zu sichern, mußte fast die gesamte Parteiführung in die Debatte eingreifen.

Der Protest gegen die Neutronenwaffe war zum Kristallisationskern einer neuen Friedensbewegung geworden. Von linken Splittergruppen bis weit hinein ins protestantische Milieu reichte der Bogen der Kritiker.[54] Auch in der SPD waren Gegner der ERW nicht nur auf dem linken Flügel zu finden. Und obwohl die US-Regierung die Entwicklung aufmerksam verfolgte, erkannte Carter nicht, wie gering der Spielraum Schmidts inzwischen geworden war. Selbst wenn dieser gewollt hätte – den von Carter gewünschten Blankoscheck konnte er nicht ausstellen.

Die Position der Bundesregierung zeichnete sich damit in klaren Umrissen ab. Der Bundessicherheitsrat als zuständiger Kabinettsausschuß faßte am 20. Januar 1978 in geheimer Sitzung auch einen formalen Beschluß, der Schmidts Standpunkt bestätigte. Man war bereit, einer Stationierung zuzustimmen, wenn erstens Rüstungskontrollverhandlungen nach zwei Jahren keine Ergebnisse brächten und zweitens nicht nur in der Bundesrepublik disloziert würde, sondern mindestens in einem weiteren kontinentaleuropäischen NATO-Staat.[55] Neutronenwaffen in Großbritannien zu lagern reichte also nicht aus. Diese Maßgabe sollte vermeiden, daß von den nicht-nuklearen Ländern nur die Bundesrepublik dem Druck Moskaus ausgesetzt würde. Die für Bonn bindende Entscheidung sollte erst nach Ablauf der Verhandlungen erfolgen.

Und der Beschluß des Bundessicherheitsrates hatte noch

einen Pferdefuß. Er durfte, so wurde ausdrücklich festgelegt, von Carter weder in der amerikanischen Öffentlichkeit noch gegenüber dem US-Senat genutzt werden. Mit anderen Worten: Der Präsident konnte sein Votum für oder gegen die Produktion von Neutronenwaffen nicht mit der Haltung der Bundesregierung rechtfertigen. Vor dem SPD-Parteivorstand warnte Schmidt, daß die Entscheidung Bonn »zugeschoben« werden könnte.[56]

Die Bundesregierung hatte sich also erklärt, und nun hing alles weitere davon ab, ob Carter dies genügte. Das State Department und auch das Pentagon gingen davon aus, denn sie bemühten sich im Januar, Februar und März 1978, mit den NATO-Verbündeten ein Gesamtpaket zu schnüren. Auf der Arbeitsebene agierten Deutsche und Amerikaner dabei Hand in Hand. Bonn zeigte sich flexibel bei der Frage, welche Rüstungskontrollvorschläge den Sowjets unterbreitet werden sollten. Das Auswärtige Amt neigte der SS-20-Lösung zu, das Verteidigungsministerium bevorzugte die Panzer-Option.[57] Leber setzte sich durch, weil die Chancen auf einen Verhandlungserfolg hier größer waren. NATO-Botschafter Rolf Pauls wurde allerdings angewiesen, den amerikanischen Wünschen nach der SS-20-Variante zuzustimmen, falls diese im Bündnis mehrheitsfähig sein sollten.

Gemeinsam drängten Bonn und Washington die widerstrebenden Länder Dänemark, Norwegen, Holland und Belgien, einem NATO-Beschluß zuzustimmen, der Rüstungskontrollansatz und Stationierungsdrohung verband. Mitte März hatte man sich ein Verfahren überlegt, um dieses Problem zu lösen. Die NATO-Position sollte in zwei Sitzungen des Nordatlantischen Rates, der Versammlung aller NATO-Botschafter, verabschiedet werden. Am Montag, dem 20. März, würde der amerikanische Vertreter im NATO-Rat die Produktionsentscheidung Washingtons bekanntgeben und gleichzeitig erklären, daß die USA bereit seien, einer ausgewogenen Rüstungskontrollösung zuzustimmen.[58] Geklärt werden mußte noch, was der Westen dabei von Moskau fordern wollte.

Zwei Tage später sollte das Bündnis gemeinsam einen Beschluß fassen, dem zufolge, so Pressesprecher Klaus Bölling,

»die Bereitschaft besteht, nach Ablauf von etwa zwei Jahren die Dislozierung der Neutronenwaffe in Europa durchzuführen, wenn nicht innerhalb dieser Zweijahresfrist ... die westliche Seite auf die Dislozierung verzichtet, weil entsprechende Resultate in Rüstungskontrollverhandlungen vorliegen«.[59] Da von Belgien, Holland und den Skandinaviern dafür keine Zustimmung zu erwarten war, sondern nur der Verzicht auf Widerspruch, plante man eine besondere Vorgehensweise: Der amerikanische Delegationsleiter sollte die Einführung der Neutronenwaffe im Bündnis begründen, der deutsche Delegierte zuerst das Wort ergreifen und die Entscheidung der USA unterstützen. Wenn dann niemand widersprach, sollte der Beschluß als angenommen gelten.[60]

Als schwierig erwies es sich, neben der Bundesrepublik ein zweites kontinentaleuropäisches Land zu finden, das eine Stationierung akzeptierte. Am 8. März stimmte das holländische Parlament gegen jede Lagerung auf dem Territorium der Niederlande. Daraufhin verweigerte sich auch Belgien. Bonn ließ diese Frage schließlich offen und bestand nur allgemein darauf, daß in einem zweiten Land disloziert werden müsse, womit man offenbar dann doch Großbritannien in Erwägung zog.[61]

Im entscheidenden Punkt hatte sich die Bundesregierung durchgesetzt. Es gab keinen Automatismus zwischen Produktion und Stationierung; vielmehr war eine weitere Abstimmung nach Ablauf von Verhandlungen notwendig. Und wenn diese erfolgreich waren, mußte Carter die produzierten ERW wieder verschrotten lassen. Dieses Risiko wollten ihm die Deutschen nicht abnehmen, und da die amerikanischen Diplomaten dem NATO-Kompromiß zustimmten, glaubte die Bundesregierung, der Präsident habe die bittere Pille schließlich geschluckt. Doch dann stellte sich heraus, daß dies ein Irrtum war.

Der amerikanische Kurswechsel

Einen Tag vor der ersten Sitzung des NATO-Rates in Brüssel stoppte der Präsident nämlich das vereinbarte Verfahren.

Brzezinski hatte ihm ein sogenanntes Entscheidungsmemorandum auf die Insel St. Simon vor der Küste Georgias geschickt, wo Carter seinen Osterurlaub verbrachte.[62] Der Präsident sollte bestätigen, was in den Wochen zuvor abgesprochen worden war. Aber anstatt das Kästchen »approve« (einverstanden) anzukreuzen, markierte Carter »disapprove« und gab zugleich die Anweisung, alle weiteren Schritte zu unterlassen.[63]

In der US-Regierung sorgte das für Konfusion und Verärgerung. »Ich habe Vance noch nie so wütend erlebt«, erinnerte sich später David Anderson, damals Abteilungsleiter im State Department.[64] »Alle waren entsetzt«, berichtet auch ein Mitarbeiter Brzezinskis aus dem NSC.[65] Dabei war der Präsident nur der Position treu geblieben, die er von Anfang an eingenommen hatte – er wollte die Neutronenwaffe nicht für den Schrottplatz herstellen lassen. Doch diese Möglichkeit hätte es auch nach dem NATO-Beschluß gegeben. Mehr noch: In der deutschen Forderung nach einem zweiten Stationierungsland sah Carter fälschlicherweise einen Versuch Bonns, das Unterfangen von Anfang an zu torpedieren: »Helmut persönlich hatte sich auf die Stationierung der Waffe festgelegt, machte aber unter Druck einen Rückzieher. Zuerst sagte er mir, er würde die Waffe nur dann stationieren, wenn ein anderes europäisches Land einwillige, es auch zu tun. Auf Anfrage teilten mir die Briten umgehend mit, daß sie stationieren würden. Daraufhin erklärte Helmut jedoch, daß nur ein anderes kontinentaleuropäisches Land seine Bedingung erfüllen würde, und ein anderes (kontinental)europäisches Land war zur Stationierung nicht bereit ...«[66]

Stabschef Hamilton Jordan, Pressesprecher Jody Powell und UN-Botschafter Andrew Young, die mit Carter auf St. Simon waren, dürften ihn in seiner Ablehnung bestärkt haben. Alle drei standen der Neutronenwaffe skeptisch gegenüber.[67] Young argumentierte, eine Produktionsentscheidung würde Carters Ansehen bei der Sondergeneralversammlung der Vereinten Nationen beschädigen, die im Mai anstand. Der Präsident war empfänglich für diesen Einwand; er hatte selbst an anderer Stelle entsprechende Bedenken geäußert.[68] Die Vollversammlung sollte dem Thema Abrüstung gewidmet sein, und es wäre schwer zu vermitteln gewesen, hätte Carter grünes Licht für die Neutronenwaffe gegeben.

Doch alle diese Argumente waren nicht neu, und insofern ist das eigentlich Erstaunliche am Eingriff des Präsidenten der Zeitpunkt. Es erwies sich, daß amerikanische Diplomaten in der NATO monatelang über eine Lösung verhandelt hatten, die von höchster Stelle nicht gedeckt war. Carter selber sagte später, er sei im Urlaub überrascht worden: »... ich war irgendwo in Georgia, und plötzlich bekam ich entweder einen Tagesbericht von Cy [Vance, K.W.] oder einen Wochenbericht von Zbig [Brzezinski, K.W.], und mir wurde klar, wie weit wir uns auf militärischer Ebene auf die Neutronenbombe eingelassen hatten, ohne daß auch nur ein einziges europäisches Land zugesagt hätte, sie zu stationieren oder zu akzeptieren.«[69]

Seine Minister und Berater habe er mit Randbemerkungen auf Memoranden mehrfach genau davor gewarnt.[70] Doch die Botschaft war nicht angekommen. Niemand von ihnen habe den Anzeichen von Carters Unzufriedenheit ausreichend Gewicht beigemessen, räumte Vance ein.[71] Daß es solche gegeben hat, stellte er freilich nicht in Abrede.[72] Offenbar nahmen er und Brzezinski an, Carter werde einer mehrheitsfähigen Lösung in der NATO letztlich zustimmen.[73] Es war ein Fall von politischem Mißmanagement.

Vance und Brzezinski waren denn auch nicht bereit, Carters Votum als endgültig hinzunehmen. Die NATO-Sitzung in Brüssel wurde zwar abgesagt, die Bundesregierung (und die anderen NATO-Partner) jedoch vorerst nur um einen Aufschub gebeten.[74] Derweil versuchten Vance, Brzezinski und Brown, den Präsidenten umzustimmen. Anderthalb Stunden redeten sie nach seiner Rückkehr von St. Simon am Abend des 20. März auf ihn ein: Der Zusammenhalt der Allianz und sein politisches Ansehen in Europa wie den USA stünden auf dem Spiel. Die Führungen der verbündeten Länder hätten sich weit vorgewagt.[75]

Brzezinski notierte hinterher in seinem Tagebuch: »Ich wußte, daß er sich lieber aus dieser Sache zurückgezogen hätte. Auf unterschiedliche Weise sagten wir ihm alle, daß er das nicht tun könne. Ich sagte ihm, daß ... die Allianz beschädigt und geschwächt würde, wenn er nicht durchführte, was wir Kanzler Schmidt vorher vorgeschlagen hatten ... Ich glaube nicht, daß jemals eine Entscheidung den Präsidenten so beunruhigt und gequält hat. Einmal sagte er: ›Ich wollte, ich hätte nie von dieser Waffe gehört.‹«[76]

Schließlich gab Carter nach und erklärte sich bereit, noch einmal mit Bonn und London zu sprechen.[77] Zunächst stand ein Treffen mit dem britischen Premierminister Callaghan an. Doch wenn Brzezinski, Vance und Brown gehofft hatten, dieser werde sie unterstützen, so sahen sie sich einige Tage später getäuscht. Callaghan ließ bei seinem Besuch in Washington keinen Zweifel daran, daß er es begrüßen würde, wenn das Weiße Haus sich gegen die ERW entscheiden sollte.[78] Am 27. März teilte Carter seinen Beratern mit, daß er endgültig auf die Neutronenwaffe verzichte.[79] Nach der Osterpause wollte er dies öffentlich bekanntgeben. Vorher schickte er den stellvertretenden Außenminister Christopher nach Europa, um Schmidt zu informieren.

Christopher in Langenhorn

Gemeinsam mit dem Leiter der Europa-Abteilung im State Department, George Vest, und Botschafter Stoessel sprach Christopher zuerst mit Genscher in Bonn. Anschließend flog die Delegation nach Hamburg, wo Schmidt sie am Morgen des 31. März 1978 erwartete. Im Flugzeug hatte Vest gegenüber Christopher düstere Warnungen ausgesprochen: »Machen Sie sich auf einen äußerst wütenden Mann gefasst.«[80] Doch als die Amerikaner vor dem Endreihenhaus des Kanzlers im Stadtteil Langenhorn vorfuhren, begrüßte sie dieser äußerlich gelassen. Vest führte das später auf den mäßigenden Einfluß von Ehefrau Loki zurück.

Schmidt bat die Besucher ins Wohnzimmer, dann informierte ihn Christopher über Carters Absichten.[81] Er nannte drei Gründe für den abrupten Kurswechsel: Die bisherige Debatte habe gezeigt, daß das Thema die Allianz spalten könnte. Viele Länder hätten Vorbehalte. Die Neutronenwaffe sei zudem für die Verteidigung nur von marginaler Bedeutung. Die Unterlegenheit des Westens bei den motorisierten Verbänden könne man auch beseitigen, indem man die vorhandenen konventionellen Kräfte modernisiere. Und als Verhandlungsmasse für Gespräche über Rüstungskontrolle seien die ERW ebenfalls nicht sonderlich geeignet.

Der Kanzler widersprach sofort. Die deutsche und die amerikanische Position seien im Vorfeld der Sitzung des NATO-Rates identisch gewesen. Er wisse nicht, ob Carter darüber informiert sei. Ausdrücklich bat er Christopher, den Präsidenten über den in der NATO erzielten Konsens zu unterrichten. Der deutschen Öffentlichkeit werde sich die Kehrtwendung der USA nicht leicht vermitteln lassen. Insbesondere Carters Argument, die Neutronenwaffe sei untauglich für Rüstungskontrollverhandlungen, ließ Schmidt nicht gelten. Damit werde die Sowjetunion weiter ungehindert die SS-20 produzieren und ihren Vorsprung im konventionellen Bereich ausbauen. Abschließend bat Schmidt, Carter möge einen Besuch Genschers abwarten. Nach Rücksprache mit dem Präsidenten konnte Christopher immerhin das zusichern.

Der stellvertretende Außenminister war mit dem Gesprächsergebnis zufrieden. Mit Schmidt sei es doch gar nicht so schwierig gewesen, meinte er hinterher zu Vest. Der sah das anders: »Die Lage war so ernst, daß Schmidt glaubte, sich einen Wutanfall nicht leisten zu können. Er wird Präsident Carter niemals wieder als Führer des westlichen Bündnisses respektieren.«[82]

Das Problem an Carters Intervention war, daß sie so spät erfolgte. Alle Seiten hatten sich bereits mit hohen Einsätzen an dem Spiel beteiligt. In der Bundesrepublik war durch die Debatte um die Neutronenwaffe heftiger Widerstand im Lager der Koalition geweckt worden. Sie hatte zugleich das deutsch-sowjetische Verhältnis belastet. Der Rückzieher der US-Regierung machte alle politischen Opfer wertlos. Genscher schreibt in seinen Erinnerungen: »In der Sache fühlten wir uns alle erleichtert durch die Entscheidung Carters, innenpolitisch jedoch bereitete sie uns einiges Kopfzerbrechen.«[83]

Kanzler und Außenminister glaubten sich bloßgestellt, und der Ärger darüber war größer als die Erleichterung über eine Entscheidung, die Genscher wie Schmidt in der Substanz für richtig hielten[84] und die der SPD eine Zerreißprobe ersparte. Und so kamen beide am 3. April überein, Genscher solle versuchen, den Präsidenten zur Rückkehr zum NATO-Kompromiß zu bewegen.[85] Da die Bundesregierung die internen Einschätzungen der Carter-Administration nicht kannte, wußte sie nicht, daß ihr Vorhaben den Präsidenten in seiner Ablehnung eher noch bestärken mußte. Daß der Bonner Außenminister auf eine Produktionsentscheidung ohne verläßliche Dislozierungszusage drängte, wirkte auf den Mann im Weißen Haus wie ein weiterer Versuch, auf seine Kosten deutsche Innenpolitik zu betreiben. Aus Carters Sicht hatte die Bundesregierung immer wieder signalisiert, daß sie das Thema Neutronenwaffe innenpolitisch belaste. Und nun beschwerte sie sich darüber, daß er ihr diese Last abnahm.

Der Präsident war nur bereit, seine Meinung zu überdenken, wenn er eine uneingeschränkte Stationierungsgarantie erhielt. Und die konnte Genscher ihm nicht geben. Carter schrieb später: »Während des Gesprächs wurde offensichtlich ..., daß die Deutschen bei den ER-Waffen mit uns ein Spiel trieben.«[86]

In dieser Situation schien dem Bonner Außenminister zunächst von Nutzen zu sein, daß die deutsche Seite vor seiner Anreise die *New York Times* diskret über den Stand der Dinge informiert hatte.[87] Noch war in den USA unbekannt, daß Carter die Neutronenwaffe nicht produzieren wollte, und die Deutschen hofften, der Präsident werde unter dem Druck einer alarmierten Öffentlichkeit zum geplanten NATO-Beschluß zurückkehren.

Der Schachzug hatte jedoch nicht den gewünschten Erfolg. Richard Burts Artikel, der am 4. April 1978 veröffentlicht wurde, mobilisierte im Kongreß zwar die Befürworter der Neutronenwaffe.[88] Senatoren beider Parteien warnten Carter davor, die amerikanischen Sicherheitsinteressen in Europa zu vernachlässigen.[89] Die Führung der Demokraten, die ebenso überrascht wurde wie Schmidt, war regelrecht empört. Sie fürchtete, Carter gefährde die Ratifizierung von SALT II, weil er bei den moderaten konservativen Senatoren den Eindruck verstärken könnte, daß Fragen der nationalen Sicherheit bei ihm nicht gut aufgehoben seien.[90] Der Protest bewirkte aber nur, daß sich der Präsident bereit erklärte, die endgültige Entscheidung über die Produktion der ERW aufzuschieben.[91]

Das war ein schwacher Ersatz für den geplatzten NATO-Beschluß. Alle politischen Überlegungen zur Rüstungskontrolle beruhten darauf, daß die Amerikaner einen technischen Vorsprung besaßen, der nach allgemeiner Einschätzung wenige Jahre betrug. Danach würde auch die Sowjetunion über die Neutronenwaffe verfügen. Indem die Entscheidung verschoben wurde, gab der Westen seinen Vorteil ohne Gegenleistung aus der Hand.

Beten mit Carter

Als Carter drei Tage nach Genschers Besuch seinen Entschluß bekanntgab, brach diesseits wie jenseits des Atlantiks vollends ein Sturm der Entrüstung los; nur die SPD-Linke und Teile der amerikanischen Liberalen waren erfreut. In Anlehnung an die abrupten und harten Wendungen in Nixons Europa-Politik (»Nixon-Schocks«) war von »Carter-Schocks« die Rede.[92] Und wie in der Auseinandersetzung um das Brasiliengeschäft oder die Lokomotivtheorie sammelten sich Opposition und große Teile der Koalitionsparteien erneut unter der Fahne der Souveränität hinter der Bundesregierung.

Die Verbündeten der USA, erklärte der außenpolitische Sprecher der CDU/CSU-Fraktion, Werner Marx, hätten einen Anspruch auf Kontinuität und Berechenbarkeit.[93] Der SPD-Abgeordnete Ulrich Steger forderte, die Bundesregierung müsse ihre »außenpolitischen Positionen durchmustern, um nötigenfalls gegenüber den USA konfliktfähig zu werden. Die Zeiten des musterschülerhaften Wohlverhaltens dürften wohl endgültig vorbei sein.«[94] Am weitesten ging Franz Josef Strauß in seiner öffentlichen Kritik; er äußerte »Zweifel an der Führungsfähigkeit« des Präsidenten und sprach davon, daß Carter vor dem »russischen Zaren gekuscht« habe.[95]

Die Bundesregierung gab sich zurückhaltend, doch ließ Pressesprecher Bölling gegenüber Journalisten wenig Zweifel daran, was Schmidt von der Sache hielt. Die ohnehin geringen Aussichten auf ein gutes persönliches Verhältnis zwischen Kanzler und Präsident waren damit endgültig dahin. Der SPD-Bundestagsabgeordnete Adolf Scheu schrieb in einem Brief an Schmidt, nachdem er mit ihm über Carter gesprochen hatte: »Ich weiß ... wie schwer es ist, einen Menschen zu ertragen, der weniger weiß und kann als man selbst, der aber mehr Macht hat.«[96]

Was als transatlantische Debatte über nukleare Abschreckung begonnen hatte, endete nun in einem Schlagabtausch über Prestige- und Statusfragen. Schmidt hatte im Kabinett schon vor Genschers Reise beklagt, daß er sich nur an einen Vorgang erinnern könne, der eine entfernte Parallele aufweise – die Entscheidung Johnsons gegen eine multilaterale Atomstreitmacht 1964. Der Kanzler fühlte sich offenbar vorgeführt und gedemütigt wie damals Ludwig Erhard, der sich gegen innenpolitischen Widerstand für das Projekt eingesetzt hatte, dann jedoch erleben mußte, wie die Amerikaner (aus guten Gründen) die Idee wieder fallenließen. Daß man auf den Status eines Juniorpartners herabgemindert wurde, der jeden Schritt der USA nachvollziehen mußte – das war es vor allem, was dem Bonner Selbstverständnis zuwiderlief.

Sogar der sowjetischen Führung gegenüber klagte Schmidt, daß Carter seine Meinung mehrfach geändert habe.[97] Der damalige sowjetische Botschafter Falin zitiert den Kanzler mit den Worten: »Ich werde die mir erteilte Lehre nicht vergessen. Ein zweites Mal wird man solche Witzchen mit mir nicht machen.«[98] Immer wieder, berichtet auch Giscard, habe ihm Schmidt später davon erzählt: »Nicht etwa, weil er dachte, ich hätte es vergessen, sondern weil diese Geschichte bei ihm schon fast zur Obsession geworden war ... Während er ... erzählte, schwangen in seiner Stimme Bitterkeit und dumpfer Zorn mit. Ich spürte, sein Vertrauen war nachhaltig zerstört.«[99]

Es war eben nicht Erleichterung über einen inhaltlich für richtig befundenen Entschluß, was die deutsche und insbesondere Schmidts Haltung prägte. Im Vordergrund standen vielmehr der Ärger über einen möglichen Ansehensverlust und das Gefühl der Kränkung, das aus der eigenen Machtlosigkeit erwuchs. Darin zeigte sich einmal mehr, wie sehr das deutsch-amerikanische Verhältnis das Selbstwertgefühl der Bonner Republik berührte. Carter hatte, ohne daß dies seine Absicht war, der Bundesregierung und ihrem Kanzler öffentlich die Grenzen aufgezeigt. Ressentiment war die Folge.

Ein Mitarbeiter Brzezinskis, der nicht genannt werden möchte, erinnert sich: »Eine Reihe von Deutschen äußerten uns privat gegenüber wirklich absurde Dinge über den Präsidenten. So sagte einer der führenden Männer der deutschen sicherheitspolitischen Community, er habe gehört, daß Carter während seiner Zeit als U-Boot-Kommandant verstrahlt worden sei. Er sei infolgedessen impotent und nicht in der Lage, Atomwaffen einzusetzen. Das sei die Erklärung für die Entscheidung über die Neutronenbombe.«

Von Genscher wurde über Carter das Wort vom »religiösen Schwärmer« kolportiert. Der SPD-Abgeordnete Scheu riet dem Kanzler: »Du sagst – wohl mit Recht –, daß der Mann, über den wir sprechen, Dir gegenüber Minderwertigkeitskomplexe habe. Dies mag wohl stimmen. Solange er aber diese Gefühle hat, wird er nur beschränkt etwas von Dir annehmen können.«[100] Um Carter von »seinen Komplexen zu befreien«, solle Schmidt bei Gelegenheit gemeinsam mit ihm beten.

8. Kontrahenten aus Schwäche

Zu allem Überfluß wurde das deutsch-amerikanische Verhältnis in diesen Monaten der krisenhaften Zuspitzung zwischen Sommer 1977 und Frühjahr 1978 durch erneute wirtschaftspolitische Konflikte belastet. Im Kern handelte es sich um die Fortsetzung der Debatte über die Lokomotivtheorie, allerdings unter Bedingungen, die den Gegensatz noch verschärften.

Zum einen zog die Konjunktur in der Bundesrepublik nicht in dem Ausmaß an, wie es die Carter-Regierung für notwendig erachtete. Zum anderen nahm das Handelsbilanzdefizit der USA weiter zu. Beide Entwicklungen ließen wieder amerikanische Forderungen an Bonn laut werden, die deutsche Volkswirtschaft endlich anzukurbeln. Daß der Dollarkurs auf den bis dahin niedrigsten Stand der Nachkriegszeit fiel, sorgte dafür, daß die Bundesregierung ihrerseits von Washington verlangte, den Wert der US-Währung zu stabilisieren. Verwundert registrierte ein EG-Finanzminister, wie verbissen die Auseinandersetzung geführt wurde. »Deutsche und Amerikaner treiben ein gefährliches Spiel: Die Amerikaner probieren aus, wie tief der Dollar-Kurs sinken müsse, damit die Deutschen zur Reflation gezwungen würden. Andererseits wollen die Deutschen abwarten, wie weit er fallen muß, bevor die Amerikaner etwas dagegen täten.«[1]

Dabei lagen die Positionen des Kanzlers und des US-Präsidenten dichter beieinander, als es nach außen schien. Schmidt räumte intern durchaus ein, zu früh damit begonnen zu haben, den Staatshaushalt zu konsolidieren. Was die Stimulierung der Nachfrage anging, wie Washington sie wünschte, war er flexibel. Auf dem Höhepunkt des Streits Anfang 1978 notierte er in einer – wohlgemerkt vertraulichen – Ausarbeitung: »Einen echten Konflikt zwischen außen- und binnenwirtschaftlichen Erfordernissen gibt es gegenwärtig nicht.«[2] Auch für den Kursverlust des Dollars zeigte er abseits der Öffentlichkeit lange Zeit Verständnis. Andererseits war Carter entschlossen, die amerikanische Energiepolitik zu reformieren und damit die Öleinfuhren drastisch zu senken, die das Handelsbilanzdefizit und die anhaltende Dollarschwäche hervorgerufen hatten – genau wie Bonn verlangte.

Doch beide Seiten verfügten nach eigener Einschätzung nur über einen begrenzten Handlungsspielraum. Carters Energiereform mußte erst vom Kongreß verabschiedet werden, was sich als überaus schwierig erwies, und andere Maßnahmen, um den Ölverbrauch zu senken, waren mit großen Nachteilen verbunden. Schmidt wiederum glaubte, Rücksicht auf Bundesbank, Opposition und öffentliche Meinung nehmen zu müssen, die es ablehnten, vom Konsolidierungskurs abzugehen. Kanzler wie Präsident standen vor der Wahl, entweder Entscheidungen zu treffen, die innenpolitische

Probleme verursachten, oder in Kauf zu nehmen, daß die transatlantischen Beziehungen weiter getrübt wurden. Beide räumten der Innenpolitik Vorrang ein – sie waren Kontrahenten aus Schwäche.

»Talking down the Dollar«

Der Konflikt begann, als Charles Schultze, Direktor des Council of Economic Advisers, auf dem Pariser Treffen der OECD-Wirtschaftsminister im Juni 1977 die Bestätigung für das erhielt, was die Amerikaner längst vermutet hatten: Die Bundesrepublik würde die auf dem Londoner Weltwirtschaftsgipfel im Mai zugesagten 4,5 bis 5 Prozent Wachstum für 1977 nicht erreichen (am Ende waren es 2,8 Prozent).[3] Nach Schultzes Rückkehr diskutierten er, Finanzminister Blumenthal und Carter verschiedene Schritte, wie die deutsche Leistungsbilanzentwicklung korrigiert werden könne.[4] Es ist nicht bekannt, was im einzelnen erörtert wurde. Fest steht, daß die US-Regierung nicht bereit war, einfach zur Tagesordnung überzugehen, und deshalb erwog, mit Hilfe des Dollarkurses ein wenig nachzuhelfen.

Die Gründe dafür waren freilich nicht mehr die gleichen wie zu Jahresbeginn (vgl. Kapitel 4). Angesichts der Konjunkturentwicklung spielte der Gedanke keine Rolle mehr, durch Exportsteigerungen den Arbeitsmarkt zu entlasten. Die Sorge der Minister und Berater Carters und zunehmend auch des Präsidenten selbst galt vielmehr der Handelsbilanz. Denn inzwischen sagten die Prognosen ein Rekorddefizit von über 20 Milliarden Dollar voraus (tatsächlich wurden es über 30 Milliarden). Dies wurde nicht nur in der Wirtschafts- und Finanzwelt als Zeichen ökonomischer Schwäche gewertet, sondern drohte auch protektionistischen Strömungen im Kongreß Auftrieb zu geben, was den freihändlerischen Ambitionen des Präsidenten zuwiderlief.[5] In Tokio verhandelte die GATT-Runde über eine Liberalisierung des Welthandels, und ein Abkommen mußte vom Parlament ratifiziert werden.

Carter hatte das Handelsbilanz-Problem von seinem Vorgänger geerbt. Daß das Defizit so rasant wuchs, lag primär, wenn auch nicht ausschließlich (wie noch zu zeigen sein wird), am Anstieg der Öleinfuhren, die 1976 um 20 Prozent und 1977 um 18 Prozent zunahmen.[6] Seit Anfang der siebziger Jahre hatten die Vereinigten Staaten immer weniger Öl gefördert, und da trotz Sparmaßnahmen immer mehr verbraucht wurde, öffnete sich eine Lücke, die durch zusätzliche Importe geschlossen wurde.[7] Die Ölkrise hatte daran wenig geändert, denn der Ölpreis in den USA wurde seit Jahrzehnten reguliert und lag weit unter dem Weltmarktniveau.

Schon Nixon und Ford hatten versucht, die Preise zu deregulieren und so die Nachfrage zu begrenzen, waren aber im Kongreß weitgehend gescheitert. Viele Demokraten fürchteten, die unteren sozialen Schichten würden durch eine Preisfreigabe übermäßig belastet, während die Ölunternehmen enorme Profite einstreichen könnten. Für Carters Partei war die Freigabe allenfalls in Verbindung mit hohen Steuern auf die zu erwartenden Gewinne denkbar. Dies wiederum lehnten die Republikaner ab, die ansonsten zur Liberalisierung neigten. Man hatte sich deshalb nur darauf einigen können, erst zum Oktober 1981 die Preise zu deregulieren.

Carter war entschlossen, nicht so lange zu warten. Doch sein ehrgeiziger Nationaler Energie-Plan (NEP), den er im April 1977 in den Kongreß einbrachte, mußte zunächst die parlamentarischen Beratungen durchlaufen. Und andere Schritte, die das Handelsbilanzdefizit sofort nachhaltig korrigiert hätten, waren politisch unattraktiv. Für den Winter 1977/78 wurden Versorgungsengpässe befürchtet – das sprach gegen Importbeschränkungen.[8] Und wenn man die Konjunktur abbremste, um die Ölimporte zu senken, drohte das die Arbeitslosigkeit in den USA zu erhöhen.[9] Zu den verbleibenden Möglichkeiten, von denen freilich nicht allzuviel zu erwarten war, zählte die »Ermutigung« an die Adresse der »starken« Länder, die Wechselkurse ihrer Währungen steigen zu lassen, wie es in einem Vermerk von Eizenstat hieß.[10] Carter notierte am Rand »good«.

Als Blumenthal Ende Juni 1977 auf einem weiteren OECD-Ministertreffen in Paris erschien, war ein Strategiewechsel erkennbar. Die Carter-Regierung hatte bis dahin in der Aufwertung von Mark und Yen ein nachrangiges Instrument gesehen, um der Lokomotivtheorie zum Durchbruch zu verhelfen. In Paris verlangte Blumenthal nun erstmals öffentlich von der deutschen (und der japanischen) Regierung, sich einem Abbau der Leistungsbilanzüberschüsse und einer Kurssteigerung von Mark und Yen nicht entgegenzustellen. Im Kommuniqué setzte der Finanzminister die Formulierung durch: »Mitgliedstaaten mit einer starken Auslandsposition ... sind bereit, eine Schwächung ihrer Leistungsbilanz und den vorherrschenden Marktkräften entsprechend eine Aufwertung ihrer Währungen hinzunehmen.«[11]

Die Devisenmärkte wurden damit aufgefordert, gegen den Dollar zu spekulieren, und das Ergebnis ließ nicht lange auf sich warten. Viele amerikanische und europäische Großbanken hatten sinkende Einnahmen aus dem Währungshandel zu verzeichnen und warteten nur auf eine Gelegenheit.[12] Der Dollar kriselte zudem bereits seit einiger Zeit, während Mark und Yen, gemessen an den jeweiligen Leistungsbilanzüberschüssen und Inflationsraten, unterbewertet waren.[13] Am Tag nach Blumenthals Stellungnahme begann der Dollar daher gegenüber beiden Währungen eine Talfahrt, die zunehmend steiler wurde. Begleitet von zustimmenden Kommentaren aus dem US-Finanzministerium,[14] ging sein Wert zwischen dem 24. Juni und dem 21. Juli von 2,36 auf 2,27 Mark zurück und erreichte den bis dahin tiefsten Stand in der Nachkriegszeit.[15]

Blumenthal behauptete später, er habe keineswegs beabsichtigt, die US-Währung herunterzureden (»talking down the dollar«). Es sei ihm nur um eine marktgerechte Korrektur gegangen. Mangels Erfahrung habe er jedoch Formulierungen gebraucht, die eine ungewollte Wirkung hervorgerufen hätten.[16] Für diese Version spricht, daß sich Blumenthal in der Tat Anfang Juli gegenüber Carter ausdrücklich dagegen wandte, den Wert des Dollars künstlich zu senken,[17] und gut drei Wochen später explizit vor einem Schneeballeffekt warnte.[18]

Gegen diese Version ist anzuführen, daß die drei wichtigsten Personen für die Wechselkurspolitik[19] – Blumenthal selbst, sein Stellvertreter Anthony Solomon und der zuständige Abteilungsleiter Fred Bergsten – sich jahrelang mit Außenwirtschaftspolitik beschäftigt hatten. Es erscheint daher wenig plausibel, daß sie versehentlich den Dollar schwächten. Bergsten, der Blumenthals Pariser Rede entworfen hatte, erklärte später, daß er ein »Herunterreden« sehr wohl im Sinn gehabt habe.[20] Bis weit in den Herbst hinein rechtfertigte Blumenthal intern denn auch den Fall des Dollars gegenüber Mark und Yen.[21]

Dabei übersahen der Finanzminister und seine Mitarbeiter allerdings, daß eine Instrumentalisierung der Wechselkurse für politische Zwecke in der Bundesrepublik anders bewertet wurde (und wird) als in den USA.[22] Während die US-Währung nach amerikanischem Verständnis eine »wichtige Waffe im Arsenal der Wirtschaftsdiplomatie« (Historiker Harold James) ist,[23] haftete aus deutscher Sicht schon dem entsprechenden Versuch etwas geradezu Anrüchiges an.

Die historisch bedingte Inflationsfurcht der Deutschen einerseits und die große außenwirtschaftliche Abhängigkeit der Bundesrepublik andererseits waren (und sind) dafür wohl die Hauptgründe. Hinzu kommt die Rolle der D-Mark als Symbol von Wiederaufbau und Wirtschaftswunder. Bundesbankpräsident Otmar Emminger etwa zitierte in seinen Erinnerungen stolz den Satz des Ökonomen Joseph Schumpeter: »Nichts sagt so deutlich, aus welchem Holz ein Volk geschnitzt ist wie das, was es währungspolitisch tut.«[24] Insofern lief Blumenthal Gefahr, mit seinem Vorgehen nicht nur fachliche Kritik in der Bundesrepublik, sondern auch national eingefärbte Ressentiments hervorzurufen.

Die deutsche Reaktion auf die Dollarschwäche

Dennoch reagierte Bonn zunächst gelassen. Die Mark war – wie die Bundesregierung intern einräumte – deutlich unterbewertet.[25] Eine Aufwertung korrigierte nur den jahrelangen »flagranten Verstoß gegen die internationalen Spielregeln«, wie Dieter Hiss, Leiter der Abteilung Wirtschaftspolitik im Kanzleramt und zuständig für die Koordination der Weltwirtschaftsgipfel, einräumte. Auch Schmidt sprach intern von Produktionen und Arbeitsplätzen, die nur aufgrund eines »lange andauernden Valuta-Dumping der D-Mark« konkurrenzfähig gewesen seien.[26] Öffentlich mochte der Kanzler das freilich nicht aussprechen. Beim deutsch-amerikanischen Gipfel in Washington erklärte er im Juli 1977 lediglich, die Dollarschwankungen bereiteten ihm angesichts früherer Erfahrungen keine Sorge; trotz eines seit Jahren steigenden D-Mark-Kurses sei die deutsche Exportwirtschaft wettbewerbsfähig.[27]

Doch im Laufe des Monats verschob sich die Perspektive. Als amerikanische Zeitungen Mitte Juli erneut von einem »Herunterreden« berichteten, war aus der Bundesrepublik erstmals scharfe Kritik zu vernehmen. Die *Zeit* und die *Frankfurter Allgemeine Zeitung* bildeten dabei die Speerspitze.[28] Es sei erschreckend, so Hans Roeper in der *FAZ*, »wie unkontrolliert sich der amerikanische Finanzminister immer wieder äußert, wie plump und dilettantenhaft er auf den internationalen Devisenmärkten, die einem ständigen sensiblen Balanceakt gleichen, herumtrampelt.«[29]

Die Journalisten vermuteten, daß es Washington darum gehe, den eigenen Export gegenüber unliebsamer deutscher Konkurrenz zu fördern.[30] Roeper schrieb: »Es wäre … geradezu ungeheuerlich, wenn sich die stärkste Wirtschaftsmacht dieses verpönten Mittels [Währungsdumping, K.W.] bedienen würde, wenn ausgerechnet sie den nach den Erfahrungen der zwanziger und dreißiger Jahre von allen so gefürchteten Wechselkurs-Krieg beginnen würde.«[31] Die *Zeit* sah das ähnlich und forderte: »Stoppt Blumenthal jetzt!«[32]

Besonders erbost war man darüber, daß Washington das steigende US-Handelsbilanzdefizit als Beitrag zur Überwindung der Weltwirtschaftskrise darstellte. Die Amerikaner hatten nämlich erklärt, die wachsende Kluft zwischen ihren Im- und Exporten komme größtenteils dem Ausland zugute.[33] Dem hielten die Deutschen entgegen, das Defizit sei vor allem eine Folge des hohen Energieverbrauchs in den USA, der den Bedarf an ausländischem Öl erhöhe.[34] Das Argument der Carter-Regierung, die Ölimporte seien deswegen gestiegen, weil die USA in den zurückliegenden zwei Jahren ihre Konjunktur angekurbelt und damit der Weltwirtschaft geholfen hätten, fand in der Bundesrepublik kein Gehör.[35]

In der Sache hatten beide Seiten recht. Eine Analyse eines Wissenschaftlers der Brookings Institution ergab später, daß die Verschlechterung der Handelsbilanz zur Hälfte auf steigende Öleinfuhren zurückzuführen war. Diese wiederum hatten vor allem mit dem ungewöhnlich kalten Winter 1976/77 und mit dem trockenen Wetter im Nordwesten der USA und nicht mit der amerikanischen Konjunkturentwicklung zu tun.[36] Es wurde mehr geheizt, und zugleich produzierten die Wasserkraftwerke weniger Strom. Die Analyse zeigte jedoch auch, daß die Zunahme des Defizits zu einem Viertel auf dem Ausbleiben einer angemessenen konjunkturellen Erholung außerhalb der USA und zu einem Fünftel auf einer Verschlechterung der amerikanischen Wettbewerbsposition beruhte.[37] Vom Handelsbilanzdefizit der USA hatte der Rest der Welt also durchaus profitiert, wenn auch in deutlich geringerem Ausmaß, als Washington behauptete.

Die US-Administration argwöhnte später, daß die Medienschelte durch deutsche Regierungsstellen angeregt worden sei.[38] Dafür läßt sich kein Beleg finden. Aber daß Bonn die amerikanische Politik nun ebenfalls kritisch bewertete, ist unbestreitbar. An vorderster Front stand der Kanzler, assistiert von Finanzminister Apel.[39] Auch Schmidt störte sich am Vorbildanspruch der Carter-Regierung: »Sie [die USA, K.W.] bereichern sich bei der übrigen Welt außer Japan + Ölländern, belasten die übrige Welt und reden noch über konstruktive Beiträge! Ohne US-Ölnachfrage ginge das OPEC-Kartell in die Brüche!«[40]

Am 9. August 1977 bezeichnete er Blumenthals Äußerungen als »selbstmörderisch«,[41] weil er die Drohungen einiger OPEC-Staaten ernst nahm (oder zumindest so tat), sie würden ihre Leistungsbilanzüberschüsse statt in Dollar künftig in Mark anlegen.[42] Besonders glaubwürdig waren solche Ankündigungen nicht. Der Dollar erreichte später noch ganz andere Tiefstände, ohne daß dergleichen eintrat. Aber wie in der Ostpolitik, so neigte Schmidt (und mit ihm die politische Klasse der Bundesrepublik) auch in dieser Hinsicht zum »worst-case«-Denken.

Doch bevor das »Herunterreden« des Dollars zu einer ernsthaften Belastung des deutsch-amerikanischen Verhältnisses führte, griff die US-Notenbank Federal Reserve

System (Fed) ein. Deren Vorsitzender Burns fürchtete, die steigenden Importpreise könnten die Inflation anheizen.[43] Zudem scheint er die Gefahr einer Massenflucht aus dem Dollar ähnlich gesehen zu haben wie Schmidt. Der Kanzler hatte Burns, den er seit Jahren kannte und dem er vertraute, bei dessen Besuch in der Bundesrepublik Ende Juli seine Sorgen ausführlich geschildert.[44] Mit einem Auftritt vor dem Kongreß setzte der angesehene Notenbank-Chef dem US-Finanzminister klare Grenzen; er forderte ihn auf, den Dollar zu stützen. Unmittelbar danach verstummten die ständigen Hinweise aus Blumenthals Ministerium, daß eine Korrektur der Devisenkurse notwendig sei.[45] Diese Zurückhaltung und der Umstand, daß die Zinsen anzogen, ließen den Dollar innerhalb von Tagen wieder auf den ursprünglichen Kurs steigen.

Nachdem Schultze Anfang August Apel in Paris getroffen hatte, schrieb der Berater an den US-Präsidenten, die Gespräche seien ungewöhnlich gut verlaufen.[46] Apel entschuldigte sich sogar für die Kommentare in der deutschen Presse. Am 7. September lobte Schmidt in einem Brief an Carter die amerikanische Kurskorrektur: Er nehme erfreut zur Kenntnis, daß Blumenthal bei seinen europäischen Kollegen in zunehmendem Maße Vertrauen und Wertschätzung genieße.[47]

Das Septemberpaket

Anfang August kündigte Bonn Schritte zur Belebung der Konjunktur an. Das nahm den amerikanischen Kritikern ein wenig Wind aus den Segeln und trug ebenfalls dazu bei, daß sich die Atmosphäre kurzfristig entspannte.

Die Bundesregierung war nämlich inzwischen auch innenpolitisch unter Druck geraten. Arbeitsminister Herbert Ehrenberg etwa warnte Schmidt: »Das Zurückbleiben des Wirtschaftswachstums im Jahr 1977 hinter der Zielprojektion der Bundesregierung um einen Prozentpunkt oder mehr, die relativ pessimistische Einschätzung der weiteren wirtschaftlichen Entwicklung und die daraus resultierende

Verschlechterung der Eckwerte der mittelfristigen Zielprojektion 1978/81 durch den Wirtschaftsminister haben wegen ihrer Auswirkungen auf die Beschäftigung und die soziale Sicherung eine *ernste politische Lage* geschaffen. Wenn es nicht zu einem dauerhaften Vertrauensschwund der Regierung und allgemeiner gesellschaftlicher Verunsicherung kommen soll, muß *unverzüglich* gehandelt und mit einem *überzeugenden Gesamtkonzept* eine politische Offensive eingeleitet werden.«[48]

Freilich war sich die Koalition nicht sicher, welchen Weg sie einschlagen sollte. Die Beratungen im August und im September wurden von allgemeiner Ratlosigkeit geprägt.[49] Die Lokomotivtheorie zu übernehmen, also die Nachfrage anzukurbeln, verlangte in der Bundesrepublik jedoch nach wie vor niemand. Das seien »Rezepte aus der Mottenkiste«, schrieb etwa die *Süddeutsche Zeitung*.[50] Man würde damit den Teufel mit dem Beelzebub austreiben, befand die *Deutsche Zeitung/Christ und Welt* und verwies auf die drohende Inflationsgefahr.[51] Ausdrücklich forderten der deutsche Bankenverband und der BDI die Bundesregierung auf, dem amerikanischen Drängen nicht nachzugeben.[52] Auch Opposition und FDP warnten den Kanzler davor; sie mahnten vielmehr eine Korrektur auf der Angebotsseite an.[53]

Kurioserweise trugen auf diese Weise insbesondere die Liberalen dazu bei, daß Bonn sich zumindest ein wenig auf Washington zubewegte. Eine Begünstigung der Unternehmen war in der Koalition nämlich nur dann mehrheitsfähig, wenn damit Einkommenssteigerungen für die unteren Schichten einhergingen. Am 14. September 1977 beschloß das Kabinett daher, nicht nur die Wirtschaft steuerlich zu entlasten, sondern auch den Grund- und Weihnachtsfreibetrag anzuheben.[54] Da der unionsdominierte Bundesrat, der zustimmen mußte, mit Blick auf die Landtagswahlen im folgenden Jahr weitere Steuererleichterungen einforderte, belief sich die am 27. Oktober verabschiedete Entlastung schließlich auf insgesamt 10,8 Milliarden Mark.

Das Steuerpaket wurde ergänzt durch ein Programm in Höhe von 4,35 Milliarden Mark, das private Investitionen zur Energieeinsparung fördern sollte; zudem wurde der Bundeshaushalt 1978 um 10 Prozent ausgeweitet (gegenüber 7,5 Prozent laut mittelfristiger Finanzplanung). Auf den ersten Blick erschien dieses Maßnahmenbündel eindrucksvoll. Es summierte sich auf über ein Prozent des Bruttosozialproduktes. Doch die für 1978 geplante Erhöhung der Mehrwertsteuer mußte gegengerechnet werden, und in dem erweiterten Etat war das im März beschlossene Zukunftsinvestitionsprogramm bereits enthalten.

So war absehbar, daß es am Ende kaum gelingen würde, nach dem Mißerfolg von 1977 zumindest 1978 ein Wirtschaftswachstum von 4,5 Prozent zu erreichen, wie die Bundesregierung noch auf dem Londoner Gipfel zugesagt hatte. Schmidt hielt nur vier Prozent für realistisch. Anderen Quellen zufolge sollen Finanz- und Wirtschaftsministerium von noch weniger ausgegangen sein, wie die Amerikaner in Erfahrung brachten.[55] Die Debatte um die Lokomotivtheorie würde weitergehen.

In den koalitionsinternen Debatten zeigte sich Schmidt durchaus flexibel.[56] Intern räumte er ein, den Konsolidierungskurs zu früh eingeschlagen zu haben.[57] In einem vertraulichen Papier zur Wirtschaftspolitik, das er an ausgewählte Mitglieder der SPD-Führung schickte, plädierte er für ein »Ausschöpfen unseres inflationsneutralen Wachstumsspielraums«.[58] Der Kanzler dachte an weitere Steuersenkungen – damit wäre er den Forderungen der amerikanischen Lokomotivtheoretiker weit entgegengekommen.

Allerdings hielt er einen expansiven Kurs noch für verfrüht. Die Opposition – obwohl sie Steuererleichterungen propagierte – warf der Regierung bereits vor, den Haushalt nicht zu konsolidieren, und drohte mit einer Klage vor dem Bundesverfassungsgericht. Schmidt fürchtete daher, die konjunkturelle Wirkung einer Expansion des Haushaltsdefizits werde kompensiert oder gar überkompensiert durch eine – von der Opposition geförderte – lähmende Vorstellung von staatlichem Finanzchaos mit Inflation und Steuererhöhungen.[59]

Zudem wollte er Gegenwind von der Bundesbank vermeiden.[60] Sie nahm für ihn eine konjunkturpolitische »Schlüsselstellung« ein, die von der Regierung in Rechnung gestellt werden mußte – das war eine der Lektionen, die er aus der

Krise von 1973/74 gelernt hatte. Daher wartete der Kanzler ab, bis die wirtschaftliche Entwicklung den Widerstand von Opposition und Bundesbank gegen weitere Konjunkturspritzen brach oder zumindest schwächte.

Washingtons Sorge um Westeuropa

Das Weiße Haus hatte die Beratungen über das Septemberpaket hoffnungsvoll verfolgt und war vom Ergebnis entsprechend enttäuscht. Auf der Jahrestagung von Internationalem Währungsfond und Weltbank Ende September machte Carter nun erstmals persönlich das schwache Wachstum in der Bundesrepublik und Japan für das amerikanische Handelsbilanzdefizit mitverantwortlich und mahnte eine expansivere Wachstumspolitik Bonns und Tokios an.[61]

Der Präsident stand auf der Tagung mit seiner Kritik nicht allein; die Bundesregierung wurde auf breiter Front für ihre Wirtschaftspolitik angegriffen.[62] Auch beim anschließenden Treffen der fünf »Sherpas«, die den nächsten Weltwirtschaftsgipfel in Bonn vorbereiteten, war der deutsche Vertreter Hiss isoliert. Die Verbündeten, so berichtete er hinterher, hielten den inflationsfreien Spielraum für groß genug, um zusätzliche Maßnahmen zu ergreifen.[63]

Und das war nur der Auftakt zu einer Runde von Auseinandersetzungen, die auf manche Beobachter wie ein Dialog zwischen Tauben wirkte. Keiner ging auf den anderen zu, jeder verteidigte seine Position mit Zähnen und Klauen. Ende November prallten bei einer OECD-Tagung in Paris die Vertreter Bonns und Washingtons besonders medienwirksam aufeinander. Die einzelnen Staaten sollten bei diesem Treffen ihre Prognosen für 1978 vorlegen. Die Amerikaner wollten eigentlich eine Konfrontation vermeiden, weil Delegationschef Schultze geschönte Zahlen für die USA mit sich führte und kein Interesse daran hatte, daß der Schwindel aufflog.[64] Auch entsprach es nicht dem Stil der OECD-Treffen, Gegensätze offen auszutragen.

Dennoch kam es zum lautstarken Eklat, denn der Leiter der deutschen Delegation, Hans Tietmeyer, kündigte an, von

Bonn seien keine Maßnahmen zu erwarten, obwohl die Bundesrepublik 1978 wahrscheinlich weniger als vier Prozent Wachstum erreichen werde. Der spätere Bundesbankpräsident zählte im Finanzministerium zu den schärfsten Kritikern der Lokomotivtheorie. Japan, die Schweiz und Australien unterstützten die deutsche Delegation, während Italien, Frankreich und Großbritannien auf amerikanischer Seite standen.[65]

Schultzes Vorschläge für weitere Schritte wies Tietmeyer brüsk zurück; man wisse selber am besten, wie die Bundesrepublik zu regieren sei. Der Amerikaner wiederum machte Bonn nun nicht nur für das Handelsbilanzdefizit der USA mitverantwortlich, sondern warnte – was wie eine Drohung klang –, daß in den Vereinigten Staaten der Ruf nach protektionistischen Maßnahmen lauter werde, wenn das Wirtschaftswachstum in anderen Staaten so gering bleibe. Auch der Dollarkurs werde dann fallen.

Die Sache endete damit, daß Tietmeyer noch während der Konferenz die übliche Vertraulichkeit brach. In einer eigens anberaumten Pressekonferenz erklärte er, daß die Lokomotivtheorie »naiv« sei. Zusätzliche Steuerreduzierungen, wie von Schultze gefordert, würden nur das Inflationsrisiko erhöhen.[66] Vier Wochen nach der Verabschiedung des Steuerpakets durch den Bundestag wollte die Bonner Regierung ihren Kurs nicht erneut korrigieren. Die Opposition hatte der Koalition bereits vorgeworfen, daß ihre »Stop and go«-Politik das Wirtschaftsklima beeinträchtige.

Es waren Vorfälle wie das OECD-Treffen, die im Herbst 1977 in Bonn zunehmend das Gefühl entstehen ließen, der US-Regierung gehe es darum, »die Bundesrepublik vorzuführen und auch dadurch eigenes Nichthandeln zu rechtfertigen«, wie Apel später schrieb.[67] Immerhin hatte Tietmeyer in Paris in Aussicht gestellt, daß die Bundesregierung im Frühjahr durchaus bereit sein könnte, weitere Maßnahmen zu ergreifen, wenn die wirtschaftlichen Daten dies erforderten. Man konnte darin ein Signal an Washington sehen.

Doch Carter meinte, nicht so lange warten zu können. Denn eine neue Entwicklung ließ es aus amerikanischer Sicht noch dringender erscheinen, der Lokomotivtheorie zum Durchbruch zu verhelfen: Im zweiten und dritten Quartal 1977 flachte die Konjunktur in Süd- und Westeuropa ab. Und damit nahm die Sorge Washingtons um die politische Stabilität in der Region erheblich zu. Besonders Brzezinski, aber auch andere fürchteten ein Vordringen des Eurokommunismus.

Schon im Sommer hatte Eizenstat vermutet, daß der Druck auf Bonn in absehbarer Zeit erhöht werden müsse, und zwar weniger, um die amerikanische Handelsbilanz zu entlasten, als vielmehr, um die Regierungen Italiens, Frankreichs, Spaniens oder Griechenlands zu unterstützen. Sie alle hatten mit erheblichen Leistungsbilanzdefiziten zu kämpfen und sahen sich gleichzeitig durch einen Linksruck in der öffentlichen Meinung bedroht.[68] Eizenstat wurde bestätigt, als im Dezember 1977 aus Rom die Nachricht kam, daß eine Regierungsbeteiligung der Kommunistischen Partei Italiens (PCI) in greifbarer Nähe sei.[69]

Über die Medien und in Verlautbarungen drängte Washington erneut, ohne freilich die Bundesregierung auch nur einen Zentimeter von ihrer Position entfernen zu können. Vergebens forderte der Council of Economic Advisers in seinem Jahresbericht von Bonn, die Steuern zu senken, um die Investitionsbereitschaft zu stärken. Der Kanzler wies das Begehren in einer Regierungserklärung vor dem Bundestag am 19. Januar 1978 zurück – in »verstocktem« Ton, wie ein Mitarbeiter Blumenthals fand.[70] Er könne »ausländischen Ratgebern« nicht folgen, so Schmidt, denn man wolle nicht mitschuldig werden an einer neuen Runde der Geldentwertung. Auch würden »einige Ausländer und Politiker im Ausland« die Bundesrepublik überschätzen, wenn sie diese als Lokomotive betrachteten.[71]

Dem Verbündeten legte der Kanzler nahe, erst einmal vor der eigenen Tür zu kehren. Die Amerikaner, so erklärte er, »haben ihre Führungsrolle auf dem ökonomischen Gebiet weder akzeptiert noch schon verstanden«.[72] Mit einer Anzeigenkampagne machte das Presse- und Informationsamt der Bundesregierung entsprechend Stimmung. Ein Beispiel: »Die Mark ist draußen zwei Mark wert, der Dollar nur die Hälfte. Einmaleins der Weltwirtschaft.«[73]

Die US-Regierung hoffte, daß sich eine Belebung der deutschen Konjunktur vor allem psychologisch auf Frankreich und Italien auswirken würde.[74] Bonn hingegen berief sich darauf, man habe errechnet, daß die quantitativen Folgen eines zusätzlichen westdeutschen Wachstums für die Nachbarländer gering seien. Die Wirtschaft der Bundesrepublik sei kein Münzautomat, polemisierte Wirtschaftsminister Otto Graf Lambsdorff. Die Vorstellung, mit einer deutschen Lokomotive lasse sich der Eurokommunismus bekämpfen, bezeichnete er als »naiv«.[75]

In einem Brief an Schmidt drohte Carter Ende Januar 1978, den für Juli geplanten Weltwirtschaftsgipfel in Bonn abzusagen, falls die Wachstumsaussichten in der Bundesrepublik sich nicht verbesserten.[76] Finanzminister Blumenthal wurde in der Presse mit den Worten zitiert: »Wir brauchen keinen neuen Wirtschaftsgipfel, von dem doch nur wieder seichte Plattheiten den Rhein hinunterfließen.«[77] Für den Kanzler wäre das so kurz vor den Landtagswahlen ein herber Rückschlag gewesen, vom Vertrauensverlust in der Wirtschaft gar nicht zu reden. Und erstmals drohte nun auch der US-Präsident, den Dollarkurs fallen zu lassen, wenn die Bundesregierung auf ihrer Position beharre.[78]

Die Dollarkrise

Die US-Währung hatte zu diesem Zeitpunkt bereits einen erneuten Sinkflug hinter sich, der im September 1977 eingesetzt hatte. Die Bank of London hatte bis dahin mit massiven Käufen die britischen Währungsreserven aufgefüllt und so den Dollarkurs trotz des amerikanischen Handelsbilanzdefizits stabilisiert. Als die Zentralbank jedoch die Käufe einstellte, begann eine neue Dollarkrise, die bald beängstigende Ausmaße annahm. Am 1. November 1977 erreichte die Währung die neue Tiefstmarke von 2,23 Mark.[79]

In Bonn und bei der Bundesbank in Frankfurt war sofort der Verdacht aufgekommen, die US-Regierung beabsichtige, mit der Dollarschwäche die Deutschen unter Druck zu setzen.[80] Bundesbankpräsident Emminger schrieb in seinen

Erinnerungen: »Vermutlich hatte ... ein besonders schlauer Experte in der Carter-Regierung sich ausgedacht, daß ein stärker sinkender Dollar den Deutschen so unangenehm werden könnte, daß sie zur Abwehr *nolens volens* die gewünschten Expansions-Maßnahmen ergreifen würden ...«[81]

In der Tat hatte Washington zunächst den Kursverlust der eigenen Währung durchaus begrüßt und daher für Stützungskäufe nur einen Bruchteil dessen ausgegeben, was die Bundesbank aufbrachte.[82] Die Fed schätzte die Entlastung der US-Handelsbilanz durch die Währungskrise auf ungefähr 3,5 Milliarden Dollar pro Jahr[83] – ein willkommener Effekt. Zudem stellte sich die Entwicklung für die Amerikaner nicht annähernd so dramatisch dar wie für die Deutschen. Denn der Kursverlust betraf nur das Verhältnis zu D-Mark, Franken und Yen. Selbst das Bonner Finanzministerium räumte ein, daß mit Blick auf die anderen OECD-Währungen nicht von einer generellen Dollar-Abwertung gesprochen werden könne; bei einer preisbereinigten Betrachtungsweise müsse man für 1977 sogar eine reale Aufwertung gegenüber den wichtigsten amerikanischen Handelspartnern konstatieren.[84]

Spätestens im Dezember 1977 wäre allerdings auch Carter eine Stabilisierung des Dollars lieber gewesen. Der Präsident plante eine Reise nach Europa und in den Nahen Osten, und die sollte nicht im Schatten der Dollarkrise stehen. Zudem registrierte man bereits an der New Yorker Börse erste Unsicherheiten. Sowohl Burns als auch Blumenthal drängten den Präsidenten zum Handeln; sie argumentierten, das Klima in den internationalen Wirtschafts- und Finanzbeziehungen leide unter der Dollarschwäche.[85] Auch warnten sie vor einem fluchtartigen Rückzug aus dem Dollar auf den Kapitalmärkten, falls dessen Wert weiter falle.[86]

Da die Energiereform Carters immer noch im Kongreß beraten wurde, stand der Präsident vor der gleichen Entscheidung wie im Sommer: Welchen politischen Preis sollte er zahlen, um die US-Währung zu stabilisieren? Waren nun doch noch Importquoten zu verhängen?[87] Oder sollte er den Kurs mit massiven Interventionen stützen, obwohl Blumenthal dies für Geldverschwendung hielt und der Kongreß sich gerade ausdrücklich gegen Versuche ausgesprochen hatte, die Währungsmärkte zu managen?[88] Schultze hatte Carter wenige Wochen zuvor empfohlen: »... wir sollten keine allzu kostspieligen Maßnahmen ergreifen, um das Defizit zu verringern – es würde sich nicht lohnen.«[89]

Wie sich zeigen sollte, übernahm Carter diese Einschätzung. Zwar stellte er am 21. Dezember der Weltöffentlichkeit eine Entlastung der Handelsbilanz um einige Milliarden Dollar in Aussicht: Man wolle neue Wege beschreiten, um den Export zu beleben, und die amerikanische Ölförderung ausbauen.[90] Anfang Januar 1978 vereinbarte zusätzlich das Finanzministerium mit der Bundesbank, die bestehenden Swap-Arrangements zwischen Fed und Bundesbank über zwei Milliarden Dollar um eine weitere Swap-Linie in Höhe von einer Milliarde Dollar zu ergänzen.[91] Die US-Notenbank erhöhte zudem die Diskontzinsen.

Doch um den Kurs der US-Währung zu halten, waren Maßnahmen anderer Größenordnung erforderlich. Es gab nach internationalen Schätzungen allein auf dem Euro-Markt 480 Milliarden Dollar.[92] Die Währung stabilisierte sich nur für wenige Tage. Im Januar lag der Kurs erstmals unter 2,10 Mark. So wie Schmidt fürchtete, es berge übermäßige innenpolitische Risiken, die Konjunktur weiter anzukurbeln, so wollte auch Carter keine innenpolitischen Opfer erbringen, um den Dollar zu stabilisieren.

Gegenüber der Bundesregierung nutzte der Präsident vielmehr nun den Fall der Währung, um das zu tun, was die Deutschen von vornherein als sein geheimes Ziel angesehen hatten: sie im Streit um die Lokomotivtheorie unter Druck zu setzen. Ende Dezember 1977 und Anfang Februar 1978 erklärte er Schmidt in zwei Briefen, daß eine Stabilisierung des Dollars nur zu erwarten sei, wenn in der Bundesrepublik die Konjunktur anziehe.[93] Beide Konfliktherde – Dollarschwäche und Lokomotivtheorie – waren damit politisch verbunden. Carter schrieb am 9. Februar 1978: »Tatsächlich ist es fraglich, ob wir ohne schnelleres Wachstum im Ausland zu bedeutenden Fortschritten bei der Verbesserung unserer Leistungsbilanz gelangen können. Und es wird schwierig sein, den Dollar zu stärken, wenn es kein breit angelegtes Wachstum gibt, das zur Wechselkursstabilität beiträgt.«[94]

In Bonn sorgte das amerikanische Vorgehen für Verärgerung. Die Bundesbank senkte die Zinsen, so daß der Realzins den niedrigsten Wert der Nachkriegszeit erreichte, und erhöhte die Mindestreserven auf Bankguthaben von Ausländern, verteuerte also die Mark. Allein, es half nicht. Am 1. März 1978 unterschritt der Dollarkurs die psychologisch wichtige Grenze von zwei Mark. Emminger schrieb später, man habe das Gefühl gehabt, hilflos mit einem Elefanten im Boot zu sitzen. Jede Bewegung des Schwergewichts drohte zum Kentern zu führen.

Dabei ging es weniger um mögliche Verluste an Marktanteilen. Die exportabhängigen Branchen waren weiterhin optimistisch, die Aufwertung der Mark kompensieren zu können.[95] Die Bedenken richteten sich vielmehr auf die Abnahme der Exporterträge der Unternehmen, also einen »squeeze« der Gewinnmarge. Das gefährdete zwar nicht sofort die Marktstellung, verringerte aber die Investitionsneigung und belastete so zusätzlich die ohnehin schwache Konjunktur.[96]

Auch für Schmidt ging der Fall des Dollars inzwischen über das hinaus, was ihm gerechtfertigt erschien, um die jahrelange Unterbewertung der Mark zu korrigieren.[97] Die USA, so kritisierte er im Jahresausblick auf 1978, den er in der SPD-Führung verschickte, seien »nicht frei von der Versuchung, in der Währungspolitik Vabanque zu spielen und den Wechselkurs ihrer Währung bis an die Grenze des Valuta-Dumping sinken zu lassen«.[98] Notfalls müsse die Bundesregierung Kapitalverkehrskontrollen verhängen. Er habe Zweifel, äußerte der Kanzler an anderer Stelle, daß die amerikanische Führung wisse, was sie tue.[99]

Eine Welle der Empörung

Unklar ist, wieso Carter auch noch Anfang 1978 glaubte, öffentlicher Druck könne die Bonner Koalition zum Einlenken bewegen. Über ein Jahr dauerte der Konflikt um die Lokomotivtheorie bereits, und jeder amerikanische Vorstoß hatte eine Solidarisierung zwischen Regierung, Bundesbank, Opposition, Verbänden und Medien zur Folge gehabt. Und so geschah es auch im Januar wieder. Daß Washington vor dem Hintergrund der Dollarkrise ständig neue Maßnahmen verlangte, löste in der Bundesrepublik eine Welle öffentlicher Empörung aus.[100]

Der *Rheinische Merkur* forderte das Weiße Haus auf, endlich die Fakten zu studieren.[101] Die *Welt* bezeichnete die Annahme als »Wahn«, die Bundesrepublik könne den Weltwirtschaftszug aus der Talsohle ziehen, und nannte die Lokomotivtheorie eine »Mär«.[102] Und die *Zeit* warf den Kritikern jenseits des Atlantiks vor, »ein wenig zu einfach« zu denken.[103] Auch die Opposition erklärte sich erneut mit der Bundesregierung solidarisch. Die amerikanischen Forderungen seien »unzeitgemäß«, ein höheres Defizit nicht möglich, meinte der wirtschaftspolitische Sprecher der CDU/CSU-Bundestagsfraktion, Karl-Heinz Narjes.[104] Ähnlich äußerte sich CDU-Generalsekretär Kurt Biedenkopf. Mit einer Übertragung von Carters Politik auf die deutschen Verhältnisse seien die Probleme nicht zu lösen.[105]

Industrie und Banken machten ebenfalls Stimmung gegen die amerikanischen Forderungen. Der Hauptgeschäftsführer des DIHT, Paul Broicher, versicherte, daß die Bundesregierung mit der vollen Unterstützung der Wirtschaft rechnen könne, wenn sie sich nicht von außen auf einen Expansionskurs drängen lasse.[106] Der Präsident des DIHT, Otto Wolff von Amerongen, ging noch einen Schritt weiter und warf der Regierung Carter wirtschafts- und finanzpolitische Unfähigkeit vor. Ihre Vorschläge seien »amateurhaft«.[107] Der Bundesverband der deutschen Banken stieß ins gleiche Horn.[108] Nicht einmal die Gewerkschaften oder der linke SPD-Flügel unterstützten noch die Positionen Carters, wie es Anfang 1977 der Fall gewesen war. Unisono war man zu der Auffassung gelangt, daß nicht fehlende Nachfrage die Ursache für die Flaute sei.

Es hätte nicht eines Wechsels der Regierung, sondern eines Wandels der nationalen Psyche bedurft, um den Deutschen die Angst vor der Inflation zu nehmen, kommentierte Jonathan Carr von der *Financial Times*.[109] Im Februar 1978 lag die Zentralbankgeldmenge elf Prozent über dem Stand vom Februar 1977. Das Geldmengenziel sah für 1978 aber lediglich ein Wachstum von acht Prozent vor.[110] Die Dollarschwäche ließ das Schreckbild importierter Inflation am wirtschaftspolitischen Horizont aufziehen.

Der Handlungsspielraum der Bundesregierung gegenüber Carters Forderungen war damit ganz eng abgesteckt, zumal die Koalition im Februar 1978 erneut vor dem Bruch zu stehen schien. Eine Reihe von Abgeordneten aus SPD wie FDP zeigte sich nicht bereit, im Bundestag für neue Anti-Terror-Gesetze zu stimmen, die nach den Anschlägen der RAF im Herbst 1977 eingebracht worden waren. Das war zu Jahresbeginn die Hauptsorge der Regierung Schmidt/Genscher. Sich darüber hinaus mit einer Wende in der Wirtschaftspolitik zu belasten, die auf breite Ablehnung gestoßen wäre, kam für den Kanzler nicht in Frage.

Statt dessen bot ihm die harsche Reaktion aus Medien und Verbänden die Möglichkeit, sich als Verteidiger nationaler Interessen zu profilieren, was er auch geschickt tat. An Warnungen vor einem Solidarisierungseffekt in Bonn hatte es auf amerikanischer Seite nicht gefehlt.[111] Doch Carter hatte sie nicht hören wollen. Im Frühjahr 1978 erreichte das deutsch-amerikanische Verhältnis nicht zuletzt deshalb einen vorläufigen Tiefpunkt.

IV. Annäherungen

Carter war nun über ein Jahr im Amt; im Verhältnis zwischen Bonn und Washington zählt diese Zeit zu den konfliktreichsten Abschnitten seit Gründung der Bundesrepublik. Es war insofern kein Zufall, daß die Bundesregierung ihre Europapolitik intensivierte – traditionell ein Anzeichen für Krisen in den transatlantischen Beziehungen. Als Antwort auf die Dollarschwäche starteten Schmidt und Giscard eine umfassende Initiative, die zur Gründung des Europäischen Währungssystems (EWS) führte.[1] Bonn wollte auf diese Weise gegenüber den USA an Autonomie gewinnen, wie der Kanzler intern ausführte: »Wenn sie [die USA, K.W.] ihre Währung nicht in Ordnung halten, müssen wir unsere Zäune in Ordnung bringen.«[2]

Auch in der europäischen Entspannungspolitik suchte er einen schützenden Damm zu errichten. Dem französischen Ministerpräsidenten Raymond Barre erklärte Schmidt, er wolle ein Netz gegenseitiger Verpflichtungen knüpfen, das die Entspannung in Europa gegenüber künftigen Regierungswechseln in Washington (und Moskau) absichere. Bei einer ganzen Reihe von bilateralen Treffen mit den Parteiführern der Ostblockstaaten warb er dafür, mäßigend auf die jeweilige Supermacht einzuwirken. In gaullistischer Diktion appellierte er an das gemeinsame kulturelle Erbe und die übereinstimmenden strategischen Interessen der kleineren und mittleren Mächte Europas. Diese sollten einen eigenen Beitrag leisten und »nicht nur quasi passiv über den Atlantik nach Westen oder nach Osten in Richtung auf den Ural schauen«.[3]

Zu dieser Absicherungsstrategie zählte auch ein deutsch-sowjetischer Gipfel in der Bundesrepublik im Mai 1978. Beide Seiten unterzeichneten dabei ein Wirtschaftsabkommen mit einer Laufzeit von 25 Jahren, das Schmidt mit Bismarcks Rückversicherungsvertrag von 1887 verglich. Die begriffliche Anleihe war treffend: Die deutsche Ostpolitik sollte »rückversichert« werden gegen Schwankungen in den amerikanisch-sowjetischen Beziehungen.

Freilich zeigten sich schnell die Grenzen der deutschen Möglichkeiten. Die Verhandlungen über das EWS gestalteten sich zäh und machten deutlich, daß Frankreich keineswegs bereit war, auf dem Pfad der europäischen Integration so schnell voranzuschreiten, wie es Schmidt insgeheim hoffte. Und die sowjetische Führung ließ keinen Zweifel daran, daß sie auf Bonner Belange keine Rücksicht zu nehmen gedachte und Versuche der Bundesregierung, Moskau mit Hilfe seiner osteuropäischen Verbündeten einzubinden, nicht hinnehmen würde.[4] Die Bestrebungen Schmidts blieben daher – mit Ausnahme des EWS – folgenlos, aber sie demonstrierten, wie sehr sich Bonn und Washington voneinander entfremdet hatten.

Immerhin schien sich die Situation dann doch zu verbessern. Denn auf die Kulmination der Kontroversen folgte eine vorübergehende Entspannungsphase: Im Juli 1978 räumten beide Seiten auf dem Weltwirtschaftsgipfel in Bonn ihre konjunkturpolitischen Differenzen aus dem Weg, und bald darauf gelang es Carter auch, den Dollarkurs zu stabilisieren (Kapitel 9). Der Dauerstreit um die Lokomotivtheorie war damit beendet. Darüber hinaus legten Carter und Schmidt gemeinsam mit Giscard und Callaghan im Januar 1979 den Grundstein für den NATO-Doppelbeschluß, der den Konflikt um die Mittelstreckenwaffen zu lösen versprach (Kapitel 10). Aus der langen Liste der Gegensätze waren damit zwei wesentliche Punkte ausgeräumt.

Bewirkt wurde diese Entwicklung durch die Krise selbst; sie sorgte dafür, daß man sich in beiden Ländern wieder auf die grundsätzliche außenpolitische Orientierung besann. Denn bei allen Widersprüchen im Detail wollten weder Schmidt noch Carter das atlantische Bündnis in Frage stellen, von den außenpolitischen Eliten diesseits und jenseits des Atlantiks ganz abgesehen. Schon vor dem Fiasko um die Neutronenwaffe hatten sich deshalb die Stimmen gemehrt, die darauf verwiesen, daß es weder im deutschen noch im amerikanischen Interesse liege, die Situation eskalieren zu lassen.

Anfang Februar 1978 waren sich beide Seiten darüber einig geworden, die wirtschaftspolitische Kontroverse nur noch über diplomatische Kanäle zu erörtern und einander nicht mehr in der Öffentlichkeit zu attackieren.[5] Das Bonner Kabinett hatte in diesem Zusammenhang sogar eigens eine Erklärung verabschiedet, in der die Bedeutung des deutsch-amerikanischen Verhältnisses hervorgehoben wurde.[6] Man werde noch sieben Jahre mit diesem Präsidenten auskommen müssen, hatte Genscher zuvor in der Sitzung gewarnt. In den folgenden Wochen bekundete die Bundesregierung mehrfach öffentlich ihre Verbundenheit mit Washington.[7] Ausdrücklich ersuchte Schmidt Journalisten in Hintergrundgesprächen, sich in der Berichterstattung zurückzuhalten. Mitarbeitern der Gewerkschaftspresse etwa gab er die Bitte mit auf den Weg, man möge zwischen den USA und der Bundesrepublik »kein Feuerchen anmachen«.[8]

Der Konflikt um die Neutronenwaffe unterbrach diese Bemühungen um eine Verbesserung der Atmosphäre zwar, beendete sie aber nicht. Vielmehr reisten nach kurzer Zeit zahlreiche Bundestagsabgeordnete aus allen Fraktionen in die USA, um die Wogen zu glätten.[9] Sie trafen dort auf Gesprächspartner, die ihrerseits bestrebt waren, das deutsch-amerikanische Verhältnis in ruhigere Bahnen zu lenken. In einer Sitzung des SPD-Vorstandes am 24. April 1978 wiesen führende Sozialdemokraten von Willy Brandt bis Dietrich Stobbe auf die Wichtigkeit der transatlantischen Beziehungen hin und mahnten, sie nicht zu beschädigen.[10] Bezeichnenderweise kritisierten in den folgenden Wochen einzelne Vertreter der SPD erstmals öffentlich die Art und Weise, wie Schmidt mit dem US-Präsidenten umging.[11]

In Washington hatte das Fiasko um die Neutronenwaffe eine ähnliche Wirkung: »Für fast alle in der Regierung wurde es zur wichtigsten Aufgabe, das Vertrauen der Europäer in die Stärke Amerikas wiederherzustellen.«[12] Neben der Furcht vor einer Erosion des Bündnisses gab es einen weiteren Grund für die wechselseitige Annäherung. In Bonn wie Washington setzte sich die Erkenntnis durch, daß man sich durch den öffentlichen Schlagabtausch um Einflußmöglichkeiten brachte, wie »Sherpa« Henry Owen in einem Memorandum an Carter mit Blick auf die Konjunkturpolitik notierte: »Die deutsche Presse ... hat Schmidt als jemanden dargestellt, der heldenhaft dem von Mike [Blumenthal, K.W.] und anderen Vertretern der US-Regierung ausgeübten Druck widerstanden habe. Infolgedessen hat ihm die Opposition als Vorkämpfer der deutschen Unabhängigkeit applaudiert. Das wiederum macht es dem Kanzler schwer, nötigenfalls zusätzliche Maßnahmen zu ergreifen, um die Wirtschaft anzukurbeln.«[13]

Die US-Administration war sich bewußt, daß die CDU/CSU-Opposition zu allen strittigen Fragen in den deutsch-amerikanischen Beziehungen – mit Ausnahme des Themas Menschenrechte – eine eher noch härtere Haltung einnahm als die Bundesregierung.[14] Auf Kohl oder gar Strauß zu setzen verbot sich damit (noch) von selbst. An Schmidt kamen die Amerikaner nicht vorbei – und wollten es auch nicht. Geradezu demonstrativ betonte Carter in den folgenden Wochen und Monaten, wie sehr er den deutschen Kanzler schätze und wie gut angeblich das Verhältnis zwischen ihnen sei.[15]

Aus Bonner Sicht stellte sich die Situation ähnlich dar: Selten verlor ein amtierender Präsident die Wahl, und auf Carters Niederlage zwei Jahre später deutete im Frühjahr 1978 wenig hin. Es sei »schlechte deutsche Politik, sich so mit diesem Mann anzulegen«, mahnte Ehmke daher im SPD-Parteivorstand.[16] Als Gastgeber des Bonner Weltwirtschaftsgipfels hatte Schmidt im Landtagswahljahr 1978 zudem ein Interesse daran, sich als erfolgreicher Konferenzmanager zu präsentieren. Das setzte voraus, den deutsch-amerikanischen Konflikt zumindest einzuhegen.

Der gute Wille war also auf beiden Seiten vorhanden. Daß er dann auch zur Wirkung kam, lag maßgeblich an zwei Entwicklungen, die das bilaterale Verhältnis von außen beeinflußten. Zum einen sorgte die Abkühlung der amerikanisch-sowjetischen Beziehungen dafür, daß sich die Carter-Regierung außenpolitisch schrittweise neu orientierte. Zum anderen minderten der Konjunkturverlauf in der Bundesrepublik und die steigende Inflation in den USA die wirtschafts- und währungspolitischen Gegensätze und legten Bonn wie Washington eine Kurskorrektur unabhängig von Rücksichtnahmen auf das deutsch-amerikanische Verhältnis nahe. Es war also eine Mischung aus Konvergenz und Kompromiß, aus der sich die Annäherung zwischen beiden ergab.

9. Kalter Krieg und Bonner Gipfel

Das Ende der Ost-West-Entspannung begann sich abzuzeichnen, als die Sowjetunion Anfang 1978 in den somalisch-äthiopischen Krieg eingriff und so einmal mehr deutlich wurde, daß Washington und Moskau unter Entspannung nicht das gleiche verstanden.[1] Für die amerikanische Öffentlichkeit und zunehmend auch für die Carter-Regierung verstieß die Sowjetunion damit ebenso gegen den Geist der Détente wie mit ihren Rüstungsprogrammen oder ihren anderweitigen Versuchen, in der Dritten Welt Fuß zu fassen.[2]

Der globale Wettbewerb und die Demonstration eigener Stärke rückten daher in den Vordergrund der amerikanischen Außenpolitik. Bei einem Auftritt in Annapolis Anfang Juni 1978 warnte Carter den Kreml vor einer Fortsetzung seiner Politik: »Die Sowjetunion hat die Wahl zwischen Konfrontation und Kooperation. Die Vereinigten Staaten sind auf beides gleichermaßen vorbereitet.«[3]

Dabei hoffte der Präsident noch, eine Rückkehr zum Kalten Krieg lasse sich vermeiden.[4] In der öffentlichen Meinung und im außenpolitischen Establishment hingegen überwog die Skepsis. Hier nahm kontinuierlich das Gefühl zu, von der Sowjetunion übervorteilt worden zu sein. Zwischen 1974 und 1981 stieg jeden Monat die Zahl der Amerikaner an, die höhere Verteidigungsausgaben forderten. Im Dezember 1976 hatten noch 28 Prozent der Befragten dafür plädiert, knapp zwei Jahre später waren es mit 52 Prozent fast doppelt so viele.[5] Zugleich vertrat nun mehr als die Hälfte der Amerikaner die Meinung, daß die USA gegenüber der Sowjetunion einen härteren Kurs einschlagen sollten.[6]

Und mit Sicherheitsberater Brzezinski, der darüber in Konflikt mit Außenminister Vance geriet, redete auch der wohl wichtigste Ratgeber Carters einer kraftvollen Eindämmungspolitik das Wort. Für Brzezinski war es Teil einer solchen Strategie, daß der Westen eine gemeinsame Haltung einnahm. Das erforderte eine Reparatur der deutsch-amerikanischen Beziehungen, zumal die Republikaner gern auf diese verwiesen, wenn sie Carter vorwarfen, das atlantische Bündnis beschädigt zu haben.[7] Am 13. Mai 1978 schrieb Brzezinski an Birrenbach: »... wir sind ehrlich bemüht, die Beziehungen zu Westeuropa stärker ins Zentrum der US-Außenpolitik zu rücken und mit unseren Bündnispartnern wieder zu aktiver Kooperation und gemeinsamer Führung zu gelangen.«[8]

Das Verhältnis zwischen Bonn und Washington war unter Carter mehrfach durch die Entwicklung der amerikanisch-sowjetischen Beziehungen belastet worden: Zunächst hatten sich die Deutschen gesorgt, in eine Konfrontation hineingezogen zu werden, dann fürchteten sie, die beiden Nuklearmächte könnten sich bei SALT auf Kosten der Europäer einigen. Nun erfuhr die Dreieckskonstellation eine weitere Ausprägung: Der dunkle Schatten über der globalen Entspannungspolitik wertete aus amerikanischer Sicht die Verbündeten auf.[9]

In diesem Sinne schrieb der Politikwissenschaftler William Griffith am 8. März 1978 an Brzezinski, der ihn bald darauf als deutschlandpolitischen Berater für den NSC engagierte: »Ich komme immer mehr zu dem Schluß, daß das größte außenpolitische Versäumnis dieser Regierung, genau wie bei Kissinger, die *Verbündeten* betrifft ... Langfristig sollte man dieses Problem vor dem Hintergrund sich wahrscheinlich verschlechternder sowjetisch-amerikanischer Beziehungen betrachten. Nach allen Regeln der *Realpolitik* folgt daraus, daß wir dem Verhältnis zu unseren Alliierten mehr Aufmerksamkeit widmen müssen, vor allem zu Japan und zu Westdeutschland.«[10]

Als der Bundeskanzler am Rande des NATO-Gipfels Ende

Mai 1978 mit Carter in Washington zusammentraf, war das Bemühen um eine Verbesserung des Klimas überdeutlich. Kurt Becker, der spätere Regierungssprecher Schmidts, schrieb damals in der *Zeit*, was den meisten Journalisten auffiel: »Die Zeit der Turbulenzen soll nicht wieder aufleben. Das lag in der Absicht Schmidts wie Carters.«[11]

Das Mißtrauen gegenüber Bonn

Die »Regeln der Realpolitik« erforderten um so dringlicher eine Reparatur der deutsch-amerikanischen Beziehungen, als sich auf US-Seite zunehmend Mißtrauen über den künftigen deutschen Kurs ausbreitete. Diplomaten des State Department wunderten sich darüber, daß die Bundesrepublik zwar von allen westeuropäischen Staaten das größte Interesse an engen Kontakten zu den USA habe, jedoch eine Politik betreibe, die dem oft entgegenstehe. Manche fürchteten angesichts der Etablierung des EWS eine europäische Blockbildung unter deutscher Führung.[12] Griffith empfahl Brzezinski sogar, die amerikanischen Geheimdienstbemühungen in dieser Hinsicht zu verstärken, also die Verbündeten auszuspionieren – was erstens den Rückschluß zuläßt, daß solche Bestrebungen bereits im Gange waren, und zweitens das vorhandene Mißtrauen zeigt.[13]

Zugleich wurden Zweifel an der Verläßlichkeit der Bonner Westbindung laut. Anfang März 1978 berichtete die *New York Times* von einer Studie des Planungsstabes des US-Außenministeriums, der zufolge die Bundesrepublik eine »moralische Veränderung« durchlaufe, die sie aus der westlichen Allianz in die Neutralität führen könne.[14] Eine Delegation der SPD-Bundestagsfraktion berichtete nach einer Reise in die USA, in Washington gebe es das »Gefühl, die außenpolitischen Interessen beider Länder könnten sich auseinanderentwickeln«.[15]

Besonders aus dem Brzezinski unterstehenden National Security Council waren besorgte Töne zu vernehmen. Dort fürchtete man, eine kommunistische Regierungsbeteiligung in Frankreich und Italien bei fortgesetzter sowjetischer Aufrüstung könne die westlichen Institutionen zerfallen lassen und die Westbindung der Bundesrepublik unterminieren.[16] Griffith erinnerte sich später, daß Zweifel an der Stabilität der deutschen Demokratie verbreitet waren, wenn auch nicht unter den Deutschland-Experten.[17]

Brzezinski störte, daß Schmidt die sowjetische Afrika-Politik intern schärfer kritisierte als in der Öffentlichkeit. Er rieb sich auch daran, wie die sozial-liberale Koalition im Sommer 1978 auf erneute Menschenrechtsverletzungen in der UdSSR reagierte. Während Carter und Vance die Haftstrafen für prominente Bürgerrechtler als Verstoß gegen die KSZE-Schlußakte verurteilten,[18] den amerikanisch-sowjetischen Besucheraustausch reduzierten und einen begrenzten Technologieboykott gegenüber der Sowjetunion verhängten, reagierte Bonn nur mit zurückhaltenden Stellungnahmen auf der Ebene der Staatssekretäre.[19] Ein Ersuchen des Dachverbandes der amerikanischen Gewerkschaften (AFL-CIO), einen Teil der materiellen Hilfe für die sowjetischen Dissidenten zu übernehmen, lehnte die SPD bezeichnenderweise ab.[20]

Zudem mißtraute Brzezinski den geheimen Ostkontakten der Sozialdemokraten, weil er fürchtete, daß die Deutschen sich dort anders äußerten als in der Allianz.[21] Bei einem Abendessen in der deutschen Botschaft in Washington zu Ehren von Staatsminister Klaus von Dohnanyi äußerte er die Befürchtung, daß Westeuropa – also auch die Bundesrepublik – auf dem Weg zur »Selbst-Finnlandisierung« sei. Der außenpolitische Sprecher der CDU/CSU-Fraktion, Alois Mertes, war Zeuge und gab die Formulierung des Sicherheitsberaters sofort an die *Welt* weiter; von dort aus verbreitete sich das Wort in den internationalen Medien.[22]

In der Koalition ärgerte man sich über Brzezinskis Argwohn, weil sich die Opposition dessen bedienen konnte, doch in der Sache nutzte er der Bundesregierung.[23] Denn der Sicherheitsberater setzte sich bei Carter nun nachhaltig dafür ein, auf den Verbündeten zuzugehen, sowohl bei den Mittelstreckenwaffen als auch in Wirtschaftsfragen. Im Frühjahr und Sommer 1978 standen neben dem NATO-Gipfel in Washington der Weltwirtschaftsgipfel in Bonn sowie eine

Deutschland-Reise des US-Präsidenten an. Von ihnen sollte ein Zeichen westlicher Geschlossenheit ausgehen.

Insbesondere für den Weltwirtschaftsgipfel wünschte man keine erneute Kontroverse über deutsche Konjunkturpolitik, Dollarschwäche und amerikanische Energiereformen. Wie sich Robert Hormats erinnert, der im NSC an der Vorbereitung des Treffens beteiligt war, herrschte in Washington die Meinung vor, die amerikanische Seite sei geradezu verpflichtet, sich mit den Deutschen zu einigen.[24] Ein Debakel wie bei der Entscheidung über die Neutronenwaffe durfte sich nicht wiederholen.

Stimmungswandel in der Bundesrepublik

Wesentlich vereinfacht wurde dieses Unterfangen durch die innen- und konjunkturpolitische Entwicklung in der Bundesrepublik. Anderthalb Jahre hatten sich Regierung, Opposition und Wirtschaftsverbände – im Einklang mit der öffentlichen Meinung – geweigert, vom Konsolidierungskurs abzugehen, wie es die Lokomotivtheoretiker in Washington verlangten. Doch im Frühjahr 1978 bröckelte die Front, und damit wurde der Weg frei, den Streit um die Konjunkturpolitik beizulegen. Die Annahme Owens, der Kanzler sei in gewisser Weise ein Gefangener der von ihm mitentfachten Stimmung, traf zu: Fiel der innenpolitische Widerstand weg, war Schmidt zu Zugeständnissen bereit.[25]

Die US-Regierung erhielt erste Hinweise darauf schon Anfang des Jahres. Obwohl Wirtschaftsminister Lambsdorff und Schmidt den amerikanischen Forderungen vehement widersprachen, zweifelten beide intern bereits an den Prognosen des Jahreswirtschaftsberichts der Bundesregierung, der für 1978 noch 3,5 Prozent Wachstum voraussagte.[26] Bei einem Besuch in Washington im Februar gab Lambsdorff gegenüber seinen amerikanischen Gesprächspartnern zu erkennen, daß Bonn auf oder sogar vor dem nächsten Weltwirtschaftsgipfel neue Maßnahmen ankündigen werde, falls die Wachstumsprognosen dies erforderten.[27] Ein solcher Schritt, erklärte der Minister, könne vielleicht schon im Mai erfolgen,[28] wenn die Frühjahrsgutachten der fünf führenden Wirtschaftsforschungsinstitute vorlägen. Diese trafen Ende April ein und bestätigten die Befürchtungen Schmidts. Statt 3,5 prognostizierten die Ökonomen nur 2,5 Prozent Wachstum für 1978; sie sagten zudem eine labile Investitionsneigung voraus und empfahlen der Bundesregierung Steuerreduzierungen auf breiter Front.[29]

Zuerst zog die Opposition Konsequenzen und machte sich die Forderung der Institute zu eigen – offenbar in der Absicht, der Koalition zuvorzukommen.[30] Denn die Einkommensteuertarife sollten nach Ansicht aller Parteien unabhängig von der Wirtschaftslage reformiert werden, weil immer größere Bevölkerungskreise in die Progressionszone rutschten und damit Steuersätze zahlten, die ursprünglich für Besserverdienende vorgesehen waren. Aus diesem Grund hatte auch die Bundesregierung eine Tarifreform in Aussicht gestellt, allerdings erst für das Wahljahr 1980. Die CDU/CSU plädierte nun dafür, die Steuersätze bereits 1979 zu senken.

Die Tarifpartner verlangten jetzt ebenfalls, vom Konsolidierungskurs abzugehen, wenn auch mit unterschiedlichen Zielen. Der BDI hatte bereits im März eine Reduzierung der Unternehmenssteuern verlangt.[31] Zwar kritisierte er weiterhin die Lokomotivtheorie, doch de facto machte er sich die amerikanischen Forderungen nach einem Ende des Sparkurses zu eigen.[32] Die Gewerkschaften wiederum hatten Anfang 1978 harte Tarifkonflikte ausgestanden; die dabei erzielten Lohnerhöhungen sollten nicht der Steuerprogression zum Opfer fallen.[33] Davon abgesehen machte aus Sicht des DGB die Lage auf dem Arbeitsmarkt neue Schritte dringend erforderlich. Der innenpolitische Druck auf die Bundesregierung, den Amerikanern gegenüber hart zu bleiben, verschwand damit fast über Nacht.

In der Koalition reagierte die FDP zuerst auf diese Entwicklung. Die Liberalen sorgten sich im Frühjahr 1978, daß ihr eine neue Steuersenkungspartei Wähler abwerben könnte. Der Vorsitzende der Deutschen Steuergewerkschaft, Hermann Joseph Fredersdorf, hatte eine solche Partei gegründet. Auch war absehbar, daß die FDP bei der Bürgerschaftswahl in Hamburg und der Landtagswahl in Niedersachsen am 4.

Juni 1978 allenfalls mit Mühe die Fünf-Prozent-Hürde überspringen würde. Da bot sich das Thema Steuern zur Profilierung an.[34]

Im Mai schlugen die Liberalen deshalb eine Steuerentlastung von 20 Milliarden Mark vor, das entsprach gut 1,5 Prozent des Bruttosozialproduktes und lag in der Größenordnung, welche die Carter-Regierung als Konjunkturstimulus von Bonn erwartete. Daß die FDP dann bei beiden Wahlen scheiterte, bestärkte die Parteispitze noch in der Auffassung, das Thema solle weiter forciert werden, um zumindest in Hessen und Bayern im Herbst des Jahres gut abzuschneiden.[35]

Die SPD befand sich demgegenüber in der Defensive. Aber auch bei den Sozialdemokraten war nach den neuen Konjunkturdaten eine Kurskorrektur unumstritten. Auf Hans Apel war inzwischen als Finanzminister der flexible Hans Matthöfer gefolgt. Am 9. Mai kamen er, Schmidt und Arbeitsminister Ehrenberg überein, etwas zu unternehmen.[36] Matthöfer, ehemals Minister für Forschung und Technologie, plante ein Programm zur Ankurbelung der Wirtschaft, das zu je einem Drittel aus Investitionen zur Förderung von Forschung und Technologie, einer Kindergelderhöhung und investitions-induzierenden Steuererleichterungen bestehen sollte.[37] Vorgesehenes Volumen: 12 Milliarden Mark.[38] Faktisch war damit in der Bundesregierung nicht mehr umstritten, daß es zu konjunkturpolitischen Maßnahmen kommen würde; zur Debatte standen nur noch Umfang und Ausgestaltung.

Entgegen der verbreiteten Auffassung, der anstehende Weltwirtschaftsgipfel habe beide Seiten zu einem Kompromiß gezwungen, war es paradoxerweise gerade die Aussicht auf dieses Treffen, die verhinderte, daß die Koalition bereits im Mai oder Juni Beschlüsse faßte und damit den deutsch-amerikanischen Konflikt über die Konjunkturpolitik aus dem Weg räumte. Denn die Bundesregierung erwartete von Carter, im Gegenzug für Bonns konjunkturpolitische Zugeständnisse die amerikanischen Ölimporte zu reduzieren und damit den Dollar zu stabilisieren.[39]

Auf Vorschlag des britischen Premierministers Callaghan hatte Carter dem Kanzler in einem Brief Ende März einen solchen Handel für den Weltwirtschaftsgipfel vorgeschlagen.[40] Owen war am 4. April 1978 mit Schmidt zusammengetroffen, um zu eruieren, wie dieser sich dazu stellte: »Ich sagte zu ihm: ›Es hat keinen Sinn, einen Gipfel abzuhalten, wenn die Wirtschaft nicht angekurbelt wird.‹ Schmidt erwiderte: ›Es hat keinen Sinn, einen Gipfel abzuhalten, wenn der Ölpreis nicht freigegeben wird.‹ Darauf ich: ›Einverstanden.‹«[41]

Wie die wechselseitigen Zugeständnisse konkret ausgestaltet werden sollten, war dabei offen geblieben. Bonn wollte das eigene Angebot so lange wie möglich zurückhalten, um maximalen Druck auf die amerikanische Seite auszuüben. In diesem Sinne beschlossen die Koalitionspartner am 23. Mai, erst auf dem Gipfel und damit im Lichte der amerikanischen Position über den deutschen Beitrag zu entscheiden.[42] Das Kabinett verschob daher die Beratungen über die Haushaltsplanungen für 1979 um einige Wochen. Dennoch war schon vorab klar, daß der Beitrag eine Größenordnung von 10 bis 12 Milliarden Mark, also knapp ein Prozent des BSP, haben werde.[43]

Heimliche Verbündete

Der sich abzeichnende Handel zwischen Bonn und Washington hatte die Bildung mehrerer transatlantischer Interessenkoalitionen zur Folge. Da ist zunächst Lambsdorff zu nennen, der aus parteipolitischen Erwägungen heraus den amerikanischen Druck dazu nutzen wollte, möglichst hohe Steuersenkungen gegenüber der SPD durchzusetzen. So ist auch zu erklären, daß er bei einem Besuch in den USA abwartete, bis sich die Gelegenheit bot, Schultze unter vier Augen zu sprechen, und diesem dann die deutsche Verhandlungsposition preisgab.[44]

Sodann kooperierten auch der Kanzler und der US-Präsident zumindest teilweise miteinander. Denn Carters Nationaler Energieplan (NEP), von dem allgemein eine Reduzierung des Handelsbilanzdefizits und eine Stabilisierung des Dollars erwartet wurde, hing auch im Frühjahr 1978 noch im Kongreß fest. Dem Präsidenten war es insofern willkommen, wenn er gegenüber den Abgeordneten darauf verweisen konnte, daß Bonn zwar grundsätzlich bereit sei, die westdeutsche Wirtschaft anzukurbeln, dies aber ohne eine Verabschiedung des NEP nicht tun werde.[45]

Auf ausdrückliche Bitte Carters hin kritisierte Schmidt mehrfach und öffentlich die hohen Ölimporte der USA und forderte den Kongreß auf, der Energiereform zuzustimmen.[46] Bezeichnenderweise ließ Wirtschaftsberater Schultze in einem Vermerk die Sorge erkennen, die Bundesregierung könne bereits *vor* dem Gipfel dem amerikanischen Drängen nach einem Stimulus nachgeben.[47] Denn damit hätte der Präsident ein Druckmittel gegenüber dem Kongreß verloren. Daß Schmidt den Wünschen der FDP nicht zu früh entgegenkam, war insofern für Carter innenpolitisch von Vorteil.

Andererseits kam es auch dem Kanzler nicht ganz ungelegen, daß Carters Energiereform auf Schwierigkeiten stieß. Noch war von seiten der Bundesbank, aus Geschäftsbanken und Großindustrie vereinzelt Widerspruch gegen ein Ende des Konsolidierungskurses zu vernehmen.[48] Das unsichere Schicksal des NEP ermöglichte es Schmidt, diesen Gruppierungen gegenüber seinen absehbaren Richtungswechsel mit dem Hinweis zu rechtfertigen, daß Carter jede Hilfe brauche, um die Reform im Kongreß durchzusetzen und damit den Dollar zu stabilisieren – mit entsprechenden Auswirkungen auf deutsche Exporte und die Inflationsrate in der Bundesrepublik.[49]

Der US-Präsident war mit-, aber nicht allein dafür verantwortlich, daß seine Energiereform festgelaufen war.[50] Beim NEP handelte es sich um einen ersten umfassenden Versuch, die Versorgung der USA mit Kohle, Gas und Erdöl zu regeln. Carters Hauptziel war es, den Energieverbrauch durch Preiserhöhungen und Sparmaßnahmen deutlich zu senken. Da sich der NEP auf fast alle Wirtschaftszweige auswirken sollte und die Mehreinnahmen aus höheren Öl- und Gaspreisen im Fall einer Deregulierung auf mehrere Milliarden Dollar geschätzt wurden, setzte eine enorme Lobbytätigkeit um die Reform ein.

Dabei hatten die Gegner manchen Vorteil auf ihrer Seite. Es gab in den Augen der Öffentlichkeit keine dringende Notwendigkeit für den NEP. Vielmehr war Widerspruch quer durch Parteien, Regionen und Wirtschaftszweige zu vernehmen. Parlamentarier aus dem Nordosten der USA, in dem der Energieverbrauch höher war, hatten andere Interessen als ihre Kollegen aus den ölfördernden Bundesstaaten; Vertreter ländlicher Regionen blickten anders auf die Reform als Vertreter von Großstadträumen; überzeugte Wirtschaftsliberale tendierten zu anderen Lösungen als Befürworter staatlicher Eingriffe.

Dazu kamen die Nachwehen von Watergate. Der NEP mußte von beiden Kammern des Kongresses verabschiedet werden. Die Fragmentierung der parlamentarischen Entscheidungsprozesse aufgrund der Reformen nach dem Nixon-Skandal erschwerte dieses Vorhaben, weil sie den Verfechtern von Partikularinteressen das Eingreifen erleichterte. Eine Vielzahl von Ausschüssen und Unterausschüssen befaßte sich mit einzelnen Aspekten des NEP; hier gab es für dessen Gegner ausreichend Möglichkeiten, immer wieder Sand ins Getriebe zu streuen. Es wäre insofern wohl jedem Präsidenten schwergefallen, ein so umfassendes Reformprojekt unbeschadet durch den Kongreß zu bringen. Und Carter belastete sein Vorhaben noch durch eine Reihe handwerklicher Fehler. Der NEP war hastig zusammengestellt worden und enthielt innere Widersprüche und falsche Berechnungen.

Für die Bundesregierung war vor allem die sogenannte Crude Oil Equalization Tax (COET) von Bedeutung. Carter wollte damit die Preise für Rohöl bis 1980 auf Weltmarktniveau anheben – und damit den Ölimport der USA senken.[51] Senat und Repräsentantenhaus konnten sich allerdings nicht einigen, wie die Einnahmen aus der COET verteilt werden sollten.[52] Demokratische Senatoren aus dem Nordosten der USA wollten ihren Wählern helfen, die dann höheren Ölkosten zu schultern. Demokratische Senatoren aus ölfördernden Bundesstaaten und die Republikaner standen eher auf seiten der Ölindustrie und verlangten, ihr die Einnahmen zu überlassen, um damit die Rohstoffförderung anzukurbeln.

Im April 1978 waren die Verhandlungen im Kongreß endgültig festgelaufen. Der Präsident drohte schließlich, Importgebühren auf Rohöl zu erheben und auf diese Weise das Öl zu verteuern, wenn das Parlament die COET nicht verabschiede.[53] Der Senat antwortete am 27. Juni und forderte von Carter, auf Importgebühren zu verzichten. Der Präsident konnte die Gebühren zwar dennoch verhängen, doch falls das Repräsentantenhaus sich dem Votum des Senats anschloß, blieb ihm nur die Option, sein Veto einzulegen, und es konnte durchaus passieren, daß die Senatoren ihn anschließend mit einer Zwei-Drittel-Mehrheit überstimmten, was eine schwere innenpolitische Niederlage gewesen wäre.[54]

Neben dem Aufschlag von Importgebühren stand Carter die Möglichkeit offen, die Ölpreise auch ohne Zustimmung des Kongresses zu deregulieren. Nach der bestehenden Gesetzeslage lief die Preisregulierung im Oktober 1981 aus; Carter konnte eine erste Erhöhung bereits im Juni 1979 vornehmen. Ein solcher Schritt bedeutete freilich, daß der Präsident gegenüber der Öffentlichkeit die Hauptverantwortung für die steigenden Preise übernahm, während diese Last beim Kongreß lag, sollte die COET eingeführt werden.

Im Gegensatz zur deutschen Bundesregierung, für die es nun innenpolitische Gründe gab, auf die amerikanischen Forderungen einzugehen, stand Carter im Vorfeld des Bonner Gipfels vor zwei unangenehmen Entscheidungen: Sollte er sich verpflichten, allen innenpolitischen Risiken zum Trotz den Ölpreis mit Gebühren oder Kontingenten heraufzusetzen beziehungsweise steigen zu lassen, falls die COET im Kongreß endgültig scheiterte? Und sollte er den Europäern und Japan bereits für 1980 und nicht erst für einen späteren Zeitpunkt zusagen, die Ölpreise auf Weltmarktniveau anzuheben? Bejahte er die zweite Frage, mußte er auch die erste bejahen.

Der Bundesregierung war es gleich, welchen Weg der Präsident wählte.[55] Ihr kam es darauf an, den Währungsmärkten möglichst bald zu signalisieren, daß ein amerikanisches Handelsbilanzdefizit in der laufenden Größenordnung nicht zum Dauerphänomen werde. Unterstützung fanden Schmidt und Genscher in Washington bei den Außenpolitikern Vance und Brzezinski, aber auch bei Finanzminister Blumenthal, »Sherpa« Owen und Wirtschaftsberater Schultze. Sie alle waren der Auffassung, daß der Bonner Weltwirtschaftsgipfel unbedingt ein Erfolg werden müsse und dies nur dann gelingen könne, wenn die USA zusagten, den Ölpreis bis 1980 auf Weltmarktniveau zu bringen.[56]

Brzezinski und Vance ging es dabei um die Allianz mit den Europäern, die nach dem Konflikt um die Neutronenwaffe und den anhaltenden wirtschaftspolitischen Auseinandersetzungen positive Impulse brauchte. Beide hatten die erodierende Wirkung der Dollarkrise auf das transatlantische Verhältnis erkannt. Blumenthal sorgte sich vor allem um den Dollarkurs und dessen Folgen für das Wirtschaftsklima, und Schultze sah im Gipfel die einzige Möglichkeit, der Lokomotivtheorie doch noch zum Durchbruch zu verhelfen. Gegenüber Carter argumentierten sie, daß ohne Konzessionen kein Kompromiß mit der Bundesregierung zu erzielen und damit ein Scheitern der Konferenz absehbar sei.[57]

Die innenpolitischen Berater Carters, also Eizenstat, Vizepräsident Mondale, Energieminister Schlesinger und Stabschef Jordan, wollten den Präsidenten hingegen auf geringstmögliche Zugeständnisse verpflichten.[58] Er solle in allgemeinen Formulierungen einen Anstieg des Ölpreises in Aussicht stellen, mehr nicht. Sie fürchteten, eine Zusage auf dem Gipfel, andere Instrumente einzusetzen, falls die COET scheiterte, könnte der Senat als Provokation empfinden, was den laufenden Abstimmungsprozeß unnötig belastet hätte. Eizenstat und Schlesinger hatten sich Ende Juni mit Repräsentanten großer amerikanischer Ölunternehmen getroffen und dabei den Eindruck gewonnen, daß diese die COET letztlich akzeptieren würden. Die beiden Berater fürchteten, daß die Aussicht auf einen Konflikt zwischen Carter und dem Senat – mit ungewissem Ausgang – die Unternehmen dazu verleiten könnte, auf eine Abstimmungsniederlage des Präsidenten zu setzen und eine solche dann durch ihren Einfluß auch herbeizuführen.

Zunächst sah es so aus, als würden die Außenpolitiker schon vor dem Gipfel die Oberhand gewinnen.[59] Owen gab der Bundesregierung beim letzten Vorbereitungstreffen der »Sherpas« Ende Juni entsprechende Signale. Dann, in den ersten Juli-Wochen, gelang es Eizenstat, den Präsidenten wieder auf seine Seite zu ziehen.[60] Wahrscheinlich glückte ihm dies mit dem Argument, daß Carter erst die Kongreßwahlen im Herbst 1978 abwarten solle. Fand sich für die COET auch danach keine Mehrheit, standen immer noch andere Wege offen. Am Vorabend des Gipfels war Carter daher nur bereit, grundsätzlich einen Anstieg der Ölpreise zuzusagen, ohne sich auf den Zeitpunkt festzulegen. Er hielt sich so alle Möglichkeiten offen; auch ein Nichthandeln wäre dadurch abgedeckt gewesen.

Der Bonner Gipfel

Der Weltwirtschaftsgipfel begann am Sonntag, dem 16. Juli, morgens und endete bei schönem Sommerwetter am Montagabend. Anders als früher Eisenhower, Kennedy oder Nixon wohnte Carter nicht im Haus des Gesandten, sondern in der Residenz der amerikanischen Botschaft in Bad Godesberg, mit Blick zum Siebengebirge auf der anderen Rheinseite.

Es hatte vor dem Treffen deutscherseits einige unfreundliche Signale gegeben. Gegenüber Carr von der *Financial Times* hatte Schmidt wieder einmal zu erkennen gegeben, daß er den Präsidenten nicht schätzte.[61] Zudem hatte das Presse- und Informationsamt der Bundesregierung die letzten, in überheblichem Ton gehaltenen Folgen der bereits erwähnten Anzeigenserie zur Dollarschwäche veröffentlicht. Ein Beispiel: »Wenn es am nächsten Wochenende auf der Gipfelkonferenz in Bonn ans Rechnen geht, können wir zeigen, daß wir uns nach dem Einmaleins der Weltwirtschaft gerichtet haben.«[62]

Doch davon abgesehen waren die Deutschen bemüht, sich als gute Gastgeber zu präsentieren. Hans Ulrich Kempski berichtete in der *Süddeutschen Zeitung* über den Empfang durch Schmidt: »Sich sonst eher unterkühlt gebend, verströmt er diesmal Warmherzigkeit, die stets aufs neue so gewinnend wirkt, als sei sie spontan, unwiederholbar. Jedem seiner sechs Gäste, vom deutschen Bundeskanzler in kurzen Abständen begrüßt, wird das bestrickende Gefühl suggeriert, eine privilegierende Huldigung erfahren zu haben mit einem glückhaften Lächeln, in dem sich alle Härten des politischen

Lebens auflösen …«[63] Um zu verhindern, daß Carter – wie im Vorjahr in London – im Mittelpunkt stand, hatte sich Schmidt entschlossen, den Gipfel im Anschluß an den seit längerem vereinbarten Staatsbesuch des Präsidenten in der Bundesrepublik durchzuführen. Er nahm an, nach zweitägigem Hofiertwerden falle es Carter leichter, sich als Gleicher unter Gleichen zu präsentieren.[64]

Die Bundesregierung hatte das Palais Schaumburg, das ehemalige Bundeskanzleramt, für das Treffen herrichten lassen. Die Plenarsitzungen fanden im einstigen Kabinettsaal statt. Das Palais war gut abzuschirmen, womit sich die Sicherheit der sieben Staats- und Regierungschefs ein dreiviertel Jahr nach der Ermordung Schleyers leichter gewährleisten ließ und was den, wie Schmidt fand, angenehmen Nebeneffekt hatte, die 2000 Journalisten auf Distanz halten zu können.

Im Vorfeld der Zusammenkunft hatte es ein zähes Ringen um die Tagesordnung gegeben. Die Bundesregierung wollte zuerst über Energiefragen sprechen, um Carters Kompromißbereitschaft auszuloten. Dieser hingegen wünschte – mit der gleichen Überlegung – ein frühes Gespräch über Konjunkturpolitik und setzte sich zunächst durch. Aber die deutsche Delegation unter Schmidt war nicht bereit, die Karten schon jetzt auf den Tisch zu legen. Das Thema wurde nach einer Weile vertagt, und zwei Mitarbeiter erhielten den Auftrag, ein Kompromißpapier auszuarbeiten. Währenddessen wandte sich die Diskussion dem Thema Energie zu. Japans Premierminister Takeo Fukuda übernahm es, Carter die Kritik der Verbündeten an der amerikanischen Energiepolitik vorzutragen.

Es läßt sich beim derzeitigen Quellenstand nicht rekonstruieren, was den US-Präsidenten dazu brachte, auf dem Gipfel seine Haltung erneut zu revidieren. Die Ursache war offenbar der gemeinsame Druck der Europäer und Fukudas einerseits wie andererseits auch seiner eigenen Delegation, der nur »Außenpolitiker« angehörten. Damit sah er sich ganz jenen Kräften um Brzezinski ausgesetzt, die fest entschlossen waren, den Eindruck amerikanischer Führungsschwäche zu korrigieren. Carter sagte jedenfalls zu, die Ölpreise in den USA bis Ende 1980 auf Weltmarktniveau steigen zu lassen, und verpflichtete sich implizit, bei einem Scheitern der COET entweder die unpopulären Gebühren zu verhängen und Kontingente zuzuteilen oder die Preise zu deregulieren.[65] Er signalisierte somit seine Bereitschaft, innenpolitische Opfer zu erbringen, und genau dies sollte ihm aus deutscher Sicht jene Glaubwürdigkeit verschaffen, die nötig schien, um den Dollar zu stabilisieren.

Für die Bundesregierung machte Carter damit den Weg endgültig frei. Als Schmidt und Lambsdorff am Abend des ersten Gipfeltages gemeinsam mit Matthöfer und Genscher ihre weitere Strategie berieten, kamen sie überein, Ankurbelungsmaßnahmen in der Größenordnung von bis zu einem Prozent des BSP zuzusagen.[66] Noch im August sollten entsprechende Beschlüsse im Bundestag und Bundesrat vorlegt werden.

Beide Seiten hielten ihre Zusagen weitgehend ein. Der Bundestag stimmte im November 1978 einem Stimulusprogramm zu, das noch über die amerikanischen Forderungen hinausging (übrigens ein weiterer Beleg dafür, daß der Gipfel für den Kurswechsel der Koalition von untergeordneter Bedeutung war). Das Paket aus Steuererleichterungen, Verbesserungen beim Kindergeld und Investitionshilfen belief sich am Ende auf eine Haushaltsbelastung von 15,75 Milliarden Mark für 1979; das waren 1,2 Prozent des BSP.[67] Ein halbes Jahr später rang sich Carter dazu durch, die Energiepreise vorzeitig zu deregulieren (siehe Kapitel 11).[68] In der Öffentlichkeit wurde es kaum wahrgenommen, aber de facto beendete der Bonner Gipfel die anderthalb Jahre dauernde Auseinandersetzung zwischen Bonn und Washington um den richtigen Weg aus der Weltwirtschaftskrise.

Die Vereinbarung aus dem Palais Schaumburg trug allerdings nicht allein dazu bei. Denn zum einen zog die deutsche Konjunktur schon im Sommer 1978 an, also unabhängig vom Novemberpaket, das zum Aufschwung 1979 auch nur einen halben Prozentpunkt Wachstum beisteuerte.[69] Zugleich zeigte sich, daß Washingtons Sorge, der Eurokommunismus könnte erstarken, auf einer Fehleinschätzung beruhte. Und damit entfielen alle Gründe, die aus amerikanischer Sicht einst dafür gesprochen hatten, Bonn unter Druck zu setzen.

Es blieb als Konfliktherd in der Wirtschaftspolitik die Dollarschwäche übrig. Denn entgegen der Hoffnung, Carters Zusage auf dem Bonner Gipfel werde die Finanzmärkte beruhigen, fiel der Kurs der US-Währung im Spätsommer 1978 auf immer neue Tiefstände. Aber auch hier entspannte sich die Lage aufgrund der ökonomischen Entwicklung. Hatte die westdeutsche Konjunktur maßgeblich zu einem Kurswechsel der Bundesregierung und damit zum Ende der Kontroverse um die Lokomotivtheorie beigetragen, so führte die Geldentwertung in den USA im Herbst 1978 zu einer Neuorientierung Carters in der Dollarpolitik.

Erste Anzeichen dafür waren bereits im März zu erkennen, als einerseits ein Dollar erstmals weniger als zwei Mark kostete und andererseits die steigende Geldentwertung zum Problem in der amerikanischen Innenpolitik wurde.[70] Zwischen beiden Tendenzen gab es einen direkten Zusammenhang. Nach Berechnungen Blumenthals hatte eine Abwertung des Dollars um ein Prozent einen Anstieg der Inflationsrate um 0,2 bis 0,3 Prozentpunkte zur Folge.[71] Die US-Regierung war deshalb zunehmend daran interessiert, den freien Fall der Währung zu stoppen.

Damit stellte sich die Frage, was geschehen sollte, wenn jene D-Mark-Vorräte verbraucht waren, die sich die US-Regierung über die Swap-Linie von der Bundesbank für Deviseninterventionen Anfang des Jahres geliehen hatte (siehe Kapitel 8). Die Bundesbank vermied traditionell die Vergabe langfristiger Währungskredite an leistungsbilanzschwache Länder.

Nach komplizierten Verhandlungen einigte man sich schließlich, die Swap-Kreditlinie zwischen Bundesbank und Fed dann doch auf vier Milliarden Dollar zu verdoppeln.[72] Zugleich kaufte das amerikanische Finanzministerium bei der Bundesbank 600 Millionen Mark, bezahlte dafür aber nicht mit Dollar, sondern mit Sonderziehungsrechten – das sind Währungsreserven, die der Internationale Währungsfonds geschaffen hatte – und erklärte, Washington werde notfalls die Reserven der USA beim Internationalen Währungsfonds in Höhe von fünf Milliarden Dollar zur Stabilisierung der Währung einsetzen.

Carter kam damit der Bundesregierung in zweifacher Hinsicht entgegen: Er griff zur Stützung des Dollars auf eigene Währungsreserven zurück, und die Bundesbank erhielt für ihre Mark nicht Dollar, dessen Kurs fiel, sondern stabile Sonderziehungsrechte. Noch wichtiger war die symbolische Bedeutung. Erstmals unterwarfen sich die USA den Regeln, die für alle anderen Länder im System flexibler Wechselkurse galten, nämlich Leistungsbilanzdefizite zunächst durch eigene Mittel zu finanzieren.

Die Währungsmärkte zeigten sich entsprechend beeindruckt; der Dollar stabilisierte sich. Die Ruhe währte allerdings nur einige Monate. Am 8. August unterschritt der Kurs erneut die Grenze von zwei Mark, obwohl die Ölimporte der USA im ersten Halbjahr 1978 zurückgegangen waren. Offenkundig orientierten sich die Märkte nicht mehr an der Außenbilanz, sondern an der Inflationsdifferenz zwischen den USA und Hartwährungsländern wie der Bundesrepublik. Und in dieser Hinsicht hatte sich die Situation in den USA weiter verschlechtert. Carter war zu Beginn des Jahres 1978 von sechs Prozent Inflation ausgegangen; im Sommer mußte der Wert auf 7,25 Prozent korrigiert werden.[73]

Dennoch wollte der Präsident zunächst nicht handeln. Im Kabinett erklärte er, daß der Fall der amerikanischen Währung langfristig das Exportklima für Produkte aus den USA begünstige.[74] Seine innenpolitischen Berater wie Eizenstat, Jordan und Mondale unterstützten ihn in dieser Auffassung. Ansonsten setzte er darauf, daß ein Anti-Inflationsprogramm, das er im April erlassen hatte, auch Wirkung auf den Dollarkurs haben werde.

Doch als die Währung ein weiteres Mal an Wert verlor – gegenüber dem Schweizer Franken 5 und der Mark 2,5 Prozent –, war am 14. August bei einer Besprechung zwischen Eizenstat, Blumenthal und Schultze erstmals davon die Rede, daß die USA sich auf die »schlimmste Finanzkrise in der Geschichte« zubewegten.[75] William G. Miller, der neue Vorsitzende der Fed, und Blumenthal bedrängten Carter am nächsten Tag massiv. Miller sprach intern von der Möglichkeit einer internationalen Panik, wenn die Inflation nicht sinke.[76] In düsteren Farben malten er und Blumenthal aus, wie der Wertverlust des Dollars einer weiteren Ölpreiserhöhung durch die OPEC den Weg bereiten und die Verhandlungen zur Liberalisierung des Welthandels (GATT) gefährden könnte.[77]

Brzezinski schloß sich dem Drängen an.[78] Er wußte um die Belastung, die der niedrige Dollarkurs für die transatlantischen Beziehungen darstellte. So forderte auch die Bundesregierung Carter öffentlich zum Eingreifen auf. Washington solle nicht nur den Mund spitzen, wie es Staatssekretär Otto Schlecht vom Wirtschaftsministerium ausdrückte, sondern auch pfeifen.[79]

Freilich war die Kritik aus Bonn nicht annähernd so scharf wie zu Jahresbeginn. Daß die Dollarkrise hier nicht mehr als Druckmittel zur Durchsetzung der Lokomotivtheorie gesehen wurde, ließ Fragen der nationalen Souveränität in den Hintergrund treten, wenn es darum ging, die Schwäche der US-Währung zu beurteilen. Und der Preisnachteil für die deutschen Ausfuhren, der aus der Dollarschwäche resultierte, wurde durch die steigende Inflation in den USA mehr als kompensiert.[80] Der Wert der deutschen Exporte in die Vereinigten Staaten lag denn auch 1978 um mehr als 10 Prozent über dem Wert des Vorjahres.[81] Bezogen auf alle Länder stieg der deutsche Außenhandelsüberschuß von 38,4 Milliarden Mark (1977) auf 40,7 Milliarden Mark (1978) an. Tatsächlich verteidigte die Bundesregierung nicht in erster Linie Exportinteressen. Es ging ihr um die Abwehr importierter Inflation.[82]

Allerdings hatte man in Bonn und Frankfurt inzwischen die Hoffnung aufgegeben, durch Stützungskäufe den Dollar stabilisieren zu können; die Bundesbank stellte deshalb ihre Interventionen ein. Diese hätten keinen Sinn, bevor die »fundamentals« nicht korrigiert würden, erklärte Bundesbankpräsident Emminger Ende August.[83]

Wie recht er damit hatte, zeigte sich in den folgenden Wochen. Trotz einer Erhöhung des Diskontsatzes auf den bis dahin höchsten Wert in der amerikanischen Geschichte, einer Anhebung der Mindestreservehaltung für Auslandsgelder und vermehrter Goldversteigerungen blieb die US-Währung unter Druck.[84] Bis Ende Oktober verlor sie sogar 18 Prozent an Wert gegenüber der Mark, 7 Prozent gegenüber dem Yen und 17 Prozent gegenüber dem Schweizer Franken.[85] Auch im Verhältnis zu den schwächeren europäischen Währungen verzeichnete der Dollar deutliche Kurseinbußen. Die Märkte hatten der Carter-Regierung offenkundig das Vertrauen entzogen.

Unterdessen stieg die Inflationsrate erneut weiter an. Im Oktober 1978 nahmen die Preise für den Großhandel und für Konsumgüter, auf das Jahr umgerechnet, im zweistelligen Bereich zu. An der Börse schlug sich nun nieder, daß die Finanzwelt an Carters Willen oder Fähigkeit, die Geldentwertung einzudämmen, zweifelte. Die Aktienkurse begannen zu fallen.[86] Es war offensichtlich, daß das Anti-Inflationsprogramm vom April nicht wirkte, mit entsprechenden Folgen für den Dollarkurs. Am 19. Oktober räumte der Präsident selbstkritisch vor Mitarbeitern ein, das Dollarproblem sei gravierender, als es die Regierung nach außen hin darstelle. Man habe bislang nicht genug unternommen.[87]

Fünf Tage später kündigte Carter auch deshalb in einer Fernsehansprache eine »Phase zwei« des Anti-Inflationsprogrammes an, welche die Preissteigerungsrate 1979 auf 6,5 Prozent drücken sollte.[88] Doch noch während er sprach, begann der Kurs des Dollars an der Tokioter Börse weiter zu fallen. In den folgenden Tagen mußte die amerikanische Notenbank fast zwei Milliarden Dollar einsetzen, um einen Kollaps zu verhindern.[89] Trotzdem verlor die US-Währung im Durchschnitt mehr als ein Viertel ihres Wertes.[90] Gegenüber der Mark erreichte sie mit 1,73 Punkten ein Rekordtief.

Wie gering das Vertrauen in Carters Programm war, zeigte sich darin, daß die Goldpreise in die Höhe schossen, während der Dow-Jones-Index um knapp zehn Prozent absackte. Die Kritik an der Währungspolitik des Präsidenten, die im In- und Ausland, im Kongreß und in der Finanzwelt laut wurde, war vernichtend. Die Bonner Regierung hielt sich öffentlich zurück, aber die Bundesbank verweigerte auch weiterhin jede Stützungsmaßnahme.[91] »Die Ausländer wollen, daß wir Opfer bringen, um zu zeigen, wie sehr wir uns bemühen ...«, notierte Eizenstat über die Stimmung der Verbündeten.[92]

Blumenthals Rettungsaktion

In dieser Situation ergriff Finanzminister Blumenthal die Initiative. In seinem Ministerium war die Sorge verbreitet, die Dollarschwäche könnte hohe Zinssteigerungen zur Folge haben, so daß die Vereinigten Staaten am Ende in eine Rezession rutschten – kurz vor der Wahl 1980.

Blumenthal hatte sich von vornherein skeptisch gezeigt, daß Carters »Phase zwei« wirken werde, und deshalb seinen Staatssekretär Solomon vorab beauftragt, eine Alternative zu entwerfen. Am 25. Oktober begannen das Finanzministerium und die Fed auf der Basis von Solomons Vorarbeit, eine Liste mit einzelnen Schritten aufzustellen. Weil man Insidergeschäfte befürchtete und Sorge hatte, die Maßnahmen könnten verpuffen, wenn sie verfrüht bekannt würden, geschah das Ganze unter strenger Geheimhaltung. Solomon weihte nur eine Handvoll Personen ein.

Er plädierte ihnen gegenüber für eine »Schockbehandlung«, um die Stimmung zu drehen.[93] Solomon argumentierte, daß die grundlegenden Wirtschaftsdaten die Dollarschwäche nicht rechtfertigten. Er glaubte, spätestens im Frühjahr werde die Währung aufgrund einer Erholung der Handelsbilanz wieder an Wert gewinnen. Kern seiner Vorschläge waren eine weitere Zinserhöhung der Fed um einen Prozentpunkt sowie umfangreiche Interventionen auf den Währungsmärkten.

In der amerikanischen Notenbank stießen Solomons Vorstellungen auf Zustimmung. Anders sahen es Carters innenpolitische Berater. Eizenstat fürchtete, weitere Zinserhöhungen und das damit verbundene Risiko einer Rezession könnten die Gewerkschaften »die Wände hochtreiben«.[94] Auch Schultze ging davon aus, daß ein Zinsanstieg das Risiko einer Rezession erhöhe. Er beugte sich allerdings dem Argument, daß die Fed auch ohne drastische Maßnahmen der US-Regierung die Zinsen anziehen werde, wenn auch in kleinen

Schritten, die dann allerdings ebenso wirkungslos zu bleiben drohten wie alle bisherigen Versuche, den Wert des Dollars zu stabilisieren.[95]

Am 27. Oktober, einem Freitag, sprach Blumenthal mit Carter. Der Präsident sträubte sich zunächst gegen eine weitere Zinserhöhung.[96] Doch dann gelang es dem Finanzminister, ihn umzustimmen. Seiner Erinnerung nach sagte Blumenthal zu ihm: »Jetzt haben Sie keine Wahl mehr. Jetzt müssen Sie, um die Inflation zu bekämpfen, all das tun, was ich Ihnen in den letzten Monaten geraten habe. Und weil Sie zu lange gewartet haben, müssen Sie mehr tun, als ursprünglich nötig gewesen wäre.«[97] Er habe dem Präsidenten ausgemalt, was zu Wochenbeginn eintreten werde, wenn dieser weiterhin zögere: Der Dollar werde kollabieren, die OPEC die Ölpreise anheben, die Aktienkurse würden abstürzen, und die amerikanische Führungsposition werde erodieren.[98]

Das entscheidende Argument war dabei der Hinweis auf die Folgen der Dollarschwäche für das Anti-Inflationsprogramm.[99] Eizenstat notierte unmittelbar vor oder nach Blumenthals Gespräch mit dem Präsidenten zu dessen Position: »Die Zukunft der Administration hängt vom Erfolg des Anti-Inflationsprogramms ab. Entschlossen, es zu einem Erfolg zu machen.«[100] Selbst nach dem Mißerfolg seiner Rede und mit der internationalen Kritik vor Augen stand für Carter die amerikanische Wechselkurspolitik unter dem Primat der innen- und nicht der weltpolitischen Anforderungen.[101]

Innerhalb von vier Tagen wurde die sogenannte »Dollar rescue-operation« vorbereitet und mit der Schweiz, Japan und der Bundesrepublik koordiniert. Am 1. November erhöhte die Fed die Diskontzinsen um einen Prozentpunkt und die Mindestreserven der Banken für bestimmte Termineinlagen um zwei Prozentpunkte. Die amerikanische Regierung ging also das Risiko ein, die Konjunktur zu schwächen, um den Dollar zu stabilisieren; Schultze korrigierte seine Wachstumsprognosen um ein halbes Prozent nach unten. Die Summe für Interventionen auf den Währungsmärkten wurde auf 30 Milliarden Dollar angehoben, also mehr als verdreifacht.[102] Dazu kam schließlich noch eine Verdoppelung der Goldverkäufe.

Der Erfolg trat sofort ein. Offenbar war jetzt eine Größenordnung erreicht, welche die Märkte von der Entschlossenheit der US-Regierung zur Stützung des Dollars überzeugte. Der Dow Jones kletterte mit einem Tagesrekordsatz nach oben. Vier Wochen später hatte der Dollar knapp 12 Prozent gegenüber der Mark, 15 Prozent gegenüber dem Schweizer Franken und 13 Prozent gegenüber dem Yen zugelegt.[103] Die Dollarkrise endete beinahe so schlagartig, wie sie entstanden war. Für das deutsch-amerikanische Verhältnis bedeutete dies eine Entlastung.

10. Der NATO-Doppelbeschluß

Entlastung erfuhr das deutsch-amerikanische Verhältnis im Sommer 1978 nicht nur in wirtschaftlicher Hinsicht; auch der Konflikt über die Mittelstreckenwaffen wurde beigelegt. Die Initiative ging von Carter aus. Immer wieder hatten die Amerikaner die europäischen Verbündeten mit dem Hinweis zu beruhigen versucht, die sowjetische Mittelstreckenrüstung stelle keine Gefahr dar. Noch im April 1978 versicherte Verteidigungsminister Brown seinem Kollegen Apel, daß die US-Streitkräfte in der Lage seien, das wachsende Potential der Sowjetunion an solchen Waffen abzudecken.[1]

Doch innerhalb weniger Monate revidierte Carter die amerikanische Position. Er erklärte sich bereit, mit dem Kreml Verhandlungen über die SS-20 zu führen, und setzte sich nach und nach an die Spitze derjenigen, die eine Aufrüstung des Westens mit weitreichenden Mittelstreckenwaffen befürworteten – eben daran hatte die Bundesregierung in der NATO Interesse gezeigt. Der Präsident erfüllte damit auf einem weiteren bedeutenden Politikfeld deutsche Wünsche. Und im Gegensatz zum Entscheidungsprozeß bei der Neutronenwaffe waren Schmidt und Genscher dieses Mal bereit, Carters Forderung nach einer Stationierungsgarantie weit entgegenzukommen. Am Ende dieser Entwicklung stand der NATO-Doppelbeschluß von Dezember 1979.

Die Wende in Washington

Für den Wandel der amerikanischen Haltung gab es zwei konkrete Gründe, abgesehen davon, daß Washington die transatlantischen Beziehungen grundsätzlich zu verbessern trachtete. Erstens wollte der Präsident nach dem politischen Fiasko um die Neutronenwaffe seinen Kritikern beiderseits des Atlantiks Handlungsfähigkeit und Kompetenz demonstrieren.[2] Schon am 10. April 1978, also mitten in der allgemeinen Aufregung über Carters Entscheidung gegen die Produktion der ERW, notierte Brzezinski: »Wir werden einige Initiativen im Rüstungs- oder Sicherheitsbereich ergreifen müssen, um das Ansehen des Präsidenten zu verbessern.«[3] Daß man auf deutsche beziehungsweise europäische Forderungen nach Marschflugkörpern einging, sollte den erlittenen Vertrauens- und Ansehensverlust kompensieren.

Zum anderen benötigte Carter den Kanzler als Verbündeten. Der zweite Kalte Krieg zog auf und sorgte dafür, daß die Zahl der Senatoren zunahm, die dem SALT-Prozeß skeptisch gegenüberstanden. Das Abkommen mit der Sowjetunion stellte für den Präsidenten – neben dem Friedensprozeß im Nahen Osten – das wichtigste außenpolitische Projekt dar,[4] und daß es in der ersten Kammer des Kongresses scheitern könnte, war eine Schreckensvorstellung für das Weiße Haus, wie Richard Moe, zuständig für die Verbindungen zum Senat, notierte: »Auch für jemanden, der mit den Details nicht vertraut ist, steht fest, daß wir in dieser Angelegenheit große Schwierigkeiten bekommen können. Ich kann mir nicht vorstellen, was dem Präsidenten innen- und außenpolitisch mehr schaden würde als eine Niederlage im Senat bei SALT. Es wäre eine totale Katastrophe.«[5]

Die Deutschen hatten ihren Anteil daran, daß die Chancen einer Ratifizierung sanken.[6] Die ständige Kritik Schmidts und anderer Bonner Politiker an der amerikanischen Verhandlungsführung war Wasser auf die Mühlen von Carters Opponenten um Nitze und Senator Jackson. »Die europäische Diskussion über die Grauzonenwaffen wird in den USA häufig als Diskussion gegen das SALT-Abkommen verstanden«, notierte nach einer Reise in die USA der SPD-Abgeordnete

Karsten Voigt.[7] Diese Entwicklung wollte die US-Regierung unbedingt eindämmen und – wenn möglich – sogar umdrehen.[8] Denn Carter erwog seit langem, die europäischen Verbündeten um Rückendeckung in einer Ratifizierungsdebatte zu bitten.[9]

Als treibende Kraft innerhalb der Administration erwies sich bei dem Kurswechsel Brzezinski. Auch er hatte seine Meinung revidiert und plädierte nun für eine Stationierung weitreichender Mittelstreckenraketen, weil er um SALT fürchtete: »Persönlich war ich nie davon überzeugt, daß wir TNF aus militärischen Gründen brauchten. Ich ließ mich widerstrebend davon überzeugen, daß wir sie brauchten, um die europäische Unterstützung für SALT zu erhalten, und zwar vor allem deshalb, weil Kanzler Schmidt aus dem sogenannten eurostrategischen Ungleichgewicht, das durch die Stationierung der sowjetischen SS-20 entstanden war, eine so große Sache machte.«[10]

Um sicherzugehen, daß sich ein Fiasko wie bei der Neutronenwaffe nicht wiederholte, war Brzezinski darauf bedacht, den Entscheidungsprozeß unter die Kontrolle des NSC zu bringen. Er gewann Carter dafür, ein Presidential Review Memorandum anzuordnen, also ein formales Verfahren einzuleiten, bei dem ihm die Koordinierungsrolle zufiel. Am 22. Juni 1978 beauftragte der Sicherheitsberater im Namen des Präsidenten das Außen- und das Verteidigungsministerium, die CIA, die Vereinten Stabschefs und die Rüstungskontrollbehörde ACDA damit, Ausarbeitungen zur Stationierung weitreichender Mittelstreckenwaffen in Europa und zu entsprechenden Rüstungskontrollverhandlungen vorzulegen.[11]

In den folgenden sechs Wochen wurde in Washington unter Hochdruck gearbeitet: Das State Department erstellte eine Übersicht zur Geschichte des Abkoppelungsproblems, beleuchtete die Positionen der Verbündeten und überlegte, was notwendig sei, um die strategische Bindung zwischen Europa und den USA zu stärken. Das Pentagon notierte, welche Waffenoptionen zur Verfügung standen. Die ACDA untersuchte Möglichkeiten für Rüstungskontrollverhandlungen. Und die CIA lieferte eine Analyse der Bedrohung, die von den sowjetischen Mittelstreckenwaffen ausging.

Mitte August faßte Brzezinski die Vorlagen für den Präsidenten zusammen. Zwei unterschiedliche Sichtweisen wurden dabei deutlich.[12] Das Pentagon argumentierte, die Sowjetunion modernisiere seit Jahren ihre taktischen Nuklearwaffen mit dem Ergebnis, daß sie ihre Fähigkeiten, einen auf Europa (unter Ausklammerung des eigenen Territoriums) begrenzten Nuklearkrieg zu führen, deutlich verbessert habe. Dies könnte den Kreml zu der Annahme verleiten, die USA und ihre westeuropäischen Alliierten ließen sich voneinander abkoppeln. Verteidigungsminister Brown plädierte deswegen dafür, in Westeuropa Systeme mit Reichweiten bis in die Sowjetunion zu stationieren.

Für Brown (und auch Brzezinski) war die SS-20 zudem Teil eines größeren Problemzusammenhangs; beide fürchteten nämlich, die Sowjetunion könnte die Erstschlagfähigkeit erwerben.[13] Nachdem es nicht gelungen war, diese Sorge durch einschneidende Abrüstungsvereinbarungen (»deep cuts«) bei SALT zu entkräften, machte sich die Carter-Regierung zunehmend die Ansicht zu eigen, daß Moskau nur dann abgeschreckt werde, wenn die USA ebenfalls in die Lage versetzt wurden, einen Nuklearkrieg zu gewinnen (oder zumindest nicht zu verlieren). Zielgenaue Waffen wie in Europa stationierte Marschflugkörper waren dafür ideal.[14] Insofern war es kein Zufall, daß im August 1978 das Pentagon auf eine entsprechende Stationierung drängte und in Washington zugleich die Entscheidung fiel, die US-Verteidigungsdoktrin stärker an Kriegführungsszenarien auszurichten.[15]

Anders argumentierten demgegenüber das Außenministerium und die Rüstungskontrollbehörde. Die Bedenken der Europäer waren ihrer Auffassung nach politischen Ursprungs. Der Watergate-Skandal, die amerikanische Niederlage in Vietnam und Carters Zickzackkurs hätten das Vertrauen der Verbündeten in die Führungsfähigkeit der USA sinken lassen. Eine Stationierung von neuen Raketen oder Marschflugkörpern würde auf dem alten Kontinent nur den Eindruck erwecken, die Amerikaner – und nicht etwa die Sowjets – wollten sich die Möglichkeit schaffen, einen Nuklearkrieg in Europa führen zu können, ohne das eigene Gebiet übermäßig zu gefährden. Deshalb plädierten State Department und ACDA für eine politische Lösung: Die Europäer sollten stärker an Rüstungskontrollverhandlungen beteiligt, die SS-20 in diese einbezogen und schließlich zusätzliche strategische US-Streitkräfte der NATO assigniert werden, womit Ford bereits begonnen hatte.

In den interministeriellen Beratungen kristallisierte sich dann rasch ein Kompromiß heraus. Eine Modernisierung der weitreichenden Mittelstreckenwaffen in Europa sollte Hand in Hand gehen mit einem Verhandlungsangebot an Moskau über die SS-20 und andere sowjetische Mittelstreckensysteme. Wie James Thomson, 1977 bis 1981 Mitarbeiter im Referat »Defense Coordination« des NSC, später berichtete, ging die US-Regierung davon aus, daß der Kreml nur dann ernsthaft verhandle, wenn der Westen etwas anzubieten habe. Andererseits sei nach den Erfahrungen mit der Neutronenwaffe auch klar gewesen, daß die Verbündeten ein Verhandlungsangebot benötigten, um eine Stationierung – das war ja mit Modernisierung gemeint – innenpolitisch durchzuhalten.[16]

Unklar war, ob Verhandlungen auch dazu führen konnten, daß eine Modernisierung entfiel. Carter mochte dies zunächst nicht ausschließen, entschied sich dann jedoch dagegen.[17] Er wollte sichergehen, daß teure Mittelstreckenwaffen, wenn sie einmal produziert waren, auch aufgestellt wurden. Auf den ersten Blick schien die US-Regierung damit die gleiche Position einzunehmen wie bei der Neutronenwaffe. Aber während Carter in jenem Fall geglaubt hatte, innenpolitisch freie Hand zu haben, war die Konstellation jetzt eine andere. Das Schicksal von SALT II stand auf dem Spiel, und die Entschlossenheit des Präsidenten, die NATO zu führen, war daher ungleich größer. Das bedeutete nicht, daß er den Verbündeten eine Lösung aufzwingen wollte, aber wenn die Europäer eine Modernisierung nicht vehement ablehnten, würde er sie durchsetzen, und zwar bald.

Dabei kam ihm ein Umstand entgegen. Mit der High Level Group (HLG) – der oben erwähnten Arbeitsgruppe aus Abteilungsleitern und Staatssekretären, die seit Herbst 1977 über die Modernisierung taktischer Nuklearwaffen beriet – gab es ein Gremium, das bereits konzeptionelle Vorarbeiten geleistet hatte und in dem er die Stationierungsdebatte vorantreiben konnte. Zugleich war es wenig sinnvoll, in der NATO Verhandlungsmöglichkeiten mit der Sowjetunion im Detail zu erörtern, solange ein SALT-II-Abkommen nicht unterzeichnet war, und das war es nicht. Die Folge: Der Schwerpunkt der allianzinternen Beratungen im Herbst 1978 lag auf dem Modernisierungs- und nicht dem Verhandlungsaspekt, was die von Carter gewünschte Garantie wahrscheinlicher machte, daß teure Mittelstreckenwaffen nach einer Produktion auch Verwendung fanden.

Ende 1978 hatte die amerikanische Politik eine solche Dynamik gewonnen, daß Bonn eine Modernisierung nur um den Preis eines erheblichen allianzpolitischen Konfliktes hätte aufhalten können. Brzezinski zweifelt im Rückblick sogar daran, daß dies überhaupt möglich gewesen wäre.[18]

Einigung in der HLG

Der Wandel in der amerikanischen Haltung im Sommer 1978 wurde für Bonn zuerst in der HLG sichtbar. Als diese im September zusammentrat, erlebte die deutsche Delegation ein ganz neues Auftreten der Amerikaner, die nun die Gespräche aktiv vorantrieben und mit ihren Vorlagen auch die Bundesregierung unter Handlungsdruck setzten.[19]

Aufgrund der Vorarbeiten in den Wintermonaten wurden sich die militärischen Experten rasch einig. Die Modernisierung sollte in moderatem Umfang erfolgen.[20] Man wollte keine Gegenmacht zur SS-20 schaffen, aber eine ausreichende Anzahl von Waffensystemen für eine glaubwürdige Vergeltungsdrohung aufstellen. Das bedingte Reichweiten bis in die Sowjetunion, aber nicht notwendigerweise bis Moskau. Um die Glaubwürdigkeit der Ankoppelung zu erhöhen, sollte nicht auf See, sondern nur zu Lande stationiert werden, und zwar auf dem Territorium möglichst vieler NATO-Staaten.

Neben der Dislozierung von Marschflugkörpern erwog Washington auch den Bau einer neuen ballistischen Mittelstreckenrakete, einer Art westlichen SS-20. Je weniger Marschflugkörper aufgestellt wurden, so die Überlegung, um so weniger würde sich eine Stationierung auf SALT auswirken. Sodann sprachen die Experten über die Möglichkeit, die Pershing I, eine in der Bundesrepublik stationierte Kurzstreckenrakete, durch die Pershing II XR (extended range) zu ersetzen, die bis zu 1800 Kilometer weit fliegen konnte.

Obwohl bis zu einer endgültigen Regelung noch Monate vergingen, lagen die Präferenzen der Delegationen in der HLG bereits zu diesem Zeitpunkt bei landgestützten Marschflugkörpern und der Pershing II, da der Bau einer westlichen SS-20 zu lange gedauert hätte. Die Pershing-II-Raketen hatten zudem den Vorteil, wie Brown an Carter schrieb, daß sie der Öffentlichkeit als Verbesserung der Pershing I präsentiert werden konnten, also scheinbar versprachen, wenig Aufsehen zu erregen.[21]

Der Nachteil bestand darin, daß die Pershing I nur in der Bundesrepublik stationiert war; ihre Ersetzung durch die Pershing II verletzte damit den deutschen Grundsatz, eine Sonderstellung in der NATO zu vermeiden. Gegen die Pershing II sprachen zudem ihre technischen Eigenschaften. Die Vorwarnzeit betrug nur wenige Minuten, und die Reichweite ließ sich mit geringem Aufwand auf 2200 Kilometer erhöhen. Beides zusammengenommen konnte sie aus sowjetischer Sicht leicht als westliche Erstschlagwaffe erscheinen lassen, die auf eine Enthauptung der sowjetischen Nuklearstreitkräfte um Moskau zielte. Daß die deutsche Delegation dennoch keine Einwände erhob, machte Schmidt ihr später zum Vorwurf.[22]

Weiterhin mußte die Frage nach der Zahl der zu stationierenden Systeme beantwortet werden. Die amerikanische Vorlage nannte als untere Grenze 100 und als obere Grenze 2500 Sprengköpfe.[23] Sowohl die militärische Führung der US-Streitkräfte als auch die der NATO plädierten dafür, sich im oberen Bereich zu bewegen.[24] Doch die europäischen Delegationen votierten überwiegend dagegen. Sie fürchteten, das Wettrüsten weiter anzuheizen, und wollten zudem nicht den Eindruck entstehen lassen, die USA verschafften sich die Möglichkeit, von Europa aus einen Nuklearkrieg führen zu können. Die Verbündeten glaubten, daß nicht mehr als 600 Sprengköpfe nötig seien. Andererseits erschienen ihnen 100 zu wenig; es mußten nach einem sowjetischen Angriff noch genügend Waffensysteme für einen Vergeltungsschlag zur Verfügung stehen. Die endgültige Zahl sollte daher zwischen 200 und 600 liegen.

Nach wenigen Sitzungen war man sich in der HLG so weit einig, daß ein gemeinsamer Bericht geschrieben werden konnte, der den Verteidigungsministern zugeleitet wurde. Er enthielt die Empfehlung, bis Ende 1979 eine formale Entscheidung zu treffen.

Bonns Zurückhaltung

Während die Amerikaner auf der Arbeitsebene die Konsensfindung ohne Probleme vorantrieben, gestaltete sich die politische Abstimmung schwieriger. Anfang Oktober 1978 flog Brzezinski nach Westeuropa, um nacheinander mit Schmidt, Callaghan und Giscard über die sogenannte Grauzonenproblematik zu sprechen; sie betraf jene Nuklearwaffen, über die Ost und West weder bei SALT noch in den MBFR-Gesprächen verhandelten, insbesondere die weitreichenden Mittelstreckenwaffen. Alle drei Europäer, so notierte Brzezinski hinterher, seien besorgt über die sowjetische Rüstung, würden jedoch vor einer konkreten Lösung zurückschrecken.[25] Zwei Monate später berichtete Botschafter Stoessel aus Bonn mit ähnlicher Tendenz nach Washington: »Wie wir wissen, interessiert sich der Kanzler für alles, was das strategische Gleichgewicht, den europäischen Schauplatz und Grauzonenwaffen betrifft. Aber obwohl er einige grundlegende Fragen dazu aufgeworfen hat, bietet er selbst keine konkreten Antworten an.«[26]

Dabei hatte sich die Bundesregierung intern – nachdem Auswärtiges Amt und Verteidigungsministerium monatelang keine Einigung erzielen konnten – inzwischen auf Grundzüge eines Konzepts festgelegt. Der Bundessicherheitsrat hatte am 5. Oktober beschlossen, sich in der NATO für einen »integrierten Gesamtansatz« einzusetzen, der mit den amerikanischen Vorstellungen weitgehend übereinstimmte: Die NATO sollte modernisieren und zugleich Verhandlungen anbieten.[27]

Nicht nur Carter nahm also im Entscheidungsprozeß eine andere Haltung ein als bei der Neutronenwaffe, sondern auch Schmidt. Die ERW hatte der Kanzler nicht gewollt, die Modernisierung weitreichender Mittelstreckenwaffen wollte er nun, und zwar nicht nur, um Verhandlungsmasse zu schaffen, sondern weil er die Befürchtung des Verteidigungsministeriums teilte, wonach das sowjetische Territorium im Kriegsfall zum Sanktuarium zu werden drohte. Als der Generalinspekteur der Bundeswehr, Jürgen Brandt, ihm diesen Gedanken vortrug, stimmte Schmidt ausdrücklich zu, wie sich Brandt notierte.[28] Von einem »Mißverständnis« (Haftendorn) – der Deutsche habe nur verhandeln wollen, die US-Regierung hingegen sei davon ausgegangen, er wolle modernisieren – kann insofern keine Rede sein.[29]

Allerdings wollte der Kanzler unbedingt vermeiden, Washington gegenüber als Demandeur aufzutreten. Schon in der Debatte um die Neutronenwaffe hatte er argumentiert, Bonn dürfe nicht den Eindruck erwecken, Produktion und Stationierung amerikanischer Nuklearwaffen beeinflussen zu wollen. Dieser Grundsatz mußte erst recht im Fall von Mittelstreckenraketen gelten, denen ungleich größere politische Bedeutung zukam. Die Erfahrung, die Schmidt mit Carter bei der ERW gemacht hatte (beziehungsweise gemacht zu haben glaubte), wird ihn in seiner Vorsicht noch bestärkt haben.

Schmidt äußerte im Herbst 1978 mehrfach die Sorge, die Bundesrepublik könnte – weil sie an politischem Gewicht zugenommen habe – isoliert werden. Das Projekt eines Europäischen Währungssystems erzeugte bereits Mißtrauen bei den europäischen Verbündeten.[30] Da lag es besonders nahe, sich in der Frage der Mittelstreckenwaffen zurückzuhalten, wie Schmidt notierte: »Gefahr der Isolation: keine deutsche Fü.[hrungs-] Rolle«.[31]

Dafür sprach nicht zuletzt auch der zu erwartende innenpolitische Widerstand. Am 23. Oktober notierte Verteidigungsminister Apel, daß in den Beratungen der HLG vor allem militärische Fragen und Überlegungen zur Kosteneffektivität eine Rolle spielten. Es sei jedoch viel zu wenig beachtet worden, daß eine Modernisierung weitreichende

Auswirkungen auf die Entspannungspolitik, auf den Zusammenhalt des Bündnisses wegen der Dislozierungsfrage, aber auch auf die finanzielle Lage habe. Die Stationierung würde schließlich mehrere Milliarden Mark kosten.

Apel drängte auf eine Grundsatzentscheidung der Bundesregierung unter Einbeziehung der Koalitionsspitzen – offenkundig wollte sich der Verteidigungsminister absichern, weil er fürchtete, von Schmidt die Verantwortung für eine Entscheidung zugeschoben zu bekommen, die er allein nicht tragen wollte.[32] Der Argwohn, anderen könnte es an Standfestigkeit fehlen, war allgegenwärtig: Schmidt mißtraute dem amerikanischen Präsidenten, Apel dem Kanzler, Brzezinski sorgte sich um Carter, dieser wiederum zweifelte an der Verläßlichkeit Schmidts.

Nach der Auseinandersetzung um die ERW war zu erwarten, daß es um die Stationierung von Mittelstreckenwaffen zu einer mindestens ähnlich heftigen innenpolitischen Debatte kommen werde. Als Vorzeichen dafür mußte Schmidt deuten, daß Egon Bahr ihn in einem Brief Ende 1978 ausdrücklich davor warnte, eine angeblich verunsicherte sowjetische Führung, die sich von China bedrängt fühle, durch die Dislozierung von Mittelstreckenwaffen zu Kurzschlußhandlungen zu treiben. Der SPD-Geschäftsführer forderte von Schmidt, was dieser stets von Carter verlangt hatte: größere Rücksichtnahme auf die innenpolitische Lage Breschnews.[33]

Die Vermutung liegt nahe, daß Schmidt vor diesem Hintergrund versuchte, sich von der amerikanischen Regierung einen Doppelbeschluß aufdrängen zu lassen. Anders ist nicht zu erklären, daß er am 5. Oktober – also an dem Tag, an dem der Bundessicherheitsrat so eindeutig Stellung für einen »integrierten Gesamteinsatz« bezog – dem Präsidenten in einem Telefonat eine allgemeine Aussprache der vier wichtigsten westlichen Verbündeten zur Militärstrategie der NATO vorschlug.[34]

Daß es dabei um den Mittelstreckenbereich gehen würde, war absehbar,[35] und auch, daß Carter vom Kanzler bei einer solchen Gelegenheit die Zustimmung zu einer Modernisierung einfordern würde. Schmidt konnte dann gegenüber Kritikern auf amerikanischen Druck verweisen. Angebliche

Sachzwänge sollten offenkundig ersetzen, was ihm an innenpolitischem Rückhalt fehlte. Das dürfte auch erklären, warum er vor einem Treffen mit Carter die Abstimmung innerhalb der SPD-Spitze nicht vorantrieb. Bezeichnenderweise argumentierte er am 15. Dezember in seinem Antwortbrief auf das erwähnte Schreiben von Bahr, daß eine SPD-Kampagne gegen eine TNF-Modernisierung das Risiko trage, das Verhältnis zu den USA zu belasten. Der Kanzler bat den SPD-Geschäftsführer deshalb um Zurückhaltung.[36]

Es ist in diesem Zusammenhang nicht ohne Ironie, daß Carter dem Vorschlag eines Vierer-Treffens zustimmte, weil er seinerseits hoffte, den deutschen Regierungschef, aber auch den französischen Präsidenten und den britischen Premier in die Pflicht nehmen zu können. Ein Termin wurde mit Giscard und Callaghan für Anfang Januar vereinbart.

Der Gipfel von Guadeloupe

Guadeloupe ist eine der schönsten Inseln der Antillen, mit tropischen Stränden und Hügeln voller Regenwald. Giscard hatte die drei anderen Staats- und Regierungschefs, Callaghan, Carter und Schmidt, in das Nobelhotel Hamak in St. François eingeladen. Pressefotos zeigen eine kleine, entspannte Runde unter Palmen. Zunächst, am Morgen des 5. Januar 1979, besprachen sich die vier allein. Am Nachmittag und am folgenden Tag zog jeder einen Mitarbeiter hinzu; Schmidt hatte den Leiter der außenpolitischen Abteilung im Kanzleramt, Ruhfus, dabei.[37]

Der Gipfel von Guadeloupe brachte der Bundesregierung und insbesondere Schmidt enormen Ansehenszuwachs. Erstmals seit Ende des Zweiten Weltkrieges traf ein deutscher Kanzler auf gleicher Augenhöhe mit den Staats- beziehungsweise Regierungschefs der drei westlichen Siegermächte zusammen. Und Schmidt genoß dies sichtlich.

Das Treffen diente dem Meinungsaustausch. Beschlüsse wurden nicht gefaßt. Die Gespräche kreisten um China, den Nahen und Mittleren Osten und natürlich die Mittelstrekkenwaffen. Als Vertreter einer Nicht-Nuklearmacht hielt sich der Kanzler dabei zurück. Brzezinski mokierte sich später darüber, daß Schmidt nur einen allgemeinen Grundsatzvortrag gehalten habe.[38]

In der Gesprächsrunde am Nachmittag des 5. Januar 1979 ergriff zunächst Carter die Initiative und bot den Verbündeten an, die Mittelstreckenwaffen in eventuellen SALT-III-Verhandlungen zu thematisieren.[39] Callaghan und Schmidt stimmten sofort zu; Giscard, der zunächst eine Einbeziehung französischer Nuklearwaffen befürchtete, schloß sich später an, als deutlich wurde, daß seine Bedenken grundlos waren. Sodann stellte Carter den Verbündeten in Aussicht, neue Mittelstreckenwaffen in Europa zu dislozieren. Er verwies allerdings auf die erheblichen Produktionskosten und wollte vorab wissen, ob die Europäer zur Stationierung bereit seien. Nur dann könne er den Kongreß um die Bewilligung der erforderlichen Mittel bitten.

Die Antworten waren für den Präsidenten enttäuschend. Schmidt signalisierte zwar seine grundsätzliche Zustimmung, verlangte jedoch, daß ein weiteres Stationierungsland gefunden werde. »Präsident Carter versteifte sich sichtlich«, berichtete Callaghan später. »Wenn Deutschland nicht bereit sei, die notwendige Stationierung zu akzeptieren, sagte er, könne man nicht erwarten, daß andere es an seiner Stelle tun.«[40] Schließlich habe Schmidt die Diskussion über ein nukleares Ungleichgewicht in Europa in Gang gesetzt.[41]

Auch Callaghan und Giscard gaben Carter nicht die Unterstützung, die er sich erhofft hatte. Der Franzose begrüßte zwar die Idee einer Modernisierung, um Verhandlungsmasse zu schaffen, ließ aber keinen Zweifel daran, daß sein Land sich nicht daran beteiligen werde. Man sei lediglich bereit, ein eigenes Marschflugkörper-Programm zeitgleich mit der Entscheidung der Verbündeten über die Stationierung amerikanischer Marschflugkörper anzukündigen.[42] Und Callaghan wollte vor einem Beschluß abwarten, was die Gespräche über die Mittelstreckenwaffen beim anstehenden amerikanisch-sowjetischen Gipfel ergäben.[43] Es wurde allgemein angenommen, daß Carter und Breschnew sich in absehbarer Zeit bei einer Unterzeichnung des SALT-II-Abkommens treffen würden. Grundsätzlich sprach sich der britische Premier dafür aus, erst zu verhandeln und danach über eine Stationierung zu entscheiden.[44]

Als die vier Staats- und Regierungschefs am frühen Abend auseinandergingen, war man aus amerikanischer Sicht nicht weitergekommen. Carter zeigte sich verärgert, denn er stand vor dem gleichen Problem wie bei der Neutronenwaffe: »Die europäischen Politiker wollten die Vereinigten Staaten die neuen Waffen planen, entwickeln und herstellen lassen, aber keiner von ihnen war im voraus bereit, einer Stationierung zuzustimmen.«[45] Am nächsten Morgen verkündete der Präsident, daß er Breschnew auf die SS-20 ansprechen und ihm Verhandlungen auf der Basis einer Modernisierung anbieten werde. Die Europäer bat er, vorab zu überlegen, was er dem sowjetischen Generalsekretär im Detail vorschlagen solle. Brzezinskis Stellvertreter Aaron werde zu Konsultationen nach Europa reisen.

Schmidt begrüßte diesen Schritt, doch die Verantwortung für einen Verhandlungsvorschlag gab er zurück: Aaron solle mit klaren Vorstellungen in die europäischen Hauptstädte kommen. Wie der Kanzler wenige Wochen später in einem Gespräch mit Breschnews Abgesandtem Lednew sehr freimütig erklärte, wollte er Carter nicht aus der Pflicht entlassen: »Ihm [Schmidt, K.W.] wäre es angenehm, mit einer kontinuierlichen amerikanischen Linie rechnen zu können, so daß die USA ihre strategischen Waffenentscheidungen selbst treffen, statt daß er ihnen solche Entscheidungen abnehmen oder [solche] mittragen solle. Es sei ihm zuwider, Entscheidungen öffentlich zugeschoben zu bekommen, von denen die Amerikaner nur froh sind, wenn sie ihnen abgenommen werden ...«[46]

Stationierung ohne Verhandlungen?

Carter war nach Guadeloupe an dem gleichen Punkt angekommen, an dem er bei der Neutronenwaffe die allianzinterne Entschlußbildung gestoppt hatte. Er wollte eine Dislozierungsgarantie, und die Europäer gaben sie ihm nicht.

Doch erneut die Reißleine zu ziehen war dem Präsidenten in diesem Fall verwehrt. Ihm blieb mit Blick auf SALT keine andere Möglichkeit, als auf dem einmal eingeschlagenen Weg voranzuschreiten und darauf zu setzen, am Ende von den Europäern doch noch ein verbindliches Wort zu erhalten. Er wies Brzezinski daher nach seiner Rückkehr an, in Abstimmung mit dem Verteidigungsministerium verschiedene Stationierungsmodelle ausarbeiten zu lassen, die Aaron den Verbündeten vorstellen sollte.

Im Februar reiste Brzezinskis Stellvertreter nach London und Bonn und präsentierte dort weitgehend dieselben Vorschläge, auf die sich die HLG geeinigt hatte. Die Bundesregierung stimmte unter den gleichen Bedingungen zu, auf die sie sich schon bei der Neutronenwaffe zurückgezogen hatte: Die Produktionsentscheidung solle ausschließlich eine amerikanische Angelegenheit sein; Schmidt wollte nicht den Anschein erwecken, er strebe nach einer Änderung des nichtnuklearen Status der Bundesrepublik; Raketen dürften nicht nur in der Bundesrepublik stationiert werden; ein Bündnisbeschluß sei notwendig, um auch die Nicht-Stationierungsländer in die Verantwortung einzubeziehen.[47]

Ein Problem schien, wie von Carter geahnt, die deutsche Forderung nach einem zweiten kontinentaleuropäischen Stationierungsland zu sein. Sowohl Belgien wie Holland zeigten sich reserviert. Doch zur allgemeinen Überraschung erklärte sich Italien zur Aufnahme bereit. Offenbar erhoffte sich Rom davon einen Macht- und Prestigezuwachs in der Allianz. Als schwieriger erwies sich eine Einigung über die Verbindung zwischen Verhandlungen und einer Dislozierung. Um die Europäer auf eine Stationierungsgarantie zu verpflichten, versuchte Carter beides zu entkoppeln. Über ein Verhandlungsangebot an Moskau sollte innerhalb der NATO erst gesprochen werden, wenn die Ratifizierung des – noch nicht einmal unterzeichneten – SALT-II-Abkommens abgeschlossen war (die Unterzeichnung erfolgte im Juni).

Schon während Aarons Besuch gab die Bundesregierung allerdings zu erkennen, daß sie eine Entkoppelung inakzeptabel fand, zumal nun eintrat, was sich abgezeichnet hatte.

Im Februar begann sich in der SPD massiver Widerstand gegen eine Raketenstationierung zu formieren.[48] Der Fraktionsvorsitzende Wehner, auf dessen Unterstützung Schmidt maßgeblich angewiesen war, warnte diesen in einem Zeitschriftenbeitrag: »Es entspricht nicht der realen Lage der Bundesrepublik, mit der vorgeblichen Notwendigkeit zusätzlicher Waffensysteme zu argumentieren und dabei die Gefahr heraufzubeschwören, daß die Bundesrepublik zum Träger solcher Waffen gemacht würde, statt die Kräfte des Bündnisses in die Waagschale von Rüstungsbegrenzung und Rüstungsabbau zu bringen [sic].«[49]

Die Abrüstungsexperten der Fraktion, Ehmke und Alfons Pawelczyk, führten die amerikanischen Argumente aus den Vorjahren ins Feld: Eine sowjetische Überlegenheit bei Mittelstreckenwaffen habe es immer gegeben; die SS-20 verschaffe Moskau keine neuen Optionen; die USA seien auch weiterhin in der Lage, die SS-20-Drohung durch ihre Interkontinentalwaffen zu kontern; eine Stationierung von Mittelstreckenraketen koppele ab und nicht an.[50] Die Dislozierung kam aus diesem Blickwinkel nur in Frage, falls Verhandlungen über die SS-20 scheiterten. Der Westen solle ohne Stationierungsbeschluß verhandeln.

So weit wollte Schmidt nicht gehen. Aber wie Apel bei Gesprächen mit Brown deutlich machte, konnte die Bundesregierung einem Modernisierungsbeschluß nur zustimmen, wenn zugleich ein Rüstungskontrollangebot an die Russen vorlag.[51] Schmidt ließ Anfang März bei einer Tagung des Aspen-Instituts in Berlin durchblicken, daß er in dieser Frage alle Register zu ziehen bereit war: »Er [Schmidt, K.W.] sehe die Tendenzen in den Vereinigten Staaten. Bei deutscher Zurückhaltung [hinsichtlich der Modernisierung, K.W.] mit bestimmten Verhaltensweisen zu ›drohen‹ [sic]. Doch könne er sich wohl sehr gut vorstellen, … seine bisher eingenommene Haltung gegenüber der SALT-II-Ratifizierung ebenfalls zu modifizieren.«[52]

Gegen eine Entkoppelung von Stationierungsbeschluß und Verhandlungsangebot und dessen Beratung erst nach einer SALT-II-Ratifizierung sprachen aus deutscher Sicht neben innen- auch machtpolitische Erwägungen. Denn damit hätte die Bundesregierung ihr wichtigstes Druckmittel vorzeitig aus der Hand gegeben. Hatte ein SALT-II-Abkommen erst einmal den Senat passiert, gab es für Carter deutlich weniger Anreiz, auf die Wünsche der Verbündeten einzugehen.

Da London und Den Haag die Bonner Haltung teilten,[53] gab die US-Regierung schließlich nach. Als der deutsche Abrüstungsbeauftragte Friedrich Ruth im NATO-Rat vorschlug, eine Special Group (SG) einzurichten, die die Grundlagen für Verhandlungen über den Mittelstreckenbereich formulieren sollte, stimmte der US-Botschafter zu. Ende April erteilte die Nukleare Planungsgruppe bei einer Tagung in Homestead, Florida, der SG und der High Level Group den Auftrag, Vorlagen für einen Doppelbeschluß auszuarbeiten, der Modernisierung und Rüstungskontrollangebot zusammenführen sollte.

Auf dem Weg zum Doppelbeschluß

In den folgenden Monaten arbeiteten Amerikaner und Deutsche, die sich besonders mit den Briten abstimmten, in der Special Group und in der High Level Group eng zusammen. Zunächst suchten die USA in der SG möglichst allgemeine Prinzipien zu vereinbaren, weil sie fürchteten, daß hier ein Forum entstehen könnte, in dem die amerikanische SALT-Politik auf den Prüfstand gestellt würde. Doch als sich zeigte, daß die meisten Europäer daran kein Interesse hatten, legte sich diese Sorge.[54]

Zügig wurde Einigkeit darüber erzielt, daß die Verhandlungen zu einem teilweisen Stationierungsverzicht führen könnten; ungefähr 200 Systeme sollten aber nach deutscher Auffassung in jedem Fall disloziert werden.[55] Dies war freilich nicht die von Carter gewünschte Stationierungsgarantie, denn die Diskussionen in der HLG galten immer noch als Expertenberatungen, denen die letzte Verbindlichkeit fehlte.

Amerikaner und Sowjets sollten in besonderen Gesprächsrunden im Rahmen des SALT-III-Prozesses verhandeln; SALT III drohte schwierig genug zu werden, und die Europäer wollten den Mittelstreckenbereich nicht von einer Einigung über die Interkontinentalwaffen abhängig machen. Zudem wußte niemand, wie lange die Ratifizierung des SALT-II-Abkommens anhängig sein würde, und ein eigener Verhandlungsrahmen, auch wenn er innerhalb von SALT III lag, konnte da Vorteile bieten.[56]

Französische oder britische Nuklearwaffen einzubeziehen war nicht vorgesehen. Es wurde vielmehr festgelegt, in den Gesprächen mit der Sowjetunion schrittweise vorzugehen und zuerst über landgestützte Raketen, insbesondere die SS-20, zu reden. Das erschien erfolgversprechender, als andere TNF, etwa nuklear bestückte Flugzeuge, früh zu thematisieren. Um sicherzustellen, daß die europäischen Interessen ausreichend Berücksichtigung fanden, sollte die Special Group während der amerikanisch-sowjetischen Verhandlungen weiterhin zusammenkommen. Die Grundsätze waren nicht in jeder Hinsicht schlüssig.[57] Aber sie bildeten ein Angebot an Moskau, auf dessen Grundlage ernsthafte Gespräche möglich waren. Daß diese schwierig sein würden, war allerdings auch absehbar.

In der High Level Group verlief die Zusammenarbeit, soweit sie Bonn und Washington betraf, ebenfalls weitgehend reibungslos. Die US-Administration einigte sich Anfang Juli intern darauf, den Verbündeten die Stationierung von 108 Pershing-II-Raketen und 464 Marschflugkörpern vorzuschlagen. Daß die amerikanische Regierung sich eher an der oberen Größenordnung von 600 Systemen orientierte, welche die HLG vorgeschlagen hatte, begründete sie damit, sie wolle in der Lage sein, in Verhandlungen die Zahl der zu stationierenden Systeme zu reduzieren. Weiterhin wollte sich Washington für den Fall absichern, daß eines der potentiellen Stationierungsländer doch noch absprang. Und schließlich ging Brzezinski davon aus, daß Moskau nur verhandeln werde, wenn ein ungefähres Gegengewicht zur SS-20 bestehe. Die US-Regierung nahm zu diesem Zeitpunkt an, die sowjetische Führung werde 200 SS-20 mit 600 Sprengköpfen in Europa stationieren.[58]

Daß die HLG sich letztlich auf die Zahl 572 einigte, hatte technische und finanzielle Gründe, die an anderer Stelle beschrieben worden sind.[59] Für die Bundesrepublik waren alle

108 Pershing II sowie 112 Marschflugkörper vorgesehen. Auf Insistieren Bonns wurde die Zahl der Marschflugkörper auf 96 reduziert. Die Deutschen bekamen damit weniger als Italien und Großbritannien; das war der Bundesregierung wichtig, da Westdeutschland bereits aufgrund der geplanten Pershing-II-Stationierung eine Sonderstellung einnahm. 1983 sollte die Aufstellung beginnen. Ende September 1979 waren die Beratungen so weit abgeschlossen, daß der HLG-Vorsitzende David McGiffert die Ergebnisse zusammenfassen konnte, um sie den NATO-Gremien zur offiziellen Beschlußfassung zuzuleiten.

Schmidt unter Druck

Unterdessen wuchs in der SPD die Unzufriedenheit. Da immer größere Teile der amerikanischen Öffentlichkeit der Entspannungspolitik skeptisch gegenüberstanden, hatte sich unter den Sozialdemokraten schon seit längerem die Auffassung verbreitet, Carter opfere die Entspannung seinen innenpolitischen Interessen.[60] Die Jusos sprachen gar von einer »innerstaatlichen Militarisierung« der USA seitens »konservativer Kräfte«.[61] Wehners außenpolitischer Berater Eugen Selbmann behauptete, Carter zahle an den militärisch-industriellen Komplex zurück, was er von diesem an Wahlkampfspenden erhalten habe.[62] Die Vorgeschichte – daß die Bundesregierung den Mittelstreckenbereich thematisiert und Washington lange gezögert hatte – war in der deutschen Öffentlichkeit und auch in der SPD-Spitze vielen unbekannt.

Vor diesem Hintergrund wuchsen im linken Parteispektrum Zweifel daran, ob die US-Regierung überhaupt Interesse an Verhandlungen habe. So mutmaßte etwa Erhard Eppler, später einer der prominentesten Sozialdemokraten in der Friedensbewegung: »Die Amerikaner werden den Teufel tun, die Raketen in Europa nicht zu stationieren, wenn sie erst einmal den NATO-Beschluß erreicht haben. Die werden mit den Russen nur pro forma über Abrüstung verhandeln.«[63]

Als im Vorfeld eines Besuches von Schmidt in Washington die SPD-Spitze Mitte Mai 1979 im Kanzleramt zusammentrat, um die Position zu beraten, die der Regierungschef zu vertreten beabsichtigte, kam es zu einer heftigen Kontroverse zwischen diesem und Bahr, in welcher der SPD-Geschäftsführer mit Rücktritt drohte.[64] Es sei wohl, so argumentierte Bahr, ein »amerikanischer Trick« gewesen, »weitreichende Grundsatzfragen zu überrollen durch die technisch harmlose Vokabel der Modernisierung«.[65]

Der Kreml müsse jedenfalls den Eindruck gewinnen, die USA schützten sich durch SALT und würden sich durch die Stationierung von Mittelstreckenwaffen neue Optionen schaffen. Die Bundesregierung würde den Amerikanern mit einer Modernisierung »den Arm leihen, mit dem man die Sowjetunion erreichen kann. Wir würden zu einem Instrument der Amerikaner, statt daß wir wie Frankreich und England über derartige Instrumente selbst verfügen können.« Das sei das Ende der Ostpolitik, und ohne sie würden sich die nächsten Wahlen nicht gewinnen lassen. Zwar fand Bahr nur bei Horst Ehmke Unterstützung. Willy Brandt erklärte sich zum Nicht-Experten, und Herbert Wehner schwieg die ganze Zeit, doch es war offenkundig, daß sie – wie die sozialdemokratische Basis – Bahrs Position zuneigten.

Mehrere Motive waren dafür verantwortlich: zunächst ein tiefes Mißtrauen gegenüber den USA und die daraus resultierende Annahme, die westliche Supermacht wolle die Bundesrepublik als »Trägerschiff« (Wehner)[66] für eine Bedrohung der Sowjetunion nutzen oder – so die Vermutung Bahrs – die deutsche Ostpolitik unter Kontrolle bringen.[67] Damit einher ging bei Wehner die Auffassung, daß die SS-20 keineswegs eine solche Gefahr darstelle, wie Schmidt behauptete. Und im Hintergrund, alles überwölbend, stand die Sorge um die Entspannungspolitik, das Lebenswerk Brandts und Bahrs. Letzterer war zwar wie Schmidt der Ansicht, daß die SS-20-Rüstung nicht ohne Antwort des Westens bleiben dürfe; er wollte aber ohne Stationierungsgarantie mit Moskau verhandeln.[68]

Zunächst zeigte sich Schmidt von der Kritik unbeeindruckt. In einem Brief, den er wenige Tage nach dem Treffen an Carter schickte, betonte er ausdrücklich, daß es zwar ein ernsthaftes Verhandlungsangebot des Westens geben müsse, dieses aber eine Stationierung nicht ersetzen könne.[69] Wie zu erwarten, war dem Präsidenten dieser Passus willkommen, und in seinem Antwortschreiben wenige Tage später unterstrich er seinerseits, daß in jedem Fall das Aufstellen von Raketen (»some essential deployments«) nötig sei.[70]

Doch als der Kanzler am 5. Juni in die USA reiste, wurde deutlich, daß der Druck aus der SPD-Spitze gewirkt hatte. In Washington wurde Schmidt bereits mit Sorge erwartet, wie sich Thomson später erinnerte: »US-Vertreter betrachteten dieses Treffen als letzten Punkt, an dem der LRTNF-Zug, der inzwischen Fahrt aufgenommen hatte, noch gestoppt oder zum Entgleisen gebracht werden konnte.«[71]

Und in der Tat war Schmidt bemüht, die sich anbahnende Entscheidung zu modifizieren. Bei dem gut einstündigen Gespräch mit Carter am 6. Juni sondierte er, ob die offizielle Verabschiedung des Doppelbeschlusses, die für Dezember vorgesehen war, verschoben werden könne. Er argumentierte, es bestehe die Gefahr, daß eine oberflächliche Entscheidung getroffen werde, die später korrigiert werden müsse. Auch gab er zu bedenken, den geplanten Waffenmix durch eine Stationierung von Marschflugkörpern auf Überseeschiffen vor den Küsten Westeuropas zu ersetzen, eine von Schmidt seit längerem erwogene Idee.[72] Eine Dislozierung in der Bundesrepublik wäre damit erheblich geringer ausgefallen oder sogar überflüssig geworden. Und schließlich deutete der Kanzler erstmals an, daß er es befürworten würde, öffentlich einen Stationierungsverzicht als Verhandlungsziel anzukündigen, um dem Argument, das Gesprächsangebot des Westens sei nicht ernst gemeint, den Boden zu entziehen.[73]

Carters Antworten waren entgegenkommend, soweit es die ersten Bemerkungen Schmidts betraf. Eine Verschiebung des Beschlusses sei möglich, wenn es sich als nötig erweisen sollte. Einen westlichen Stationierungsverzicht beurteilte Carter skeptisch; eine Seestationierung lehnte er gleich ab. Dennoch trugen Schmidt und Bahr diese Idee in den kommenden Wochen in Gesprächen mit der amerikanischen Regierung vor.[74] Apel erkundete bei verschiedenen europäischen Verbündeten, was sie von dieser Möglichkeit hielten.

Doch Washington, unterstützt von der gerade gewählten

Margaret Thatcher, insistierte, daß es der Sinn der Modernisierung sei, durch eine Stationierung auf dem Festland den Risikoverbund zwischen den USA und Europa herauszustellen. Auch seien bei einer Seestationierung die Probleme der politischen Beteiligung schwer zu lösen, wie das Scheitern der Multilateral Force (MLF) in den sechziger Jahren gezeigt habe. Und schließlich verwiesen die Amerikaner darauf, daß der Bonner Vorschlag keine Unterstützung fand. Viele Europäer fürchteten die immensen Kosten, die der Bau zusätzlicher Schiffe aufwarf. Und Dänemark wie Norwegen, deren Häfen für eine Seestationierung gebraucht wurden, signalisierten, daß für sie eine solche Lösung nicht in Frage komme. Die Absage fiel Washington um so leichter, als aus dem Bonner Verteidigungsministerium wie dem Auswärtigen Amt die Information einging, Schmidt unternehme seine Vorstöße vor allem deshalb, um später in der SPD sagen zu können, er habe alles versucht.

Als Carters wichtigster Verbündeter in der Bundesregierung erwies sich Genscher.[75] Die FDP hatte schon im Sommer 1978 beschlossen, die Sicherheitspolitik stärker zur Profilierung zu nutzen.[76] Das Kräfteverhältnis zwischen Kanzler und Außenminister im Frühjahr 1979 beleuchtet ein Vorfall aus einem anderen Bereich der Rüstungskontrolle. Schmidt hatte sich im März entschlossen, die MBFR-Verhandlungen in Wien mit einem Vorschlag, der die Bundeswehr betraf, voranzubringen. Obwohl er wissen mußte, daß Genscher seine Auffassung nicht teilte, trug er die Idee im Bundestag vor. Der Außenminister, der mit schweren Herzbeschwerden im Krankenhaus lag, setzte noch vom Krankenbett aus durch, daß der Kanzler den Text seiner Rede für das Protokoll des Bundestages abschwächte.[77]

An Genscher führte in der Sicherheitspolitik kein Weg vorbei, und er machte deutlich, daß für ihn eine Nachrüstung Vorrang hatte. Vor dem NATO-Rat der Außenminister erklärte er Ende Mai 1979: »Es darf auf keinen Fall zu einer Wiederholung der Diskussion nach Art und psychologischer Auswirkung kommen, wie wir das bei der Neutronenwaffe erlebt haben.«[78] Die Modernisierung sei »militärisch wie auch politisch unabweisbar notwendig«.

Den Versuchen Schmidts, die sich anbahnende Entscheidung zu modifizieren, waren insofern Grenzen gesetzt. Am 7. Juli erklärte er erstmals auf einer SPD-Bezirksversammlung in Kassel, daß eine westliche Nachrüstung durchaus entfallen könnte bei entsprechendem sowjetischem Entgegenkommen.[79] Als freilich Brzezinski gut zwei Wochen danach bei einem Treffen mit dem Kanzler betonte, die Allianz müsse mit der Stationierung unabhängig von Verhandlungen vorangehen, erwiderte Schmidt, daß er dem nicht widerspreche.[80]

Ende Juli forderte die Bundesregierung dann plötzlich, daß zu keinem Zeitpunkt der Stationierung die Bundesrepublik in eine singuläre Lage kommen dürfe, also in allen beteiligten Ländern gleichzeitig disloziert werden solle.[81] Obwohl das aus technischen, finanziellen und logistischen Gründen große Probleme aufwarf, sagte Washington zu, die Pershing-II-Raketen ungefähr zeitgleich mit den Marschflugkörpern in Italien und Großbritannien zu installieren.

Am weitesten ging der Kanzler möglicherweise bei einem dreistündigen Kurzbesuch in Moskau am 25. Juni 1979. Wenn es stimmt, was sowjetische Quellen berichten, hat Schmidt, der auf dem Weg nach Tokio war, während des Gesprächs auf dem Flughafen in Aussicht gestellt, auf eine Modernisierung zu verzichten, wenn die Zahl der sowjetischen Sprengköpfe infolge der Ersetzung der veralteten SS-4 und SS-5 durch die SS-20 nicht größer werde.[82] Doch der Kreml nahm diesen Anstoß – wenn es ihn denn gegeben hat – nicht auf.

Auch Carter, dessen innerer Widerwillen gegen eine neue Stationierung sich noch nicht endgültig gelegt hatte, versuchte das Mittelstreckenproblem im direkten Gespräch mit der sowjetischen Führung zu lösen, und zwar bei dem Gipfeltreffen mit Breschnew Mitte Juni in Wien aus Anlaß der Unterzeichnung von SALT II. Am zweiten Verhandlungstag, dem 17. Juni, präsentierte Carter dem Generalsekretär eine ganze Reihe von Ideen für SALT III. Darunter befand sich auch der Vorschlag eines Produktionsstopps von Nuklearsprengköpfen.[83] Die weitere SS-20-Rüstung wäre davon ebenso erfaßt worden wie die Pläne zur Stationierung von Marschflugkörpern und Pershing-II-Raketen.[84]

Als Carter und Breschnew nach ihrem Gespräch mit den

Dolmetschern im Fahrstuhl fuhren, bat der sowjetische Diktator den Präsidenten, die Vorschläge aufzuschreiben, was Carter noch am gleichen Tag tat. Das Dokument ist in seinen Memoiren abgedruckt.[85] Wäre der Generalsekretär darauf eingegangen, hätte dies aller Wahrscheinlichkeit nach den Doppelbeschluß verhindert. Doch Breschnew lehnte ab, sich vor einer Implementierung von SALT II auf weitergehende Schritte festzulegen.[86] Und so blieb der Zug zum NATO-Doppelbeschluß auf dem Gleis.

Am 20. September billigte der Bundessicherheitsrat die Arbeiten der HLG und der SG – inklusive der Feststellung, daß Verhandlungen eine Modernisierung begrenzen, aber nicht ersetzen könnten. Als Schmidt einen Tag danach mit Carter telefonierte, teilte er ihm mit, in allen wichtigen Fragen herrsche Übereinstimmung zwischen Bonn und Washington.[87]

Enge Verbündete

Je näher der Doppelbeschluß rückte, um so enger wurde die Zusammenarbeit zwischen Schmidt und Carter, denn der potentielle politische Schaden eines Scheiterns nahm mit jedem Tag zu. Gemeinsam bemühten sich Bonn und Washington, innerhalb der NATO einen möglichst breiten Konsens herbeizuführen.[88] Versuche Dänemarks, die Beschlußfassung hinauszuzögern, scheiterten am deutsch-amerikanischen Widerstand. Auch die holländische Regierung wurde von beiden Seiten unter Druck gesetzt, allerdings vergebens.[89] Das niederländische Parlament votierte gegen den Doppelbeschluß, so daß die Regierung in Den Haag sich am Ende die endgültige Stationierungsentscheidung vorbehielt.[90]

Sodann kooperierten Schmidt und Carter erneut eng miteinander, als Breschnew im Oktober doch noch den sich anbahnenden Doppelbeschluß zu unterlaufen suchte und dem Westen – viel zu spät – vorschlug, die Anzahl der Träger von Mittelstreckenraketen in der westlichen Sowjetunion nicht zu erhöhen, falls die NATO auf eine Stationierung verzichte. Breschnew kündigte zudem den Abzug von Truppenteilen und deren Ausrüstung aus der DDR an.[91] Carter entschloß sich auf deutsches (und holländisches) Drängen, darauf mit dem Abtransport von 1000 überflüssigen Nuklearsprengköpfen aus Westeuropa zu antworten.

Und schließlich unterstützten Schmidt und Carter einander auch innenpolitisch. Im August begann die Ratifizierungsdebatte zum SALT-II-Abkommen im Senat, und dort zeigte sich rasch, daß die Chancen auf einen Abstimmungserfolg des Präsidenten noch schlechter standen als erwartet. Carter brauchte daher den Doppelbeschluß mehr denn je, um das Argument zu entkräften, er vernachlässige die Sicherheit der Verbündeten. Die Bundesregierung setzte sich öffentlich und vorbehaltlos für die Ratifizierung ein.[92]

Als Carter Ende September den Kanzler um eine Stellungnahme zugunsten des SALT-II-Abkommens bat, die er in Gesprächen mit Senatoren und anderen verwenden wollte, schickte Schmidt umgehend eine entsprechende Erklärung.[93] Im Oktober erklärte Apel bei einem Besuch in Washington vor laufender Kamera, es gebe ein Junktim zwischen der Ratifizierung und dem NATO-Doppelbeschluß: Ohne ein gültiges SALT-II-Abkommen werde es keine Pershing- oder Marschflugkörper-Stationierung geben. Brzezinski hatte den Verteidigungsminister um eine solche Aussage gebeten. Die US-Regierung verwendete sie in Serienbriefen, mit denen sie um Zustimmung für das Abkommen warb.[94] Die Aussicht, die westliche Verteidigung könne Schaden nehmen, sollte konservative SALT-Gegner beeindrucken.

Im Gegenzug kam Carter dem Kanzler beim Doppelbeschluß entgegen. Als Schmidt am 14. Oktober erneut öffentlich erklärte, es sei bei den geplanten amerikanisch-sowjetischen Verhandlungen ein Ergebnis denkbar, das eine Stationierung durch die NATO erübrige, widersprach die US-Regierung nicht.[95] Intern waren sich Kanzler und Präsident darüber einig, daß dies allenfalls eine theoretische Möglichkeit sei.[96] Weder Bonn noch Washington vermochten sich so weitgehende sowjetische Zugeständnisse vorzustellen. Nur deshalb rückte Carter jetzt – pro forma – von seiner Position ab, daß in jedem Fall stationiert werden müsse, und machte damit den Weg frei für eine Zustimmung der deutschen Sozialdemokraten.

Einen Tag vor Schmidts Ankündigung hatte die Antragskommission des SPD-Parteitages, der für Dezember vorgesehen war, den Leitantrag des Parteivorstandes zur Sicherheitspolitik verabschiedet. Demnach sollte auf die Stationierung verzichtet werden, »wenn Rüstungskontrollverhandlungen zu befriedigenden Ergebnissen führen«.[97] Wie nötig dieses Zugeständnis war, zeigte sich dann auf dem Parteitag. Die Voten zu Änderungsanträgen lassen vermuten, daß sich über ein Drittel der Delegierten nur aus Gründen der Parteiräson fügte.[98]

Als die Außen- und Verteidigungsminister der Allianz in einer Sondersitzung am 12. Dezember die Ergebnisse der Beratungen in der High Level Group und in der Special Group in Form des NATO-Doppelbeschlusses verabschiedeten, veröffentlichten sie anschließend eine Erklärung, die den salomonischen Satz enthielt: »Der TNF-Bedarf der NATO wird im Licht konkreter Verhandlungsergebnisse geprüft werden.«[99] Ansonsten bestätigte die Runde im wesentlichen die Vereinbarungen, wie sie in der SG und der HLG erzielt worden waren.

Gut zwei Jahre nach Beginn der Debatte über die Mittelstreckenwaffen schien der deutsch-amerikanische Konflikt damit beigelegt. Die Bilanz war ambivalent. Der Westen hatte zwar mit dem Doppelbeschluß eine Lösung gefunden, die die Dynamik des Wettrüstens durchbrechen konnte. Eine Verkoppelung von Verhandlungsangebot und Rüstungsdrohung hatte es während des Ost-West-Konflikts bis dahin nicht gegeben, und vieles spricht dafür, daß Moskau und Washington sich in Gesprächen geeinigt hätten, wenn die Entspannung nicht wenige Wochen später – nach der sowjetischen Invasion in Afghanistan – zu Ende gegangen wäre.[100]

Andererseits hätte sich die Sicherheitslage des Westens auch nicht entscheidend verschlechtert, wenn die NATO die SS-20-Stationierung hingenommen und auf den Doppelbeschluß verzichtet hätte. Das bereits angespannte Ost-West-Verhältnis wäre nicht noch zusätzlich durch die Modernisierung belastet worden. Vor allem aber wäre der Allianz die Zerreißprobe Anfang der achtziger Jahre erspart geblieben, als in Westeuropa Millionen Menschen gegen die sogenannte Nachrüstung auf die Straße gingen. Freilich hätte eine solche Entscheidung spätestens 1977 getroffen werden müssen – bevor die Frage der Mittelstreckenwaffen zum Test für die Glaubwürdigkeit und Handlungsfähigkeit des Bündnisses wurde.

Wie immer sich auch die militärische Begründung bewerten läßt, eines ist gewiß: Unter allianzpolitischen Gesichtspunkten war der Doppelbeschluß ein großer Erfolg. Das Scheitern des MLF-Projekts in den sechziger Jahren oder das Fiasko um die Neutronenwaffe im Vorjahr hatten gezeigt, wie schwer es der NATO fiel, einen Konsens in nuklearen Fragen zu finden. Es waren die amerikanische Rücksichtnahme auf die innenpolitischen Zwänge der Bundesregierung (und anderer europäischer Regierungen) einerseits sowie die Bereitschaft von Schmidt und Genscher zu unpopulären Entscheidungen andererseits, die 1979 den Weg zu einem Kompromiß freimachten.

Carter bekam die Unterstützung für SALT, die er sich gewünscht hatte, und konnte davon ausgehen, daß zumindest ein Teil der Marschflugkörper und Pershing-II-Raketen stationiert würde. Die Bundesregierung erhielt, was sie 1975/76 gefordert hatte: Modernisierung und Verhandlungen. Der Preis, den Schmidt dafür zahlte, war allerdings hoch. Denn die SPD war ihm nur widerwillig gefolgt. Sein politisches Schicksal hing daher auch vom Verlauf der geplanten Verhandlungen und der Glaubwürdigkeit der amerikanischen Gesprächsführung ab. Die Mittelstreckenwaffen sollten denn auch schon bald ein weiteres Mal zum Streitpunkt werden.

V. Krise

Jimmy Carter war ein Präsident ohne Fortune; Erfolge zerrannen ihm zwischen den Fingern, Zugeständnisse und Kompromisse wurden nicht honoriert, freundliche Gesten verpufften. Das traf auch auf das deutsch-amerikanische Verhältnis zu. Spätestens nach dem Gipfel von Guadeloupe wäre zu erwarten gewesen, daß dieses sich grundlegend verbesserte. Schließlich war Carter der Bundesregierung in der Energiepolitik, mit der Stabilisierung des Dollars und bei den Mittelstreckenwaffen in wesentlichen Punkten entgegengekommen. Und dennoch blieb die Stimmung getrübt. Die US-Regierung sprach im Zusammenhang mit den Beziehungen zu Bonn treffend von einer »Malaise«.[1]

Wie tief die Antipathien auf deutscher Seite saßen, konnte der Politikwissenschaftler Seweryn Bialer beobachten, der nach einem Gespräch mit dem stellvertretenden SPD-Fraktionsvorsitzenden Bruno Friedrich an den befreundeten Brzezinski schrieb: »Ich war entsetzt über das Ausmaß von Bruno Friedrichs Unzufriedenheit ... mit dem Zustand der deutsch-amerikanischen Beziehungen. Ich wußte, daß die Dinge nicht allzu gut stehen, war mir aber nicht darüber im klaren, wie groß die Feindseligkeit der Regierung Carter und Ihnen persönlich gegenüber ist. Ich glaube nicht, daß Friedrich hier eine Ausnahme darstellt; vielmehr ... repräsentiert er eine verbreitete Haltung. Ich hatte den merkwürdigen und unangenehmen Eindruck, daß die deutsche Arroganz und das, was die Russen ›grubost‹ nennen, zurückkehren.«[2] Bialers Vermutung traf zu; Friedrichs Haltung war in der Tat verbreitet, auch in den Oppositionsparteien.[3]

Einer der Gründe dafür, daß die Annäherungen in der Sache die Atmosphäre nicht dauerhaft verbesserten, ist darin zu suchen, daß die Vereinbarungen aus Sicht der Beteiligten nach und nach an Wert verloren. So bereuten Schmidt wie Carter zunehmend ihre auf dem Bonner Weltwirtschaftsgipfel gemachten Zusagen. Die Ölpreissteigerung aufgrund der zweiten Ölkrise ließ in den USA 1979 die Deregulierung des Marktes noch unpopulärer werden, als sie es ohnehin schon war.[4] In der Bundesrepublik wiederum hatte die Ölkrise einen Konjunkturabschwung und dann eine Rezession zur Folge; Schmidt fehlten nun jene gut 15 Milliarden Mark zur Ankurbelung der Wirtschaft, die er nach dem Gipfel ausgegeben hatte; zudem führte er die steigende Inflationsrate in der Bundesrepublik auf die Vereinbarungen des Vorjahres zurück.[5]

Auch der NATO-Doppelbeschluß erschien zunehmend in anderem Licht. Moskau hatte sich schon vor dem sowjetischen Einmarsch in Afghanistan geweigert, über die Mittelstreckenwaffen zu verhandeln, solange der Doppelbeschluß in Kraft war. Das Ende der Entspannung zwischen den Supermächten reduzierte dann die Chancen einer Einigung auf ein Minimum und stellte den Kanzler vor große innenpolitische Probleme.

Ein *zweiter* Grund für die anhaltende »Malaise« war das Faktum, daß Vertrauen in Allianzbeziehungen leichter zu zerstören als zu bilden ist. Der Makel des Unberechenbaren haftete trotz aller Zugeständnisse am Präsidenten,[6] und entsprechende Befürchtungen waren jederzeit mobilisierbar. Als Carter etwa die diplomatischen Beziehungen der USA zu China normalisierte und infolgedessen die Bedeutung des Verhältnisses zu Taiwan herunterstufte, fragte Kanzleramtschef Manfred Schüler besorgt: »Lassen die uns auch mal irgendwann so fallen ... wie Taiwan?«[7] Botschafter Staden schrieb Ende 1978 an Schmidt, es mangele Carter nicht an politischem Mut und Entschlossenheit, sondern an Stetigkeit und damit Kalkulierbarkeit. Der Kanzler notierte am Rande des Schreibens: »Ja«.[8] Die amerikanische Diplomatie brauchte nach Auffassung des Diplomaten deutsche »Hilfe«.

Der *dritte* und entscheidende Grund dafür, daß trotz Bonner Gipfel und Doppelbeschluß das deutsch-amerikanische Verhältnis belastet blieb, war die aus dem Sturz des Schahs und der sowjetischen Besetzung Afghanistans resultierende weltpolitische Doppelkrise. Sie zwang Bonn zwar zu größerer Nachgiebigkeit gegenüber Washington, aber sie ließ auch Interessenunterschiede in großer Deutlichkeit hervortreten.

Zunächst löste die Revolution im Iran die zweite Ölkrise aus und konfrontierte den Westen mit einem Verteilungskonflikt (Kapitel 11). Im November 1979 führte die Geiselnahme amerikanischer Botschaftsangehöriger und Helfer in Teheran den Iran und die USA an den Rand eines Krieges und warf die Frage einer angemessenen Antwort des Westens auf (Kapitel 12). Und schließlich beendete der sowjetische Einmarsch in Afghanistan im Dezember 1979 die Entspannungspolitik zwischen den Supermächten und dynamisierte erneut die ostpolitischen Gegensätze zwischen Bonn und Washington (Kapitel 13).

Das Muster war dabei ein altbekanntes: Die Deutschen verteidigten den Status quo, während der US-Präsident auf Veränderungen drängte: eine Korrektur der Energiepolitik, eine Abkehr Bonns von der traditionellen Iranpolitik, ein Ende der Ostpolitik. In den daraus resultierenden Konflikten zeigte sich einmal mehr der Wandel im deutsch-amerikanischen Verhältnis. Denn obwohl Carter die Bundesregierung erheblich unter Druck setzte, erklärte sich Schmidt nur zu einem Minimum an Zugeständnissen bereit. Die USA konnten selbst in dieser Situation, als die sicherheitspolitische Abhängigkeit der Bundesrepublik in den Vordergrund rückte, die westdeutsche Außenpolitik nicht mehr prägen.

Denn Amerikaner wie Deutsche zogen aus der Doppelkrise fundamental unterschiedliche Schlußfolgerungen. Die Öffentlichkeit der USA reagierte überwiegend mit der Entschlossenheit, die angeblichen oder tatsächlichen Herausforderungen anzunehmen. Die Wahl Ronald Reagans zum Präsidenten 1980 resultierte aus dem Wunsch, den beschädigten Weltmachtstatus der USA wiederherzustellen.

In der Bundesrepublik hingegen mobilisierte die Doppelkrise die latent vorhandene Katastrophenfurcht der Deutschen. Kriegsangst breitete sich aus und löste jenen Zusammenhang auf, den der Historiker Michael Geyer als deutsch-amerikanischen Grundkonsens der Nachkriegsjahrzehnte beschrieben hat: »Die Amerikaner ... bekamen ihre Siegerrolle als Hegemonie in Deutschland anerkannt, weil sie dazu übergingen, Sicherheit anzubieten statt deutsches Kanonenfutter einzufordern.«[9] Als die Westdeutschen das Gefühl befiel, wieder als »Kanonenfutter« behandelt zu werden, schwand auch ihre Bereitschaft, die amerikanische Vorherrschaft zu akzeptieren.

In einem vielbeachteten Artikel schrieb der Korrespondent der *New York Times*, John Vinocur, im März 1979 nach einem Besuch im Kanzleramt, aus Bonner Sicht würden es die USA an »leadership« vermissen lassen, und die Europäer müßten für Washington einspringen.[10] Bonn werde, zitierte Vinocur die Auffassung seiner Gesprächspartner, in Zukunft die deutschen Interessen gegenüber den USA lauter und deutlicher zum Ausdruck bringen.

Das sollte Schmidt nicht zuletzt auch innenpolitische Vorteile einbringen. In einer Vorlage für eine Pressekonferenz notierte ein Mitarbeiter, der Kanzler solle das wachsende Gewicht der Bundesrepublik weiterhin betonen. Die Medien würden dies goutieren, und in den bisherigen Landtagswahlkämpfen sei es gut angekommen.[11] Während der Nachkriegsjahrzehnte hatten viele Deutsche den Amerikanern nur Gutes zugetraut; in Präsident Carter hingegen sahen sie zunehmend ein Risiko für den Weltfrieden. Und Helmut Schmidt gab dieser Sichtweise in besonderer Weise Auftrieb.

11. »Rette sich, wer kann«

Daß das deutsch-amerikanische Verhältnis wieder in turbulente Zonen geriet, deutete sich schon bald nach dem Zusammentreffen zwischen Schmidt und Carter auf Guadeloupe an. Denn Bonn und Washington vertraten diametral entgegengesetzte Auffassungen darüber, wie der Westen auf die zweite Ölkrise, die eigentlich eine Ölpreiskrise war, reagieren sollte. Auch der persönliche Konflikt zwischen Kanzler und Präsident lebte nun wieder auf.

Schmidt bot der hohe amerikanische Energieverbrauch Anlaß, den USA grundsätzlich die Fähigkeit abzusprechen, den Westen in Wirtschaftsfragen zu führen. Die ständige deutsche Kritik an der Energiepolitik der USA lenkte davon ab, daß die Bundesregierung im Prinzip nichts unternahm, um ihrerseits die Ölpreisexplosion einzudämmen. Amerika, das Vorbild der sechziger Jahre, wurde zum Sündenbock. Carter wiederum sah zunehmend den Zeitpunkt gekommen, den Kanzler in die Schranken zu weisen.

Die Ölkrise

Am Beginn der zweiten Ölkrise stand der Streik der iranischen Ölarbeiter im Oktober 1978, der den Förderbetrieb des zweitgrößten Erdölproduzenten der Welt lahmlegte. Die Arbeitsniederlegung war Teil des allgemeinen Aufruhrs gegen das Schah-Regime. Im Januar 1979 verließ Reza Pahlewi schließlich den Iran. Ayatollah Khomeini übernahm die Macht. Da war der iranische Ölexport bereits zum Erliegen gekommen.[1]

Washington wie Bonn überraschte diese Entwicklung. Das Schah-Regime hatte als stabiles Bollwerk gegen sowjetischen Einfluß im Mittleren Osten, als Lieferant billigen Öls und als Verbündeter des Westens gegen die sogenannten Preisfalken in der OPEC gegolten. Die Carter-Regierung setzte deshalb trotz der Menschenrechtsverletzungen im Iran lange auf den Monarchen, ohne ihn freilich – als er zu stürzen drohte – entschlossen zu unterstützen. Sie schwankte zwischen halbherzigen Ermutigungen zum Bleiben und Drängen auf Rücktritt.[2] Ob bei einer anderen amerikanischen Politik gemäßigte Kräfte in Teheran an die Macht gekommen wären, sei dahingestellt. Der Kanzler und viele europäische Beobachter sahen im Vorgehen Washingtons jedenfalls ein weiteres Beispiel für die mangelnde strategische Voraussicht Carters.[3]

In ihren Memoiren behaupten Schmidt und Genscher, ihrerseits schon früh die Brüchigkeit der Schah-Monarchie erkannt zu haben.[4] Auswirkungen hatte das freilich nicht. Die Regierung Schmidt/Genscher setzte vielmehr den Kurs ihrer

Vorgänger fort, die Wirtschaftsbeziehungen unabhängig von Entwicklungen in der iranischen Innenpolitik auszubauen.[5] Der Iran wurde ausgerechnet 1978 zum bedeutendsten Erdöllieferanten Westdeutschlands. Die Bundesrepublik bezog 18,1 Prozent ihres Bedarfs von dort.[6] Für die USA sahen die Zahlen etwas besser aus, aber auch zehn Prozent ihrer Einfuhren stammten aus dem Iran. Nur nach Japan floß mehr iranisches Öl als in die Vereinigten Staaten.[7]

In energiepolitischer Hinsicht waren Bonn und Washington unzureichend auf eine neue Krise vorbereitet.[8] Der amerikanische Ölverbrauch hatte nach 1973 um knapp 12 Prozent zugenommen, die Importe aufgrund der geringeren Eigenförderung sogar um fast 30 Prozent. Für die Bundesrepublik ergab sich ein etwas günstigeres Bild, weil man höhere Einsparerfolge zu verzeichnen hatte. So benötigten die Deutschen 1978 vier Prozent weniger Öl als 1973, obwohl das Bruttosozialprodukt deutlich gestiegen war.[9] Dennoch war man weit unter den Einsparmöglichkeiten geblieben.[10] An der grundsätzlichen Abhängigkeit hatte sich denn auch nichts geändert. Erdölimporte deckten weiterhin über die Hälfte des deutschen Primärenergieverbrauchs und damit einen wesentlich höheren Anteil als in den USA.[11]

Nichtsdestotrotz reagierten Bonn und Washington zunächst gelassen auf das Versiegen des Ölstroms. Saudi-Arabien, der Irak und andere Länder kompensierten den Ausfall. Beim Gipfel auf Guadeloupe begrüßte der Kanzler sogar einen leichten Ölpreisanstieg. Es war damals eine der politischen Grundannahmen in der westlichen Welt, daß der eigene Energieverbrauch mittelfristig nicht mehr gedeckt sei. Mit höheren Preisen war also zu rechnen, und je eher sich die Verbraucher darauf einstellten, fand Schmidt, um so besser. Der Preisanstieg sollte allerdings schrittweise erfolgen.

Doch noch im Januar 1979 änderte sich die Situation, als Saudi-Arabien die Förderung reduzierte. Der Ausfall des Irans schlug nun erstmals auf die Weltfördermenge durch; sie ging schließlich um gut zwei Millionen Fässer pro Tag zurück.[12] Das entsprach knapp fünf Prozent des Ölangebots der nichtkommunistischen Welt, und diese Entwicklung hätte wahrscheinlich nur geringfügige Auswirkungen gehabt, wenn davon alle Verbraucher gleichmäßig betroffen gewesen wären wie in der ersten Ölkrise, als die großen Ölmultis die Ausfälle auf ihre Kunden verteilten.

Seit 1973 hatten jedoch die Direktbeziehungen zwischen Export- und Importstaaten, also unter Umgehung der Ölmultis, zugenommen. Länder wie Indien, Südafrika und Israel hatten besonders auf den Iran gesetzt, und als dessen Öl nun ausblieb, gab es keinen Ölmulti, der ihnen die fehlenden Mengen ersetzte. Sie mußten sich statt dessen auf den sogenannten Spotmärkten eindecken. Auch einige Ölmultis hatten Lieferlücken zu beklagen, und ihre Kunden drängten ebenfalls dorthin.

Normalerweise wurden auf den Spotmärkten in Holland, der Karibik oder Südostasien nur vier bis fünf Prozent des internationalen Handels mit Rohöl und Rohölprodukten abgewickelt.[13] Als Anfang 1979 die Kunden dort ihre Ausfälle kompensierten, explodierten die Preise. Schnell lagen sie zwischen 15 und 20 Prozent höher als vor der Krise im Iran.[14] Die Preisspirale bekam dadurch zusätzlichen Schub, daß die OPEC-Länder von den hohen Spotmarktpreisen profitieren wollten und deshalb soviel Öl wie möglich in Rotterdam absetzten, ohne jedoch die Fördermengen zu erhöhen, sondern durch ein Umlenken der Versorgungsströme. Dadurch wurde die Lücke noch größer, die der Ausfall des Irans auf dem »normalen« Ölmarkt riß.[15]

Paradoxerweise tat die Preisexplosion der Nachfrage keinen Abbruch. Die Öllager waren ausgerechnet im Winter 1978/79 auf einem ungewöhnlichen Tiefstand.[16] Infolgedessen wollte jeder sofort Öl kaufen, weil alle davon ausgingen, daß die Preise weiter steigen würden. Hätten sich die Verbrauchsländer in dieser Situation auf eine gleichmäßige Verteilung des Förderausfalls geeinigt, wäre es nie zu einer zweiten Ölkrise gekommen. Statt dessen verfolgten sie eine Politik nach dem Prinzip »Rette sich, wer kann«.

Schmidt und Carter standen Anfang 1979 vor demselben Problem. Das Öl wurde immer teurer, und insgeheim sorgten sich Bonn und Washington, im späten Frühjahr – wenn die Lager üblicherweise für Herbst und Winter aufgefüllt werden – könne es zu Versorgungsengpässen kommen.[17] Damit endeten allerdings die Gemeinsamkeiten auch schon, und je länger die Krise dauerte, um so deutlicher wurden die Widersprüche. Beide Seiten hatten diametral entgegengesetzte Ansichten darüber, wie zu reagieren sei.

Angesichts der unterschiedlichen Marktordnungen in den USA und in Westdeutschland wäre eigentlich zu erwarten gewesen, daß eine Bundesregierung, insbesondere eine sozialdemokratisch geführte, eher für staatliche Eingriffe plädieren würde als eine US-Administration. Jedoch erwies sich das Kabinett Schmidt/Genscher als ausgesprochener Verfechter marktwirtschaftlicher Prinzipien; die amerikanische Regierung hingegen drängte auf staatliche Interventionen, sowohl auf den internationalen Märkten als auch in der Bundesrepublik.

Die verschiedenen Herangehensweisen reflektierten die divergierenden Ausgangssituationen: in den USA ein regulierter, in der Bundesrepublik ein liberalisierter Ölmarkt; Spotmarkt-Abhängigkeit der Deutschen, Spotmarkt-Unabhängigkeit der Amerikaner; wirtschaftlicher Abschwung in den USA, anziehende Konjunktur in der Bundesrepublik; steigende Inflationsraten in Amerika, Preisstabilität in Westdeutschland.

Aufgrund dieser Konstellation erwies sich die rohstoffarme Bundesrepublik als bemerkenswert robust. Während es in den weitgehend versorgungsunabhängigen USA zu tumultartigen Szenen kam und Carters politisches Überleben daran hing, daß er einen Ausweg aus der Krise fand, konnte es sich die Bundesregierung leisten, nichts zu tun. Sie verließ sich darauf, daß die steigenden Ölpreise *mittelfristig* zu einem Rückgang des Konsums führen würden, was in der Tat auch eintrat.[18]

Um den Ölverbrauch *kurzfristig* zu senken, hätte die Koalition nämlich entweder die Konjunktur abbremsen oder

Energiesparmaßnahmen verordnen müssen. Beides war aus deutscher Sicht nicht notwendig und mit Blick auf die Landtagswahlen 1979 und die Bundestagswahl 1980 wenig verlokkend. Ein schwacher Dollar, eine niedrige Inflationsrate und die traditionell hohen Leistungsbilanzüberschüsse relativierten die ökonomischen Folgen der Ölpreisexplosion, zumindest schien das so. Hier dürfte auch der Grund dafür liegen, daß eine sozialdemokratische Bundesregierung auf Preissteigerungen setzen konnte, ohne die Bundesbank (mit Blick auf die Geldmenge) oder die Gewerkschaften (mit Blick auf die Kaufkraft) gegen sich aufzubringen.

Zudem hatte Energiesparen in der Bundesrepublik damals keine institutionalisierte Lobby, etwa in Form eines Umweltministeriums. Bezeichnenderweise war das Wirtschaftsministerium zuständig, Hort des ordnungspolitischen Liberalismus und ausgewiesen durch Industriefreundlichkeit. An seiner Spitze stand mit dem Liberalen Lambsdorff ein überzeugter Marktwirtschaftler, dessen kleine Partei sich unpopuläre Entscheidungen nur begrenzt leisten konnte.

Das größte Sparpotential bargen Heizungen in Privathaushalten und der Individualverkehr. Restriktionen in diesen Bereichen, etwa Tempolimits oder autofreie Sonntage, griffen jedoch in das Leben zahlreicher Wähler ein. Insbesondere auf Geschwindigkeitsbegrenzungen reagierten viele Deutsche ähnlich irrational wie viele Amerikaner auf Einschränkungen des Schußwaffenbesitzes.[19] Lambsdorff zitierte Winston Churchills Ausspruch, Politiker dächten an die nächste Wahl, Staatsmänner an die nächste Generation, und fügte hinzu, er halte sich nicht für einen Staatsmann.[20]

Ein Primat der Innenpolitik läßt sich auch bei Carter beobachten, allerdings mit ganz anderen Ergebnissen. Denn die US-Regierung war ungleich verwundbarer als die Koalition in Bonn. Zum einen sorgte sich der Präsident um sein Anti-Inflationsprogramm. Das Schlimmste, was passieren könne, erklärte er in einer Besprechung Anfang 1979, seien steigende Preise und Energiekosten im Wahljahr 1980.[21] Schon deshalb mußte er handeln.

Dafür sprach auch die zweite große Befürchtung – daß es zu einem erneuten Versorgungsengpaß wie in der ersten Ölkrise kommen könnte, als lange Schlangen vor Tankstellen das Land in Aufruhr versetzten. Dies drohe sich zu wiederholen, wie Energieminister Schlesinger den Präsidenten warnte.[22] Carter stand damit vor zwei Problemen, die Schmidt in der Bundesrepublik nicht in gleichem Ausmaß oder gar nicht hatte: billiges Öl zu bekommen und alle Regionen des Landes damit zu beliefern.

Dabei befand sich Carter in einem Dilemma. Trotz gegenteiliger Zusagen auf dem Bonner Weltwirtschaftsgipfel im Vorjahr hatte er eine Deregulierung noch nicht in Angriff genommen. Handelte er nun, gefährdete er sein Anti-Inflationsprogramm (und seine Wiederwahl).[23] Verzichtete er darauf, wurde er wortbrüchig und gab möglicherweise der OPEC Anlaß zu weiteren Ölpreissteigerungen. Der Präsident versuchte sich aus diesem Dilemma zu befreien, indem er zunächst darauf setzte, den Energieverbrauch durch administrative Maßnahmen in den USA um fünf Prozent zu senken.[24] Anfang März ergriff er die Initiative in der Internationalen Energieagentur (IEA), welche die westlichen Industriestaaten 1974 gegründet hatten, um ihre Energiepolitik abzustimmen.

Der amerikanische Vorstoß in der IEA

Der IEA lagen inzwischen die ersten Daten zur Situation auf dem Weltölmarkt vor;[25] und nun wurde deutlich, daß die Preissteigerungen in keinem Verhältnis zum Lieferausfall standen. Als am 1. und 2. März 1979 der Verwaltungsrat der Agentur in Paris tagte, schlug die amerikanische Delegation daher eine Selbstverpflichtung aller IEA-Mitglieder vor, ihren Energieverbrauch um fünf Prozent zu reduzieren.[26] Der Vorschlag war so naheliegend wie simpel: Wenn alle weniger konsumierten, mußte sich das Verhältnis von Angebot und Nachfrage auf einem niedrigeren Preisniveau neu einpendeln, ohne die Versorgung in den USA zu gefährden. Da die Konjunktur in den Vereinigten Staaten abflaute und der Ölverbrauch entsprechend zurückging, fiel der US-Regierung diese Initiative leicht. Energieminister Schlesinger erklärte intern, daß man Mengen dieser Größenordnung »relativ schmerzlos« einsparen könne.

Für die Bundesrepublik traf dies freilich nicht zu. Die Bonner Regierung vermutete bereits, daß die westdeutsche Wirtschaft im Laufe des Jahres mehr und nicht weniger Energie als prognostiziert benötigen werde. Die Konjunktur lief gut und war auf steigende Ölimporte angewiesen. Eine Reduzierung des absoluten Verbrauchs war aus deutscher Sicht »nicht erreichbar«.[27] Verhandlungspolitisch waren die Deutschen bei dem IEA-Treffen in einer guten Position. Sie konnten darauf verweisen, daß die USA und viele EG-Partner Bonn zwei Jahre lang gedrängt hatten, die Konjunktur anzukurbeln. Zudem hatte die Bundesrepublik seit 1973 bereits Sparerfolge erzielt, die Amerikaner hingegen verbrauchten pro Kopf immer noch doppelt soviel Energie wie etwa die Westdeutschen.[28]

Am Ende mußten die Bonner Vertreter in der IEA zwar einen Sparbeschluß hinnehmen, aber dieser war ohne Wert.[29] Man einigte sich auf fünf Prozent, ohne die Referenzgröße festzulegen (später wurde stillschweigend der prognostizierte Verbrauch als Basis gewählt). Auch blieb unklar, für welchen Zeitraum ein solches Ziel erreicht werden sollte. Sodann gab es keinen Sanktionsmechanismus. Damit mangelte es an Anreizen, sich auf dem Ölmarkt zurückzuhalten, denn kein Mitglied hatte eine Garantie dafür, daß ein anderes Land nicht die Sparerfolge konsumierte.[30] »Solche Beschlüsse kann ich jeden Mittwoch [im Kabinett, K.W.] fassen«, spottete Schmidt über das Ergebnis, nachdem die Bundesregierung den Vorstoß abgewehrt hatte.[31]

Anfang März erregte der Kanzler internationales Aufsehen, als er bei einer Veranstaltung im Aspen-Institut den USA quasi öffentlich vorwarf, ihre Führung in wirtschaftspolitischen Fragen aufgegeben zu haben.[32] Schmidt fühlte sich durch die Korrekturen des Präsidenten in der Dollar- oder der Sicherheitspolitik bestätigt und in der Rivalität zu Carter wohl auch angestachelt.[33] Gerade war das Europäische Währungssystem in Kraft getreten. Westeuropa, so Schmidts Credo, müsse für den Führungsverlust der USA eintreten. Und auf keinem Feld versagten die USA so wie in der Energiepolitik.

In der deutschen Öffentlichkeit fand Schmidt über alle Parteigrenzen hinweg Zustimmung. Als er Mitte März auf einer Konferenz der Atlantik-Brücke seinen Kurs verteidigte und den hohen Energieverbrauch der USA scharf kritisierte, erhielt er auch von der Opposition Applaus. Schmidt empfahl die eigene Politik, das »Modell Deutschland«, zur Nachahmung: »Lassen Sie die Preise doch steigen. Wir haben hier das gleiche getan, mit dem Ergebnis, daß wir enorme Mengen an Erdöl gespart haben ... Man kann nicht einerseits Energie so billig lassen, wie sie heute in Amerika ist, und andererseits gleichzeitig Energie sparen. Das ist unmöglich. Und wenn Sie stolz sind auf Ihre Marktwirtschaft, bitte, dann folgen Sie auch den Prinzipien der Marktwirtschaft.«[34]

Dabei taugte der marktwirtschaftliche Ansatz nur bedingt als Modell. Zwar hatte Bonn nach der ersten Ölkrise in der Tat einige Sparerfolge erzielt, aber Frankreich war mit einem dirigistischen Vorgehen zu ähnlichen Resultaten gekommen.[35] Auch zeigte sich ja gerade am Beispiel der Bundesrepublik, daß steigende Energiepreise in Zeiten einer anziehenden Konjunktur keineswegs den absoluten Verbrauch verringerten, sondern allenfalls die Zunahme des Konsums dämpften. Und schließlich brauchen Volkswirtschaften Zeit, um sich an höhere Energiepreise anzupassen; im Frühjahr und Sommer 1979 ging es jedoch darum, möglichst rasch die Preisspirale zu stoppen. Bezeichnenderweise erklärte der Vorsitzende des Mineralölwirtschaftsverbandes, Klaus Marquardt, ein Sparziel von fünf Prozent des Verbrauchs sei nur durch politische Entscheidungen – also Fahrverbote und dergleichen – zu erreichen.[36] Aber davor schreckte die Koalition zurück.

Carters Entscheidung zur Deregulierung

Unterdessen spitzte sich für Carter die Lage langsam zu. Der Präsident hatte sich wie keiner seiner Vorgänger für eine Reform der amerikanischen Energiepolitik eingesetzt. Er hatte Sparanstrengungen als »moral equivalent of war« bezeichnet,[37] den Nationalen Energieplan vorgelegt und in Grundsatzreden immer wieder versucht, bei seinen Landsleuten ein Problembewußtsein zu schaffen. Doch auch im dritten Regierungsjahr hing die Reform im Kongreß fest. Und für die Öffentlichkeit war Geldentwertung, nicht Energieversorgung das Hauptproblem.[38]

Je länger Carter damit wartete, die Zusage vom Bonner Gipfel einzulösen, um so größer wurde die Belastung, die er der Bevölkerung zumutete. Ihm standen – wie erwähnt – verschiedene Möglichkeiten offen. Er konnte die Ölpreise zum 1. Juni 1979 freigeben. Wenn er darauf verzichtete, liefen die Preiskontrollen am 1. Oktober 1981 automatisch aus. Eine weitere Option war eine gestaffelte Freigabe zwischen 1979 und 1981.[39]

Als Carter am 19. März 1979 auf seinem Feriensitz in Camp David mit den zuständigen Ministern und Beratern konferierte, sprachen sich die »Innenpolitiker« wie Eizenstat und Jordan vehement gegen eine Deregulierung aus.[40] Sie wiesen darauf hin, daß es nicht gelungen sei, die amerikanische Öffentlichkeit von der Existenz einer Ölkrise zu überzeugen, entsprechend gering sei die Bereitschaft zu finanziellen Opfern.[41] Vor allem aus dem Lager der Demokraten war mit großem Widerspruch zu rechnen. Stabschef Jordan hatte Carter bereits prophezeit, daß es schwieriger sein werde, erneut die Nominierung für die Präsidentschaftswahl zu erhalten, als anschließend die Wahl zu gewinnen. Carters innerparteilicher Rivale Edward Kennedy machte bereits Stimmung gegen eine Preisfreigabe.[42]

Wie die Aufzeichnungen Eizenstats belegen, schwankte der Präsident.[43] Er wollte nicht den Ölunternehmen Milliardengewinne auf Kosten der Verbraucher zuschieben. Denn so viel hätten die Unternehmen bei einer Deregulierung einstreichen können. Carter suchte daher eine Konstellation, aufgrund deren der Kongreß einer Steuer auf diese Gewinne zustimmte. Er gab seinen Mitarbeitern den Auftrag, diese Frage zu untersuchen; damit ging man auseinander.

In den nächsten Tagen folgten umfangreiche Sondierungen auf dem Capitol Hill.[44] Die meisten Demokraten waren weiterhin gegen eine Deregulierung – mit dem Argument, sie verbessere nicht die Energieversorgung und belaste nur die sozial Schwachen. Es war absehbar, daß es zu keiner Freigabe kommen würde, wenn Carter sie an einen Steuerbeschluß des Kongresses band.

Als der Präsident bald darauf erneut mit seinen innenpolitischen Beratern zusammentraf, entschloß er sich deshalb, die Preiskontrolle zwischen Juni 1979 und Oktober 1981 schrittweise aufzuheben. Er hoffte, wenn die Preise für Rohöl und Rohölprodukte erst in die Höhe schnellten und die Unternehmen exzessive Gewinne einstrichen, würde dem Parlament kaum etwas anderes übrigbleiben, als eine »Windfall«-Steuer zu verabschieden. Am 5. April gab Carter seinen Beschluß bekannt und ordnete zudem eine Reihe von Energiesparmaßnahmen an, um den Verbrauch um fünf Prozent zu reduzieren.[45] Von den Verbündeten forderte die US-Regierung ähnliche Schritte.

Obwohl Carter mit der Preisfreigabe – anders als Bonn – ein erhebliches innenpolitisches Risiko auf sich nahm und eine seit Jahren von der Bundesregierung gestellte Forderung erfüllte, bekam er dafür einmal mehr keinen Kredit gutgeschrieben. Vielmehr warf ihm der Kanzler vor, keine ausreichenden Anstrengungen unternommen zu haben,[46] und monierte, daß die Entscheidung zu spät komme. Vergebens hatte Schmidt den Präsidenten zuvor zu schnellerem Handeln gedrängt,[47] weil eine OPEC-Sonderkonferenz in Genf vorgesehen war und ein Votum des Weißen Hauses für eine Deregulierung das Kartell zur Mäßigung veranlassen sollte. Doch als Ende März die Erdölminister der OPEC zusammenkamen, stand die Bekanntgabe von Carters Entscheidung noch aus.

Die Ministerrunde erhöhte die Preise um neun Prozent und damit die Rechnungen der importierenden Länder um zwölf Milliarden Dollar. Zugleich erlaubte sie den Mitgliedern, Aufschläge zu verlangen, und beendete damit das einheitliche Preissystem der OPEC. Es war ein »free-for-all«, wie der saudische Ölminister Achmed Yamani erklärte.[48] Jeder OPEC-Staat konnte nun an der Preisspirale drehen. In Rotterdam kostete das Heizöl bald dreimal soviel wie im Herbst 1978.

Bonn und Washington machten sich gegenseitig für diese Entwicklung verantwortlich. Die US-Regierung warf den

Deutschen vor, mit ihrem Kaufgebaren am Spotmarkt den OPEC-Beschluß provoziert zu haben. Als Carter die Exportländer zur Mäßigung gedrängt hatte, hatten diese sich mit dem Hinweis auf deutsche (und japanische) Händler gerechtfertigt, die auf den Spotmärkten die Preise hochtrieben.[49]

Die Bundesregierung wiederum sah nicht nur einen Zusammenhang zwischen Carters verspäteter Deregulierungsentscheidung und der Preiserhöhung, sondern verwies auch auf die amerikanische Nahost-Politik. Der Präsident hatte sich nämlich im März in die ägyptisch-israelischen Friedensverhandlungen eingeschaltet und zwischen den verfeindeten Ländern persönlich durch Shuttle-Diplomatie vermittelt. Das Ergebnis war einer seiner größten außenpolitischen Erfolge. Am 26. März 1979 unterzeichneten Israels Premierminister Menachim Begin und Ägyptens Präsident Anwar al-Sadat einen Friedensvertrag.

Bei seiner Rückkehr nach Washington wurde Carter von einer begeisterten Menschenmenge begrüßt. Aus Bonn war hingegen nur eine kühle Reaktion zu vernehmen. Bundesregierung wie CDU/CSU-Opposition glaubten nicht, daß die Lage im Nahen Osten durch den Frieden einfacher geworden sei.[50] Sie monierten, daß dieser eine Spaltung der arabischen Welt zur Folge hatte. Dem amerikanischen Präsidenten warf Schmidt vor, Ägypten in der Arabischen Liga isoliert und Jordanien und Saudi-Arabien nicht in den Friedensprozeß eingebunden zu haben.[51] Auch bemängelte er, daß die Sowjetunion nicht beteiligt wurde.[52] Für die Bundesrepublik, so Schmidts Interpretation, bedeutete der ägyptisch-israelische Vertrag am Ende höhere Ölkosten: »Ohne diese Ereignisse würde die Ölpreissteigerung nicht so eingetreten sein.«[53]

Unilateralismus aus Schwäche

Der Präsident hatte gehofft, mit dem Anti-Inflationsprogramm die Preissteigerungsrate auf 7,4 Prozent drücken zu können.[54] Doch nach dem neuen OPEC-Beschluß mußte er davon ausgehen, daß er dieses Ziel im Wahljahr 1980 nicht würde erreichen können. Vor allem aber kam es in den USA jetzt zu den befürchteten Versorgungsschwierigkeiten. Nicht alle Raffinerien des Landes waren vom Ausfall des iranischen Öls gleichermaßen betroffen. In Kalifornien bildeten sich zuerst lange Schlangen vor den Tankstellen. Später traten im ganzen Land Engpässe auf, insbesondere an der Ostküste.[55]

Die US-Regierung teilte daraufhin das Benzin zu, nutzte jedoch zunächst den überholten Verteilerschlüssel von 1972 und machte damit alles noch schlimmer. Manches erinnerte an Schildbürgerstreiche. So ordneten einige Bundesstaaten an, daß für maximal fünf Dollar getankt werden dürfe. Entsprechend häufiger standen die Autofahrer an den Tankstellen – einer Schätzung zufolge kostete allein das 150 000 Fässer Öl pro Tag.

Dazu kam, daß Menschen sich in Krisen anders verhalten als gewohnt. Viele Amerikaner sagten Ferienreisen und Wochenendausflüge ab. Während es in den Städten an Sprit fehlte, gab es ihn in ländlichen Erholungsgebieten im Überfluß. In Levittown, Pennsylvania, blockierten aufgebrachte Lastwagenfahrer schließlich den Verkehr. In North Carolina mobilisierte der Gouverneur die Nationalgarde, um die Straßen freizuhalten.[56] New Yorks Bürgermeister Ed Koch bemerkte später, er habe seit dem Vietnamkrieg keine solche Emotionalisierung der Politik erlebt.[57] Carter fiel in Meinungsumfragen auf Werte, die noch unter denen von Richard Nixon auf dem Höhepunkt des Watergate-Skandals lagen.[58]

Währenddessen verdichteten sich die Anzeichen, daß die westdeutsche Wirtschaft 1979 nicht etwa fünf Prozent des prognostizierten Ölverbrauchs einsparte, wie in der IEA vereinbart, sondern deutlich mehr verbrauchte. Nach amerikanischen Angaben stiegen allein in den ersten vier Monaten die deutschen Importe von Mineralöl und Mineralölprodukten um 20 Prozent gegenüber dem Vergleichszeitraum des Vorjahres (die amerikanischen Einfuhren nahmen um fünf Prozent zu).[59]

Die Bundesrepublik trug somit erheblich dazu bei, daß die Preise am Spotmarkt weiter in die Höhe kletterten.[60] Denn ungefähr 40 Prozent des westdeutschen Heizölbedarfs und 20 Prozent des Benzins stammten in der Regel aus Rotterdam.[61]

Der Verzicht Bonns auf eine Regulierung des Ölmarkts hatte nämlich zahlreichen kleinen Händlern eine Existenz neben den großen Raffineriegesellschaften und dem an die Mineralölgesellschaften gebundenen Handel ermöglicht.[62] Und die kleinen Händler bezogen ihre Lieferungen vor allem vom Spotmarkt.

In der IEA und auch beim Treffen der »Sherpas«, die den Weltwirtschaftsgipfel in Tokio im Juli vorbereiteten, drängten die Amerikaner deshalb erneut und dieses Mal vehement auf rigide Sparmaßnahmen, um die deutschen Importe zu verringern. Die USA hatten dabei Frankreichs Unterstützung, denn Giscard machte die Preisspirale am Spotmarkt ähnlich zu schaffen wie dem amerikanischen Präsidenten.[63]

Intern erwog die US-Regierung verschiedene Schritte, um Bonn unter Druck zu setzen. Am 25. Mai diskutierten innenpolitische Berater Carters mit dem Ölexperten Walter Levy die Möglichkeit, dem Kanzler damit zu drohen, die deutschen Unternehmen am Spotmarkt zu überbieten.[64] Wenige Tage später empfahl Eizenstat dem Präsidenten, Schmidt darauf hinzuweisen, daß die deutsche Ölpolitik die sicherheitspolitische Verbindung zwischen den USA und der Bundesrepublik gefährde: »... der [deutsche, K.W.] Ansatz, es allein zu versuchen, wird nicht funktionieren und das Fundament der Zusammenarbeit auf anderen Gebieten, einschließlich der NATO, beschädigen.«[65]

Realisiert wurde zunächst nur eine Maßnahme. Ende Mai ordnete Energieminister Schlesinger an, den Raffinerien der USA bis Ende August für jedes importierte Faß Heizöl und Diesel fünf Dollar sogenannte Berechtigungssubventionen zu zahlen.[66] Schlesinger rechtfertigte seinen Schritt mit dem Hinweis, daß die hohen Preise in Rotterdam eine Angebotsmenge von 200000 Fässern Heizöl vom karibischen Spotmarkt, auf dem sich die USA bedienten, nach Holland »gelockt« hätten und die Europäer so die USA um ihren Anteil brächten.[67]

Für eine Korrektur der Ölversorgung in dieser Größenordnung war die Subvention allerdings viel zu hoch. Sie steigerte die amerikanische Lagerhaltung um das Fünfzehnfache der vermeintlich fehlenden Menge.[68] Der Energieminister wollte offenkundig die Versorgungslage der USA auf Kosten derEuropäer verbessern.[69] »Sie [die Verbündeten, K.W.] müssen verstehen, daß die Interessen der Vereinigten Staaten für uns wichtiger sind als ihre Interessen«, erklärte ein ungenanntes Regierungsmitglied freimütig gegenüber der *New York Times*.[70] Man werde in Zukunft alleine handeln, wenn die Verbündeten weiterhin nichts unternähmen, um die Preisentwicklung einzudämmen. Auf Bonns Unilateralismus aus einer Situation der Stärke heraus antwortete die US-Regierung unilateral aus Schwäche.

In der deutschen Öffentlichkeit rief Schlesingers Vorgehen Empörung hervor. Dieses hatte zur Folge, daß die Preise in Rotterdam anstiegen, mit entsprechenden Kosten für die spotmarktabhängige Bundesrepublik. Botschafter Staden, der bald darauf die Leitung der außenpolitischen Abteilung im Kanzleramt übernahm, protestierte am 1. Juni bei der US-Regierung. Schmidt bezeichnete Schlesingers Entscheidung als »schweren Fehler«.[71] Eine Reihe von Sozialdemokraten forderte gar, die Europäer sollten die IEA verlassen und eine eigene Energieagentur gründen, ohne amerikanische Beteiligung.[72]

Besonders scharf war die Kritik der Medien, die meist eine Generalabrechnung mit der US-Energiepolitik lieferten.[73] Im WDR hieß es, der Präsident rechtfertige mit den Subventionen Schmidts skeptisches Urteil »über die gegenwärtige amerikanische Politik, die unter der schwachen Führung Carters offenkundig nicht im Stande ist, ihrer weltpolitischen Verantwortung als Führungsmacht des Westen gerecht zu werden«.[74] Kurt Becker sah sich in der *Zeit* in seinem Urteil bestätigt, daß Carter unkalkulierbar und sprunghaft sei. Andere Industriestaaten müßten für das amerikanische Vorgehen »die Zeche zahlen: mit Verknappung, Preissteigerung und der Gefahr neuer weltwirtschaftlicher Turbulenzen«.[75] Der *Spiegel* behauptete gar, Carter nehme das Ansteigen des Weltölpreises tatenlos hin, weil sich dann die Ausbeutung der amerikanischen Energiequellen, etwa der Ölschiefer der Rocky Mountains, lohne.[76]

Schmidt bekam die wachsende Entschlossenheit der Amerikaner, das deutsche Verhalten nicht länger hinzunehmen, auch persönlich zu spüren, als er Anfang Juni zu einem Kurzbesuch in Washington eintraf, der vor allem dem Werben für ein SALT-II-Abkommen dienen sollte. Die deutsche Delegation wurde demonstrativ unfreundlich behandelt. Am Vorabend der Anreise kürzte das Weiße Haus die geplante Gesprächszeit zwischen Kanzler und Präsident um die Hälfte.[77] Schmidt werde »abgespeist«, notierte Grünewald.[78] Pressesprecher Bölling mußte bei seinem Kollegen Powell 20 Minuten im Vorzimmer warten – um dann noch acht Minuten mit ihm reden zu können.[79]

Dennoch hielt sich Schmidt während seines Besuches mit Kritik auffallend zurück. Er brauchte Carters Hilfe, um dem sich anbahnenden NATO-Doppelbeschluß eine Form zu geben, die ihn seiner Partei akzeptabel machte (siehe Kapitel 10). Sodann tobte in SPD und FDP der Streit um die Kernenergie, und Schmidt wollte den Präsidenten für ein Bekenntnis zur Atomkraft gewinnen, das die Staats- und Regierungschefs der sieben wichtigsten Industriestaaten auf dem bevorstehenden Tokioter Weltwirtschaftsgipfel ablegen sollten.

Als der Kanzler am 6. Juni im Blair House mit Blumenthal und Schlesinger zusammentraf, zeigte er sich konziliant.[80] Die Amerikaner gaben zu erkennen, daß sie Preiskontrollen für die Spotmärkte und die Einrichtung eines internationalen Ölzuteilungssystems in Erwägung zogen. Schmidt lehnte diese Überlegungen zwar ab: »Kommunistische Idee«, notierte Eizenstat seinen Kommentar.[81] Der deutsche Mineralölmarkt war nicht reguliert; Ölunternehmen konnten dort höhere Erlöse erzielen als anderswo.[82] Entsprechend attraktiv war es, in die Bundesrepublik zu liefern, was bereits in der ersten Ölkrise die Versorgung gesichert hatte. Der freie Mineralölmarkt war insofern »die einzige Sicherheit, die wir haben«, wie der Parlamentarische Staatssekretär im Wirtschaftsministerium, Martin Grüner (FDP), erklärte.[83]

Schmidt kritisierte deshalb die Idee, Zugriff auf den Spotmarkt zu nehmen. Aber den Amerikanern signalisierte er zugleich: »Wenn Ihr es wollt, wird es am deutschen Widerstand nicht scheitern.«[84] Allerdings müsse Washington diesen Widerstand erst überwinden. Der Hinweis zielte auf die FDP und insbesondere Wirtschaftsminister Lambsdorff. Schon im Frühjahr war deutlich geworden, daß in der SPD die Bereitschaft zu staatlichen Eingriffen größer war als bei den Liberalen.[85] Forschungsminister Volker Hauff (SPD) hielt etwa Tempolimits durchaus für eine sinnvolle Maßnahme.[86] Doch Lambsdorff stellte sich grundsätzlich quer, und der Kanzler konnte oder wollte den Konflikt nicht für die SPD entscheiden. Grünewald notierte: »BK will sich dafür nicht verkämpfen.«[87]

Der Weltwirtschaftsgipfel in Tokio

Lambsdorff behielt denn auch nach Schmidts Rückkehr aus Washington die Oberhand. Berichte über die Kompromißbereitschaft des Kanzlers während dessen USA-Besuch kommentierte der Wirtschaftsminister mit dem Hinweis, jegliche Regulierung des Ölmarktes sei ein »ganz und gar untaugliches Rezept«.[88] Als Frankreich Mitte Juni – offenbar nach Absprache mit Washington – in der EG vorschlug, Preisbegrenzungen am Spotmarkt und Importverbote für jenes Öl einzuführen, dessen Preis über dem OPEC-Niveau lag, stimmte Bonn unter Federführung des Wirtschaftsministeriums dagegen.[89]

Unter Carters Beratern konnten sich dann allerdings im Vorfeld des Tokioter Gipfels die Befürworter umfassender Eingriffe auf dem Spotmarkt nicht durchsetzen.[90] Die Zweifel an der Wirksamkeit solcher Schritte waren zu groß. Im Fall von Preiskontrollen drohte das Öl in Länder abzufließen, die eine freie Preisbildung zuließen. Zudem schien das Risiko beträchtlich, daß die OPEC das festgelegte Niveau künftig als untere Grenze für ihre Preisbestimmung ansah.[91] Die Carter-Regierung beschloß deshalb, auf dem Gipfel vorerst nur verbindliche nationale Importziele für die großen Industriestaaten anzustreben. Auch damit ließen sich den Deutschen Fesseln anlegen, wie es in einem Vermerk für Mondale hieß:

»Wenn wir länderspezifische Importobergrenzen erreichen, können wir ... eine Situation verhindern, wie wir sie im ersten Vierteljahr von 1979 gehabt haben, als die westdeutschen Importe mit einer Quote von – umgerechnet auf das Jahr – 20 Prozent in die Höhe schossen ...«[92]

Der Weltwirtschaftsgipfel in Tokio war der erste, der in Japan stattfand, und für die Gastgeber kein Ruhmesblatt. Um die Delegationen vor Terroranschlägen zu schützen, waren fast alle Regierungschefs im Luxushotel New Otani untergebracht, und ausgerechnet dort wurde während des Treffens eine Bombe entdeckt. Dann lief dem Ministerpräsidenten Masayoshi Ohira, der nur schlecht Englisch sprach, die Konferenzregie schon am ersten Verhandlungstag aus dem Ruder. Carter sprach von »einem der schlimmsten Tage in meinem diplomatischen Leben«.[93]

Gleich in der ersten Sitzung am Vormittag des 28. Juni gerieten die Staats- und Regierungschefs ungewöhnlich heftig aneinander. Vor allem Deutsche und Amerikaner schenkten sich nichts. »Die haben ziemlich was zu hören bekommen«, erfuhren die Journalisten hinterher von Schmidt, der nun ganz anders auftrat als noch zwei Wochen zuvor bei seinem Besuch in Washington.[94] Während er dort Kompromißbereitschaft signalisiert hatte, präsentierte er sich in Japan erneut als unnachgiebiger Vertreter deutscher Interessen und scharfer Kritiker des US-Präsidenten.

Als Carter beim Mittagessen um Verständnis für seine innenpolitische Lage bat und auf nationale Länderziele drängte, hielt Schmidt ihm die vermeintlichen Verfehlungen der amerikanischen Nahostpolitik vor, die er für die Ölpreisentwicklung verantwortlich machte. Der Deutsche sei »ausfallend« geworden, schreibt Carter in seinen Erinnerungen.[95] Als sich die sieben Staats- und Regierungschef am Nachmittag für das Gruppenbild vor dem Akasaka-Palast präsentierten, sprachen die beiden kein Wort miteinander und blickten geflissentlich aneinander vorbei.

Im Kanzleramt ging nach dem Gipfel aus den USA der warnende Hinweis ein, Schmidt solle nicht noch einmal so mit einem US-Präsidenten sprechen. Brzezinski, der Carter seit längerem bedrängte, dem Kanzler für seine ständige Kritik in gleicher Münze heimzuzahlen (»Wir mußten ein ausgeglicheneres Bild herstellen«), fand beim Präsidenten nun zunehmend Gehör.[96]

In der Sache verlief die Frontlinie wie gehabt: Carter wollte aus innenpolitischen Gründen möglichst genaue Sparvorgaben für die kommenden Monate fixieren, Schmidt – ebenfalls aus innenpolitischen Gründen – jede konkrete Festlegung vermeiden. Obwohl er später selber einräumte, daß die in Tokio vereinbarten Energiesparziele »völlig unzureichend« gewesen seien,[97] mochte er sich nicht zu einschneidenden Schritten gegen den Widerstand der FDP durchringen.

Vehement widersetzte sich die deutsche Delegation der Aufstellung nationaler Importziele. Sie argumentierte, jedes Land sei in einer spezifischen Wachstumsphase, nutze das Öl in unterschiedlichem Ausmaß und spare verschieden stark. Dies lasse sich nicht in Prozentzahlen für einzelne Staaten einfangen.[98] Carter verwies demgegenüber auf die Notwendigkeit glaubwürdiger Signale. Zeitgleich zum Gipfel beriet die OPEC eine neue Preisrunde, und das Kartell würde sich, so der Präsident, nicht beeindruckt zeigen, wenn die westlichen Industrienationen nur allgemeine Sparverpflichtungen eingingen.[99]

Besonders umstritten war in diesem Zusammenhang das britische Nordseeöl. Sollte es den EG-Staaten angesichts des gemeinsamen Marktes als Import angerechnet werden? Schmidt – unterstützt von Andreotti, Thatcher und Giscard – lehnte eine solche Regelung aus offenkundigen Gründen ab. Carter hingegen wünschte, daß die Europäer ihren Verbrauch reduzierten und Importbeschränkungen nicht durch eine verstärkte Förderung der Briten umgingen. Auch sperrten sich die Deutschen dagegen, einen Kontrollprozeß zu institutionalisieren, der in kurzen Abständen die Sparerfolge überprüfen sollte, wie die Amerikaner es anstrebten. Die Bundesregierung ahnte wohl, daß sie dann als erste am Pranger stehen würde.

Zum Durchbruch kam es erst, als sich Giscard am Morgen des 29. Juni auf die Seite der Amerikaner schlug und damit die europäische Front zerfiel. Einen isolierten Konflikt mit Washington mochte die deutsche Delegation nicht austragen, denn, wie man sich intern vor Augen hielt, an zwei Tatsachen kam Bonn nicht vorbei: »Die USA sind mittel- und langfristig eher in der Lage, ihre Energieversorgung im Alleingang zu sichern als die Europäer.« Und: »Alle Anstrengungen der Europäer sind nicht in der Lage, den internationalen Ölmarkt wieder in ein ausgeglichenes Verhältnis von Angebot und Nachfrage zu bringen, wenn die USA ihre Ölnachfrage am Weltmarkt nicht einschränken ...«[100]

Das Resultat war ein kompliziertes Arrangement. Die EG hatte vor dem Gipfel, teilweise schon vor der Ölkrise, in verschiedenen Beschlüssen festgelegt, den Ölverbrauch für die gesamte Gemeinschaft 1979 auf 500 Millionen Tonnen und den jährlichen Ölimport zwischen 1980 und 1985 auf den Stand von 1978 – 470 Millionen Tonnen – zu begrenzen. Nun erklärten sich Bonn, Paris und London bereit, daraus länderspezifische Verpflichtungen abzuleiten und in diesem Sinne auch auf die anderen EG-Staaten einzuwirken.[101] Britisches Nordseeöl galt entsprechend als importierter Rohstoff. Um Bonn diese Konzession zu erleichtern, sollten die unterschiedlichen Versorgungsstrukturen, die vorhandenen Sparmöglichkeiten und bisherigen Sparerfolge, die wirtschaftliche Lage und die verfügbaren Ölmengen bei der Bewertung möglicher Verfehlungen der Tokioter Vereinbarung berücksichtigt werden.[102]

Im Gegenzug legten sich die Amerikaner fest, 1979, 1980 und 1985 maximal 8,5 Millionen Faß Öl pro Tag einzuführen. Das war eine größere Importmenge, als die Carter-Regierung für diesen Zeitraum intern erwartete, und es war ein besseres Verhandlungsergebnis, als sie vorher erhofft hatte.[103] Für 1979 und 1980 war das Einsparziel voraussichtlich ohne weitere Maßnahmen zu erreichen, weil sich die US-Wirtschaft im Abschwung befand. Lediglich die Fixierung für 1985 barg ein Risiko.[104] Carter konnte deshalb die Vereinbarung von Tokio als politischen Erfolg verbuchen. Der Bundeskanzler hatte auf dem Papier die größeren Zugeständnisse gemacht. Doch im deutsch-amerikanischen Konflikt über die Energiepolitik stellte dieser Gipfel nicht einmal einen Etappensieg dar.

Die Bundesregierung war nämlich keineswegs bereit, die

Vereinbarung einzuhalten. Obwohl die Koalition schon im August wußte, daß man ohne drastische Eingriffe im laufenden Jahr sowohl mehr Öl importieren als auch verbrauchen würde als im Vorjahr, scheiterten Versuche von Forschungsminister Hauff, ein umfassendes Energiesparprogramm durchzusetzen, am Widerstand der FDP, teilweise auch der Bundesländer.[105] Mit Forderungen nach »Tempo 100« konnte er sich ebensowenig durchsetzen wie mit einer Abwärmeabgabe oder einer Energieverbrauchsordnung, die etwa Klimaanlagen unter Genehmigungspflicht stellte und ölbeheizte Privatschwimmbäder verbot.[106]

Schmidt teilte zwar nicht in allen Punkten die Argumente der Liberalen. Aber er war nicht bereit, ein Jahr vor der Bundestagswahl den Konflikt mit der FDP und der Industrie in dieser Frage zu wagen. So beschloß das Kabinett am 12. September 1979 eine Reihe von Maßnahmen, die allenfalls mittelfristig Erfolge versprachen.[107] Die Bundesrepublik führte bezeichnenderweise nicht nur 1979, sondern auch 1980 deutlich mehr Rohöl ein als vor der Irankrise.[108] Erst 1981 sank der Import – wie in Tokio vereinbart – unter das Niveau von 1978.

Im Spätsommer 1979 deuteten damit alle Zeichen auf eine neue Runde deutsch-amerikanischer Auseinandersetzungen über die Energiepolitik hin. Doch dann verlor die Frage der Ölversorgung an Bedeutung für die bilateralen Beziehungen – so überraschend, wie sie ein dreiviertel Jahr vorher zum Problem geworden war. Im Herbst entspannte sich nämlich die Lage auf dem internationalen Ölmarkt, weil die OPEC größere Mengen förderte als erwartet.[109] Ende des Jahres waren in den IEA-Mitgliedsländern die Lager gefüllt.[110] Zugleich ging die Nachfrage deutlich zurück; in den USA waren die ersten Vorboten einer Rezession zu erkennen. Auf dem amerikanischen Markt normalisierte sich die Versorgung wieder. Und damit ließ der Druck der US-Regierung auf den deutschen Verbündeten spürbar nach; Bonn wiederum fielen Konzessionen entsprechend leichter.

Im Dezember 1979 einigte man sich ohne größere Schwierigkeiten auf die in Tokio von den europäischen Staaten im Grundsatz zugesagten Länderziele. Auf der Sitzung der IEA-Energieminister Ende des Jahres gelang es Washington sogar, die Zustimmung der Europäer für eine Art Kontrollprozeß der nationalen Verbrauchspolitik zu gewinnen. In dem Bericht der US-Delegation an Carter wird ausdrücklich darauf hingewiesen, daß die Deutschen dabei hilfreicher gewesen seien als erwartet.[111] Die grundsätzlichen Gegensätze waren nicht ausgeräumt, aber sie wurden nun auf der Arbeitsebene ausgetragen und blieben ohne Rückwirkung auf das Verhältnis zwischen Schmidt und Carter.

Schon im Dezember 1978, also noch vor dem Sturz des Schahs und dem Beginn der Energiekrise, hatten zwei amerikanische Diplomaten beobachtet, daß sich die USA aus europäischer Sicht mehr und mehr als ein Land mit einer chaotischen Außen- und Wirtschaftspolitik darstellten, über die niemand Kontrolle habe und deren herausragende Eigenschaft ihre Unberechenbarkeit sei.[112] Die Energiekrise trug maßgeblich dazu bei, daß sich dieser Eindruck im Laufe des Jahres 1979 verfestigte. Und die nächste transatlantische Auseinandersetzung stand unmittelbar bevor.

12. »Too little, too late«

In der Auseinandersetzung um die Ölkrise wurde offenkundig, wie sehr die einst in Bonn so dominierende westliche Vormacht bereits an Einfluß auf die europäische und insbesondere die deutsche Politik verloren hatte. Die sogenannte Geiselkrise ließ das noch deutlicher hervortreten. Ein knappes halbes Jahr nach ihrem Beginn, im April 1980, kam ein enttäuschter Brzezinski in einem Vermerk an Carter zu dem Schluß: »Es fällt uns wirklich schwer, mit den Europäern gemeinsame Vorstellungen zu entwickeln.«[1]

Die Geiselnahme

Die Teheraner Geiselnahme begann am 4. November 1979. An jenem Sonntag besetzten rund 3000 Demonstranten die

US-Botschaft in der iranischen Hauptstadt und nahmen über 50 Amerikaner gefangen, die sich auf dem Gelände aufhielten, darunter auch diplomatisches Personal, das völkerrechtlich besonders geschützt war.[2] Die Demonstranten, wohl größtenteils Studenten, protestierten dagegen, daß der schwerkranke Schah kurz zuvor zur medizinischen Behandlung aus Mexiko in die Vereinigten Staaten hatte einreisen dürfen. Mit der Botschaftsbesetzung wollten sie Washington zwingen, den Schah auszuliefern.

Nun hatte es Übergriffe ähnlicher Art schon vorher gegeben, und Carter reagierte daher gelassen. Doch dann stellte sich Ayatollah Khomeini, der geistige Führer der islamischen Revolution, ausdrücklich hinter die Botschaftsbesetzer; die USA seien, so erklärte er, der »große Satan«.[3] Was als spontane Protestaktion begonnen hatte, nahm staatsterroristische Züge an. Die Geiselnahme dauerte insgesamt 444 Tage, und ungefähr die Hälfte der Zeit belastete sie die deutsch-amerikanischen Beziehungen erheblich. Denn Carter verhängte einschneidende Sanktionen gegen den Iran und verlangte von der Bundesregierung, sie solle sich anschließen. Doch die sozial-liberale Koalition kam dem Drängen nur spät und in sehr reduziertem Umfang nach.

Denn die Risiken Bonns und Washingtons, die in einem Konflikt mit Teheran lagen, unterschieden sich deutlich. Für Carter ging es um Freiheit und Leben der Geiseln, zunehmend auch um das Ansehen der amerikanischen Supermacht in der Welt und infolgedessen nicht zuletzt um seine Chancen zur Wiederwahl im November 1980. Es gab für ihn wenig zu verlieren, aber viel zu gewinnen, wenn er den Druck auf die iranische Regierung steigerte. Aus deutscher Sicht hingegen war es umgekehrt; für Schmidt gab es im Schulterschluß mit Carter viel zu verlieren, aber wenig zu gewinnen. Die Koalition sorgte sich zum einen um den Außenhandel der Bundesrepublik und fürchtete zum anderen die beträchtlichen Kosten von Sanktionen, die Entschädigungsforderungen deutscher Unternehmen in Milliardenhöhe nach sich zu ziehen drohten – ein Problem, das sich in den USA aufgrund einer anderen Rechtslage nicht stellte.

Die asymmetrische Interessenlage spiegelte den unterschiedlichen Status wider. Einerseits die vom Außenhandel und von Ölimporten abhängige Mittelmacht Bundesrepublik, die auf eine Entpolitisierung ihrer Wirtschaftsbeziehungen mit entsprechenden ökonomischen Vorteilen setzte und Ausnahmen davon bezeichnenderweise im konstruktiven Sinne (»positive linkage«) machte, etwa in der Ostpolitik, ansonsten aber auf Embargos und sonstige handelspolitische Strafmaßnahmen möglichst verzichtete. Andererseits die Weltmacht USA, die es sich leisten konnte, ihren Außenwirtschaftsbeziehungen in der politischen Entscheidungsfindung eine untergeordnete Rolle zuzuweisen und sie bei Bedarf zu instrumentalisieren.

Im Endergebnis wurden beide Seiten enttäuscht. Der amerikanische Präsident erhielt nicht die Unterstützung, die er erwartet hatte; der Umfang der deutschen Sanktionen gegen den Iran blieb gering. Die Bundesregierung wiederum übernahm – wenn auch nur teilweise – eine Sanktionspolitik, die sie eigentlich ablehnte, und der sie sich nur in der Hoffnung anschloß, auf diese Weise zu einer Verhandlungslösung der Geiselkrise beizutragen und den Einsatz von Gewalt zu verhindern. Ende April 1980 startete Carter jedoch einen riskanten Befreiungsversuch und scheiterte damit. Die paradoxe Folge: Als das deutsche Handelsembargo gegen den Iran im Mai in Kraft trat, war das Ziel dieses Schrittes inzwischen abhanden gekommen. Der Konflikt um die Geiselnahme war insofern ein weiteres Beispiel für die Unfähigkeit in Bonn und Washington, sich auch im letzten gemeinsamen Regierungsjahr in die Lage des jeweils anderen hineinzuversetzen.

Anerkennung für Carter

Dabei hatte sich die Bundesregierung nach der Botschaftsbesetzung zunächst demonstrativ an die Seite der USA gestellt.[4] Die Erinnerung an die Entführung der Lufthansa-Maschine »Landshut« nach Mogadischu 1977 war noch frisch. Der Kanzler sah in der Geiselnahme sogar eine Chance, das deutsch-amerikanische Verhältnis zu verbessern, und verwies auf Frankreichs Haltung in der Kubakrise 1962.[5] In den USA sei Präsident Charles de Gaulle nie vergessen worden, daß er damals Kennedy vorbehaltlos unterstützt hatte.

Schmidt bot denn auch am Tag nach der Besetzung dem US-Botschafter Stoessel Hilfe an. Während die Amerikaner von Informationen aus Teheran und Kontakten zum neuen Regime weitgehend abgeschnitten waren, verfügte der deutsche Botschafter Gerhard Ritzel als einziger westlicher Diplomat vor Ort über gute Verbindungen zum Revolutionsrat. Viele von Ritzels Drahtberichten und Beurteilungen überließ das Auswärtige Amt dem State Department.

Über Carters Umgang mit der Situation war in den ersten Novemberwochen aus Bonn nur Lob zu hören. Die Wertschätzung ergab sich aus der gelassenen Art, mit welcher der Mann im Weißen Haus auf die Geiselnahme reagierte und die Emotionen in der Öffentlichkeit auffing. Einem Besucher gegenüber erklärte Schmidt, daß er die gegenwärtige Aufregung in den USA gut verstehen könne, weil er selbst zwei Jahre zuvor die Versuchung gespürt habe, auf derartige Anschläge mit Gewalt zu reagieren.[6]

Für viele Amerikaner bildete die Festsetzung ihrer Landsleute in der Tat ein weiteres Glied in einer langen Kette von Demütigungen der USA. Als Carters innenpolitischer Berater Hamilton Jordan in jenen Tagen eines Abends zu seiner Wohnung fuhr, blieb er in einer Demonstration vor der iranischen Botschaft in Washington stecken. Was er in den Gesichtern der Protestierenden beobachtete, spiegelte für ihn den Seelenzustand seines Landes wider: »Ihre Wut, ihre bloße Anwesenheit schien zu sagen: ›Jetzt reicht's! Nach Vietnam und OPEC-Preiserhöhungen und den Schlangen an den Tankstellen haben wir die Schnauze voll. Das ist der Tropfen, der das Faß zum Überlaufen bringt – Amerikaner als Geiseln einer Bande von Terroristen. Das lassen wir uns nicht gefallen!‹«[7] Bald wurden in der Öffentlichkeit Forderungen nach einem Militärschlag gegen den Iran laut.

Carter reagierte auf die Stimmung, indem er alle Reisen absagte, die nicht zwingend notwendig waren. Er ordnete an, den Christbaum vor dem Weißen Haus während der Adventszeit und zu Weihnachten nicht zu erleuchten. Später weigerte sich der Präsident sogar, am Vorwahlkampf teilzunehmen. Er wollte den Eindruck vermeiden, »business as usual« zu betreiben, während sich in Teheran eine Tragödie abspielte. Von den Amerikanern erhielt er dafür breite Unterstützung, und auch aus Bonn war nur Zustimmung zu vernehmen.

Erste Spannungen

Allerdings zeigten sich die Grenzen der deutschen Solidarität, als Carter begann, gegen den Iran Sanktionen zu verhängen, die er sukzessive steigerte. Er wollte das neue Regime in Teheran zwingen, die Geiselnahme zu beenden oder zumindest in diese Richtung zu wirken. Gleichzeitig sollte damit das Verlangen nach einem Militärschlag in der amerikanischen Öffentlichkeit gedämpft werden.

Carter stoppte daher Ersatzteillieferungen für die iranische Armee und verbot die Einfuhr iranischen Öls, das immer noch vier Prozent des amerikanischen Importbedarfs deckte.[8] Mitte November 1979 ließ er alle staatlichen iranischen Guthaben bei US-Banken einschließlich deren Filialen und Tochtergesellschaften im Ausland einfrieren und verhängte so die bis dahin umfassendste Finanzblockade in der Geschichte der Vereinigten Staaten; über zwölf Milliarden Dollar wurden Teheran durch diese und andere Maßnahmen vorenthalten.[9]

Als Khomeini am 18. November ankündigte, die Geiseln von Revolutionsgerichten als Spione aburteilen zu lassen, wenn der Schah nicht bald ausgeliefert werde, rief Carter schließlich den Internationalen Gerichtshof in Den Haag an.[10] Mit dessen Urteil im Rücken wollte er im Sicherheitsrat der Vereinten Nationen die Verhängung umfassender Sanktionen durch die Völkergemeinschaft beantragen.[11] Der amerikanische Resolutionsentwurf sah neben einem begrenzten Finanzboykott vor allem ein Handelsembargo vor, das dem Iran den Weg zu Devisen verstellen sollte.[12]

Von den Europäern erwartete das Weiße Haus dabei sowohl politische Unterstützung als auch eine Übernahme der Sanktionen. Einige der Maßnahmen, etwa der Verzicht auf iranisches Öl, wurden sogar von der Erwägung mitbestimmt, den Alliierten die amerikanische Entschlossenheit deutlich zu machen. Ein Ölembargo gegen den Iran, so der Präsident, »wäre ein klares Signal für unsere europäischen Verbündeten, daß wir es ernst meinen und ihre Hilfe erwarten«.[13] Daß die US-Regierung inzwischen glaubte, sich selber schaden zu müssen – denn das tat sie mit dem Ölboykott –, um Bonn, Paris und London zu überzeugen, ist ein Indikator dafür, daß Carter wohl ahnte, welche Schwierigkeiten ihm bevorstanden.

Die amerikanische Sanktionspolitik hatte insofern von Beginn an zwei Adressaten: Teheran und die Verbündeten. Doch Schmidt war keineswegs bereit, dem Präsidenten auf dessen Weg strikt zu folgen. Als Carter nach der Drohung Khomeinis mit einem Gerichtsverfahren gegen die Geiseln bei Giscard, Thatcher und Schmidt anrief und um öffentliche Unterstützung bat, reagierte der Kanzler »am kühlsten«.[14] Während Thatcher dem Wunsch sofort nachkam, mochte sich Schmidt nicht exponieren.

Bald nach dem Anruf verständigten sich SPD und FDP darauf, »daß wir bei unserer eigenen Interessenlage unseren Kopf nicht weiter herausstrecken als andere. Deshalb sollte die US-Aufforderung im Rahmen der Neuner-Gemeinschaft [der EG, K.W.] befriedigt werden, nicht bilateral.«[15] Wie bei der Neutronenwaffe und dem Doppelbeschluß – und anders als in der Energiepolitik – trachtete Bonn danach, jede Singularisierung zu vermeiden. Es dauerte fast zwei Wochen, ehe die europäischen Regierungschefs beim Dubliner Gipfeltreffen schließlich eine zurückhaltende Erklärung verabschiedeten.[16] Aus amerikanischer Sicht war das, wie das Magazin *Newsweek* befand, zu wenig und zu spät (»too little, too late«).[17]

Nun wurde auch in der Öffentlichkeit deutlich, daß die Konfliktbereitschaft gegenüber dem Iran in Bonn beziehungsweise Westeuropa einerseits und Washington andererseits unterschiedlich ausgeprägt war. Die europäischen Alliierten begrüßten Versuche des Präsidenten, mit Hilfe von UN-Generalsekretär Kurt Waldheim zu einer diplomatischen Lösung zu kommen. Doch gravierende Strafmaßnahmen, insbesondere einen Finanzboykott, wollten sie nicht verhängen. Die Bundesregierung berief sich darauf, daß für einen solchen Schritt die Rechtsgrundlage fehle,[18] was man in Bonn erkennbar nicht bedauerte und intern durchaus auch bezweifelte.

Carter hatte mit dem Finanzembargo ökonomisch wenig zu verlieren, vielleicht sogar etwas zu gewinnen. Das Einfrieren der Guthaben diente nämlich nicht nur der Geiselbefreiung. Aus den Mitteln sollten vielmehr auch finanzielle Ansprüche von Amerikanern und amerikanischen Unternehmen abgegolten werden, falls Teheran seine inzwischen ausgesprochene Drohung wahr machte, die Schulden aus der Schah-Zeit nicht zu begleichen.

Für die Deutschen war die Lage komplizierter. Kein anderes westeuropäisches Land pflegte auch nach der Revolution so umfangreiche Wirtschaftsbeziehungen zum einstigen Kaiserreich wie die Bundesrepublik. Sie bezog 1979 immer noch gut zehn Prozent ihrer Erdöleinfuhren aus dem Iran – bei ansteigender Tendenz. Sodann exportierten westdeutsche Unternehmen weiterhin Güter für 2,3 Milliarden Mark dorthin. Die Bundesrepublik war 1979 der wichtigste ausländische Lieferant Teherans.[19]

Der Iran galt aufgrund der Einnahmen aus dem Ölgeschäft als überaus attraktiver Markt. Nach der ersten Ölkrise war das Land zum Konjunkturpuffer der deutschen Wirtschaft geworden; iranische Aufträge hatten teilweise die fehlende Binnenkonjunktur kompensiert, und westdeutsche Unternehmen hatten Milliardenbeträge investiert. Siemens etwa baute zwei gigantische Kernkraftwerke am Persischen Golf. Umgekehrt waren der Iran beziehungsweise staatliche iranische Unternehmen mit gut 1,5 Milliarden Mark an deutschen Großunternehmen wie der Friedrich Krupp GmbH oder der Babcock beteiligt.[20]

Während die Amerikafeindlichkeit des neuen Regimes die Aussichten für US-Betriebe auf eine Wiederaufnahme des einst schwunghaften Handels gegen Null tendieren ließ, gab es für deutsche Unternehmen durchaus die Hoffnung, die deutsch-iranischen Wirtschaftsbeziehungen könnten zu alter Blüte zurückfinden.[21] In einer Analyse der Lage im Iran, die kurz vor der Geiselnahme erstellt wurde, hieß es, die Bundesrepublik genieße beim Regime erhebliche Sympathien, weil viele Angehörige der neuen Führungsschicht in Deutschland studiert hätten. Die Bundesrepublik nehme unter den westlichen Ländern insofern eine Vorzugsstellung ein, und beide Seiten seien bestrebt, »Belastungen der traditionell guten Beziehungen möglichst zu vermeiden«.[22] Auch deshalb wollte Schmidt dem amerikanischen Kurs nicht folgen.

Zudem hielten sich Mitte November ungefähr 1900 Westdeutsche im Iran auf, davon allein 1200 im Großraum Teheran, gegen die auch anonyme Drohungen ausgesprochen wurden. Trotz Bemühungen des Auswärtigen Amtes, die Menschen zur Ausreise zu bewegen, verließen nur wenige das Land, weil die Großunternehmen, um deren Angestellte es sich größtenteils handelte, ihren Mitarbeitern erklärten, die Lage sei nicht so dramatisch, wie sie das deutsche Außenministerium darstelle.[23] Auch das sprach für Zurückhaltung.

Als Anfang Dezember 1979 eine US-Delegation unter Leitung von Richard Cooper aus dem State Department und Anthony Solomon aus dem Finanzministerium auf einer Europareise in Bonn eintraf, um mit Genscher, Finanzminister Matthöfer und Wirtschaftsminister Lambsdorff Sanktionsmöglichkeiten zu erörtern, zeigte sich die Bundesregierung entsprechend zugeknöpft.[24] Für ein Finanzembargo waren die Deutschen nicht zu gewinnen. Vergebens schlugen Cooper und Solomon vor, statt iranische Guthaben offiziell einzufrieren einen solchen Zustand de facto herbeizuführen, indem die Bundesregierung die deutschen Banken veranlasse, von wechselseitigen Verzugsklauseln (»default and cross-default clauses«) Gebrauch zu machen; die anderen Europäer sollten entsprechend vorgehen. Dem Iran drohten in einem solchen Fall erhebliche wirtschaftliche Schwierigkeiten.[25]

Den rechtlichen Einwänden Bonns gegen ein Einfrieren der Gelder trugen die Amerikaner mit diesem Vorschlag Rechnung; Voraussetzung war allerdings ein Versäumnis des Irans. Nur wenn er mit Zinszahlung und Schuldentilgung in Verzug geriet, konnten die Banken die Verzugsklauseln anwenden. Aber der Iran zahlte pünktlich, wie die deutsche Seite sogleich erklärte. Die Asymmetrie in der Interessenlage gegenüber Teheran ließ sich auf diese Weise nicht aufheben.

Um die Amerikaner nicht ganz zu verprellen, stellte Bonn die Lieferung militärischer Ersatzteile in den Iran ein und erteilte keine Bürgschaften mehr für Ausfuhrgeschäfte dorthin. Auch intervenierte die Bundesbank auf den Währungsmärkten, um den Druck auf den Dollar abzuschwächen, der sich nach dem Einfrieren der iranischen Guthaben aufgebaut hatte.[26] Und schließlich drängte Lambsdorff die Mineralölgesellschaften, ursprünglich für die Vereinigten Staaten bestimmtes iranisches Rohöl nicht in die Bundesrepublik umzulenken.[27] Die Medien zitierten Schmidt mit der Aussage, deutsche Unternehmen würden aus dem sich anbahnenden amerikanisch-iranischen Wirtschaftskrieg keinen Vorteil ziehen.[28] Die US-Regierung empfand das als schwachen Trost.[29]

Die Politik des kleineren Übels

In dieser Situation kamen Carter zwei Entwicklungen zu Hilfe, die den Kanzler dazu veranlaßten, ab Mitte Dezember die deutsche Position zu modifizieren. Schmidt hatte sich bei den zahlreichen Auseinandersetzungen mit Carter stets davor gehütet, die amerikanische Öffentlichkeit zu verprellen. Die Entfremdung durfte nie so weit gehen, daß die Sicherheitsgarantie der USA für die Bundesrepublik und insbesondere West-Berlin unterminiert wurde. Anfang Dezember 1979 schien ihm diese Gefahr zunehmend gegeben.

Denn die Zurückhaltung der europäischen Verbündeten sorgte in den amerikanischen Medien geradezu für Empörung. Der Kolumnist James Reston – er galt als Sprachrohr des amerikanischen Durchschnittsbürgers – polemisierte in der *New York Times* (»Where are the Allies?«), daß die Europäer doch sonst immer nach kollektiver Sicherheit riefen, sich nun aber nicht rührten. Wie der USA-Korrespondent der *Zeit*, Dieter Buhl, berichtete, stand die Bundesrepublik im Verdacht, dem amerikanisch-iranischen Clinch allzu unbeteiligt zuzusehen.[30] Die gleiche Beobachtung machte eine

Delegation der SPD-Bundestagsfraktion bei einem Besuch in den USA.[31]

Als Schmidt, Apel, Genscher, Matthöfer, Lambsdorff, der angehende Bundesbankchef Karl Otto Pöhl sowie die Staatssekretäre der entsprechenden Ministerien und des Kanzleramtes am 10. Dezember berieten, wie in der Iranfrage verfahren werden sollte, warnte der Regierungschef daher: »... wir haben ein erhebliches Interesse daran, daß in den Vereinigten Staaten nicht der Eindruck entsteht, als gäbe es ein Defizit an deutscher Solidarität ...«[32] Auch Matthöfer und Wischnewski drängten auf größeres Entgegenkommen.

Dafür sprach aus deutscher Sicht zudem ein zweiter Faktor: die Sorge, die Amerikaner könnten den Iran angreifen. Carter erwog in der Tat Ende November verschiedene militärische Optionen, die von einem Vergeltungsschlag nach Freilassung der Geiseln bis hin zur totalen Blockade des Landes reichten, um eine Freigabe zu erzwingen.[33]

Für die außenwirtschaftlich so abhängige Bundesrepublik bargen derartige Szenarien beträchtliche Risiken. Schmidt fürchtete für einen solchen Fall das Ende der inzwischen vom Iran wiederaufgenommenen Ölproduktion, eine weitere Verdoppelung des Ölpreises und schwere Zahlungsbilanzverwerfungen der schwächeren Industrienationen, von den Folgen für das Verhältnis der islamischen Welt zum Westen ganz abgesehen. Auch war kaum anzunehmen, daß die Bundesrepublik abseits stehen und weiterhin ihre Wirtschaftsbeziehungen zum Iran pflegen konnte, wenn die US-Streitkräfte einen Marschbefehl bekamen.

Zwischen der Sanktionsbereitschaft der Europäer und der Möglichkeit eines Militärschlages bestand daher ein enger Zusammenhang; kam man mit wirtschaftlichen Strafmaßnahmen einer Befreiung der Geiseln näher, erübrigte sich eine Verminung der iranischen Häfen oder die Bombardierung der Handelsstadt Abadan. Mehr noch: Schon das Verhängen von Sanktionen bedeutete einen Zeitgewinn, weil deren Wirkung abgewartet werden mußte. Andersherum formuliert: Wollten die Europäer einen US-Angriff vermeiden, mußten sie die amerikanische Sanktionspolitik stärker unterstützen, wie Schmidt in einem Telefonat mit dem italienischen Ministerpräsidenten Francesco Cossiga erklärte: »Je mehr wir öffentlich Solidarität mit Carter bezeugen, desto mehr Möglichkeiten hat er, sich dem Iran gegenüber flexibel zu zeigen ...«[34]

Die US-Regierung befand sich damit in der eigentümlichen Lage, daß die Angst der Verbündeten vor einem Losschlagen Amerikas zu ihrem wirkungsvollsten diplomatischen Instrument wurde. Während Unberechenbarkeit normalerweise dazu dient, einen Gegner unter Druck zu setzen,[35] hatte Carter ein Interesse daran, die Alliierten im Ungewissen zu lassen.

Als die Bundesregierung Cooper und Solomon beim bereits erwähnten Bonn-Besuch im Dezember 1979 nicht wesentlich entgegenkam, erklärten die beiden Sondergesandten daher, unter diesen Umständen seien die USA gezwungen, »andere« Maßnahmen zu ergreifen, woraus die deutsche Seite sofort auf militärische Schritte schloß. Der wirtschaftspolitische Abteilungsleiter im Kanzleramt, Horst Schulmann, notierte am 7. Dezember entsprechend: »Die Gespräche ... haben deutlich gemacht, daß auch im wirtschaftlichen Bereich faktische Zeichen der Solidarität mit den USA notwendig sind ...« Schmidt schrieb an den Rand: »Ja«.[36] Die Verhängung von Sanktionen erschien somit als Politik des kleineren Übels.

Gegenüber Außenminister Vance, der am 11. Dezember in Bonn eintraf und sondierte, in welchem Ausmaß sich die Deutschen an den geplanten UN-Strafmaßnahmen beteiligen würden, gab sich die Bundesregierung also kooperationsbereiter als noch gegenüber Solomon und Cooper.[37] Schmidt und Genscher waren nun gewillt, im Sanktionsfall auf iranisches Öl zu verzichten, und erklärten sich auch zu einem umfassenden Handelsembargo unter der Bedingung bereit, daß weitere europäische Verbündete sich anschlössen.

Allerdings verwies Bonn darauf, daß die deutsche Rechtslage Eingriffe in die sogenannten Altverträge aus der Zeit vor der Geiselnahme – die das Gros des deutsch-iranischen Handels umfaßten – erschwere, wenn nicht sogar unmöglich mache (worauf später noch einzugehen sein wird). Auch blieb es vorerst beim Nein zum Einfrieren der iranischen Guthaben. Die Bundesregierung drängte die deutschen Banken lediglich, darauf zu bestehen, daß der Iran seine Verbindlichkeiten pünktlich erfüllte. Alles weitere hing davon ab, wie der UN-Sicherheitsrat votierte. Schmidt wollte erst dann endgültig über das Ausmaß deutscher Schritte entscheiden.

Zweifel in Bonn

Glücklich war der Kanzler über die Richtung der amerikanischen Politik freilich nicht. Nach seiner Auffassung sollte Carter weiterhin vor allem auf den Verhandlungsweg setzen. Aufgrund der geglückten Befreiung der »Landshut« hielt sich die Bundesregierung einmal mehr zugute, dem Weißen Haus an Erfahrung voraus zu sein. Die Gespräche mit Vance, Cooper und Solomon im Dezember hatten diese Selbsteinschätzung noch verstärkt, weil dabei der Eindruck entstanden war, daß die US-Regierung über das weitere Vorgehen unschlüssig sei und Rat suche.

Daß Carter nun mit den UN-Sanktionen einen anderen Weg einschlagen wollte, als der Bonner Regierungschef für richtig erachtete, rief Verstimmung hervor. Es war und blieb den Deutschen ein Ärgernis, hat der Historiker Geyer in anderem Zusammenhang beobachtet, »daß Amerika sich nie so verhielt, wie sich die deutsche Meinung Amerika vorstellte, und sich darum auch nicht weiter scherte«.[38] Die anfängliche Wertschätzung für das Krisenmanagement des Präsidenten schlug auch deshalb in zunehmend schärfer werdende Kritik um. Als Staatsminister Wischnewski, der in Mogadischu mit den Kidnappern der »Landshut« verhandelt hatte, Anfang 1980 das Weiße Haus besuchte und sich eingehend über die Lage informierte, glaubte er zu erkennen, daß die Carter-Regierung der Aufgabe nicht gewachsen sei.[39]

Und der Widerwillen gegen den amerikanischen Kurs nahm zum Jahreswechsel 1979/80 noch zu, ohne freilich die deutsche Sanktionsbereitschaft grundsätzlich in Frage zu stellen. Das hatte zum einen mit der Intervention der Sowjetunion in Afghanistan zu tun, die Weihnachten 1979 begann. Der Gewaltakt Moskaus beendete die Entspannungspolitik und ließ den ganzen Mittleren Osten zum zentralen Krisengebiet der Weltpolitik werden (siehe Kapitel 13). Schmidt fürchtete infolgedessen, die Sowjetunion könnte von Afghanistan aus ihren Einfluß im Iran verstärken. Carter traute er zu, Teheran durch unüberlegte Schritte an die Seite Moskaus zu treiben.

Der Kanzler rechnete mit einem Ende der Geiselnahme in absehbarer Zeit; die Eindämmung sowjetischer Macht in dieser Region dagegen hielt er für eine langfristige Aufgabe.[40] Dafür benötigte man aber den Iran genauso wie die arabischen Staaten.[41] Der Westen hatte insofern nach Meinung Schmidts ein Interesse daran, Teheran nicht unnötig zu schwächen und eine antiamerikanische Solidarisierung in der arabischen Welt zu vermeiden. Am liebsten wäre es ihm daher gewesen, die Carter-Regierung hätte die geplanten UN-Sanktionen abgesagt.[42] Grünewald notierte am 10. Januar 1980, wohl nach einer Sitzung des Bundessicherheitsrates: »Wi[rtschaftliche] Sanktionen Iran: US sagen, es doch zu lassen ...«[43]

Dafür sprach aus Sicht des Kanzlers auch die Entwicklung im Iran selbst. Dort tobte ein Machtkampf zwischen gemäßigten Kräften in der Regierung und radikalen Gruppen um Khomeini. Da nicht klar zu erkennen war, wer auf die Geiselnehmer in der Botschaft verläßlichen Einfluß hatte, stellte sich die Frage, ob Sanktionen nicht verpuffen oder gar die Machtbalance zugunsten der Radikalen verschieben würden. Schon mit Blick auf die eigenen Interessen neigte die Bundesregierung dazu, dies zu bejahen, wie Grünewald notierte: »In Teheran Anarchie. Kein Druckpunkt, an dem man ansetzen kann.«[44]

Und schließlich wuchs in Bonn die Skepsis hinsichtlich der Motive der amerikanischen Politik. Carters Strategie, die Geiselbefreiung zum obersten Ziel der US-Außenpolitik zu erklären, hatte ihm zwar zunächst den höchsten Popularitätszuwachs eines Präsidenten in der Geschichte der amerikanischen Demoskopie eingebracht, doch sie erwies sich zunehmend als schwerwiegender Fehler. Denn dadurch wurde es mehr und mehr zu einem persönlichen Mißerfolg Carters, daß das Drama in Teheran andauerte.

Schon Ende des Jahres 1979 drehte sich die Stimmung

in den Vereinigten Staaten gegen den Präsidenten, und die Bundesregierung glaubte, er wolle auch deshalb Sanktionen verhängen, um aus der Kritik zu kommen. In dieser Lesart sollten deutsche Interessen der amerikanischen Innenpolitik geopfert werden. Schmidt sah sich in seiner Einschätzung bestätigt, als der stellvertretende Außenminister Christopher bei einem Besuch im Januar 1980 einräumte, von der Wirksamkeit der Sanktionen selber nicht überzeugt zu sein – sie sollten vor allem dem Zweck dienen, die öffentliche Meinung zu besänftigen und Zeit für Verhandlungen zu gewinnen.[45]

Eskalation

Überraschenderweise schien der Kelch dann allerdings an den Deutschen vorüberzugehen. Denn Ende Januar bot das iranische Außenministerium Geheimverhandlungen an, und Carter legte die Strafmaßnahmen vorerst auf Eis. Die Gespräche machten gute Fortschritte, und als Ende Februar Vance erneut in Bonn war, verkündete er, die Geiseln würden innerhalb von drei Wochen freikommen. Doch die rivalisierenden Machtgruppen im Iran konnten sich nicht einigen, und Anfang April waren die Hoffnungen auf eine rasche Lösung dahin.

In der US-Regierung gingen die Meinungen auseinander, wie angemessen zu reagieren sei. Vance hatte stets für Verhandlungen plädiert und tat dies auch weiterhin, Brzezinski hingegen tendierte eher zum Einsatz militärischer Druckmittel oder zu einer Befreiungsaktion. Nun neigte sich die Waage langsam zugunsten des Sicherheitsberaters.

In der letzten Märzwoche hatte Carter die Vorwahlen in New York und Connecticut gegen seinen demokratischen Herausforderer Edward Kennedy verloren und stand deshalb unter großem Druck; Meinungsumfragen zufolge zweifelten immer mehr Amerikaner daran, daß er in der Lage sei, die Geiselkrise zu bewältigen.[46] Zugleich fürchteten Brzezinski, Brown und andere dauerhaften Schaden für das Ansehen der USA, wenn sich der Eindruck verfestigte, das Land sei wehrlos gegenüber einer Handvoll radikaler Studenten. Vor allem nahm im Weißen Haus die Frustration darüber zu, daß man allen Bemühungen zum Trotz Monate nach der Botschaftsbesetzung einer Lösung noch immer nicht nähergekommen war: »Er [Carter, K.W.] bemerkte, das amerikanische Volk habe langsam die Schnauze voll, und fügte hinzu, auch er sei es leid.«[47]

Am Ostermontag, dem 7. April, brachen die USA schließlich die diplomatischen Beziehungen zum Iran ab, verhängten ein Verkehrs-, Finanz- und Handelsembargo und wiesen alle iranischen Diplomaten fristlos aus. Vor allem letzteres war ein Signal, das den Ernst der Lage unterstreichen sollte – auch gegenüber den Europäern.[48] Denn selbst nach dem japanischen Angriff auf Pearl Harbour 1941 war der damalige Präsident Franklin D. Roosevelt nicht so hart gegen die Diplomaten des Kaiserreichs vorgegangen.

Im Weißen Haus gab es nur noch geringe Hoffnungen, daß weitere Sanktionen zur Freilassung der Geiseln führen würden. Mit den Strafmaßnahmen ließ sich aber zumindest der innenpolitische Schaden begrenzen, ein möglicherweise fataler Militärschlag noch hinauszögern und der Eindruck amerikanischer Machtlosigkeit korrigieren, wie Jordan hinterher berichtete: »Wir standen mit dem Rücken zur Wand … und waren gezwungen, die Ehre unseres Landes zu verteidigen und zudem den Präsidenten politisch zu schützen; allerdings sah es nicht so aus, also ob einer unserer Schritte die Freilassung der Geiseln beschleunigen könnte.«[49]

Von den Verbündeten verlangte Carter aus symbolischen wie machtpolitischen Gründen, daß sie sich seinen Maßnahmen rasch anschlossen. Zum einen ließ erst die Teilnahme insbesondere der Bundesrepublik, aber auch Frankreichs oder Japans die Sanktionen zu einem leidlich scharfen Instrument werden. Der Handel der USA mit dem Iran dümpelte bereits auf niedrigem Niveau; ihn abzubrechen schadete Teheran kaum.[50] Zum anderen wünschte sich der Präsident ein kraftvolles Zeichen westlicher Geschlossenheit unter amerikanischer Führung.

Wie schon im Dezember sollte dabei die Angst vor einer weiteren Eskalation Schmidt, Giscard und die anderen europäischen Regierungschefs dazu bringen, Washington zu folgen.[51] Verweigerten sich die Alliierten, wollte Carter eine Befreiungsaktion starten oder militärische Schritte unternehmen, etwa eine Seeblockade verhängen.[52]

Fehleinschätzungen

Das Ausmaß der Enttäuschung, mit der Carter später darauf reagierte, daß die Europäer ihm nicht wie erhofft folgten, läßt den Rückschluß zu, daß er sich offenbar falsche Vorstellungen davon gemacht hatte, was er von Thatcher, Giscard oder Schmidt erwarten konnte. Dabei hatte es der Kanzler an Signalen nicht fehlen lassen. Als Carter Ende März 1980 in einem Schreiben die anderen Teilnehmer des Weltwirtschaftsgipfels darauf vorbereitete, daß er Sanktionen verhängen werde, falls eine Überstellung der Geiseln an die iranische Regierung nicht gelinge – was allgemein als erster Schritt zu einem Ende des Dramas angesehen wurde –, hatten Schmidt und Thatcher gemeinsam dem Präsidenten gegenüber für Geduld plädiert.

Zwar räumten auch die Deutschen ein, daß die Chancen für eine Freilassung zunehmend geringer wurden – nur sah man nicht, was ein Embargo oder andere Strafmaßnahmen daran ändern konnten. Man fürchtete vielmehr negative Auswirkungen, wie ein Sprechzettel für Schmidt vermerkte: »Wir wissen, daß Sanktionen und diplomatische Isolierung im Iran selbst vor allem die gemäßigten Kräfte treffen, den sowjetischen Einfluß im Iran fördern, den Bemühungen um Zusammenarbeit des Westens mit islamisch-arabischer Welt [sic] nach Afghanistan zuwiderlaufen und unter allen westlichen Volkswirtschaften am empfindlichsten die deutsche treffen (79 noch 2,3 Mrd. DM Ausfuhr, Ölimport 1979 10,7 %, im ersten Quartal 1980 fast 15 %).«[53] Dieser Satz zeigt in voller Klarheit, daß die Deutschen durch Sanktionen viel zu verlieren und wenig zu gewinnen glaubten, während bei Carter das Gegenteil der Fall war.

Seit Beginn der sowjetischen Afghanistan-Invasion hatte sich in der deutschen Bevölkerung wie in der Spitze der Koalition die Furcht vor Krieg ausgebreitet. Carters Strategie, die Verbündeten zu Iransanktionen »zu ängstigen« (Jordan), gab dem zusätzlich Auftrieb. Gleich viermal innerhalb einer Woche, wie der *Spiegel* zählte, verglich Schmidt nun die Lage mit der Situation im Sommer 1914 und erregte dadurch enormes Aufsehen.[54] Katastrophenangst war der Nährboden für eine sich rasch ausbreitende Amerikakritik, die teilweise in Antiamerikanismus umschlug.

Welchen Ansehensverlust der US-Präsident inzwischen erlitten hatte, läßt sich daran ablesen, daß die SPD-Spitze jetzt – im Wahlkampf – begann, auf der Klaviatur nationaler Ressentiments zu spielen. Willy Brandt etwa erklärte auf einer Kundgebung in Essen: »Wir sollten uns nicht einreden lassen, wir hätten amerikanischer zu sein als die Amerikaner. Eine deutsche Regierung ist zuallererst für die Deutschen da.«[55] Auch Bahr ließ keinen Zweifel daran, daß er den von Carter vorgeschlagenen Weg für falsch hielt: »Warum ... etwas machen, was die Amerikaner selbst als unwirksam betrachten?«[56]

Dennoch entschied sich die Bundesregierung am 9. April, Carter zu folgen und ein Embargo zu verhängen; die Beziehungen zu Teheran wollte man allerdings nicht abbrechen.[57] Grünewald notierte zur Begründung: »Wir kommen in [die] Lage, wo die Schutzmachtrolle der USA gesehen werden muss. Wir müssen uns im Rahmen unserer Sicherheitsbedürfnisse bewegen ...«[58] Die Opposition stimmte zu; auch die Wirtschaftsverbände zeigten sich verständnisvoll.[59]

Von der kraftvollen Stellungnahme, die Carter wünschte, war Bonn allerdings weit entfernt. Zum einen wurde die Entscheidung von einem solchen Widerwillen seitens der Sozialdemokraten begleitet, den Schmidt auch öffentlich bekundete,[60] daß von ihr keine politische Drohwirkung auf den Iran ausging. Sodann wollte die Bundesregierung vorerst noch abwarten. Die Deutschen im Iran sollten ein letztes Mal diskret aufgefordert werden, das Land zu verlassen.[61] Vor allem aber wollte Schmidt Einvernehmen mit den anderen EG-Staaten herstellen, um das Risiko iranischer oder gar arabischer Vergeltung gering zu halten.[62] Und das kostete Zeit.

Die EG-Außenminister konnten sich bei einem Treffen am 10. April in Lissabon trotz Genschers Drängen lediglich darauf einigen, ihre Botschafter damit zu beauftragen, in Teheran für die Geiseln vorzusprechen und anschließend über die Lage zu berichten. Danach sollte über das weitere Vorgehen entschieden werden.[63]

Hält man sich vor Augen, daß die Sanktionen für die Bundesregierung (und die anderen EG-Staaten) eine Politik des kleineren Übels waren, um Carter vom Einsatz militärischer Gewalt abzuhalten, enthüllte sich in Lissabon eine groteske Fehleinschätzung. Wenn man dort annahm, ein Beschluß, dessen Substanzlosigkeit nicht einmal ein rhetorisches Feuerwerk alliierter Solidaritätsbekundungen zu verdecken suchte, könne Einfluß auf die amerikanische Entscheidungsfindung nehmen, so verkannte man die Befindlichkeiten in Washington. Während Schmidt die Gefahr eines Weltkrieges an die Wand malte, unterschätzte er, wie dicht die US-Regierung tatsächlich davor stand, gegen den Iran loszuschlagen.

Selbst langjährige Fürsprecher der Bundesrepublik wie John McCloy, Vorsitzender des American Council on Germany und ehemaliger Hochkommissar, warfen den Deutschen nach dem EG-Treffen fehlende Solidarität vor: »Abgesehen von Lippenbekenntnissen zur Verurteilung der Geiselnahme schien man nur geneigt zu sein, die amerikanischen Sanktionsvorschläge zu kritisieren, wobei man die unterschiedlichen wirtschaftlichen und sicherheitspolitischen Positionen der Vereinigten Staaten, Deutschlands und der anderen Verbündeten sehr viel stärker betonte als die gemeinsamen Interessen und die fundamentale Notwendigkeit, einen überzeugenden Schulterschluß zugunsten der freien Welt und ihres wirtschaftlichen Fortschritts herzustellen.«[64]

Für Carter war die Vereinbarung von Lissabon ein schwerer Rückschlag. Der Abbruch der diplomatischen Beziehungen und die Verhängung der Sanktionen waren bereits ohne erkennbare Wirkung auf die Geiselnehmer geblieben. Die Ausweisung der iranischen Diplomaten löste vielmehr Jubelfeiern in Teheran aus; diese wurden dort wie Volkshelden empfangen. Und nun ließen Carter auch noch die Alliierten im Stich.

Am Abend der Lissabonner Tagung übte der Präsident in einer Rede vor US-Zeitungsverlegern heftige Kritik an den westeuropäischen Verbündeten: »Einige Nationen bitten um Führung – gleichzeitig verlangen sie Handlungsfreiheit. Sie bitten um Hilfe – aber weisen Einmischung zurück. Sie bitten um Verständnis – aber sie weigern sich oft, im Gegenzug uns zu verstehen. Einige bitten um Schutz – aber sie hüten sich vor Verpflichtungen von Bündnissen.«[65] Als am nächsten Nachmittag Berlins Regierender Bürgermeister Dietrich Stobbe in Washington von Carter empfangen wurde, erinnerte der Präsident an die Sicherheitsgarantie der USA für den Westteil der Stadt – es war das erste Mal in seiner Amtszeit, daß er die deutsche Abhängigkeit in dieser Frage, seine schärfste diplomatische Waffe, ins Spiel brachte.[66]

Wie Brzezinski in seinen Memoiren berichtet, erwog Carter in der zweiten Aprilwoche zwei Optionen: entweder mit Hilfe der Verbündeten die Schlinge der Sanktionen enger zu ziehen und auf deren Wirkung zu warten oder allein und direkt zu handeln. An diesem 11. April, einen Tag nach dem Treffen in Lissabon, entschied er, auf militärische Mittel zurückzugreifen. Als Vances Stellvertreter Christopher dafür plädierte, den europäischen Alliierten noch Zeit einzuräumen, um sich den Strafmaßnahmen anzuschließen, wischte Verteidigungsminister Brown den Vorschlag vom Tisch.[67] Durch ihr Zögern hatten die Europäer genau das erreicht, was sie zu verhindern suchten: Carter verließ den Sanktionspfad. Und da Außenminister Vance diese Entscheidung für falsch hielt und daraufhin zurücktrat, verloren sie auch noch ihren verläßlichsten Fürsprecher in der US-Regierung.

Vergebliches Bemühen

Im Weißen Haus wurden zu diesem Zeitpunkt zwei alternative Wege erörtert: ein Militärschlag oder eine Kommando-Aktion zur Befreiung der Geiseln. Der Präsident entschied sich für letztere, weil das Risiko einer sowjetischen Verwicklung hier geringer war als bei einer militärischen Intervention. Den Beginn des Unternehmens »Blaulicht« setzte er auf den 24. April fest.

Unter den europäischen Verbündeten informierten die

Amerikaner nur die britische Premierministerin Thatcher. Bonn nahm daher weiterhin an, daß Carter den westeuropäischen Sanktionsbeschluß abwarten werde. Während in den USA die Vorbereitungen für »Blaulicht« unter größter Geheimhaltung anliefen, beriet die Bundesregierung unter dieser Prämisse am Wochenende des 12. und 13. April die Lage.

Insbesondere Genscher drängte darauf, sich enger an den Amerikanern zu orientieren. Die harsche Kritik Carters und sein Hinweis auf die US-Sicherheitsgarantie für Berlin wirkten nach. Der Außenminister forderte, Sanktionen auch dann zu verhängen, wenn kein EG-Beschluß zustande kam.[68] Die Sozialdemokraten stimmten dem schließlich zu, weil sie glaubten, in der Irankrise größere Kompromisse eingehen zu müssen, um in der – ihnen wichtigeren – Ostpolitik die Konfrontation mit Carter wagen zu können. Nach der Afghanistan-Invasion gab es erhebliche Meinungsunterschiede zwischen Bonn und Washington über die Frage der richtigen Reaktion (siehe Kapitel 13). Wischnewski erklärte, wie Schmidt notierte: »Im Falle Iran gebe es keine besonderen deutschen Interessen. Deshalb müßten wir im Falle Iran viel stärker an der Seite der USA stehen als im Falle Afghanistan/SU.«[69]

Die Koalitionsspitze verabredete deshalb folgenden Fahrplan: Wirtschaftssanktionen sollten vom Bundeskabinett am 23. April rechtskräftig beschlossen werden und spätestens Mitte Mai in Kraft treten. In den anderthalb Wochen bis zum 23. April wollte die Koalition versuchen, einen gemeinsamen Sanktionsbeschluß der EG-Länder herbeizuführen. Sollte dies nicht gelingen, wollte sich Bonn alleine Washington anschließen. Damit war die absurde Situation entstanden, daß die Bundesregierung sich um ein Votum der EG bemühte, das Carter davon abhalten sollte, den Sanktionspfad zu verlassen, wozu dieser wiederum längst entschlossen war.

Der Grund: Einmal mehr konnte sich Bonn nicht vorstellen, daß Washington andere Wege wählte, als man selbst befürwortete. Staatsminister Wischnewski hatte mit Brzezinski im Februar über eine Befreiungsaktion gesprochen und ausdrücklich davon abgeraten. Es gab in den siebziger Jahren lediglich zwei vergleichbare Operationen, die erfolgreich verliefen. Eine davon war die Befreiung der »Landshut« in Mogadischu, das andere Mal beendeten die Israelis in Entebbe in Uganda eine Flugzeugentführung. In beiden Fällen waren die Befreiungskommandos von der jeweiligen Landesregierung unterstützt worden, was im Iran ausgeschlossen werden konnte.

Zudem hatte die Anti-Terror-Gruppe des Bundesgrenzschutzes die Geiselnahme im Rahmen ihres Ausbildungsprogramms bereits Ende 1979 nachgestellt und war zu dem Ergebnis gekommen, daß eine Befreiungsaktion nur in den ersten beiden Wochen eine Chance gehabt hätte.[70] Wischnewski hatte Washington mit dem Eindruck verlassen, seine Warnung habe Gehör gefunden.

Der von den Amerikanern immer wieder angedeutete Einsatz »anderer Mittel«, falls Sanktionen keine Wirkung zeigten, lief damit aus deutscher Sicht nicht auf eine Geiselbefreiung, sondern auf einen Militärschlag hinaus. Und in diesem Fall war anzunehmen, daß die Amerikaner die iranische Parlamentswahl Mitte Mai abwarteten, von denen sich der Westen eine Stärkung der moderaten Kräfte und infolgedessen Fortschritte auf dem Weg zur Beendigung des Geiseldramas erhoffte. Die Deutschen glaubten deshalb, über Zeit zu verfügen.

Immerhin gelang es Genscher am 22. April 1980, mit seinen Kollegen in Luxemburg zu einer Entscheidung zu kommen. Da Frankreich eine gemeinsame Sanktionspolitik auf der Basis der Römischen Verträge ablehnte, einigte man sich allerdings nur auf Absprachen im Rahmen der »Europäischen Politischen Zusammenarbeit«; demnach war es jedem Mitgliedstaat selbst überlassen, wie er die Strafmaßnahmen umsetzte (und entsprechend groß wurden später die Schlupflöcher).

Auch zögerte dieses Verfahren den Sanktionsbeginn weiter hinaus. Denn Italien und Großbritannien mußten erst eine Rechtsgrundlage schaffen, benötigten also Parlamentsbeschlüsse.[71] Die Außenminister kamen überein, diese bis zu ihrem geplanten Treffen am 17. Mai herbeizuführen. Dort wollte man dann über den genauen Zeitpunkt eines Inkrafttretens beraten. Carter hatte sich also mindestens weitere vier Wochen zu gedulden, ehe mit Sanktionen der Europäer zu rechnen war. Es war eine Politik des »sowenig wie möglich«.

Die Ausklammerung der Altgeschäfte

Die Bundesregierung beschloß unterdessen ihre Sanktionen wie vorgesehen Mitte April. Es handelte sich um ein Ausfuhr-, Dienstleistungs- und Kreditembargo.[72] Die deutschen Maßnahmen unterschieden sich aber in zweifacher Hinsicht von den amerikanischen: Bonn erlaubte weiterhin Importe aus dem Iran, also den Zufluß von Öl. 1980 nahmen die Einfuhren des Rohstoffes bereits wieder Größenordnungen an wie 1978, als der Iran wichtigster Lieferant der Bundesrepublik gewesen war.

Zudem bestand die Regierung darauf, alle Altverträge und den entsprechenden Zahlungsverkehr vom Embargo auszunehmen. Schmidt argumentierte, daß andernfalls die Verläßlichkeit des Handelsplatzes Bundesrepublik in Frage gestellt würde.[73] Der Umfang des Geschäfts, das von den Sanktionen betroffen war, wurde in Industriekreisen daher auf lediglich eine halbe Milliarde Mark geschätzt.[74] Im Endergebnis nahm die deutsche Ausfuhr in den Iran sogar noch zu (von 2,3 Milliarden Mark 1979 auf 2,7 Milliarden Mark 1980), weil Medikamente und Lebensmittel nicht dem Embargo unterlagen und die westdeutsche Wirtschaft beides in größeren Mengen exportierte.[75]

In den USA war die Frage der Altgeschäfte unumstritten. Nach amerikanischem Rechtsverständnis stand der – für die US-Wirtschaft eher unbedeutende – Außenhandel im Grundsatz unter staatlichem Vorbehalt; entschädigungslose Einschränkungen waren jederzeit möglich. Die Bundesregierung hingegen fürchtete, die betroffenen Unternehmen könnten auf Entschädigung klagen. Es hatte bis dahin keine Entscheidungen höchster deutscher Gerichte dazu gegeben.[76] Beim einzigen ähnlich gelagerten Fall – dem Röhrenembargo gegen die Sowjetunion Anfang der sechziger Jahre – hatte die damalige Regierung Adenauer von sich aus den betroffenen Betrieben Zahlungen angeboten, um Prozesse zu vermeiden.[77]

Hinzu kamen die Hermes-gedeckten Forderungen in einer Größenordnung von über sieben Milliarden Mark. Wurden diese notleidend, kamen entsprechende Belastungen auf den Bundeshaushalt zu, wie der Kanzler die Opposition am 23. April wissen ließ.[78] Hält man sich vor Augen, daß eine Abschwächung der Konjunktur bereits absehbar war und die Union zugleich versuchte, die Staatsverschuldung zum Thema im Bundestagswahlkampf zu machen, dann erschließt sich, weshalb Schmidt Ausgaben dieses Volumens unbedingt vermeiden wollte. Einmal mehr läßt sich an dieser Stelle eine Asymmetrie der Verwundbarkeit beobachten: Im Gegensatz zu den Amerikanern, deren Unternehmen kaum Interesse am Iranhandel zeigten,[79] wäre die Bonner Regierung mit umfassenden Sanktionen ein erhebliches Risiko eingegangen.

Operation »Blaulicht«

Auf Carter dürfte der Luxemburger Beschluß der EG-Außenminister und die Umsetzung durch das Bundeskabinett wie eine nachträgliche Bestätigung dafür gewirkt haben, nicht auf die Europäer gewartet zu haben. Zwei Tage nach der EG-Entscheidung, am 24. April, starteten mehrere Hubschrauber vom Flugzeugträger »Nimitz« im Golf von Oman und flogen Richtung Iran. In der Nähe von Teheran trafen sie mit einem Team aus 90 Soldaten zusammen, das US-Transportflugzeuge dort heimlich abgesetzt hatten. Der Plan sah vor, daß sich das Team in den Bergen versteckte, in der übernächsten Nacht die Geiseln aus Teheran herausholte und mit den Hubschraubern zu einer Landebahn in der Nähe der Stadt brachte. Zwei dort wartende Militärflugzeuge sollten sie dann nach Saudi-Arabien fliegen.

Doch dazu kam es nicht. Drei Hubschrauber fielen vorzeitig aus; Carter befahl, das Unternehmen abzubrechen. Beim Start zum Rückflug kollidierte dann ein Hubschrauber mit einer Transportmaschine; acht Soldaten starben und zwölf wurden verletzt. Ein sichtlich angeschlagener Präsident verkündete morgens im Fernsehen die schlechte Nachricht. Die gescheiterte Befreiungsaktion wurde in den USA zum Symbol für den Niedergang der amerikanischen Machtstellung unter Carter. Die Bilder von den ausgebrannten Wracks in der iranischen Wüste entwickelten eine ähnlichen Wucht wie jene von der Flucht des US-Botschafters vom Dach seines Amtssitzes in Saigon 1975.

In der Bundesrepublik verstärkte das Unglück den Eindruck, daß der Präsident seiner Aufgabe nicht gewachsen sei. Deutsche Sicherheitsexperten sprachen öffentlich von einem »Wahnsinnskommando«.[80] In der Tat haben spätere Analysen ein solches Ausmaß an Versäumnissen bei der Planung aufgedeckt, daß sich die Frage stellt, ob das Befreiungsunternehmen überhaupt eine realistische Chance hatte.[81] Noch in seinen Erinnerungen bezeichnet Schmidt die Vorbereitung als »dilettantisch« und die Durchführung als »schwächlich«.[82]

Während sich die Tragödie im Iran anbahnte, empfing der Kanzler am 24. April ausgerechnet die Amerikanerin Barbara Rosen, deren Ehemann unter den Geiseln war. Rosen kämpfte mit öffentlichen Aktionen für das Leben ihres Mannes und gegen militärische Schritte der USA. Ausdrücklich bekräftigte Schmidt gegenüber der verzweifelten Frau, daß Washington auf den Einsatz von Gewalt verzichten sollte. Von dem Kommandounternehmen und seinem Scheitern erfuhr er am nächsten Morgen im Radio.

Was das bedeutete, beschrieb der *General-Anzeiger* treffend so: »Wäre in Persien der Funke zu einer bewaffneten Auseinandersetzung zwischen amerikanischen Militärs und regulären iranischen Einheiten übergesprungen, die NATO hätte es aus den Tickern der Nachrichtenagenturen erfahren.«[83] Als Regierungssprecher Bölling am Vormittag vor der Bundespressekonferenz erschien, war ihm anzusehen, was er von der Aktion hielt. Ein Journalist berichtete: »Ein Blick in das blasse, todernste Gesicht … beschrieb die Lage zur Genüge. Er sah – wie man es in der Marine ausdrückt, wenn einer ins feindliche Feuer gerät – ›ganz alt aus‹; die Stimmung war auf null.«[84]

Die Medien reagierten mit besonders harschen Urteilen auf den gescheiterten Versuch zur Geiselbefreiung. Das Unternehmen sei viel zu spät gekommen und hätte allenfalls mit eingeschleusten Agenten eine Chance gehabt. Andere monierten, daß Carter nicht die iranische Parlamentswahl abgewartet habe. Einig waren sich Politiker wie Journalisten darin, daß er die Verbündeten hätte unterrichten sollen.[85] Es wurde viel darüber spekuliert, ob sich der Präsident mit der Aktion endgültig den Gesetzen des amerikanischen Wahlkampfes unterworfen habe. Auch Schmidt sah darin das Motiv.[86]

In einer Übersicht Grünewalds zur Reaktion von Presse, Funk und Fernsehen hieß es: »Das Verhalten Carters wird überwiegend – zum Teil äußerst scharf – kritisiert. Die Forderung nach verstärkter Solidarität mit den USA findet nach wie vor Unterstützung, aber mit der Einschränkung, Carter müsse zuvor seine Bündnispartner besser informieren. Ohne Konsultationen dürfe auch Washington keine Entscheidungen von großer Tragweite treffen.«[87] Vereinzelt wurde, insbesondere in den Gliederungen der SPD, mit antiamerikanischen Untertönen verlangt, sich dem Embargo gegen den Iran nicht anzuschließen, was allerdings ohne Bedeutung blieb.[88] Am 23. Mai traten die Bonner Sanktionen in Kraft.

Aus deutscher Sicht hatte das Scheitern des Kommandounternehmens immerhin einen Vorteil. Der öffentliche Druck auf Carter, »etwas« zu unternehmen, ließ schlagartig nach. Die Geiselnehmer verteilten ihre Opfer nun auf verschiedene Orte. Die Wiederholung einer solchen Befreiungsaktion schied auch deshalb aus. Carter war erneut und endgültig auf den Verhandlungsweg angewiesen – den Bonn stets befürwortet hatte. Im September konnte die Bundesregierung bei den Gesprächen sogar vorübergehend eine vermittelnde Rolle einnehmen, ohne allerdings eine Lösung zu erreichen; die Geiseln kamen erst im Januar 1981 frei.[89]

Als Konfliktstoff belastete die Geiselkrise die deutsch-amerikanischen Beziehungen somit seit dem Frühsommer 1980 nicht mehr. Ihre zerrüttende Wirkung hatte sie jedoch bereits ausgeübt. Als der Kanzler am 25. April, wenige Stunden nach Bekanntwerden der Operation »Blaulicht«, mit dem polnischen Vizepremier Tadeusz Wrzaszczyk zusammentraf, erklärte er, daß die Bonner Regierung ihre Bündnistreue nicht in Frage stelle, aber an die Grenze dessen gehe, was mit der Loyalität zu den USA zu vereinbaren sei.[90] Daß Schmidt es mit der Distanzierung von den Vereinigten Staaten ernst meinte, wurde auf einem anderen Feld deutlich: der westlichen Politik gegenüber der Sowjetunion nach der Afghanistan-Invasion.

13. Die Afghanistan-Invasion

Der Konflikt entzündete sich am sowjetischen Einmarsch in Afghanistan im Dezember 1979, zog sich bis zum Sommer 1980 hin und lebte in den letzten Wochen von Carters Präsidentschaft erneut auf, als Bonn und Washington über die Frage aneinandergerieten, auf welche Weise die UdSSR von einer militärischen Intervention in Polen abzuhalten sei.

Wie schon in der Auseinandersetzung über Menschenrechte und »deep cuts« drei Jahre zuvor wurde deutlich, daß aus Sicht der meisten Westdeutschen die Bundesrepublik von der Entspannungspolitik profitiert hatte, die USA aus dem Blickwinkel der meisten Amerikaner hingegen wenig oder gar nicht. Die Bereitschaft, Moskau unter Druck zu setzen, war in beiden Ländern daher unterschiedlich groß. Carter mußte vom bisherigen Kurs abgehen, wenn er die Präsidentschaftswahl im November 1980 gewinnen wollte; Schmidt mußte den daraus folgenden Forderungen nach Veränderungen soweit wie möglich widerstehen, um im Oktober 1980 gegen seinen Herausforderer Franz Josef Strauß Erfolg zu haben.

Die amerikanische Sicht

Die sowjetische Invasion hatte ihre Wurzeln im Staatsstreich der afghanischen Kommunisten im April 1978.[1] Im Laufe des Jahres 1979 wurde deutlich, daß die Genossen vor Ort nicht in der Lage waren, den Bürgerkrieg gegen die Opposition zu gewinnen. Als Afghanistans Premierminister Hafisullah

Amin auch nur vorsichtig auf Distanz zur Sowjetunion ging, fürchtete diese einen zweiten »Fall Sadat«, also den Wechsel von moskaufreundlicher Neutralität zum De-Facto-Bündnis mit den USA, und das zu einem Zeitpunkt, zu dem die weitere Entwicklung im Iran ungewiß war.

Im Kreml wurden Szenarien eines westlichen Eingreifens im Iran und in Afghanistan, sogar eine Stationierung von amerikanischen Kurzstreckenraketen debattiert, die auf die kasachischen Silos für Interkontinentalwaffen zielen könnten.[2] Vor die vermeintliche Alternative gestellt, Afghanistan ganz zu verlieren oder militärisch einzuschreiten, entschied sich die sowjetische Führung dafür, das Land zu besetzen. Die Invasion begann am zweiten Weihnachtstag 1979.

Im deutsch-amerikanischen Verhältnis sorgte der Einmarsch sogleich für Mißstimmung. Fünfmal hatten die Amerikaner den Kreml gewarnt,[3] Bonn hatte davon nichts mitbekommen. Als am Abend des 12. Dezember der britische Außenminister Lord Peter Carrington in Anwesenheit Genschers seinen amerikanischen Kollegen Vance danach fragte, ob es Hinweise auf eine bevorstehende Aktion der Sowjetunion gebe, verneinte Vance dies.[4] Von der Invasion erfuhr der Kanzler ausgerechnet über Breschnews Go-Between Lednew, der Schmidt in dessen Wochenendhaus am Brahmsee informierte.[5]

Schon die ersten Reaktionen zeigten, daß Bonn und Washington sich in der Bewertung des Moskauer Vorgehens unterschieden. Während Carter öffentlich von der größten Bedrohung des Weltfriedens seit dem Zweiten Weltkrieg sprach, seinen Weihnachtsurlaub abbrach und ins Weiße Haus zurückkehrte,[6] flog Schmidt in die Ferien nach Spanien. Es dauerte bis in die zweite Januarwoche, ehe die Bundesregierung ihre Position abstimmte. In der dann veröffentlichten Erklärung des Kabinetts wurde der Einmarsch als Völkerrechtsbruch gerügt, doch zugleich die Absicht unterstrichen, »auch künftig … unsere Entspannungspolitik fortzusetzen«.[7] Gemäß ihrer unterschiedlichen Interessenlage vertraten Bonn und Washington in allen wesentlichen Punkten divergierende Auffassungen: über die Motive der sowjetischen Führung, über die angemessene westliche Reaktion auf die Invasion und über die Rollenverteilung innerhalb der NATO.

Die amerikanische Haltung war dabei zunächst von Empörung geprägt. Carter kündigte an, die Sowjetunion zu »bestrafen«.[8] Den Einmarsch betrachtete er geradezu als persönlichen Affront.[9] Er hatte geglaubt, beim Gipfeltreffen in Wien ein vernünftiges Verhältnis zu Breschnew gefunden zu haben, und sah sich nun getäuscht. Besonders erboste den Präsidenten, daß der Generalsekretär ihm über das sogenannte rote Telefon eine Botschaft zukommen ließ, in der dieser die Invasion mit der offiziellen Propagandaversion rechtfertigte. Auch schien Carter zu fürchten, man könne ihm erneut einen Mangel an Härte vorwerfen – wie bei der Neutronenwaffe oder in der Geiselfrage.[10]

Die US-Regierung rief den amerikanischen Botschafter aus Moskau zurück, verhängte ein Embargo über Getreidelieferungen in die Sowjetunion, beschloß den Boykott der Olympischen Spiele in der russischen Hauptstadt, erschwerte den Export von Hochtechnologie in die UdSSR, schränkte die sowjetischen Fischfangrechte vor der amerikanischen Küste ein, begrenzte das diplomatische Personal der UdSSR in den USA und suspendierte schließlich den Besucheraustausch zwischen beiden Ländern.[11] Die größte politische Bedeutung hatte Carters Aufforderung an den Senat, die Ratifizierung des SALT-II-Abkommens bis auf weiteres auszusetzen.

Der Präsident erklärte, die Invasion habe seine Sicht auf die sowjetische Außenpolitik drastisch verändert.[12] Das Motiv Moskaus sei nicht etwa das Bestreben, die Situation in Afghanistan unter Kontrolle zu halten, sondern die eigene Einflußsphäre bis an den Persischen Golf auszudehnen.[13] Ausdrücklich warnte er den Kreml: Die USA würden einen solchen Schritt als Angriff auf ihre vitalen Interessen werten und mit allen Mitteln reagieren, einschließlich militärischer Gewalt.

Neben der »Bestrafung« der Sowjetunion wurde die Eindämmung vor Ort zum zweiten Ziel Carters. Er verkündete, seine Politik gegenüber Pakistan trotz der anhaltenden Menschenrechtsverletzungen in dem Land und des Nuklearprogramms Islamabads zu revidieren und die aus diesen Gründen gestrichene Wirtschafts- und Militärhilfe wiederaufzunehmen. Zugleich baute er die Unterstützung der afghanischen

Mudschahedin aus, die schon vor der sowjetischen Intervention Beistand erfahren hatten.[14] Verteidigungsminister Brown und Sicherheitsberater Brzezinski reisten nach China, Ägypten und Pakistan, um dort für eine globale Allianz gegen die Sowjetunion zu werben und Gelder und Waffen für den afghanischen Widerstand zu organisieren.

Zur Neuorientierung gehörte auch die Lieferung von Militärtechnologie an China und die Ankündigung Brzezinskis, die USA würden mit Peking in der Verteidigungspolitik zusammenarbeiten.[15] In der Rede zur Lage der Nation erklärte Carter, daß Amerika jeden Preis zahlen müsse, um die stärkste Macht der Welt zu bleiben, und forderte vom Kongreß, den Verteidigungsetat in den folgenden fünf Jahren jährlich um real fünf Prozent zu erhöhen. Er führte die Wehrerfassung wieder ein und beschleunigte den Aufbau der bereits seit längerem geplanten »Rapid Deployment Force« mit 100 000 Mann zum Einsatz im Nahen und Mittleren Osten.

Die Entspannungspolitik schien somit am Ende. Ganz hatte der Präsident die Hoffnung auf eine spätere Rückkehr zur Détente aber nicht aufgegeben.[16] Die Sanktionen waren, mit Ausnahme des Getreideembargos, primär von symbolischer Bedeutung. Ausdrücklich verhängte die US-Regierung dabei Strafmaßnahmen auf Feldern, die vertraglich nicht geregelt waren, beging also keinen Vertragsbruch. Und das SALT-Abkommen hatte Carter aus der Ratifizierungsdebatte zurückgezogen, weil er eine Ablehnung gerade vermeiden wollte und darauf hoffte, die notwendige Zwei-Drittel-Mehrheit später zustande zu bringen.[17] Auch die anderen Ost-West-Verhandlungsforen der Entspannung wie KSZE und MBFR wollte er weiterführen.[18] Und es gibt hochrangige Diplomaten im State Department, die sogar glauben, daß Carter nur deswegen so harsch auf die Invasion reagiert habe, um der öffentlichen Meinung entgegenzukommen und auf diese Weise SALT zu retten.[19] Leslie Gelb etwa behauptet, der Präsident habe nach einer Wiederwahl zur Entspannungspolitik zurückkehren wollen.[20]

Die deutsche Sicht

Wie unterschiedlich die Ansichten Bonns und Washingtons zu den sowjetischen Intentionen dennoch waren, zeigt sich daran, daß Schmidt zunächst vermutete, Breschnew sei entmachtet worden. Der Kanzler mochte sich nicht vorstellen, daß der Generalsekretär sein angebliches Lebenswerk – die Entspannung mit dem Westen – scheinbar leichtfertig aufs Spiel setzte. In der Tat war der alte und kränkelnde Breschnew nicht mehr die treibende Kraft im Politbüro, doch er hatte den Invasionsplänen von Außenminister Gromyko, Verteidigungsminister Dmitri Ustinow und KGB-Chef Juri Andropow zugestimmt.

Schmidt glaubte hinter dem sowjetischen Kurs eher defensive Motive zu erkennen; Moskau ziele nicht auf die Ölquellen am Golf, sondern wolle das prosowjetische Regime in Afghanistan stabilisieren: »SU nutzt Beschäftigung des Westens mit anderem, um was in ihrem Interesse zu bereinigen ... Carters Bewertung kann ich nicht teilen«, notierte Grünewald die Ausführungen des Kanzlers am 10. Januar 1980.[21] Andere führende Sozialdemokraten wie etwa Wehner deuteten den Einmarsch als defensiven Präventivschlag, eine Einschätzung, die übrigens in Westeuropa durchaus geteilt wurde.[22]

Daß die Sowjetunion im Ergebnis ihre strategische Position durch die Invasion verbesserte, bezweifelte auch die Bundesregierung nicht, doch sah man darin nicht das Hauptmotiv. Von der Reaktion Carters, so nahm Schmidt an, sei Breschnew überrascht worden.[23] Das hatte ihm der Kreml über den geheimen Kanal signalisiert.[24] Der Sprechzettel für die SPD-Vorstandssitzung am 28. Januar faßte die Überlegungen Schmidts zusammen: »Führungslage in der Sowjetunion unklar, Kossygin krank. Breschnew voll arbeitsfähig? In außenpolitischen Fragen wohl großer Einfluß Gromykos, der für uns schwer berechenbar. Sowjetunion hat Afghanistan-Risiko wohl nicht richtig eingeschätzt. Versuch der Bemäntelung dieses Fehlers durch den Vorwurf, die USA überzögen und seien unberechenbar.«[25]

Und während Carter mit Empörung auf die Invasion antwortete, gab es in der Führung der SPD die Neigung, die USA für die Entwicklung zumindest mitverantwortlich zu machen. So notierte Schmidt am Rande einer Ausarbeitung, welche die Verschlechterung der Ost-West-Beziehungen auf das Verhalten der Sowjetunion zurückführte: »nicht allein! *Beide* Supermächte a.) verstanden sich auf mehreren wichtigen Feldern gegenseitig *nicht*! b.) beide haben inkonsistent gehandelt c.) beide haben die Reaktionen der anderen Seite falsch prognostiziert d.) beiden fehlt ... *ihr* Konzept«.[26] Schmidt fand, die Sowjetunion habe gute Gründe, in der harten Antwort der USA eine Überreaktion zu sehen. Denn aus Sicht Moskaus, so die Einschätzung des Kanzlers, hätten die USA die Zugehörigkeit Afghanistans zur sowjetischen Einflußsphäre lange vor der Invasion hingenommen.[27]

Die unterschiedlichen Beurteilungen der Lage hatten zur Folge, daß Bonn und Washington unterschiedliche Strategien befürworteten. Wenn es den Sowjets um eine Expansion in Richtung Persischer Golf ging, mußte die Antwort des Westens anders ausfallen, als wenn sie bloß auf die Konsolidierung ihres bisherigen Machtbereichs zielten. Dann war eine Destabilisierung Afghanistans, etwa durch Hilfe für die Mudschahedin, kontraproduktiv und provozierte möglicherweise erst weitergehende Schritte Moskaus.

Und wenn der Einmarsch auf einer sowjetischen Fehleinschätzung der westlichen Politik beruhte, lag es nahe, Breschnew eine Brücke zum Rückzug zu bauen und die Situation nicht zu verschärfen. Bonn plädierte deshalb für ein Angebot an Moskau, das die schrittweise Aufhebung der amerikanischen Sanktionen, Vorschläge zum Ausbau der wirtschaftlichen Zusammenarbeit und westliche Garantien umfassen sollte, den Abzug aus Afghanistan nicht auszunutzen. Die Bonner Ostpolitik sollte demnach nicht eingeschränkt, sondern ausgebaut werden. Im Gegenzug sollten die Sowjets in Afghanistan den Status quo ante wiederherstellen.[28]

Anders als Washington scheint die Bundesregierung dabei eher bereit gewesen zu sein, ein Moskau-freundliches (allerdings unabhängiges) Afghanistan zu akzeptieren, während die US-Administration auf die Wiederherstellung des neutralen Status von 1978 pochte, was im Widerspruch dazu stand, daß

Carter damals die Machtübernahme durch die Kommunisten hingenommen hatte.[29] Während der US-Präsident den Schwerpunkt darauf legte, die Sowjetunion aus Afghanistan hinauszuzwingen, wollte der Kanzler sie eher herauslocken, was – wie man heute weiß – beides keine Aussicht auf Erfolg hatte.

Bonn war deshalb nur zu Schritten bereit, die zu einem regionalen Gleichgewicht im Mittleren Osten beitrugen und die größtenteils schon vor der Afghanistan-Invasion in die Wege geleitet worden waren. Dazu zählte eine engere Zusammenarbeit zwischen der EG und den Golfstaaten, dem Irak und Saudi-Arabien sowie ein leichter Ausbau der deutschen Türkeihilfe und der Entwicklungshilfe für Pakistan. Sanktionen lehnte die Koalition hingegen ab. Als am 10. Januar 1980 der Bundessicherheitsrat die Lage erörterte, herrschte darüber Einigkeit. »[Die] Entspannungspolitik müsste dann verändert werden, wenn wir sie nicht zum eigenen, sondern zum sowjetischen Vorteil gemacht hätten«, konstatierte Genscher, der ansonsten – im Unterschied zu den Sozialdemokraten – die Nähe zu den Vereinigten Staaten besonders hervorhob.[30]

Schmidt ließ Breschnew am 17. Januar über den geheimen Kanal ausrichten, daß er besorgt sei, beide Seiten könnten zur Verschärfung der Situation beitragen, und beabsichtige, »der Eskalation entgegenzuwirken«.[31] Die Bundesregierung, das wurde bereits in den ersten Januarwochen 1980 erkennbar, wollte den Kreml sowenig wie möglich unter Druck setzen und ihm damit allen Anreiz nehmen, am Status quo in Europa zu rütteln.

Carters Sanktionsforderungen

An dieser Haltung änderte sich auch nichts, als die Amerikaner bald mehrfach in Bonn vorstellig wurden. Es sei wichtig, drängte Carter den Kanzler am 10. Januar bei einem Telefongespräch, daß die Sowjetunion eine gemeinsame Position des Westens wahrnehme.[32] Am Tag danach schickte er Schmidt (und den wichtigsten westlichen Verbündeten) eine dramatische Botschaft, in der er darauf hinwies, daß es Moskau zu weiterführenden Schritten animieren würde, wenn eine adäquate Reaktion ausbliebe. Die sowjetische Führung müsse daher auch in Europa die Konsequenzen ihres Handelns zu spüren bekommen.[33]

Ohne europäische Unterstützung drohte die Sanktionspolitik Washingtons sowohl in ihrer symbolischen wie auch ihrer praktischen Wirkung zu verpuffen. Schließlich beruhte Breschnews Modernisierungsstrategie auf dem Import westlicher Hochtechnologie, die er insbesondere in Westeuropa erwarb. Die Bundesregierung erklärte sich jedoch lediglich bereit, die amerikanischen Maßnahmen nicht zu unterlaufen. Sanktionen, so argumentierte sie, könnten leicht zu einer Eskalation und Destabilisierung der Lage führen, schwächten nicht oder nur minimal das militärische Potential der anderen Seite, trügen auch sonst nicht zum Gleichgewicht der Kräfte bei, sondern brächten das Risiko mit sich, die Position der »Falken« in Moskau noch zu stärken.[34]

Die Außenhandelsbeziehungen zur UdSSR waren mit dem langfristigen deutsch-sowjetischen Wirtschaftsabkommen von 1978 ausdrücklich politisiert worden. Dem Handel hatte man im Sinne einer Vernetzung eine stabilisierende Wirkung auf die Politik zugesprochen. Ein Embargo wäre einem Vertragsbruch gleichgekommen, und das wollte die Bundesregierung mit Blick auf die anderen ostpolitischen Vereinbarungen unbedingt vermeiden, zumal die Amerikaner bei der Wahl ihrer eigenen Maßnahmen ebenfalls darauf geachtet hatten, keinen Vertragsbruch zu begehen.

Davon abgesehen brachte es die Struktur des deutschen Osthandels mit sich, daß sich Bonner Sanktionen in diesem Bereich viel nachhaltiger ausgewirkt hätten als entsprechende amerikanische Schritte. Die USA konnten ihre Getreidelieferungen jederzeit wiederaufnehmen, der Export von Investitionsgütern hingegen erforderte eine gewisse Kontinuität in den Handelsbeziehungen.

Ausdrücklich betonte Schmidt gegenüber US-Botschafter Stoessel, daß er in absehbarer Zeit mit Breschnew und Honecker zusammentreffen werde. Beide Reisen waren seit langem vorgesehen und sollten die ostpolitischen Folgen des

NATO-Doppelbeschlusses dämpfen. Ob das nicht als »business as usual« mißverstanden werden könne, fragte Stoessel kritisch an. Er werde sich vorher mit Carter absprechen, lautete die Antwort des Kanzlers.[35]

Durchhalten ließ sich diese Position nur, weil Frankreich noch deutlicher auf Distanz zur amerikanischen Politik gegangen war. Schmidt konnte damit – wie schon unter Ford – eine vermittelnde Rolle einnehmen. Er brachte Giscard dazu, beim deutsch-französischen Gipfel Anfang Februar 1980 die Invasion schärfer zu verurteilen, als es der Präsident bis dahin getan hatte.[36] Das erkannten auch die Amerikaner an.[37] Zugleich bot ihm Frankreichs Haltung Schutz.

Im Februar verstärkte Washington allerdings den Druck auf Bonn. Zunächst verlangte Pentagon-Chef Brown höhere deutsche Verteidigungsausgaben.[38] Die Bundesregierung hatte sich wie alle NATO-Mitglieder 1978 verpflichtet, den Wehretat jährlich um real drei Prozent zu steigern, sich jedoch nicht daran gehalten. Auch für 1980 sahen die Planungen weniger als zwei Prozent Wachstum vor.[39]

Am 9. Februar forderte dann Carter in einem langen Brief von Schmidt, Bonn müsse den Verteidigungshaushalt über die Drei-Prozent-Marke hinaus anheben.[40] Die Bundesregierung sollte zudem die Wirtschaftshilfe an Pakistan nicht nur verdoppeln, wie sie selber plante, sondern verdreifachen und – da Bonn aus verfassungsrechtlichen Gründen keine Waffen liefern konnte – sich des Ausbaus des pakistanischen Kommunikations- und Verkehrssystems annehmen. Ausdrücklich unterstrich Carter die amerikanische Forderung, die Bundesregierung möge von industriellen Großprojekten mit dem Ostblock Abstand nehmen. Seine Vorschläge, die Exportrestriktionen der sogenannten Cocom-Liste auf Technologien zur Modernisierung und Erweiterung sowjetischer Industrieanlagen auszudehnen, liefen darauf hinaus, den deutschen Osthandel drastisch einzuschränken.

Mit dem Schreiben wollte der Präsident den Besuch von Außenminister Vance vorbereiten, der am 20. Februar 1980 in Bonn mit Schmidt zusammentraf. Er sollte die Sanktionen der Verbündeten abstimmen, fand jedoch einen Kanzler vor, der zu Zugeständnissen nicht bereit war.[41] Wer Moskau bestrafen wolle, müsse wissen, daß es für die Sowjetunion leicht sei, ihrerseits die Deutschen zu bestrafen. Unter einer Eskalation, das hatte Schmidt zuvor mehrfach herausgestrichen, hätten die Deutschen am meisten zu leiden. Insbesondere fürchtete die Bundesregierung sowjetischen Druck auf West-Berlin, eine Sorge, die von der US-Regierung nicht geteilt wurde.[42] Einmal mehr sah sich der Kanzler gegenüber der Sowjetunion in der schwächeren Position.

Carter notierte auf dem Vermerk, den Vance ihm nach seiner Rückkehr schickte: »Ich sehe hier nichts Ermutigendes. BRD lehnt alle Sanktionen gegen Iran oder Sowjets ab, setzt Beziehungen zu SU unverändert fort ... und ist uns gegenüber intern wie in der Presse sehr kritisch.«[43]

Nur zum Olympiaboykott zeigte sich die Bundesregierung bereit. Dieser war zwar in der Bevölkerung nicht populär, und auch in der Koalition sprachen sich viele dagegen aus. Selbst diejenigen in der Regierung, die sich wie Apel und Genscher vergleichsweise früh zu einer Zustimmung durchrangen, taten dies lediglich mit Rücksicht auf die amerikanische Haltung. CDU und CSU waren in der Frage ebenfalls gespalten.[44] Und Schmidt fürchtete insgeheim um seine geplanten Reisen nach Ost-Berlin und Moskau, wie Grünewald notierte: »Die phantastische Eskalation mit Olympia kann dazu führen, dass Gespräche Honecker + Breshnew kaputt gehen.«[45] Die ersten entsprechenden Drohungen des Kreml, über den geheimen Kanal lanciert, ließen nicht lange auf sich warten.[46]

Aber an dem Boykott kam die Bundesregierung dennoch nicht vorbei. Gegen Wirtschaftssanktionen erhoben sich auch in den USA mächtige Stimmen; da konnte die Koalition auf Verständnis hoffen. Doch bei der Absage der Olympiateilnahme war die Zustimmung der amerikanischen Öffentlichkeit so groß, daß die Deutschen mit einem Nein Gefahr gelaufen wären, das Fundament der bilateralen Beziehungen zu beschädigen. Als der Parteivorstand der SPD über die Olympiade beriet, wies Holger Börner auf diesen Punkt hin, wie Schmidt notierte: »Gefahr: US-öffentl. Meinung schreibt dtsche BReg/SPD ab.«[47]

Allerdings war der Kanzler nicht bereit, in der Boykottfrage die Führungsrolle in Westeuropa zu übernehmen, um die ihn Carter in einem handschriftlichen Brief bat.[48] Die Bundesregierung, so erklärte er dem Präsidenten am Telefon, werde am Ende an seiner Seite stehen.[49] Doch dafür brauchte er Zeit. Öffentlich wollte er sich nicht festlegen.

Die Konsultationsfrage

Bonn bemängelte insbesondere, von Carter nicht konsultiert worden zu sein, bevor die Sanktionen verhängt worden waren, nun aber dem US-Kurs folgen zu sollen.[50] Das betraf vor allem den Olympiaboykott. Schmidt nannte die fehlende Abstimmung in dieser Frage in einem Atemzug mit der Neutronenwaffe als Beispiel für »gewisse Schwächen in der Führung der amerikanischen Politik«[51] – eine Deutung, die bald an die Öffentlichkeit drang und bis weit in die Oppositionsparteien hinein und bei den Medien ein breites Echo fand.[52] In seinen Erinnerungen behauptet Schmidt sogar, Carter habe ihn – wenn auch unwillentlich – »irregeführt«.[53]

Der Publizist Klaus Harpprecht formulierte mit Blick auf die deutsche Haltung den USA gegenüber pointiert, daß Impotenz sich gern in »Maulheldentum und Ressentiment« übersetze.[54] Harpprecht zielte damit nicht auf Schmidt, aber andere Journalisten beobachteten auch in der Bundesregierung eine Neigung, Bonn für den Nabel der Welt zu halten – und um so enttäuschter war man, daß die Westdeutschen trotz aller Erfolge und des Gefühls wachsender internationaler Bedeutung auf die USA angewiesen blieben.[55] Dabei wecken die vorliegenden Dokumente Zweifel daran, daß die Bundesregierung beim Olympiaboykott tatsächlich in der Weise von Carters Entscheidung überrascht wurde, wie sie behauptete.

Ursprünglich hatte ausgerechnet der deutsche Botschafter Rolf Pauls in den Beratungen der NATO vorgeschlagen, den Moskauer Spielen fernzubleiben.[56] Pauls verglich die Situation mit 1936; die westlichen Demokratien hätten damals nicht nach Berlin kommen sollen. Carter mochte sich dem zunächst nicht anschließen, stand allerdings Anfang Januar

1980 unter großem innenpolitischem Druck. Meinungsumfragen ergaben, daß zwei Drittel der Amerikaner einen Boykott befürworteten. In jedem Fall wollte Carter vermeiden, daß die USA allein die Verantwortung für ein Scheitern der Olympiade trugen.[57]

Mitte Januar reiste deshalb der stellvertretende Außenminister Christopher gemeinsam mit Richard Cooper nach Bonn, um mit der Bundesregierung grundsätzlich über Sanktionen zu beraten. Dabei wurde auch über die Olympiade gesprochen. Schmidt zufolge teilten ihm die beiden Amerikaner mit, daß ein Boykott nicht anstehe.[58] Laut Brzezinski hatte Christopher in der Tat eine entsprechende Anweisung.[59] Cooper erinnert sich dagegen, man habe sehr wohl deutlich gemacht, daß der Boykott eine Option sei.[60]

Für diese Version spricht ein Memorandum vom 17. Januar, das Lloyd Cutler verfaßte, der im Weißen Haus für die Boykottfrage zuständig war. Er notierte: »Warren Christopher berichtet, daß die Deutschen ... vorläufig zustimmen, nicht nach Moskau zu gehen.«[61] In das Bild paßt, daß die *Frankfurter Rundschau* aus den Äußerungen von Regierungssprecher Grünewald in der Pressekonferenz aus Anlaß der Beratungen mit Christopher und Cooper folgerte, daß »... die bisherige Ablehnung eines Boykotts der Olympischen Spiele in Moskau [durch die Bundesregierung, K.W.] ... nicht mehr so endgültig zu sein [scheint], wie es bisher den Anschein hatte.«[62] Daß die Deutschen von einer Teilnahme an den Spielen intern und auf der Pressekonferenz abrückten, läßt sich nur dadurch erklären, daß die amerikanische Delegation in den Gesprächen einen Boykott in Aussicht gestellt hatte. Bonn war also konsultiert worden und hatte offenbar – wenn auch nur vorläufig – signalisiert, daß man mitmachen werde.

Überrascht kann die Bundesregierung somit nur davon gewesen sein, daß die amerikanische Entscheidung vorgezogen wurde, nicht von deren Richtung. In der Tat stellte Carter bereits am 20. Januar der sowjetischen Führung ein Ultimatum. Er forderte das Nationale Olympische Komitee (NOK) der USA auf, keine Athleten nach Moskau zu schicken, wenn die Sowjetunion nicht innerhalb eines Monats ihre Truppen aus Afghanistan zurückziehe. Angesichts der aufgebrachten öffentlichen Stimmung, die dem NOK keinen Spielraum ließ, und der Tatsache, daß ein Abzug (wenn überhaupt) in so kurzer Zeit nicht zu erwarten war, handelte es sich de facto um einen Boykott-Beschluß. Getroffen worden war er am 18. Januar, also zwei Tage *nach* dem Treffen Schmidts mit Christopher.[63]

Schmidt kritisierte später Carters Vorgehen vor allem im Zusammenhang mit seiner Regierungserklärung im Bundestag am 17. Januar.[64] Der deutsche Regierungschef hatte den Olympiaboykott darin nicht erwähnt und sah sich bloßgestellt, als der amerikanische Präsident bald darauf diesen verhängte. Denn in der Öffentlichkeit wurde deutlich, daß Carter es nicht für nötig befunden hatte, den Zeitpunkt seiner Entscheidung mit dem einst in Washington hofierten Kanzler zu besprechen. Die Bundesrepublik sei nicht der 51. Bundesstaat der USA, attackierte Schmidt gekränkt das amerikanische Verhalten.[65]

In der politischen Öffentlichkeit mobilisierte der Vorwurf fehlender Konsultationen ein nationales Ressentiment. »Jetzt haben wir die Finnlandisierung der Bundesrepublik, aber andersherum. Wir sind das Finnland der Amerikaner«, zitierte der *Spiegel* einen Staatssekretär.[66] Gleich mehrfach betonte Willy Brandt in Wahlkampfreden, daß die Bundesrepublik keine amerikanische Provinz sei und die USA in der Frage des Olympiaboykotts nicht für die Deutschen mitbestimmten.[67]

Deutsche Angst

Carter hat später erklärt, er sei erstaunt gewesen, auf welchen Widerwillen seine Sanktionsforderungen bei den europäischen Verbündeten stießen.[68] Doch der US-Regierung unterliefen gleich mehrere Fehleinschätzungen. Zunächst vermittelte sie, wie Außenminister Vance in seinen Memoiren einräumt, den Europäern den Eindruck, in größerem Ausmaß zur Eskalation bereit zu sein, als dies wirklich der Fall war.[69] Die Dramatisierung geschah in der Annahme, die Alliierten seien nur dann für Sanktionen zu gewinnen, wenn sie sich darauf verlassen konnten, daß es die Amerikaner mit dem Ende der Entspannungspolitik ernst meinten.[70] Carter wollte unbedingt vermeiden, daß die Europäer glaubten, er werde ebenso rasch zur Tagesordnung übergehen wie einst Richard Nixon nach der Niederschlagung des Prager Frühlings 1968 – eine Befürchtung, die es in Bonn tatsächlich vereinzelt gab.[71]

Aus dem Bemühen um Glaubwürdigkeit gegenüber den Verbündeten ist auch die Wahl mancher Sanktionen zu erklären, welche für die USA beinahe ebenso große Nachteile mit sich brachten wie für die Sowjetunion. So begründete Carter etwa das Getreideembargo mit dem Hinweis: »Wie soll ich den Westen führen und unsere Verbündeten davon überzeugen, Sanktionen gegen die Russen zu verhängen, wenn wir nicht selbst zu Opfern bereit sind? Was soll ich Margaret Thatcher oder Helmut Schmidt sagen, wenn wir ausgerechnet auf die Maßnahme verzichten, die den Russen am meisten weh tut?«[72] Auch den dramatischen Ton in seiner Rede zur Lage der Nation scheint der Präsident mit aus der Erwägung heraus angeschlagen zu haben, daß er die Alliierten nur auf diese Weise für eine gleichgerichtete Politik gewinnen könne.[73]

Doch erhöhte Carter mit seiner Rhetorik und den entsprechenden Schritten nicht die Sanktionsbereitschaft, sondern trug in der Bundesrepublik zu der Angststimmung bei, die sich nach der Afghanistan-Invasion ausbreitete. Hatten im Herbst 1979 21 Prozent der Deutschen befürchtet, daß ein dritter Weltkrieg früher oder später unvermeidbar sei, so glaubten dies nun 41 Prozent.[74] Zwischen der Bevölkerung und der politischen Führung gab es in dieser Hinsicht kaum Unterschiede. Wehner und Genscher warnten davor, daß die Supermächte in einen Krieg schlittern könnten, ohne es eigentlich zu wollen; auch Oppositionsführer Kohl erklärte, die Kriegsgefahr sei enorm gewachsen.[75]

In der Kabinettssitzung vom 23. Januar 1980 sagte Schmidt, er befürchte ein Hochschaukeln des Konflikts, und verglich die Situation sogar mit der Kubakrise. Washington und Moskau würden »eine Art von ›chicken game‹« spielen, also wie kalifornische Halbwüchsige in den vierziger Jahren mit zwei

Autos aufeinander zurasen, um herauszufinden, wer zuerst die Nerven verliert und ausweicht.[76] Mittelfristig, so sorgte sich Schmidt, könnte ein Rüstungswettlauf, der seiner Ansicht nach für die Sowjetunion nicht zu gewinnen war, diese dazu bringen, präventiv zu handeln.[77] Es war Angst vor der sowjetischen Angst.

Inwieweit dieses Urteil unter dem Einfluß des Kreml zustande kam, kann hier nicht endgültig geklärt werden, aber daß Moskau die Ängste auf deutscher Seite zu schüren suchte, läßt sich nachweisen. So erklärte etwa Go-Between Lednew gegenüber Bahr, die amerikanische Annäherung an Peking werde dazu führen, daß Moskau einen »präventiven Schlag gegen Sinkiang« (die im Westen Chinas gelegene autonome Region) erörtere.[78] Schmidt warnte entsprechend Washington davor, »eine sowjetische präventive Aktion« gegen China zu provozieren.[79] Dennoch galt den Deutschen der US-Präsident und nicht etwa Breschnew zunehmend als »Sicherheitsrisiko«. Carters »Irrationalität« sei die »eigentliche Ursache unserer Sorgen« gewesen, beschreibt Verteidigungsminister Apel in seinen Erinnerungen die erstaunliche Bonner Sicht von damals.[80]

Daran änderte sich auch nichts, als Carter wie Vance im Februar gegenüber Brandt beziehungsweise Schmidt den Irrtum auszuräumen versuchten und erklärten, sie wollten durchaus die Entspannungspolitik langfristig fortsetzen.[81] In Bonn nahm man das nicht etwa mit Erleichterung auf – vielmehr fühlte sich Schmidt dadurch in der Annahme bestätigt, Carter reagiere weniger auf die weltpolitische Entwicklung als auf den amerikanischen Wahlkampf.[82] Während die Bonner Politik voller Verständnis für vermeintliche Prestigeerwägungen Breschnews war, mochte man dem US-Präsidenten Gleiches nicht zubilligen.

Später, in einem seiner Erinnerungsbände, behauptete Schmidt sogar, er habe sich den Sanktionen auch deshalb nicht angeschlossen, weil auf amerikanischer Seite »kein wirklicher Wille zur konsequenten Konfrontation mit der Sowjetunion« vorhanden gewesen sei.[83] Das Paradox ist offenkundig: Einerseits fürchtete Schmidt einen amerikanisch-sowjetischen Zusammenprall, andererseits schien er zu bedauern, daß Carter diesen nicht wirklich wollte. Der Präsident befand sich damit in der Situation, weder mit einer Bekräftigung seines Entspannungswillens noch mit gegenteiligen Äußerungen in Bonn punkten zu können. Als Anfang März 1980 der Leiter der SED-Westabteilung, Herbert Häber, Bonn besuchte, notierte er hinterher, es habe dort kaum einen Gesprächspartner gegeben, »der sich nicht in irgendeiner Weise abfällig über die USA-Politik und Carter äußerte«.[84]

Eigentlich hätten die Deutschlandexperten in der US-Regierung wissen müssen, daß es in der Bundesrepublik einen (oft konstatierten) Zusammenhang zwischen Krisen- oder Angststimmung und Antiamerikanismus gibt, der Präsident mithin ein Risiko einging, wenn er zu martialisch auftrat.[85] Der Zusammenhang wirkte auch im Frühjahr 1980. Wie Gerd Bucerius, der Herausgeber der *Zeit*, beobachtete, herrschte in Bonn der Wunsch vor, durch die beiden weltpolitischen Krisen in Afghanistan und im Iran nicht gestört zu werden, und Schmidt, so Bucerius, entsprach dem: »Die Nation atmete auf: Im nie gekannten Wohlstand lebend, mochte sie nicht zittern; und der Kanzler versicherte ihr, er werde alles tun, damit sie nicht zu zittern brauche. Da konnte in Asien passieren was wollte, da konnten die Amerikaner tief gedemütigt werden, nichts davon ging die Deutschen an. Sie konnten so weiterleben wie bisher ... ›Wir sind wieder wer‹, sagten sich die Bürger. Schmidt hatte große Innenpolitik gemacht.«[86] Man wollte sowenig wie möglich verändern, soviel wie möglich bewahren. Die Amerikaner gefährdeten diese Ruhe.

Dabei mobilisierte nicht nur Carter mit dem Aufbau einer Drohkulisse gegenüber dem Iran und der Sanktionspolitik gegenüber der Sowjetunion Kriegsängste. Auch der Kanzler tat das, indem er die Situation mehrfach mit 1914 verglich. In einer Wahlkampfrede am 12. April 1980 erklärte er: »Mir scheint, daß dieser Vergleich nicht ganz falsch ist, wenn auch der Prozeß in diesen Monaten, die wir jetzt erleben, anders und sehr viel langwieriger, sehr mehr [sic] Zeit verbrauchend verläuft als damals ... Sicherlich ist heute manches anders. Sicherlich spielt bei den heutigen Weltmächten und auch bei uns nicht das Militärische, das Militär, eine ausschlaggebende Rolle, aber militärisches Denken spielt doch eine zu große Rolle, zumal in der Sowjetunion. Heute wollen beide Weltmächte bewußt den Krieg vermeiden, aber mir scheint, sie haben beide keine ausreichende Kriegsvermeidungs-Strategie. Sie reden nicht offen genug miteinander über ihre Ziele, über ihre Notwendigkeiten.«[87] Gegenüber der SPD-Spitze bekräftigte Schmidt den Vergleich mit 1914 und erklärte, die Sowjets agierten »dumm und brutal«, die USA hingegen »dumm und nervös«.[88]

Kurzfristig nutzte die Angststimmung dem Kanzler, weil ihm, anders als Strauß, der Ruf des Krisenmanagers vorausging. Auch erschien der deutsche Verweigerungskurs gegenüber den amerikanischen Sanktionsforderungen plausibel, wenn man Zweifel an der Kompetenz des US-Präsidenten weckte. Mittelfristig jedoch wirkte sich die Furcht vor einem Krieg nicht nur gegen Carter aus, sondern schränkte auch Schmidts Handlungsspielraum ein, denn sie mußte der Opposition gegen den NATO-Doppelbeschluß Zulauf verschaffen. Wie konnte man amerikanische Raketen auf deutschem Boden zulassen, wenn die US-Regierung eine Gefahr für den Weltfrieden darstellte?

Vor allem in der SPD wurde der Zusammenhang zwischen Katastrophenangst und Ressentiment bald deutlich, wie der Stuttgarter SPD-Bundestagsabgeordnete Peter Conradi, ein Vertreter des linken Flügels, beobachtete: »Die Partei erwacht allmählich aus ihrer Schreckensstarre nach Afghanistan und sagt, wir müssen ja mit den Amerikanern nicht in den Tod gehen.«[89] In einem internen Bericht aus dem Parteiapparat der SPD zur Stimmung unter den Mitgliedern war von einer »zunehmenden Verdrossenheit über die westliche Führungsmacht, die man als latenten und teilweise manifesten Anti-Amerikanismus bezeichnen kann«, die Rede.[90]

Forschungsminister Volker Hauff ging davon aus, daß sich entsprechende Emotionen bei den Deutschen leicht aktivieren ließen: »Wenn einer aus den etablierten Parteien jetzt gegen die USA stänkert, kriegen wir einen massiven Antiamerikanismus bei 70 Prozent der Bevölkerung. Da braut sich ein hochexplosives Gemisch zusammen – ein Streichholz genügt, und es geht hoch.«[91]

Die im Frühjahr 1980 von Brandt, Schmidt und anderen in gekränktem Ton vorgetragene Forderung nach Selbstbestimmung – die Bundesrepublik sei keine amerikanische Provinz – und der beschwörende Fingerzeig auf die Geschichte (»Von deutschem Boden darf nie wieder Krieg ausgehen«)[92] hatten insofern eine mobilisierende Wirkung. Die Schriftsteller Günter Grass, Thomas Brasch, Sarah Kirsch und Peter Schneider etwa verlangten ihrerseits von der Bundesregierung, der »besonderen Verantwortung der Deutschen für den Frieden« nach zwei Weltkriegen gerecht zu werden und sich der amerikanischen Politik zu verweigern, die zu einer »Zerstörung allen Lebens auf diesem Planeten« führen könne.[93]

In welchem Ausmaß Schmidt dem sichtbar werdenden Antiamerikanismus den Weg ebnete, läßt sich nicht quantifizieren. Daß er das tat, warfen ihm später sowohl Carter als auch Apel vor.[94] Mit den immer wieder geäußerten Vorwürfen, die US-Regierung sei »naiv«, »inkompetent« und »gefährlich« für den Weltfrieden, benutzte der Kanzler klassische Stereotype und trug zu ihrer Verbreitung bei.[95] Als eine Delegation von Jungsozialisten unter ihrem Vorsitzenden Gerhard Schröder mit einer Abordnung der Freien Deutschen Jugend aus der DDR in Bonn zusammentraf, notierte FDJ-Chef Egon Krenz hinterher über die Sicht der Jusos auf den US-Präsidenten: »Wenn man die Entscheidungen Carters einschätze, dann hätten die Jungsozialisten ›viel Respekt vor jedem Dorfpolitiker in der BRD‹.«[96]

In Hintergrundgesprächen erzählte man sich in der Bundeshauptstadt Witze über Carter, der trotz des Boykotts an den Olympischen Spielen in Moskau teilnehmen dürfe, weil er ein »Amateur« sei. Zu seiner Behauptung, die Afghanistan-Invasion habe den schwersten Konflikt seit 1945 hervorgerufen, hieß es im Bundessicherheitsrat: »Der US-Präsident hat eben noch keine europäische Krise erlebt. Woher sollte er's auch kennen? Der hat damals noch Erdnüsse angebaut.«[97] Daß der Kanzler seinerseits mit dem Vergleich zur Kubakrise die Lage dramatisierte, entging demjenigen, der das sagte.

Die Linke habe mit Schmidt keine Probleme gehabt, wenn er ihrem latenten Antiamerikanismus durch laufende Kritik an Carter Nahrung gegeben habe, erinnerte sich Apel später.[98]

Ein weiterer Irrtum der amerikanischen Regierung betraf die Annahme, Schmidt werde im Wahlkampfjahr eine Auseinandersetzung mit den USA über die Ostpolitik nicht riskieren.[99] Dabei war es für ihn schon aus innenpolitischen Gründen ausgeschlossen, von der Ostpolitik abzugehen, ganz abgesehen davon, daß er dies auch aufgrund eigener Erwägungen für falsch hielt.

Die gesamte Wahlkampfplanung der Sozialdemokraten stellte auf das Thema »Frieden« ab.[100] Hier lag die Kernkompetenz der Partei. Die kontinuierliche entspannungspolitische Debatte seit Beginn der Legislaturperiode – zunächst im Zusammenhang mit der Menschenrechtsfrage, dann der Neutronenwaffe und schließlich dem NATO-Doppelbeschluß – hatte die SPD und Teile der FDP sensibilisiert und mobilisiert. Immer wieder hatten führende Sozialdemokraten erklärt, zur Entspannungspolitik gebe es keine Alternative.[101] In dieser Hinsicht unterschieden sich Kanzler und SPD-Führung nicht.[102]

Im Hintergrund stand dabei nicht zuletzt die Frage, wie es mit dem Doppelbeschluß weitergehen sollte. Moskau hatte bereits vor der Afghanistan-Invasion alle Verhandlungen abgelehnt. Verhängte die Bundesregierung Sanktionen, sanken die Chancen, den Kreml doch noch für Gespräche zu gewinnen, auf null. Ohne Verhandlungen wiederum war an eine Zustimmung der SPD und wohl auch von Teilen der FDP zur Stationierung nicht zu denken. Schmidt erklärte: »Keine Europäisierung der Krise! Das hätte Folgen, die C.[arter] nicht überschaut.«[103]

Meinungsumfragen bestätigten den Kanzler in seiner Haltung. Zwar sprach sich eine absolute Mehrheit der Bevölkerung für eine enge Kooperation mit den USA aus, doch plädierten über zwei Drittel dafür, keine eigenen Maßnahmen gegen die Sowjetunion zu ergreifen. Die Bundesregierung interpretierte diese Daten zutreffend als Mischung aus Einsicht, die Amerikaner im Zweifel unterstützen zu müssen, und Hoffnung, konkrete Schritte vermeiden zu können.[104] Im

April 1980 ergab eine Umfrage gar, daß 49 Prozent größere Eigenständigkeit im Verhältnis zu den USA befürworteten; nur 29 Prozent wandten sich dagegen.

Es war bezeichnend für die allgemeine Stimmung, daß die FDP bei der Landtagswahl in Nordrhein-Westfalen am 11. Mai an der Fünf-Prozent-Hürde scheiterte, während die SPD die absolute Mehrheit erreichte. Wahlforscher werteten dies als Antwort auf den betont pro-atlantischen Kurs des FDP-Vorsitzenden und Außenministers Genscher einerseits und die Distanzierung der SPD von den USA andererseits.[105] Carters Sanktionspolitik war in der Bundesrepublik nicht mehrheitsfähig, so daß Genscher seine Haltung nach der Wahlschlappe entsprechend korrigierte.

Die deutsche Doppelstrategie

Dennoch gab der Präsident die Hoffnung vorerst nicht auf, die Bundesregierung zu einer Kursänderung bewegen zu können. Vor Schmidts Besuch in Washington Anfang März schien die Konstellation zunächst günstig: In den US-Medien wurde verstärkt Kritik an den europäischen Verbündeten geäußert, auch an der Bundesrepublik. Von »Opportunismus« und »Unzuverlässigkeit« war die Rede. Der Erwartungshorizont der öffentlichen Meinung in den USA sei bisher nicht erfüllt, notierte Regierungssprecher Bölling.[106] Als Wischnewski, der im Vorfeld der Visite das Terrain in Washington sondiert hatte, nach Bonn zurückkam, warnte er den Kanzler: »Die Amerikaner brauchen in einer für sie wichtigen Lage nicht nur Verständnis, sondern Anerkennung und aktive Solidarität. Sie brauchen keine Belehrung.«[107]

In der Tat war nur dann mit einer Korrektur der deutschen Position zu rechnen, wenn der Rückhalt in der amerikanischen Bevölkerung für die Sicherheitsgarantie der USA gegenüber der Bundesrepublik gefährdet schien. Doch einmal mehr zeigte sich, daß Schmidt geschickter mit der amerikanischen Öffentlichkeit umzugehen wußte als Carter mit der deutschen. Am 4. März traf der Kanzler in Washington ein. In den vertraulichen Begegnunen mit der Carter-Regierung lehnte er Sanktionen weiterhin ab; bei Treffen mit amerikanischen Journalisten und in Gesprächen mit Senatoren vermittelte er hingegen den Eindruck, er befürworte die neue US-Außenpolitik.[108]

Vergebens versuchte der Präsident, den deutschen Regierungschef einzubinden.[109] Mehrfach fragte Carter, welche Maßnahmen Schmidt denn als Antwort auf die Afghanistan-Invasion für richtig halte. Der Kanzler erwiderte, daß es Aufgabe der USA sei, Vorschläge zu unterbreiten. Schmidt wollte Carter keine Gelegenheit bieten, sich später auf eine Empfehlung von ihm berufen zu können. Das deutsche Drängen auf eine kollektive Führung der Allianz erwies sich an dieser Stelle als das, was es eigentlich war: ein Versuch, die Bonner Ostpolitik zu schützen.

Nicht einmal beim Olympiaboykott war Schmidt bereit, seine intern bereits erteilte Zustimmung zu veröffentlichen. Er verwies vielmehr darauf, daß er das deutsche und das französische Vorgehen koordinieren wolle, und Giscards Festlegung war nicht vor Mai zu erwarten. Die Teilnahme an alternativen Spielen, wie sie die Amerikaner planten, schloß Schmidt aus. Er blieb bei der Zusage, am Ende auf der amerikanischen Seite zu stehen.

Auch mit der deutschen Pakistanhilfe konnte Carter nicht zufrieden sein. Es war keine Rede davon, den Umfang der deutschen Finanzspritze zu verdreifachen, wie von den Amerikanern gewünscht. Lediglich bei der Stabilisierung der Türkei war die Bundesregierung zu erheblichen Leistungen bereit.[110] Sie hatte in diesem Punkt ein besonderes Interesse, weil es einen engen Zusammenhang zwischen deutscher Finanzhilfe für Ankara und türkischer Zurückhaltung in Fragen der Freizügigkeit gab.

Enttäuscht notierte der Präsident in seinem Tagebuch: »Langes Treffen mit dem Kanzler. Er befand sich überwiegend in der Defensive, weil ich ihn beharrlich fragte, was die Bundesrepublik noch tun werde, um uns bei Afghanistan zu helfen, und was sie eigentlich getan habe, um Druck auf die Sowjetunion auszuüben. Die Antwort auf beide Fragen lautet offensichtlich: ›Nichts‹ ...«[111]

Von dem Dissens drang wenig nach außen. Grünewald

hielt fest: »USA wollten unter keinen Umständen Differenzen deutlich werden lassen.«[112] Schmidt kam entgegen, daß Carter innenpolitisch angeschlagen war aufgrund der Geiselnahme im Iran, einer zweistelligen Inflationsrate und einer Rezession. Dagegen wirkten die Bilanz der sozial-liberalen Koalition und das Auftreten des Kanzlers wie ein Kontrastprogramm.[113]

Geradezu freundschaftlich plaudernd traten die beiden Staatsmänner nach dem knapp dreistündigen Gespräch vor die wartenden Journalisten im Garten des Weißen Hauses, die das Bild überraschend harmonisch fanden. Als ob er die scheinbar entspannte Atmosphäre noch unterstreichen wollte, hob Schmidt einen Tannenzapfen auf und warf ihn über das satte Grün des Rasens. Mit glänzenden Auftritten im Fernsehen, vor der Foreign Policy Association im Hotel Waldorf-Astoria in New York oder im kleinen Kreis mit Senatoren gelang es dem Kanzler, die Substanzlosigkeit des deutsch-amerikanischen Gipfels zu überspielen.

Dabei redete er streckenweise so, als ob er den zahlreichen amerikanischen Kritikern der Entspannungspolitik zustimmte. Die Situation des Westens schilderte er in düsteren Farben. Seit zwanzig Jahren hätten die Sowjets ihren Einfluß vergrößert, in Zentraleuropa zeigten sie besondere Stärke. In Anlehnung an Ford, der sich im Wahlkampf 1976 von der Entspannungspolitik distanziert und auf die Erwähnung des Wortes »Détente« verzichtet hatte, behauptete Schmidt, er habe diesen Begriff nie benutzt, sondern immer nur von einem Abbau von Spannungen bei Aufrechterhaltung des Gleichgewichts gesprochen.[114] Er lobte den »new spirit« in den USA und forderte die Amerikaner auf, die Wehrpflicht wieder einzuführen und den Verteidigungshaushalt auszubauen. Sogar ein zumindest partielles Handelsembargo gegen die Sowjetunion stellte er in Aussicht, freilich unter der Bedingung, daß alle westlichen Länder mitzogen, was so gut wie ausgeschlossen war.

Geschickt warb er mit den Argumenten der Kritiker der Entspannung für deren Fortsetzung: Der Einfluß der Sowjetunion in der Welt lasse sich nicht in wenigen Wochen zurückdrängen; deshalb sei ein Krisenmanagement nötig – eine

Umschreibung für den Verzicht auf Sanktionen. Mehrfach stimmten die Senatoren Schmidt ausdrücklich zu, lobten seine Ausführungen als brillant. Harry Obst, ein deutscher Emigrant, der für das State Department gedolmetscht hatte, schrieb hinterher an Wischnewski: »Meiner Ansicht nach ist der Kanzlerbesuch gut gelaufen, vor allem auf dem Capitol Hill, wo Schmidt groß in Fahrt war ...«[115]

Die Doppelstrategie der deutschen Politik wird an zwei Beispielen besonders deutlich. Offiziell versicherte Bonn, daß der deutsche Verteidigungshaushalt 1980 wie vereinbart um drei Prozent steigen werde. De facto betrug der Anstieg bloß 1,8 Prozent.[116] Auch bei den Wirtschaftssanktionen trickste die Bundesregierung. Als die Amerikaner vorschlugen, im Rahmen von Cocom die Ausfuhr von Hochtechnologie in die Sowjetunion stärker zu begrenzen, stimmte Bonn zu. Intern beschloß man aber, die Beratungen unter den Cocom-Mitgliedern zu verschleppen – in der Annahme, daß letztlich Frankreich die amerikanische Initiative torpedieren werde.[117]

Auf dem Rückflug nach Deutschland kritisierte Schmidt die US-Regierung dann vor deutschen Journalisten für ihre Politik. Ob man die Olympischen Spielen boykottiere oder »in Moskau ein Feuerwerk mache«, ändere nichts an der Verschiebung des Gleichgewichts durch die Afghanistan-Invasion und die sowjetische Raketenrüstung.[118] Verärgert über das deutsche Doppelspiel erklärte Brzezinski wenige Tage später, die USA hätten Verständnis für die ostpolitischen Sonderinteressen Bonns, könnten jedoch »nicht zulassen, daß diese Besonderheiten sich zu einer kollektiven Haltung rhetorischer Einigkeit und substantieller Untätigkeit addieren«.[119]

Pläne für einen deutsch-sowjetischen Gipfel

In welchem Ausmaß die Bundesregierung inzwischen an Handlungsspielraum gewonnen hatte, zeigte sich in den Wochen nach Schmidts Rückkehr aus Washington. Er hatte sich dort von Carter nochmals ausdrücklich bestätigen lassen, daß die US-Regierung nicht nur zum Nachrüstungs-, sondern auch zum Verhandlungsteil des NATO-Doppelbeschlusses stand. Offen war, wie man die sowjetische Führung an den Verhandlungstisch bringen könnte. Schmidt hatte nicht viel zu bieten – außer einem Besuch in Moskau, der die westpolitische Isolation der Sowjetunion beendet hätte.

Die Initiative ging dann allerdings vom Kreml aus. Bereits Anfang März hatte ein sowjetischer Diplomat in Bonn Eugen Selbmann, Wehners außenpolitischen Berater, zu Sondierungsgesprächen nach Moskau eingeladen. Am 24. März 1980 traf Selbmann, der in Absprache mit dem Kanzler reiste, mit Wadim Sagladin zusammen, dem stellvertretenden Leiter der Internationalen Abteilung des ZK der KPdSU. Selbmann forderte vom Kreml, die weitere Dislozierung von SS-20-Raketen auszusetzen und sich zu Verhandlungen bereit zu erklären. Er fügte hinzu: »Dieses Ergebnis bei einem Treffen mit dem Generalsekretär zu erreichen, würde seine [Schmidts, K.W.] Haltung bei der Festsetzung eines Termins der Zusammenkunft entscheidend beeinflußen.«[120]

Wenige Tage später übermittelte Go-Between Lednew die sowjetische Antwort. Sie fiel zustimmend aus. Die Kreml-Führung, so schrieb Bahr nach dem Treffen mit dem Mittelsmann an Schmidt, sei »im Prinzip zu einem Stopp von weiterer Produktion und Stationierung der SS-20 und im Ergebnis sogar zu einer Vernichtung vorhandener Bestände bereit«.[121] Das könne man als Ergebnis der Reise oder sogar vorab veröffentlichen. Damit schien sich nicht nur der Weg zu Verhandlungen zu öffnen, sondern auch die Chance für den Westen zu ergeben, als Resultat von Verhandlungen auf die Nachrüstung verzichten zu können – für die SPD ein überaus attraktives Angebot.

Obschon Schmidt den Sondierungen Selbmanns in Moskau zugestimmt hatte, war er einem deutsch-sowjetischen Gipfel gegenüber zunächst skeptisch eingestellt, wie aus einem Brief an Brandt vom 2. April hervorgeht, dem ebenfalls seit Monaten eine Einladung Breschnews vorlag und der einen Besuch in Moskau erwog. Der Kanzler riet Brandt mit der Begründung ab, der Generalsekretär wolle die Bundesregierung von einem Olympiaboykott und Wirtschaftssanktionen abhalten und überschätze dabei den deutschen Handlungsspielraum.[122] Sollte sich Bonn den amerikanischen Sanktionsforderungen schließlich doch anschließen müssen, warnte Schmidt, werde der Rückschlag in der Ostpolitik um so heftiger sein.

Dann allerdings korrigierte er sich unter dem Druck der SPD-Führung. Bei einem Treffen am 13. April sprachen sich Bahr, Brandt, Wehner und auch Apel für eine Reise des Kanzlers aus. Brandt kündigte an, andernfalls selbst nach Moskau zu fliegen.[123] Das entscheidende Argument hatte Schmidt tags zuvor geliefert, als er in einer Wahlkampfrede in Essen die Situation mit dem Sommer 1914 verglich. Brandt, der Schmidts Interpretation des Kriegsausbruchs 1914 eigentlich für falsch hielt, zog die Schlußfolgerung daraus: »wenn These Juli 1914 [stimmt], dann Besuch in Moskau nötig!«[124] Schmidt und Genscher, der sich zunächst die Teilnahme an der Reise vorbehalten hatte, dann aber doch mitzog, einigten sich schließlich mit Moskau auf einen Termin Ende Juni/Anfang Juli.

Für die Sozialdemokraten war wichtig, daß wieder Bewegung in die Entspannungspolitik kam. Die Koalition hatte Anfang April vereinbart, mit dem Thema »Friedenssicherung« die letzten Wochen des Landtagswahlkampfes in Nordrhein-Westfalen zu bestreiten, weil die erhoffte Wählermobilisierung nur über bundespolitische Themen zu erreichen war.[125] Die Ankündigung eines Schmidt-Besuches in Moskau paßte gut in dieses Konzept. Eine Annahme der Einladung Breschnews, argumentierte Bahr bei dem erwähnten Spitzentreffen am 13. April, würde sich positiv in der öffentlichen Meinung und bei der Wahl niederschlagen.

Daß ein deutsch-sowjetischer Gipfel die Amerikaner brüskieren mußte, war den Sozialdemokraten bewußt. Die US-Regierung hatte mehrfach signalisiert, daß sie einen Besuch Schmidts in Moskau unpassend fand. Die amerikanische Reaktion auf die deutschen Reisepläne war entsprechend kühl. Brzezinski ging öffentlich auf Distanz.[126]

Um den Besuch westpolitisch abzusichern, zog die Koalition am 13. April die Entscheidung zum Olympiaboykott vor. Eigentlich wollte das Kabinett erst im Mai Stellung beziehen, also kurz bevor das NOK über eine Teilnahme befand. So hatte es Schmidt zum Verdruß Carters ja auch in Washington angekündigt. Nun einigte man sich, bereits innerhalb der nächsten zehn Tage eine Boykott-Empfehlung an die Sportverbände auszusprechen, der diese Ende Mai auch widerstrebend nachkamen. Am 13. April fiel zugleich die Entscheidung für deutsche Sanktionen gegen den Iran (siehe Kapitel 12). Und am 30. April beschloß das Kabinett schließlich, der Türkei zusätzliche Militärhilfe in Höhe von 600 Millionen Mark zu gewähren. Daß man sich dazu erkennbar durchringen mußte, nahm diesen Schritten allerdings viel von ihrer bündnispolitischen Wirkung. Auf eine kurze Formel gebracht: Die Bundesregierung tat, was sie nicht wollte; Carter bekam, was er in der Form nicht gebrauchen konnte. Nicht ein Signal westlicher Geschlossenheit, sondern auseinanderlaufender Interessen ging von Bonn aus.

Immerhin fügte sich – anders als in Frankreich und Großbritannien – das deutsche NOK den Wünschen der Bundesregierung beziehungsweise dem Beschluß des Bundestages und entschied sich gegen eine Teilnahme an den Olympischen Spielen. Doch weder ließen sich vom deutschen Votum weitere Verbündete von der Notwendigkeit eines Boykotts überzeugen noch konnte man Breschnew damit beeindrukken, zumal Bahr über den geheimen Kanal mit dem Hinweis um Verständnis warb, eine Olympia-Absage sei politisch billiger als Wirtschaftssanktionen oder eine Stärkung der westlichen Verteidigung.[127] Die USA, notierte Verteidigungsminister Apel daher, »denken nicht völlig zu Unrecht, sie hätten uns erst zum Jagen tragen müssen«.[128]

Enttäuschung in Washington

Der breiten Kritik an Carter in der Bundesrepublik stand auf US-Seite die wachsende Enttäuschung über die Bonner Regierung gegenüber. Der Eindruck, den Schmidt bei seinem Besuch im März in der amerikanischen Öffentlichkeit hervorgerufen hatte, verblaßte zusehends. Immer mehr Menschen in den Vereinigten Staaten glaubten, von den Alliierten im Stich gelassen worden zu sein. Daß diese sich unwillig zeigten, Sanktionen gegen den Iran oder die Sowjetunion zu verhängen, tat seine Wirkung. Senator Charles Mathias schrieb im *Wall Street Journal*: »Angesichts des Zustands, in dem sich das atlantische Bündnis jetzt seit über einem Jahrzehnt befindet, ist es wohl zuviel verlangt, von Europa in irgendeiner Frage rückhaltlose Unterstützung zu erwarten.«[129]

Das Magazin *Time* zeigte am 28. April auf der Titelseite Jimmy Carter in der Gary-Cooper-Pose aus dem Film »High Noon«. In Sheriffskluft schritt der Präsident zum Duell durch die leeren Straßen, während seine feigen Verbündeten in die Häuser flüchteten. Die Titelzeile lautete »High Noon for America's Allies«; über den Häusern flatterten die deutsche, die britische und die japanische Fahne.

Auf einer Konferenz von amerikanischen Wissenschaftlern und Vertretern der europäischen Linken in Rom bekamen die deutschen Teilnehmer zu hören, wie der Direktor des Bundesinstituts für ostwissenschaftliche und internationale Studien in Köln, Wolfgang Berner, berichtete, daß das deutsch-amerikanische Verhältnis einen »beispiellosen Zerrüttungsgrad« erreicht habe.[130] Die Gründe seien aus Sicht der USA latenter Antiamerikanismus, prosowjetische Sympathien, NATO-Müdigkeit und neutralistische Tendenzen in der SPD.

Das Klima sei bereits so vergiftet, gab Berner die Worte der Amerikaner wieder, daß man seinen Kredit als deutschlandpolitischer Experte aufs Spiel setze, wenn man »dem in Washington obwaltenden Pessimismus und Mißtrauen mit positiven Urteilen über die westdeutschen Entwicklungstendenzen« entgegentrete. Der Sieg der SPD bei der Landtagswahl in Nordrhein-Westfalen Anfang Mai habe auf amerikanische Deutschlandexperten alarmierend gewirkt: »In der gegenwärtigen sozialdemokratischen-liberalen Regierungskoalition betrachtet man Außenminister Genscher als den hauptsächlichen und fast alleinigen Garanten einer konstruktiven Zusammenarbeit Bonn–Washington, ja im Grund sogar der Bonner Bündnistreue.«[131]

Die Amerikaner, so Berner, fürchteten offenbar, daß die SPD bei der Bundestagswahl die absolute Mehrheit erringen könnte. Zwar vertraten die amerikanischen Konferenzteilnehmer nicht die US-Regierung. Aber viele berieten sie oder standen ihr nahe wie die Politikwissenschaftler William Griffith und Richard Ullmann oder der Sowjetunion-Experte Seweryn Bialer.

Wie getrübt die Atmosphäre war, zeigt ein Vorfall am Rande der NATO-Frühjahrskonferenz. Verteidigungsminister Brown nahm dort Apel beiseite und wies darauf hin, daß das schlechte Image Carters in den USA vom Ausland und insbesondere von Schmidt mitgeprägt werde. Brown warnte Apel ausdrücklich, der Kanzler solle sich aus dem amerikanischen Wahlkampf heraushalten; andernfalls würden die USA auch die deutschen Wähler zu beeinflussen suchen.

In der Tat griffen beide Seiten schon seit Monaten wechselseitig in die Wahlkampagnen ein. Carter hatte entgegen den diplomatischen Gepflogenheiten mit dem Kanzlerkandidaten der Union, Strauß, bei dessen USA-Besuch im März ein ungewöhnlich langes Gespräch geführt und seine Sympathien für den Bayern kaum verborgen.[132] Auch soll Brzezinski über die CIA in Bonn die Opposition mit Informationen versorgt haben, was er allerdings bestreitet.[133]

Andererseits fand die ständige Bonner Kritik an Carter in den USA ihren Niederschlag. Gegenüber amerikanischen Besuchern verbarg Schmidt inzwischen kaum noch seine Ansichten über den Präsidenten. Im Beisein Albert Wohlstetters etwa, eines scharfen Kritikers Carters, bezeichnete er ihn als Gefahr für den Frieden: »... das ist dieser Typ schwacher Männer, die unbeabsichtigt den Dritten Weltkrieg auslösen könnten.« Schmidt, meinte Brown zu Apel, sei nun einmal der wichtigste Politiker der Allianz, und auf sein Wort komme es besonders an.

Schmidts Moratoriumsvorschlag

Der geplante deutsch-sowjetische Gipfel war aus Sicht der US-Führung im Frühjahr 1980 nicht das einzige ostpolitische Ärgernis. Als Antwort auf die über den geheimen Kanal signalisierte sowjetische Verhandlungsbereitschaft begann Schmidt zudem, den NATO-Doppelbeschluß vorsichtig aufzuweichen. Noch weigerte sich der Kreml ja offiziell, ohne

Rücknahme des Beschlusses und ohne Ratifizierung des SALT-II-Abkommens mit Verhandlungen auch nur zu beginnen.

Am 11. April schlug der Kanzler deshalb in einer Rede vor der Hamburger Landesdelegiertenkonferenz der SPD vor, die USA und die UdSSR sollten »für eine bestimmte, zu verabredende Zahl von Jahren auf die Aufstellung neuer Mittelstreckenwaffen verzichten und in dieser verabredeten Zeit über deren Begrenzung verhandeln«.[134] Bei einem Wahlkampfauftritt in Essen wiederholte er am nächsten Tag den Vorschlag.[135]

Im Doppelbeschluß war bekanntlich festgeschrieben, mit der Stationierung der Pershing-II-Raketen und Marschflugkörper 1983 zu beginnen; vorher war der Westen aus technischen Gründen dazu nicht in der Lage. Schmidt behauptete später entsprechend, er habe nur verhindern wollen, daß die Sowjets in den Jahren bis 1983, in denen der Westen nichts unternehmen konnte, weitere SS-20-Raketen dislozierten. Sein Vorschlag eines Moratoriums habe sich also de facto ausschließlich gegen die Sowjetunion gerichtet.[136]

Die Befristung eines Stationierungsstopps bis zum Jahr 1983 läßt sich jedoch aus den Redetexten allenfalls indirekt erschließen. Diese konnten vielmehr auch als Angebot an Moskau verstanden werden, erst einmal zu verhandeln und dann weiterzusehen, wie sich die Lage entwickelte. So hatte Schmidt der SPD den Doppelbeschluß ja letztlich auch »verkauft« – als eine Vereinbarung ohne Stationierungsautomatismus und mit der Möglichkeit, am Ende ohne Raketen auszukommen. Und so wollte er offenbar dem Generalsekretär den Weg an den Verhandlungstisch ebnen.

Dabei hatte Schmidt noch im November 1979 – also kurz vor dem Doppelbeschluß – Breschnew davon abgeraten, dem Westen einen Stopp der SS-20-Produktion anzubieten. Go-Between Lednew hatte damals angefragt, wie die Allianz auf einen solchen Schritt reagieren würde. Und der Kanzler, der wohl fürchtete, daß ein Moskauer Kompromißangebot die Zustimmung der SPD zur sogenannten Nachrüstung auf dem bevorstehenden Parteitag gefährden könnte, hatte erklärt, der Westen würde dann zu dem Schluß kommen, man bräuchte nur hart genug aufzutreten, um die Sowjetunion zum Einlenken zu bewegen.[137]

Doch die amerikanische Interpretation des Doppelbeschlusses war stets eine andere gewesen. Es konnte insofern nicht verwundern, daß Carter verärgert reagierte. Als Schmidt drei Tage nach seinem Auftritt in Essen mit dem Präsidenten telefonierte, machte dieser deutlich, daß er die Ausführungen des Kanzlers mißbilligte. Als Schmidt nun – am Telefon, in eindeutiger Wortwahl – vorschlug, mit den Sowjets ein Zwischenabkommen zu schließen und bis 1982 auf jede Dislozierung zu verzichten, erklärte Carter, es müsse alles vermieden werden, was die Zustimmung der Italiener und Belgier zum Doppelbeschluß gefährden könnte. Die Amerikaner sorgten sich zudem, ein Stationierungsstopp könnte zu einem Produktionsstopp führen – und damit das Ende der Nachrüstung einläuten.[138]

Carter forderte Schmidt auf, seine Position klarzustellen. Darauf drängten bei einem Gespräch am 20. April auch Apel und Genscher,[139] der nach der Essener Rede sofort öffentlich erklärt hatte, die Haltung der Bundesregierung sei unverändert. Genscher fürchtete wie Carter, von einem einmal vereinbarten Dislozierungsstopp nicht wieder wegzukommen. Und Apel lehnte ein Moratorium ab, weil er annahm, daß die Amerikaner dann die Produktion einstellten. Der Kanzler gab nach; die drei kamen überein, »keine Auflagen zum Produktionsstopp oder zur Dislozierung von LRTNF als Bedingung für die der Sowjetunion angebotenen Rüstungskontrollverhandlungen« zu akzeptieren. Schmidts Versuchsballon war damit geplatzt.

Inzwischen liefen sowohl über den deutschen Botschafter in Moskau, Hans-Georg Wieck, wie auch über den Wehner-Vertrauten Eugen Selbmann und über Egon Bahr in Zusammenarbeit mit dem sowjetischen Go-Between Lednew die Vorbereitungen für den Besuch Schmidts und Genschers in Moskau auf Hochtouren. Am 27. Mai erklärte Lednew gegenüber Bahr zum Thema Mittelstreckenwaffen, wie dieser notierte: »Nach Moskauer Auffassung dürfe niemand das Gesicht verlieren – die NATO nicht und die Sowjetunion nicht. Da man aber dennoch verhandeln wolle, gelte es, eine Formel zu finden, über die man in Moskau noch nachdenke.«[140]

Wohl daraufhin erneuerte Schmidt Anfang Juni auf dem SPD-Parteitag in Essen seinen Moratoriumsvorschlag. Dieses Mal war seine Formulierung immerhin eindeutig: Er plädierte für eine Vereinbarung der Supermächte bis 1983, sie hätte also nur die Sowjetunion gebunden. Doch Carter war aus den gleichen Gründen wie im April nicht bereit, darauf einzugehen, zumal der belgische Außenminister Henri Simonet und offenbar auch andere Europäer beklagten, daß Schmidts Äußerungen es ihnen erschwerten, Mehrheiten für den Doppelbeschluß sicherzustellen.[141]

Der Präsident schrieb deshalb am 12. Juni dem Kanzler, er wolle ihm mit Blick auf die geplante Reise nach Moskau noch einmal die amerikanische Position vor Augen halten: »Die USA werden jeden Vorschlag für ein Einfrieren, ein Moratorium oder einen Verzicht auf neue oder zusätzliche Raketenstationierungen ablehnen, auch wenn dieser sich nur auf eine begrenzte Zeitspanne bezieht.«[142] Die US-Regierung ließ den Brief in der Bundesrepublik sofort bekanntwerden, und die CDU/CSU-Opposition griff das Schreiben auf, um Schmidt als unsicheren Bündnispartner hinzustellen.

Im Kanzleramt, besonders bei Schmidt, sorgte der Brief entsprechend für Verärgerung, ja Empörung, die nach der Vorgeschichte freilich kaum angebracht war. Wenige Wochen vor dem Weltwirtschaftsgipfel in Venedig, auf dem Schmidt eigentlich seine Moskau-Reise mit den Verbündeten offiziell abstimmen wollte, hatte Carter ihm in aller Öffentlichkeit das Mißtrauen ausgesprochen und deutlich gemacht, daß er in der Sowjetunion nur für sich selber sprechen konnte. Noch in seinen Erinnerungen schreibt Schmidt von »offener Rankühne«.[143]

In Bonn wurde das Vorgehen Washingtons als Beleg dafür gewertet, daß die Diplomaten des State Department nun endgültig gegenüber Brzezinski und der »Georgia-Mafia« ins Hintertreffen geraten seien, was nicht ganz zutraf. Brzezinski hatte den Brief zwar entworfen, aber das geschah während eines gemeinsamen Mittagessens mit dem neuen Außenminister Edmund Muskie, dem Nachfolger von Vance, und Verteidigungsminister Brown, die beide nach geringen Änderungsvorschlägen zustimmten.[144] Carter verschärfte den Entwurf dann noch weiter.[145] Das State Department war also involviert gewesen, wenn auch nicht auf der Expertenebene. Als der Leiter der Europa-Abteilung, George Vest, den Brief in die Hände bekam, bat er denn auch sofort Muskies Stellvertreter Christopher, beim Präsidenten zu intervenieren. Doch Carter hatte den Text bereits gebilligt. Der Brief war nicht mehr aufzuhalten.

Das Schreiben sollte klarstellen, daß die USA jede Form der Aufweichung des Doppelbeschlusses ablehnten. Eine Veröffentlichung lag in der Logik der amerikanischen Zielsetzung, dies den schwankenden Europäern deutlich zu machen. Daß man die Bundesregierung dabei düpierte, nahm das Weiße Haus billigend in Kauf. Zu oft hatte der Kanzler seine Geringschätzung des Präsidenten publik werden lassen, als daß man bereit gewesen wäre, auf ihn Rücksicht zu nehmen: »Das Problem ist, daß Schmidt sich mit seinen abfälligen Äußerungen über den Präsidenten alle Sympathien verscherzt hat«, notierte der Sicherheitsberater am 18. Juni.[146] Carter sei damals zu dem Schluß gelangt, berichtete Brzezinski später in seinen Erinnerungen, daß Schmidt »instabil, überheblich und unzuverlässig« sei.[147]

Aus amerikanischer Sicht tat die »Briefaffäre« ihre Wirkung: Um den Moskau-Besuch innen- und allianzpolitisch abzusichern, mußte Schmidt sie schnell beilegen, sonst konnte er bei den Sowjets nicht wie geplant als Vermittler auftreten. Er war also gezwungen, auf Carter zuzugehen, und das tat er auch, indem er ihm sofort ein Gespräch am Rande des Weltwirtschaftsgipfels Ende Juni vorschlug. Carter stimmte zu, jedoch nicht ohne den Hinweis, daß er nur eine Stunde Zeit habe.[148]

Am 21. Juni brachte ein Boot Schmidt, Genscher und Staden auf die Insel Cipriani in der Lagune von Venedig, wo Carter während des Weltwirtschaftsgipfels logierte. Die Stimmung der Deutschen war schon bei der Ankunft gereizt. Sie hatten die Insel zweimal umrunden müssen, weil amerikanische Sicherheitsbeamte zunächst den Zugang versperrten. Dann wartete niemand am Eingang des Hotels, um sie zu begrüßen. Der Präsident kam Schmidt erst kurz vor seiner Suite entgegen.

Das folgende Gespräch bezeichnete Carter später als »unglaublich«.[149] Obwohl der Kanzler amerikanische Unterstützung benötigte, strotzte er vor Selbstbewußtsein. Er glaubte die anderen europäischen Regierungschefs an seiner Seite und war der Auffassung, »daß Carter aus innenpolitischen Gründen inzwischen weit mehr auf mein Wohlverhalten angewiesen war als ich auf das seine«.[150] Gut 40 Minuten lang hielt der Kanzler dem Präsidenten angebliche oder tatsächliche Versäumnisse der vergangenen Jahre vor.[151] Stets habe sich die Bundesregierung im Gegensatz zu Carter als zuverlässiger Partner erwiesen. Der Brief sei deshalb eine Beleidigung. Er habe es Moskau nur leichter machen wollen, an den Verhandlungstisch zu kommen. Von einer Abkehr vom Doppelbeschluß könne keine Rede sein. Ein Stationierungsverzicht sei nur »theoretisch, im Idealfalle« denkbar. Darüber sei man sich doch einig, so der Kanzler.

Schmidt warnte, er sei imstande, in den amerikanischen Wahlkampf einzugreifen. Wenn er »indiskret vorgehen würde, hätte das erhebliche Rückwirkungen in den USA«. Carter, urteilte später Staden, habe eine ausgezeichnete Haltung bewahrt: »Er lächelt, obwohl ihm sicher nicht danach zumute ist, widerspricht an einigen Stellen, verzichtet aber im großen und ganzen auf eine Verteidigung und wiederholt zweimal die bezeichnende Bemerkung, dass er den Brief gebilligt habe. Auch Muskie behält seine Ruhe, nur das Wippen seines rechten Fußes verrät eine gewisse Nervosität. Brzezinski schweigt und macht einige Notizen. Nachher wird er mir sagen, dass der Präsident innerlich sehr erregt gewesen sei und sich nur mühsam beherrscht habe.«[152]

Der Sicherheitsberater mischte sich dann doch ein und monierte, daß Schmidt gegenüber dem amerikanischen Senator Joseph Biden kritische Bemerkungen zu »Persönlichkeiten der amerikanischen Regierung« gemacht habe. Als Brzezinski und Schmidt einander einen »fight«, eine Fortsetzung des Konflikts, androhten, schien die Situation außer Kontrolle zu geraten. Carter signalisierte seinem Mitarbeiter schließlich, er möge sich zurückhalten. Gleich zweimal ließ Schmidt in den folgenden Wochen Carter ausrichten, er solle den Berater besser entlassen.[153] Am Ende des Gesprächs stand eine Art Kompromiß: Die Moratoriumsidee kam vom Tisch. Von Schmidt mehrfach danach gefragt, bat Carter andererseits den Kanzler schließlich, in Moskau zu klären, ob Breschnew bereit sei, vor der Ratifikation von SALT II über SALT III, also auch über Mittelstreckenwaffen, zu verhandeln. Schmidt und Genscher erhielten auf diese Weise ein informelles Sondierungsmandat für den Besuch in Moskau.

Schon am Morgen nach der Auseinandersetzung waren alle Beteiligten bemüht, den Eklat herunterzuspielen. Geschäftsmäßiger Umgang miteinander bestimmte das Bild. Als die sieben Delegationen des Weltwirtschaftsgipfels zusammentrafen, konzentrierte sich die Diskussion auf die Afghanistan-Invasion, die einstimmig verurteilt wurde. Auch der wirtschaftspolitische Austausch am zweiten Tag verlief ohne Kontroversen zwischen Deutschen und Amerikanern.[154] Zurück in Bonn, rief Schmidt in einer Rede vor der SPD-Fraktion dazu auf, sich nun zurückzuhalten und keine öffentliche Kritik an der Carter-Regierung zu äußern. Am 30. Juni flogen er und Genscher nach Moskau.

»Pest und Cholera«

Daß die ostpolitischen Gegensätze zwischen der Bundesregierung und der US-Administration allerdings auch weiterhin bestanden, zeigte sich nach der Rückkehr des Kanzlers aus der Sowjetunion. Breschnew hatte ja eine Aufweichung seiner Position über den geheimen Kanal schon vorab in Aussicht gestellt.[155] Gegenüber den Bonner Besuchern erklärte er dann endgültig, daß die Sowjetunion auch ohne eine Ratifizierung des SALT-II-Abkommens und ohne eine Zurücknahme des NATO-Doppelbeschlusses zu Verhandlungen über den Mittelstreckenbereich bereit sei.[156] Allerdings verlangte der Kremlchef, die amerikanischen Forward Based Systems, also nuklear bestückte Bomber, in die Gespräche einzubeziehen, was eine alte sowjetische Forderung in den SALT-Verhandlungen war.

Für Schmidt stellte der Wandel in der sowjetischen Haltung einen großen Erfolg dar.[157] Die amerikanische Regierung hingegen blieb skeptisch.[158] Immerhin bemühten sich beide Seiten darum, den Gegensatz nach außen nicht allzu deutlich werden zu lassen. Auch andere Kontroversen, etwa über die Verschärfung der Cocom-Regeln oder die Forderung nach einem höheren deutschen Verteidigungsbeitrag, stellten sie zurück.

Als Bahr und Wischnewski im Juli beziehungsweise August 1980 in die USA reisten und in der Frage der Mittelstreckenwaffen vergebens für größere Flexibilität warben,[159] vermittelten beide hinterher dennoch den Eindruck, die deutsch-amerikanischen Beziehungen könnten »nicht besser« sein, wie Bahr erklärte.[160] Wischnewski kokettierte vor der Presse mit einem Werbe-Utensil des Carter-Teams, einem dunkelblauen Schlips, der mit weißen Eseln bedruckt war, dem Wappentier der Demokratischen Partei – als ob der stellvertretende SPD-Vorsitzende für den amtierenden Präsidenten werben wollte.

Hauptgrund für das Harmoniestreben war der nun in voller Schärfe einsetzende Wahlkampf diesseits und jenseits des Atlantiks, wie Bahr in seinem Bericht über die USA-Reise festhielt: »Es ist die seltsame Situation eingetreten, daß wir ihm [Carter, K.W.] in seinem Wahlkampf mehr schaden können als er uns. So wird es jedenfalls in Washington gesehen. Aber es liegt auch in unserem Interesse, daß es keine Anlässe gibt, sich über spitze oder kritische Bemerkungen gegenseitig öffentlich zu verbreiten. Ungetrübte Atmosphäre ist für beide Administrationen wichtig und sollte erreichbar sein, zumal es von heute her gesehen unwahrscheinlich ist, daß es außenpolitische Aktionen der Amerikaner gibt, die zur Kritik veranlassen würden.«[161] Erst nach der Wahl in den USA, das war absehbar, würden die anlaufenden amerikanisch-sowjetischen Gespräche über den Mittelstreckenbereich in das Stadium ernsthafter Verhandlungen treten.

Auf deutscher Seite kam eine weitere Überlegung hinzu, die Zurückhaltung nahelegte. Die Koalition registrierte mit wachsender Sorge, daß Ronald Reagan gute Chancen besaß, die Wahl zu gewinnen.[162] Dieser hatte jedoch angekündigt, der Aufrüstung der USA Vorrang vor Verhandlungen mit den Sowjets einzuräumen. Bahr notierte nach seinem USA-Besuch über das Programm der Republikaner: »Die außenpolitische Plattform ist schrecklich.«[163] Er schlug vor, Carter im Wahlkampf zu unterstützen, was allerdings ohne Echo blieb. Offenbar war die Zerrüttung im bilateralen Verhältnis zu weit fortgeschritten. Der Unterschied zwischen Carter und Reagan, erklärte der hessische Ministerpräsident Holger Börner (SPD), sei der gleiche wie zwischen »Pest und Cholera«.[164]

Und Schmidt scheint einen Regierungswechsel in Washington insgeheim sogar befürwortet zu haben. Diesen Eindruck vermittelte er zumindest manchem Mitarbeiter. Er hatte den Kontakt zu führenden Republikanern wie Kissinger, Ford oder Shultz nicht abreißen lassen. 1979 hatte er auf Einladung von Shultz einige Tage im Sommerlager des Bohemian Grove verbracht, eines konservativen Herrenclubs in San Francisco. Reagan, sein späterer Vizepräsident George H. W. Bush und der angehende Außenminister und ehemalige NATO-Oberbefehlshaber Alexander Haig nahmen daran ebenfalls teil.[165] Mit Shultz stand der Kanzler zudem während des Wahlkampfes in Verbindung.[166] Schmidt hoffte darauf, daß Kissinger ins State Department und Ford auf die Position des Vizepräsidenten zurückkehren würden. Für Carter wollte er deshalb nicht werben.

Das letzte Treffen

Carter verlor die Wahl vom 4. November 1980. Danach begegneten er und Schmidt sich in ihren Ämtern nur noch einmal. Das war am 20. November in Washington. Die »Society for the Family of Man«, eine überkonfessionelle Gesellschaft, wollte den Kanzler mit einer Goldmedaille für außerordentliche Leistungen auf humanitärem Gebiet ehren. Das Ansehen dieser Auszeichnung, die seit Kennedy alle amerikanischen Präsidenten erhalten hatten, legte es nahe, sie anzunehmen. Schmidt bot die Ehrung zudem eine günstige Gelegenheit, unmittelbar nach der Präsidentschaftswahl in die USA zu reisen und mit Reagan zu sprechen. Genscher und Apel begleiteten ihn.

Der kurze Besuch bei Carter – ein Vier-Augen-Gespräch und ein gemeinsames Mittagessen mit den Delegationen – war ein Akt der Höflichkeit, politisch bedeutsam war er nicht mehr. Es war bezeichnend, daß nicht einmal ein versöhnlicher Ausklang gelang. Die Deutschen schüttelten den Kopf darüber, daß Carter den Kanzler bat, sich im Kongreß für ein Entwicklungshilfeprogramm einzusetzen, und überhaupt Entwicklungspolitik zu einem der Hauptthemen des letzten Gesprächs machte. »Um Carter herum«, wurde Schmidt hinterher zitiert, »war die Georgia-Mafia, lauter Knaben, die vom politischen Tun keine Ahnung haben.«[167]

Carter war seinerseits froh, als der Besuch abreiste. Nachdem er Schmidt verabschiedet hatte, wandte er sich zu Außenminister Muskie und sagte: »Manchmal kann Helmut Schmidt eine Nervensäge (›pain in the ass‹) sein.« Muskie erwiderte: »Da haben Sie wirklich recht, Mr. President.«[168]

Eigentlich war danach nicht mehr zu erwarten, daß es in den verbleibenden zwei Monaten bis zu Reagans Amtsantritt noch zu Belastungen des deutsch-amerikanischen Verhältnisses kommen würde. Doch im Dezember 1980 spitzte sich die politische und wirtschaftliche Krise in Polen zu, und es kam zu einem letzten Zusammenstoß.

Die Krise in Polen

Dabei war die Politik gegenüber Warschau eines der wenigen ostpolitischen Felder, auf denen Bonn und Washington durchweg harmoniert hatten. Beide Regierungen waren um gute Beziehungen zum Regime unter KP-Chef Edward Gierek bemüht, wenn auch aus unterschiedlichen Gründen.

Schmidt und Genscher sahen im Ausgleich mit Polen eine Ergänzung zur deutsch-französischen Aussöhnung.[169] Vor allem der Kanzler, der 1939 als Soldat am Polenfeldzug teilgenommen hatte, betonte immer wieder die historisch-moralische Dimension des Verhältnisses zu Warschau. Er hatte sich seit seinem Regierungsantritt besonders bemüht, festgefahrene Verhandlungen voranzubringen und Probleme wie die Rentenforderungen polnischer Staatsbürger zu lösen.

Schmidt faßte dabei Vertrauen zu Gierek. Dessen vergleichsweise moderate Linie gegenüber der innerpolnischen Opposition, die sich von Honeckers Vorgehen unterschied, und insbesondere seine relativ großzügige Auswanderungspolitik gegenüber der deutschen Minderheit in Polen sicherten ihm Sympathien in Bonn. Zudem nahm Schmidt an, über Gierek mäßigenden Einfluß auf die Sowjets ausüben zu können.

Auch für Carter nahm Polen eine Sonderstellung in Osteuropa ein. Er besuchte das Land schon im ersten Amtsjahr und versprach großzügige Wirtschaftshilfen, die er aufstockte, als sich 1979 die Situation der polnischen Wirtschaft drastisch verschlechterte.[170] Der Präsident hatte auf Betreiben Brzezinskis zwei Kriterien festgelegt, von denen er seine Osteuropapolitik abhängig machte: relative Liberalität nach innen und einen Kurs relativer Unabhängigkeit gegenüber der Sowjetunion. Warschau erfüllte beide, und Carter wollte dies unterstützen.

Mit dem Entstehen der Streikbewegung im Sommer 1980 änderte sich das Bild zunächst nicht. Seit Juli hatten polnische Arbeiter erst in Warschau und Sanok, dann auch auf den Werften der Ostseeküste die Arbeit niedergelegt und damit die Zulassung der unabhängigen Gewerkschaft Solidarność erreicht.[171]

In Bonn wie in Washington verfolgten viele die Streiks zunächst mit Anteilnahme. Sowohl öffentlich[172] wie intern[173] und auch gegenüber Vertretern des Ostblocks ließ die Bundesregierung daran keinen Zweifel.[174] Er könne als echter Sozialdemokrat seine Sympathien für streikende Arbeiter nicht verbergen, erklärte etwa Wischnewski gegenüber einem hochrangigen DDR-Besucher.[175] Daß die polnische Führung den Streik nicht sofort niederknüppeln oder -schießen ließ, werteten viele Sozialdemokraten als Erfolg der Entspannungspolitik, wie Berlins Regierender Bürgermeister Stobbe es formulierte: »Der sogenannte reale Sozialismus erweist sich als wandlungsfähig.«[176]

Allerdings hatte die Bundesregierung bei einem blutigen

Ende der Streikbewegung mehr zu verlieren als Carter. Daß im August ein geplanter deutsch-deutscher Gipfel aufgrund der Lage in Polen nicht zustande kam, gab einen Vorgeschmack auf das, was zu erwarten war, wenn der Kreml die Sowjetarmee gegen die Arbeiter einsetzte: Dann war endgültig Schluß mit der Entspannungspolitik in Europa.

Im praktischen Vorgehen spielte der Interessenunterschied zunächst keine Rolle. Bonn wie Washington wollten unbedingt ein Eingreifen der Sowjetunion verhindern, und beide glaubten, daß dies am ehesten durch Zurückhaltung zu erreichen sei. Am 22. August wies Carter öffentlich ausdrücklich darauf hin, daß die US-Regierung sich bemühe, nicht destabilisierend zu wirken.[177] Außenminister Muskie rief mit Rückendeckung des Präsidenten den sowjetischen Botschafter in Washington an und distanzierte sich von Finanzhilfen der amerikanischen Gewerkschaften an Solidarność.«[178]

Auch Genscher und Schmidt waren vorsichtig in ihren Äußerungen.[179] Bonn wollte keinen Vorwand liefern. Wischnewski erklärte gegenüber einem Emissär Honeckers, er habe verhindert, daß in der SPD Geld für die Streikenden gesammelt werde. Der Kanzler versicherte dem polnischen Botschafter am 28. August: »Wir wollen uns nicht einmischen.«[180] Gierek ließ er mitteilen, daß er seinen Einfluß dafür einsetzen werde, »Polen und der polnischen Führung hilfreich« zu sein.[181] Er machte aber auch deutlich, daß es »business as usual« nach einem Einmarsch nicht geben könne.

Als die Bonner Regierung sich im Sommer 1980 bei deutschen Geschäftsbanken um einen Milliardenkredit für Polen bemühte (was schließlich in einer Bundesbürgschaft über 400 Millionen Mark resultierte), fand dies die ausdrückliche Zustimmung des Weißen Hauses.[182] Von der Sichtweise der US-Regierung erfuhr Wischnewski am 29. Juli bei seinem Besuch in Washington: »Brzezinski meinte, jede Alternative zu Gierek sei eine politische Verschlechterung. Es sei im Interesse des Westens, Gierek zu unterstützen.«[183]

Am Willen, die Lage in Polen zu stabilisieren, änderte sich auch nichts, als Gierek Anfang September durch Stanislaw Kania ersetzt wurde. Am 5. September verkündete das US-Außenministerium, daß die Vereinigten Staaten 1981 einen

Kredit an Polen über 675 Millionen Dollar für den Kauf landwirtschaftlicher Produkte zur Verfügung stellen würden.[184] Schmidt und Carter glaubten, Moskau werde nur dann militärisch eingreifen, wenn sich kein anderer Weg finden ließ, die Kontrolle über Polen zu behalten. Westliche Finanzspritzen sollten deshalb die Situation entspannen.[185] Ende Oktober begannen in der US-Regierung Beratungen über ein neues Hilfsprogramm für Polen, an dem sich – unter amerikanischer Führung – auch die Europäer beteiligen sollten.[186] In Bonn gab es ähnliche Überlegungen, nachdem die polnische Regierung um weitere Unterstützung gebeten hatte.

Doch dann erweiterte das Weiße Haus seine Strategie. Eine militärische Intervention Moskaus schien zunehmend wahrscheinlicher, und Brzezinski konnte sich nun mit seiner Auffassung durchsetzen, das Politbüro der KPdSU mache seine Entscheidung nicht nur im Sinne eines positiven »linkage« von der Reaktion des Westens abhängig, sondern könne auch von einem bewaffneten Eingreifen abgeschreckt werden. In seinem Tagebuch notierte er am 4. Oktober: »Ich berichtete über die Lage in Polen, warnte vor zunehmenden politischen und wirtschaftlichen Schwierigkeiten und erklärte eine sowjetische Intervention für nicht ausgeschlossen. Tatsächlich halte ich sie, sofern wir keine energischen Abschreckungsmaßnahmen ergreifen, sogar für gut möglich.«[187]

Die Westeuropäer nahmen aus Sicht Brzezinskis eine Schlüsselstellung ein.[188] Auf sein Drängen hin richtete Carter Anfang Oktober deshalb an Schmidt wie Giscard die Bitte, Breschnew vor einem Eingreifen in Polen zu warnen.[189] Schmidt hatte dies über den geheimen Kanal in allgemeiner Form bereits von sich aus getan.[190]

In der dritten Oktoberwoche berieten das Weiße Haus und das State Department eine Liste mit Sanktionen für den Fall einer Intervention.[191] Die Sowjets sollten vorher den Preis kennen, den sie zu zahlen hätten. Vor der Niederschlagung des Prager Frühlings 1968 hatte die US-Regierung auf einen solchen Schritt verzichtet; Brzezinski wollte verhindern, daß sich dies ausgerechnet bei seinem Geburtsland wiederholte. Nach Vorstellung der Amerikaner sollten sich die Verbündeten – im Gegensatz zur Uneinigkeit des Westens nach der Afghanistan-Invasion – dieses Mal vorab möglichst detailliert festlegen: »Je konkreter unsere Antwort auf den sowjetischen Einmarsch in Polen ausfällt, desto besser.«[192]

Genau dazu war die Bundesregierung aber nicht bereit. Schmidt lehnte eine solche Krisenplanung ausdrücklich ab.[193] Sie widersprach der bis dahin gültigen Maxime, Moskau keinen Vorwand für ein Eingreifen zu liefern.[194] Und während Carter die Reste der Entspannungspolitik aufs Spiel setzen wollte, um die Sowjets von einer militärischen Aktion abzuhalten, wollte Bonn sich so lange wie möglich alle Optionen offenhalten. Verärgert notierte Brzezinski am 29. Oktober: »Die Deutschen haben uns gesagt, ... daß die Entspannung einer solchen Intervention nicht zum Opfer fallen dürfe; anders ausgedrückt: Die Deutschen beabsichtigen, im Falle einer sowjetischen Intervention ihre Ost-West-Beziehungen weiterzuführen. Das war der bisher beste Beweis für die zunehmende Finnlandisierung der Deutschen.«[195]

Mit jedem Schritt der Sowjetunion, der ein Eingreifen in die polnische Krise näherrücken ließ, vergrößerte sich der Gegensatz zwischen Bonn und Washington. Am 5. Dezember versammelten sich die Führungen der Warschauer-Pakt-Staaten in Moskau, um über Polens Schicksal zu entscheiden. Gleich mehrfach trafen im Weißen Haus Informationen ein, denen zufolge innerhalb der nächsten Tage unter dem Vorwand eines Manövers Truppen in Marsch gesetzt würden.[196]

Am 6. Dezember einigten sich deshalb die zuständigen amerikanischen Ministerien darauf, die Verbündeten erneut zu drängen, sich auf Sanktionen festzulegen.[197] Der US-Plan sah vor, alle Ost-West-Verhandlungen abzubrechen, auch im Rüstungskontrollbereich, die Botschafter aus Moskau abzuberufen, sämtliche Handels- und Kreditvereinbarungen mit der Sowjetunion zu kündigen, alle deutsch-deutschen Wirtschaftsvereinbarungen, mit denen die DDR von der EG profitierte, auszusetzen, und jeglichen Kulturaustausch zu beenden.[198] Darüber hinaus forderte Carter am 7. Dezember von Schmidt wie von allen Teilnehmern der Weltwirtschaftsgipfel, daß sie Breschnew nochmals warnten.

Zu diesem Zeitpunkt hatte die sowjetische Führung allerdings bereits Abstand von einer Intervention genommen.[199] Im Kanzleramt wurde am 8. Dezember Entwarnung gegeben. Schmidt, der bereits von sich aus einen erneuten Brief an Breschnew vorformuliert hatte, sah denn auch keinen Anlaß, aufgrund Carters Schreiben seinen Entwurf zu verschärfen, in dem er »eine grundlegende Veränderung der Ost-West-Beziehungen« für den Fall einer Invasion angedroht hatte.[200]

Und auch die Sanktionsliste lehnte die Bundesregierung brüsk ab, wie Apel notierte: »Die NATO will sich auf eine etwaige russische Intervention in Polen vorbereiten. Die USA möchten am liebsten mit Drohgebärden antworten und Truppen in Stellung bringen. Wieder muß ich gegenhalten, damit das Bündnis nicht den Sowjets einen Vorwand zur militärischen Intervention liefert.«[201] Bei der NATO-Herbsttagung am 12. und 13. Dezember in Brüssel konnte die Carter-Regierung die Europäer lediglich zu der Zusage bewegen, daß im Falle eines sowjetischen Militärschlages ein NATO-Sondergipfel über Sanktionen entscheiden solle.[202] Dazu kam es bekanntlich nicht mehr; die sowjetische Intervention unterblieb.

Die Auseinandersetzung über Polen blieb somit eine Episode, aber sie sorgte für den passenden Schlußakkord. Als Deutsche und Amerikaner in Brüssel schließlich auseinandergingen, waren die meisten von ihnen froh, daß man sich zum letzten Mal gesehen hatte. »Es wird Zeit, daß diese US-Administration verschwindet. Sie handelt chaotisch und dumm«, notierte Hans Apel.[203] Gut fünf Wochen später, am 20. Januar 1981, endete die Präsidentschaft Jimmy Carters.

Schlussbetrachtung

Am Anfang dieser Untersuchung stand die Frage, warum die deutsch-amerikanischen Beziehungen während der Präsidentschaft Jimmy Carters einen Tiefpunkt erreichten, der in der Geschichte des Kalten Krieges einzigartig war, obwohl weder Bonn noch Washington solches beabsichtigt hatten. Die Antwort darauf erschöpft sich nicht in einer zentralen Ursache. Und sie läßt sich auch nicht nur mit Blick auf die Jahre zwischen 1977 und 1980 geben, sondern muß mit dem Ende des goldenen Zeitalters beginnen. Das Verhältnis der Bundesrepublik und der USA zueinander und ihre Stellung in der Welt hatten sich schon vor Carters Wahl 1976 verändert, und die Geschichte des Konflikts zwischen ihm und Schmidt ist Folge wie Ausdruck dieses Wandels.

Überraschend kam der Wandel nicht. Die westdeutsch-amerikanischen Beziehungen waren 1949 in einer historischen Ausnahmesituation etabliert worden: auf der einen Seite die Welt- und Besatzungsmacht, auf der anderen der als Provisorium angelegte, teilsouveräne Kunststaat, der von den USA in der Sicherheits-, Deutschland- und Außenwirtschaftspolitik fast vollständig abhängig war. Viele Westdeutsche sahen in den Vereinigten Staaten einen Garanten für Sicherheit und Wohlstand, und es war diese Rolle der Vormacht, die es ihnen ungemein erleichterte, die amerikanische Hegemonie zu akzeptieren.[1]

Dennoch empfanden sowohl Washington als auch Bonn von Beginn an die Anomalie der Lage, und beide strebten nach einer angemessenen Machtverteilung. Der Aufstieg der Bundesrepublik in den fünfziger und sechziger Jahren entsprach insofern der Zielsetzung diesseits wie jenseits des Atlantiks; der relative Machtverlust der USA war allerdings in der Form, in der er eintrat, nicht geplant.

Spätestens seit Ende der sechziger Jahre vermochten die Vereinigten Staaten nicht mehr in gleichem Maße Sicherheit und Wohlstand zu »exportieren« wie zuvor. Sie waren ökonomisch und militärisch und damit politisch verwundbar geworden. Daß die Sowjetunion zur nuklearen Supermacht avancierte, schränkte den Wert der amerikanischen Sicherheitsgarantie ein. Das Ende des wirtschaftlichen Nachkriegsbooms, der Vietnamkrieg und die erste Ölkrise setzten zugleich der ökonomischen Leistungsfähigkeit der USA Grenzen.

Seine prägende Kraft auf das politische Gefüge der Bundesrepublik hatte Washington auch deshalb verloren. Schon vor Carters Amtsantritt sprach niemand mehr vom deutschen Musteralliierten. Aus Trizonesien, wie Kabarettisten die Bundesrepublik zunächst bezeichnet hatten, war eine wirtschaftlich potente und politisch stabile Mittelmacht geworden, die zunehmend auf andere Weise – vor allem durch die europäische Integration und die Ostpolitik – ersetzte, was Washington ihr nicht mehr zu bieten vermochte.

Daß diese Konstellation Konflikte hervorrufen würde, lag nahe, zum einen weil beide Seiten sich an die jeweils neue Rolle gewöhnen mußten, zum anderen weil die Erwartungen gegenläufig waren. Die Entwicklung der Bundesrepublik zur Mittelmacht ließ auf amerikanischer Seite die Ansprüche an Bonn schneller steigen als die Bereitschaft, der Bundesregierung gemäß ihrem Bedeutungszuwachs ein größeres Mitspracherecht zu gewähren. Die Deutschen hingegen sahen vor allem den neuen Handlungsspielraum und suchten Anforderungen der USA abzuwehren. Washington erwartete mehr Unterstützung, Bonn mehr Autonomie.

Doch nicht nur das Binnenverhältnis hatte sich bei Carters Regierungsantritt verändert, auch die Rahmenbedingungen waren andere geworden. Während des goldenen Zeitalters der deutsch-amerikanischen Beziehungen hatten der Kalte Krieg und der europäische Wiederaufbau im Zentrum gestanden. Die Entspannungspolitik und der »tief greifende Systemschock«[2] aus Stagflation, Ölpreiserhöhung und dem

Zusammenbruch der internationalen Währungsordnung von Bretton Woods bildeten insoweit eine Zäsur. Der Konflikt zwischen Schmidt und Carter war nicht deren zwangsläufiges Resultat, wie sich während der kurzen Präsidentschaft Fords zeigte, als das deutsch-amerikanische Verhältnis geradezu aufblühte. Aber er war auch kein Zufall. Denn die neuen Rahmenbedingungen stellten die Zusammenarbeit und die handelnden Personen vor bislang unbekannte Herausforderungen.

Es war das Ende der preiswerten und sicheren Ölversorgung, welches die Energiepolitik in den Vordergrund rückte und der Revolution im Iran erst ihre Bedeutung für das transatlantische Verhältnis gab. Die Wirtschaftskrise war Ursache der Auseinandersetzungen über die Lokomotivtheorie. Der Schritt zu nuklearstrategischer Parität, den die Sowjetunion vollzog, und die SALT-II-Verhandlungen standen wiederum am Beginn der Differenzen über die taktischen Nuklearwaffen, also die Neutronenwaffe, die Marschflugkörper und die SS-20-Raketen. Und ohne die Entspannungspolitik ist weder der Streit über Carters Einsatz für Bürgerrechtler im Ostblock noch der Dissens über die angemessene Antwort auf die sowjetische Afghanistan-Invasion zu erklären.

Das Ende des goldenen Zeitalters ließ innenpolitische, wirtschaftliche, institutionelle oder historisch gewachsene Unterschiede zwischen der Bundesrepublik und den USA in den Vordergrund treten, die zuvor irrelevant oder von untergeordneter Bedeutung gewesen waren. Daß die Westdeutschen etwa außenwirtschaftlich abhängiger waren als die Amerikaner, hatte zur Folge, daß Bonn beim Brasiliengeschäft Exportinteressen höher gewichtete als Proliferationsgefahren. Es erklärt, warum die USA den Kursverfall des Dollars erst veranlaßten und dann lange billigend in Kauf nahmen, während Schmidt auf eine Stabilisierung drängte. Und es liefert auch eine Teilantwort auf die Frage, warum beide Seiten auf die Geiselnahme in Teheran unterschiedlich reagierten.

Eine zweite Abweichung betraf die Inflationsfurcht der Deutschen, die von den Amerikanern nicht geteilt wurde. Sie hatte in der Bundesrepublik eine Allianz aus Bundesbank, öffentlicher Meinung, Opposition und Teilen der Koalition entstehen lassen, die einer Ankurbelung der Nachfrage, wie Carter sie forderte, Grenzen setzte. Während in den USA die Präsidenten Nixon, Ford, Carter und dann Reagan teilweise einander diametral entgegengesetzte wirtschaftspolitische Strategien verfolgten, bewegte sich die deutsche Wirtschaftspolitik auch unter sozialdemokratischer Führung stets in einem vergleichsweise engen Korridor aus angebots- und nachfrageorientierten Elementen.

Die Struktur der Energieversorgung in den USA und der Bundesrepublik bildete den dritten großen Unterschied. Die vergleichsweise hohen Öleinfuhren in die Vereinigten Staaten aufgrund der Preisregulierung und das daraus resultierende Handelsbilanzdefizit standen am Beginn der Auseinandersetzungen über die Lokomotivtheorie und die Dollarschwäche 1977/78. Der Gegensatz zwischen der marktwirtschaftlichen Ausrichtung Bonns und dem interventionistischen Herangehen Washingtons in der Ölpolitik führte dann während der zweiten Ölkrise 1979 erneut zum Konflikt.

Das Aufbrechen der internationalen Nachkriegsordnung schwächte die Bindekraft der transatlantischen Allianz. Daß die deutsche Ostpolitik und die amerikanische Détente unterschiedliche Ziele verfolgten, erwies sich dabei als besonders schwere Hypothek für das bilaterale Verhältnis. Die Brandtsche Ostpolitik war vor allem mit Blick auf den »Sonderkonflikt« (Richard Löwenthal) zwischen Bonn und Osteuropa entworfen worden; das Ergebnis fand bei der Koalition und in der Öffentlichkeit einen solchen Zuspruch, daß ein spezifisches Interesse am Bewahren des Erreichten entstand. Die USA hingegen hatten auf Détente gesetzt, um die Dynamik der sowjetischen Machtentfaltung global einzudämmen, und viele Amerikaner fanden das Resultat unbefriedigend.

Der Kreml versuchte, sich diesen Interessenunterschied zunutze zu machen, zeitweise mit Erfolg. Sowohl im Frühsommer 1977 als auch Anfang 1980 verstärkte der Strom warnender Mitteilungen aus Moskau, denen zufolge Carter die Entspannung in Frage stellte, das Mißtrauen in Bonn gegenüber der US-Administration. Daß die Bundesregierung im Sommer 1977 im Gegensatz zu Washington ihre bis dahin zustimmende Haltung zur Neutronenwaffe korrigierte, anders als die USA nach der Afghanistan-Invasion auf Sanktionen verzichtete und zum Verdruß Carters versuchte, dem NATO-Doppelbeschluß ein möglichst weiches Profil zu geben, war auch Folge dieser Interessendivergenz.

Die Umschichtung der transatlantischen Nachkriegsordnung

Der Wandel erschöpfte sich jedoch nicht in einem Neuarrangement der internationalen Bühne. Dazu zählte gleichfalls die innenpolitische »Umschichtung der transatlantischen Nachkriegsordnung« (Hanrieder) in den USA: »Der Krieg in Vietnam, die finanzielle Überbelastung der ausgedehnten Sozialprogramme der Regierung Johnson und demographische und wirtschaftliche Verschiebungen, die den politischen Schwerpunkt Amerikas vom Atlantik in den Südwesten und Westen verlagerten, führten zu einem tiefen Bruch in der innenpolitischen Basis der amerikanischen Außenpolitik. Die resultierende Umgruppierung der traditionellen amerikanischen Wählerkonstellationen ... bewirkte die Reorientierung lange bestehender Parteiloyalitäten und führte zu Präsidentschaften, deren Gesetzesvorschläge im Kongreß weder auf zwischen- noch innerparteiliche Zustimmung rechnen konnten.«[3]

Carter profitierte von dieser Entwicklung – ohne das Abschwächen der »Imperialen Präsidentschaft«, das Zerbrechen des außenpolitischen Konsenses und die Neuformierung des politischen Establishments wäre er kaum gewählt worden. Zugleich schränkten die neuen Umstände seine Möglichkeiten ein, wie sich insbesondere in der Energie- und der Entspannungspolitik zeigte. Während die Bonner Koalition auf ein SALT-II-Abkommen zeitweilig um beinahe jeden Preis drängte, war es für den Präsidenten schwierig, überhaupt eine Vereinbarung zu erreichen, die Aussicht hatte, im Senat die notwendige Zwei-Drittel-Mehrheit zu erhalten. Der Neuansatz 1977 und die lange Dauer der Verhandlungen – beides von den Deutschen kritisiert – hatten hier ihre Ursachen.

Auch in der Energiepolitik litt die allianzpolitische Stellung der USA unter der »Umschichtung«. Schon Ford war mit einer Deregulierung des Energiemarktes am Kongreß gescheitert, und Carter brauchte über zwei Jahre, ehe er sich schließlich durchsetzen konnte; der anhaltend hohe Energiekonsum der Amerikaner und seine Folgewirkungen blieben währenddessen eine Quelle ständiger Auseinandersetzungen mit Bonn.

Die Spaltung des außenpolitischen Establishments der USA durch den Vietnamkrieg brachte in der Demokratischen Partei zwei Strömungen hervor: jene, die eine Verschärfung der Eindämmungspolitik forderten, und die sogenannten Globalisten, welche auf eine Zusammenarbeit mit Moskau zur Lösung weltumfassender Probleme setzten. Carter hatte im Wahlkampf versucht, beide Richtungen für sich zu gewinnen, und beide waren auch in seiner Regierung vertreten. Für die deutsch-amerikanischen Beziehungen erwies sich die eine wie die andere als Problem.

Die Globalisten wie Tuchman oder Gelb verlangten, daß Bonn sich sogenannten globalen Interessen wie der Nichtverbreitung von Nuklearwaffen oder der Abrüstung unterordnete. Die Auseinandersetzung um das Brasiliengeschäft gibt davon Zeugnis, und auch im Streit um die Marschflugkörper benutzte die amerikanische Seite entsprechende Argumente. Daß ab 1978 der Ost-West-Konflikt in den Vordergrund der amerikanischen Außenpolitik rückte und diese zunehmend von konservativen Demokraten wie Brzezinski bestimmt wurde, entlastete das deutsch-amerikanische Verhältnis nicht dauerhaft. Denn nun drängte Washington in Bonn auf einen engen Schulterschluß gegenüber der Sowjetunion, was die Koalitionsregierung verweigerte.

Fremdheit und Nähe

Eine der inneramerikanischen Entwicklung vergleichbare »Umschichtung« blieb in der Bundesrepublik aus, aber auch hier hatte das Ende des goldenen Zeitalters eine Binnendimension. Die USA waren nach dem Vietnamkrieg nicht mehr der Orientierung gebende Leuchtstern am politischen

Firmament. Auf deutscher Seite blieb dabei manche Bitterkeit zurück, wie sie aus enttäuschter Liebe erwächst. Schmidt, der einst mit dem Gedanken gespielt hatte, in die USA auszuwandern, und der Kennedy romantisierend verehrt hatte, personifizierte diese Haltung.

Daß die Bundesrepublik in den siebziger Jahren die Weltwirtschaftskrise vergleichsweise unbeschädigt überstand, die USA sich hingegen mit deren Folgen und der militärischen Niederlage in Südostasien schwertaten, ließ nun ein tiefsitzendes kulturelles Überlegenheitsgefühl an die Oberfläche treten.[4] Es äußerte sich etwa im Hinweis von Bundesbankpräsident Emminger zur Dollarschwäche, daß in der Währungspolitik der Charakter eines Volkes deutlich werde, oder in dem Vorwurf Schmidts, »daß weder die öffentliche Meinung in den Vereinigten Staaten noch deren Führungsschicht ... bisher die unvermeidliche ökonomische Führungsrolle Amerikas verstanden« hätten.[5] Es artikulierte sich auf der politischen Linken, wenn Sozialdemokraten wie der junge Gerhard Schröder 1980 in Carter einen Provinzpolitiker zu sehen glaubten, und auf der politischen Rechten, wenn Christdemokraten wie Birrenbach meinten, nur Abkömmlinge des Ostküsten-Establishments besäßen die Fähigkeit zum Präsidentenamt.

Verstärkt wurde dieses Überlegenheitsgefühl durch eine Mischung aus Fremdheit und Nähe. Neustadt hat in »Alliance Politics« darauf verwiesen, daß die Lebensweisheit »a little knowledge is a dangerous thing« auch für die internationalen Beziehungen gelte.[6] Vertrautheit ruft leicht falsche Gewißheiten hervor, und genau das geschah, als Carter Präsident wurde. Die deutschen Politiker glaubten, die Vereinigten Staaten gut zu kennen. Doch was man kannte, war die Ostküstenelite der Nachkriegsjahrzehnte, die an Bedeutung unwiederbringlich verloren hatte. Die in Washington – sozusagen im Ancien régime – verbreiteten Vorurteile gegenüber Carter fielen daher in Bonn auf fruchtbaren Boden.

Vor allem die Sozialdemokraten verpaßten so eine Chance. Denn der neue Präsident stand ihnen mit seinem Drängen auf Abrüstung, seiner Sorge um nukleare Proliferation, seinem Bemühen, die amerikanische Energiepolitik zu reformieren, oder auch seinem Engagement in Menschenrechtsfragen und gegenüber der sogenannten Dritten Welt politisch deutlich näher als etwa Ford oder Nixon und deren gemeinsamer Vordenker Kissinger. Trotz aller unilateralen Anwandlungen war Carter im Prinzip Multilateralist aus Überzeugung und nicht aus politischer Schwäche wie Ford und Kissinger. Selbst als 1980 Carter vom republikanischen Kandidaten Reagan herausgefordert wurde, dessen Programm mit sozialdemokratischen Vorstellungen überhaupt nicht in Einklang zu bringen war, hielten SPD und FPD weiterhin Distanz zum Präsidenten. Bonner Sympathien für Carter hätten am Wahlergebnis zwar nichts geändert, aber daß sie ausblieben, ist ein bemerkenswertes Faktum.

Der Kanzler hat die aus Überlegenheitsgefühl gespeisten Ressentiments zwar nicht geschaffen, aber er bediente sie. Kein deutscher Politiker kritisierte die US-Regierung und Carter so scharf und zugleich herablassend wie Schmidt. Als der Amtsantritt Reagans vor der Tür stand, riet bezeichnenderweise der Bonner US-Botschafter Stoessel der neuen Regierung, dem Deutschen früh Grenzen aufzuzeigen: »... man sollte ihn (Schmidt, K.W.) nicht im Zweifel darüber lassen, daß seine Gewohnheit, an die Presse durchsickern zu lassen, wie kritisch er Personen und politische Entscheidungen in Washington sieht, schlicht unvereinbar ist mit der Art von Beziehungen, die er mit der neuen Regierung unterhalten möchte.«[7]

Ob Schmidts Neigung zur Nachrede mit seiner angeschlagenen Gesundheit zu tun hatte, wie die Carter-Regierung vermutete, oder ob es sich um einen Charakterzug handelt, der aus der Kindheit zu erklären ist, was der Kanzler-Biograph Hartmut Soell nahelegt,[8] wird nicht zu klären sein. Wenn man bedenkt, wie dünn das Eis war, auf dem sich die Koalition seit dem knappen Wahlergebnis von 1976 bewegte, kann auch nicht ausgeschlossen werden, daß Schmidt aus innenpolitischen Gründen das Image des Carter-Kritikers pflegte. Denn gesichert ist, daß es der Koalitionsregierung Ansehen einbrachte, gegenüber den USA deutsche Interessen selbstbewußt zu vertreten – in wirtschaftspolitischen Fragen beim konservativen Publikum, in der Ostpolitik bei den eigenen Parteien und ihren Anhängern. Die Mehrheit der Deutschen goutierte es, daß der Kanzler auf Distanz zu den Vereinigten Staaten ging.

Schmidt war insofern der erste deutsche Regierungschef, der die Erfahrung machte, daß sowohl Harmonie als auch Konflikte mit amerikanischen Präsidenten innenpolitisch von Vorteil sein konnten. Hatte er sich in der Zusammenarbeit mit Ford noch als die eigentliche Führungsfigur des Westens präsentieren können, so trat er gegenüber Carter als unnachgiebiger Verteidiger nationaler Anliegen auf. Ihren Höhepunkt fand diese Entwicklung im deutschen Wahlkampf 1980, den der Kanzler – mit Erfolg – in offener Abgrenzung zum US-Präsidenten führte. Erst im Vorfeld der Bundestagswahl von 2002 ergab sich eine ähnliche Konstellation in der Auseinandersetzung zwischen Gerhard Schröder und George W. Bush über den Irak-Krieg.

Indem der Kanzler sich klassischer Stereotype des deutschen Antiamerikanismus bediente, untergrub er freilich auch das Fundament, das ihn trug. Er konnte von seiner Partei kaum erwarten, daß sie einer Stationierung von amerikanischen Atomraketen in der Bundesrepublik zustimmte, wenn die USA angeblich von naiven, inkompetenten und sogar gefährlichen Männern regiert wurden. War es dann nicht sogar besser, sich ganz von den Vereinigten Staaten zu lösen? Wie sehr die Dauerkritik Schmidts (und anderer führender Sozialdemokraten, aber auch Liberaler und Christdemokraten) an Carter den Antiamerikanismus in Westdeutschland und insbesondere in der SPD förderte, läßt sich naturgemäß nicht exakt bestimmen. Aber die Tatsache, daß ein ausgewiesener Atlantiker und überaus populärer und angesehener Politiker wie Schmidt derart an der westlichen Führungsmacht zweifelte, wird manchem den Weg ins antiamerikanische Lager geebnet haben. Der Wandel gegenüber den Nachkriegsjahren war überaus deutlich.

Die nervöse Mittelmacht

Das Gefühl der Überlegenheit auf deutscher Seite wurde begleitet von einer eigentümlichen inneren Unruhe. Demoskopen aus Allensbach haben auf Basis der sogenannten internationalen Wertestudie die (West-) Deutschen Ende der achtziger Jahre als »verletzte Nation« bezeichnet und einen Zustand von Gereiztheit und Empfindlichkeit ausgemacht, den sie als »neurotische Disposition« qualifizierten.[9] Der Publizist Johannes Gross sprach 1979 gar von einem »übelgelaunten Land«.[10] Man muß diese Bewertungen nicht teilen, aber daß die Bundesrepublik in der zweiten Hälfte der siebziger Jahre ein gereiztes und empfindliches Gemeinwesen war, läßt sich nicht übersehen.

Auch in den deutsch-amerikanischen Beziehungen war das zu spüren. Ob es sich um die Bedeutung der SS-20-Raketen handelte oder um die Drohung der OPEC, aus dem Dollar als Anlagewährung zu flüchten, um das Ende der Uranvorräte oder den Kursverfall der US-Währung, um die Nachfolgefrage in der Sowjetunion oder die Konsequenzen der Doppelkrise im Mittleren Osten – stets ging der Kanzler vom Schlimmsten aus, und entsprechend besorgt verfolgte die Bundesregierung die Schritte Washingtons.

Der Carter-Regierung blieben der Pessimismus Schmidts und die von Bonn ausgehende Furcht vor Veränderungen fremd. Als Schmidt Anfang 1979 einmal mehr seine Sorgen hinsichtlich einer möglichen Eskalation des Ost-West-Konflikts ausgesprochen hatte, schrieb Präsidentenberater Headley Donovan an Carter, Schmidt habe über dem üblichen Niveau deutscher Ängstlichkeit (»German anxiety«) gelegen: »... der Kanzler braucht wieder einmal eine ordentliche Portion amerikanischer Zuwendung.«[11] Wie übertrieben die Befürchtungen in Bonn waren, ist im Rückblick deutlich zu erkennen. Der Höhepunkt des Alarmismus war erreicht, als Schmidt im Frühjahr 1980 vor einem Dritten Weltkrieg warnte.

Der Bonner Politikwissenschaftler Karl Dietrich Bracher hat den Beginn einer Tendenzwende in der Bundesrepublik auf 1977 datiert. Angst wurde »als spezifisch deutsche Gegenfigur des Fortschrittsgedankens ... Ausgangspunkt und Motor der dann so genannten ›Friedensbewegung‹«.[12] Die in Meinungsumfragen konstant belegte Furcht eines beträchtlichen Teils der Deutschen vor einer Katastrophe wurde offenbar durch das Zusammentreffen mehrerer Entwicklungen mobilisiert. Im Herbst 1976 sickerte die Erkenntnis ins Bewußtsein, daß das Wirtschaftswunder vorbei war. Im Frühjahr 1977 begann dann die große Kernenergiedebatte. Im Sommer 1977 setzte die internationale Diskussion über die Neutronenwaffe ein. Parallel dazu zogen dunkle Wolken über der amerikanisch-sowjetischen Entspannungspolitik auf, und immer neue Terroranschläge der Roten Armee Fraktion bis hin zur Entführung der »Landshut« und der Ermordung von Arbeitgeberpräsident Schleyer im Herbst 1977 verunsicherten die Menschen.

Dan Diner und andere haben darauf verwiesen, daß Antiamerikanismus meist in »Krisen und epochalen Brüchen« der deutschen Geschichte Oberhand gewinnt.[13] Dieser Zusammenhang wurde auch Ende der siebziger Jahre wieder wirksam. Die Angst- und Katastrophenstimmung beförderte die Tendenz, politische Gegensätze zwischen Ost und West dem Überleben unterzuordnen. Sie begünstigte die Neigung der Westdeutschen, am Status quo festzuhalten, und ließ Veränderungen – insbesondere wenn sie von Washington angestoßen wurden – als Bedrohung erscheinen. Und sie schuf schließlich ein politisches Klima, in dem man den Amerikanern, Vorbild von einst, (fast) alles zutraute, die Sowjetunion der bleiernen Breschnew-Ära hingegen für zuverlässig hielt.

Daß selbst jemand wie der CDU-Außenpolitiker Alois Mertes im Sommer 1979 den Kreml wegen dessen angeblicher Berechenbarkeit positiv von der US-Regierung abhob, ist ein Hinweis darauf, welche Vorbehalte gegenüber Carter bis weit ins bürgerliche Lager hinein gehegt wurden und wie groß der Wunsch nach gesicherten Verhältnissen war. Die Deutschen erhofften Kontinuität und Stabilität, und genau das verweigerte der US-Präsident ihnen. Er war gewählt worden, um zu verändern und nicht um Fords Politik weiterzuführen. Später, als der reformerische Impetus nachließ, traten innenpolitische Gründe in den Vordergrund, die aus Carters Sicht dafür sprachen, eine andere Politik zu betreiben, als Bonn sie wünschte. Am Ergebnis änderte dies nichts: Ob beim Brasiliengeschäft oder in der Konjunkturpolitik, während der zweiten Ölkrise oder nach dem sowjetischen Einmarsch in Afghanistan – stets verlangte Carter von den Westdeutschen Kurskorrekturen.

Dazu kam seine Bereitschaft, die eigene Haltung immer wieder zu korrigieren. Er begann mit neo-keynesianischen Konzepten und verabschiedete sich angesichts der steigenden Inflationsrate spätestens 1979 davon. Am Beginn seiner Präsidentschaft stand die Aussage, die amerikanische Außenpolitik konzentriere sich zu sehr auf die Sowjetunion, und er wolle dies ändern. 1980 reduzierte sich Carters Außenpolitik dann nahezu auf den Ost-West-Konflikt. 1977 zog er die Idee einer nuklearen Minimalabschreckung zumindest in Erwägung, drei Jahre später orientierten sich die verteidigungspolitischen Überlegungen seiner Regierung an Kriegführungsszenarien. Interne Abstimmungsprobleme, insbesondere bei der Neutronenwaffe, sowie die Blockadehaltung des Kongresses in der Energiepolitik riefen den Eindruck hervor, die amerikanische Politik sei führungsschwach oder gar kopflos, zumindest aber »wankelmütig«.[14]

Daß es für manchen Kurswechsel gute Gründe gab und die Bundesregierung von Carters Bereitschaft zur Korrektur in einigen Fragen auch profitierte, spielte in deutschen Augen eine untergeordnete Rolle. Von der US-Regierung ging Unsicherheit in unsicheren Zeiten aus. Die Deutschen hatten die Hegemonie der USA während der Nachkriegsjahrzehnte innerlich akzeptiert, weil die Vormacht Sicherheit garantierte und damit dem Bedürfnis nach Ruhe und Stabilität entsprach. Daß Carter auf Veränderung setzte, dürfte miterklären, warum Schmidts Abgrenzungspolitik so großen Rückhalt fand.

Dabei ist auf deutscher Seite aus dem Blickfeld geraten, daß auch die Bonner Außenpolitik keineswegs durchgehend der »berechenbare, stabilisierende Faktor« war, als den eine wohlwollende Geschichtsschreibung sie darstellt.[15] Die Lieferung sensitiver Nukleartechnologie an Brasilien oder den Iran und Argentinien – wie es vor Carters Amtsantritt erwogen wurde – läßt sich ebensowenig als Beitrag zur internationalen Stabilität bezeichnen wie die Bonner Haltung des »Rette sich, wer kann« während der zweiten Ölkrise, der deutsche Alarmismus oder die ständigen Positionswechsel in der Frage der taktischen Nuklearwaffen und bei SALT II. Daß die US-Regierung vor diesem Hintergrund die deutsche Kritik an der angeblichen amerikanischen Sprunghaftigkeit ihrerseits zunehmend kritisch betrachtete, kann nicht verwundern.

Deutsche Kleinmannssucht

In einem seiner Erinnerungsbücher begründet Schmidt den Ausbau der deutsch-französischen Beziehungen damit, daß er und Giscard »unsere Nationen nicht zu Klienten oder Schutzbefohlenen werden lassen (wollten), die von wechselvollen Stimmungen und Strömungen in den USA abhängig waren. Giscard wollte die Würde Frankreichs geschichtlich sichern, ich wollte beitragen zur Wiederherstellung der Würde meiner eigenen Nation.«[16]

Der Bezugsrahmen des Kanzlers bei der »Wiederherstellung der Würde« war offenkundig der Besatzungszustand. Alles, was auch nur den Anschein hatte, daß Washington von der Bundesregierung erwartete, sie müsse der amerikanischen Führung folgen – in Schmidts Worten »strammstehen, wenn sie nur pfeifen« –, rief empörte Ablehnung hervor,[17] selbst wenn es von der Sache her, wie etwa im Fall des Brasiliengeschäfts, gute Argumente gab. Hier liegt auch der Grund für die tiefe Verärgerung über den abrupten Kurswechsel der US-Regierung in der Frage der Neutronenwaffe, eine Entscheidung, die Schmidt in der Tat bloßstellte, zugleich jedoch der SPD höchstwahrscheinlich eine Zerreißprobe ersparte, zu der es nach einem absehbaren Scheitern von Rüstungskontrollverhandlungen wohl gekommen wäre.

In den fünfziger Jahren hatte der Groll über die Niederlage auf dem Schlachtfeld eine »anti-interventionistische Stimmung«[18] gegenüber den Amerikanern hervorgerufen. Man wollte in Ruhe gelassen werden. Dieser Wunsch war erneut (oder immer noch) in der zweiten Hälfte der siebziger Jahre zu erkennen. Das Ausmaß an nationaler Verletztheit, mit der die Deutschen etwa im ersten Halbjahr 1977 auf Forderungen Carters nach einer Änderung ihrer Politik reagierten, ging über das übliche Prestigedenken hinaus. Hinter dem gekränkten Hinweis, die Bundesrepublik sei nicht

Südkorea, verbarg sich nicht etwa ein Großmachtanspruch, sondern – neben inhaltlichen Einwänden – eine Art »Kleinmannssucht«[19]. Schmidt wollte – wie auf Guadeloupe – im Kreis der westlichen Großmächte vertreten sein. Er wollte maßgeblichen Einfluß auf die amerikanische Außenpolitik ausüben. Und zugleich fürchtete er die exponierte Rolle.

Beide Seiten näherten sich einander von unterschiedlichen Ausgangspunkten mit entgegengesetzten Erwartungen. Ein Grund dafür waren die jeweiligen historischen Traumata. Mit der Wahl Carters hatte der amerikanische Souverän auf den Vietnamkrieg und den Watergate-Skandal geantwortet; von den Verbündeten erwartete der Präsident Unterstützung für die angeschlagene Supermacht USA. Schmidts Außenpolitik hingegen ist ohne Hitlers langen Schatten kaum zu erklären. Mehrfach verwies der Kanzler darauf, das Erbe des Diktators schränke seinen Handlungsspielraum nicht nur in Form der deutschen Teilung, sondern auch als Erinnerung erheblich ein. Die Hypothek Auschwitz bezeichnete er einmal als »Achillesferse« der deutschen Außenpolitik.[20]

Ein markantes Beispiel für das Bestreben der Bundesregierung, sich nicht zu exponieren, ist die sogenannte Nicht-Singularitätsforderung, die das Kabinett sowohl in der Debatte um die Neutronenwaffe als auch beim Doppelbeschluß zur Conditio sine qua non erhob. Da Großbritannien aufgrund seines Status als Nuklearmacht der Bundesrepublik nicht vergleichbar schien, lief das Postulat darauf hinaus, daß Bonn seine Entscheidungen vom Votum Hollands oder Belgiens abhängig machte – und damit de facto die Verantwortung an die kleinen Länder weiterreichte. Dies war in der Geschichte der Allianz ein seltener, wenn nicht sogar einmaliger Vorgang, der um so merkwürdiger anmutete, als die Bundesregierung ursprünglich nicht davor zurückgescheut war, in der NATO ein deutliches Interesse an Marschflugkörpern zu bekunden.

Werner Link hat im Zusammenhang mit der Außenpolitik Schmidts von einem »neuen Nationalismus« gesprochen, »der im Unterschied zum klassischen Nationalismus nicht aggressiv nach außen gerichtet war, sondern innengerichtet und defensiv die nationale Kontrolle über die internationalen Interdependenzen und deren Folgen zurückzugewinnen trachtete«.[21]

Eine Außendimension hat dieser neue Nationalismus freilich dennoch. In der Vorstellung vom »Modell Deutschland« manifestierte sich der Anspruch, für die anderen europäischen Länder Vorbild zu sein, übrigens nicht nur in der Wirtschafts-, sondern auch in der Entspannungspolitik, die nach Bonner Selbstverständnis »im Namen Europas« (Timothy Garton Ash) betrieben wurde. Ein defensives Sendungsbewußtsein läßt sich nicht übersehen, offenkundig gespeist aus dem Wunsch, Deutschland gut 30 Jahre nach Kriegsende zu rehabilitieren, und aus dem Stolz, sich in den krisenbeladenen siebziger Jahren besser bewährt zu haben als viele andere europäische Staaten.

Dieses Sendungsbewußtsein war frei von hegemonialen Absichten und zielte darauf, die Stabilität der von Schmidt mißtrauisch betrachteten Bonner Republik aufrechtzuerhalten. Daß der Kanzler zur Charakterisierung des deutsch-sowjetischen Abkommens von 1978 semantische Anleihen bei Bismarcks Rückversicherungsvertrag machte, war insoweit kein Zufall, sondern Ausdruck seines politischen Programms. Ob in der Weltwirtschaftskrise oder in der Entspannungspolitik – stets war die Bundesregierung auf »Rückversicherung« gegen die Unwetter der Weltpolitik bedacht.

Dabei zeigte das Kabinett Schmidt/Genscher gegenüber Washington eine Härte wie keine Bundesregierung zuvor. Die Beantwortung der eingangs aufgeworfenen Frage nach dem machtpolitischen Gehalt der Bonner Außenpolitik fällt mit Blick auf die deutsch-amerikanischen Beziehungen insofern eindeutig aus. Unter Schmidt ging die Regierung in der Tat, wie der Kanzler im Mai 1980 ankündigte, an die Grenzen der Bündnisloyalität, und das nicht nur während der noch verbleibenden Monate, sondern auch schon zuvor.[22]

In der Entspannungs- und Sicherheitspolitik und während der Geiselnahme von Teheran bemühten sich die Deutschen um die Rückendeckung ihrer westeuropäischen Verbündeten, insbesondere Frankreichs und Großbritanniens, was meistens gelang. In wirtschafts- und energiepolitischen Fragen hingegen nahm die Bundesregierung sogar eine weitgehende

Isolation in Westeuropa in Kauf; der deutsche Multilateralismus zeigte hier sein realpolitisches Gesicht. Der Wunsch Bonns, sich nicht zu exponieren, hatte Grenzen.

Die Bilanz der amerikanischen Politik gegenüber Bonn war entsprechend mager. Barbara Heep hat bereits die Eigenständigkeit der Regierung Schmidt in der Sicherheitspolitik hervorgehoben.[23] Auf den weiteren Feldern der deutsch-amerikanischen Beziehungen sah es nicht anders aus. Von den vielen Forderungen, die Carter im Laufe der Jahre stellte, erfüllten die Deutschen nur wenige. In einigen Fällen konvergierten die Positionen, und die Gegensätze lösten sich auf.

Die Zugeständnisse im engeren Sinne – also Entscheidungen, die ohne amerikanischen Druck nicht erfolgt wären – beschränkten sich auf einen Verzicht der Bundesregierung, nach dem Brasiliengeschäft erneut sensitive Technologie an Schwellenländer zu liefern, sowie den Olympiaboykott und die in ihren Ausmaßen begrenzten Iran-Sanktionen. In allen drei Fällen fürchteten Schmidt und Genscher, bei einer Verweigerung nicht nur mit der US-Administration in Konflikt zu geraten, sondern die Unterstützung der amerikanischen Öffentlichkeit zu verlieren. Mit Blick auf die Abhängigkeit der Bundesrepublik von den USA wollte man dieses Risiko nicht eingehen.

Von einer »Machtvergessenheit« der Bonner Außenpolitik kann insoweit keine Rede sein. Sie blieb freilich von der Zielrichtung her defensiv. Der Bundesregierung ging es um ein Abschirmen des unverhofften Glücks, das die rheinische Nachkriegsrepublik den Westdeutschen gewährte.

»Foreign heads are mostly full of foreign things«[24]

Carter hat diese deutsche Befindlichkeit – die widersprüchliche Mischung aus Selbstbewußtsein, Vorbildanspruch, Empfindlichkeit und Kleinmannssucht – von Anfang an falsch eingeschätzt. Er erwartete von der Bundesregierung mehr, als sie zu leisten bereit war, und er überschätzte die Attraktivität des Modells Amerika für Westdeutschland. Weder Koalition noch Opposition sahen einen Grund dafür, sich den

Vorstellungen des neuen Präsidenten unterzuordnen, wo man doch endlich – so wurde es gesehen – in Europa wieder eine bedeutende Rolle spielte. Die Art und Weise, wie Carter in den ersten Monaten seine Absichten durchzusetzen suchte – ohne stilles Werben, mit öffentlichen Aufforderungen und sogar Drohungen wie im Fall des Brasiliengeschäfts –, erschwerte selbst dort einen Kompromiß, wo beide Seiten inhaltlich nicht allzuweit auseinanderlagen.

Es gibt mehrere Gründe dafür, warum Washington die Bundesregierung von Beginn an überforderte. Da ist zunächst die Unerfahrenheit Carters und seiner engsten Mitarbeiter zu nennen. Der Schwung, den er aus dem Wahlkampf mit ins Weiße Haus nahm, erwies sich auf vielen Feldern als kontraproduktiv, auch in den deutsch-amerikanischen Beziehungen. Der neue Staatschef wollte zu vieles zu schnell, ohne entsprechende Vorbereitung und ohne die Folgen zu bedenken.[25]

Dazu kam die apolitische Grundhaltung des Präsidenten, der davon ausging, daß sich im politischen Prozeß »das Richtige« durchsetzen werde. Dies sorgte mehrfach dafür, daß er seine Möglichkeiten gegenüber Bonn für größer hielt, als sie tatsächlich waren. Carter, ganz dem amerikanischen Missionsgedanken verhaftet, sah in den USA den Leuchtturm, an dem sich die Alliierten orientieren sollten, was mit dem Anspruch der Bundesregierung auf ein »Modell Deutschland« nicht zu vereinbaren war. Hier traf ein offensives amerikanisches auf ein defensives deutsches Sendungsbewußtsein.

Zudem mangelte es auf US-Seite an Kenntnis über die Bundesrepublik, was in Washington intern auch eingeräumt wurde.[26] Immer wieder schätzte die amerikanische Regierung die Situation falsch ein. Ein besonders erstaunliches Beispiel ist etwa die Annahme Brzezinskis, Schmidt werde im Wahlkampfjahr 1980 keine transatlantische Auseinandersetzung über die Ostpolitik riskieren.[27] Weder der Präsident noch seine führenden außenpolitischen Mitarbeiter waren Deutschland-Kenner oder wurden im Laufe der Jahre zu solchen.

Und wie der damalige Leiter der Bonner CIA-Station, George Carver, sich später erinnerte, war im politischen Apparat noch nicht durchgedrungen, wie sehr sich die Bundesrepublik in den Jahren vor Carters Amtsantritt verändert hatte: »Die Leute in Washington verstanden Deutschland nicht. Ihr Denken war im ersten Nachkriegsjahrzehnt steckengeblieben. Sie verstanden die Art von Nationalismus nicht, die damals (in den siebziger Jahren, K.W.) zutage trat.«[28] Bis zum Frühjahr 1978 operierte Carter entsprechend unter der Annahme, daß öffentlicher Druck die Bundesregierung zum Einlenken bewegen werde; statt dessen wurde Schmidts Handlungsspielraum dadurch eher noch kleiner.

Die Vermutung liegt nahe, daß der Präsident und wohl auch Brzezinski einem in den Medien verbreiteten, aber die Realität nicht treffenden Bild von Schmidt als dynamischer Führungsfigur anhingen. Denn was Carter vom deutschen Regierungschef in der Konjunktur-, Energie- und Entspannungspolitik verlangte, konnte dieser innenpolitisch entweder gegenüber dem Koalitionspartner FDP oder den Sozialdemokraten nicht durchsetzen. Es war bereits eine taktische Meisterleistung Schmidts, die Fliehkräfte des auseinanderstrebenden Bonner Bündnisses über die gesamte Legislaturperiode zu bändigen. Wäre er Carter gefolgt, hätte er das kaum geschafft. Die beiden waren insofern auch Kontrahenten aufgrund ihrer innenpolitischen Schwäche.

Die Überschätzung Schmidts hatte jedoch im deutsch-amerikanischen Verhältnis nicht nur Verwerfungen zur Folge. Sie bildete paradoxerweise zugleich die Voraussetzung für die Einigung sowohl auf dem Bonner Gipfel 1978 als auch im Rahmen des NATO-Doppelbeschlusses ein Jahr später. Die Annahme des Präsidenten, Schmidt sei in der Lage zu verhindern, was in der Bundesrepublik alle politischen Gruppierungen forderten – nämlich die Ankurbelung der Konjunktur –, gab dem Kanzler im Frühsommer 1978 erst die Möglichkeit, von den USA glaubhaft Zugeständnisse zu verlangen und infolgedessen während des Gipfels ein Verhandlungspaket zu schnüren.

Ähnlich war die Konstellation beim Doppelbeschluß. Carter fürchtete tatsächlich, daß der Kanzler gegen ein SALT-II-Abkommen Front machen und die Ratifizierung gefährden könnte, und lenkte in der Frage der Mittelstreckenwaffen ein. Dabei war ein solches Verhalten Schmidts so gut wie auszuschließen, denn damit hätte er gegen alle Grundsätze der Bonner Außenpolitik verstoßen und einen Konflikt mit *beiden* Supermächten hervorgerufen, von innenpolitischen Komplikationen einmal ganz abgesehen. Dennoch bleibt festzuhalten, daß der Mangel an Expertenwissen in Washington insgesamt eine Hypothek für das deutsch-amerikanische Verhältnis darstellte. Entgegen der verbreiteten Ansicht versagten in dieser Hinsicht nicht nur Brzezinski und der Nationale Sicherheitsrat. Auch das State Department trug – etwa beim Brasiliengeschäft oder in der Debatte um die Lokomotivtheorie – dazu bei, die Gegensätze unnötig zu verschärfen.

Zugleich fehlte es im Weißen Haus an Einfühlungsvermögen. Bezeichnend ist eine Beobachtung Brzezinskis vom April 1977, die er in seinen Erinnerungen wiedergibt. Demzufolge war der Präsident verwundert, daß sein Vorgehen in Bonn auf wenig Begeisterung stieß, nachdem die US-Regierung die Deutschen drei Monate lang fortwährend unter Druck gesetzt hatte: »Ich notierte in meinem Tagebuch, daß Carter, als ich Helmut Schmidts Widerstand gegen einige unserer Initiativen erwähnte, mit den Worten reagierte: ›Er ist mir gegenüber ziemlich unmöglich gewesen.‹ Alle außer mir pflichteten ihm bei. Ich schüttelte entschieden den Kopf. Er sah mich überrascht an und fragte: ›Warum?‹ Ich antwortete: ›Nun, ich würde sagen, in mancher Hinsicht haben auch Sie sich ziemlich unmöglich ihm gegenüber verhalten.‹ Offensichtlich waren alle, einschließlich Carters, einigermaßen perplex.«[29]

Der Präsident war sich anscheinend nicht darüber im klaren, was sein Handeln für die Bundesregierung bedeutete. Und dieses Muster läßt sich bis in sein letztes Regierungsjahr beobachten, als er etwa versuchte, die Deutschen zu Iran-Sanktionen zu »ängstigen«, was ihm zwar ansatzweise gelang, jedoch zugleich der Kriegsfurcht in der Bundesrepublik enorm Auftrieb gab und damit auch den Antiamerikanismus beflügelte.

Dieser Mangel an Einfühlungsvermögen verwundert, wenn man sich die diplomatischen Erfolge Carters – etwa im Nahen Osten oder bei den Verhandlungen über die Rückgabe des Panamakanals – vor Augen führt, als er mit großem

Geschick überaus schwierige Konflikte zu lösen vermochte. Wer dafür eine Erklärung sucht, wird am persönlichen Hintergrund Carters nicht vorbeikommen, worauf schon sein Biograph Peter Bourne verwiesen hat.[30]

Dem Außenseiter aus dem ländlichen, lange Zeit rückständigen Georgia blieben die urbanen Eliten Europas innerlich fremd, die ihm so herablassend gegenübertraten, seinen Glauben für religiöses Eiferertum hielten und den Versuchen, eine stabile Ordnung auch über den Kalten Krieg hinaus zu errichten, mit so vielen Bedenken begegneten. Außer zu Callaghan – und mit Abstrichen zu Giscard – baute Carter zu keinem der europäischen Staats- und Regierungschefs ein enges Verhältnis auf, und als Thatcher britische Premierministerin wurde, überließ er die Europapolitik zunehmend Brzezinski und Vance. Doch auch ihnen gelang es nicht, die Bilanz zu verbessern.

Vom Primat der Innenpolitik

Selbstüberschätzung, fehlendes Fingerspitzengefühl und überzogene Erwartungen waren allerdings nicht nur ein Problem der amerikanischen Deutschlandpolitik; sie lassen sich ebenfalls bei der deutschen USA-Politik beobachten. Paradoxerweise verschlechterten sich die deutsch-amerikanischen Beziehungen zwischen 1977 und 1980 auch deshalb so sehr, weil sie in den zwei Jahren zuvor so harmonisch gewesen waren. Von 1974 bis 1976 konnte der deutsche Kanzler einen beispiellosen Einfluß auf die Führung der westlichen Supermacht ausüben; dafür verantwortlich waren die Furcht vor einem Vordringen des Eurokommunismus in West- und Südeuropa, die innenpolitische Schwäche Fords sowie das Ansehen Schmidts in Washington und insbesondere beim Präsidenten selbst. Sogar in Fragen der Innenpolitik ließ sich Ford vom Rat seines deutschen Kollegen beeindrucken.

Daß die Bundesregierung dabei von einer außergewöhnlichen Konstellation profitierte, war damals in Bonn freilich vielen nicht bewußt. Man glaubte statt dessen, der Bedeutungszuwachs sei allein Folge des kontinuierlichen Aufstiegs der Bundesrepublik. Die Rolle des Mentors, die der Kanzler gegenüber Ford einnahm, entsprach insoweit dem neuen deutschen Selbstverständnis. Sie schuf allerdings Erwartungen, die Carter dann nicht zu erfüllen bereit war. Und sie beförderte die Neigung, das eigene Gewicht zu überschätzen.

Es begann damit, daß Schmidt sich 1976 in den amerikanischen Wahlkampf einmischte. Selbst wenn Beteiligte wie Carters angehender Vizepräsident Mondale der Stimme des Kanzlers großes Gewicht beimaßen – die Wahlen in den USA wurden nicht durch eine Stellungnahme Bonns entschieden. Es gab insofern für Schmidt wenig zu gewinnen, während er gleichzeitig eine nachhaltige Belastung seines Verhältnisses zu Carter riskierte, was dann ja auch eintrat.

Als ebenso unklug erwies sich der Versuch des Kanzlers, Brzezinskis Stellung zu schwächen. Der Sicherheitsberater war der wichtigste außenpolitische Mitarbeiter des Präsidenten und gewann ab 1978 noch an Einfluß. Schmidts Unterfangen hatte daher von Anfang an keine Aussichten auf Erfolg, sorgte aber für eine dauerhafte Trübung der Atmosphäre.

Daß Carter die gleiche Politik wie Ford betreiben werde, war eine weitere unrealistische Annahme Schmidts. Sie trug weder der innenpolitischen Situation Rechnung – schließlich war der Demokrat Carter *gegen* den Republikaner Ford gewählt worden –, noch berücksichtigte sie den historisch-kulturellen Hintergrund des neuen Mannes im Weißen Haus. Und schließlich erwartete die Bundesregierung vom Präsidenten, daß er sich in der Entspannungspolitik dem Trend der öffentlichen Meinung in den USA entgegenstellte. Dabei übersahen die Deutschen, daß eine Politik im Stile Kissingers in den Vereinigten Staaten nicht mehr durchsetzbar war. Nicht einmal die Republikaner kehrten nach Reagans Wahlsieg 1980 dorthin zurück.

Carters Neuansatz bei SALT und auch die Betonung der Menschenrechte resultierten nicht allein aus innenpolitischen Erwägungen. Aber sie waren auch ein Versuch, die Entspannungspolitik für die amerikanische Öffentlichkeit akzeptabel zu machen, nachdem Kissinger und Nixon die zukünftige Zusammenarbeit mit der Sowjetunion in viel zu leuchtenden Farben geschildert und damit eine unrealistische Erwartungshaltung geschaffen hatten. Zugespitzt formuliert: Nicht Carters, sondern Kissingers Ostpolitik war das Problem, weil sie sich innenpolitisch nicht durchhalten ließ. Carter bemühte sich um eine Korrektur dieser Entwicklung und handelte immerhin ein SALT-II-Abkommen aus, das substantiell deutlich über die Vereinbarung hinausging, die Kissinger und Ford m*i*t Breschnew in Wladiwostok erzielt hatten.[31]

Es ist nicht ohne Ironie, daß ausgerechnet Schmidt und Genscher, deren Außenpolitik sich stets eng an den Gegebenheiten im Innern orientierte, von Carter nach der Afghanistan-Invasion forderten, auf Sanktionen gegenüber der Sowjetunion zu verzichten, obwohl dies einem innenpolitischen Selbstmord gleichgekommen wäre. Dabei legt Carters großes persönliches Engagement für Rüstungskontrolle und Abrüstung nahe, daß er den Kernbereich der globalen Entspannung – also die Verhandlungsforen SALT, MBFR, KSZE – bewahren und nach einem Wahlsieg einen Neuanlauf versuchen wollte.

Bonn hatte insoweit allen Grund, Carter zu unterstützen. Statt dessen ließ Schmidt keinen Zweifel daran, wie wenig er von dem Präsidenten hielt, und trug auf diese Weise zum Eindruck von dessen Führungsschwäche bei. Im Sommer 1980 notierte ein Diplomat des State Department treffend: »Das Grundproblem … besteht darin, daß es uns nicht gelingt, uns in irgendeiner Frage mit unseren Verbündeten zu einigen. Wir scheinen unsere Führungsrolle verwirkt zu haben.«[32]

Carter vermochte der westdeutschen Außenpolitik nur wenige Zugeständnisse abzuringen. Der Bundesregierung erging es mit Blick auf Washingtons Kurs nicht anders. Ob es um die Konjunkturpolitik, die Irankrise oder die Reaktion auf die sowjetische Invasion in Afghanistan ging – die Stimme Bonns fand in den USA kein Gehör. Auch beim Brasiliengeschäft gelang es Schmidt lediglich, den Präsidenten zur Hinnahme des Blaupausenexports zu bewegen. Zwar verfolgte die US-Regierung ab April 1977 dann – wie von den Deutschen gefordert – einen multilateralen Ansatz, aber die Exportpolitik der Bundesrepublik machte sich Washington nicht zu eigen.

Die eingangs gestellte Frage nach einer Amerikanisierung der europäischen oder einer Europäisierung der amerikanischen Außenpolitik läßt sich insofern mit Blick auf die deutsch-amerikanischen Beziehungen zwischen 1977 und 1980 nur doppelt verneinen. Weder das eine noch das andere traf zu. Vielmehr machten beide Seiten einander zum Sündenbock, so etwa Washington, als man versuchte, mit der Lokomotivtheorie auch vom eigenen Versagen in der Energiepolitik abzulenken, oder auf deutscher Seite, als der Kanzler angesichts eines wachsenden Haushaltsdefizits die Verantwortung für den Bonner Gipfelbeschluß auf einmal den Amerikanern zuschob.[33]

Bonn gelang es nur dann, in kontroversen Fragen die eigenen Interessen zur Geltung zu bringen, wenn deutsche Forderungen sich mit den Imperativen der US-Innenpolitik deckten. So stabilisierte Carter den Dollarkurs 1978 wegen der innenpolitischen Kosten der Inflation, nicht aufgrund deutschen Drucks. Auch in der Frage der Mittelstreckenwaffen korrigierte er 1978 seine Haltung, weil er um die Ratifizierung eines SALT-II-Abkommens und um sein Ansehen nach dem Debakel um die Neutronenwaffe fürchtete. Immerhin konnte Schmidt die Einflußmöglichkeit nutzen, die sich für ihn aus der Konstellation ergab, um 1979 eine Modernisierung der Mittelstreckenwaffen enger mit einem Verhandlungsangebot zu verklammern, als es der US-Regierung vorschwebte.

Eine Ausnahme bildete Carters Abgehen von seinem unilateralen Ansatz in Fragen der nuklearen Energieversorgung Anfang 1977. Hier spielte allein die Sorge um den Zustand der Allianz eine Rolle, nachdem die Westeuropäer und Japan so heftig auf ihr Recht zur Plutoniumwirtschaft insistiert hatten. Insgesamt war die Bilanz also für beide Seiten enttäuschend, und die Bitterkeit, die über dem Verhältnis lag, wurde auch daraus gespeist.

Die deutsch-amerikanischen Beziehungen in den Nachkriegsjahrzehnten werden bis heute in der Publizistik und der politischen Rhetorik verklärt. Die Erinnerung an die Luftbrücke, den Marshallplan oder den Besuch Kennedys in Berlin hat dabei die singulären Voraussetzungen des goldenen Zeitalters aus dem Blickfeld geraten lassen – und so einen täuschenden Referenzmaßstab geschaffen. Denn der Kalte Krieg und der europäische Wiederaufbau mit ihren innen- und außenpolitischen Folgen erleichterten zusammen mit dem eindeutigen Machtgefälle die Kooperation zwischen Bonn und Washington enorm; doch die Situation entstammte einer historischen Ausnahmekonstellation.

In einer solchen Perspektive markiert der deutsch-amerikanische Konflikt zwischen den Regierungen Schmidt und Carter nicht etwa einen Betriebsunfall in einem ansonsten harmonisch verlaufenden bilateralen Verhältnis. Zwölf Jahre vor dem Mauerfall machte er vielmehr den Beginn eines Zeitabschnitts sichtbar, der bis in die Gegenwart andauert. Es ist daher auch kein Zufall, daß Versuche, die deutsch-amerikanischen Beziehungen von heute analytisch zu fassen, Merkmale hervorheben, die schon für die späten siebziger Jahre zu beobachten sind.[34]

Die Zäsur, welche die Wiedervereinigung und das Ende der Sowjetunion bilden, soll damit nicht unterschätzt werden; beides beschleunigte freilich nur einen Prozeß, der bereits zuvor eingesetzt hatte. Man kann ihn als wechselseitige Entfremdung charakterisieren. Mit der Ostpolitik Brandts und dem Ende der ökonomischen Boomphase hatte der Ost-West-Konflikt an Bindewirkung für das deutsch-amerikanische Verhältnis erheblich eingebüßt. Und damit wurde offenkundig, wie unterschiedlich die außenpolitischen Interessen, historischen Traditionen, sozio-ökonomischen und institutionellen Gegebenheiten der Bundesrepublik und der USA eigentlich waren und sind.

Um zu einem Ausgleich zu gelangen, mußte die Diplomatie auf beiden Seiten deutlich gestiegene Anforderungen erfüllen. Und dieser Situation war, wie sich zeigte, weder die Regierung Schmidt noch die Regierung Carter gewachsen. Politischen Schaden haben sie am Ende beide davongetragen.

Abkürzungen

AA Auswärtiges Amt
ACDA Arms Control and Disarmament Agency
AdG Archiv der Gegenwart
ADL Archiv des Deutschen Liberalismus
AdsD Archiv der sozialen Demokratie
AFL-CIO American Federation of Labor – Congress of Industrial Organizations
AGM Arbeitsgruppe des Ministers
AL Abteilungsleiter
APuZ *Aus Politik und Zeitgeschichte*
AWR Außenwirtschaftsrecht
BamS *Bild am Sonntag*
BArch Bundesarchiv
BayVBl Bayerische Verwaltungsblätter
BDI Bundesverband der Deutschen Industrie
BGH Bundesgerichtshof
BIZ Bank für Internationalen Zahlungsausgleich
BK Bundeskanzler
BKA Bundeskanzleramt
BMFT Bundesministerium für Forschung und Technologie
BMVg Bundesministerium der Verteidigung
BMWi Bundesministerium für Wirtschaft
BPA Archiv des Presse- und Informationsamtes der Bundesregierung
BSP Bruttosozialprodukt
BStU Der Bundesbeauftragte für die Unterlagen des Staatssicherheitsdienstes der ehemaligen Deutschen Demokratischen Republik
CEA Council of Economic Advisers
CIA Central Intelligence Agency
CM Cruise Missile
Cocom Coordination Committee for East-West-Trade-Policy
COET Crude Oil Equalization Tax
CSPP Charles L. Schultze's Private Papers

CWIHP	Cold War International History Project
DAS	*Deutsches Allgemeines Sonntagsblatt*
DBT	Deutscher Bundestag
DGAP	Deutsche Gesellschaft für Auswärtige Politik
DIHT	Deutscher Industrie- und Handelstag
DRS	Drucksache
DUD	*Deutschland Union Dienst*
EA	*Europa-Archiv*
EG	Europäische Gemeinschaft
EPG	Economic Policy Group
EPZ	Europäische Politische Zusammenarbeit
ERDA	Energy Research and Development Administration
ERW	Enhanced Radiation Weapon
EWS	Europäisches Währungssystem
FAS	*Frankfurter Allgemeine Sonntagszeitung*
FAZ	*Frankfurter Allgemeine Zeitung*
FDJ	Freie Deutsche Jugend
fdk	*freie demokratische korrespondenz*
FES	Friedrich-Ebert-Stiftung
FR	*Frankfurter Rundschau*
FRG	Federal Republic of Germany
FT	*Financial Times*
G-7	Gruppe der sieben wichtigsten westlichen Industriestaaten
GA	*General-Anzeiger für Bonn und Umgebung*
GATT	General Agreement on Tariffs and Trade
GFL	Gerald Ford Library
GL	Gruppenleiter
GLCM	Ground-Launched Cruise Missile
GNB	Armin Grünewalds Notizbuch
GOB	Government of Brazil
GU	Georgetown University
HSD	Helmut Schmidt Depositum
HSPA	Helmut Schmidt Privatarchiv
HLG	High Level Group
hs.	handschriftlich
HVA	Hauptverwaltung Aufklärung
HZ	*Historische Zeitschrift*
IAEO	Internationale Atomenergie-Organisation
ICBM	Intercontinental Ballistic Missile
IEA	Internationale Energie-Agentur
IG	Industriegewerkschaft
IHT	*International Herald Tribune*
IISS	International Institute for Strategic Studies
IMF	International Monetary Fund
INFCE	International Fuel Cycle Evaluation
JBPA	Privatarchiv Jürgen Brandt

JCL	Jimmy Carter Library
KGB	Komitee für Staatssicherheit der Sowjetunion
KPdSU	Kommunistische Partei der Sowjetunion
KSZE	Konferenz für Sicherheit und Zusammenarbeit in Europa
KWU	Kraftwerksunion
LoC	Library of Congress
LRTNF	Long Range Theater Nuclear Forces
MBFR	Mutual Balanced Force Reduction
MdB	Mitglied des Deutschen Bundestages
MfS	Ministerium für Staatssicherheit der DDR
MLF	Multilateral Force
NATO	North Atlantic Treaty Organization
NEP	Nationaler Energie-Plan
NG	*Neue Gesellschaft bzw. Neue Gesellschaft/Frankfurter Hefte*
NL	Nachlaß
NPG	Nuclear Planning Group
NRZ	*Neue Ruhr-Zeitung*
NSA	National Security Archive
NSC	National Security Council
NVA	Nationale Volksarmee der DDR
NVV	Vertrag über die Nichtverbreitung nuklearer Waffen
NYT	*New York Times*
OECD	Organisation für wirtschaftliche Zusammenarbeit und Entwicklung
OPEC	Organisation erdölexportierender Länder
PHF	Presidential Handwriting Files
PRM	Presidential Review Memorandum
PV	Parteivorstand
Ref	Referat
RFE	Radio Free Europe
SALT	Strategic Arms Limitation Talks
SAPMO-BArch	Stiftung Archiv der Parteien und Massenorganisationen der DDR im Bundesarchiv
SEPP	Stuart Eizenstat's Private Papers
SF	Subject File
SG	Special Group
SI	Sozialistische Internationale
SN	*Stuttgarter Nachrichten*
StS	Staatssekretär
StM	Staatsminister
SWP	Stiftung Wissenschaft und Politik in Ebenhausen (heute Berlin)
SZ	*Süddeutsche Zeitung*
TNF	Theater Nuclear Forces
UN	United Nations
VF	Vertical Files

VfZ	*Vierteljahrshefte für Zeitgeschichte*
VLR	Vortragender Legationsrat
VWD	Vereinigte Wirtschaftsdienste
WAA	Wiederaufarbeitungsanlage
WamS	*Welt am Sonntag*
WBNL	Willy Brandt Nachlaß
WdA	*Welt der Arbeit*
WHCF	White House Central Files
WP	Wahlperiode
WPo	*Washington Post*
WSC	Walter Stoessel Collection
ZAIG	Zentrale Auswertungs- und Informationsgruppe
ZIP	Programm für Zukunftsinvestitionen
ZK	Zentralkomitee
ZPA	Zentrales Parteiarchiv
ZParl	*Zeitschrift für Parlamentsfragen*

Anmerkungen

Zitierweise: Einige Archivbestände waren noch nicht oder nur teilweise erschlossen, als sie für diese Untersuchung eingesehen wurden. Deshalb finden im folgenden jene Signaturen Verwendung, die zum Zeitpunkt der Benutzung Gültigkeit hatten. Die teilweise verkürzte Zitierweise von Dokumenten aus Privatarchiven geht auf den ausdrücklichen Wunsch der jeweiligen Besitzer zurück. – Zitate aus Quellen, die nur in englischer Sprache vorliegen, wurden für dieses Buch übersetzt.

Einleitung

1 »Notes for Mrs. Rockefeller«, Anhang des Memorandums von Jeanne W. Davis für John Howe vom 8.5.1976, »Subject: Mrs. Rockefeller's Papers for FRG Visit«, »CO 53-2, FR 6 5/1/76–6/15/76«, 21, WHCF SF, GFL.

2 HSD, AdsD.

3 Leissler, K. / Mumme, G., Carter: Kanzler oder Genscher sofort zu mir, *WamS*, 13.3.1977.

4 HSPA.

5 Vgl. Memorandum von Stoessel vom 16.7.1980, »Subject: Kurt Birrenbach on US-FRG Relations«, Folder 5 c, Box 1, WSC GU. Zur Rolle Birrenbachs vgl. Hinrichsen, H.-P. E., Der Ratgeber. Kurt Birrenbach und die Außenpolitik der Bundesrepublik Deutschland, Berlin 2002.

6 Vgl. Niedhart, G., Der alte Freund und der neue Partner. Die Bundesrepublik und die Supermächte, in: Junker, D. (Hg. in Verbindung mit P. Gassert, W. Mausbach u. D. B. Morris), Die USA und Deutschland im Zeitalter des Kalten Krieges 1945–1990. Ein Handbuch, Band II 1968–1990, Stuttgart und München 2001, S. 16–55, hier S. 52. Vgl. auch Hanrieder, W., Deutschland , Europa, Amerika. Die Außenpolitik der Bundesrepublik Deutschland 1949–1994, 2., völlig überarb. u. erw. Aufl., Paderborn u.a. 1995, S. 331; Joffe, J., The Limited Partnership: Europe and the United States and the Burdens of Alliance, Cambridge (MA) 1987, S. XI ff.; Kielmansegg, P. Graf, Nach der Katastrophe. Eine

Geschichte des geteilten Deutschland, Berlin 2000, S. 228. Anders urteilt hingegen Dittgen, H., Die Ära der Ost-West-Verhandlungen und der Wirtschafts- und Währungskrisen (1969–1981), in: Larres, K. / Oppelland, T. (Hg.), Deutschland und die USA im 20. Jahrhundert. Geschichte der politischen Beziehungen, Darmstadt 1997, S. 178–203, hier S. 196. Dittgen glaubt, daß vorübergehende »Irritationen« den Blick auf eine insgesamt erfolgreiche Zusammenarbeit verstellen würden.

7 Carter, R., First Lady from Plains, Boston 1984, S. 344f.

8 Zitiert nach: Carr, J., Helmut Schmidt, Düsseldorf und Wien 1987, S. 157f. Erst im Juli 1997 scheint es zwischen Carter und Schmidt eine versöhnliche Aussprache gegeben zu haben (vgl. Schmidt, H., Jahrhundertwende. Gespräche mit Lee Kuan Yew, Jimmy Carter u.a., hg. von D. Hauser, Berlin 1998, S. 17).

9 Zitiert nach: Front gegen den »religiösen Schwärmer«, *Spiegel*, Nr. 15/1978.

10 Zitiert nach: Garton Ash, T., In Europe's Name. Germany and the Divided Continent, London 1993, S. 165.

11 Apel, H., Der Abstieg. Politisches Tagebuch eines Jahrzehnts, 3. Aufl., Stuttgart 1990, S. 41.

12 Vgl. Brzezinski, Z., Power and Principle. Memoirs of the National Security Advisor 1977–1981, New York 1983, S. 25f.

13 Interview mit Stuart Eizenstat am 13.7.1994. Vgl. Bahr, E., Zu meiner Zeit, München 1996, S. 505.

14 Vgl. Brief George Vests an Stoessel vom 28.11.1980, Folder 5f, Box 1, WSC GU.

15 Hanrieder, Deutschland, S. 436.

16 Vgl. ebd.

17 Vgl. Noelle-Neumann, E. / Piel, E. (Hg.), Allensbacher Jahrbuch der Demoskopie 1976–1983, Bd. VIII, München u.a. 1983. S. 616. Vgl. auch Moltmann, G., Antiamerikanismus in der Bundesrepublik. Eine Legende, in: *Amerikastudien*, Jg. 31 (1986), S. 363–370. Anders allerdings Kleinsteuber, H.-J., Zur politischen Funktion des Antiamerikanismus. Einige Anmerkungen, in: *Amerikastudien*, Jg. 31 (1986), S. 375–382; Knauer, S., Lieben wir die USA? Was die Deutschen über die Amerikaner denken, Hamburg 1987, S. 50ff.; Schweigler, G., Grundlagen der außenpolitischen Orientierung der Bundesrepublik Deutschland. Rahmenbedingungen, Motive, Einstellungen, Baden-Baden 1985, S. 96.

18 Vgl. Müller, E.-P., Antiamerikanismus in Deutschland. Zwischen Care-Paket und Cruise Missile, Köln 1986, S. 41, 125; Zimmer, M., Die deutschen Parteien und die USA, in: Junker (Hg.), Handbuch, Band II, S. 142–151, insbesondere S. 147f.

19 Vgl. Schweigler, Grundlagen, S. 99, Anm. 51. Knauer, Lieben, S. 61f.

20 Vgl. Noelle-Neumann/Piel, Jahrbuch, S. 612.

21 Vgl. Heuser, B., Nuclear Mentalities? Strategies and Beliefs in Britain, France and the FRG, London 1998, S. 204.

22 Vgl. Dönhoff, M., Amerikanische Wechselbäder, Stuttgart 1983, S.10.

23 Vgl. Zimmer, Parteien, S. 144f.

24 Vgl. Enders, T., Die SPD und die äußere Sicherheit. Zum Wandel der sicherheitspolitischen Konzeption der Partei in der Zeit der Regierungsverantwortung (1966–1982), Melle 1987; Winkler, H. A., Der lange Weg nach Westen. Teil 2: Deutsche Geschichte vom »Dritten Reich« bis zur Wiedervereinigung, München 2000. S. 416ff.; Zimmer, Parteien, S. 146f.

25 Vgl. Schmidt, H., Deutsch-französische Zusammenarbeit in der Sicherheitspolitik, in: *EA*, Bd. 42 (1987), H. 11, S. 303–312.

26 Vgl. Heuser, Nuclear Mentalities, S. 205.

27 Haftendorn, H., Sicherheit und Stabilität. Außenbeziehungen der Bundesrepublik zwischen Ölkrise und NATO-Doppelbeschluß, München 1986, S. 70.

28 Zur Klassifizierung der Bundesrepublik als Mittelmacht vgl. Hanrieder, Deutschland, S. 2.

29 Zur Begrifflichkeit siehe L. A. von Rochau, Grundsätze der Realpolitik. Angewendet auf die staatlichen Zustände Deutschlands, hg. von H.-U. Wehler, Frankfurt, Berlin und Wien 1972, und T. Smith, America's Mission. The United States and the Worldwide Struggle for Democracy in the Twentieth Century, Princeton 1994.

30 Vgl. das sogenannte Marbella-Papier, das Schmidt im Weihnachtsurlaub 1976/77 in Marbella verfaßte und später überarbeitete (»Erwägungen für 1977« in der Version vom 10.4.1977, HSD, 2, AdsD). Im folgenden zitiert als Marbella-Papier.

31 Seit 1974 bemühten sich die Sozialdemokraten um einen Ausbau ihrer Kontakte zu den Demokraten. Vgl. Mirow, T., Neue Chancen für die Sozialdemokratie, *Vorwärts*, 24.3.1977. Vgl. das Interview mit Willy Brandt im Parlamentarisch-Politischen Pressedienst, Sozialdemokraten, Service, Mitteilung für die Presse vom 12.3.1977.

32 Vgl. Rede Brandts vor der SI am 26.11.1976, abgedruckt in: *Socialist Affairs*, Vol. 27 (1977), No. 1, S. 3–8. Interview mit Carola Stern am 20.5.1993.

33 Interview mit Martin Süskind, 1975–1977 Redenschreiber Willy Brandts, am 17.3.1993. Interview mit Carola Stern am 20.5.1993.

34 Vgl. die Pressemitteilung von H. Ehmke, in: SPD-Parteivorstand (Hg.), Sozialdemokraten-Service, Presse-Funk-TV vom 9.3.1977.

35 Vgl. Vermerk über das Koalitionsgespräch am 8.12.1976, »Verteidigungs- und Abrüstungspolitik«, Privatarchiv Manfred Schüler.

36 Vgl. Brzezinski, Power, S. 53, 289. Vgl. auch die Anhörungen des designierten Außenministers Cyrus Vance im Senat (Hearing before the Committee on Foreign Relations. United States Senate. 95th Congress, 1st session on Nomination of Hon. Cyrus R. Vance to be Secretary of State, 11.1.1977, Washington 1977, S. 4).

37 Vgl. das Interview mit Carter, »Viel härter gegen die Sowjets auftreten«, *Spiegel*, Nr. 26/1976.

38 Einen ausgezeichneten Überblick über die Debatte bietet Ingo Peters, Vom »Scheinzwerg« zum »Scheinriesen« – deutsche Außenpolitik in der Analyse, in: *Zeitschrift für Internationale Beziehungen*, Jg. 4 (1997), H. 2, S. 361–388. Vgl. M. Staack, Großmacht oder Handelsstaat? Deutschlands außenpolitische Grundorientierungen in einem neuen internationalen System, in: *APuZ*, B 12/1998, S. 14–24.

39 Hacke, C., Die neue Bedeutung des nationalen Interesses für die Außenpolitik der Bundesrepublik Deutschland, in: *APuZ*, B 1–2/1997, S. 3–14; Schwarz, H.-P., Die Zentralmacht Europas. Deutschlands Rückkehr auf die Weltbühne, Berlin 1994.

40 Vgl. Niedhart, G., Deutsche Außenpolitik. Vom Teilstaat mit begrenzter Souveränität zum postmodernen Nationalstaat, in: *APuZ*, B 1–2/1997, S. 15–23; H. K. Rupp, Die Bundesrepublik als »Sonderweg« der europäischen Geschichte?, in: *APuZ*, B 39–40/1999, S. 12–20. In den Thesen des Publizisten Robert Kagan hat diese Debatte jüngst eine modifizierte Fortschreibung mit freilich anderer Zielrichtung erlebt. Kagan wirft nicht nur den Deutschen, sondern »den Europäern« vor, »sich von der Machtpolitik verabschiedet« zu haben, und erklärt damit den transatlantischen Gegensatz in der Irak-Frage (vgl. Kagan, R., Macht und Ohnmacht. Amerika und Europa in der neuen Weltordnung, Berlin 2003, S. 65 f.).

41 Vgl. Keohane, R. O., The Big Influence of Small Allies, in: *Foreign Policy*, Vol. 2 (Spring 1971), S. 161–183. Rothstein, R. L., Alliances and Small Powers, New York 1968. Vgl. auch Greiner, B., Zwischen »Totalem Krieg« und »Kleinen Kriegen«. Überlegungen zum historischen Ort des Kalten Krieges, in: *Mittelweg* 36, Jg. 12 (April/Mai 2003), S. 3–20, hier S. 18 f.

42 Vgl. Gaddis, J. L., On Starting All Over Again: A Naive Approach to the Study of the Cold War, in: Westad, O. A. (Hg.), Reviewing the Cold War. Approaches, Interpretations, Theory, London und Portland 2000, S. 27–42, hier S. 32; Lammersdorf, R., Germany in the Cold War since the 1960s, in: *Bulletin of the German Historical Institute*, Vol. 30 (Spring 2002), S. 180–184; Larres, K., Eisenhower, Dulles und Adenauer: Bündnis des Vertrauens oder Allianz des Mißtrauens? (1953–1961), in: Larres/Oppelland (Hg.), Deutschland, S. 119–150, hier S. 122 ff.

43 Vgl. Harrison, H. M., Ulbricht and the Concrete »Rose«: New Archival Evidence of the Dynamics of Soviet-East German Relations and the Berlin Crisis, 1958–1961, CWIHP Working Paper Nr. 5, Washington 1993; Risse-Kappen, T., Cooperation among Democracies. The European Influence on U.S. *Foreign Policy*, Princeton 1995.

44 Vgl. Heep, B., Helmut Schmidt und Amerika. Eine schwierige Partnerschaft, Bonn 1990.

45 Ebd., S. 247.
46 Vgl. Neustadt, R. E., Alliance Politics, New York 1970.
47 Ebd., S. 61.
48 Insbesondere bei Hacke, C., Weltmacht wider Willen. Die Außenpolitik der Bundesrepublik Deutschland, aktual. u. erw. Ausgabe, Berlin 1993, S. 255 ff.; ders., Zur Weltmacht verdammt. Die amerikanische Außenpolitik von Kennedy bis Clinton, Berlin 1997, S. 275 ff. In abgestufter Form auch bei Carr, J., Helmut Schmidt, Düsseldorf und Wien 1984, S. 156; Jäger, W. / Link, W., Republik im Wandel 1969–1982. Die Ära Schmidt, Stuttgart 1987, S. 428; Joffe, Partnership, S. 25. Anders: Kielmansegg, Katastrophe, S. 232.
49 Stephan Bierling etwa schildert die Geschichte der Bonner Außenpolitik als »Geschichte des Aufstiegs der Bundesrepublik« (Die Außenpolitik der Bundesrepublik Deutschland. Normen, Akteure, Entscheidungen, München und Wien 1999, S. 5).
50 Vgl. Hargrove, E. G., The Carter Presidency in Historical Perspective, in: Rosenbaum/Ugrinsky, Carter, S. 17–28; Rozell, M., Carter Rehabilitated: What Caused the 39th President's Press Transformation?, in: *Presidential Studies Quarterly*, Vol. XXIII, No. 2 (Spring 1993), S. 317–330; Morris, K. E., Jimmy Carter. American Moralist, Athens (GA) 1996, S. 296 ff. Es gibt natürlich auch weiterhin kritische Stimmen (vgl. Cohen, W. I., America in the Age of Soviet Power. 1945–1991, Cambridge [MA] 1991, S. 207 ff.).
51 Vgl. Morris, Carter, S. 280 f.
52 Vgl. Görtemaker, M., Geschichte der Bundesrepublik Deutschland. Von der Gründung bis zur Gegenwart, München 1999, S. 591 f.; Hacke, Weltmacht, S. 255 ff.; Haftendorn, H., Deutsche Außenpolitik zwischen Selbstbeschränkung und Selbstbehauptung, Stuttgart und München 2001, S. 439 ff.; dies., Sicherheit und Stabilität, S. 70 ff.; Hanrieder, Deutschland, S. 84 f., 330 f.; Jäger/Link, Republik, S. 310 ff.; Kielmannsegg, Katastrophe, S. 229 ff.; Ninkovich, F., The Wilsonian Century. U.S. Foreign Policy since 1900, Chicago und London 1999, S. 255; Schöllgen, G., Die Außenpolitik der Bundesrepublik Deutschland. Von den Anfängen bis zur Gegenwart, München 1999, S. 140 ff.
53 Vgl. Bourne, P., Jimmy Carter. A Comprehensive Biography from Plains to Postpresidency, New York 1997, S. 397; Carr, Schmidt, S. 153 ff.; Kaufman, B. I., The Presidency of James Earl Carter, Jr., Lawrence (Kansas) 1993, S. 49 ff.; Rupps, M. H., Helmut Schmidt. Eine politische Biographie, Stuttgart und Leipzig 2002, S. 264 ff.; Steffahn, H., Helmut Schmidt, Reinbek 1990, S. 116 ff.
54 Vgl. diverse Beiträge in: Junker (Hg.), Handbuch, Band II; Dittgen, H., Die Ära der Ost-West-Verhandlungen und der Wirtschafts- und Währungskrisen (1969–1981), in: Larres/Oppelland (Hg.), Deutschland, S. 178–203.
55 Vgl. Heep, Schmidt.

56 Vgl. Paes, T., Die Carter-Administration und die Regierung Schmidt: Konsens und Dissens über die Sowjetunion-Politik 1977–1981, Rheinfelden 1991.

57 Brenner, M. J., Nuclear Power and Non-Proliferation. The Remaking of U.S. Policy, Cambridge (MA) 1981; Kaiser, K., The Great Nuclear Debate: German-American Disagreements, in: *Foreign Policy*, Vol. 30 (Spring 1978), S. 83–110; Wilker, L., Das Brasilien-Geschäft – ein diplomatischer Betriebsunfall?, in: Haftendorn, H. u. a. (Hg.), Verwaltete Außenpolitik. Sicherheits- und entspannungspolitische Entscheidungsprozesse in Bonn, Köln 1978, S. 191–208.

58 Vgl. Fischer, F., »Im deutschen Interesse«. Die Ostpolitik der SPD von 1969 bis 1989, Husum 2001; Garthoff, R. L., Détente and Confrontation. American-Soviet Relations from Nixon to Reagan, überarb. Aufl., Washington 1994; Garton Ash, Europe.

59 Vgl. Putnam, R. D. / Henning, C. R., The Bonn Summit of 1978: A Case Study in Coordination, in: Cooper, R. N. u. a. (Hg.), Can Nations Agree? Issues in International Economic Cooperation, Washington 1989, S. 12–140.

60 Vgl. Daalder, I. H., The Nature and Practice of Flexible Response, New York 1991; Dittgen, H., Deutsch-amerikanische Sicherheitsbeziehungen in der Ära Helmut Schmidt. Vorgeschichte und Folgen des NATO-Doppelbeschlusses, München 1991; Haftendorn, H., Das doppelte Mißverständnis. Zur Vorgeschichte des NATO-Doppelbeschlusses von 1979, in: *VfZ*, Jg. 35 (1985), H. 3, S. 244–287; Hoffmann, H., Die Atompartner Washington–Bonn und die Modernisierung der taktischen Kernwaffen. Vorgeschichte und Management der Neutronenwaffe und des Doppelbeschlusses der NATO, Koblenz 1986; Meier, E.-C., Deutsch-amerikanische Beziehungen und der NATO-Doppelbeschluß. Die Auswirkungen NATO-interner Interessendivergenzen auf die Nuklearpolitik des Bündnisses, 2 Bde., Rheinfelden 1986; Peters, S., The Germans and the INF Missiles. Getting their Way in NATO's Strategy of Flexible Response, Baden-Baden 1990; Rühl, L., Mittelstreckenwaffen in Europa. Ihre Bedeutung in Strategie, Rüstungskontrolle und Bündnispolitik, Baden-Baden 1987.

61 Vgl. Auger, V. A., The Dynamics of Foreign Policy Analysis. The Carter Administration and the Neutron Bomb, Lanham (MD) und London 1996; Matthée, V., Die Neutronenwaffe zwischen Bündnis und Innenpolitik. Eine Studie über die Verknüpfung nationaler und allianzinterner Willensbildungsprozesse, Herford und Bonn 1985; Wasserman, S. L., The Neutron Bomb Controversy. A Study in Alliance Politics, New York 1983.

I. Grundlagen

1 Vgl. Chace, J. / Ravenal, E. C. (Hg.), Atlantis Lost. U.S.-European Relations After the Cold War, New York 1976.
2 Staden, B. v., Deutsche und Amerikaner – Irritationen, in: Aussenpolitik, Bd. 35 (1984), S. 44–53, hier S. 45. Zur Verwendung des Begriffes vgl. Schwartz, T. A., »No Harder Enterprise«. Politik und Prinzipien in den deutsch-amerikanischen Beziehungen 1945–1968, in: Junker (Hg.), Handbuch, Bd. I, S. 59–81, hier S. 71.

1. Das Ende des goldenen Zeitalters

1 Vgl. Gatzke, H., Germany and the United States. A »Special Relationship«? Cambridge (MA) und London 1980, S. 279.
2 Leisler Kiep, W., Good-Bye America – was dann? Der deutsche Standpunkt im Wandel der Weltpolitik, Stuttgart 1972, S. 106.
3 Vgl. Backer, J. H., Die Entscheidung zur Teilung Deutschlands. Die amerikanische Deutschlandpolitik 1943–1948, München 1981; Gaddis, J. L., The United States and the Origins of the Cold War, 1941–1947, New York 1972, S. 282 ff.; Schröder, H.-J., USA und westdeutscher Wiederaufstieg (1945–1952), in: Larres/Oppelland (Hg.), Deutschland, S. 95–118.
4 Vgl. Benz, W., Die Gründung der Bundesrepublik. Von der Bizone zum souveränen Staat, 3. Aufl., München 1989; Gatzke, Germany, S. 159; Kreikamp, H.-D., Die amerikanische Deutschlandpolitik im Herbst 1946 und die Byrnes-Rede in Stuttgart, in: *VfZ*, Jg. 29 (1981), H. 2, S. 269–285; Van Dijk, R., Den Frieden gewinnen. Die USA, Westdeutschland und die Ambivalenzen der doppelten Eindämmung 1945–1950, in: Junker (Hg.), Handbuch, Bd. I, S. 132–142.
5 Vgl. Loth, W., Die doppelte Eindämmung. Überlegungen zur Genesis des Kalten Krieges 1945–1947, in: *HZ*, H. 238 (1984), S. 611–631.
6 Vgl. Gaddis, J. L., We Now Know. Rethinking Cold War History, New York 1997, S. 121 f.
7 Vgl. Eschenburg, T., Jahre der Besatzung, Stuttgart und Wiesbaden 1983, S. 242 ff.; Guldin, H., Außenwirtschaftspolitik und außenpolitische Einflußfaktoren im Prozeß der Staatswerdung der Bundesrepublik Deutschland (1947–1952), in: *APuZ*, B 32/1987, S. 3–10, hier S. 8 f.; Hahn, E. J., U.S. Policy on a West German Constitution 1947–1949, in: Diefendorf, J. M. / Frohn, A. / Rupieper, H.-J. (Hg.), American Policy and the Reconstruction of West Germany 1945–1955, Cambridge (MA) 1993, S. 21–44. Zur Rolle Washingtons bei der Etablierung der westdeutschen Wirtschaftsordnung vgl. Buchheim, C., Von der aufgeklärten Hegemonie zur Partnerschaft. Die USA und Westdeutschland in der Weltwirtschaft 1945–1968, in: Junker, Handbuch, Bd. I, S. 401–423.

8 Vgl. Rupieper, H.-J., Der besetzte Verbündete. Die amerikanische Deutschlandpolitik 1949–1955, Opladen 1991, S. 466f.

9 Vgl. Greiner, C. / Maier, K. A. / Rebhan, H., Die Nato als Militärallianz. Strategie, Organisation und nukleare Kontrolle im Bündnis 1949 bis 1959, München 2003; Steinhoff, J. / Pommerin, R., Strategiewechsel. Bundesrepublik und Nuklearstrategie in der Ära Adenauer und Kennedy, Baden-Baden 1992, S. 112f.; Strauß, F. J., Die Erinnerungen, Berlin 1989, S. 376.

10 Vgl. Benz, Gründung, S. 137.

11 Hierzu und zum folgenden vgl. Herbst, L., Option für den Westen. Vom Marshallplan bis zum deutsch-französischen Vertrag, München 1989, S. 130ff.

12 Zur Rohstoffabhängigkeit vgl. Albach, H. / Lehnen, F., Die Bedeutung der Rohstoffversorgung und des Welthandels für die Entwicklung der Bundesrepublik Deutschland, in: *Zeitschrift für Wirtschafts- und Sozialwissenschaften*, Bd. 99 (1979), H. 1/4, S. 243–271. Vgl. auch Herbst, Option, S. 128.

13 Vgl. Hankel, W., Germany: Economic Nationalism in the International Economy, in: Kohl, W. L. / Basevi, G. L. (Hg.), West Germany: A European and Global Power, Lexington (MA) und Toronto 1980, S. 21–43, hier S. 25ff.; Hanrieder, Deutschland, S. 269ff.

14 Zum »Unterstützerstaat« vgl. Deutsch, K.-G., Weltmarktintegration und wohlfahrtsstaatliche Politik. Die Bundesrepublik Deutschland auf den Weltwirtschaftsgipfeln 1975–1990, Münster 1991, S. 28f. mit weiteren Hinweisen.

15 Stern, F., Amerikanisch-deutsche Beziehungen. Ein Bündnis, das normal geworden ist, in: F. Trommler (Hg.), Amerika und die Deutschen. Bestandsaufnahme einer 300jährigen Geschichte, Opladen 1986, S. 479–490, hier S. 480.

16 Vgl. Schweigler, Grundlagen, S. 98.

17 Vgl. Mathiopoulos, M., The American President Seen Through German Eyes – Continuity and Change from the Adenauer to the Kohl Era, in: *Presidential Studies Quarterly*, Vol. XV (1985), Nr. 4, S. 673–706, hier S. 681.

18 Vgl. Stern, Beziehungen, S. 482.

19 Vgl. Szabo, S., Changing German Images of America, in: Fletcher, W. / Szabo, S. / Sloan, S. (Hg.), United States – German Relations. Past and Present, Washington 1984, S. 10–15, hier S. 10.

20 Fetscher, I., Politische Kultur in der Entwicklung der Bundesrepublik, in: Hrbek, R. (Hg.), Personen und Institutionen in der Entwicklung der Bundesrepublik Deutschland. Symposion aus Anlaß des 80. Geburtstages von Theodor Eschenburg, Kehl 1985, S. 23.

21 Vgl. Heuser, Mentalities, S. 217.

22 Bender, P., Die »Neue Ostpolitik« und ihre Folgen. Vom Mauerbau bis zur Vereinigung, 3., überarb. u. erw. Neuaufl., München 1995, S. 68.

23 Vgl. Arenth, J., Die Bewährungsprobe der Special Relationship: Washington und Bonn (1961–1969), in: Larres/Oppelland (Hg.), Deutschland, S. 151–177, hier S. 161.
24 Hanrieder, W., West German Foreign Policy 1949–1963. International Pressure and Domestic Response, Stanford 1967.
25 Bahr, Zeit, S. 146f.
26 Vgl. Soell, H., Fritz Erler. Eine politische Biographie, Bd. 2, Berlin 1976, S. 414.
27 Vgl. Weinberg, G., Germany and the United States: Perspectives and Problems, in: *Amerikastudien*, Bd. 33 (1988), H. 4, S. 459–468, hier S. 460.
28 Schwartz, Enterprise, S. 62.
29 Vgl. dazu Grabbe, H.-J., Unionsparteien, Sozialdemokratie und Vereinigte Staaten von Amerika 1945–1966, Düsseldorf 1983, S. 451ff., 586, 595; Schertz, A., Die Deutschlandpolitik Kennedys und Johnsons. Unterschiedliche Ansätze innerhalb der amerikanischen Regierungen, Köln u.a. 1992, S. 69ff., 83ff., 98, 101, 179.
30 Vgl. Schertz, Deutschlandpolitik, S. 130ff., 466f.
31 Vgl. Bundy, M., Danger and Survival, New York 1988, S. 385.
32 Vgl. Thiel, E., Die Verknüpfung währungs- und stationierungspolitischer Zielsetzungen in den deutsch-amerikanischen Beziehungen. Vereinbarungen über eine Lastenteilung durch Devisenausgleich für Truppenausgaben, Ebenhausen 1978, S. 83ff.
33 Vgl. Hildebrand, K., Von Erhard zur Großen Koalition 1963–1969, Stuttgart 1984, S. 175; Mathiopoulos, American President, S. 685; Osterheld, H., Außenpolitik unter Bundeskanzler Ludwig Erhard 1963–1966. Ein dokumentarischer Bericht aus dem Kanzleramt, Düsseldorf 1992, S. 351ff.; Rosenbach, H., Der Preis der Freiheit. Die deutsch-amerikanischen Verhandlungen über den Devisenausgleich (1961–1967), in: *VfZ*, Jg. 46 (1998), H. 4, S. 709–746.
34 Zur Periodisierung vgl. Gatzke, German, S. 279; Hacke, Weltmacht, S. 143f.
35 Zitiert nach: Hildebrand, Erhard, S. 310.
36 Zu den Offset-Verhandlungen vgl. Thiel, Verknüpfung, S. 94ff. Zum NVV vgl. Haftendorn, Sicherheit und Entspannung, S. 632ff. Zur Währungskrise vgl. Hildebrand, Erhard, S. 320ff. Vgl. auch Baring, A., Machtwechsel. Die Ära Brandt-Scheel, Stuttgart 1984, S. 139ff.
37 Schwarz, H.-P., Die außenpolitischen Grundlagen des westdeutschen Staates, in: ders. / Löwenthal, R. (Hg.), Die zweite Republik. 25 Jahre Bundesrepublik Deutschland – eine Bilanz, Stuttgart 1974, S. 27–63, hier S. 31.
38 Rede Brandts vor dem DBT, Verhandlungen des Deutschen Bundestages. Stenographische Berichte, 6. WP, 5. Sitzung, 28.10.1969, S. 31.
39 Vgl. Kissinger, H., Memoiren, 1968–1973, München 1979, S. 444.
40 Vgl. Daalder, Nature, S. 72ff.

41 Vgl. United States Information Agency, Office of Research, General and Educated Opinion on International Economic Issues in Western Europa and Japan, 12.9.1975, »International Economic Summit, 15.–17.11.75«, 312, Seidman Collection, GFL.

42 Umfrage: Verhältnis zu USA verbessert, *Welt*, 7.6.1975.

43 Vgl. Thränhardt, D., Geschichte der Bundesrepublik Deutschland, Frankfurt a.M. 1986, S. 169f.

44 Gatzke, Germany, S. 237.

45 Ironischerweise war die wachsende Distanz Folge der »Amerikanisierung der Bundesrepublik«. Die Entstehung einer kritischen Öffentlichkeit in den sechziger Jahren war in vieler Hinsicht ein »Widerhall amerikanischer politischer und kultureller Strömungen« (Gress, D. R., Die deutsch-amerikanischen Beziehungen von 1945 bis 1987, in: *APuZ*, B 3/1988, S. 16–27, hier S. 22).

46 Vgl. Baring, Machtwechsel; Bender, Ostpolitik; Fischer, Interesse; Garton Ash, Europe's Name.

47 Vgl. Hildebrand, Erhard, S. 315.

48 Vgl. Ninkovich, F., Germany and the United States. The Transformation of the German Question since 1945, Boston 1988, S. 156.

49 Vgl. Bracher, K. D. / Jäger, W. / Link, W., Republik im Wandel 1969–1974. Die Ära Brandt, Stuttgart 1986, S. 233.

50 Brandt, W., Begegnungen und Einsichten. Die Jahre 1969–1975, München und Zürich 1975, S. 222.

51 James, H., Kooperation, Konkurrenz und Konflikt: Wirtschaftsbeziehungen zwischen den USA und der Bundesrepublik 1968–1990, in: Junker (Hg.), Handbuch, Bd. II, S. 293–316, hier S. 294. Vgl. auch S. 309.

52 Vgl. Calleo, D. P. / Rowland, B. M., America and the World Political Economy. Atlantic Dreams and National Realities, Bloomington 1973, S. 87.

53 Vgl. Scharpf, F., Sozialdemokratische Krisenpolitik in Europa, 2. Aufl., Frankfurt a.M. 1987, S. 169.

54 Die DM als internationale Anlagewährung, in: *Monatsberichte der Deutschen Bundesbank*, 31. Jg. Nr. 11 (November 1979), S. 27–34.

55 Vgl. IMF (Hg.), *International Financial Statistics* 30 (1977), H. 1, S. 23; Scharrer, H.-E., Währungspolitische Perspektiven für die Bundesrepublik Deutschland in der Post-Bretton-Woods-Ära, in: *WSI-Mitteilungen*, Nr. 5/1976, S. 298–306, hier S. 301.

56 Eric Hobsbawn hat in diesem Zusammenhang von einem »goldenen Zeitalter« gesprochen (Age of Extremes. The Short Twentieth Century, London 1994, S. 225, 403ff.).

57 Hoffmann, S., No Trumps, No Luck, No Will: Gloomy Thoughts on Europe's Plight, in: Chace/Ravenal (Hg.), Atlantis, S. 1–46, hier S. 14.

58 Vgl. Ginsbourg, P., A History of Contemporary Italy. Society and Politics 1943–1988, London 1990, S. 354ff.

59 Vgl. Childs, D., Britain Since 1945. A Political History, 2. Aufl., London 1986, S. 219ff.
60 Vgl. Beyfuss, J., Die Position der Bundesrepublik Deutschland im Welthandel, Köln 1981, S. 8. Zur Stellung in Europa vgl. Schlupp, F., Modell Deutschland and the International Division of Labour: The Federal Republic of Germany in the World Political Economy, in: Krippendorff, E. / Rittberger, V. (Hg.), The Foreign Policy of Western Germany. Formation and Contents, London 1980, S. 33–110, hier S. 60.
61 Vgl. Kennedy, P., The Rise and Fall of the Great Powers, New York 1987, S. 432; Schaal, P., Die Wirtschaftsbeziehungen zwischen den USA und der Bundesrepublik Deutschland, in: *APuZ*, B 13/1983, S. 22–41.
62 Zitiert nach: Witter, B., Mit Helmut Schmidt auf dem »Schuttberg«, *Zeit*, 19.4.1968.
63 Vgl. Manuskript der Ansprache Schmidts vor der Mitgliederversammlung der DGAP am 28.6.1968, S. 16 (Pressedokumentation des Deutschen Bundestags, Sammlung zu Helmut Schmidt).
64 Vgl. Calleo, D., Beyond American Hegemony: The Future of the Western Alliance, Brighton 1987, S. 92.
65 Vgl. Rede Anthony Solomons, 1977–1981 Undersecretary for Monetary Affairs in der Treasury, vor der Bankers' Association for Foreign Trade in Hot Springs, Virginia, »Speech Hot Springs, VA, 5/17/78«, 10, Schlesinger Collection, JCL.
66 Manuskript des Interviews von James Reston (*New York Times*) mit Helmut Schmidt, 21.8.1974, BPA F 65.
67 Knapp, M., Politische und wirtschaftliche Interdependenzen im Verhältnis USA – (Bundesrepublik) Deutschland 1945–1975, in: Knapp, M. u.a. (Hg.), Die USA und Deutschland 1918–1975. Deutsch-amerikanische Beziehungen zwischen Rivalität und Partnerschaft, München 1978, S. 153–219, hier S. 161.
68 James, Kooperation, S. 309.
69 Zum folgenden vgl. Hoffmann, Trumps; Kaiser, Auswirkungen; Nerlich, U., Washington und Bonn. Entwicklungsstrukturen im deutsch-amerikanischen Verhältnis, in: Kaiser, K. / Schwarz, H.-P. (Hg.), Amerika und Westeuropa. Gegenwarts- und Zukunftsperspektiven, Stuttgart und Zürich 1977, S. 330–357.
70 Vgl. Kaiser, Auswirkungen, S. 816.
71 Vgl. Greene, J. R., The Limits of Power. The Nixon and Ford Administrations, Bloomington 1992; Schweigler, G., Institutionen, Entscheidungsprozesse und Instrumente der Außenpolitik, in: Adams, W. P. u.a. (Hg.), Länderbericht USA, Bd. II, 2., aktual. u. erw. Aufl., Bonn 1992, S. 3–31, hier S. 25f.
72 SALT steht für Strategic Arms Limitation Talks.
73 Vgl. dazu Dittgen, H., Amerikanische Demokratie und Weltpolitik. Außenpolitik in den Vereinigten Staaten, Paderborn u.a. 1998,

S. 140 ff.; Lutz, F. P., Transatlantische Netzwerke. Eliten in den deutsch-amerikanischen Beziehungen, in: Junker (Hg.), Handbuch Bd. II, S. 665–674, hier S. 670 ff.

74 Vgl. Gershman, C., The Rise & Fall of the New Foreign Policy Establishment, in: *Commentary*, July 1980, S. 15–24; Melanson, R. A., American Foreign Policy since the Vietnam War. The Search for Consensus from Nixon to Clinton, New York 1996, S. 15 ff.

75 Vgl. Dittgen, Demokratie, S. 147.

76 HSPA.

77 Es war bezeichnend, daß Kissinger zum wohl populärsten ausländischen Politiker in Westdeutschland wurde, während die Amerikaner ihn immer weniger schätzten (vgl. Fuchs, S., »Dreiecksverhältnisse sind immer kompliziert«. Kissinger, Bahr und die Ostpolitik, Hamburg 1999, S. 248).

78 Brief Schmidts an Peter Blachstein vom 22. 8. 1975, HSPA.

79 Vgl. Ford, G., A Time to Heal. The Autobiography of Gerald R. Ford, New York 1979, S. 313 f.; Jäger/Link, Ära Schmidt, S. 19.

80 Vgl. Jäger/Link, Ära Schmidt, S. 403.

81 Vgl. Gaddis, J. L., Strategies of Containtment. A Critical Appraisal of Postwar American National Security Policy, Oxford 1982, S. 283, 289.

82 HSD, AdsD.

83 Vgl. Schwabe, K., Entspannung und Multipolarität: Die politischen Beziehungen in der zweiten Hälfte des Kalten Krieges 1968–1990, in: Junker (Hg.), Handbuch, Bd. II, S. 11–34, hier S. 15 f.

84 Vgl. Maresca, J., To Helsinki. The Conference on Security and Cooperation in Europa 1973–1975, Durham 1987, S. 67, 110 ff.

85 Vgl. dazu Mutz, R., Die Bundesrepublik und MBFR. Bedingungen und Wirkungen der Rolle Bonns bei den Wiener Verhandlungen über Truppen- und Rüstungsreduzierungen in Mitteleuropa, Berlin 1981.

86 Marbella-Papier, S. 8.

87 Ebd., S. 8 f.

88 Vgl. Evans, R. / Novak, R., SOS From Schmidt To Carter on Europe, *IHT*, 20. 11. 1976.

89 »Memorandum of Conversation« vom 9. 8. 1975, »Subject: Meeting of the Economic Policy Board«, »FG-30 6/1/75–8/31/75«, 69, WHCF SF, GFL.

90 Vgl. Green, Limits, S. 206 ff.

91 Vgl. die Rede Kissingers vor der American Society of Newspapers Editors am 17. 4. 1975, in: Adam, E. P. / Stebbins, R. P. (Hg.), American Foreign Relations 1975. A Documentary Record, New York 1977, S. 110–120, hier S. 117.

92 Zu Portugal vgl. Grohs, G. / Cadete, E. M. / Noelke, M., Portugals Beitritt zur Europäischen Gemeinschaft. Probleme der europäischen Integration, Bonn 1982, S. 55 ff. Vgl. auch Grosser, A., Das Bündnis.

Die westeuropäischen Länder und die USA seit dem Krieg, München 1982, S. 392f.

93 »Memorandum of Conversation« vom 9.8.1975, »Subject: Meeting of the Economic Policy Board«, »FG-30 6/1/75–8/31/75«, 69, WHCF SF, GFL.

94 Zu Italien vgl. Schmidt, H., Die Deutschen und ihre Nachbarn, Bonn 1990, S. 299ff.; Schmidt überraschend zu Giscard d'Estaing. Milliardenkredit der Bundesbank für Rom, *SZ*, 2.9.1974. Zu Großbritannien vgl. Simonian, H., The Privileged Partnership. Franco-German Relations in the European Community 1969–1984, Oxford 1985, S. 265ff.; Schmidt, Deutschen, S. 141.

95 Vgl. Thiel, Verknüpfung, S. 41.

96 Vgl. The International Institute for Strategic Studies (Hg.), The Military Balance 1976–1977, London 1976, S. 80f.

97 Vgl. BMVg (Hg.), Weißbuch 1975/76. Zur Sicherheit der Bundesrepublik und zur Entwicklung der Bundeswehr, Bonn 1976, S. 54.

98 »Schedule Proposal« für den 29.5.1976 von Brent Scowcroft an Ford, »7/1/76–7/7/76«, 21, CO 53-2 FRG WHCF, GFL.

99 Zu Fords Persönlichkeit vgl. Thompson, K. W. (Hg.), The Ford Presidency. Twenty-Two Intimate Perspectives on Gerald R. Ford, Lanham (MD) u.a. 1998.

100 Zum Mißtrauen gegenüber Brandt vgl. Brandt, Begegnungen, S. 385f.

101 Interview mit Helmut Sonnenfeldt am 8.12.1993.

102 Vgl. Soell, H., Helmut Schmidt. Vernunft und Leidenschaft, München 2003, S. 220ff.; Interview mit Loki Schmidt am 23.6.1993.

103 Schmidt, H., Menschen und Mächte, Berlin 1987, S. 174.

104 Privater Brief Stadens an Schmidt vom 21.12.1973, HSD, 6070, AdsD.

105 Telefon-Interview mit Gerald Ford am 15.11.1993. Vgl. auch Ford, Time, S. 221.

106 Vgl. Schmidt, Menschen, S. 204ff.

107 Den Einfluß Schmidts auf den US-Präsidenten in dieser Frage hoben sowohl Ford wie Kissinger gegenüber Schmidt und Genscher rückblickend in Gesprächen am 24. bzw. 29.5.1975 hervor (HSPA). Schmidt rechnete sich die Umstellung der US-Wirtschaftspolitik auf »deficit-spending« in seiner jährlichen Bilanz, die er meist zum Jahreswechsel verfaßte und in der SPD-Spitze zirkulieren ließ, als einen seiner »Haupterfolge« an (Vermerk Schmidts ohne Titel vom 4.1.1976, HSPA). Zum Besuch des Kanzlers in Washington vgl. Schmidt Urges U.S. Crisis Move, *IHT*, 7.12.1974, Whitney, C. R., Schmidt States He and Ford Agreed to Boost Economies, *IHT*, 12.12.1974. Vgl. auch Putnam/Henning, Bonn Summit, S. 24.

108 So Kissinger gegenüber Rudolf Augstein (Brief Augsteins an Schmidt vom 19.1.1977, HSPA).

109 Vgl. Schmidt, Menschen, S. 218f. Vgl. Orlebeke, C., Saving New

York: The Ford Administration and the New York City Fiscal Crisis, in: Firestone, B. J. / Ugrinsky, A., Gerald R. Ford and the Politics of Post-Watergate America, Westport (CT) und London 1993, S. 359–385.

110 Zur Beteiligung am Weltwirtschaftsgipfel vgl. Memorandum of Conversation vom 9.8.1975, »Subject: Meeting of the Economic Policy Board«, »FG-30 6/1/75–8/31/75«, 69, WHCF SF, GFL.

111 Vgl. Ausarbeitung Schmidts vom 4.1.1976, HSPA.

112 Manuskript der Ansprache Schmidts bei einem »Fund-Raising Dinner« der SPD Hamburg am 21.6.1976, BPA F 65.

113 Interview mit David Anderson am 14.3.1995. Anderson war von 1975 bis 1977 Direktor des Office of Central European Affairs im State Department.

2. Kontinuität oder Wandel?

1 Aufzeichnung Grünewalds über das Hintergrundgespräch Schmidts mit den Journalisten R. Evans und R. Nowak (Eintrag o.D., um den 15.11.1976, GNB). Vgl. ihren Artikel: »SOS From Schmidt To Carter on Europe«, *IHT*, 20.11.1976.

2 Whitney, C. R., West Germany, in: Midlife, Fails to See Its Strength, *NYT*, 3.7.1977.

3 Abgedruckt in der *FR* vom 31.12.1976.

4 Isensee, J., Regierbarkeit in einer parlamentarischen Demokratie, in: Zur Regierbarkeit der Parlamentarischen Demokratie. Ein Cappenberger Gespräch, Köln 1979 (Cappenberger Gespräche der Freiherr-vom-Stein-Gesellschaft, Bd. 14), S. 15–47, hier S. 17. Vgl. auch Baring, A., Die »Wende«: Rückblick und Ausblick, in: Bleek, W. / Maull, H. (Hg.), Ein ganz normaler Staat? Perspektiven nach 40 Jahren Bundesrepublik, München und Zürich 1989, S. 107–116, sowie den Forschungsüberblick bei Rödder, A., Die Bundesrepublik Deutschland 1969–1990, München 2003, S. 121 f.

5 Rede Schmidts vor dem DBT, Verhandlungen des Deutschen Bundestages, Stenographische Berichte, 7. WP, 100. Sitzung, 17.5.1974, S. 6593–6605.

6 Vgl. Görtemaker, Geschichte, S. 578 f.

7 Vgl. Grosser, D., Das Wagnis der Währungs-, Wirtschafts- und Sozialunion. Politische Zwänge im Konflikt mit ökonomischen Regeln, Stuttgart 1998, S. 69 ff.

8 Maull, H. W., Die bemäkelte Weltwirtschaftsmacht, in: Bleek/Maull (Hg.), Staat, S. 286–300, hier S. 289.

9 Manuskript der Rede Schmidts vor der SPD-Bundestagsfraktion am 24.3.1977, Kopie im Besitz des Verfassers.

10 Vgl. Pulzer, P., Stabilität und Immobilität, in: Bleck/Maull (Hg.), Staat, S. 117–127.

11 Vgl. auch Schmidt, M. G., Die Politik des mittleren Weges, in: *APuZ*, 9–10/1990, S. 23–31, hier S. 27.
12 Vgl. Pulzer, Stabilität, S. 125.
13 Zitiert nach: Schoenbaum, D. / Pond, E., The German Question and Other German Questions, Oxford 1996, S. 1 f.
14 Vgl. Noelle-Neumann, E. (Hg.), Allensbacher Jahrbuch der Demoskopie 1976, Bd. VI, Wien u. a. 1976, S. 289 ff.
15 Vgl. Geyer, M., Amerika in Deutschland. Amerikanische Macht und die Sehnsucht nach Sicherheit, in: Trommler, F. / Shore, E. (Hg.), Deutsch-amerikanische Begegnungen. Konflikt und Kooperation im 19. und 20. Jahrhundert, Stuttgart und München 2001, S. 155–187, hier S. 181 ff.
16 Aufzeichnung Grünewalds über das Hintergrundgespräch Schmidts mit den Journalisten R. Evans und R. Nowak (Eintrag o. D. um den 15.11.1976, GNB).
17 Vgl. Jones, C. O., The Trusteeship Presidency: Jimmy Carter and the United States Congress, Baton Rouge 1988, S. 16.
18 Vgl. Kaufman, Presidency, S. 22.
19 Ebd., S. 15.
20 Vgl. Morris, Carter, S. 194. Vgl. auch Witcover, J., Marathon. The Pursuit of the Presidency 1972–1976, New York 1977.
21 Vgl. Mazlish, B./Diamond, E., Jimmy Carter: A Character Portrait, New York 1979, S. 214.
22 Vgl. Morris, Carter, S. 235.
23 Carter, Why not the Best?, Nashville 1975, S. 123.
24 Vgl. Hondrich, K. O., Die ordnende Gewalt, in: *Spiegel* Nr. 25/2003.
25 Schmidt, Deutschen, S. 570.
26 »... dann wäre die Partei eben zur Ablösung reif«, Interview mit Egon Bahr in der *FR*, 26.2.1977.
27 Vgl. Black, E / Black, M., The Vital South. How Presidents are Elected, Cambridge (MA) und London 1992, S. 249.
28 Zum »South« gehören im weiteren Sinne die Bundesstaaten Texas, Arkansas, Tennessee, North Carolina, South Carolina, Florida, Louisiana, Georgia, Alabama, Mississippi, Virginia.
29 Cooper, W. J. Jr. / Terril, T. E., The American South. A History, New York 1990, S. 744.
30 Vgl. Carter, Faith, S. 21.
31 Vgl. Baker, J. T., A Southern Baptist in the White House, Philadelphia 1977, S. 115.
32 Fallows, J., The Passionless Presidency. The Trouble with Jimmy Carter's Administration, in: *The Atlantic*, 5/1979; vgl. auch Carter, Faith, S. 22.
33 Interview mit Stuart Eizenstat am 13.7.1994.
34 Vgl. Interview mit Stuart Eizenstat am 30.1.1982, White Burkett Miller Center Interviews, JCL, S. 21; Glad, B., Jimmy Carter. In

Search of the Great White House, New York und London 1980, S. 48ff.

35 Vgl. Hargrove, E. C., Jimmy Carter as President. Leadership and the Politics of Public Good, Baton Rouge und London 1988, S. 5; Mazlish/Diamond, Carter, S. 158; Meyer, P., James Earl Carter. The Man and the Myth, Kansas City 1978, S. 57; Morris, Carter, S. 141.

36 Interview mit Hamilton Jordan am 6.11.1981, White Burkett Miller Center Interviews, JCL, S. 69.

37 Zum Trilateralismus vgl. Putnam, R. D. / Bayne, N., Weltwirtschaftsgipfel im Wandel, Bonn 1985, S. 53f.; Ullman, R. H., Trilateralism: »Partnership« for What?, in: *Foreign Affairs*, Vol. 55, No. 1 (October 1976), S. 1–19.

38 Vgl. Jordan, H., Crisis. The Last Year of the Carter Presidency, Toronto 1982, S. 46. Zum Verhältnis zwischen Carter und Brzezinski vgl. Carter, Faith, S. 51f. und Brzezinski, Power, S. 17ff.

39 Brzezinski, Z., The Deceptive Structure of Peace, in: *Foreign Policy*, Vol. 14 (Spring 1974), S. 35–55, hier S. 52. Zum Selbstverständnis vgl. Dittgen, Demokratie, Kapitel I und II, sowie Smith, T., America's Mission. The United States and the Worldwide Struggle for Democracy in the Twentieth Century, Princeton (NJ) 1994.

40 Vgl. Brzezinski, Z., Between Two Ages: America's Role in the Technetronic Era, New York 1970.

41 Vgl. Brzezinski, Z., The European Crossroads, in: Chace/Ravenal (Hg.), Atlantis Lost, S. 85–102; ders., Half Past Nixon, in: *Foreign Policy*, Vol. 3 (Summer 1971), S. 3–21.

42 Vgl. Brzezinski, Z., America in a Hostile World, in: *Foreign Policy*, Vol. 23 (Summer 1976), S. 65–96, hier S. 73ff.

43 Manuskript der Ansprache Brzezinskis vor der Trilateralen Kommission am 25.10.1977, Kopie im Besitz des Verfassers.

44 Vgl. Brzezinski, Hostile World, S. 91ff.

45 Vgl. Brzezinski, Between Two Ages, S. 284; Smith, Morality, S. 36.

46 Vgl. Brzezinski, Z., U.S. Foreign Policy: The Search for Focus, in: *Foreign Affairs*, Vol. 51, No. 4 (July 1973), S. 708–727, hier S. 722f.

47 Vgl. Clifford, L. X., An Examination of the Carter Administration's Selection of Secretary of State and National Security Advisor, in: Rosenbaum/Ugrinsky (Hg.), Carter, S. 5–17.

48 Vgl. Baker, Southern Baptist, S. 80; Hargrove, Carter, S. 8.

49 Interview mit Peter Bourne am 29.9.1993. Bourne hat seit 1969 in verschiedenen Funktionen für Carter gearbeitet, darunter als Special Assistant to the President for Health Issues.

50 Interview mit Peter Bourne am 29.9.1993. Vgl. auch Bourne, Carter, S. 398.

51 Vgl. Eizenstat, S., President Carter, the Democratic Party, and the Making of Domestic Policy, in: Rosenbaum, H. D. / Ugrinsky, A.

(Hg.), The Presidency and Domestic Policies of Jimmy Carter, Westport (CT), London 1994, S. 3–16, hier S. 3.
52 Vgl. Rede Carters vor der Foreign Policy Association in New York am 23.6.1976, abgedruckt in: Breitinger, E., The Presidential Campaign 1976, Frankfurt a.M. 1978, S. 154–162, hier S. 155.
53 Inaugurationsrede Carters vom 20.1.1977, abgedruckt in: Public Papers of the Presidents of the United States: Jimmy Carter, 1977, Bd. 1, Washington 1978, S. 2ff.
54 Vgl. Brzezinski, Between Two Ages, S. 297f.; ders., European Crossroads, S. 101, Fußnote 1.
55 Vgl. Bitzer, L. / Rueter, T., Carters vs. Ford. The Counterfeit Debates of 1976, Madison und London 1980, S. 322; Rede Carters vor dem Council on Foreign Relations in Chicago, 15.3.1976, abgedruckt in: Carter, J., The Presidential Campaign 1976, Vol. 1, Part 1, Washington 1978, S. 109–119.
56 Interview mit David Anderson am 14.3.1995.
57 Neben Brzezinski waren Mitglieder der Trilateralen Kommission u.a. Vizepräsident Walter Mondale, Außenminister Cyrus Vance und dessen Stellvertreter Warren Christopher, Verteidigungsminister Harold Brown, Finanzminister Michael Blumenthal und dessen Stellvertreter Anthony Solomon, der Direktor der Rüstungskontrollbehörde, Paul Warnke, sowie der US-Botschafter bei den Vereinten Nationen, Andrew Young. Eine vollständige Übersicht findet sich bei Meyer, Carter, S. 194.
58 Der Zeitzeuge bat darum, nicht genannt zu werden.
59 Vgl. Brzezinski, Power, S. 313f.
60 Interview mit Zbigniew Brzezinski am 19.11.1993. Vgl. auch den Brief von S.G. Thomas an Schmidt vom 2.7.1977, HSPA.
61 Vgl. Burt, R., Zbig Makes it Big, *NYT Magazine*, 30.7.1978.
62 Dieser Gedanke findet sich in dem ungewöhnlichen Porträt Carters von Klaus Harpprecht im *FAZ-Magazin* vom 22.11.1991.
63 Vgl. Rupps, M., Helmut Schmidt. Politikverständnis und geistige Grundlagen, Bonn 1997, S. 182ff.
64 Vgl. Baker, Southern Baptist, S. 80.
65 Vgl. Bourne, Carter, S. 169ff.
66 Interview mit Peter Bourne am 29.9.1993. Vgl. auch Bourne, Carter, S. 239.
67 Vgl. Carter, Why, S. 125.
68 Interview mit Carter, »Viel härter gegen die Sowjets auftreten«, *Spiegel*, Nr. 26/1976.
69 Vgl. Wer ist Wer?, *Spiegel*, Nr. 4/1977.
70 Manuskript der Rede Schmidts vor der University of South Carolina am 6.6.1979, HSD, 1424, AdsD.
71 Rede Schmidts anläßlich der Verleihung des Eric-Warburg-Preises am 25.5.1992; Kopie im Besitz des Verfassers.
72 Der Beamte bat darum, nicht namentlich zitiert zu werden.

73 Brief Dönhoffs an Schmidt vom 4.3.1977, HSPA.
74 Vgl. Dönhoff, M. Gräfin, Weltpolitik mit Fanfarenstößen, *Zeit*, 4.3.1977.
75 Vgl. Brief Birrenbachs an E. Rostow vom 18.4.1977, Anlage zum Konzept des Briefes von Brzezinski an Rostow vom 26.4.1977, »PR 2 1/20/77–1/20/81«, PR-9, WHCF SF, JCL.
76 Vgl. Niederschrift über die Sitzung der Studiengruppe »Ost-West-Beziehungen in Europa« am 21. März 1977, DGAP.
77 Interview mit Manfred Schüler am 30.3.1993.
78 Brief von Corterier an Kurt Mattick u.a. vom 15.4.1976, Bestand SPD-PV, 11492, AdsD.
79 Vgl. Brief von William Griffith an Brzezinski vom 26.6.1977, »FG 6-1-1/Brzezinski, Zbigniew«, WHCF JCL. Interview mit David Binder, langjähriger Bonner Korrespondent der New York Times und ab 1977 stellvertretender Leiter des *NYT*-Büros in Washington, am 3.12.1992.
80 Interview mit Marion Gräfin Dönhoff am 24.6.1993.
81 Interview mit Judy Powell u.a., 17./18.12.1981, White Burkett Miller Center Interviews, JCL, S. 64.
82 Vgl. Anderson, J., What Carter Thinks of World Leaders, What World Leaders Think of Carter, *WPo*, 25.9.1977.
83 Brief von Stone an Brzezinski vom 18.2.1977, »CO 54 1/20/77–1/20/81«, CO-26, WHCF SF, JCL.

II. Der Fehlstart

1 Vgl. Manuskript der Tischrede Schmidts am 16.7.1976 bei seinem Besuch in Washington, HSPA; Manuskript des Interview Schmidts mit ABC am 18.7.1976, HSPA; Schmidt: I like Ford, *Newsweek*, 18.10.1976.
2 Später – nach Schmidts Eingriffen in den Wahlkampf – behauptete Carter dann sogar, der Kanzler sei einer derjenigen, die sich über nicht ausreichende Konsultationen der Ford-Regierung beschwert hätten (Interview mit Carter für die Novemberausgabe des *Playboy* von 1976, abgedruckt in: Carter, Presidential Campaign, Vol. 1, S. 939–964, hier S. 953).
3 Vgl. etwa das Interview Schmidts mit dem Fernsehsender CBS am 7.7.1974, abgedruckt in: *Bulletin des Presse- und Informationsamtes der Bundesregierung*, Nr. 83/1974; oder das Interview mit Schmidt in *Reader's Digest*, September 1975.
4 Vgl. Brief Stadens an Schmidt vom 12.10.1976, HSD, 417, AdsD.
5 HSD, AdsD.
6 Zitiert im Brief von Karl Kaiser an Schmidt vom 18.10.1976, HSD, 417, AdsD.

7 Interview mit William R. Smyser, 1977 Botschaftsrat der US-Botschaft in Bonn, am 13.12.1993. Vgl. auch den Brief Dönhoffs an Schmidt vom 4.3.1977, HSPA.
8 Vgl. etwa den Eintrag Grünewalds vom 5.11.1976, GNB.
9 Hoffmann, S., The Hell of Good Intentions, in: *Foreign Policy*, Vol. 29 (Winter 1977/78), S. 3–26, hier S. 11.
10 Vgl. etwa den Diskussionsbeitrag von William B. Quandt in: Rosenbaum, H. D. / Ugrinsky, A. (Hg.), Jimmy Carter: Foreign Policy and Post-Presidential Years, Westport (CT) und London 1994, S. 61–65.
11 Vgl. Interview Stuart Eizenstats mit Carter am 4.6.1991. Dem Verfasser freundlicherweise von S. Eizenstat zur Verfügung gestellt.
12 Hargrove, Carter, S. 21.
13 Zitiert nach: Conta, M. von, Brasilien hüllt sich in Schweigen, *SZ*, 19.11.1976.
14 Vgl. Fallows, J., Passionless Presidency. The Trouble with Jimmy Carter's Administration, in: *The Atlantic*, May 1979.
15 Giscard d'Estaing, V., Macht und Leben. Erinnerungen, Frankfurt a.M. und Berlin 1988, S. 118f.
16 Vgl. dazu Heesch, J., Antikommunismus, Pro-Amerikanismus und Amerikakritik im politischen Denken von Helmut Schmidt, in: G. Schwan, Antikommunismus und Antiamerikanismus in Deutschland. Kontinuität und Wandel nach 1945, Baden-Baden 1999, S. 220–273, hier S. 239.
17 Bell, W. J., Kein Problem ist gelöst, aber man spricht wieder miteinander, *Deutsche Zeitung/Christ und Welt*, 25.3.1977.

3. Das Brasiliengeschäft

1 Zum folgenden siehe Gall, N., Atoms for Brazil, Dangers for All, in: *Foreign Policy*, Vol. 23 (Summer 1976), S. 155–201; Wilker, Betriebsunfall; Wonder, E. F., Nuclear Commerce and Nuclear Proliferation: Germany and Brazil, 1975, in: *Orbis*, Vol. 21 (Summer 1977), S. 277–306.
2 Abgedruckt in: *Bulletin des Presse- und Informationsamtes der Bundesregierung*, Nr. 87/1975, S. 823 ff.
3 Vgl. die Antwort von Klaus von Dohnanyi, Staatsminister des Auswärtigen Amtes, auf die mündliche Anfrage des Abgeordneten Dr. Riedl vom 2.3.1977, Verhandlungen des Deutschen Bundestages, Stenographische Berichte, 8. WP, 15. Sitzung, 2.3.1977, S. 763.
4 Vgl. Antwort von Walter Gehlhoff, Staatssekretär im Auswärtigen Amt, vom 25.6.1975 auf Anfrage des Abgeordneten Kern, Drucksache 7/3860 des Deutschen Bundestages, S. 7 f.
5 Vgl. Kübler, G., Unter dem Kreuz des Südens – Milliarden für germanische Kettenreaktionen, *FR*, 27.6.1975.

6 Vgl. Haftendorn, Sicherheit und Entspannung, S. 696. Die Zahl bezieht sich auf den Zeitraum bis 1980.

7 Vgl. Häckel, E., The Politics of Nuclear Exports in West Germany, in: Boardman, R./ Keeley, J. F. (Hg.), Nuclear Exports and World Politics, New York 1983, S. 62–78, hier S. 65. Vgl. auch Haftendorn, Sicherheit und Entspannung, S. 695; Wilker, Brasilien-Geschäft, S. 193 f.

8 Vgl. Heep, Schmidt, S. 71.

9 Vgl. Wonder, Commerce, S. 282.

10 Vgl. CDU/CSU begrüßt Atomabkommen, *SZ*, 6.6.1975.

11 Kritik wurde nur bei den Jusos (Brasilien-Vertrag wird unterzeichnet, *SZ*, 27.6.1975), im *Vorwärts* und in der *Frankfurter Rundschau* laut (Mallmann, W., Brasilien zur Bombe verhelfen?, *Vorwärts*, 12.6.1975). Wonder (Commerce, S. 292) irrt, wenn er die ersten kritischen Stimmen auf März 1976 datiert.

12 Nuclear Madness, abgedruckt in: *NYT*, 13.6.1975. Vgl. auch: Bonn's Nuclear Threat, U.S. Nuclear Response, *IHT*, 25.6.1975; In Washington weiter schwere Bedenken, *SZ*, 20.6.1975; US-Senat untersucht Brasilien-Vertrag, *SZ*, 19.7.1975; Marder, M., Senate Unite Criticizes Stance of U.S. on Bonn-Brazil A-Deal, *IHT*, 25.7.1975.

13 Zum folgenden siehe Beckman, R. L., Nuclear Non-Proliferation. Congress and the Control of Peaceful Nuclear Activities, Boulder 1985, S. 203 ff.; Brenner, Nuclear Policy, S. 62 ff.; Haftendorn, Sicherheit und Entspannung, S. 697 f.; Kaiser, Nuclear Debates, S. 84.

14 Vgl. Haftendorn, H., Krise des internationalen Nuklearsystems. Nuklearpolitik im Widerstreit politischer, ökonomischer und sicherheitspolitischer Interessen, in: *APuZ*, B 5 (1979), S. 3–27, hier S. 5 ff.

15 HSPA.

16 Vgl. Antwort von Gehlhoff vom 25.6.1975 auf die Anfrage des Abgeordneten Kern, Drucksache 7/3860 des Deutschen Bundestages, S. 5 ff.; Fragen und Antworten zur deutschen Nuklearpolitik (Vademekum), o.D. (1975 oder 1976), NL Kurt Mattick, 202, AdsD, hier S. 23. Das Vademekum ist offenkundig im AA erstellt worden. Genaueres läßt sich dem NL Matticks nicht entnehmen.

17 Vgl. Behrmann, C., Geschichte und aktuelle Struktur des Antiamerikanismus, in: *APuZ*, B 29–30/1984, S. 3–14; Diner, D., Verkehrte Welten. Antiamerikanismus in Deutschland, Frankfurt a.M. 1993, S. 43 ff.

18 Vgl. etwa Didzoleit, W., Nicht nur Sorge um die Menschheit, *FR*, 14.4.1976.

19 Kuschen vor Carter, *Spiegel*, Nr. 50/1976.

20 Vgl. McGhee, G., At the Creation of a New Germany. From Adenauer to Brandt. Ambassador's Account, New Haven und London 1989, S. 217.

21 HSD, AdsD. Allerdings ist nicht auszuschließen, daß Schmidt damit

nur Moskaus Bedenken gegen das Brasiliengeschäft ausräumen wollte und es sich nicht um seine tatsächliche Auffassung handelte.

22 Frage 59 des Abgeordneten Karl-Heinz Hansen (SPD), Verhandlungen des Deutschen Bundestages, Stenographische Berichte, 7. WP, 178. Sitzung, 12.6.1975, S. 12471.

23 Vgl. Bedenken gegen das große Brasiliengeschäft, *FR*, 1.4.1976.

24 Interview mit Peter Hermes, bis 1979 Staatssekretär im Auswärtigen Amt, danach Botschafter in Washington, am 5.5.1993.

25 Vgl. Kernenergie auf dem Prüfstand: Sichere Energiequelle oder nicht beherrschbares Risiko? Bericht des 2. Untersuchungsausschusses der 11. Wahlperiode, Drucksache 11/7800 des Deutschen Bundestages, S. 206ff. Im folgenden zitiert als Untersuchungsausschuß-Bericht.

26 Vgl. Kaiser, Nuclear Debates, S. 88f.; Wonder, Commerce, S. 289f.; Kübler, G., Unter dem Kreuz des Südens – Milliarden für germanische Kettenreaktion, *FR*, 27.6.1975.

27 Vgl. Vermerk des B*MFT* vom 22.2.1975 für eine Kabinettsvorlage des AA, Zitiert nach: Untersuchungsausschuß-Bericht, S. 208.

28 Die Richtlinien sind abgedruckt in: *Bulletin des Presse- und Informationsamtes der Bundesregierung*, Nr. 6/1978, S. 45f. Vgl. auch »Aktuelle Fragen der Nichtverbreitungspolitik im Zusammenhang mit der friedlichen Nutzung der Kernenergie«, o.D. und Autor, NL Mattick, 202, AdsD.

29 Telefoninterview mit Gerald Ford am 15.11.1993.

30 Vgl. Robinson, E. S., America Steps Back From Atomic Brink, *WPo*, 26.1.1992; Brasilien auf dem Weg zur Atommacht, *NZZ*, 25.9.1987; Spector, L. S. (with J. R. Smith), Nuclear Ambitions. The Spread of Nuclear Weapons 1989–1990, Boulder (CO) 1990, S. 243ff.

31 Der bereits erwähnte Untersuchungsausschuß des Bundestages kam zu dem Ergebnis, daß sich nicht feststellen lasse, wie viele Mitarbeiter aus dem zivilen in das militärische Programm abgewandert sind (Untersuchungsausschuß-Bericht, S. 222f.) Dennoch glaubte die Mehrheit der Ausschußmitglieder, daß das militärische Programm vom Brasiliengeschäft nicht profitiert habe.

32 Minutes of the Cabinet Meeting, 17.10.1977, »Cabinet Meeting Minutes, 10/3/77–2/27/78«, Vertical Files, JCL.

33 Vgl. Nuclear Power Issues and Choices. Report of the Nuclear Energy Policy Study Group, Cambridge (MA) 1977.

34 Abgedruckt in: Presidential Campaign, Vol. I, Part 2, S. 815–819.

35 Der Druck, den Carter erzeugte, hatte zur Folge, daß auch die Ford-Regierung ihre Haltung im Wahlkampf revidierte und nun in Frage stellte, daß die Plutoniumwirtschaft und damit die kommerzielle Nutzung der Wiederaufarbeitungs- und Schneller-Brüter-Technologie nützlich und notwendig seien. Immerhin machte Ford deutlich, daß er nicht unilateral vorgehen wolle, sondern in Abstimmung mit den wichtigsten Lieferländern für Nukleartechnologie und nukleare

Brennstoffe. Er hatte dementsprechend die Verbündeten vor seinem Kurswechsel konsultiert. Bezeichnenderweise erwähnte er das Brasiliengeschäft im Wahlkampf nicht (vgl. Brenner, Nuclear Policy, S. 113 ff.).

36 Binder, D., Germans Visit U.S. To Talk as Well as Listen, *NYT*, 28.3.1977.

37 Heck, H., Größter Exportauftrag der Bundesrepublik droht zu scheitern, *Welt*, 9.12.1976.

38 Vgl. Vermerk des Ref. 412, AA, »Nuklearpolitik der USA« vom 20.10.1976, Anlage zum Brief von Dr. Ferdinand an Kurt Mattick vom 4.11.1976, NL Mattick, 169, AdsD.

39 Vgl. Telegramm 20797 von der US-Botschaft in Bonn an das State Department vom 10.12.1976, »Subject: FRG-Brazil Nuclear Deal«, Case Number 9103426 (»Brazil, West Germany: Nuclear Agreement of June 27, 1975«), State Department.

40 Vgl. Koalitionsvereinbarung »Internationale Nuklearpolitik« vom 8.12.1976, HSD, 6525, AdsD.

41 Zitiert nach: Bombengeschäft – Geschäft mit der Bombe?, *Spiegel*, Nr. 6/1977.

42 Vgl. Brief Kaisers an Schmidt vom 6.1.1977, HSPA.

43 Vgl. Protokoll der Sitzung des SPD-PV am 15.1.1977, HSD, 6286, AdsD.

44 Vgl. Kaiser, Nuclear Debates, S. 100.

45 Eintrag Grünewalds vom 21.12.1976, GNB.

46 Vgl. Brasilien beharrt auf Vertrag, *FR*, 3.2.1977.

47 Eintrag Grünewalds vom 21.12.1976, GNB.

48 Vgl. Eintrag Grünewalds vom 21.12.1976, GNB.

49 Vgl. Kuschen vor Carter, *Spiegel*, Nr. 50/1976.

50 Vgl. Agence Europe (New Series), Meldung Nr. 2121 (1976).

51 Brief Kaisers an Schmidt vom 6.1.1977, HSPA.

52 Vgl. Eintrag Grünewalds vom 13.1.1977, GNB.

53 Vgl. Brenner, Nuclear Policy, S. 132 ff.

54 Interview mit Peter Hermes am 5.5.1993.

55 Ebd.; Interview mit Joseph Nye am 9.11.1993; vgl. auch Brenner, Nuclear Policy, S. 130 ff.

56 Vermerk vom 17.1.1977, HSD, 159, AdsD.

57 HSPA.

58 Vgl. Heck, H., Größter Exportauftrag der Bundesrepublik droht zu scheitern, *Welt*, 9.12.1976; Telegramm 20797 der US-Botschaft in Bonn an das State Department vom 10.12.1976, »Subject: FRG-Brazil Nuclear Deal«, Case Number 9103426 (»Brazil, West Germany: Nuclear Agreement of June 27, 1975«), State Department.

59 Vgl. Vorlage für Abteilungsleiter 44 im AA vom 16.11.1976, zit. in: Untersuchungsausschuß, S. 210.

60 Vgl. Memorandum von Brzezinski an Carter, o.D. (25.2.1977), »Subject: Letter from Chancellor Schmidt«, »Germany, Feder-

al Republic of: Chancellor Schmidt, 2–4/77«, 6, National Security Affairs – Brzezinski Material, President's Correspondence with Foreign Leaders, JCL; Memorandum von Christopher an Carter vom 7.3.1977, »Subject: Response to Chancellor Schmidt on Germany/ Brazil Nuclear Agreement«, »Germany, Federal Republic of: Chancellor Schmidt, 2–4/77«, 6, National Security Affairs – Brzezinski Material, President's Correspondence with Foreign Leaders, JCL.

61 Eintrag Grünewalds vom 22.3.1977, GNB.

62 Vermerk des Gesprächs zwischen Börner und Stoessel u.a. am 17.3.1977 in Wiesbaden, Folder 5 E, Box 1, WSC GU.

63 Vgl. Silk, L., Germany Intends to Keep Economy »in Good Shape«, *NYT*, 24.1.1977; Whitney, C., A Refreshed and Newly Confident Schmidt Resumes Active Role, *NYT*, 24.1.1977.

64 Interview mit Hans-Jürgen Wischnewski am 11.5.1993.

65 Interview mit Arthur Hartman am 10.11.1993.

66 Eintrag Grünewalds vom 26.1.1977, GNB.

67 HSPA; vgl. Bombengeschäft – Geschäft mit der Bombe?, *Spiegel*, Nr. 6/1977.

68 Vgl. Brasiliens wachsender Atomschatten, *NZZ*, 6.2.1977.

69 Vgl. Brzezinski, Power, S. 131; Memorandum von Christopher an Carter vom 7.3.1977, »Subject: Response to Chancellor Schmidt on Germany/Brazil Nuclear Agreement«, »Germany, Federal Republic of: Chancellor Schmidt, 2–4/77«, 6, National Security Affairs – Brzezinski Material, President's Correspondence with Foreign Leaders, JCL; Bonn bleibt vertragstreu, *FAZ*, 5.3.1977.

70 Vgl. Telegramm 4116 der US-Botschaft in Bonn an das State Department vom 8.3.1977, »Subject: FRG-Brazil Nuclear Energy Agreement«, Case Number 9103426 (»Brazil, West Germany: Nuclear Agreement of June 27, 1975«), State Department.

71 Eintrag Grünewalds vom 14.2.1977, GNB.

72 Vgl. Binder, D., W. German Aide Rebuffs U.S. On Nuclear Deal With Brazil, *IHT*, 12.2.1977; Deutsch-amerikanische Kernenergie-Gespräche, *NZZ*, 10.2.1977; Siebert, H.-A., Bonn läßt sich nicht durch die USA vom Atomgeschäft abbringen, *Welt*, 14.2.1977.

73 Eintrag Grünewalds vom 14.2.1977, GNB.

74 Vgl. Brasilien: »Das Atom ist unser«, *Spiegel*, Nr. 8/1977; Carter bleibt hart, *Spiegel*, Nr. 9/1977.

75 Memorandum von Brzezinski an Carter, o.D. (25.2.1977), »Subject: Letter from Chancellor Schmidt«, »Germany, Federal Republic of: Chancellor Schmidt, 2–4/77«, 6, National Security Affairs – Brzezinski Material, President's Correspondence with Foreign Leaders, JCL. Schmidts Brief liegt nicht vor, ist aber in Brzezinskis Vermerk sowie dem Memorandum von Christopher an Carter vom 7.3.1977 zusammengefaßt (»Subject: Response to Chancellor Schmidt on Germany/Brazil Nuclear Agreement«, »Germany, Federal Republic of: Chancellor Schmidt, 2–4/77«, 6, National Security Affairs – Brze-

zinski Material, President's Correspondence with Foreign Leaders, JCL).
76 Genscher, H.-D., Erinnerungen, Berlin 1995, S. 404.
77 Carters Brief liegt nicht vor, aber der Inhalt geht aus dem Sprechzettel für Schmidt für die Sitzung des PV der SPD am 21.3.1977 hervor (HSD, 1511, AdsD).
78 Vgl. American Council on Germany und Atlantikbrücke (Hg.), The Ninth American-German Conference, Freiburg 1977; Leissler, K., Die Kernkraftwerke sind für den Bau von Atombomben ein teurer Umweg, *Welt*, 14.3.1977.
79 Sommer, T., Die Zeitbombe tickt im Unterholz, *Zeit*, 18.3.1977. Sommer hatte 1970 den Planungsstab des Verteidigungsministeriums geleitet, als Schmidt Verteidigungsminister war.
80 Vgl. Umweltschützer diskreditieren bei Carter Bonns Außenpolitik, *FAZ*, 5.3.1977.
81 Sommer, T., Die Zeitbombe tickt im Unterholz, *Zeit*, 18.3.1977.
82 Vgl. Brief Schleyers an Schmidt vom 10.3.1977, HSD, 458, AdsD. Zur Opposition vgl. Rede von A. Mertes (CDU) vor dem DBT, Verhandlungen des Deutschen Bundestages, Stenographische Berichte, 8. Wahlperiode, 34. Sitzung, 21.6.1977, S. 2613, und die Rede von F. J. Strauß (CSU), ebd., 26. Sitzung, 12.5.1977, S. 1828. Zu den Gewerkschaften vgl. das Interview mit dem IG-Metall-Chef Loderer in der *NRZ*, 23.3.1977.
83 Vgl. etwa Schröder, D., Das Risiko des Atomgeschäfts, *SZ*, 8.2.1977.
84 Vgl. Telegramm 2295 der US-Botschaft in Bonn an das State Department vom 7.2.1977, »Subject: Hermes Delegation Visit to Washington – FRG/Brazil Nuclear Deal«, Case Number 9103426 (»Brazil, West Germany: Nuclear Agreement of June 27, 1975«), State Department.
85 Vgl. Telegramm 2386 der US-Botschaft in Brasilia an das State Department vom 28.3.1977, »Subject: Next Steps on FRG/GOB Nuclear Agreement«, Case Number 9103426 (»Brazil, West Germany: Nuclear Agreement of June 27, 1975«), State Department.
86 Zitiert nach: Fernschreiben Nr. 23 des deutschen Generalkonsulats in Boston vom 11.3.1977 an das AA über die Pressekonferenz Brandts am gleichen Tag, »Aktengruppe Sozialdemokratische Partei Deutschlands. Parteivorsitzender / Parteipräsidium / Parteivorstand – Verbindungen mit Mitgliedern des Präsidiums, sozialdemokratischen Bundesministern und Staatssekretären in obersten Bundesbehörden A-Z«, WBNL, 29, AdsD.
87 HSPA.
88 Vgl. Brenner, Nuclear Policy, S. 125f.
89 Vgl. Brzezinski, Power , S. 556f.
90 Hierzu und zum folgenden vgl. Brenner, Nuclear Policy, S. 132ff.
91 Die Erklärung liegt nicht vor. Ihr Inhalt ergibt sich aber aus den

Gesprächen zwischen Schmidt und Stoessel sowie Schmidt und Vance und aus der Darstellung bei Brenner (Nuclear Policy, S. 139f.).

92 Vgl. Grundlinien und Eckwerte für die Fortschreibung des Energieprogramms. Beschluß des Bundeskabinetts vom 23.3.1977, abgedruckt in: *Bulletin des Presse- und Informationsamtes der Bundesregierung*, Nr. 30/1977, S. 266ff.

93 Vgl. die schriftliche Antwort Matthöfers auf die Frage des Abgeordneten Schröder, Verhandlungen des Deutschen Bundestages, Stenographische Berichte, 8. WP, 21. Sitzung, 24.3.1977, S. 1391.

94 Die Entscheidung war bereits am 23. März im Nuklearrat gefallen. Forschungsminister Hans Matthöfer hatte ebenso wie Wirtschaftsminister Friderichs und Außenminister Genscher für eine sofortige Lieferung plädiert. Genscher und Friderichs betonten den Zwang zur Vertragstreue, Matthöfer argumentierte teils fatalistisch – die Brasilianer würden im Rahmen der kerntechnischen Zusammenarbeit das Know-how in jedem Fall erhalten –, teils technisch. Mit den Unterlagen für die Pilotanlage lasse sich kein bombenfähiges Material herstellen. Auch der Kanzler stimmte zu. Wenn man die Entscheidung weiter hinausschiebe, würde man sich in eine »Dauer-Bredouille« bringen. Es sei daher besser, Fakten zu schaffen. Vgl. Eintrag Grünewalds vom 23.3.1977, GNB.

95 HSPA.

96 Vgl. Brenner, Nuclear Policies, S. 139f.

97 Vgl. Bonn: Brasilien-Vertrag nicht gegen Carters Politik gerichtet, *FAZ*, 12.4.1977; Bonn: Blaupausen-Export nach Brasilien endgültig, *FAZ*, 13.4.1977; Verfrühter Triumph, *FAZ*, 13.4.1977.

98 Eintrag Grünewalds vom 27.4.1977, GNB.

99 Sowohl im Juli 1977 als auch im Frühjahr 1978 drängte die Carter-Regierung die Bundesregierung auf eine Modifizierung des Brasiliengeschäftes. Vgl. Memorandum von Gerard Smith an Vance vom 22.7.1977, »Subject: Next Steps on the FRG-Brazil Agreement«, Case Number 9103426 (»Brazil, West Germany: Nuclear Agreement of June 27, 1975«), State Department; Brasilien-Vertrag bleibt Reibungspunkt, *Welt*, 15.4.1978.

100 Aufgrund der ausufernden Kosten wurde dennoch nur ein Bruchteil des Brasiliengeschäfts verwirklicht. Von den acht geplanten Kernkraftwerken ist bis heute erst eine Anlage fertiggestellt worden, die WAA wurde nie geliefert. Im Herbst 2004 einigten sich Berlin und Brasilia, das Abkommen aufzuheben.

101 Erklärung der Bundesregierung zur Nuklearpolitik, abgedruckt in: *Bulletin des Presse- und Informationsamtes der Bundesregierung*, Nr. 65/1977, S. 613.

102 Interview mit Arthur Hartman am 10.11.1993.

103 HSD, AdsD.

4. Modell Deutschland gegen Modell USA

1 Vgl. Sachverständigenrat zur Begutachtung der gesamtwirtschaftlichen Entwicklung (Hg.), Mehr Wachstum. Mehr Beschäftigung. Jahresgutachten 1977/78, Stuttgart und Mainz, o.J. (1977), S. 2.
2 Vgl. The Deterioration in the Economic Situation and the European Council, Agence Europe, 24.11.1976.
3 Brief Schmidts an Brandt vom 5.1.1977, HSPA.
4 Regierungsprogramm der SPD 1976–1980, abgedruckt in: SPD-Parteivorstand (Hg.), Jahrbuch der SPD 1975–1977, Bonn o.J., S. 517–556, hier S. 518.
5 Vgl. Putnam/Henning, Bonn Summit, S. 36.
6 The American Council on Germany, Dinner in Honor of Chancellor Schmidt, The Metropolitan Museum of Art (New York), June 8th, 1979, »CO 54-2, 7/1/79–12/31/79«, CO-27, WHCF SF, JCL.
7 Zum folgenden vgl. Andersen, U., Konjunktur- und Beschäftigungspolitik, in: Grosser, D. (Hg.), Der Staat in der Wirtschaft der Bundesrepublik, Opladen 1985, S. 375–454; Deutsch, Weltmarktintegration; Klotten, N. u.a., West Germany's Stabilization Performance, in: Lindberg, L. N. / Maier, C. S., The Politics of Inflation and Economic Stagnation. Theoretical Approaches and International Case Studies, Washington 1985, S. 353–402.
8 Vgl. Hagemann, H., Der amerikanische Einfluß auf das deutsche Wirtschaftsdenken, in: Junker (Hg.), Handbuch, Bd. 1, S. 553–563, hier S. 561 ff.
9 Vgl. Putnam/Henning, Bonn Summit, S. 33 f.
10 Vgl. Boche, J., Franco-German Economic Relations: National Strategies and Cooperation in the European Community, SAIS Washington, Ph.D. thesis 1992, S. 101.
11 Vgl. Eintrag Grünewalds vom 27.4.1977, GNB.
12 »Die Zeit für Keynesianische Ideen ist abgelaufen«, zitierte ihn etwa die *New York Times* (Silk, L., Germany Intends to Keep Economcy »in Good Shape«, *NYT*, 24.1.1977).
13 Interview mit Manfred Schüler am 30.3.1993.
14 Vgl. Hemmerich, F., Die Beschäftigungspolitik in der Bundesrepublik Deutschland in den Jahren 1974–1982, Berlin 1982; Jäger/Link, Ära Schmidt, S. 19 ff.; Schröder, K., Der Weg in die Stagnation. Eine empirische Studie zur Konjunkturentwicklung in der Bundesrepublik 1967–1982, Opladen 1984, S. 144 ff.
15 Vgl. Jäger/Link, Ära Schmidt, S. 19.
16 Vgl. Scharpf, Krisenpolitik, S. 180.
17 Eintrag Grünewalds, o.D. (um den 29.11.1976), GNB.
18 Stellungnahme der Bundesregierung zum Jahresgutachten des Sachverständigenrats zur Begutachtung der gesamtwirtschaftlichen Entwicklung, Beilage, Jahreswirtschaftsbericht 1977 der Bundesregierung, S. 19 f.

19 Vgl. Sachverständigenrat zur Begutachtung der gesamtwirtschaftlichen Entwicklung (Hg.), Zeit zum Investieren. Jahresgutachten 1976/77, Stuttgart und Mainz, o.J. (1976), S. 96f.
20 Vgl. Sprechzettel für die Sitzung des SPD-Parteirats am 28.1.1977, HSD, 1510, AdsD.
21 Vgl. Marbella-Papier, S. 34.
22 Ebd., S. 29f.
23 Carter, Presidential Campaign, S. 631.
24 Zum folgenden: Biven, C. W., Economic Advice in the Carter Administration, in: Rosenbaum/Ugrinsky (Hg.), Presidency, S. 611–623, hier S. 615ff.
25 Vgl. Carter, Faith, S. 74; Stein, H., Presidential Economics. The Making of Economic Policy from Roosevelt to Reagan and Beyond, New York 1988, S. 218.
26 Vgl. »An Economic Position Paper for Now and Tomorrow, 22.4.1976«, abgedruckt in: Carter, Presidential Campaign, S. 141–148.
27 Vgl. Hargrove, Carter, S. 88ff.
28 Vgl. ebd., S. 90.
29 Unkorrigiertes Manuskript der Pressekonferenz Nr. 4/77 vom 10.1.1977, BPA F 65.
30 HSD, AdsD.
31 Vgl. Memorandum von Blumenthal an Carter vom 23.12.1976, »Subject: The Advisability of a Near Term Economic Summit Meeting«, »Foreign Policy (12/76–1/77)«, 2, PHF, JCL.
32 Vgl. Putnam/Henning, Bonn-Summit, S. 31.
33 Vgl. Cooper, R., Global Economic Policy in a World of Energy Shortage, in: ders., Economic Policy in an Interdependent World. Essays in World Economics, London 1986, S. 53–70.
34 Vgl. Memorandum von S. Black an R. Cooper vom 9.11.1977, »Subject: Global Economic Slack: Analytical Perspectives and Potential Solutions«, »Economics (General) [2]«, 194, Eizenstat's Files, JCL.
35 Vgl. »Background (Macro Economic)«, o.D., Vorlage für den Londoner Weltwirtschaftsgipfel 1977, »World Economic Summit«, NSA.
36 Vgl. Cooper, Global, S. 68, Anm. 9.
37 Memorandum der Economic Policy Group an Carter vom 22.1.1977, »Subject: Economic Recovery Program«, »Economic Stimulus Program (1977)«, 13, Lipshutz' Files, JCL.
38 Interview mit Richard Cooper, Under Secretary for Economic Affairs im State Department, am 22.11.1993.
39 Vgl. U.S. Trade for November Registers a Record Deficit, *IHT*, 29.12.1976.
40 Vgl. James, H., International Monetary Cooperation Since Bretton Woods, New York und Oxford 1996, S. 289.

41 Vgl. Memorandum von Schultze an Carter vom 7.7.1978, »Subject: Economic Effects of Alternative Outcomes at the Summit«, CSPP.

42 Vermerk Richard Löwenthals, »Eilige Aktennotiz für den Kanzler« vom 12.1.1977, HSD, 159, AdsD.

43 Vgl. Siebert, H.-A., Genscher muß in Washington das Atomgeschäft verteidigen, *Welt*, 14.3.1977.

44 Vgl. Weber, H.-H., Germany and the Coordination of Stabilization Policies among the OECD Countries, in: Kohl, W. L. / Basevi, G. (Hg.), West Germany: A European and Global Power, Lexington (MA) und Toronto 1980, S. 63–72, hier S. 65. Weber war Abteilungsleiter im Wirtschaftsministerium.

45 Vgl. die Vermerke von Regierungssprecher Bölling an Schmidt vom 21.1.1977, SPD-PV/Büro E. Bahr, 102, AdsD. Vgl. Noelle-Neumann, E. (Hg.), Allensbacher Jahrbuch der Demoskopie 1976–1977, Bd. VII, Wien u. a. 1977, S. 85.

46 Walter Leisler Kiep gibt in seinen Erinnerungen davon einen beredten Eindruck (Leisler Kiep, W., Was bleibt, ist große Zuversicht, Berlin und Wien 1999, S. 197).

47 Vgl. Protokoll über die Sitzung des SPD-Parteivorstandes am 15.1.1977, HSD, 6286, AdsD.

48 Vgl. »Solidarität muß mehr sein als Semantik«, Stellungnahme des Juso-Bundesvorstandes zu einigen Aspekten der Regierungserklärung, Anlage zum Brief Wilhelm Dröschers vom 11.1.1977 an Brandt, WBNL Aktengruppe Sozialdemokratische Partei Deutschlands. Parteivorsitzender/Parteipräsidium/Parteivorstand – Verbindungen mit Mitgliedern des Präsidiums, sozialdemokratischen Bundesministern und Staatssekretären in obersten Bundesbehörden A-Z, 39, AdsD.

49 Vetter, H. O., Vorbereitet auf rauhes Wetter, *WdA*, 7.1.1977.

50 Bandabschrift der Rede Schmidts auf dem Godesberger Parteirat am 28.1.1977, HSD, 6286, AdsD.

51 Vgl. Silk, L., Germany Intends to Keep Economy »in Good Shape«, *NYT*, 24.1.1977.

52 Whitney, C., A Refreshed and Newly Confident Schmidt Resumes Active Role, *NYT*, 24.1.1977.

53 HSPA.

54 Vgl. Putnam/Henning, Bonn-Summit, S. 36f.

55 Vgl. ebd., S. 39.

56 Vgl. Sitzung des NSC vom 22.1.1977, Aufzeichnung Eizenstats, SEPP. Wie sich später herausstellen sollte, war die Skepsis berechtigt (siehe Kapitel 8).

57 Vgl. Memorandum von Schultze an Mondale vom 19.1.1977, »Subject: German and Japanese Economic Measures«, CSPP.

58 Vgl. Putnam/Hennig, Bonn-Summit, S. 35. Die von deutscher Seite gefertigten Vermerke des Treffens lassen den Ablauf nur erahnen.

59 Vgl. Schmidt, H., Weggefährten. Erinnerungen und Reflexionen,

Berlin 1998, S. 170. Cooper räumte 1993 ein, er sei »nie ein sehr guter Diplomat« gewesen, sondern habe immer sehr offen gesprochen (Interview mit Richard Cooper am 22. 11. 1993).

60 So klagte Schmidt gegenüber Owen (Interview mit Henry Owen, 1977–1981 Special Representative for Economic Summits im NSC, am 19. 11. 1993).

61 Vgl. etwa den Vermerk vom 31. 5. 1979, den Carters Haushaltsdirektor James McIntyre nach einem Gespräch mit Schmidt fertigte (»Meeting with Chancellor Schmidt«, »European Trip Germany, France and England, 5/27/79–6/2/79«, 6, McIntyre Collection, JCL), oder den Eintrag Grünewalds vom 18. 9. 1979, GNB.

62 Vgl. Anlage zum Jahreswirtschaftsbericht 1977 der Bundesregierung, o. O. o. J., S. 27.

63 Vgl. Vermerk »Gegenüberstellung der konjunkturanregenden Maßnahmen in USA und in der Bundesrepublik Deutschland« vom 24. 2. 1977, HSD, 1382, AdsD. In dem Vermerk wird allerdings auch darauf hingewiesen, wie problematisch eine solche Berechnung und wie eingeschränkt die Aussagekraft ist.

64 Vgl. Schmidt, M. G., Die Politik des mittleren Weges, in: *APuZ* 9–10/1990, S. 23–31, hier S. 27.

65 Vgl. Sprechzettel für die Sitzung des SPD-Parteirats am 28. 1. 1977, HSD, 1510, AdsD.

66 Vgl. Roeper, H., Die ausländischen Besserwisser, *FAZ*, 2. 2. 1977.

67 Vgl. Ansprache von Klasen anläßlich des Wechsels an der Spitze der Landeszentralbank München am 26. 1. 1977, Deutsche Bundesbank, Auszüge aus Presseartikeln, Nr. 7/1977.

68 Vgl. Ponto verteidigt deutsche Wirtschaftspolitik in Washington, *Vereinigte Wirtschaftsdienste*, 5. 3. 1977.

69 Vgl. Wolff: Keine neue Weltrezession, DIHT-Nachricht vom 13. 1. 1977, in: Deutsche Bundesbank, Auszüge aus Presseartikeln, Nr. 4/1977.

70 Vgl. Brief von Stone an Brzezinski vom 18. 2. 1977, »CO 54 1/20/77–1/20/81«, CO-26, WHCF SF, JCL.

71 Ebd.

72 Eintrag Grünewalds vom 14. 2. 1977, GNB.

73 Protokoll der Sitzung des SPD-PV am 26. 1. 1977, HSD, 6286, AdsD.

74 Vgl. unkorrigiertes Manuskript der Pressekonferenz H. Apels am 27. 1. 1977, 10.00 Uhr, »Thema: Bundeshaushalt 1977«, BPA F 65.

75 Vgl. Mark-Überschuß ist ein Dorn in Carters Auge, *Handelsblatt*, 11. 2. 1977; Dr. Emminger Rules Out Artificial Upvaluation of MARK, Press Review der BIZ, 11. 2. 1977; Apel Assails Proposal to Revalue Currencies, *IHT*, 15. 2. 1977.

76 Zitiert nach: Mark-Überschuß ist ein Dorn in Carters Auge, *Handelsblatt*, 11. 2. 1977.

77 Vgl. Bonner Kurs ist allzu restriktiv, *FAZ*, 21. 2. 1977.

78 Vgl. Washingtons internationale Wirtschaftsstrategie, *NZZ*, 10.2.1977.
79 Vgl. Bundeskabinett billigt Investitionsprogramm, Vereinigte Wirtschaftsdienste, 24.3.1977.
80 Ebd.
81 Vgl. Whitney, C., Bonn, Bowing to US Adding $ 1.7 Billion to Stimulus, *NYT*, 23.3.1977.
82 Ein Mitarbeiter Schmidts notierte bezeichnenderweise am Tag nach der Entscheidung über die Aufstockung: »Das Programm hat jetzt eine Größenordnung, die voraussichtlich auf Zustimmung bei Gewerkschaften, SPD und SPD-Fraktion trifft.« (Vermerk vom 22. März 1977, HSD, 162, AdsD).
83 Vgl. Brief E. Lutz an H. Wehner vom 14.3.1977, Bestand SPD-Bundestagsfraktion, 6193, AdsD.
84 Vgl. Institut der Deutschen Wirtschaft: Flaute nur vorübergehend?, *FAZ*, 26.4.1977.
85 HSD, AdsD.
86 Vgl. Vermerk des Gespräches am 4.5.1977, HSD, 164, AdsD.
87 Am 15. April verlor die Münchner SPD ihre Mehrheit im Stadtrat, als vier ihrer Stadträte die Fraktion verließen. Einige Tage später trat der hessische Landesvorsitzende Albert Osswald unter Korruptionsverdacht zurück. Am 27. April wurde ein Parteiausschlußverfahren gegen den Juso-Vorsitzenden Klaus-Uwe Benneter eingeleitet, der eine Zusammenarbeit der Jusos mit der DKP nicht ausschließen wollte. Und am 29. April gipfelte die Führungskrise der Berliner SPD im Rücktritt des Bürgermeisters Klaus Schütz.
88 Vgl. Carter Sees Anti-Inflation Plan as Vital as Employment Effort, Blumenthal Says, *Wall Street Journal*, 4.3.1977.
89 Vgl. Putnam/Henning, Bonn-Summit, S. 38.
90 Vgl. Aufzeichnung Eizenstats vom 13.4.1977, SEPP.
91 Vgl. hs. Notizen Carters vom 13.4.1977, »4/4/77 [2]«, 17, PHF, JCL.
92 Vgl. Washingtons internationale Wirtschaftsstrategie, *NZZ*, 10.2.1977.
93 Vgl. Carter, Faith, S. 77.
94 Brief Stadens an Schmidt vom 20.4.1977, HSD, 418, AdsD.
95 Vgl. Brief Carters an Schmidt vom 29.4.1977, »Germany, Federal Republic of: Chancellor Schmidt, 2–4/77«, 6, National Security Affairs – Brzezinski Material, President's Correspondence with Foreign Leaders, JCL. Vgl. auch das Memorandum von Schultze an Carter vom 18.4.1977, »Subject: Treasury Draft Summit Briefing Paper on Macroeconomic Policy«, CSPP.
96 Binder, D., Zwingt Jimmy Helmut in die Knie?, *Stern*, 5.5.1977.
97 Zitiert nach: Rowen, H., Carter's Post-Summit Image, *WPo*, 26.5.1977.
98 Vgl. Reston, J., Carter and Europe, *NYT*, 27.4.1977.

99 Vgl. Briefe Carters an Schmidt vom 25.4. und 29.4.1977, »Germany, Federal Republic of: Chancellor Schmidt, 2–4/77«, 6, National Security Affairs – Brzezinski Material, President's Correspondence with Foreign Leaders, JCL. Memorandum von Brzezinski an Carter vom 26.4.1977, »Subject: Your Meeting with Helmut Schmidt«, »Germany, Federal Republic of: Chancellor Schmidt, 2–4/77«, 6, National Security Affairs – Brzezinski Material, President's Correspondence with Foreign Leaders, JCL.

100 Vgl. Neustadt, R. E. / May E. R., Thinking in Time. The Uses of History for Decision-Making, New York 1986, S. 188f.

101 Vgl. Leisler Kiep, Zuversicht, S. 197.

102 Vorlage des State Departments vom 6.5.1977, »London Summit Issues: Big Six and EC Positions«, Non-Proliferation 1535, NSA.

103 Wirth, F., Versöhnung unter vier Augen: »Helmut, sag Jimmy zu mir«, *WamS*, 8.5.1977.

104 Murmann, H., Hat Präsident Carter nun »Helmut« gesagt?, *Kölner Stadt-Anzeiger*, 9.5.1977.

105 Interview mit Armin Grünewald am 10.3.1993.

106 Carr, J., Bonn likes Carter better as contacts reduce tension, *FT*, 11.5.1977.

107 Interview von Dorothea Hauser mit Carter am 8.11.1995, HSPA.

108 Vgl. Carr, Schmidt, 175.

109 Vgl. unkorrigiertes Manuskript der Pressekonferenz Schmidts am 8.5.1977 in London, »Thema: Wirtschaftsgipfel der Staats- und Regierungschefs«, BPA F 65.

5. Hilfe für Breschnew?

1 Vgl. Bahr, Zeit, S. 474f.; Dönhoff, M. Gräfin, Weltpolitik mit Fanfarenstößen, *Zeit*, 4.3.1977; Schmidt, Menschen, S. 156f., 222ff.

2 Vgl. hs. Brief Carters an T. J. White (Executive Editor der *Baltimore News American*) vom 8.3.1977 (»HU 3/1/77–3/11/77«, HU-1, WHCF SF, JCL). Vgl. auch den Brief von Stone an Brzezinski vom 18.2.1977, »CO 54 1/20/77–1/20/81«, CO-26, WHCF SF, JCL.

3 Vgl. SPD erwartet neue Impulse zur Verbesserung der Ostkontakte, *FAZ*, 27.9.1976.

4 Brief Brandts an Schmidt vom 28.2.1977, HSPA.

5 Vgl. Fischer, Interesse, S. 56.

6 Vgl. Börner/Koschnick, »Bundestagswahlkampf 1976: Analyse und Folgerungen für die Arbeit der SPD«, HSD, 6458, AdsD.

7 Vgl. Marbella-Papier, S. 10ff.

8 Vgl. Vermerk an Schmidt vom 7.4.1977, »Betr.: Strategiepapier für die 8. Legislaturperiode«, HSPA.

9 Vgl. Brief Genschers an die Mitglieder des Bundesvorstandes der

FDP vom 11.2.1976, ADL, Bestand FDP 5628. Vgl. auch Beyer, H.-J., Der Bundestagswahlkampf 1976 der F.D.P., in: *ZParl*, Jg. 10 (1979), H. 1, S. 88–100; Gringmuth, H. F. W., Der Handlungsspielraum der Freien Demokratischen Partei als Artikulationspartei. Wahlen und Forderungsverhalten der Freien Demokraten – unter Berücksichtigung ihres Einflusses in der Koalition gegenüber der SPD, Frankfurt a.M. 1984, S.72.

10 Vermerk an Schmidt vom 7.4.1977, »Betr.: Strategiepapier für die 8. Legislaturperiode«, HSPA. Vgl. auch Marbella-Papier, S. 11.

11 Vgl. Marbella-Papier, S. 13.

12 Ebd., S. 13f.

13 MBFR steht für Mutual Balanced Forces Reductions. Vgl. dazu Mutz, R., Konventionelle Abrüstung in Europa. Die Bundesrepublik Deutschland und MBFR, Baden-Baden 1984.

14 Heute weiß man, daß die sowjetischen Aufrüstungsbemühungen bei weitem nicht so dramatisch waren, wie viele Beobachter damals vermuteten. So nahmen die sowjetischen Militärausgaben, gemessen am BSP, nicht etwa zu, sondern ab (Njölstad, O., Key of Keys? SALT II and the Breakdown of Détente, in: Westad, O. A. (Hg.), The Fall of Détente. Soviet-American Relations during the Carter Years, Oslo 1997, S. 34–71, hier S. 62). Die CIA warnte schon damals davor, die Modernisierung konventioneller Waffen durch die UdSSR zu überschätzen. Vgl. CIA, The Balance of Forces in Central Europe (SR 77-10100), August 1977, S. 23 (http://www.foia.cia.gov/).

15 Vgl. Brief Brandts an Schmidt vom 28.2.1977, HSPA. Aufzeichnung Grünewalds über das Hintergrundgespräch Schmidts mit den Journalisten R. Evans und R. Novak (Eintrag o.D. [um den 15.11.1976], GNB). Vgl. Evans, R. / Novak, R., SOS From Schmidt to Carter on Europe, *IHT*, 20.11.1976.

16 Brief Bahrs an Schmidt vom 19.10.1976, Zitiert nach: Vogtmeier, A., Egon Bahr und die deutsche Frage. Zur Entwicklung der sozialdemokratischen Ost- und Deutschlandpolitik vom Kriegsende bis zur Vereinigung, Bonn 1996, S. 222f.

17 Vgl. Aufzeichnung Grünewalds über das Hintergrundgespräch Schmidts mit den Journalisten R. Evans und R. Novak (Eintrag o.D. [um den 15.11.1976], GNB). Vgl. Evans, R. / Novak, R., SOS From Schmidt To Carter on Europe, *IHT*, 20.11.1976.

18 Nach Schätzungen von Beteiligten beider Seiten war das Abkommen nur zu ungefähr einem Drittel ausgehandelt (vgl. Njölstad, Keys, S. 44).

19 Bezeichnenderweise wurden die MBFR-Verhandlungen nach über 500 Runden 1989 ergebnislos eingestellt.

20 Vgl. Carter, Why, S. 153. Rede Carters vor der amerikanischen Handelskammer in Tokio am 28.5.1975, abgedruckt in: Presidential Campaign, S. 66–70, hier S. 69.

21 Interview mit James Schlesinger am 19.7.1984, White Burkett

Miller Center Interviews, S. 13, JCL. Zu Carters Absichten vgl. Hargrove, Carter, S. 121; Rosati, J. A., The Carter Administration's Quest for Global Community: Beliefs and their Impact on Behaviour, Columbia (SC) 1987, S. 53 ff., sowie den Forschungsüberblick bei Rosati, The Rise and Fall of America's First Post-Cold War Foreign Policy, in: Rosenbaum/Ugrinsky (Hg.), Carter, S. 35–52, hier S. 35 f.

22 Vgl. Njölstad, O., Peacekeeper and Troublemaker. The Containment Policy of Jimmy Carter, 1977–1978, Oslo 1995, S. 11 f.

23 Vgl. Kaufman, Carter, S. 39.

24 Vgl. Briefing Memorandum von Hodding Carter III an Vance vom 2.9.1977, »Subject: Public Attitudes toward SALT and Relations with the USSR«, »ACDA 6/2/77–12/11/77«, 90, Jordan's Files, JCL. Zur Krise der Détente vgl. Garthoff, Détente, Part V; Huntington, S., Renewed Hostility, in: Nye, J. S. Jr. (Hg.), The Making of America's Soviet Policy, New Haven und London 1984, S 265–289; LaFeber, W., America, Russia and the Cold War, 1945–1980, 4. Aufl., New York u. a. 1980, S. 285 ff.; Schweigler, G., Von Kissinger zu Carter. Entspannung im Widerstreit von Innen- und Außenpolitik 1969–1981, München und Wien 1982, S. 247 ff.; Stevenson, R. W., The Rise and Fall of Détente. Relaxations of Tension in U.S.-Soviet Relations 1953–1984, London 1985, S. 162 ff.

25 Vgl. Jones, C. O., The Trusteeship Presidency: Jimmy Carter and the United States Congress, Baton Rouge 1988, S. 16 f.; vgl. auch Pflüger, F., Die Menschenrechtspolitik der USA, München und Wien 1983, S. 43.

26 Vgl. Gaddis, Strategies, S. 337.

27 Vance, Choices, S. 27.

28 »Our Foreign Relations«, Rede vor dem Council on Foreign Relations am 15. 3. 1976, abgedruckt in: Carter, Presidential Campaign, S. 109–119, hier S. 116; vgl. Brzezinski, Power, S. 147 ff.

29 Vgl. Vance, Choices, S. 31.

30 Vgl. Rede Carters vor der Versammlung von B'nai B'rith am 8. 9. 1976 in Washington D.C., abgedruckt in: Breitinger, Presidential Campaign, S. 145–149.

31 Vgl. Garthoff, Détente, S. 632 f.

32 Vgl. Njölstad, Peacekeeper, S. 228.

33 Vgl. Dumbrell, J., The Carter Presidency. A Re-evaluation, Manchester und New York 1993, S. 116 f.

34 Muravchik, J., The Uncertain Crusade. Jimmy Carter and the Dilemmas of Human Rights Policy, Washington 1986, S. 2.

35 Jimmy Carter, Miscellaneous Interviews, November 1984, JCL.

36 Vgl. Carter, Faith, S. 143 f.; Dumbrell, Carter, S. 112 ff.; Memorandum von Brzezinski an Carter vom 22. 4. 1977, »Subject: Your *Newsweek* Interview«, »4/23/77«, 20, PHF, JCL.

37 Vgl. Carter, Faith, S. 149 f.

38 Hs. Brief Carters an Jim Wall vom 21.4.1977, »4/21/77 [2]«, 19, PHF, JCL.
39 Vgl. Carter, Faith, S. 144.
40 Zitiert nach: Njölstad, Peacekeeper, S. 247.
41 Vgl. Minutes of the Cabinet Meeting, 31.1.1977, »Cabinet Meetings«, Verticale Files, JCL.
42 Memorandum von Powell an Carter vom 21.2.1977, »RE: Soviet Dissidents«, »Soviet Dissidents, 2/77–1/78«, 46, Robert Lipshutz' Files, JCL.
43 Memorandum von Jordan an Carter, ohne Titel, o.D. (hs. »June 1977«), »Foreign Policy Domestic Politics Memo«, 34, Jordan's Files, JCL.
44 Vgl. Pflüger, Menschenrechtspolitik, S. 161 ff.
45 Vgl. Brief Vetters an Schmidt vom 3.2.1977, HSD, 493, AdsD; Dreher, K., Genschers Mission in Washington, *SZ*, 16.3.1977; Schröder, D., Kein Verzicht auf Menschenrechte, *SZ*, 2.2.1977.
46 Dönhoff, M. Gräfin, Weltpolitik mit Fanfarenstößen, *Zeit*, 4.3.1977.
47 Vgl. Vermerk über das Gespräch zwischen Husak und Wehner in Prag am 13.1.1978, Bestand SPD-Bundestagsfraktion, 6089, AdsD; Schmidt, Menschen, S. 222 ff.
48 Eintrag Grünewalds vom 24.2.1977, GNB. Allerdings hat Bahr im SPD-Parteivorstand vier Tage später berichtet: »Es sei den Amerikanern völlig bewußt, daß durch die Entspannungspolitik menschliche Erleichterungen geschaffen worden sind, zahlreiche Menschen in Kontakt treten konnten und Ausreisegenehmigungen erhielten.« (Protokoll der PV-Sitzung am 28.2.1977, HSD, 1070, AdsD).
49 Interview mit Zbigniew Brzezinski am 19.11.1993.
50 Vgl. Dittgen, Demokratie, S. 13.
51 Zusammenfassung der Bilderberg-Konferenz in Torquay 23.–25.4.1977, Anlage zum Brief von A. Hoohendoorn an Wischnewski, Juni 1977, SPD-PV / Büro Wischnewski, 23, AdsD.
52 Vgl. Dittgen, Demokratie, S. 38.
53 Niederschrift über die Sitzung der Studiengruppe »Ost-West-Beziehungen in Europa« am 21. März 1977, DGAP.
54 Vgl. Aufzeichnung Grünewalds über das Hintergrundgespräch Schmidts mit den Journalisten R. Evans und R. Nowak (Eintrag o.D. [um den 15.11.1976], GNB).
55 Niederschrift des Interviews am 24.1.1977, ITN News at 10, HSD, 307, AdsD.
56 Vgl. Plädoyer Genschers für Entspannung, *SZ*, 6.4.1977.
57 Vgl. Aufzeichnung des Gesprächs zwischen Rudi Arndt und Wladimir Bukowski am 23.1.1977, SPD-PV / Büro Egon Bahr, 178, AdsD; Bahr, Zeit, S. 474.
58 Interview mit Valentin Falin, bis 1978 sowjetischer Botschafter in Bonn, am 9.9.1993.

59 Vgl. Rede Schmidts vor dem DBT, Verhandlungen des Deutschen Bundestages. Stenographische Berichte, 8. WP, 7. Sitzung, 19.1.1977, S. 181.
60 Unkorrigiertes Manuskript der RIAS-Sendung »Politiker diskutieren mit Schulklassen« vom 1.2.1977, BPA F 65.
61 Vgl. Plädoyer Genschers für die Entspannung, *SZ*, 6.4.1977.
62 Brief Breschnews an Schmidt, o.D. (von Schmidt abgezeichnet am 24.2.1977), HSPA.
63 Interview Peter von Oertzens in *Avanti*, Februar 1979, Zitiert nach: SPD, »Wochenbericht Nr. 55: Organisationsereignisse in der 6.–9. Woche 1979«, HSD, 6328, AdsD.
64 Vgl. Soell, H., Wandel durch Annäherung – bei normativer Distanz. Die Bonner Ost- und Deutschlandpolitik in den sechziger und siebziger Jahren im internationalen Rahmen, in: Faulenbach, B. / Meckel M. / Weber, H. (Hg.), Die Partei hat immer recht – Aufarbeitung von Geschichte und Folgen der SED-Diktatur, Essen 1994, S. 138–164, hier S. 159.
65 Vgl. Herf, J. War by Other Means: Soviet Power, West German Resistance, and the Battle of the Euromissiles, New York 1991.
66 Vgl. Vermerk von Herbert Prauß vom 9.5.1977 über eine Tagung der Hanns-Seidel-Stifung, an der Amalrik teilnahm (WBNL, Aktengruppe Sozialdemokratische Partei Deutschlands. Parteivorsitzender/Parteipräsidium/Parteivorstand – Verbindungen mit Mitgliedern des Präsidiums, sozialdemokratischen Bundesministern und Staatssekretären in obersten Bundesbehörden A–Z, 18, AdsD).
67 »Schmidt habe sich … kritisch über den negativen Einfluß der Dissidenten aus der UdSSR wie Bukowski geäußert. Diese Leute maßten sich an, der Bundesregierung vorzuschreiben, wie sie mit der UdSSR zu verhandeln habe«, berichtete der Ost-Berliner Bischof Schönherr nach einer Unterredung mit dem Kanzler (Vermerk über die Gespräche Bischofs Schönherr mit Wehner, Schmidt und Kohl [CDU], o.D. [November 1977], SAPMO BArch DY 30 IV 2.2.036/43).
68 Vgl. Garton Ash, Name, S. 177 ff.
69 Vgl. »Bemerkungen zur Entspannung vom 5.3.1976 vor dem Unterausschuß ›Entspannung‹ der Nordatlantischen Versammlung«, Nachlaß Mattick, 173, AdsD.
70 HSPA.
71 Dolmetscheraufzeichnung des Gesprächs zwischen François Mitterrand und Schmidt am 29.9.1977, HSD, 168, AdsD.
72 Journalisten fragen – Politiker antworten, ZDF, 26.6.1969, Sammlung Personalia, AdsD.
73 Vgl. Rede Schmidts vor dem DBT, Verhandlungen des Deutschen Bundestages. Stenographische Berichte, 6. WP, 172. Sitzung, 24.2.1972, S. 9922. Vgl. auch Schmidt, Strategie des Gleichgewichts, Stuttgart 1969, S. 186.
74 Schmidt, Jahrhundertwende, S. 49.

75 Vgl. Schmidt, H. u. a. (Hg.), Kindheit und Jugend unter Hitler, Berlin 1992, S. 246f.
76 Vgl. Carter, Faith, S. 141.
77 Schmidt, Menschen, S. 156.
78 Vgl. Rede von Hans Graf Huyn vor dem DBT, Verhandlungen des Deutschen Bundestages. Stenographische Berichte, 8. WP, 20. Sitzung, 23.3.1977, S. 1211–1217.
79 HSPA.
80 Vgl. Schmidt, Menschen, S. 223. Nicht Carters Protest gegen die Menschenrechtsverletzungen, sondern der von Schmidt unterstützte NATO-Doppelbeschluß trug später dazu bei, daß die sowjetischen Behörden die Ausreise von sogenannten Rußlanddeutschen drastisch einschränkten (vgl. Pittman, A., From Ostpolitik to Reunification: West German-Soviet Political Relations since 1974, Cambridge [MA] 1992, S. 27ff.). Der Sorge Bonns um die Ausreisemöglichkeiten kann deshalb nicht zu großes Gewicht beigemessen werden. Zu den Zahlenangaben vgl. Garton Ash, Name, S. 658ff.
81 Vgl. Vermerk Bahrs über sein Gespräch mit dem Go-Between Lednew (»Betr.: Gespräch in Berlin am 16. Januar 1977«, HSPA). Zu Falin: Aufzeichnung über das Gespräch zwischen StM Wischnewski und Botschafter Falin am 20. August 1977, Depositum Wischnewski, 906, AdsD. Zu Polen: Vermerk Bruno Friedrichs vom 20.4.1977 über seine Gespräche in Warschau am 6. und 7. April 1977, SPD-PV / Büro Egon Bahr, 371, AdsD. Zu Jugoslawien: Vermerk Ehmkes vom 19.1.1978 über seinen Besuch in Belgrad vom 8. bis 10.1.1978, SPD-PV, 11618, AdsD. Zum Back-Channel insgesamt vgl. Bahr, Zeit, S. 263f., 331ff.
82 Vgl. Falin, V., Politische Erinnerungen, München 1995, S. 249, 273.
83 Vgl. Unkorrigiertes Manuskript der RIAS-Sendung »Politiker diskutieren mit Schulklassen« vom 1.2.1977, BPA F 65.
84 Bandabschrift der Rede Schmidts auf dem Godesberger Parteirat '77, am 28.1.1977, HSD, 6286, AdsD.
85 Vgl. Schmidt, Menschen, S. 84, 222, 223.
86 Eintrag Grünewalds vom 21.3.1977, GNB.
87 Vgl. Hyland, Mortal Rivals, S. 208.
88 Vgl. Carter, Faith, S. 212f.
89 Vgl. Njölstad, Peacekeeper, S. 43.
90 Vgl. Talbott, S., Endgame. The Inside Story of SALT II, New York 1979. Heute weiß man, daß die Sowjetunion ihre Aufrüstung nicht mit dem Tempo betrieb, von dem viele westliche Beobachter damals ausgingen (vgl. Garthoff, R. L., A Journey Through the Cold War, Washington 2001, S. 329ff.).
91 Vgl. Flanagan, S. J., The Domestic Politics of SALT II: Implications for the Foreign Policy Process, in: Spanier, J. / Nogee, J. (Hg.), Congress, the Presidency and American Foreign Policy, New York u. a. 1981, S. 44–76, hier S. 51.

92 Vgl. Garthoff, Détente, S. 889f.
93 Interview mit Jimmy Carter am 29.11.1982, White Burkett Miller Center Interviews, JCL, S. 58.
94 Das wurde deutlich bei der Konferenz »SALT II and the Growth of Mistrust«, die 1994 von der Brown University veranstaltet wurde und an der sowjetische Zeitzeugen teilnahmen (vgl. Brief von J. Blight an Carter vom 13.5.1994, Kopie im Besitz des Verfassers).
95 Vgl. Talbott, Endgame, S. 67. Vgl. auch die selbstkritischen Ausführungen Carters in seinem Interview am 29.11.1982, White Burkett Miller Center Interviews, S. 58, JCL.
96 Der Carter-Regierung war entgangen, welche politische Bedeutung die sowjetische Seite der Vereinbarung von Wladiwostok beimaß. Aus Sicht Moskaus war sie Ausdruck der Anerkennung der Sowjetunion als gleichberechtigte Supermacht.
97 Vgl. Vance, Choices, S. 53ff.
98 Vgl. Talbott, Endgame, S. 74.
99 Vgl. Schmidt, Menschen, S. 224.
100 Vgl. Aufzeichnung Grünewalds über das Hintergrundgespräch Schmidts mit den Journalisten R. Evans und R. Nowak (Eintrag o.D. [um den 15.11.1976], GNB).
101 Eintrag Grünewalds vom 4.4.1977, GNB.
102 Vgl. Schmidt, Menschen, S. 224.
103 Schreiben Stadens an Schmidt vom 20.4.1977, HSD 418, AdsD.
104 Dazu und zum folgenden vgl. Talbott, Endgame, S. 78ff.; Brzezinski, Power, S. 166f.; Dittgen, Ära, S. 146.
105 Vgl. Brzezinski, Power, S. 126.
106 Vgl. Pflüger, Menschenrechtspolitik, S. 176.
107 Vgl. Eintrag Grünewalds vom 27.4.1977, GNB.
108 HSPA. Vgl. auch das Interview mit Jimmy Carter am 29.11.1982, White Burkett Miller Center Interviews, JCL, S. 58.
109 Vgl. Smith, H., Summit Conferences All Move in Now-Familiar Rhythms, *NYT*, 15.5.1977.
110 Brief Schmidts an Breschnew vom 2.6.1977, HSPA. Etwas pessimistischer äußerte sich Bahr gegenüber einem sowjetischen Gesprächspartner: »Zur Lage in den USA bemerkte Bahr, daß die SPD-Führung mit Besorgnis die zuweilen unüberlegten Schritte der Carter-Administration verfolge. Wir versuchen vieles zu mildern, fuhr Bahr fort, und manches gelingt uns auch, aber nicht alles. Jetzt ist schon klar, daß Carter und seine Umgebung – und das sind hauptsächlich neue Leute in der Politik – mehr Zeit als wir dachten brauchen werden, um zu lernen, sich in den internationalen Angelegenheiten zu bewegen. Wann sie das lernen werden, ist schwer zu sagen. Und noch schwerer ist es vorauszusehen, was sie lernen werden – Vernunft oder etwas anderes.« (Aufzeichnung eines Gespräches mit dem Bundesgeschäftsführer der SPD Egon Bahr am 11. Mai 1977, SAPMO-BArch DY 30/J IV 2/20.1/27).

111 Vgl. Pflüger, Menschenrechtspolitik, S. 179.
112 Vgl. Schweigler, Kissinger, S. 400ff.
113 Vgl. Pflüger, Menschenrechtspolitik, S. 181.
114 Vgl. Minutes of the Cabinet Meeting, 27.6.1977, »Cabinet Meeting«, Verticale Files, JCL; Brzezinskis Wochenmeldung vom 8.7.1977, abgedruckt in: Brzezinski, Power, S. 558f.
115 Vgl. Vermerk Dohnanyis an Genscher vom 11.6.1977, »Betr.: Meine Reise nach Moskau vom 7. bis 10. Juni 1977«, Anlage zum Brief Dohnanyis an Schmidt vom 13.6.1977, HSD, 00344, AdsD; vgl. Niederschrift über die Sitzung der Studiengruppe »Ost-West-Beziehungen in Europa«, DGAP am 20.6.1977, DGAP; W delowoi obstanowke, *Iswestija*, 16.6.1977.
116 Hs. Aufzeichnung Schmidts vom 6.7.1977, HSPA.
117 Brief Breschnews an Schmidt, o.D. (laut hs. Vermerk Schmidts wurde ihm der Brief von Bahr am 6.7.1977 übergeben), HSPA.
118 Vgl. Niederschrift über die Sitzung der Studiengruppe »Ost-West-Beziehungen in Europa« am 20.6.1977. DGAP.
119 Vermerk vom 5.7.1977 über ein Gespräch von Prof. Zechmeister mit Eugen Selbmann am 5.7.1977, SAPMO-BArch vorl. SED 37075/2.
120 So Häber nach einem Gespräch mit Selbmann an Honecker (Information über einen Aufenthalt von Herbert Häber in der Bundesrepublik Deutschland vom 1. bis 8. Juli 1977, auszugsweise abgedruckt in: Nakath, D. / Stephan, G.-R., Die Häber-Protokolle. Schlaglichter der SED-Westpolitik 1973–1985, Berlin 1999, S. 127–131, hier S. 128).
121 Vgl. Brief Ehmkes an Schmidt vom 1.7.1977, HSPA.
122 Interview mit Henry Owen, Special Representative for Economic Summits im NSC, am 19.11.1993.
123 Brief Stadens an Schmidt vom 18.7.1977, HSD, 310, AdsD.
124 Vgl. Brzezinski, Power, S. 26; Interview mit Zbigniew Brzezinski am 19.11.1993; Giscard, Macht, S. 115f.
125 Das erzählte Kissinger Botschafter Staden am 7. Juli 1977 (HSPA).
126 »Reagans Kriegsgerede macht uns Angst«, Interview mit Carter im *Stern*, 22.9.1982.
127 Hintergrundinformation, die vier Zeitzeugen unabhängig voneinander bestätigten.
128 Vgl. Baring, Machtwechsel, S. 680; Hillenbrand, M., Fragments of Our Time. Memoirs of a Diplomat, Athens und London 1998, S. 336; Rupps, Schmidt, S. 98.
129 Vgl. Carr, J., Growing fear for detente, *FT*, 6.7.1977.
130 Vgl. Bremer, H., Mein Freund Jimmy Ford, *Stern*, 21.7.1977; Carr, J., Growing fear for detente, *FT*, 6.7.1977.
131 Vgl. Missionarischer Eifer, *Spiegel*, Nr. 29/1977; Kleines Mirakel, *Spiegel*, Nr. 30/1977.
132 Vgl. Conrad, B., Schmidt hofft auf einen Brückenschlag, *Welt*, 1.8.1977.

133 Vgl. Bremer, H., Mein Freund Jimmy Ford, *Stern*, 21.7.1977.
134 Vgl. Schreitter-Schwarzenfeld, H., Viel Ehre und ein Stückchen Strapaze, *FR*, 15.7.1977.
135 Vgl. Bremer, H., Mein Freund Jimmy Ford, *Stern*, 21.7.1977.
136 Vgl. Borch, H. v., Erstes Gespräch Carter-Schmidt, *SZ*, 14.7.1977.
137 Vgl. Borch, H. v., Stimmung im Weißen Haus: »Wir sind neu, wir sind jung«, *SZ*, 13.7.1977.
138 Vgl. Sitzung des Policy Review Committee des NSC am 9.7.1977, Aufzeichnung Eizenstats, SEPP.
139 Vgl. Memorandum von Stoessel an Anderson vom 13.7.1977, »Subject: Meeting at the White House, morning July 13, 1977 between the President and the Chancellor«, Folder 21, Box 4, WSC GU.
140 Vgl. auch Brzezinski, Power, S. 307; Schmidt, Menschen, S. 226.
141 Es ging um die amerikanischen Radiosender Radio Free Europe und Radio Liberty. Kissinger hatte Schmidt im Dezember 1974 zugesagt, den Sendebetrieb innerhalb der nächsten drei bis fünf Jahre einzustellen. Schmidt sah die Bonner Außenpolitik durch die ständigen Auseinandersetzungen mit den Ostblockstaaten um RFE/RL belastet. Und er fand, daß die Existenz zweier amerikanischer Regierungssender auf deutschem Boden ein Relikt aus der Besatzungszeit sei. Doch dann beantragte Carter am 22. März 1977 beim Kongreß, der in dieser Frage drängte, eine Budgeterhöhung. Schmidt hatte Brzezinski deshalb in London zur Rede gestellt (Vgl. Brzezinski, Power, S. 293; Interview mit Zbigniew Brzezinski am 19.11.1993; Spencer, D.S., The Carter Implosion: Jimmy Carter and the Amateur Style of Diplomacy, New York 1988, S. 37f.).
142 Interviews mit Zbigniew Brzezinski am 19.11.1993 sowie mit Jerrold Schecter, dem ehemaligen Pressesprecher des NSC, am 2.12.1993. Vom zunächst großen Respekt Brzezinskis für Schmidt und Brandt berichtete auch Stephan G. Thomas nach einer USA-Reise (Anlage zum Brief von Thomas an Schmidt vom 2.7.1977, HSPA).
143 Information über einen Aufenthalt von Herbert Häber in der Bundesrepublik Deutschland vom 19. bis 22. Juni 1978, abgedruckt in: Nakath/Stephan, Häber-Protokolle, S. 168–182, hier S. 170.
144 Vgl. Schmidt, Menschen, S. 229.
145 Interview mit Zbigniew Brzezinski am 19.11.1993.
146 Interview mit Berndt von Staden am 1.3. und 24.3.1993.
147 Brief von William Griffith an Brzezinski vom 26.6.1977, »CO 54-1, 1/20/78–1/20/78«, CO-26, WHCF SF, JCL.
148 Vgl. Brzezinski, Power, S. 176.
149 Vgl. »Interview des Bundeskanzlers für die NDR-Sendung ›Politik am Mittag‹ vom 16. Juli 1977«, Material für die Presse, Privatarchiv des Verfassers.
150 Vgl. BPA-Nachrichtenabteilung, Referat II R 2, Rundfunk-Auswertung Deutschland, »Bundeskanzler Helmut Schmidt zu seinen

Gesprächen in Kanada, USA u. auch Island«, in: »heute« (ZDF), 17.7.1977, 19.00 Uhr, BPA.

151 Vgl. Brief Stadens an Schmidt vom 18.7.1977, Antwort Schmidts an Staden vom 31.8.1977, HSD, 310, AdsD.

152 HSPA.

III. Zerrüttung

1 Stern, Beziehungen, S. 483.

2 Information über einen Aufenthalt von Herbert Häber in der Bundesrepublik Deutschland vom 15. bis 22. März 1978, abgedruckt in: Nakath/Stephan, Häber-Protokolle, S. 151–166, hier S. 163 f.

3 Vgl. Dumbrell, Carter Presidency, S. 39 ff.; Haas, G. A., Jimmy Carter and the Politics of Frustration, Jefferson (NC) und London 1992, S. 63 ff.

4 Vgl. Dumbrell, Carter Presidency, S. 39.

5 Interview mit Eizenstat am 29./30.1.1982, White Burkett Miller Center Interviews, JCL, S. 107.

6 Vgl. Memorandum von Gerald M. Rafshoon an Carter vom 14.6.1977, »Subject: Image 1977«, 34, Jordan's Files, JCL.

7 Vgl. Brief von Thomas an Schmidt vom 2.7.1977, HSPA; Bericht Siegfried Bangerts, »USA-Aufenthalt von Alfred Nau, Günter Grunwald und Siegfried Bangert vom 9. bis 16. Juni 1977«, SPD-PV, 10862, AdsD.

8 Vgl. den Brief George Kennans an Dönhoff vom 24.4.1977 (Anlage zum Brief von Dönhoff an Schmidt vom 11.5.1977, HSD, 00167, AdsD) sowie das Schreiben des »Falken« Eugene Rostow an Birrenbach vom 18.4.1977 («PR 2 1/20/77–1/20/81«, PR-9, WHCF SF, JCL).

9 Vgl. Infratest, Politikbarometer 1977. Untersuchungswelle 6 (10.6.–24.6.1977), HSD, 385, AdsD.

10 »West Germany: Impact of US Policies on the Schmidt Government«, Anlage zum Vermerk von Kliesow an Schmidt vom 7.7.1978, HSD, 6521, AdsD.

11 Vgl. dazu Winkler, H. A., Der lange Weg nach Westen. Teil 2: Deutsche Geschichte vom »Dritten Reich« bis zur Wiedervereinigung, München 2000, S. 431 ff.

12 Vgl. Winkler, H. A., Abschied von den Sonderwegen. Die Deutschen vor und nach der Wiedervereinigung, in: ders., Streitfragen der deutschen Geschichte. Essays zum 19. und 20. Jahrhundert, München 1997, S. 123–147, hier S. 123.

13 Brzezinski, Power, S. 561.

14 Vgl. Telefongespräch zwischen Schlesinger und Eizenstat am 10.7.1978, Aufzeichnung Eizenstats, SEPP.

15 Vgl. Süskind, M., Schwierige Beziehung, *Neue Westfälische*, 13.7.1978.
16 Neustadt, Alliance Politics, S. 61.

6. Die Vertrauenslücke

1 Mit strategischen Waffen waren nach gängiger Definition alle Waffensysteme gemeint, mit denen sich die Supermächte von ihren Territorien oder von See aus bedrohen konnten, also nicht die in Europa stationierten TNF.
2 Vgl. Memorandum Eizenstats an Carter vom 22.10.1977, »Subject: SALT«, »10/24/77«, 56, PHF, JCL.
3 Die Dissidentenfrage spielte entsprechend im deutsch-amerikanischen Verhältnis fortan keine Rolle mehr.
4 »Vermerk über mein Gespräch mit dem Sicherheitsbeauftragten des amerikanischen Präsidenten Zbigniew Brzezinski am Dienstag, 27. September 1977, abends«, HSPA.
5 Vgl. Eintrag Manfred Schülers über die Kleeblattsitzung am 28.10.1977, in: Kladdebuch Manfred Schülers, Bd. 4, 10.–21.11.1977.
6 Brzezinski, Power, S. 558f.
7 Vgl. Hoffmann, Atompartner, S. 389ff.
8 Eintrag Grünewalds vom 9.11.1977, GNB.
9 Zitiert nach: Haftendorn, Sicherheit und Stabilität, S. 12. Vgl. auch Dittgen, Sicherheitsbeziehungen, S. 150, Fn. 319.
10 Vgl. Leber, G., Georg Leber erinnert sich, Folge 3, *WamS*, 23.4.1995.
11 Vgl. Makins, C., Bringing in the Allies, in: *Foreign Policy*, Vol. 35 (Summer 1979), S. 91–108, hier S. 92.
12 Vgl. Risse-Kappen, T., Null-Lösung. Entscheidungsprozesse zu den Mittelstreckenwaffen 1970–1987, Frankfurt a.M. und New York 1988, S. 22f.
13 Vgl. Daalder, Nature, S. 109.
14 Vgl. Brief von Generalmajor Helge Hansen an Schmidt vom 29.5.1987. Hansen war bis zum 1. Juli 1979 Leiter des Referats nuklearpolitische Grundsatzfragen (FüS III 1) im BMVg und stellvertretender Leiter der deutschen Delegation bei der HLG. Er hat dem Verfasser freundlicherweise eine Kopie des Briefes zur Verfügung gestellt. Vgl. auch Smith, Roil, S. 372; Yaffe, M. D., Origins of the Tactical Nuclear Weapons Modernization Program: 1969–1979, Dissertation, University of Pennsylvania 1991, S. 405f.
15 Vgl. Altenburg, W., Militärische Überlegungen zur Sicherheit Westeuropas, in: Würzbach, P.-K. (Hg.), Die Atomschwelle heben. Moderne Friedenssicherung für übermorgen, Koblenz 1983, S. 107–134; Antwort der Bundesregierung auf die Große Anfrage der Abgeord-

neten Dr. Wörner u.a., 24.5.1977, Bundestagsdrucksache 8/464, S. 6. Im folgenden zitiert als Große Anfrage.

16 Vgl. Daalder, Nature, S. 131 f.

17 Vermerk Brandts vom 27.12.1978, JBPA.

18 Die NPG tagt zweimal jährlich und bestand damals aus den vier ständigen Mitgliedern USA, Bundesrepublik, Großbritannien und Italien und drei weiteren NATO-Mitgliedern, die im Rotationsprinzip wechselten.

19 Vgl. Rühl, Mittelstreckenwaffen, S. 167. Rühl zufolge hat sich Leber mit der Forderung nach Marschflugkörpern schon 1976 »weit vorgewagt«. Die Amerikaner sahen das nicht ganz so. In dem Memorandum der Diplomaten Arthur Hartman, George Vest und Winston Lord an Kissinger vom 18.10.1976 (»Nuclear Balance Issues at NPG Ministerial«, »WL Sensitive, Non-china 11/76«, Box 367, RG 59, Winston Lord, National Archives) heißt es: »Es ist nicht klar, ob die BRD beschlossen hat, eine ›Hardware‹-Lösung für das noch nicht hinreichend definierte Gleichgewichtsproblem finden zu *müssen*, und ob, falls sie sich so entschiede, diese Hardware-Lösung in Marschflugkörpern bestehen sollte« (Hervorhebung im Original). Den Hinweis auf das Dokument verdanke ich Axel Frohn. Im folgenden zitiert als Hartman-Memorandum.

20 Vgl. Walter Stoessel, Memorandum for the record, 11.6.1979, »Subject: Chancellor's Remarks and Discussions at FRG Embassy Dinner, 5.6.1979«, »Folder 5 D ii«, Box 1, WSC GU. Vgl. Apel, Abstieg, S. 82. Leber betont dagegen, seine Position stets mit dem Kanzler abgestimmt zu haben (Telefoninterview vom 31.1.1993). Dafür spricht die Haltung, die Schmidt nachweislich 1978 einnahm und die sich mit der Position des BMVg deckte (siehe Kapitel 10). Schon 1970 hatte Schmidt zudem ausdrücklich dafür plädiert, sowjetisches Territorium beim sogenannten »follow-on-use« einzubeziehen (Peters, Germans, S. 103).

21 Vgl. Daalder, Nature, S. 164.

22 Vgl. Hartman-Memorandum.

23 Vgl. Daalder, Nature, S. 164.

24 Vgl. Talbott, Endgame, S. 35; Yaffe, Origin, S. 587 ff.

25 Vgl. Memorandum aus der Abteilung International Security Affairs des DOD an Harold Brown, o.D. (1977), »Bilateral Meeting with Minister Leber. Strategy Discussion, Background«, Kopie im Privatarchiv des Verfassers.

26 Vgl. Hartman-Memorandum.

27 Leber, G., Georg Leber erinnert sich, Folge 4, *WamS*, 30.4.1995.

28 Vgl. Telegramm 18556 der US-Botschaft in Bonn an das State Department vom 3.11.1976, »Subject: FRG-NATO Military Matters«, Anlage zum Hartman-Memorandum.

29 Vgl. Schmidt, H., Probleme der militärischen Strategie, in: *NG*, Jg. 12 (1965), H. 2, S. 616–628.

30 Zitiert nach: Leber, G., Georg Leber erinnert sich, Folge 4, *WamS*, 30.4.1995.

31 Vgl. Schmidt, Menschen, S. 91f. Schmidt argumentierte vor allem mit der Reichweite der SS-20, die eine Stationierung jenseits des Urals ermöglichte. Dort konnten die SS-20 nur von den strategischen Waffen der USA getroffen werden, deren Einsatz er angesichts der strategischen Parität für unwahrscheinlich hielt.

32 Glänzend dazu Garthoff, Détente, S. 958ff.

33 Vgl. Heuser, B., Warshaw Pact Military Doctrines in the 1970s and 1980s. Findings in the East German Archives, Comparative Strategy, Vol. 12, No. 4 (October 1993), S. 437–457; Kramer, M., Warshaw Pact Military Planning in Central Europe: Revelations from the East German Archives, *CWIHP Bulletin*, Issue 2 (Fall 1992), S. 1, 13–19.

34 Vgl. Garthoff, Détente, S. 958ff.

35 Vgl. das Memorandum von Brown an Carter vom 21.4.1978, »Subject: Significant Actions, Secretary and Deputy Secretary of Defense (April 15–21, 1978)«, »4/26/78«, 82, PHF, JCL. Brown berichtet darin von einem Treffen mit Apel.

36 Vgl. Hartman-Memorandum.

37 Hartman-Memorandum. Ebd. »X« steht für »experimental«.

38 Vgl. Rühl, Mittelstreckenwaffen, S. 158.

39 Telefoninterview mit Gerald Ford am 15.11.1993. Während Schmidt behauptet, Ford habe ihm die Einbeziehung für SALT II zugesagt (vgl. Schmidt, Menschen, S. 210), erinnert sich der ehemalige Präsident nur an eine allgemeine Zusicherung, die SS-20 in den SALT-Prozeß aufzunehmen, was die Möglichkeit einschloß, sich ihrer im Rahmen von SALT III anzunehmen. Letzteres erscheint plausibel, wenn man bedenkt, daß Schmidt Anfang 1977 von einer baldigen Einigung bei SALT II unter Ausschluß der Mittelstreckenwaffen ausging (AL 2, Vermerk über das Gespräch Schmidts mit dem dänischen Premierminister Anker Joergensen am 11.2.1977, HSD, 160, AdsD). Es gibt über das Gespräch zwischen Ford und Schmidt zum Thema SS-20 auf deutscher Seite keinen Vermerk (vgl. Schmidt, Menschen, S. 210). Als Beleg dafür, daß es überhaupt stattgefunden hat, mag gelten, daß Jonathan Carr, Bonn-Korrespondent der *Financial Times*, sich daran erinnert, 1975 einen entsprechenden Hinweis darauf erhalten zu haben (Interview mit Carr am 7.5.1993).

40 Vgl. Dittgen, Sicherheitsbeziehungen, S. 147.

41 Vgl. Art, R. J. / Ockenden, S. E., The Domestic Politics of Cruise Missile Development 1970–1980, in: Betts, R. K. (Hg.), Cruise Missiles. Technology, Strategy, Politics, Washington 1981, S. 359–413; Vershbow, A. R., The Cruise Missile: the End of Arms Control?, in: *Foreign Affairs*, Vol. 55, No. 1 (October 1976), S. 133–146. Vershbow wurde 1977 Mitarbeiter im State Department. Vgl. Davis, L., NATO's Requirement and Policy For LRTNF. Discussion paper for the Conference on the History of NATO TNF Policy: The Role of

Studies, Analysis and Exercises, Sandia National Laboratories, September 12–14, 1990, S. 3 f.

42 Vgl. die Wertung der Marschflugkörper in der Antwort der Bundesregierung auf die Große Anfrage der Abgeordneten Dr. Wörner u. a., 24. 5. 1977, Bundestagsdrucksache 8/464, S. 6.

43 Giscard, Macht, S. 116.

44 Vgl. Vermerk »Betr. Grauzone« vom 18. 10. 1977, HSD, 887, AdsD. Vgl. auch den Vermerk über das Gespräch Stoessels mit Genscher vom 23. 10. 1977, Folder 5 E, GUWSC.

45 Vgl. Thomson, J. A., Evolution of U.S. Theater Nuclear Policy: 1975–1979, unveröffentlichtes Manuskript, S. 30 ff.

46 Vgl. Evans, R. / Novak, R., Carter Faces Defense Shift On W. Europe, *IHT*, 3. 8. 1977.

47 Vgl. Presidential Review Memorandum/NSC-10, »Military Strategy and Force Posture Review: Final Report«, Juni 1977, NSA. Vgl. auch Haftendorn, Mißverständnis, S. 258.

48 Vgl. Mohr, C., Brzezinski Assures Bonn on U.S. Strategy in a War, *NYT*, 4. 8. 1977.

49 Interview mit Jürgen Brandt, dem ehemaligem Generalinspekteur der Bundeswehr, am 1.3. und 8. 5. 1993.

50 Vgl. Schmidt, Menschen, S. 226.

51 Brandt, W., Erinnerungen, Berlin und Frankfurt a.M. 1990, S. 355.

52 Vgl. Schmidt, Menschen, S. 230.

53 Ebd., S. 226.

54 Interview mit Paul Warnke am 17. 11. 1993.

55 Ebd.

56 Zitiert nach: Smith, Roil, S. 373.

57 Vgl. Ausführungen des Bundeskanzlers vor dem NATO-Rat am 10. 5. 1977, in: *Bulletin des Presse- und Informationsamtes der Bundesregierung*, Nr. 51/1977, S. 467–470.

58 Vgl. Große Anfrage, S. 5.

59 Vgl. Garthoff, Détente, S. 878.

60 Schmidt, H., The Alastair Buchan Memorial Lecture, abgedruckt in: Haftendorn, Sicherheit und Stabilität, S. 195– 212, hier S. 197. Im folgenden zitiert als Lecture.

61 Konrad-Adenauer-Stiftung / The Institute for Foreign Policy Analysis, Inc., NATO and its Future: A German-American Roundtable, 14.–16. 11. 1977, Washington 1977, S. 15.

62 Vgl. Brief von Griffith an Brzezinski vom 25. 11. 1977, »FO 3-2 10/16/77–11/30/77«, FO-26, WHCF SF, JCL.

63 Vgl. Heep, Schmidt, S. 117.

64 Rede des Bundeskanzlers vor der Vollversammlung der Vereinten Nationen am 26. Mai 1978, in: *Bulletin des Presse- und Informationsamtes der Bundesregierung*, Nr. 55/1978, S. 532. Im anschließenden Pressegespräch ließ der Kanzler keinen Zweifel daran, daß damit die Nicht-Weitergabe der Marschflugkörper-Technologie an die

Verbündeten gemeint war (Pressegespräch am 27.5.1978 um 9.10 Uhr in New York, unkorrigiertes Manuskript, BPA F 65).
65 Konrad-Adenauer-Stiftung / The Institute for Foreign Policy Analysis, Inc., NATO, S. 16. Die Drohung scheint sich allerdings nur auf konventionell bestückte Marschflugkörper bezogen zu haben.
66 Interview mit Leslie Gelb, ab 1977 Direktor des Bureau of Politico-Military Affairs im State Department, am 28.11.1993. Daß auch Brzezinski über die Möglichkeit sowohl deutscher als auch europäischer Marschflugkörper nachgedacht hat, belegt sein Briefwechsel mit Griffith aus dem November 1977 («FO 3-2 10/16/77–11/30/77«, FO-26, WHCF SF, JCL).
67 Vgl. Kwizinskij, J. A., Vor dem Sturm. Erinnerungen eines Diplomaten, Berlin 1993, S. 282.
68 Vgl. Heuser, NATO, S. 161. Als Beleg nennt Heuser einen Artikel der *Deutschen Tagespost*.
69 Hs. Notiz auf dem Brief Birrenbachs an Schmidt vom 13.12.1977, HSPA.
70 In der Studiengruppe für internationale Sicherheit der DGAP war lediglich von einer europäischen Verhandlungsoption die Rede, die man gegenüber der sowjetischen Mittelstreckenrüstung ins Spiel bringen könne (Niederschrift über die Sitzung der Studiengruppe für internationale Sicherheit am 5. Dezember 1977, DGAP).
71 Talbott, Endgame, S. 138.
72 Vgl. Brzezinski, Power, S. 559.
73 Memorandum von Dan Tate an Frank Moore vom 18.11.1977, »Subject: SALT«, »SALT 1977«, 37, Jordan's Files, JCL (Hervorhebung im Original).
74 Vgl. »Consequences of an Agreement«, Vorlage für die Pressekonferenz am 1.11.1977 (»CoPD: Current SALT II Negotiation Posture Press Conference 1 Nov. 1977«, Box 4A, Nitze Papers, LoC). Vgl. auch den Brief Warren Christophers an Jackson vom 5.10.1977 (»Miscellaneous Meetings 1975–78«, Box 4 A, Nitze Papers, LoC).
75 Vgl. Hartman-Memorandum.
76 Senator Mathias (Senate advisor to SALT), Observation on the SALT, in: Congressional Record – Senate, 20.9.1977, S. S 15212–S 15214, »Congressional Stand on SALT II, Information Kit«, 95, Jordan's Files JCL, hier S. S 15213.
77 Vgl. Hartman-Memorandum.
78 Aufzeichnung Grünewalds über das Hintergrundgespräch Schmidts mit den Journalisten R. Evans und R. Nowak (Eintrag o. D., um den 15.11.1976, GNB). Bei Schmidts Außerung handelt es sich zwar um eine Prognose mit Blick auf Carters Politik, aber aus dem Zusammenhang wird deutlich, daß er sich eine solche Entwicklung auch wünschte.
79 Interview mit David Gompert am 7.12.1993.
80 Pressefrühstück von StS van Well, Botschafter Ruth und MD Blech

am 9.12.1977 um 8.00 Uhr in Brüssel, unkorrigiertes Manuskript, BPA F 65.

81 Minutes of the Cabinet Meeting, 31.10.1977, »Cabinet Meeting Minutes, 10/3/77–2/27/78«, Verticale Files, JCL.

82 Vgl. Hartman-Memorandum.

83 Vgl. den privaten Brief Stadens an Schmidt vom 29.3.1977, HSD, 163, AdsD.

84 Vgl. Memorandum von Brown an Carter vom 21.4.1978, »Subject: Significant Actions, Secretary and Deputy Secretary of Defense (April 15–21, 1978)«, »4/26/78«, 82, PHF, JCL.

85 Grünewald notierte am 7. November: »Ärger zwischen AA + BMVg über SALT ...« (GNB). Vgl. Wiegrefe, K., Wider die Politik der Supermächte: Helmut Schmidts Ringen um die Entspannungspolitik 1977–1982, in: Sywottek, A. (Hg.), Der Kalte Krieg – Vorspiel zum Frieden?, Münster und Hamburg 1993, S. 102–127, hier S. 120.

86 Lecture, S. 198.

87 So die Übersetzung nach dem englischen Redetext (abgedruckt in: *Survival*, Vol. XX, Nr. 1 [January/February 1978], S. 2–10, hier S. 4). In der bei Haftendorn, Sicherheit und Stabilität, abgedruckten offiziellen Übersetzung der Bundesregierung findet sich diese Passage bezeichnenderweise nur in abgeschwächter Form wieder.

88 Interview mit David Gompert am 7.12.1993. Vgl. Davis, NATO's Requirements, S. 4.

89 Telefoninterview mit Eric Newsom, dem ehemaligen Undersecretary for Political Affairs im State Department, am 13.12.1993.

90 Vgl. Pressefrühstück von StS van Well, Botschafter Ruth und MD Blech am 9.12.1977 um 8.00 Uhr in Brüssel, unkorrigiertes Manuskript, BPA F 65.

91 Vgl. News Conference of December 30st, 1977, Warshaw, abgedruckt in: Jimmy Carter, Presidential Papers 1977/2, S. 2205–2216.

92 Zur Entstehung der HLG vgl. Buteux, P., Strategy, Doctrine and the Politics of Alliance. Theatre Nuclear Force Modernisation in NATO, Boulder (CO) 1983, S. 102.

93 Vgl. Davis, NATO's Requirements, S. 7 f.

94 Thomson, Evolution, S. 38.

7. Das Neutronenbomben-Fiasko

1 Vgl. Pincus, W., Neutron Killer Warhead Buried in ERDA Budget, *WPo*, 6.6.1977.

2 Vgl. Feigl, H., Lagenotiz: Anmerkungen zur Entwicklung der Neutronenbombe, August 1977, SWP-LN 2139, S. 11; Rühl, L., Die Nichtentscheidung über die »Neutronenwaffe«. Ein Beispiel verfehlter Bündnispolitik, in: *EA*, Jg. 34 (1979), H. 5, S. 137–150, hier S. 137 ff.

3 Dazu und zum folgenden vgl. Wasserman, Controversy, S. 42 ff.
4 Vgl. Auger, Dynamics, S. 35 ff.
5 Vgl. Wasserman, Controversy, S. 54.
6 Vg. Hoffmann, Atompartner, S. 156 f.
7 Vgl. Rühl, Nichtentscheidung.
8 Congressional Record, 13.7.1977, S. S11757.
9 Vgl. Wasserman, Controversy, S. 43 ff.
10 Brief Carters an Senator John Stennis vom 12.7.1977, abgedruckt in: Presse- und Informationsamt der Bundesregierung, Referat III A 2 (Hg.), Die Neutronenwaffe, Bonn 1981.
11 Vgl. Bourne, Carter, S. 395.
12 Vgl. Leber, G., Vom Frieden, München 1980, S. 263.
13 Vgl. »Wir wissen nun, was auf uns zukommt«, *Spiegel*, Nr. 31/1977.
14 Vgl. Botschaft Schmidts an Breschnew vom 12.4.1978 (HSPA).
15 Schröder, G., Das Unbehagen an der hektischen Gipfel-Diplomatie wächst, *Welt*, 8.4.1978.
16 Vgl. Hoffmann, Atompartner, S. 225 f.; Matthée, Neutronenwaffe, S. 64.
17 Zum folgenden vgl. Bahr, Zeit, S. 496 f. Einige Sozialdemokraten haben später spekuliert, Bahr habe die Debatte über die Neutronenwaffen begonnen, um sein Verhältnis zum linken SPD-Flügel zu verbessern. Bahr hat diese Behauptung ausdrücklich zurückgewiesen (Interview mit Egon Bahr am 5.10.1992).
18 Vgl. Brief von Bahr an Nerlich vom 13.9.1977, SPD-PV / Büro Bahr, 104, AdsD.
19 Nach Erkenntnissen der DDR-Spionage soll auch Schmidt vorab informiert worden sein und keine Einwände erhoben haben (Ministerium für Staatssicherheit, Aktuelle Informationsübersicht Nr. 33/77 vom 13.8.1977, Streng Geheim, HVA 83, BStU).
20 Vgl. Heuser, Nuclear Mentalities, S. 231.
21 Vgl. Ehmke, H., Was will die deutsche Sozialdemokratie?, in: H. Ristock (Hg.), Mitte-Links. Energie, Umwelt, Wirtschaftswachstum, o. O. 1977, S. 25–58, hier S. 33.
22 Vgl. Hoffmann, Atompartner, S. 232 ff.; Matthée, Neutronenwaffe, S. 72.
23 Vgl. »Wir wissen nun, was auf uns zukommt«, *Spiegel*, Nr. 31/1977; Bonn schaltet sich in die Diskussion über die Neutronen-Bombe ein, *FAZ*, 19.7.1977.
24 Vgl. Reifenberg, J., Carter verschiebt die Entscheidung über die Neutronenbombe, *FAZ*, 18.8.1977.
25 Vgl. Brzezinski, Power, S. 302.
26 Ebd.
27 Vgl. Rede Pells im Senat am 13.7.1977, Congressional Record, S. S11776.
28 Vgl. Interview mit Jimmy Carter am 29.11.1982, White Burkett Miller Center Interviews, JCL, S. 34.

29 Ebd., S. 34.
30 Vgl. Auger, Dynamics, S. 117.
31 Zitiert nach: Wasserman, Controversy, S. 83.
32 Zitiert nach: Auger, Dynamics, S. 61.
33 Vgl. Brief von Woessner an Stoessel vom 13.10.1977, Folder 5 F, Box 1, WSC GU; HSPA; vgl. Hoffmann, Atompartner, S. 285 f.
34 Brief Schmidts an Carter vom 8.9.1977, »Germany, Federal Republic of: Chancellor Helmut Schmidt, 5/77–12/77«, 6, National Security Affairs – Brzezinski Material, President's Correspondence with Foreign Leaders, JCL.
35 Vgl. Schmidts Andeutung in seinen Erinnerungen (Menschen, S. 90 f.). In der bereits zitierten Botschaft Schmidts an Breschnew vom 12.4.1978 ist davon die Rede, daß er sich seine Meinung im »September vergangenen Jahres« gebildet habe (Botschaft Schmidts an Breschnew vom 12.4.1978, HSPA).
36 Hs. Notiz Schmidts auf dem Vermerk vom 5.9.1977, »Betr.: Fraktionssitzung am 6.9.1977«, HSPA.
37 HSPA.
38 Hs. Notiz Schmidts auf dem Vermerk vom 5.9.1977, »Betr.: Fraktionssitzung am 6.9.1977«, HSPA.
39 Vgl. Giscard, Macht, S. 116.
40 Eintrag Grünewalds vom 9.11.1977, GNB.
41 Den amerikanischen Akten zufolge soll allerdings nur von »a considerable number of months« die Rede gewesen sein (vgl. den Brief Stoessels an William Woessner, Director des Office of Central European Affairs im State Department, vom 20.10.1977, Folder 5 E, Box 1, WSC GU).
42 Vgl. Aufzeichnung Eizenstats vom 17.10.1977 über entsprechende Äußerungen Brzezinskis, SEPP.
43 Vgl. Vance, Choices, S. 69.
44 Vgl. Wasserman, Controversy, S. 78 f.
45 Vgl. Vance, Choices, S. 69.
46 Minutes of the Cabinet Meeting, October 31, 1977, »Cabinet Meeting Minutes, 10/3/77–2/27/78«, Verticale Files, JCL.
47 Vgl. Eintrag Eizenstats vom 17.10.1977, SEPP.
48 Interview mit Zbigniew Brzezinski am 19.11.1993.
49 Vgl. Burt, R., U.S. May Offer Soviet Deal Shelving Neutron Bomb, *NYT*, 24.11.1977.
50 Vgl. Brzezinski, Power, S. 303.
51 Vgl. auch Vance, Choices, S. 69.
52 Vgl. Auger, Dynamics, S. 115.
53 Zitiert in: Notz, A., Die SPD und der NATO-Doppelbeschluß. Abkehr von einer Sicherheitspolitik der Vernunft, Baden-Baden 1990, S. 20.
54 Vgl. Niemöller, M. u. a. (Hg.), Die Neutronen-Bombe. Analysen und Stellungnahmen, Köln 1977.
55 Die Frist von zwei Jahren wurde gewählt, um ernsthafte Verhandlun-

gen zu ermöglichen und weil vorher nicht ausreichend Neutronensprengköpfe zur Verfügung standen.

56 Vgl. Protokoll über die Sitzung des SPD-PV am 27.2.1978, HSD, 6291, AdsD.

57 Hierüber kam es zwischen dem Auswärtigen Amt und dem Verteidigungsministerium zu Auseinandersetzungen und nicht über die Bedeutung der Rüstungskontrolle per se, wie Risse-Kappen schreibt (Null-Lösung, S. 41.).

58 Vgl. Dittgen, Ära, S. 171; Matthée, Neutronenwaffe, S. 162; Vance, Choices, S. 93 f.

59 Zitiert nach: Matthée, Neutronenwaffe, S. 143.

60 Vgl. Genscher, Erinnerungen, S. 405.

61 Vgl. Auger, Dynamics, S. 78.

62 Vgl. Brzezinski, Power, S. 304.

63 Interview mit Leslie Gelb am 28.11.1993. Vgl. auch Brzezinski, Power, S. 304.

64 Interview mit David Anderson am 14.3.1995.

65 Interview mit Robert Putnam, 1978 Mitarbeiter im NSC, am 22.11.1993.

66 Interview mit Jimmy Carter am 29.11.1982, White Burkett Miller Center Interviews, JCL, S. 34.

67 Vgl. Hoffmann, Atompartner, S. 299.

68 Vgl. Brief Carters an Vance und Brzezinski vom 27.2.1978, »ND 18, 1/1/78–2/28/78«, ND-50, WHCF SF, JCL.

69 Interview mit Jimmy Carter am 29.11.1982, White Burkett Miller Center Interviews, JCL, S. 33.

70 Vgl. ebd., S. 34.

71 Vgl. Vance, Choices, 95 f.; Interview mit Zbigniew Brzezinski am 19.11.1993.

72 Auch Gregory Treverton, bis 1978 Mitarbeiter im Referat Westeuropa im NSC, erinnert sich daran, daß hinsichtlich der Haltung des Präsidenten die ganze Zeit ein »Element der Unsicherheit« vorhanden gewesen sei (Interview am 10.12.1993).

73 So zumindest die Vermutung Carters (Interview mit Jimmy Carter am 29.11.1982, White Burkett Miller Center Interviews, JCL, S. 35).

74 Vgl. Matthée, Neutronenwaffe, S. 162 ff.

75 Vgl. Vance, Choices, S. 94.

76 Brzezinski, Power, S. 304.

77 Vgl. Carter, Faith, S. 227.

78 Vgl. ebd.

79 Vgl. Brzezinski, Power, S. 305.

80 Interview mit George Vest am 19.11.1993.

81 HSPA. Vgl. auch Schmidts Rede vor dem DBT am 13.4.1978, abgedruckt in: Bulletin des Presse- und Informationsamtes der Bundesregierung, Nr. 43/78 sowie den Vortrag Ruhfus' vor der internationalen Studiengruppe der DGAP am 10.4.1978 (Niederschrift über die

Sitzung der Studiengruppe für internationale Sicherheit am 10. April 1978, DGAP).
82 Interview mit George Vest am 19.11.1993.
83 Genscher, Erinnerungen, S. 406.
84 US-Verteidigungsminister Brown notierte für Carter nach einem Gespräch mit dem Kanzler: »Schmidt sagte, er halte Ihre Entscheidung im wesentlichen für vernünftig, auch wenn er das Verfahren bedauere ...« (Memorandum von Brown an Carter vom 21.4.1978, »Subject: Significant Actions, Secretary and Deputy Secretary of Defense [April 15–21, 1978]« , »4/26/78«, 82, PHF, JCL).
85 Vgl. Matthée, Neutronenwaffe, S. 167 f. Anders allerdings Genscher, Erinnerungen, S. 405 f.
86 Carter, Faith, S. 227.
87 Der Informant bat darum, nicht namentlich genannt zu werden.
88 Vgl. Burt, R., Aides Report Carter Bans Naueton Bomb. Some Seek Reversal, NYT, 4.4.1978.
89 Vgl. Hoffmann, Atompartner, S. 306.
90 Vgl. Auger, Dynamics, S. 88.
91 Eizenstat notierte nach einem Gespräch mit Brzezinski: »Er sagt, er habe wiederholt versucht, den Präsidenten umzustimmen ... Der Präsident hatte eigentlich beschlossen, die Sache aufzugeben, und nur wegen des Aufruhrs konnte er den Präsidenten dazu bringen, sich für den Aufschub zu entscheiden.« (Aufzeichnung Eizenstats vom 10.4.1978, SEPP).
92 Vgl. Schröder, D., Carters Spiel mit der Neutronenbombe, SZ, 6.4.1978.
93 Zitiert nach: BPA, Nachrichtenabteilung Ref. II R 2, Rundfunkauswertung, WDR 8.4.1978, HSD, 6089, AdsD.
94 Zitiert nach: Große Reise-Welle, *Spiegel*, Nr. 16/1978.
95 »Jämmerliche Haltung«, Interview mit Strauß, *Welt*, 8.4.1978.
96 Brief von Scheu an Schmidt vom 11.4.1978, HSPA.
97 Vgl. Botschaft Schmidts an Breschnew vom 12.4.1978, HSPA.
98 Falin, Erinnerungen, S. 277.
99 Giscard, Macht, S. 116f.
100 Brief Scheus an Schmidt vom 11.4.1978, HSPA.

8. Kontrahenten aus Schwäche

1 Zitiert nach: Emminger, O., D-Mark, Dollar, Währungskrisen. Erinnerungen eines ehemaligen Bundesbankpräsidenten, Stuttgart 1986, S. 374f.
2 »Zur aktuellen wirtschaftlichen Lage und einigen Problemen des Jahres 1978«, Anlage zum Brief Schmidts an Bahr vom 2.2.1978, SPD-PV / Büro Helmut Schmidt, 8630, AdsD. Im folgenden zitiert als Schmidt-Brief.

3 Vgl. Minutes of the Cabinet Meeting, 20.6.1977, »6/23/77 [2]«, 33, PHF, JCL.
4 Vgl. ebd.
5 Vgl. Memorandum von Blumenthal an Carter vom 1.7.1977, »Subject: The U.S. Trade Balance«, »7/1/77–7/15/77«, 1, Solomon Collection, JCL; »Suggested Questions for Discussion With Morgan Guaranty vom 6.7.1977«, o.D., »›Discussion with Morgan Guaranty‹, 7/6/77«, 10, Schlesinger's Files, JCL.
6 Vgl. Putnam/Henning, Bonn Summit, S. 56; Lieber, R., The Oil Decade. Conflict and Cooperation in the West, New York 1983, S. 96.
7 Vgl. Lawrence, R. Z., An Analysis of the 1977 U.S. Trade Deficit, in: Brookings Paper on Economic Activity 1, Washington 1978, S. 159 189.
8 Vgl. Minutes of the Cabinet Meeting, 1.8.1977, »Cabinet Meeting Minutes, 6/6/77–9/26/77«, Verticale Files, JCL.
9 Vgl. The U.S. Trade Balance – Recent Trends and Outlook, Anlage zum Memorandum von Solomon an Blumenthal vom 15.7.1977, »Subject: Administration Comments on Dollar Exchange Rate: Briefing for Monday's EPG Meeting«, »7/1/77–7/15/77«, 1, Solomon Collection, JCL.
10 Vgl. Memorandum von Eizenstat/Ginsburg an Carter vom 12.8.1977, »Subject: Trade Deficit«, »International Trade (General)«, 227, WHCF SF, JCL. Vgl. auch »Statement of Anthony M. Solomon before the Subcommittee on International Finance of the Committee on Banking, Housing and Urban Affairs«, United States Senate, vom 6.2.1978, »Stevenson's Testimony, 2/6/78«, 10, Solomon Collection, JCL.
11 Zitiert nach: Cohen, S. D. / Meltzer, R. I., United States International Economic Policy in Action. Diversity of Decision Making, New York 1982, S. 18.
12 Vgl. Crittenden, A., The Steady Onslaught Against the Dollar, *NYT*, 21.7.1977.
13 Vgl. Hankel, W., Germany: Economic Nationalism in the International Economy, in: Kohl, W. L. / Basevi, G. (Hg.), West Germany: A European and Global Power, Lexington (MA) und Toronto 1980, S. 21–43, hier S. 28f.
14 Vgl. Crittenden, Onslaught.
15 Im Verhältnis zu den OECD-Währungen insgesamt sah das Bild anders aus. Danach verlor der Dollar nur 1,5 Prozent an Wert zwischen dem 24. Juni und dem 26. Juli und hatte im Verhältnis zu seinem Kurs Ende 1975 sogar 1,3 Prozent gewonnen (»Exchange Market Intervention by the United States, Submitted by the U.S. Treasury Department in connection with (the) testimony by Under Secretary Anthony M. Solomon before the Subcommittee on International Finance of the Committee on Banking, Housing and Urban Affairs, U.S. Senate on October 7th, 1977«, »10/1/77–10/17/77«, 2, Solomon Collection, JCL).

16 Interview mit Michael Blumenthal am 23.11.1993 und Anthony Solomon am 23.11.1993.

17 Vgl. Memorandum von Blumenthal an Carter vom 1.7.1977, »Subject: The U.S. Trade Balance«, »7/1/77–7/15/77«, 1, Solomon Collection, JCL.

18 Vgl. Minutes of the Cabinet Meeting, 25.7.1977, »Cabinet Meeting Minutes, 6/6/77–9/26/77«, Verticale Files, JCL.

19 Zum amerikanischen Entscheidungsprozeß in der Währungspolitik vgl. Destler, I. M./Henning, C. R., Dollar Politics: Exchange Rate Policymaking in the United States, Washington D.C. 1989, S. 9f.

20 Bergsten hatte schon 1976 eine Aufwertung von Mark und Yen gefordert (vgl. Gisselquist, Oil Prices, S. 84). Ein weiterer Beleg ist der Hinweis der Melloans auf einen ungenannten Währungsexperten, der berichtet, daß schon zu Beginn der Amtszeit Carters in der Regierung darüber diskutiert wurde, ob ein schwacher Dollar »gut« oder »schlecht« sei (Melloan, G. / Melloan, J., The Carter Economy, New York 1978, S. 95).

21 Vgl. etwa Minutes of the Cabinet Meeting, 7.11.1977, »Cabinet Meeting Minutes, 10/3/77–2/27/78«, Verticale Files, JCL.

22 Eine Erklärung dafür könnte sein, daß bei der Formulierung der amerikanischen Währungspolitik das State Department und der NSC üblicherweise nur eine untergeordnete Rolle spielten, also jene Regierungsstellen, in denen Deutschlandexperten vertreten waren.

23 Vgl. James, H., D-Mark und Dollar: Preisstabilität im Inneren und internationale Währungspolitik, in: Junker (Hg.), Handbuch, Bd. II, S. 351–362, hier S. 361.

24 Emminger, D-Mark, S. 33.

25 Vgl. Vermerk AL 4 (Hiss) an Schmidt vom 3.10.1977, »Betr.: Treffen der Persönlichen Beauftragten in Washington am 29./30.9.1977 und nächstes Gipfeltreffen«, HSD, 177, AdsD. Auch Schmidt sah das so (Eintrag Grünewalds vom 9.8.1977, GNB). Die Bundesbank erhöhte bezeichnenderweise nur leicht die Zinsen und intervenierte an den Finanzmärkten in moderatem Umfang (Emminger, D-Mark, S. 375). Vgl. Notenbank will Aufwertung dämpfen, *Handelsblatt*, 15.7.1977; Treasury and Federal Reserve Foreign Exchange Operations August 1977 – January 1978, Semiannual Report, in: Federal Reserve Bank of New York, Quarterly Review, Bd. 3 (1978/79), Nr. 1, S. 57.

26 Schmidt-Brief.

27 Vgl. Bundespresseamt, Stenographische Niederschrift der Rede Schmidts und der anschließenden Fragen und Antworten vor dem National Press Club in Washington am 14.7.1977, BPA F 65.

28 Vgl. Roeper, H., Blumenthals Achterbahn, *FAZ*, 30.7.1977; Roeper, H., Der tolle Blumenthal, *FAZ*, 22.7.1977; Dollar-Debakel, *FAZ*, 27.7.1977.

29 Blumenthals Achterbahn, *FAZ*, 30.7.1977.

30 Vgl. Dertinger, C., Spiel mit der Schlange, *Welt*, 21.7.1977.

31 Roeper, H., Der tolle Blumenthal, *FAZ*, 22.7.1977.
32 Herlt, R., Stoppt Blumenthal jetzt!, *Zeit*, 29.7.1977.
33 Vgl. Crittenden, Onslaught.
34 Vgl. Roeper, H., Blumenthals Achterbahn, *FAZ*, 30.7.1977; Roeper, H., Der tolle Blumenthal, *FAZ*, 22.7.1977; Dollar-Debakel, *FAZ*, 27.7.1977.
35 Vgl. das Memorandum von Eizenstat/Ginsburg an Carter vom 12.8.1977, »Subject: Trade Deficit«, »International Trade (General)«, 227, WHCF SF, JCL.
36 Vgl. Lawrence, Analysis, S. 165.
37 Vgl. Lawrence, Analysis, S. 182.
38 Vgl. Kritik an deutschen Dollar-Kommentaren, *FAZ*, 27.12.1977.
39 Vgl. Apel: Geschwindigkeit der Dollar-Abwertung beängstigend, VWD, 28.7.1977.
40 Eintrag Grünewalds vom 9.8.77, GNB.
41 Ebd.
42 Vgl. Kappeler, D., OPEC kritisiert die Dollar-Baisse, *Welt*, 10.8.1977.
43 Nach internen Berechnungen der Fed stiegen bei einer durchschnittlichen Abwertung des Dollars um ein Prozent die Konsumgüter- und Großhandelspreise kurzfristig um 0,04 Prozent und langfristig um bis zu 0,2 Prozent an (Vermerk von Edwin M. Truman an das Board of Governors vom 15.7.1977, »Subject: Evaluation of Exchange Market Developments«, »International Finance General, May–July 1977«, B 64, Burns Collection, GFL).
44 Vgl. Konjunktur: Tricks der Amerikaner, *Spiegel*, Nr. 32/1977.
45 Vgl. Farnsworth, C., Burns Asks U.S. to Protect Value of Dollar Overseas, *NYT*, 27.7.1977; Minutes of the Cabinet Meeting, 25.7.1977, »Cabinet Meeting Minutes, 6/6/77–9/26/77«, Verticale Files, JCL.
46 Vgl. Memorandum von Schultze an Carter vom 9.8.1977, »Subject: Results of My Paris Trip (August 5–7)«, »8/1/77–8/15/77«, 2, Solomon Collection, JCL.
47 Brief Schmidts an Carter vom 7.9.1977, »Germany, Federal Republic of: Chancellor Helmut Schmidt, 5/77–12/77«, 6, National Security Advisor's File, Brzezinski – Correspondence with Foreign Leaders, JCL.
48 Brief Ehrenbergs an Schmidt vom 28.8.1977, WBNL Aktengruppe SPD. Parteivorsitzender/Parteipräsidium/Parteivorstand – Verbindungen mit Mitgliedern des Präsidiums, sozialdemokratischen Bundesministern und Staatssekretären in obersten Bundesbehörden A–Z, 40, AdsD (Hervorhebungen im Original).
49 Vgl. die Aufzeichnungen Grünewalds von der Kabinettsitzung am 9.8.1977, GNB, sowie Bittere Wahrheit, kein Konzept, *Spiegel*, Nr. 37/1977.
50 Rezepte aus der Mottenkiste, *SZ*, 27.6.1977.

51 Vgl. Zwätz, D., Wirtschaftspolitik: Der Teufel und der Beelzebub, *Deutsche Zeitung / Christ und Welt*, 1.7.1977.

52 Vgl. Bundesverband der Deutschen Industrie: Nur mit Investitionen, *FAZ*, 1.7.1977; Guth gegen expansivere deutsche Wirtschaftspolitik, VWD, 29.6.1977.

53 Vgl. die Reden von Strauß und Lambsdorff in der Haushaltsdebatte vor dem DBT, Verhandlungen des Deutschen Bundestages. Stenographische Berichte, 8. WP, 45. Sitzung, 4.10.1977, S. 3457ff.

54 Vgl. Beschlüsse der Bundesregierung zur Förderung von Wirtschaftswachstum und Beschäftigung, abgedruckt in: *Bulletin des Presse- und Informationsamtes der Bundesregierung*, Nr. 87/77.

55 Vgl. »Summit Follow-Up«, Anlage zum Brief Blumenthals an H. Owen, o.D. (September 1977), »9/12/77–9/21/77«, 2, Solomon Collection, JCL.

56 Vgl. Bittere Wahrheit, kein Konzept, *Spiegel*, Nr. 37/1977; Eintrag Grünewalds vom 9.8.1977, GNB.

57 Vgl. Vermerk AL 4 (Hiss) an Schmidt vom 24.10.1977, »Betr.: Konjukturpolitische Einzelthemen«, 8630, SPD-PV/Büro Helmut Schmidt, AdsD.

58 Schmidt-Brief.

59 So fast wörtlich im Schmidt-Brief.

60 Vgl. Schmidt-Brief.

61 Vgl. Ansprache Carters am 26.9.1977, teilweise abgedruckt in: Deutsche Bundesbank, Auszüge aus Presseartikel, Nr. 64, 3.10.1977.

62 Vgl. Washingtoner Jahrestagung von IMF und Weltbank: Wandel in der Strategie der Weltwirtschaft, *NZZ*, 28.9.1977.

63 Vgl. Vermerk AL 4 (Hiss) an Schmidt vom 3.10.1977, »Betr.: Treffen der Persönlichen Beauftragten in Washington am 29./30.9.1977 und nächstes Gipfeltreffen«, HSD, 177, AdsD.

64 Vgl. Memorandum von Schultze an Carter vom 30.9.1977, »Subject: CEA Weekly Report«, »Cabinet Summaries«, 160, Eizenstat's Files, JCL. Obwohl Schultze intern längst mit nur vier Prozent Wachstum rechnete, sagte er in der Vorlage an die OECD fünf Prozent voraus (»Submission to the OECD: U.S. Economic Objectives for 1978« vom 28.10.1978, »Economics (General) 1977 [1]«, 194, Eizenstat's Files, JCL; Memorandum von Schultze an Carter vom 29.11.1977, »Subject: Economic Outlook in OECD Countries«, »Foreign Affairs (General)«, 208, Eizenstat's Files, JCL; Memorandum von Solomon an Blumenthal vom 17.11.1977, »Subject: Items for Our 8:30am Meeting, Friday, November 18«, »11/77«, 3, Solomon Collection, JCL).

65 Vgl. Lewis, P., U.S. Voices Concern on Further Slowing of World Economy, *NYT*, 22.11.1977; Lewis, P., U.S. and Allies Fail to Agree on Moves to Spur Economies, *NYT*, 23.11.1977; Henderson, M., The OECD as an Instrument of National Policy, in: *International Journal*, Vol. 36 (1981), No. 4, S. 793–814, hier S. 794ff.; Memoran-

dum von Schultze an Carter vom 29.11.1977, »Subject: Economic Outlook in OECD Countries«, »Foreign Affairs (General)«, 208, Eizenstat's Files, JCL.

66 Vgl. Lewis, P., U.S. Voices Concern on Further Slowing of World Economy, *NYT*, 22.11.1977.

67 Vgl. Apel, Abstieg, S. 41; Schmidt, Menschen, S. 320.

68 Vgl. Memorandum von Eizenstat/Ginsburg an Carter vom 12.8.1977, »Subject: Trade Deficit«, »International Trade (General)«, 227, WHCF SF, JCL; Rowen, H., Bitterness With Bonn, *WPo*, 5.3.1978; Ins Schneckenhaus, *Spiegel*, Nr. 7/1978.

69 Vgl. Brzezinski, Power, S. 311f.; Njölstad, O., The Carter Administration and Italy: Keeping the Communists Out Of Power Without Interfering, in: *Journal of Cold War Studies*, Vol. 4, Nr. 3 (Summer 2002), S. 56–94.

70 Vgl. Anlage zum Memorandum von Curt Hessler an das EPG Steering Committee vom 25.1.1978, »Subject: Materials for January 26, 1978, EPG Steering Committee Meeting«, »EPG Steering Committee 1/26/78«, 189, Eizenstat's Files, JCL.

71 Vgl. Regierungserklärung Schmidts vom 19.1.1978, abgedruckt in: *Bulletin des Presse- und Informationsamtes der Bundesregierung*, Nr. 7/1978, S. 60.

72 Diskussionsbeitrag Schmidts auf den Hamburger Wirtschaftstagen der FES am 28.4.1978, Ms., S. 8ff., HSD, AdsD. Vgl. Das sagte Helmut Schmidt zum deutsch-amerikanischen Verhältnis, *Welt*, 24.5.1978.

73 Zitiert nach: Herles, H., Rund um den »Gipfel« wird vor allem Deutsch und Englisch gesprochen, *FAZ*, 18.7.1978.

74 Vgl. Anlage zum Memorandum von Curt Hessler an das EPG Steering Committee vom 25.1.1978, »Subject: Materials for January 26, 1978, EPG Steering Committee Meeting«, »EPG Steering Committee 1/26/78«, 189, Eizenstat's Files, JCL.

75 »Eine Volkswirtschaft ist kein Münzautomat«, Interview mit Graf Lambsdorff in der *Zeit*, 17.2.1978.

76 Brief Carters an Schmidt vom 30.1.1978, »Germany, Federal Republic of: Chancellor Helmut Schmidt, 1–12/78«, 6, National Security Affairs – Brzezinski Material, President's Correspondence with Foreign Leaders, JCL.

77 Zitiert in: Ins Schneckenhaus, *Spiegel*, Nr. 7/1978.

78 Vgl. Brief Carters an Schmidt vom 9.2.1978, »Germany, Federal Republic of: Chancellor Helmut Schmidt, 1–12/78«, 6, National Security Affairs – Brzezinski Material, President's Correspondence with Foreign Leaders File, JCL.

79 Die hier vertretene Leistungsbilanzhypothese ist aufgrund der Erfahrungen der achtziger Jahre allerdings umstritten (vgl. Heidel, T., Wechselkursschwankungen, Wechselkurserwartungen und Devisenmarkteffizienz. Eine theoretische und empirische Analyse des DM/

Dollar-Wechselkurses mit Hilfe der Technischen Analyse im Zeitraum 1974–1985: Beat the Market, Münster 1990, S. 10–42; Pohl, R., Ein empirischer Versuch zur Erklärung der Dollarkurstendenz, in: *Schriften des Vereins für Socialpolitik*, NF 172 [1988], S. 61–75). Sie erklärt die Dollarentwicklung 1977 jedoch weiterhin am besten (vgl. Cooper, R. N., Flexible Exchange Rates 1973–80. How Bad Have They Really Been?, in: ders. u. a. [Hg.], The International Monetary System under Flexible Exchange Rates, Cambridge [MA], 1982, S. 7; Golub, S. S., The Current-Account Balance and the Dollar: 1977–78 and 1983–84, Princeton [NJ] 1986, S. 1 f.).

80 Vgl. Weber, Germany, S. 69.

81 Emminger, D-Mark, S. 374.

82 Vgl. »Reported Foreign Exchange Market Intervention«, Vermerk für A. Burns vom 8. 2. 1978, »Paris Briefing Book 2/8/78 (1)«, B 111, Burns Collection, GFL.

83 Vgl. Vermerk von P. Hooper »The Impact of the Recent Dollar Depreciation on the U.S. Trade Balance« vom 16. 1. 1978, »Paris Briefing Book, 2/8/78 (3)«, B 111, Burns Collection, GFL.

84 Vgl. BMF, Vermerk Wechselkursentwicklung, o. D. (Januar 1978), HSD, 171, AdsD.

85 Vgl. Memorandum von Truman an Burns, »Subject: U.S. Intervention Policy 28. 11. 1977«, »Paris, Briefing Book, 11/30/77«, 110, Burns Collection, GFL.

86 Vgl. Treffen Carters mit Blumenthal, Schultze, Burns, Cooper, Eizenstat und Schirmer am 20. 12. 1977, Aufzeichnung Eizenstats, SEPP.

87 Vgl. Memorandum von Schlesinger an Carter vom 12. 12. 1977, »Subject: Petroleum Import Reduction Study«, »Oil and Gas [1]«, 249, Eizenstat's Files, JCL, und die entsprechenden Stellungnahmen dazu von Blumenthal (»11/77«, 3, Solomon Files, JCL), Schultze (CSPP) und dem NSC (»FG 6-12 10/1/77–12/31/77«, FG-89, WHCF SF, JCL).

88 Vgl. »Exchange Market Developments. Talking Points, 28. 11. 1977«, »Paris, Briefing Book, 11/30/77 (1)«, 110, Burns Collection, GFL. Vgl. »Reuß gegen US-Interventionen zur Dollar-Stützung«, VWD-Finanzen, 21. 1. 1978. Zur Position Blumenthals vgl. Minutes of the Cabinet Meeting, 7. 11. 1977, »Cabinet Meeting Minutes, 10/3/77–2/27/78«, Verticale Files, JCL.

89 Memorandum von Schultze an Carter vom 15. 11. 1977, »Subject: Secretary Blumenthal's Memo on the U.S. Balance of Payments and Proposed Measures to Reduce It«, CSPP.

90 Vgl. Erklärung Carters vom 21. 12. 1977, »Treasury Dpt. Nov. 77–Febr. 78«, 103, Burns Collection, GFL.

91 Vgl. die deutsch-amerikanische Erklärung vom 4. 1. 1978, abgedruckt in: Deutsche Bundesbank. Auszüge aus Presseartikeln Nr. 4/1978. Der Fed standen insgesamt Devisen für Währungsmarkt-

interventionen im Gegenwert von zehn Milliarden Dollar zur Verfügung (Herlt, R., Der Dollar ist noch nicht gerettet, *Zeit*, 13.1.1978). Swap-Abkommen sind kurzfristige Kreditvereinbarungen zwischen Währungsbehörden, um fremde Währungen für Stützungszwecke bereitzustellen.

92 Vgl. BMF, Vermerk Wechselkursentwicklung, o.D. (Januar 1978), HSD, 171, AdsD.

93 Vgl. Brief Carters an Schmidt vom 30.12.1977, »Germany, Federal Republic of: Chancellor Helmut Schmidt, 5/77–12/77«, 6, National Security Affairs – Brzezinski Material, President's Correspondence with Foreign Leaders, JCL; Brief Carters an Schmidt vom 9.2.1978, »Germany, Federal Republic of: Chancellor Helmut Schmidt, 1–12/78«, 6, President's Correspondence with Foreign Leaders File, JCL.

94 Ebd.

95 Vgl. Hess, J., Keine Export-Katastrophe, *Handelsblatt*, 12.1.1978. Die Unternehmen hofften, die niedrige Inflationsrate in der Bundesrepublik und Qualitätsvorteile kompensierten den Aufwertungsverlust. Bezeichnenderweise kritisierte der DIHT den Dollarverfall mit Hinweis auf die Inflationsgefahr, nicht auf Verluste an Marktanteilen (DIHT-Kritik an US-Währungspolitik, VWD, 11.2.1978). Allerdings bekam das Ifo-Institut in München bei seiner Befragung von Unternehmen pessimistische Einschätzungen der weiteren Exportentwicklung zu hören (»Ifo-Institut für Wirtschaftsforschung hält expansive staatliche Aufgabenpolitik für dringlich«, VWD-Finanzen, 26.1.1978).

96 Vgl. die Stellungnahme von Staatssekretär Grüner (BMWi) vor dem DBT, Verhandlungen des Deutschen Bundestages. Stenographische Berichte, 8. WP, 78. Sitzung, 22.2.1978, S. 5883 f.

97 Vgl. Protokoll der Sitzung des SPD-Parteivorstandes am 27.2.1978, NL Mattick, 112, AdsD.

98 Schmidt-Brief.

99 Vgl. Vermerk vom 6.2.1978, HSD, 313, AdsD.

100 Vgl. Hamm, H., Zuviel Dampf um die deutsche »Lokomotive«, *FAZ*, 1.2.1978; Barbier, H. D., Wirtschaftsdialog im Frost, *SZ*, 14.2.1978; Wissdorf, E., Fixierte Argumente, *Handelsblatt*, 13.2.1978. Zur Position der Bundesbank vgl. Rede Emmingers vor der Vereinigung der Kreditinstitute im Saarland e.V., Schloß Halberg, 31.1.1978, abgedruckt in: Bundesbank, Auszüge, Nr. 12, 3.2.1978.

101 Vgl. Die Lokomotive, *Rheinischer Merkur*, 10.2.1978.

102 Die Mär von der Lokomotive, *Welt*, 1.2.1978.

103 Die Lokomotive zieht nicht, *Zeit*, 3.2.1978.

104 Vgl. Narjes, K.-H., Kranker Mann am Rhein, *DUD*, 14.2.1978.

105 Vgl. Biedenkopf lehnt Carters Wachstumspolitik ab, *Welt*, 11.2.1978.

106 Vgl. Broicher: Nicht auf weltwirtschaftliche Anklagebank drängen lassen, *DIHT-Informationen* 2/78 vom 26. 1. 1978.
107 Vgl. Getler, M., U.S. Fiscal »Amateurism« Is Decried, *IHT*, 10. 3. 1978.
108 Vgl. Bundesverband deutscher Banken: Dampf abgelassen, *FAZ*, 14. 2. 1978.
109 Vgl. Carr, J., Schmidt's Grand Design for the Economic Summit, *FT*, 9. 6. 1978.
110 Vgl. Ausführungen Emminger auf der Pressekonferenz am 13. 3. 1978, Bestand Pressekonferenzen, BPA.
111 Vgl. Memorandum von Owen an Carter vom 18. 2. 1978, »Subject: German Growth Prospect and Summit Timing«, JCL; Memorandum von Solomon an Blumenthal vom 17. 11. 1977, »Subject: Items for Our 8:30 am Meeting, Friday, November 18«, »11/77«, 3, Solomon Collection, JCL.

IV. Annäherungen

1 Vgl. Hanrieder, Deutschland, S. 326 ff.; Ludlow, P., The Making of the EMS: A Case Study of the Politics of the European Community, London 1982, S. 92.
2 Eintrag Grünewalds vom 13. 9. 1978, GNB.
3 Vortrag des Bundeskanzlers der Bundesrepublik Deutschland, Helmut Schmidt, vor dem Polnischen Institut für Internationale Angelegenheiten (PISM) in Warschau am 22. November 1977, abgedruckt in: *EA*, Bd. 33 (1978), H. 2, S. D 24–D 32, hier S. D 26.
4 Vgl. Vermerk von Eugen Selbmann vom 17. 12. 1977 über ein Gespräch zwischen Wehner und Falin, o. D., HSPA.
5 Vgl. Vinocur, J., U.S. and W. Germany Agree to End Dispute, *IHT*, 24. 2. 1978.
6 Vgl. Nichts als Verachtung, *Spiegel*, Nr. 8/1978; Becker, K., Der Kanzler und der Präsident, *Zeit*, 31. 3. 1978; Bell, W. J., Atmosphärische Trübungen nur vordergründig, *GA*, 16. 2. 1978.
7 Vgl. die Reden Schmidts und Genschers vor dem DBT, Verhandlungen des Deutschen Bundestages, Stenographische Berichte, 8. WP, 78. und 79. Sitzung, 9./10. 3. 1978, S. 6105 f. und 6219; Becker, K., Der Kanzler und der Präsident, *Zeit*, 31. 3. 1978; Windmöller, E. / Gründler, G. E., Sanfter Charme mit scharfen Klingen, *Stern*, 22. 3. 1978.
8 Eintrag Grünewalds vom 1. 3. 1978, GNB.
9 Vgl. Voigt, K. D., Bericht über die Reise in die USA vom 12. 5. bis 28. 5. 1978, Bestand SPD-Bundestagsfraktion, 5775, AdsD; Ergebnisbericht über den Besuch einer Delegation der SPD-Bundestagsfraktion in Washington, San Francisco, Sacramento und Los Angeles in der

Zeit vom 25. Juni bis 7. Juli 1978, Bestand SPD-Bundestagsfraktion, 5775, AdsD; Schreitter-Schwarzenfeld, H., Schmidt, Carter und die teutonische Rest-Arroganz, *FAZ*, 31.5.1978; Schütz, H. P., Wörner greift Schmidt an, *SN*, 5.5.1978; Schulz, D., Ehmke nennt das Verhältnis zu den Vereinigten Staaten ungetrübt, *Welt*, 21.4.1978; Brandt lobt Präsident Carter, *FAZ*, 21.6.1978.

10 Vgl. hs. Aufzeichnung (Autor unbekannt) über die SPD-Vorstandssitzung am 24.4.1978, SPD-PV, 10947, AdsD. Vgl. dazu den Bericht Angelika Grützmanns an Schmidt vom 25.4.1978 über die Sitzung des SPD-PV am 24.4.1978, HSD, 6292, AdsD.

11 Vgl. Schreitter-Schwarzenfeld, H., Schmidt, Carter und die teutonische Rest-Arroganz, *FAZ*, 31.5.1978. Vgl. auch Bruno Friedrich, Betr.: US-Präsident Carter, Informationen der sozialdemokratischen Bundestagsfraktion Nr. 529 vom 18.5.1978.

12 Interview mit Robert Putnam, 1978 Mitarbeiter im NSC, am 22.11.1993.

13 Memorandum von Owen an Carter vom 18.2.1978, »Subject: German Growth Prospect and Summit Timing«, »CO 54-2 11/1/77–1/20/81«, CO 26, WHCF SF, JCL.

14 Vgl. Memorandum von Vest an Vance, o. D., »Subject: Your Meeting with FRG Bundestag President Karl Carstens, Tuesday, February 7, 1978, at 3:30 P.M.«, »CO 54 – 2 1/11/77–1/20/81«, CO – 26, WHCF SF, JCL.

15 Vgl. Minutes of the Cabinet Meeting, 8.5.1978, »Cabinet Meeting Minutes, 3/6/78–11/20/78«, Verticale Files, JCL; Minutes of the Cabinet Meeting, 10.7.1978, »Cabinet Meeting Minutes, 3/6/78–11/20/78«, Verticale Files, JCL; Minutes of the Cabinet Meeting, 20.11.1978, »Cabinet Meeting Minutes, 3/6/78–11/20/78«, Verticale Files, JCL.

16 Hs. Aufzeichnung (Autor unbekannt) über die SPD-Vorstandssitzung am 24.4.1978, SPD-PV, 10947, AdsD.

9. Kalter Krieg und Bonner Gipfel

1 Vgl. Garthoff, Détente, S. 653 ff.; LaFeber, America, S. 295 ff.; Rosati, Carter, S. 58 ff.; Schweigler, G., Kissinger S. 435 ff.

2 Vgl. Caldwell, D., US Domestic Politics and the Demise of Détente, in: Westad (Hg.), Fall, S. 95–117.

3 Rede Carters am 7. Juni 1978 vor der Naval Academy Annapolis, Presidential Documents, Bd. 14, S. 1053.

4 Vgl. Kabinettssitzung am 10.7.1978, Aufzeichnung Eizenstats, SEPP.

5 Vgl. Caldwell, Dynamics, S. 101.

6 Vgl. Huntington, Hostility, S. 277.

7 Vgl. U.S. Senate, Republican Declaration on National Security

and Foreign Policy, Mai 1978, »SALT and Disarmament 4/11/78–5/7/78«,128, Jordan's Files, JCL.

8 Brief Brzezinskis an Birrenbach vom 13.5.1978, »CO 54-2 1/20/77–1/20/81«, CO-28, WHCF SF, JCL. Vgl. auch die Aufzeichnung Brzezinskis aus dem Sommer 1978 (abgedruckt in: Brzezinski, Power, S. 519f.).

9 Vgl. Brzezinski, Power, S. 307.

10 Brief von Griffith an Brzezinski vom 8.3.1978, »FG 6-1-1/Brzezinski, 2/16/78–3/31/78«, FG-27, WHCF SF, JCL (Hervorhebungen im Original).

11 Becker, K., Der Kreml verdüstert den Horizont, *Zeit*, 2.6.1978.

12 Vgl. Vermerk von W. Zimmermann und J. Maresca vom 15.12.1978, »Europe's Future: The Ghost of Christmas Yet to Come«, »5 G«, 1, WSC GU.

13 Vgl. »Memorandum of Conversation«, o.D., »Subject: Political Implications of Bonn's Policy on the European Monetary Union«, Anlage zum Brief von Griffith an Brzezinski vom 5.10.1978, »FG 6-1-1, Brzezinski, 10/1/78–10/21/78«, FG-32, WHCF, JCL. Ein Hinweis auf den Einsatz der Geheimdienste gegen die Bundesregierung findet sich auch im Memorandum von Owen an Brzezinski vom 12.4.1980 (»Subject: Presidential Letter to Schmidt (C)«, »Germany, Federal Republic of: Chancellor Helmut Schmidt, 3–8/80«, 7, National Security Advisor's File, Brzezinski – Correspondence with Foreign Leaders, JCL).

14 Vgl. Binder, D., Ties With Bonn Weakened, U.S. Aides Say, *NYT*, 5.3.1978.

15 Dettke, D., Bericht über die Reise von K. Mattick, P. Corterier und D. Dettke nach USA und Kanada in der Zeit vom 26.2. bis 5.3.1978, Bestand SPD-Bundestagsfraktion, 5775, AdsD.

16 Vgl. Memorandum von Robert Hunter an Brzezinski vom 31.1.1978, »Subject: Letter from Constatine Menges«, »Germany, *FR*: Chancellor Schmidt«, 6, NSA Brzezinski Correspondence, JCL.

17 Telefoninterview mit William Griffith, ab 1978 Berater des NSC, am 10.1.1994.

18 Vgl. Major Executive Statements on Behalf of Anatoliy Shcharanskiy, »Shcharanskiy, Anatoliy 11/77–8/79«, 44, Lipshutz' Files, JCL.

19 Vgl. die Ausführungen der Staatssekretärin im Auswärtigen Amt, Hildegard Hamm-Brücher, vor dem DBT, Verhandlungen des Deutschen Bundestages, Stenographische Berichte, 8. WP, 95. Sitzung, 8.6.1978, S. 7498f. sowie die Ausführungen Böllings vor der Bundespressekonferenz Nr. 54/78 vom 19.5.1978, BPA F 30. Vgl. auch Pittman, Ostpolitik, S. 148f.

20 Vgl. Vermerk Müller-Ostens vom 15.5.1978 an die FES, »Betr.: Materielle Hilfe für Dissidenten in der UdSSR«, WBNL Aktengruppe Sozialdemokratische Partei Deutschland. Parteivorsitzender/Parteipräsidium/Parteivorstand – Mitgliedschaft Willy Brandts in Gremien

beim Parteivorstand, 28, AdsD; Ergebnisprotokoll der Sitzung des »Sechserkreises« am 15.6.1978, Anlage des Briefs von H. E. Dingell vom 13.7.1978 an die Mitglieder des »Sechserkreises«, SPD-PV, 11618, AdsD.

21 Interview mit Zbigniew Brzezinski vom 19.11.1993.

22 Vgl. Dettke, D., Bericht über die Reise von K. Mattick, P. Corterier und D. Dettke nach USA und Kanada in der *Zeit* vom 26.2. bis 5.3.1978, Bestand SPD-Bundestagsfraktion, 5775, AdsD; Carter-Berater: Europäer unterschätzen die Gefahren, *Welt*, 9.3.1978.

23 Vgl. Conrad, B., Bölling nennt Gedanken an eine Finnlandisierung »Stuß«, *Welt*, 24.5.1978.

24 Interview mit Robert Hormats, bis zum Oktober 1977 Mitarbeiter im Referat International Economics im NSC, am 23.11.1993.

25 Anders argumentiert Stewart, R., The Age of Interdependence. Economic Policy in a Shrinking World, Boston 1984, S. 75. Danach hat der außenpolitische Druck der Carter-Regierung die Bundesregierung zum Einlenken bewegt.

26 Vgl. Aufzeichnung Grünewalds vom Gespräch der Bundesregierung mit Arbeitgebern und Industriellen, o.D. (Ende Januar 1978), GNB.

27 Vgl. Memorandum von Owen an Mondale vom 2.2.1978, »Subject: Your Meeting with Count Lambsdorff«, »CO 54-2«, WHCF CF, JCL.

28 Vgl. hs. Notiz Solomons auf seinem Memorandum an Blumenthal vom 2.2.1978, »Subject: Wall Street Journal on German Growth«, »2/78«, 3, Solomon Collection, JCL.

29 Vgl. Putnam/Henning, Bonn Summit, S. 69.

30 Vgl. Stoltenberg, G., Plaidoyer [sic] für eine Steuersenkung, *Rheinischer Merkur*, 28.4.1978; Kohl, H., Steuersenkung tut not, Pressedienst der CDU/CSU-Fraktion im Deutschen Bundestag vom 5.5.1978.

31 Vgl. BDI wünscht sich weitere Steuersenkung, *Handelsblatt*, 31.3.1978.

32 Vgl. Putnam/Henning, Bonn Summit, S. 70f.

33 Vgl. Bonn soll Steuern senken, *BamS*, 16.4.1978; Gillies, P., Steuersenkung spaltet in Bonn die Geister, *Welt*, 27.4.1978.

34 Vgl. FDP wünscht für 1980 Steuerreform, *SZ*, 19.5.1978; Schwartz, R. D., FDP eilt es mit Steuerreform, *FR*, 15.6.1978; Die Freien Demokraten planen umfangreiche Steuerentlastungen, *Stuttgarter Zeitung*, 16.6.1978; Mit dem Füllhorn auf Wählerfang, *Stern*, 29.6.1978.

35 Vgl. die Debatte des Bundeshauptausschusses der FDP am 24.6.1978 (Stenographische Niederschrift der Tagung des BHA am 24.6.1978 in Augsburg, ADL, Bestand FDP, A 12-193); Schwartz, R. D., FDP eilt es mit Steuerreform, *FR*, 15.6.1978; Die Freien Demokraten planen umfangreiche Steuerentlastungen, *Stuttgarter Zeitung*, 16.6.1978.

36 Vgl. Aufzeichnung Manfred Schülers vom 9.5.1978.
37 Vgl. die Ausführungen Matthöfers in der Fernsehdiskussion »Bonner Steuerpolitik auf richtigem Kurs«, DFS, 22.6.1978, 20.15 Uhr, Kommentarübersicht (BPA) vom 23.6.1978.
38 Vgl. »Nur ein Schelm gibt mehr, als er hat«, Interview mit Matthöfer, in: *Spiegel*, Nr. 26/1978.
39 Vgl. Grünewalds Aufzeichnungen über das Gespräch Schmidts mit Redakteuren der Zeitschrift *Business Week* am 12.6.1978 (GNB); Vermerk über das Gespräch Schmidts mit Senator Byrd am 6.7.1978, HSD, 178, AdsD.
40 Vgl. das entsprechende Angebot Carters in dem Brief an Schmidt vom 27.3.1978, »Germany, Federal Republic of: Chancellor Helmut Schmidt, 1–12/78«, 6, National Security Affairs – Brzezinski Material, President's Correspondence with Foreign Leaders, JCL; zur Rolle Callaghans vgl. Callaghan, Time, S. 487ff.; Putnam/Henning, Bonn Summit, S. 60f.
41 Interview mit Henry Owen am 19.11.1993. Vgl. das Memorandum von Owen an Carter vom 8.4.1978, »Subject: Chancellor Schmidt's Messages to You About the Summit« sowie den Brief Carters an Schmidt vom 11.4.1978, »Germany, Federal Republic of: Chancellor Helmut Schmidt, 1–12/78«, 6, National Security Affairs – Brzezinski Material, President's Correspondence with Foreign Leaders, JCL.
42 Vgl. Eintrag Grünewalds vom 23.5.1978, GNB.
43 Vgl. die Zusammenstellung von Presseberichten in: Telex Fsnr. 4530/31 des Bundespresseamtes (Grünewald) an Schmidt vom 30.6.1978, »Betr.: Äußerung von BM Graf Lambsdorff in den USA«, HSD, 361, AdsD.
44 Vgl. Memorandum von Jeffrey R. Shafer vom 26.6.1978, »Subject: CEA Chairman Schultze's meeting with Count Lambsdorff 6/26/78«, Kopie im Besitz d. Verf.
45 Vgl. Treffen Carters mit führenden Kongreßmitgliedern zur Energiepolitik am 22.6.1978, Aufzeichnung Eizenstats, SEPP.
46 Vgl. etwa das Interview mit Schmidt in *Newsweek* vom 29.5.1978 oder den Bericht von Senator Robert Byrd über sein Gespräch mit Schmidt am 5.7.1978 (Treffen Carters mit führenden Kongreßmitgliedern am 11.7.1978, Aufzeichnung Eizenstats, SEPP). Zur Bitte Carters vgl. Memorandum von Owen an Carter vom 10.5.1978, »Subject: Callaghan and Schmidt«, »5/1/78–7/31/78«, FG-7, WHCF SF, JCL.
47 Vgl. Memorandum von Schultze an Carter vom 6.6.1978, »Subject: Meeting of the OECD Economic Policy Committee«, »International Trade (General)«, 226, WHCF SF, JCL.
48 Vgl. Emminger, D-Mark, S. 426. Von »erheblichen inneren Widerständen« (Rödder, Bundesrepublik, S. 180) kann nicht die Rede sein.

49 Vgl. die Ausführungen Schmidts gegenüber Gewerkschafts- und Unternehmensführern sowie Vertretern der Bundesbank am 4.6.1978 (Aufzeichnung Grünewalds, GNB).
50 Zum folgenden vgl. Congressional Quarterly Almanac 95 th Congress, 2nd Session 1978, Vol. XXXIV, S. 639ff.; Cochrane, Carter's Energy Policy; Rushefsky, Energy Policy; Vietor, R. H. K., Energy Policy in America Since 1945. A Study of Business-Government Relations, Cambridge (MA) 1984.
51 Vgl. Putnam/Henning, S. 40.
52 Vgl. Kaufman, Carter, S. 66ff.
53 Vgl. Putnam/Henning, Bonn Summit, S. 63ff.
54 Vgl. Memorandum von Eizenstat an Carter vom 29.6.1978, »Subject: Oil Import Fees and the Bonn Summit«, »TA 4-11, 1/1/78–11/30/78«, TA-26, WHCF SF, JCL.
55 Vgl. Büro des Regierungssprechers, Informationsgespräch (vertraulich) Schmidts mit Journalisten am 8.4.1978, 01.15 Uhr, in Kopenhagen anläßlich der Tagung des Europäischen Rates, HSD, 313, AdsD; Vermerk über das Gespräch Schmidts mit Senator Byrd am 6.7.1978, HSD, 178, AdsD. Vgl. auch das Memorandum von Vance, Blumenthal, Schultze, Brzezinski, Owen an Carter vom 7.7.1978, »Subject: Energy and the Summit«, CSPP.
56 Vgl. Memorandum von Schultze an Carter vom 11.5.1978, »Subject: Secretary Blumenthal's Memo on Energy and the Summit«, CSPP.
57 Vgl. Memorandum von Vance, Blumenthal, Brzezinski, Owen an Carter vom 7.6.1978, »Subject: Action on Energy at the Summit«, »6/8/78[1]«, 90, PHF, JCL; Memorandum von Vance, Blumenthal, Schultze, Brzezinski, Owen an Carter vom 7.7.1978, »Subject: Energy and the Summit«, CSPP.
58 Vgl. Memorandum von Eizenstat an Carter vom 29.6.1978, »Subject: Oil Import Fees and the Bonn Summit«, »TA 4-11, 1/1/78–11/30/78«, TA-26, WHCF SF, JCL; Memorandum von Eizenstat an Carter vom 7.7.1978, »Subject: Energy and the Summit«, »Summit in Germany 7/13–18/78 [1]«, 9, Rafshoon Collection, JCL; Memorandum von Bert (Carp) an Mondale vom 18.7.1978, »Subject: Energy Commitments at the Summit«, »FO 6-5, 1/20/77–1/20/81«, FO-44, WHCF SF, JCL.
59 Vgl. Memorandum von Eizenstat an Carter vom 7.7.1978, »Subject: Energy and the Summit«, »Summit in Germany 7/13–18/78 [1]«, 9, Rafshoon Collection, JCL. Vgl. auch die Entwürfe für Carters Stellungnahme in Bonn, Anlage zum Memorandum von Vance, Blumenthal, Schultze, Brzezinski, Owen an Carter vom 7.7.1978, »Subject: Energy and the Summit«, CSPP.
60 Vgl. Memorandum von Eizenstat an Carter vom 12.7.1978, »Subject: The Summit and Energy«, »Summit 7/78«, 286, Eizenstat's Files, JCL.

61 Vgl. Carr, J., Chancellor Schmidt raises his own curtain, *FT*, 11.7.1978.
62 Zitiert nach: Herles, H., Rund um den »Gipfel« wird vor allem Deutsch und Englisch gesprochen, *FAZ*, 18.7.1978.
63 Kempski, H. U., Die Glorreichen Sieben hinken ins Ziel, *SZ*, 18.7.1978.
64 Vgl. ebd.
65 Vgl. Putnam/Henning, Bonn Summit, S. 77.
66 Vgl. Brief Owens an Carter vom 19.7.1978, »FO 6-5, 1/20/77–1/20/81«, WHCF, Subject FO-44, JCL; Eintrag Grünewalds o.D. (wohl 17.7.1978), GNB; Schmidt: Positiver Konferenzverlauf gesichert, *GA*, 17.7.1978.
67 Vgl. Holtham, G, German Macroeconomic Policy and the 1978 Bonn Summit, in: Cooper u.a. (Hg.), Can Nations Agree?, S. 141–177, hier S. 144.
68 Vgl. dazu Putnam/Henning, Bonn Summit, S. 88 ff.
69 Vgl. May, B., Ein schwieriger Lernprozeß: Die Weltwirtschaftsgipfel, in: Junker (Hg.), Handbuch, Bd. II., S. 381–392, hier S. 386; Holtham, German, S. 158 f. Kritisch zum Paket auch Schröder, Stagnation, S. 210 ff.
70 Vgl. Sitzung der Economic Policy Group am 8.3.1978, Aufzeichnung Eizenstats, SEPP.
71 Vgl. Ausführungen Blumenthals beim Treffen mit Carter u.a. am 16.3.1978, Aufzeichnung Eizenstats, SEPP. Noch wenige Wochen zuvor hatte das Finanzministerium den Einfluß der Dollarschwäche auf die Inflationsrate deutlich geringer eingeschätzt (Brief Solomons an Adlai E. Stevenson, Vorsitzender des Subcommittee on Banking, Housing and Urban Affairs des Senats, vom 10.2.1978, »2/78«, 3, Solomon Collection, JCL).
72 Das gemeinsame Kommuniqué ist abgedruckt in: Deutsche Bundesbank, Auszüge aus Presseartikeln, Nr. 23/78, 14.3.1978.
73 Vgl. Kaufman, Carter, S. 100.
74 Vgl. Minutes of the Cabinet Meeting, 8.8.1978, »Cabinet Meeting Minutes, 3/6/78–11/20/78«, Verticale Files, JCL.
75 Treffen Blumenthals, Schultzes, Carswells, Hasslers und Eizenstats am 14.8.1978, Aufzeichnung Eizenstats, SEPP.
76 Vgl. Treffen Blumenthals, Millers, Carswells, Schultzes, Eizenstats am 15.8.1978, Aufzeichnung Eizenstats, SEPP.
77 Vgl. Memorandum von Eizenstat an Carter vom 15.8.1978, »Treasury«, 295, Eizenstat's Files, JCL.
78 Vgl. Treffen Eizenstats mit Brzezinski, Schlesinger und ungenannten Mitarbeitern am 15.8.1978, Aufzeichnung Eizenstats, SEPP.
79 Vgl. Schlecht: Dollar-Schwäche gelassener sehen, VWD-Finanzen 25.8.1978.
80 Vgl. Murmann, H., Minister Lambsdorff ist sich mit der japanischen Regierung einig, *Kölner Stadt-Anzeiger*, 29.8.1978.

81 Vgl. die Daten in Haftendorn, Sicherheit und Stabilität, S. 276.
82 Vgl. Dollar und Welthandel, *FAZ*, 9.8.1978.
83 Vgl. Emminger, D-Mark, S. 382.
84 Vgl. Memorandum von Blumenthal an Carter vom 22.9.1978, »Cabinet Summaries«, 161, Eizenstat's Files, JCL; US-Schatzamt: Mehr als doppelt soviel Gold bei Auktionen ab November, VWD-Finanzen, 24.8.1978; Of U.S. Banks: Fed Ends Reserves on Eurodollar Debt, *IHT*, 30.8.1978.
85 Vgl. Cohen/Meltzer, United States, S. 26.
86 Vgl. The Dollar Rescue Operations and Their Domestic Implications. Hearings before the Subcommittee on International Economics of the Joint Economic Committee, Congress of the United States, 95 th Congress, 2nd session, 14./15.12.1978, Washington 1979, S. 16. Im folgenden zitiert als: Hearings.
87 Vgl. Treffen Carters mit Mondale, Jordan, Schultze und Eizenstat am 19.10.1978, Aufzeichnung Eizenstats, SEPP.
88 Vgl. Kaufman, Carter, S. 113.
89 Vgl. Nickel, H., The Inside Story of the Dollar Rescue, *Fortune*, 4.12.1978, S. 40–44, hier S. 41.
90 Vgl. Hearings, S. 63.
91 Vgl. Emminger, D-Mark, S. 382.
92 Gespräch Eizenstats mit Arthur Okun am 26.10.1978, Aufzeichnung Eizenstats, SEPP.
93 Gespräch Eizenstats mit Solomon am 26.10.1978, Aufzeichnung Eizenstats, SEPP.
94 Ebd.
95 Vgl. Nickel, Inside Story, S. 42; Gespräch Carters mit Schultze und Eizenstat am 27.10.1978, Aufzeichnung Eizenstats, SEPP.
96 Vgl. Aufzeichnung Eizenstats vom 27.10.1978, SEPP.
97 Interview mit Michael Blumenthal am 23.11.1993.
98 Vgl. Hearings, S. 17.
99 Vgl. Nickel, Inside Story, S. 42.
100 Treffen Carters mit seinen wirtschaftspolitischen Beratern am 27.10.1978, Aufzeichnung Eizenstats, SEPP.
101 Das zeigt auch eine Notiz, die Eizenstat am 31. Oktober nach einem Gespräch mit Carter anfertigte und der zufolge Carter die Dollarstabilisierung den amerikanischen Exportinteressen weiterhin unterordnete: »JC will, daß der $ nur 4–5 Prozent steigt, sonst verlieren (wir beim) Export.« (SEPP).
102 Die Hälfte, also fünfzehn Milliarden Dollar, machte der Ausbau der Swap Fazilitäten mit den Notenbanken der Schweiz, Japans und der Bundesbank aus. Ein weiteres Drittel der Summe kam durch die sogenannten Carter-Bonds zustande: Die USA nahmen Kredite in Yen, Franken und Mark auf und übernahmen damit das Wechselkursrisiko ihrer Interventionen. Die restlichen fünf Milliarden Dollar ergaben sich aus Verkäufen von unkonditionierten

Ziehungsrechten beim IWF und dem Rückgriff auf Sonderziehungsrechte.

103 Vgl. Treasury and Federal Reserve Foreign Exchange Operations, *FRBNY Quarterly Review*, Spring 1979, S. 68.

10. Der NATO-Doppelbeschluß

1 Vgl. Apel, Abstieg, S. 70.

2 So Brown gegenüber dem Verfasser: »Wir beschlossen, daß wir so etwas nicht noch einmal zulassen durften.« (Interview am 18.11.1993).Vgl. auch Buteux, Strategy, S. 103; Garthoff, Détente, S. 945 f.

3 Brzezinski, Power, S. 206.

4 Vgl. Memorandum von Jordan an Carter, o.D. (Juli 1978), »Comprehensive Test Ban Treaty/SALT«, 34, Jordan's Files, JCL; Memorandum von Brzezinski an Mondale vom 20.11.1978, »Subject: 1979 Agenda«, 110, PHF, JCL.

5 Memorandum von Richard Moe an Walter Mondale u.a. vom 10.4.1978, »Subject: SALT«, »SALT 1978«, 37, Jordan's Files, JCL.

6 Vgl. Interview mit Robert Beckel, Deputy Assistant Secretary of State for Congressional Relations, am 13.11.1981, White Burkett Miller Center Interviews, JCL, S. 38.

7 Karsten Voigt, »Bericht über die Reise in die USA vom 12.5. bis 28.5.1978«, Bestand SPD-Bundestagsfraktion, 5775, AdsD.

8 Interview mit David Gompert am 7.12.1993; Interview mit Leslie Gelb am 28.11.1993, Telefoninterview mit Eric Newsom am 13.12.1993. Vgl. auch den Vermerk des SPD-Bundestagsabgeordneten Erwin Horn über Gespräche in Washington zwischen dem 25. und 27.7.1979, Bestand SPD-Bundestagsfraktion, 6089, AdsD.

9 Vgl. Interview mit Robert Beckel, Deputy Assistant Secretary of State for Congressional Relations, am 13.11.1981, White Burkett Miller Center Interviews, JCL, S. 38.

10 Brzezinski, Z., East-West Relations: Strategic Crossroads, in: *Trialogue*, Vol. 30, No. 1 (1982), S. 18–21, hier S. 21.

11 Vgl. Presidential Review Memorandum/NSC-38 vom 22.6.1978, »Subject: Long-Range Theater Nuclear Capabilities and Arms Control«, »PRM«, VF, JCL.

12 Zum folgenden vgl. Thomson, Evolution, S. 44 ff.

13 Zum folgenden vgl. Garthoff, Détente, S. 869 f.; Njölstad, Keys, S. 58 ff.; Memorandum von Madeleine Albright an Brzezinski vom 7.5.1979, »Subject: Your lunch with Senator Sam Nunn, Tuesday, May 8, 12:30–1:30 p.m., 3241 Dirksen Bldg.«, »FG 6-1-1/Brzezinski, 4/1/79–5/15/79«, FG-28, WHCF SF, JCL.

14 Vgl. Interview mit Zbigniew Brzezinski am 9.11.1993.

15 Vgl. Brzezinski, Power, S. 333. Das relativiert auch Brzezinskis Aussage, er habe seine Haltung nur korrigiert, um die Unterstützung der Europäer für SALT II sicherzustellen.
16 Vgl. Thomson, Evolution, S. 47.
17 Vgl. Davis, Requirements, S. 10.
18 Interview mit Zbigniew Brzezinski am 19.11.1993.
19 Vgl. Thomson, Evolution, S. 50.
20 Die folgende Darstellung stützt sich auf Daalder, Nature, S. 188f., und Thomson, Evolution.
21 Memorandum von Brown an Carter vom 20.10.1978, »Subject: Significant Actions, Secretary and Deputy Secretary of Defense (October 14–20, 1978)«, »10/25/78«, 107, PHF, JCL.
22 Hintergrundinformation. Ein erster Hinweis darauf findet sich in »Aufzeichnung über Gespräch BK und Gäste am 1. März 1979«, HSPA.
23 Vgl. Thomson, Evolution, S. 49.
24 Vgl. Haftendorn, Mißverständnis, S. 269, Fn. 52.
25 Vgl. Brzezinski, Power, S. 294.
26 Memorandum von Stoessel vom 14.12.1978, »Subject: Guadeloupe Meeting«, Folder 5 G, Box 1, WSC GU.
27 Vgl. Vermerk »SALT/Grauzone«, o. D. (Oktober 1978), Anlage zum Sprechzettel für die Sitzung des PV der SPD am 16.10.1978, HSD, 1521, AdsD. Vgl. auch – mit anderer Datierung – Rühl, Mittelstrekkenwaffen, S. 180ff.
28 Vgl. Vermerk Brandts vom 27.12.1978, JBPA; Manuskript der Rede Schmidts vor der SPD-Bundestagsfraktion am 6.2.1979 (HSD, 1522, AdsD). Schmidt spricht dort von einer Lücke im Eskalationskontinuum. Damit war der Verlust an Eindringfähigkeit durch Bomber gemeint (siehe Kapitel 6).
29 Aufgrund der nun vorliegenden Quellen korrigiere ich meine Darstellung von 1993 (vgl. Wiegrefe, Politik der Supermächte, S. 116ff.).
30 Vgl. etwa die Äußerungen Callaghans in der Kabinettssitzung am 30. November 1978 (Benn, T., The Benn Diaries, London 1990, S. 403).
31 »Notizen für Exposé Ende Februar 1979: Apel, Wehner + andere Soz. Demokraten«, hs. Aufzeichnung Schmidts, o. D., HSPA.
32 Apel war im Oktober mit seinem Kollegen Brown zusammengetroffen. Bezeichnenderweise wies der deutsche Verteidigungsminister Brown ausdrücklich auf die Notwendigkeit hin, die Regierungsspitze in Bonn (also Schmidt) einzubinden: »Was langfristige Verbesserungen angeht, wies Minister Apel auf die Notwendigkeit hin, von Anfang an politische Erwägungen auf höchster Ebene anzustellen, insbesondere in seiner eigenen Regierung.« (Memorandum von Brown an Carter vom 20.10.1978, »Subject: Significant Actions, Secretary and Deputy Secretary of Defense (October 14–20, 1978)«, »10/25/78«, 107, PHF, JCL).

33 Vgl. auch Großer Knies, *Spiegel*, Nr. 5/1979.
34 Vgl. Mitschrift (US-Version) des Telefongesprächs zwischen Carter und Schmidt am 5.10.1978, Kopie im Privatarchiv des Verfassers.
35 Vgl. Vermerk »Betr.: Ihr Telefongespräch mit Präsident Carter« vom 5.10.1978, HSD, 418, AdsD.
36 HSPA.
37 Vgl. zum Gipfel von Guadeloupe: Brzezinski, Power, S. 379f.; Callaghan, Time, S. 547ff.; Carter, Faith, S. 234ff.; Schmidt, Menschen, S. 231ff. Vgl. auch Schmidts Bericht am 16. Januar vor der Bundestagsfraktion (SPD-Bundestagsfraktion [Hg.], Informationen der sozialdemokratischen Bundestagsfraktion vom 16.1.1979).
38 Vgl. Brzezinski, Power, S. 295.
39 HSPA.
40 Callaghan, Time, S. 548.
41 Vgl. Carter, Faith, S. 235.
42 Vgl. Callaghan, Time, S. 549.
43 Ebd., S. 550.
44 Vgl. Haftendorn, Sicherheit und Stabilität, S. 117.
45 Carter, Faith, S. 235.
46 Vermerk Bahrs über ein Gespräch zwischen Schmidt und Lednew am 20.2.1979, HSPA.
47 Vgl. Haftendorn, Mißverständnis, S. 280f.
48 Vgl. Bergdoll, U., In der SPD bahnt sich ein Konflikt um die Abrüstung an, *SZ*, 31.1.1979; Ehmke, Mittendrin, S. 307f.; Fischer, Interesse, S. 74f.
49 Wehner, H., Deutsche Politik auf dem Prüfstand, in: *NG*, Nr. 2/1979, S. 92–94, hier S. 93. Vgl. auch Apel, Abstieg, S. 73f.
50 Vgl. Risse-Kappen, Null-Lösung, S. 58.
51 Vgl. Bonn: Politik der USA kaum noch kalkulierbar, *GA*, 3.3.1979; Bericht Apels vor dem Arbeitskreis I (Außenpolitik) der SPD-Bundestagsfraktion (Ergebnisniederschrift über die Sitzung des Arbeitskreises I der SPD-Bundestagsfraktion am Dienstag, dem 6. März 1979, ungeordnetes Material, Bestand SPD-Bundestagsfraktion, AdsD).
52 »Aufzeichnung über Gespräch BK und Gäste am 1. März 1979«, HSPA.
53 Vgl. Daalder, Nature, S. 185; Vermerk über das Telefonat zwischen Schmidt und Callaghan am 6.3.1979, HSD, 429, AdsD.
54 Vgl. Thomson, Evolution, S. 61.
55 Vgl. Risse-Kappen, Null-Lösung, S. 60.
56 Vgl. Rühl, Mittelstreckenwaffen, S. 234.
57 Vgl. Daalder, Nature, S. 199; Haftendorn, Mißverständnis, S. 275f.
58 Vgl. Thomson, Evolution, S. 64f.
59 Vgl. Daalder, Nature, S. 196.
60 Vgl. Protokoll über die Sitzung des SPD-Präsidiums am 5.6.1978, HSD, 6316, AdsD.
61 Bundesvorstand der Jusos (Hg.), Aufruf zur Initiative für Frieden und

Abrüstung der Jungsozialisten in der SPD: Für eine aktive Friedenspolitik! Schluß mit dem Rüstungswettlauf!, Bonn 1978.

62 Vgl. Herbert Häber, Information über meinen Aufenthalt in der BRD vom 15.–22. 3. 1978, SAPMO BArch ZPA DY 30/37075/1.

63 Zitiert nach: Abrüstung: »Das wird Qualm geben«, *Spiegel*, Nr. 50/1979.

64 Vgl. Apel, Abstieg, S. 82 f.; Bahr, Zeit, S. 508 f.; Ehmke, Mittendrin, S. 308; Soell, H., Sich barfuß in die Tür der Weltpolitik klemmen? *FAZ*, 12. 11. 1983; Brief Bahrs an Schmidt vom 2. 6. 1979, HSPA.

65 Brief Bahrs an Schmidt vom 2. 6. 1979 samt Anlage (Thesenpapier Bahrs, o. D.), HSPA.

66 Zitiert nach: Fischer, Interesse, S. 74.

67 Vgl. Brief Bahrs an Schmidt vom 2. 6. 1979, HSPA.

68 Vgl. ebd.

69 Der Brief vom 23. 5. 1979 liegt nicht vor, den Inhalt hat aber Brzezinski in einem Memorandum zusammengefaßt (Memorandum von Brzezinski an Carter vom 31. 5. 1979, »Subject: Correspondence with Chancellor Schmidt on TNF (U)«, »Germany, Federal Republic of: Chancellor Helmut Schmidt, 6–10/79«, 7, National Security Affairs – Brzezinski Material, President's Correspondence with Foreign Leaders, JCL).

70 Brief Carters an Schmidt vom 1. 6. 1979, »Germany, Federal Republic of: Chancellor Helmut Schmidt, 6–10/79«, 7, National Security Affairs – Brzezinski Material, President's Correspondence with Foreign Leaders, JCL. Auch Apel deutet in seinen Erinnerungen an, daß die Deutschen eine Stationierungszusage gegeben hätten (Abstieg, S. 76).

71 Thomson, Evolution, S. 61.

72 »Aufzeichnung über Gespräch BK und Gäste am 1. März 1979«, HSPA. Es soll über eine Seestationierung – so ein amerikanischer Zeitzeuge – bereits auf Guadeloupe diskutiert worden sein.

73 HSPA.

74 So erwa Schmidt gegenüber Brzezinski am 24. Juli (HSPA). Vgl. Thomson, Evolution, S. 69 f.; »Memorandum of Conversation« vom 25. 10. 1979, »Subject: David Aaron's Conversation with Egon Bahr« in Bonn am 19. 10. 1979, Folder 5 G, Box 1, WSC GU.

75 Vgl. die Würdigung Genschers in dem Memorandum von Vance an Carter vom 25. 7. 1979, »Subject: Meeting with German Foreign Minister Genscher«, »CO 54-2 11/1/77–1/20/81«, CO-26, WHCF SF, JCL.

76 Vgl. die Rede Möllemanns vor dem Bundeshauptausschuß der FDP am 24. 6. 1978, ADL, Bestand FDP, Band A 12–193.

77 Vgl. Wiegrefe, Politik der Supermächte, S. 114.

78 Rede Genschers auf der NATO-Frühjahrstagung am 30./31. 5. 1979, abgedruckt in: »Eine Diskussion wie die über die Neutronenwaffe darf sich auf keinen Fall wiederholen«, *Welt*, 7. 7. 1979.

79 Vgl. Mitschrift der Rede Schmidts auf dem SPD-Bezirksparteitag Hessen-Nord in Kassel-Baunathal am 7.7.1979, BPA F 65.
80 HSPA.
81 Vgl. Thomson, Evolution, S. 70.
82 Interview mit Valentin Falin am 9.9.1993. Vgl. Falin, Erinnerungen, S. 283. Garthoff berichtet dieselbe Version unter Berufung auf den stellvertretenden sowjetischen Außenminister Georgi Kornjenkow (Détente, S. 951). In Schmidts Version des Treffens (Menschen, S. 100f.) ist von einem solchen Anstoß allerdings nicht die Rede.
83 Vgl. Carter, Faith, S. 253.
84 Das ergibt sich aus einem Vorgespräch Carters mit seinen Beratern (vgl. ebd., S. 246).
85 Vgl. ebd., S. 253.
86 Vgl. ebd., S. 255.
87 HSPA.
88 Vgl. Nato: Zweifel an Amerika, *Spiegel*, Nr. 51/1979.
89 Vgl. Apel, Abstieg, S. 90; Daalder, Nature, S. 200ff.
90 Vgl. Presse-Briefing Genschers, Apels und Ruths am 12.12.1979, 20.35 Uhr, Brüssel. Unkorrigiertes Manuskript, BPA Archiv F 65.
91 Da die SS-20-Raketen die veralteten SS-4 und SS-5 ersetzten, war die Zahl der Abschußgeräte von untergeordneter Bedeutung. Auch die regionale Begrenzung auf die westliche Sowjetunion – die SS-20 war beweglich – entwertete den Vorschlag.
92 Vgl. etwa die Ausführungen Schmidts am 1.6.1979 in »ABC News« (»Positive European Reactions, SALT II, Week Ending June 6«, »SALT II and Soviet Brigade in Cuba, 3/14/79–10/23/79«, 131, Jordan's Files, JCL). Peter Corterier, der Obmann der SPD-Bundestagsfraktion im Auswärtigen Ausschuß des Bundestages, warb in den Anhörungen des Senats für eine Ratifizierung (Informationen der sozialdemokratischen Bundestagsfraktion, Ausgabe 857 vom 10.9.1979). Vgl. grundsätzlich dazu Caldwell, Dynamics.
93 HSPA.
94 Vgl. Apel, Abstieg, S. 85f.; »Statements by German Defense Minister Hans Apel«, Anlage zum Serienbrief Anne Wexlers vom 25.10.1979, »7/1/79–10/24/79« FO-43, WHCF Subject File, JCL. Die Bundesregierung dementierte das Junktim allerdings sofort, weil sie ihre Außen- und Sicherheitspolitik nicht vom Schicksal der Ratifizierungsdebatte abhängig machen wollte (Dittgen, Sicherheitsbeziehungen, S. 225).
95 Brief Carters an Schmidt vom 19.10.1979, »Germany, FR; Chancellor Schmidt 6–10/79«, 7, National Security Affairs – Brzezinski Material, President's Correspondence with Foreign Leaders, JCL. Dort findet sich auch eine englische Übersetzung des Interviews mit Schmidt im Hessischen Rundfunk am 14. Oktober 1979.
96 Vgl. Thomson, J., The LRTNF decision: evolution of US theater nuclear policy, 1975-9, in: *International Affairs*, 1984, S. 601–614,

hier S. 612. Vgl. auch Apels Bericht vor dem Arbeitskreis I (Außenpolitik) der SPD-Bundestagsfraktion (Ergebnisniederschrift über die Sitzung des Arbeitskreises I der SPD-Bundestagsfraktion am Dienstag, dem 27. November 1979, ungeordnetes Material, Bestand SPD-Bundestagsfraktion, AdsD).

97 Vorstand der SPD (Hg.), Parteitag der Sozialdemokratischen Partei Deutschlands vom 3. bis 7. Dezember 1979, ICC Berlin, Bd. II, Bonn, o.J., S. 1243.

98 Vgl. Notz, SPD, S. 61; Abrüstung: »Das wird Qualm geben«, *Spiegel*, Nr. 50/1979.

99 Abgedruckt in: »Kommuniqué der Außen- und Verteidigungsminister der NATO über den bedingten Beschluß zur Stationierung von Mittelstreckenwaffen, 12. Dezember 1979«, in: *Bulletin des Presse- und Informationsamtes der Bundesregierung*, Nr. 154/1979, S. 1405 ff., hier S. 1408.

100 Auch so erzielten die Unterhändler Paul H. Nitze und Juli Kwizinski 1982 bei ihrem berühmten Waldspaziergang einen Kompromiß, der allerdings in Moskau wie Washington auf Ablehnung stieß.

V. Krise

1 Das berichtete der Bundestagsabgeordnete Conrad Ahlers (SPD) nach einer USA-Reise in einem Brief an Wehner vom 23.4.1979, Bestand SPD-Bundestagsfraktion, 5776, AdsD.

2 Brief von Seweryn Bialer an Zbigniew Brzezinski vom 6.12.1978, »FG 6-1-1/Brzezinski, Z., 12/1/78–12/31/78«, FG 33, WHCF SF, JCL. »Grubost« bedeutet Grobheit.

3 Vgl. Vertrauenskrisen in der Bonner Außenpolitik?, *NZZ*, 1.8.1979; Bajohr, W., Nachdenken ohne umzudenken?, *Rheinischer Merkur*, 3.8.1979; Conrad, B., SPD warnt CDU vor Mißtrauen gegenüber den USA, *Welt*, 28.7.1979.

4 Vgl. Putnam/Henning, Bonn Summit, S. 91 f.

5 Vgl. Memorandum von Owen an Carter vom 19.5.1980, »Subject: Tony Solomon's Letter to Schmidt«, »CO 54-2, 1/1/80–1/20/81«, CO-27, WHCF SF, JCL. Obwohl die Koalition die Entscheidung, vom Konsolidierungskurs abzugehen, damals aus eigenem Antrieb getroffen hatte, machte der Kanzler nun die Amerikaner dafür verantwortlich.

6 Vgl. Brief Ahlers an Wehner vom 23.4.1979, Bestand SPD-Bundestagsfraktion, 5776, AdsD; Brief Stadens an Schmidt vom 18.12.1978, HSD, 448, AdsD.

7 Eintrag Grünewalds vom 18.12.1978, GNB.

8 Brief Stadens an Schmidt vom 18.12.1978, HSD, 448, AdsD.

9 Geyer, Amerika, S. 178.

10 Vgl. Vinocur, J., Schmidt Cautiously Taking Leader Role, *IHT*, 19.3.1979. Vgl. die Äußerungen Stadens (Brief an Schmidt vom 18.12.1978, HSD, 448, AdsD) und des stellvertretenden FDP-Fraktionsvorsitzenden Hans-Günter Hoppe (Information über einen Aufenthalt von Herbert Häber in der Bundesrepublik Deutschland vom 21. bis 27. Februar 1979, SAPMO-BArch DY 30/J IV 2/10.02/10).

11 Vgl. Referat 512, Leitlinie für die Pressekonferenz Schmidts am 10.1.1979, HSD, 316, AdsD.

11. »Rette sich, wer kann«

1 Vgl. Lieber, R., The Oil Decade. Conflict and Cooperation in the West, New York 1983, S. 27f.

2 Vgl. Ambrose, Rise, S. 305ff.; Kaufman, Carter, S. 124ff.; Schulzinger, American Diplomacy, S. 328ff.

3 Vgl. Schmidt, Menschen, S. 238ff.

4 Vgl. Genscher, Erinnerungen, S. 409; Schmidt, Menschen, S. 239.

5 Die Haltung der Bundesregierung unterschied sich in dieser Hinsicht nicht von der anderer westeuropäischer Regierungen (vgl. Parsons, A., Iran and Western Europe, in: *Middle East Journal*, Volume 43, No. 2 [Spring 1989], S. 218–229; Parsons war damals britischer Botschafter in Teheran).

6 Vgl. »Entwicklung im Iran inklusive Problem der Öl-Versorgung«, Sprechzettel für die Sitzung des PV der SPD am 16.2.1979, HSD, 1522, AdsD.

7 Vgl. Referat 212 (Dr. Zeller), Gesprächsvorschlag vom 21.2.1979 für die deutsch-französischen Konsultationen am 22./23.2.1979, HSD, 216, AdsD.

8 Über die sogenannten verlorenen Jahre vgl. Lieber, Decade, S. 21ff.

9 Vgl. Lieber, Decade, S. 23f.

10 Vgl. Hohensee, J., Der erste Ölpreisschock 1973/74. Die politischen und gesellschaftlichen Auswirkungen der arabischen Erdölpolitik auf die Bundesrepublik und Westeuropa, Stuttgart 1996, S. 240.

11 Vgl. Schmitt, D., West German Energy Policy, in: W. L. Kohl (Hg.), After the Second Oil Crisis. Energy Policies in Europe, America and Japan, Lexington (MA) 1982, S. 137–157, hier S. 153.

12 Vgl. Badger, D. / Belgrave, R., Oil Supply and Price: What Went Right in 1980?, Paris 1982, S. 2ff.; Yergin, D., The Prize. The Epic Quest for Oil, Money, and Power, New York 1991, S. 684ff.

13 Vgl. IEA, Energy Policies and Programmes of IEA Countries, 1979 Review, Paris 1980, S. 24.

14 Vgl. Badger/Belgrave, Oil, S. 10f.

15 Vgl. Yergin, Prize, S. 689.

16 Vgl. Lieber, Decade, S. 30.

17 Vgl. Memorandum von Schlesinger an Carter vom 4.1.1979, »Sub-

ject: Iranian Oil Situation«, »1/10/79 [1]«, 114, PHF, JCL; »Entwicklung im Iran inklusive Problem der Öl-Versorgung«, Sprechzettel für die Sitzung des PV der SPD am 16.2.1979, HSD, 1522, AdsD; Ölversorgung: Konjunktur der Angst, *Spiegel*, Nr. 8/1979.

18 Bis 1983 war der deutsche Mineralölverbrauch gegenüber 1979 um 25 Prozent gesunken (vgl. Hohensee, Ölpreisschock, S. 240).

19 Vgl. Lieber, Decade, S. 55. Dabei räumte selbst Lambsdorff ein, daß die Benzinersparnis bei »Tempo 100« vier bis fünf Prozent betragen würde (Lambsdorff befürchtet Verknappung des Öls, *FR*, 26.5.1979).

20 Vgl. Wann wird das Öl knapp?, Interview mit Lambsdorff, *Spiegel*, Nr. 14/1979.

21 Vgl. Putnam/Henning, Bonn Summit, S. 91.

22 Die Benzinvorräte der USA waren im Herbst 1978 ungewöhnlich gering gewesen und im Winter weiter zusammengeschmolzen (Memorandum von Schlesinger an Carter vom 4.1.1979, »Subject: Iranian Oil Situation«, »1/10/79« [1], 114, PHF, JCL).

23 Vgl. Memorandum von Schirmer an Eizenstat vom 25.1.1979, »Oil Pricing (3)«, 250, Eizenstat's Files, JCL.

24 Zu den Maßnahmen vgl. Kapstein, E. B., The Insecure Alliance. Energy Crises and Western Politics since 1944, New York und Oxford 1990, S. 188.

25 Vgl. Badger/Belgrave, Oil, S. 13 f.

26 Vgl. Memorandum von Eizenstat und Schirmer an Jody Powell vom 28.2.1979, »Subject: Suggested Briefing Point For Today«, »Oil Pricing [2]«, 250, Eizenstat's Files, JCL.

27 Vgl. Vermerk vom 5.3.1979 an Schmidt, »Betr. Ihr Gespräch mit Kommissionspräsident Jenkins am 5. März 1979, 15.00 Uhr«, HSD, 180, AdsD.

28 Vgl. ebd. und die Ausführungen des Parlamentarischen Staatssekretärs Martin Grüner (FDP) vor dem DBT, Verhandlungen des Deutschen Bundestages, Stenographische Berichte, 8. WP, 144. Sitzung, 15.3.1979, S. 11515.

29 Vgl. Mitteilung über die Tagung des Verwaltungsrates der Internationalen Energie-Agentur in Paris am 1. und 2. März 1979 über das Vorgehen bezüglich der Ölmarktsituation im Jahre 1979, abgedruckt in: *EA*, H. 8/1979, S. D 209 f.

30 Vgl. Kapstein, Alliance, S. 188 f.

31 Zitiert nach: Öl: Streit um die letzten Tonnen und Fässer, *Spiegel*, Nr. 24/1979.

32 Vgl. Vinocur, J., Schmidt Cautiously Taking Leader Role, *IHT*, 19.3.1979.

33 Vor Journalisten erklärte er: »Die Amerikaner haben kapiert, daß die von den Deutschen vorhergesagten Entwicklungen richtig waren, daß es etwa Unsinn gewesen wäre, jedem Amerikaner 50 Dollar zu schenken oder die Währung kaputtzumachen oder die friedliche

Nutzung der Kernenergie zu behindern ... Wir haben in keinem der Streitpunkte durch die Entwicklung Unrecht bekommen, in einigen Punkten offensichtlich Recht (der amerikanischen Wirtschafts- und Monetären (sic) Politik; die Menschenrechtskampagne ist leiser geworden).« (Bundespresseamt, Stenogr. Dienst [Poles], »Informationsgespräch [off the record, Bundeskanzler nicht zuschreiben] mit mitreisenden deutschen Journalisten am Sonnabend, 9. Juni 1979, 16 Uhr MEZ, auf dem Flug von New York nach Hamburg«, HSD, 319, AdsD). Im folgenden zitiert als Informationsgespräch.

34 Zitiert nach: Atlantik-Brücke e. V. (Hg.), The Tenth American-German Conference on ›The Economic Future of the Western Alliance, Changing East-West-Relations, and Security and Arms Control‹, Freiburg 1979, S. 64.

35 Vgl. Clark, J. G., The Political Economy of World Energy. A Twentieth-Century Perspective, New York 1990, S. 248.

36 Vgl. Gute Rohöl-Versorgung in diesem Jahr, *FAZ*, 28.6.1979.

37 Carter, Faith, S. 91.

38 Vgl. Memorandum von Cambridge Survey Report an das Democratic Committee vom 24.5.1979, »Subject: Results of miscellaneous questions on the February 1979 DNC survey«, »Cadell, Patrick [2]«, 33, Jordan's Files, JCL.

39 Vgl. Memorandum von Schlesinger, Blumenthal, Cooper, Schultze, Kahn, McIntyre, Owen, Eizenstat an Carter vom 3.1.1979, »Subject: Domestic Crude Oil Pricing – Information«, »Oil Pricing [2]«, 250, Eizenstat's Files, JCL.

40 Vgl. Aufzeichnung Eizenstats vom 19.3.1979, SEPP. Die Gegensätze manifestieren sich in den Memoranden in Vorbereitung auf die Beratung in Camp David (Memorandum von Eizenstat und Schirmer an Carter vom 16.3.1979, »Subject: Energy Issues«; Memorandum von Blumenthal an Carter vom 16.3.1979, »Subject: Decontroling domestic oil prices«; Memorandum Eizenstats an Carter vom 18.3.1979, »Subject: Crude Oil Pricing«, alle in: »Inflation # 1 of 2«, 21, Lipshutz' Files, JCL). Eine Zusammenfassung der verschiedenen Positionen liefert das Memorandum von Eizenstat und Schirmer an Carter vom 26.3.1979, »Subject: Crude Oil Pricing Options«, »Oil Pricing«, 250, Eizenstat's Files, JCL). Vgl. auch Putnam/Henning, Bonn Summit, S. 92 f.; Vietor, Energy Policy, S. 264 ff.

41 Vgl. Aufzeichnung Eizenstats vom 23.3.1979, SEPP.

42 Vgl. Putnam/Henning, Bonn Summit, S. 91 f.

43 Vgl. Treffen Carters mit Beratern und Ministern zur Energiepolitik in Camp David am 19.3.1979, Aufzeichnung Eizenstats, SEPP. Vgl. auch Putnam/Henning, Bonn Summit, S. 92 f.

44 Vgl. Memorandum von Vance, Blumenthal, Schlesinger, Kreps, Owen an Carter vom 23.3.1979, »Oil Pricing«, 250, Eizenstat's Files, JCL; Memorandum von Moore an Carter vom 23.3.1979, »Subject: Meeting on Oil Pricing«, »3/23/79«, 123, PHF, JCL.

45 Carter wies u.a. alle Regierungsstellen an, fünf Prozent weniger Energie als geplant zu verbrauchen. Kraftwerke, die nicht mit Öl gespeist wurden, sollten besser ausgelastet werden. Die Substitution von Öl durch Gas in Industrie und Kraftwerken wurde erleichtert. Auch schob Carter die geplante Verringerung des Bleigehalts in Vergaserkraftstoffen um ein Jahr hinaus (Office of the White House Press Secretary, Fact Sheet on the President's Program vom 5.4.1979, »Energy 1979« [1], 57, Powell's Files, JCL).

46 Vgl. Vermerk vom 31.5.1979, »Meeting with Chancellor Schmidt«, ohne Verfasser (James McIntyre), »European Trip Germany, France and England, 5/27/79–6/2/79«, 6, McIntyre Collection, JCL.

47 So etwa im Gespräch mit Christopher am 20.3.1979, HSD, AdsD.

48 Vgl. Yergin, Prize, S. 689.

49 Vgl. Aufzeichnung Eizenstats vom 29.3.1979, SEPP.

50 Zur Haltung der Union vgl. die Rede von Strauß vor dem DBT, Verhandlungen des Deutschen Bundestages. Stenographische Berichte, 8. WP, 167. Sitzung, 4.7.1979, S. 13329–13339, hier S. 13332.

51 Vgl. Brozio, G., Bonner Skepsis gegenüber Carters Eile, *Saarbrücker Zeitung*, 17.3.1979.

52 Schmidt hat versucht, dies zu korrigieren. Auf Bitten der Saudis, die diplomatische Beziehungen zu Moskau aufnehmen wollten, hat er im Herbst 1978 einen Kontakt zum Kreml hergestellt (HSPA). Nach Aussagen von Botschafter Falin hat der Kanzler Moskau auch angeboten, bei der Wiederherstellung der diplomatischen Beziehungen zu Israel zu helfen, was Gromyko allerdings abgelehnt habe (Interview mit Valentin Falin am 9.9.1993). Zur Neuorientierung der deutschen Außenpolitik gegenüber der arabischen Welt in den siebziger Jahren vgl. Weingardt, M., Deutsche Israel- und Nahostpolitik. Die Geschichte einer Gratwanderung seit 1949, Frankfurt a.M. und New York 2002, S. 278ff.

53 Informationsgespräch.

54 Vgl. Kaufman, Carter, S. 135.

55 Vgl. Alm, A. L. / Colglazier, W. / Kates-Garnick, B., Coping with Interruptions, in: Deese, D. A., Nye, J. S. (Hg.), Energy and Security, Cambridge (MA) 1981, S. 303–346, hier S. 304ff.; Yager, J. A., The Energy Battles of 1979, in: Goodwin, C. D., u.a. (Hg.), Energy Policy in Perspective: Today's Problems, Yesterday's Solutions, Washington 1983, hier S. 616ff.; Yergin, Prize, S. 691 ff.

56 Vgl. Kaufman, Carter, S. 143.

57 Vgl. Memorandum von Eizenstat an Carter vom 28.6.1979, »Subject: Energy«, »Energy 6/6/79–10/12/79«, 61, Jordan's Files, JCL.

58 Vgl. Drew, E., A Reporter at Large, *The New Yorker*, 27.8.1979.

59 Vgl. Memorandum von Solomon an Blumenthal vom 5.6.1979, »Subject: Background for Our Meeting with Schmidt Tomorrow«, »6/1/79–6/19/79«, 6, Solomon Collection, JCL.

60 Vgl. IEA, Energy Policies and Programmes of IEA Countries, 1979

Review, Paris 1980; IEA, Energy Policies and Programmes of IEA Countries, 1980 Review, Paris 1981.

61 Vgl. Presse- und Informationsamt der Bundesregierung, Büro der Regierungssprecher, Stenographischer Dienst, »Informationsgespräch am 21. Juni 1979, 14.35 Uhr in Straßburg, aus Anlaß der Tagung des Europäischen Rates, mit SRS Dr. Grünewald«, BPA F 65.

62 Vgl. Schiffer, H.-W., Bedeutung und Funktion der Spotmärkte für die Ölversorgung, in: *Glückauf*, Jg. 117 (1981), H. 1, S. 47 ff.

63 Vgl. Telegramm 115783 von Vance an die US-Botschaft in Paris vom 7.5.1979, »Subject: Views on Oil Market«, Case Number 8902044 (»Saudi Arabia/U.S. Oil Pricing Policy 1976–81«), State Department.

64 Vgl. »Notes for Meeting with the President, The White House, June 5, 1979«, o.D., ohne Verfasser, »World Crude Oil Market«, 324, Eizenstat's Files, JCL.

65 Memorandum von Eizenstat an Carter vom 6.6.1979, »Subject: Schmidt Meeting«, »6/6/79«, 134, PHF, JCL.

66 Vgl. Memorandum von Eizenstat an Carter vom 29.5.1979, »Subject: Change in Entitlements for Distillate«, »TA 4-11 4/1/79–5/31/79«, TA-26, WHCF SF, JCL.

67 Vgl. Koven, R., Diversion of Oil from U.S. to Europe Seen, *IHT*, 24.5.1979.

68 Vgl. Memorandum von Duncan (Schlesingers Nachfolgers als Energieminister) und Eizenstat an Carter vom 29.8.1979, »Extension of $ 5 Entitlement«, »Oil Pricing«, 250, Eizenstat's Files, JCL.

69 Vgl. Memorandum von Eizenstat und Schirmer an Carter vom 25.5.1979, »Subject: Change in Entitlements for Distillate«, »TA 4-11 4/1/79–5/31/79«, TA 26, WHCF, SF, JCL.

70 Halloran, R., U.S. to Get Tough With Allies On Oil Policy at Tokio Talks, *IHT*, 12.6.1979.

71 Bundespresseamt, Stenogr. Dienst (Poles), Gespräch Schmidts mit der Vereinigung ehemaliger Mitglieder des Deutschen Bundestages am 30.5.1979 in Bonn, HSD, 319, AdsD.

72 Vgl. Öl: Streit um die letzten Tonnen und Fässer, *Spiegel*, Nr. 24/1979.

73 Vgl. Bachmann, G., Solo für Jimmy, *Münchner Merkur*, 5.6.1979; Gütt, D., Der Kanzler und der Präsident, *Westfälische Rundschau*, 6.6.1979; Heizler, R., Gesetz des Stärkeren, *Kölnische Rundschau*, 5.6.1979; Schmelzer, R., Der Kampf ums Öl, *Frankfurter Neue Presse*, 5.6.1979; Schütz, H.-P., Besuch mit Brisanz, *SN*, 5.6.1979.

74 Kommentar J. Kellermeiers, 5.6.1979, in: BPA, Nachrichtenabteilung (Hg.), Schmidt-Besuch in den USA, 6.6.1979.

75 Becker, K., Atlantische Sorgen, *Zeit*, 8.6.1979.

76 Vgl. Öl: Streit um die letzten Tonnen und Fässer, *Spiegel*, Nr. 24/1979.

77 Vgl. Schröder, D., Einmal nicht ins Ölnäpfchen treten, *SZ*, 8.6.1979.
78 Eintrag vom 5.6.1979, GNB.
79 Vgl. Nayhaus, Graf M. v., Kennedy ging dem Kanzler aus dem Weg, *Welt*, 9.6.1979.
80 Vgl. Schröder, D., Einmal nicht ins Ölnäpfchen treten, *SZ*, 8.6.1979; Informationsgespräch.
81 Vgl. Aufzeichnung Eizenstats vom 6.6.1979, SEPP; HSPA.
82 Vgl. Clark, Political Economy, S. 243 ff.; Schiffer, Energiemarkt, S. 7 ff., 106 ff.; Schmitt, West German Energy Policy, S. 140 ff.
83 Verhandlungen des Deutschen Bundestages, Stenographische Berichte, 8. Wahlperiode, 138. Sitzung am 15.2.1979, S. 10926. Auch nach dem Ausfall des Irans meldete die amerikanische Botschaft aus Brüssel, daß andere EG-Mitgliedstaaten Rohölprodukte in die Bundesrepublik exportierten (vgl. Telegramm 001321 der US-Botschaft in Brüssel an das State Department vom 21.1.1979, »Subject: Distortions of Internal EC Petroleum Prices«, Case Number 8902044 [»Saudi Arabia/U.S. Oil Pricing Policy 1976–81«], State Department).
84 Informationsgespräch.
85 Vgl. Eppler ruft nach einem umfassenden Öl-Sparprogramm, *FAZ*, 23.3.1979.
86 Vgl. Eintrag Grünewalds über die Besprechung zur Regierungserklärung am 27.6.1979, GNB. Vgl. auch Genscher und Lambsdorff nach Saudi-Arabien, Bonn für ein internationales Öl-Management, *FAZ*, 15.6.1979.
87 Eintrag Grünewalds über die Besprechung zur Regierungserklärung am 27.6.1979, GNB.
88 Zitiert nach: Minister Lambsdorff verwirft den Dirigismus, *SZ*, 13./14.6.1979.
89 Vgl. Telegramm 011021 der US-Botschaft in Brüssel an das State Department vom 19.6.1979, »Subject: EC Energy Council June 18: Tranparency of the Oil Market«, Case Number 8902044 (»Saudi Arabia / U.S. Oil Pricing Policy 1976–81«), State Department.
90 Vgl. Putnam/Bayne, Weltwirtschaftsgipfel, S. 143.
91 Vgl. Telegramm 153526 vom State Department an die US-Botschaften in London, Paris, Kopenhagen u.a. vom 15.6.1979, »Subject: IEA informal meeting on actions to reduce pressure on world oil prices«, Case Number 8902044 (»Saudi Arabia / U.S. Oil Pricing Policy 1976–81«), State Department.
92 Memorandum von Gail Harrison an Mondale, »Subject: Briefings for Members of Congress on the Tokio Summit« vom 25.6.1979, »World Cruide Oil Market«, 324, Eizenstat's Files, JCL.
93 Vgl. Carter, Faith, S. 111.
94 Pressekonferenz mit Bundeskanzler Helmut Schmidt am Freitag, 29. Juni 1979, 19.45 Uhr (OZ) in Tokio, unkorrigiertes Manuskript, BPA F 65.

95 Carter, Faith, S. 112.
96 Brzezinski (Interview am 19.11.1993) und Schlesinger (Interview am 18.11. und 17.12.1993) berichten übereinstimmend, daß Carter Ende 1979 seine defensive Haltung gegenüber Schmidts Dauerkritik aufgegeben habe.
97 Vermerk über das Gespräch des Herrn Bundeskanzlers mit Vertretern der Wirtschaft und Gewerkschaften am 18. September 1979, HSD, 183, AdsD.
98 Vgl. Pressebriefing Grünewalds am 28.6.1979, 19.05 Uhr in Tokio, BPA F 65.
99 Zu Carters Position in Tokio vgl. seine »Speaking notes«, »Trip to Japan and Korea«, 137, PHF, JCL.
100 Vermerk vom 29.6.1979, »Betr.: Energieteil des Entwurfs über das Schlußkommuniqué«, HSPA.
101 Vgl. Abschlußerklärung des Tokioter Weltwirtschaftsgipfels, abgedruckt in: AdG, 1979, S. 22715 ff.
102 Vgl. Pressebriefing Grünewalds am 29.6.1979, 13.55 Uhr, in Tokio, BPA F 65.
103 Nach regierungsinternen Schätzungen wurden Importe von 7,8 bzw. 7,5 Mio. Barrel pro Tag erwartet (Memorandum des CEA [L. E. Gramley] an Eizenstat vom 12.7.1979, »World Cruide Oil Market«, 324, Eizenstat's Files, JCL).
104 Denn eine entsprechende Importbegrenzung war ohne den Verzicht auf Wirtschaftswachstum nur zu erreichen, wenn es gelang, die heimische Förderung auszudehnen (Memorandum des CEA [L. E. Gramley] an Eizenstat vom 12.7.1979, »World Cruide Oil Market«, 324, Eizenstat's Files, JCL).
105 Vgl. AL 4, Vermerk über das Gespräch des Bundeskanzlers mit Spitzenvertretern der Gewerkschaften am 30. Juli 1979, HSD, 182, AdsD. Hauffs Programm ist abgedruckt in: Energiepolitik: Hauffs Sparprogramm, Sonderdokumentation der Berliner Stimme, Beilage der Ausgabe 28/1979. Vgl. auch Hauff legt umfangreichen Sparkatalog vor, *SZ*, 3.7.1979; Hauff eckt mit Vorschlägen im Hause Lambsdorff an, *Handelsblatt*, 3.7.1979; Weiter Meinungsverschiedenheiten im Energiespar-Kabinett, *FAZ*, 6.9.1979.
106 Vgl. Süskind, M. E., Der Knüppel bleibt vorerst im Sack, *SZ*, 11./12.8.1979; Vorher gestrichen, *Spiegel*, Nr. 33/1979.
107 Vgl. Maßnahmen der Bundesregierung zur Energieeinsparung, abgedruckt in: *Bulletin des Presse- und Informationsamtes der Bundesregierung*, Nr. 107/1979.
108 Vgl. Statistisches Bundesamt (Hg.), Statistisches Jahrbuch 1980 für die Bundesrepublik Deutschland, Wiesbaden 1980, S. 237 f.
109 Vgl. Vermerk »Betr. Wirtschaftslage« an Schmidt vom 7.9.1979 für die Sitzung der SPD-Bundestagsfraktion am 10.9.79, HSD, 1525, AdsD; Memorandum von Bergsten an Vance vom 22.10.1979, »Subject: Briefing for your Meeting with Ambassador to Saudi Ara-

bia, John C. West«, »10/2/79–10/31/79«, 7, Solomon Collection, JCL.

110 Vgl. IEA, Energy Policies 1979, S. 24.

111 Vgl. Memorandum von Duncan und Owen an Carter vom 12.12.1979, »Subject: IEA Ministerial«, »Oil Import Quota«, 249, Eizenstat's Files, JCL. Bonn wollte durch dieses Entgegenkommen auch die amerikanischen Kritiker der deutschen Haltung zu der Geiselnahme im Iran beschwichtigen.

112 Vgl. Memorandum von W. Zimmermann und J. J. Maresca, »Europe's future and the ghost of Christmas yet to come«, 15.12.1978, Folder 5 G, Box 1, WSC GU.

12. »Too little, too late«

1 *Weekly Report* vom 18.4.1980, Zitiert nach: Brzezinski, Power, S. 567.

2 Zu den folgenden Abschnitten vgl. Brzezinski, Power, S. 470ff.; Carter, Faith, S. 457ff.; Glad, B., Personality, Political and Group Process Variables in Foreign Policy Decision-Making: Jimmy Carter's Handling of the Iranian Hostage Crisis, in: *International Political Science Review*, Vol. 10 (1989), No. 1, S. 35–61; Jordan, Crisis, S. 22ff.; Kaufman, Carter, S. 159ff.; Salinger, P., America Held Hostage. The Secret Negotiations, New York 1981; Sick, G. G., All Fall Down. America's Tragic Encounter with Iran, New York 1985.

3 Siegler, H. v. (Hg.), *Archiv der Gegenwart*, Jg. 50 (1980), Sankt Augustin o.J. (1980), S. 23 196. Im folgenden zitiert als *AdG*, 1980.

4 Vgl. Deutsche Unterstützung für die USA, *NZZ*, 17.11.1979; Abschrift des Fernschreibens von Schmidt an Carter vom 14.11.1979, Anlage zum Schreiben vom Leiter des Kanzlerbüros Bruns an Wehner vom 15.11.1979, Bestand SPD-Bundestagsfraktion, 1624, AdsD.

5 Vgl. Vermerk vom 11.12.1979, HSD, 187, AdsD.

6 Vgl. Dolmetscheraufzeichnung des Gesprächs zwischen Schmidt und Gromyko am 23.11.1979, HSPA.

7 Jordan, Crisis, S. 37.

8 Vgl. *AdG*, 1980, S. 23 197.

9 Vgl. den Erinnerungsbericht des stellvertretenden Finanzministers Robert Carswell (Economic Sanctions and the Iran Experience, in: *Foreign Affairs*, Vol. 60, Nr. 2 [1981/1982], S. 247–265).

10 Vgl. *AdG*, 1980, S. 23 202.

11 Vgl. ebd., S. 23 209; Tightening the Screws, *Newsweek*, 17.12.1979.

12 Der amerikanische Resolutionsentwurf ist auszugsweise abgedruckt in: *AdG*, 1980, S. 23 440.

13 Jordan, Crisis, S. 55.

14 Carter, Faith, S. 465.

15 Vermerk Schülers vom 20.11.1979 über das Koalitionsgespräch am 20.11.1979, HSD, 206, AdsD. Vgl. auch Bonn: Spekulation um Wirtschaftsembargo gegen Iran bisher nicht bestätigt, *FAZ*, 12.12.1979.
16 Abgedruckt in: *AdG*, 1979, S. 23 155 ff. Es hatte allerdings zuvor (am 20. November) eine Verurteilung der Geiselnahme durch die EG-Außenminister gegeben.
17 Nielsen, J., Too little, Too Late?, *Newsweek*, 3.12.1979.
18 Vgl. Deutsche Unterstützung für die USA, *NZZ*, 17.11.1979; Conrad, B., Bonn: Bei Boykott machen wir mit, *Welt*, 20.12.1979; *AdG*, 1980, S. 23 199.
19 Vgl. *AdG*, 1980, S. 23 449.
20 Vgl. ebd., S. 23 205.
21 Vgl. etwa die Zitate von führenden Siemens-Managern in: Noch immer Favoriten, *Spiegel*, Nr. 19/1980.
22 »Die Lage im Iran«, Oktober 1979, HSD, 185, AdsD.
23 Vgl. Sprechzettel für die Fraktionssitzung am 13.11.1979, HSD, 1526, AdsD.
24 Vgl. The Hostages in Danger, *Time*, 17.12.1979; Cornelsen, D., Leisere Töne bei Iran-Sanktionen, *FR*, 13.12.1979.
25 HSD, AdsD.
26 Vgl. Abschrift des Fernschreibens von Schmidt an Carter vom 14.11.1979, Anlage zum Schreiben vom Leiter des Kanzlerbüros Bruns an Wehner vom 15.11.1979, Bestand SPD-Bundestagsfraktion, 1624, AdsD.
27 Vgl. Bonn unterstützt Carters Politik, *FAZ*, 16.11.1979.
28 Vgl. Deutsche Unterstützung für die USA, *NZZ*, 17.11.1979.
29 Vgl. D.(ieter) B.(uhl), Läßt Bonn Amerika im Stich?, *Zeit*, 7.12.1979; Iran: The Test of Wills, *Time*, 26.11.1979; Good Will Toward Men?, *Time*, 24.12.1979; Carter, Faith, S. 466.
30 Vgl. D.(ieter) B.(uhl), Läßt Bonn Amerika im Stich?, *Zeit*, 7.12.1979.
31 Vgl. Kristian Mueller-Osten (FES, Washington), »Ergebnisbericht über den Besuch einer Delegation der Sozialdemokratischen Bundestagsfraktion in Washington, Detroit und New York in der Zeit vom 18. bis 24. November 1979«, Bestand SPD-Bundestagsfraktion, 10862, AdsD.
32 HSD, AdsD.
33 Vgl. Brzezinski, Power, S. 482 f.
34 HSD, AdsD.
35 Berühmt ist das Beispiel von Richard Nixon, der sich nach der Bombardierung von Hanoi 1973 freute, als ihm zugetragen wurde, daß die Nordvietnamesen angeblich glaubten, er habe »nicht mehr alle Tassen im Schrank« (vgl. Gaddis, Strategies, S. 300).
36 HSD, AdsD.
37 Vgl. Exit the Shah: Will it help?, *Newsweek*, 24.12.1979; Conrad, B., Bonn: Bei Boykott machen wir mit, *Welt*, 20.12.1979; Cornelsen,

D., Bonn windet sich, *FR*, 22.12.1979. Vgl. auch Vance, Choices, S. 381.
38 Geyer, Amerika, S. 179.
39 Interview mit Hans-Jürgen Wischnewski am 11.5.1993.
40 Vgl. Schmidt verweist auf das »enge Netz der Konsultationen«, *FAZ*, 17.1.1980.
41 Vgl. Brief Schmidts an Carter vom 18.1.1980. »Germany, Federal Republic of: Chancellor Helmut Schmidt, 11/79–2/80«, 7, National Security Affairs – Brzezinski Material, President's Correspondence with Foreign Leaders, JCL.
42 Vgl. Eintrag Grünewalds vom 10.1.1980, GNB.
43 Ebd.
44 Eintrag Grünewalds vom 15.1.1980, GNB; vgl. auch »Wir stehen an der Seite der USA«, *Spiegel*, Nr. 4/1980.
45 HSPA.
46 Vgl. Glad, Personality, S. 46.
47 Brzezinski, Power, S. 486. Die Äußerung stammt vom 18. März 1980.
48 Vgl. Jordan, Crisis, S. 248f.
49 Ebd., S. 247.
50 Vgl. AdG, 1980, S. 23447f.
51 Vgl. Jordan, Crisis, S. 248f.
52 Vgl. Brzezinski, Power, S. 491.
53 »Unterlage für das Gespräch des Bundeskanzlers mit dem Auswärtigen Ausschuß des Bundestages am 15. April 1980 um 19.30 Uhr«, HSD, 190, AdsD.
54 Vgl. Angst, daß die Sicherungen durchbrennen, *Spiegel*, Nr. 17/1980.
55 Zitiert nach: Conrad, B., In der Koalition nimmt der Streit um mögliche Sanktionen gegen Teheran zu, *Welt*, 14.4.1980.
56 Zitiert nach: ebd. Vgl. auch Kanzler Schmidt befürchtet jetzt einen neuen Weltkrieg, *WamS*, 13.4.1980.
57 Vgl. Bonn will »als Freund und Partner« handeln, *FAZ*, 10.4.1980.
58 Eintrag Grünewalds vom 8.4.1980, GNB. Der Eintrag bezieht sich auf eine Sitzung der Staatssekretäre der zuständigen Ministerien am 8. April, die die Kabinettssitzung am nächsten Tag vorbereiteten.
59 Vgl. Zimmermann: Der Bundeskanzler hat monatelang Ausflüchte gesucht, *FAZ*, 24.4.1980; Conrad, B., Schmidt: Laßt die Geiseln frei, *Welt*, 1.4.1980.
60 Vgl. Conrad, B., In der Koalition nimmt der Streit um mögliche Sanktionen gegen Teheran zu, *Welt*, 14.4.1980.
61 Vgl. Eintrag Grünewalds vom 8.4.1980, GNB.
62 Vgl. ebd.
63 Vgl. AdG, 1980, S. 23449f.
64 McCloys »Memorandum For Mr. David Klein«, Anlage zum Brief von Klein an Brzezinski vom 15.5.1980, »FG G-1-1/Brzezinski 5/16/80–7/31/80«, FG-34, WHCF SF, JCL.

65 Zitiert nach: Carter enttäuscht von Europäern, *Westfälische Rundschau*, 12.4.1980.
66 Vgl. Kanzler Schmidt befürchtet jetzt einen neuen Weltkrieg, *WamS*, 13.4.1980.
67 Vgl. Brzezinski, Power, S. 492 f. Als Vance am 15. April Carter erneut darauf hinwies, daß die Alliierten auf dem Weg zu Sanktionen seien, reagierte Carter mit dem Hinweis, daß die Verbündeten keine großen Anstrengungen unternehmen würden (Glad, Personality, S. 50).
68 Vgl. Cornelsen, D., US-Drängen beschäftigt Bonn, *FR*, 14.4.1980.
69 Hs. Vermerk Schmidts »Sprechzettel für Lage – Überblick HS in SPD-Spitzengespräch Bungalow 13.4.1980«, HSPA.
70 Vgl. Zimmermann, H., »Das war ein Wahnsinnskommando«, *SN*, 26.4.1980.
71 Vgl. Schröder, M., Wirtschaftssanktionen der Europäischen Gemeinschaft gegenüber Drittstaaten. Dargestellt am Beispiel des Iran-Embargos, in: German Yearbook of International Law, Bd. 23 (1980), S. 110–125, hier S. 111.
72 Die rechtlichen Details des Embargos analysiert Lindemeyer, B., Das Handelsembargo als wirtschaftliches Zwangsmittel der staatlichen Außenpolitik. Das Iran-Embargo und seine Auswirkungen auf den Außenhandel, in: *Recht der Internationalen Wirtschaft*, 1/1981, S. 10–23, hier S. 16 f.
73 Vgl. »Verträge müssen gehalten werden«, *Spiegel*, Nr. 18/1980.
74 Vgl. Zimmermann: Der Bundeskanzler hat monatelang Ausflüchte gesucht, *FAZ*, 24.4.1980; Sanktionen gegen Iran traten am Freitag in Kraft, *FAZ*, 22.5.1980; AdG, 1980, S. 23 559 f.
75 Vgl. Statistisches Bundesamt (Hg.), Statistisches Jahrbuch 1982 für die Bundesrepublik Deutschland, Wiesbaden 1982, S. 268, 276.
76 Vgl. Hein, W., Economic Embargos and Individual Rights Under German Law, in: *Law and Policy in International Business*, Vol. 15 (1983), No. 2, S. 401–423, hier S. 418.
77 Vgl. Stent, A., From Embargo To Ostpolitik, Cambridge (MA) 1981, Kapitel 5.
78 HSPA.
79 Vgl. Carswell, Sanctions, S. 253.
80 Zimmermann, H., »Das war ein Wahnsinnskommando«, *SN*, 26.4.1980.
81 Vgl. Glad, Personality, S. 44 f. Der damalige CIA-Chef Stansfield Turner glaubt allerdings auch im Rückblick, daß das Unternehmen nicht zum Scheitern verurteilt gewesen sei (Turner, S., Terrorism and Democracy, Boston 1991).
82 Schmidt, Menschen, S. 237.
83 Kohrs, E., Spürbare Verstimmung über Carter in Bonn, *GA*, 26.4.1980.
84 Feldmeyer, K., Bonn reagiert ratlos und betroffen, *FAZ*, 26.4.1980.
85 Vgl. ebd.; Kohrs, E., Spürbare Verstimmung über Carter in Bonn,

GA, 26.4.1980; Zimmermann, II., »Das war ein Wahnsinnskommando«, *SN*, 26.4.1980.

86 Vgl. Protokoll über die Sitzung des SPD-Parteirats am 26.4.1980 in Bonn, HSD, 6301, AdsD.

87 Vermerk Grünewalds an Schmidt vom 30.4.1980, HSD, 386, AdsD.

88 Vgl. »Wochenbericht Nr. 83: Ereignisse, die die Organisation berühren, in der 17.–20. Woche 1980« vom 9.5.1980, HSD, 6329, AdsD. »Wochenbericht Nr. 84: Ereignisse, die die Organisation berühren, in der 20.–23. Woche 1980« vom 23.5.1980, HSD, 6329, AdsD.

89 Vgl. Genscher, Erinnerungen, S. 410ff.; Sick, October, S. 94ff.

90 HSPA.

13. Die Afghanistan-Invasion

1 Eine Übersicht über die Forschungslage bietet Westad, O. A., The Road to Kabul: Soviet Policy on Afghanistan, 1978–1979, in: ders. (Hg.), Détente, S. 118–148. Vgl. auch Allan, P. / Kläy, D., Zwischen Bürokratie und Ideologie. Entscheidungsprozesse in Moskaus Afghanistankonflikt, Bern 1999; Cooley, J. K., Unholy Wars. Afghanistan, America and International Terrorism, London 1999.

2 Vgl. Cooley, Wars, S. 18.

3 Vgl. Görtemaker, M., Bundesrepublik Deutschland, S. 591. Allerdings hatte im Oktober Brzezinski Außenminister Vance gebeten, entsprechende Erkenntnisse über Afghanistan an die Alliierten weiterzugeben, und schon damals gingen die Amerikaner von einer »evolutionären Intervention« aus (Memorandum von Brzezinski an Vance vom 4.10.1979, »Subject: Growing Soviet Involvement in Afghanistan«, »Unnumbered NSC/PD Re: Afghanistan«, JCL). Laut Apel lagen denn auch den deutschen Diensten Informationen vor, wurden aber nicht weitergegeben oder falsch interpretiert (vgl. Apel, Abstieg, S. 113). So auch Hans-Georg Wieck, 1980 Botschafter in Moskau (Interview am 27.7.1991).

4 Vgl. Genscher, Erinnerungen, S. 418.

5 Vgl. Bahr, Zeit, S. 506f.

6 Vgl. Garthoff, Détente, S. 1055ff.

7 Abgedruckt in: Solidarität mit den USA bekräftigt, *Stuttgarter Zeitung*, 12.1.1980.

8 Vgl. Carter, Faith, S. 472. Zu den zunächst widersprüchlichen Positionen in Washington vgl. Garthoff, Détente, S. 1055ff.

9 Vgl. Garthoff, Détente, S. 1059f.

10 Ebd., S. 1067.

11 Ebd., S. 1060ff.

12 Vgl. Transcript of the President's Interview with Frank Reynolds on Soviet Reply, *NYT*, 1.1.1980.

13 Vgl. Garthoff, Détente, S. 1057. Vgl. auch das Protokoll der Sit-

zung des NSC zum Thema Afghanistan am 2.1.1980, abgedruckt in: Westad, Fall, S. 332–351, hier S. 350. Im folgenden zitiert als Protokoll. Bis heute hat sich kein Beleg dafür gefunden, daß die Sowjets beabsichtigten, über Afghanistan hinaus aktiv zu werden; vgl. dazu insbesondere Allan/Kläy, Bürokratie.

14 Vgl. Cooley, Wars, S. 9–28, 30–35, 54ff., 65f., 73, 87, 107. Im Jahr 1980 betrugen laut Cooley die Kosten für die Hilfe an den afghanischen Widerstand ungefähr 100 Millionen Dollar.

15 Vgl. Garthoff, Détente, S. 1064f.

16 Vgl. »Information über ein Treffen des Botschafters der UdSSR in der DDR, P. A. Abrassimow, mit dem Botschafter der USA in der BRD, W. Stoessel« am 29.5.1980, BStU, Zentralarchiv, MfS Rechtsstelle, Bd. 411.

17 Vgl. Interview mit Robert Beckel, Deputy Assistant Secretary of State for Congressional Relations, am 13.1.1981, White Burkett Miller Center Interviews, JCL, S. 47.

18 Vgl. Botschaft von Carter an Schmidt vom 11.1.1980, Telegramm Nr. 8255 des State Department an die US-Botschaft in Bonn, »Germany, Federal Republic of: Chancellor Helmut Schmidt, 11/79–2/80«, 7, National Security Affairs – Brzezinski Material, President's Correspondence with Foreign Leaders, JCL.

19 Vgl. Interview mit Robert Beckel, Deputy Assistant Secretary of State for Congressional Relations, am 13.11.1981, White Burkett Miller Center Interviews, JCL, S. 38.

20 Vgl. Rosati, Carter Administration, S. 10. Dafür spricht, daß Carter im Juni 1980 offenbar erwog, unmittelbar nach einer Wiederwahl den Senat zur Ratifizierung des SALT-II-Abkommens zu drängen (Memorandum von Hedley Donovan an Carter vom 11.6.1980, »Memos to the President, 8/21/79–8/14/80«, 2, Donovan's Files, JCL).

21 Eintrag vom 10.1.1980, GNB. Vgl. auch Interview mit Schmidt, »Meine Sorge ist: Kein Stillstand«, *Spiegel*, Nr. 6/1980.

22 Vgl. Fischer, Interesse, S. 89. Vgl. auch Häbers Bericht über entsprechende Äußerungen führender Sozialdemokraten (»Information über einen Aufenthalt von Herbert Häber in der Bundesrepublik Deutschland vom 2. bis 8. März 1980«, abgedruckt in: Nackath/Stephan, Häber-Protokolle, S. 221–238). Zu Westeuropa vgl. den Vermerk von sechs US-Botschaftern an Muskie, »Possible Themes for Message to Secretary Muskie«, Rom, 15.5.1980, Folder 5 D, Box 1, WSC GU.

23 Vgl. Paes, Carter-Administration, S. 162ff.

24 HSPA.

25 Sprechzettel für die Sitzung des PV der SPD am 28.1.1980, HSD, 1526, AdsD.

26 »Thesen zu einer Gesamtstrategie des Westens in der gegenwärtigen internationalen Krisensituation«, o.D., HSPA (Hervorhebungen im Original).

27 Vgl. Vermerk vom 30.1.1980, HSPA.
28 »The West's overall strategy in the present international crisis situation«, deutsches Non-Paper vom 18.2.1980, HSPA. Vgl. Schweden, H., Bonn will höhere Bürden übernehmen, *Rheinische Post*, 2.2.1980.
29 Vgl. Garthoff, Détente, S. 1073.
30 Hierzu und zum folgenden vgl. den Eintrag Grünewalds vom 10.1.1980; Apel, Abstieg, S. 114ff.
31 HSPA.
32 Ebd.
33 Vgl. Botschaft von Carter an Schmidt vom 11.1.1980, Telegramm Nr. 8255 des State Department an die US-Botschaft in Bonn, »Germany, Federal Republic of: Chancellor Helmut Schmidt, 11/79–2/80«, 7, National Security Affairs – Brzezinski Material, President's Correspondence with Foreign Leaders, JCL.
34 HSPA.
35 HSPA.
36 Vgl. »Gemeinsame deutsch-französische Erklärung« vom 5.2.1980, abgedruckt in: Haftendorn, Sicherheit, S. 232f.
37 Vgl. Telegramm des State Department vom 6.2.1980, E.O. 12065, »Subject: Current Foreign Relations, Issue No. 6, February 6, 1980«, Afghanistan Collection Dokument, 864, NSA.
38 Vgl. Schweden, H., Bonn will höhere Bürden übernehmen, *Rheinische Post*, 2.2.1980.
39 Vgl. Fischer, A., Verteidigungshaushalt der Zukunft – eine Trend-Prognose, in: *Wehrtechnik*, Nr. 5/1989, S. 36–42.
40 Vgl. Brief Carters an Schmidt vom 9.2.1980, »Germany, Federal Republic of: Chancellor Helmut Schmidt, 11/79–2/80«, 7, National Security Affairs – Brzezinski Material, President's Correspondence with Foreign Leaders, JCL.
41 HSPA. Vgl. Schmidt, Menschen, S. 245ff.
42 Vgl. Protokoll, S. 349f.
43 Zitiert nach: Brzezinski, Power, S. 462.
44 Gegen einen Boykott plädierten etwa Werner Marx und Strauß, für einen Boykott sprachen sich Norbert Blüm und Alois Mertes aus (vgl. die Übersicht »Stellungnahmen zum Thema Boykott der Olympischen Sommer-Spiele 1980 in Moskau«, Dokumentation vom 15.1.1980, Bestand SPD-Bundestagsfraktion, 6335, AdsD, sowie die Materialsammlung im Bestand SPD-Bundestagsfraktion, 6221, AdsD).
45 Eintrag vom 22.1.1980, GNB.
46 Vgl. Vermerk von Bahr an Schmidt vom 21.2.1980, »Betr.: Gespräch mit Slawa und L. in Berlin am 16. Februar 1980«, HSPA.
47 Hs. Aufzeichnung Schmidts vom 28.1.1980, HSPA.
48 HSPA. Vgl. das Memorandum von Cutler an Carter vom 18.2.1980, »Subject: Olympics«, »Olympics – Memos/Correspondence to President, 1–2/80«, 103, Cutler's Files, JCL.

49 HSPA.
50 Vgl. Schwehn, K., Schmidt kritisiert Carters Alleingänge, *Frankfurter Neue Presse*, 14.2.1980. Vgl. auch Sonderbericht Nr. 07/80 vom 3.3.1980, »Informationen über Äußerungen des BRD-Kanzlers Schmidt zur gegenwärtigen politischen Lage«, Ministerium für nationale Verteidigung der DDR, Verwaltung Aufklärung, BStU, ZA, ZAIG, 5989.
51 AL 4 (Schulmann), »Vermerk über das Gespräch des Herrn Bundeskanzlers mit Vertretern der Wirtschaft und Gewerkschaften am 30. Januar 1980 von 20.15 bis 23.15 Uhr«, HSD, 00188, AdsD.
52 Vgl. Die Bonner Parteien mit Carter unzufrieden, *FAZ*, 15.2.1980; Strauß kritisiert Jimmy Carter, *Stuttgarter Zeitung*, 14.2.1980; Schweden, H., Bonn will höhere Bürden übernehmen, *Rheinische Post*, 2.2.1980; Schwehn, K., Schmidt kritisiert Carters Alleingänge, *Frankfurter Neue Presse*, 14.2.1980; Sommer, T., Was heißt heute Solidarität?, *Zeit*, 22.2.1980. Vgl. auch die Übersicht BPA-Inland, »Politische Schwerpunktthemen in den Medien für Februar 1980« vom 3.3.1980, HSD, 386, AdsD.
53 Schmidt, Deutschen, S. 58.
54 Harpprecht, K., Kalte Schulter für den Westen?, *Zeit*, 23.5.1980.
55 Vgl. Dreher, K., Schmidts heikle Mission, *SZ*, 4.3.1980; Schröder, D., Der Knoten zurrt sich fest, *SZ*, 23.2.1980.
56 Vgl. Protokoll, S. 341.
57 Vgl. Jordan, Crisis, S. 112f.
58 Vgl. Schmidt, Menschen, S. 250.
59 Vgl. Brzezinski, Power, S. 433.
60 Interview mit Richard Cooper am 22.11.1993.
61 Memorandum von Cutler und Joe Onek an Carter vom 17.1.1980, »Subject: Olympics«, »Olympics – Memos/Correspondence to the President, 1–2/1980«, 103, Cutler's Files, JCL.
62 Mörbitz, E., Bonn betont Solidarität mit den USA, *FR*, 17.1.1980.
63 Vgl. Brzezinski, Power, S. 434.
64 So beim Treffen mit Carter in Venedig am 21. Juni 1980 (vgl. HSPA).
65 Vgl. Carter, Faith, S. 537.
66 Vgl. Bonn: Draht nach Moskau gestört, *Spiegel*, Nr. 5/1980.
67 Vgl. Genrich, C., Vier Ziele im Visier, *FAZ*, 4.3.1980; Steuber, H., »Carter kann für uns nicht mitbestimmen«, *SN*, 22.2.1980.
68 Vgl. Hulme, D. L., The Political Olympics. Moscow, Afghanistan and the 1980 U.S. Boycott, New York 1990, S. 119.
69 Vgl. Vance, Choices, S. 309.
70 Vgl. Memorandum von Stabschef Al McDonald an Carter vom 8.1.1980, »Subject: Possible Briefing Ideas«, »1/9/80[3]«, 166, PHF, JCL.
71 Vgl. Vermerk Böllings an Schmidt vom 27.2.1980, »Äußerungen prominenter Oppositionspolitiker zum Thema ›Afghanistan und Konsequenzen‹«, HSD, 6221, AdsD.

72 Jordan, Crisis, S. 100.
73 Vgl. Memorandum von Al McDonald an Carter vom 8.1.1980, »Subject: Possible Briefing Ideas«, »1/9/80 [3]«, 166, PHF, JCL.
74 Vgl. Vermerk des Presse- und Informationsamtes der Bundesregierung vom 3.3.1980 an Schmidt, Ausarbeitung zur Einstellung der Bevölkerung zur Entspannungspolitik (ADL, Bestand FDP, Bd. 4080).
75 Vgl. Bonn: Draht nach Moskau gestört, *Spiegel*, Nr. 5/1980; Moskau hat sich zweimal getäuscht, *Zeit*, 1.2.1980.
76 HSPA. Vgl. auch Bonn: Draht nach Moskau gestört, *Spiegel*, Nr. 5/1980.
77 Vgl. Schmidt, Menschen, S. 246.
78 Brief Bahrs an Schmidt vom 21.1.1980, HSPA.
79 Im Gespräch mit Außenminister Vance am 20. Februar 1980.
80 Apel, Abstieg, S. 115.
81 HSPA; Fritz Fischer, Kurzvermerk über Gespräche von Willy Brandt in Washington und New York (11.–15. Februar 1980), 19.2.1980, HSD, 1074, AdsD. Brandt berichtete nach seiner Rückkehr Breschnew entsprechend (Schreiben Brandts an Breschnew vom 19.2.1980, abgedruckt in: Grebing, J. / Schöllgen, G. / Winkler, H. A. [Hg.], Willy Brandt. Die Entspannung unzerstörbar machen. Internationale Beziehungen und deutsche Frage 1974–1982, Bonn 2002 [Berliner Ausgabe, Bd. 9], S. 268–272, hier S. 270).
82 Vgl. Perger, W. A., Solidarität – ein Spiel ohne Grenzen, *DAS*, 2.3.1980; Schmidt, Menschen, S. 245 ff.
83 Schmidt, Deutschen, S. 182.
84 »Information über meinen Aufenthalt in der BRD vom 2. bis 8. März 1980«, SAPMO-BArch, ZPA J IV 2/10.02/410.
85 Vgl. Diner, D., Verkehrte Welten. Antiamerikanismus in Deutschland, Frankfurt a.M. 1993, S. 8; Hollander, P., Anti-Americanism. Critiques at Home and Abroad 1965–1990, New York 1992.
86 Bucerius, G., Weiche Knie vor Moskau?, *Zeit*, 30.5.1980.
87 Rede Schmidts auf einer Wahlkampfveranstaltung in Essen am 12. April 1980 (Auszüge), SPD-Parteivorstand (Hg.), Mitteilung für die Presse Nr. 228/80 vom 15.4.1980.
88 Hs. Vermerk Schmidts »Sprechzettel für Lage – Überblick HS in SPD-Spitzengespräch Bungalow 13.4.1980«, HSPA.
89 Zitiert nach: »Mit den Amerikanern nicht in den Tod«, *Spiegel*, Nr. 18/1980.
90 Vgl. »Wochenbericht Nr. 82: Ereignisse, die die Organisation berühren, in der 14.–17. Woche 1980« vom 19.4.1980, HSD, 6329, AdsD.
91 Zitiert nach: »Angst, daß die Sicherungen durchbrennen«, *Spiegel*, Nr. 17/1980.
92 Vgl. Protokoll der Sitzung des PV der SPD am 17.3.1980, HSD, 6302, AdsD.

93 Offener Brief an Schmidt vom 17.4.1980, abgedruckt in: US-Regierung hat Recht auf moralische Appelle verloren, *Welt*, 18.4.1980.
94 Vgl. Apel, Abstieg, S. 122; Carter, Faith, S. 538. Vgl. auch Heesch, Antikommunismus, S. 239.
95 Vgl. Diner, Welten, S. 124, 163; Herzinger, R. / Stein, H., Endzeit-Propheten oder Die Offensive der Antiwestler, Reinbek 1995, S. 35.
96 Information von Krenz über den Aufenthalt einer Delegation des Zentralrates der FDJ unter seiner Leitung vom 21.3.–24.3.1980 in der Bundesrepublik, SAPMO-BArch, DY 30/27667.
97 »Wer sich wärmen will, wird sich verbrennen«, *Spiegel*, Nr. 3/1980.
98 Vgl. Apel, Abstieg, S. 122.
99 Vgl. Memorandum von Brzezinski an Carter vom 21.1.1980, »Subject: Your Meeting with FRG Foreign Minister Genscher on Tuesday, January 22 at 9:45 a.m.«, »CO 54-2, 11/11/77–1/20/81«, CO-26, WHC, SF, JCL.
100 Vgl. Protokoll der Sitzung des PV der SPD am 17.3.1980, HSD, 6302, AdsD. Vgl. auch Longerich, M., Die SPD als »Friedenspartei« – mehr als nur Wahltaktik? Auswirkungen sozialdemokratischer Traditionen auf die friedenspolitischen Diskussionen 1959–1983, Frankfurt a.M., 1990, S. 340f.
101 Vgl. Longerich, SPD, S. 327.
102 Anders Fischer, Interesse, S. 85, und Obermeyer, U., Das Nein der SPD – Eine neue Ära? SPD und Raketen 1977–1983, Marburg 1985, S. 44.
103 Eintrag Grünewalds vom 10.1.1980, GNB.
104 Vgl. Vermerk des Presse- und Informationsamtes der Bundesregierung an Schmidt vom 3.3.1980, Ausarbeitung zur Einstellung der Bevölkerung zur Entspannungspolitik (ADL, Bestand FDP, Bd. 4080).
105 Vgl. Czerwick, E. / Sarcinelli, U., Außenpolitik und Wahlkampf. Eine Analyse zur Rolle der Außenpolitik im Bundestagswahlkampf 1979/80, Koblenz 1982.
106 Vgl. Vermerk Böllings an Schmidt vom 25.2.1980, »Pressebild USA zur Bündnispolitik«, HSD, 386, AdsD. Vgl. auch Schulz, D. W., Amerika hat den »häßlichen Deutschen« wiederentdeckt – Unmut über Bonn, *Berliner Morgenpost*, 1.3.1980.
107 »Bericht über USA-Reise vom 23.2.–1.3.1980«, Depositum Wischnewski, 425, AdsD.
108 Vgl. »Memorandum of Conversation« vom 8.3.1980, »Subject: Chancellor Schmidt's Meeting with Senator Byrd and Other Members of Congress« am 6.3.1980, Box 4, Folder 1, WSC GWU.
109 HSPA.
110 Vgl. Jäger/Link, Ära Schmidt, S. 326.
111 Abgedruckt in: Carter, Faith, S. 500.
112 Eintrag vom 10.3.1980, GNB.

113 Vgl. Kemna, F., Vieles bleibt hier dem gut Englisch sprechenden Schmidt ein Rätsel, *Welt*, 10.3.1980.
114 Vgl. »Memorandum of Conversation« vom 8.3.1980, »Subject: Chancellor Schmidt's Meeting with Senator Byrd and Other Members of Congress« am 6.3.1980, Box 4, Folder 1, WSC GWU; »Gespräch von Bundeskanzler Schmidt am 07.03.1980, 11.15 bis 12.20 Uhr mit dem Editorial Board der *New York Times* unter Vorsitz von Mr. Sulzberger«, HSPA.
115 Brief von Harry Obst an Wischnewski vom 12.3.1980, HSD, 321, AdsD.
116 Vgl. Genrich, C., Vier Ziele im Visier, *FAZ*, 4.3.1980; Apel, Abstieg, S. 142.
117 HSPA. Vgl. auch CIA, Status of Economic Denial Measures Against the USSR (U), June 1980 (http://www.foia.cia.gov).
118 Vgl. Nicht alle Differenzen zwischen Bonn und Washington ausgeräumt, *SZ*, 10.3.1980.
119 Zitiert nach: Perger, W. A., Hausgemachte Differenzen, *DAS*, 23.3.1980.
120 »Aufzeichnung« vom 31.3.1980, Anlage zum Brief Selbmanns an Schmidt vom 1.4.1980, HSPA.
121 Brief Bahrs an Schmidt vom 10.4.1980, HSPA.
122 Vgl. Brief Schmidts an Brandt vom 2.4.1980, HSPA.
123 Vgl. hs. Vermerk Schmidts »Sprechzettel für Lage – Überblick HS in SPD-Spitzengespräch Bungalow 13.4.1980«, HSPA.
124 Ebd.; nach Apels Erinnerung trug Wehner dieses Argument vor, nicht Brandt (vgl. Apel, Abstieg, S. 122).
125 Vgl. Vermerk Schülers über das Gespräch zwischen den Koalitionsspitzen in Düsseldorf und Bonn am 2.4.1980, HSD, 208, AdsD.
126 Vgl. »Nicht die Zeit, Brücken einzureißen«, *Spiegel*, Nr. 19/1980.
127 Vgl. Vermerk von Bahr an Schmidt vom 18.3.1980, »Betr.: Gespräch mit Slawa in Berlin am 15. März 1980«, HSPA.
128 Apel, Abstieg, S. 120f.
129 The Ailing Alliance, *Wall Street Journal*, 24.4.1980.
130 Wolfgang Berner, »Erfahrungsbericht über eine Auslandsdienstreise nach Rom im Zeitraum 26.–30. Mai 1980«, Bestand SPD-Bundestagsfraktion, 5777, AdsD.
131 Ebd.
132 Vgl. Kiep, Zuversicht, S. 260ff.
133 Interview mit Zbigniew Brzezinski am 19.11.1993.
134 Zitiert nach: Notz, SPD, S. 70.
135 Rede Schmidts auf einer Wahlkampfveranstaltung in Essen am 12. April 1980 (Auszüge), Mitteilung für die Presse 228/80 vom 15.4.1980.
136 Vgl. Jäger/Link, Ära Schmidt, S. 331.
137 Vgl. hs. Vermerk Stadens vom 16.11.1979, »Ihr Gespräch mit L. am 15.11.«, HSPA.

138 HSPA.

139 Ebd. Vgl. auch Apel, Abstieg, S. 122.

140 Vermerk von Bahr an Schmidt vom 27.5.1980, »Betr.: Gespräch mit L. am 27. Mai 1980«, HSPA.

141 Vgl. Memorandum von Brzezinski an Carter vom 11.6.1980, »Subject: Message to Schmidt on TNF«, »Germany, Federal Republic of: Chancellor Helmut Schmidt, 3–8/80«, 7, National Security Affairs – Brzezinski Material, President's Correspondence with Foreign Leaders, JCL; Brief von Steve Larrabee, Mitarbeiter Brzezinskis im NSC, an Jonathan Carr vom 8.7.1980. Carr hat den Brief freundlicherweise zur Einsichtnahme zu Verfügung gestellt. Vgl. auch Carter, Faith, S. 536.

142 Brief Carters an Schmidt vom 12.6.1980, »Germany, Federal Republic of: Chancellor Helmut Schmidt, 3–8/80«, 7, National Security Affairs – Brzezinski Material, President's Correspondence with Foreign Leaders, JCL. Vgl. Brzezinski, Power, S. 309f.; Carter, Faith, S. 536f.

143 Schmidt, Menschen, S. 254.

144 Vgl. Brzezinski, Power, S. 309; Carter, Faith, S. 536. Vgl. auch den Bericht Stadens (Un Sommet à Venise, unveröffentlichtes Manuskript, Bonn 1980) sowie das Memorandum von Brzezinski an Carter vom 11.6.1980, »Subject: Message to Schmidt on TNF«, »Germany, Federal Republic of: Chancellor Helmut Schmidt, 3–8/80«, 7, National Security Affairs – Brzezinski Material, President's Correspondence with Foreign Leaders, JCL.

145 Vgl. Carters hs. Anmerkungen auf dem Entwurf (»Germany, Federal Republic of: Chancellor Helmut Schmidt, 3–8/80«, 7, National Security Affairs – Brzezinski Material, President's Correspondence with Foreign Leaders, JCL). Später behauptete Carter, er habe das Schreiben abgeschwächt (»Reagans Kriegsgerede macht uns Angst«, Interview mit Carter im *Stern*, 22.9.1982).

146 Brzezinski, Power, S. 309.

147 Ebd., S. 461f.

148 Vgl. Staden, Un Sommet à Venise.

149 Carter, Faith, S. 536. Vgl. auch Brzezinski, S. 309f.; Schmidt, Menschen, S. 255ff.; Staden, Sommet; sowie die Unterlagen im HSPA.

150 Schmidt, Menschen, S. 255.

151 Vgl. Jäger/Link, Ära Schmidt, S. 332ff.

152 Staden, Sommet, S. 4.

153 Vgl. Brzezinski, Power, S. 463.

154 Vgl. Putnam/Bayne, Weltwirtschaftsgipfel, S. 158ff.

155 Siehe oben. Vgl. auch Mörbitz, E., Wehner sieht Veränderung, *FR*, 14.6.1980.

156 Vgl. Carter äußert Anerkennung und Bewunderung für Schmidt, *FAZ*, 4.7.1980; Informationsgespräch van Wells für die Presse am

8.7.1980, »Thema: Lage und Perspektiven im Rüstungskontrollbereich«, BPA F 65.

157 Der Erfolg muß in zweifacher Hinsicht relativiert werden. Zum einen gab es im März den bereits erwähnten unausgesprochenen »Deal«. Schmidt hat also nicht, wie oft verbreitet wird, erst durch einen standhaften Auftritt im Kreml das Politbüro zum Umdenken gebracht. Zum anderen mußte die Sowjetunion ihre Position korrigieren, wenn sie gegenüber den Doppelbeschluß-Gegnern glaubwürdig bleiben und die westliche Stationierung auch nur teilweise verhindern wollte. Entsprechend leicht war es der deutschen Seite ja auch gefallen, im Frühjahr den Kreml zu Verhandlungsbereitschaft zu bewegen.

158 Vgl. Telegramm des State Department vom 9.7.1980, E.O. 12065, »Subject: Current Foreign Relations, Issue No. 28, July, 9 1980«, Afghanistan Collection, Dokument 992, NSA.

159 Vgl. Aufzeichnung Bahrs, »Betr.: USA Reise« vom 18.7.1980, Depositum Wischnewski, 426, AdsD. Aufzeichnung Wischnewskis »Meine Gespräche in Washington vom 25.7. bis 2.8.1980« vom 9.8.1980, HSD, 1074, AdsD.

160 An den Nerv, *Spiegel*, Nr. 33/1980.

161 Aufzeichnung Bahrs, »Betr.: USA Reise« vom 18.7.1980, Depositum Wischnewski, 426, AdsD.

162 Vgl. Bericht über den Wahlparteitag der Republikaner in Detroit vom 14. bis 18. Juli 1980, Bestand SPD-Bundestagsfraktion, 5777, AdsD.

163 Aufzeichnung Bahrs, »Betr.: USA Reise« vom 18.7.1980, Depositum Wischnewski, 426, AdsD.

164 So zumindest zitiert ihn Häber (»Information über einen Aufenthalt in der Bundesrepublik Deutschland vom 5. bis 14. September 1980«, abgedruckt in: Nackath/Stephan, Häber-Protokolle, S. 243–257).

165 Vgl. Schmidt, Menschen, S. 271 ff.; Schmidt, Weggefährten, S. 281 f.; Altar der Eule, *Spiegel*, Nr. 31/1979.

166 Vgl. Brief Schmidts an Shultz vom 25.4.1980, HSPA. Über den Inhalt des Kontakts erlauben die zugänglichen Quellen keine Aussage.

167 USA: »Wie können die Europäer froh sein?«, *Spiegel*, Nr. 3/1981.

168 Carter, Lady, S. 344 f.

169 Vgl. Bingen, D., Die Polenpolitik der Bonner Republik von Adenauer bis Kohl 1949–1991, Baden-Baden 1998, S. 165 ff.; Jäger/Link, Ära Schmidt, S. 307 f.; Schmidt, Deutschen, S. 479 ff.

170 Vgl. Brzezinski, Power, S. 299 ff.

171 Vgl. Holzer, J., Solidarität. Die Geschichte einer freien Gewerkschaft in Polen, hg. von Hans Henning Hahn, München 1985, S. 110; ders., Der Kommunismus in Europa. Politische Bewegung und Herrschaftssystem, Frankfurt a.M. 1998, S. 188 f.

172 Vgl. CDU-Chef: Schweigen des Bundeskanzlers zu Polen ist beredt, *FR*, 29.8.1980; Erklärung des Präsidiums der SPD vom 20.8.1980, wiedergegeben in der Vorlage des Präsidiums für die Sitzung des PV der SPD am 1.9.1980, HSD, 6303, AdsD; Genscher: F.D.P. auf der Seite der Freiheit, *fdk*, Nr. 265 vom 31.8.1980.
173 Vgl. Protokoll der Sitzung des PV der SPD am 1.9.1980, HSD, 6303, AdsD.
174 Vgl. etwa die Botschaft Schmidts an Gierek vom 28.8.1980, HSPA.
175 »Information über einen Aufenthalt in der Bundesrepublik Deutschland vom 5. bis 14. September 1980«, abgedruckt in: Nackath/Stephan, Häber-Protokolle, S. 243–257, hier S. 250.
176 Stobbe, D., Eine Zukunft für Osteuropa, Sozialdemokratischer Pressedienst, 3.9.1980. Vgl. auch Marie Schlei, Mehr Spielraum durch Entspannungspolitik, Parlamentarischer Politischer Pressedienst, 1.9.1980; Genrich, C., »Ein großes Glück für das polnische Volk«, *FAZ*, 1.9.1980. Anders (und unzutreffend) Garton Ash, Europe, S. 285.
177 Vgl. AdG, 1980, S. 23 876.
178 Vgl. Brzezinski, Power, S. 464.
179 Vgl. Genscher und Muskie rufen Moskau zu »größter Zurückhaltung« auf, *Stuttgarter Zeitung*, 28.8.1980; Eintrag Grünewalds vom 28.8.1980, GNB.
180 Eintrag Grünewalds vom 28.8.1980, GNB.
181 HSPA.
182 Vgl. Brief Lambsdorffs an Schmidt vom 11.7.1980, HSD, 362, AdsD.
183 Fernschreiben Nr. 2959 der Botschaft Washington (Botschafter Hermes) an das AA, Bonn, vom 29.07.1980, Depositum Wischnewski, Bd. 426, AdsD.
184 Vgl. AdG, 1980, S. 23 878.
185 Vgl. Protokoll der Sitzung des Policy Review Committee am 5.11.1980, »Subject: Economic Assistance to Poland«, JCL.
186 Vgl. Protokoll der Sitzung des Policy Review Committee am 31.10.1980, »Subject: Economic Assistance to Poland«, JCL.
187 Brzezinski, Z., White House Diary, 1980, in: *Orbis*, Vol. 32, No 1 (Winter 1988), S. 32–48, hier S. 33.
188 So Brzezinski in der Sitzung des SCC am 23.9.1980 (Protokoll der Sitzung des SCC am 23.9.1980, »Subject: Meeting on Poland«, JCL).
189 HSPA. Vgl. Brzezinski, Diary, S. 33.
190 Vermerk Bahrs für Schmidt vom 10.10.1980, »Betr.: Gespräch mit L. am 7. Oktober«, HSPA.
191 Vgl. Brzezinski, Diary, S. 33.
192 Brzezinski, Diary, S. 41.
193 Vgl. »Memorandum for the Record« von Stoessel vom 11.12.1980,

»Subject: Joseph Kraft's Conversation with Chancellor Schmidt«, Box 1, Folder 5 F, WSC GWU.
194 Vgl. Brief Dingels an Corterier vom 10.12.1980, SPD-PV, 10952, AdsD.
195 Brzezinski, Diary, 1980, S. 34.
196 Vgl. ebd., S. 39, 45; ders., Power, S. 466.
197 Vgl. Brzezinski, Diary, S. 39, 41.
198 Vgl. AdG, 1980, S. 24109.
199 Vgl. Kubina, M. / Wilke, M. (Hg.), »Hart und kompromißlos durchgreifen«. Die SED contra Polen 1980/81, Berlin 1995, S. 29.
200 HSPA.
201 Apel, Abstieg, S. 143.
202 Vgl. »Es steht auf des Messers Schneide«, *Spiegel*, Nr. 51/1980.
203 Apel, Abstieg, S. 143.

Schlußbetrachtung

1 Vgl. Junker, Politik, S. 24.
2 Kaelble, H. (Hg.), Der Boom 1948–1973. Gesellschaftliche und wirtschaftliche Folgen in der Bundesrepublik Deutschland und in Europa, Opladen 1992, S. 14.
3 Hanrieder, Deutschland, S. 434.
4 Vgl. ebd., S. 437.
5 Zitiert nach: Rebentisch, Gipfeldiplomatie, S. 321.
6 Neustadt, Alliance Politics, S. 72.
7 Memorandum von Stoessel, »US-German Relations and the New Administration«, November 1980, Folder 1, Box 4, WSC GU.
8 Vgl. Soell, Schmidt, S. 64, 83, 85.
9 Vgl. Noelle-Neumann, E. / Köcher, R., Die verletzte Nation. Über den Versuch der Deutschen, ihren Charakter zu ändern, Stuttgart 1987, S. 20.
10 Zitiert nach: Sontheimer, K., So war Deutschland nie. Anmerkungen zur politischen Kultur der Bundesrepublik, München 1999, S. 158.
11 Memorandum Donovans an Carter vom 6.2.1979, »Memos to the President, »1/21/79–8/14/80«, Box 2, Donovan's Files, JCL.
12 Bracher/Jäger/Link, Ära Brandt, S. 352.
13 Vgl. Diner, Verkehrte Welten, S. 8.
14 Schmidt, Menschen, S. 222. Vgl. Kornblum, J. Die Zeit der Friedensdemonstrationen, *SZ*, 15.2.2003.
15 Vgl. Jäger/Link, Ära Schmidt, S. 431.
16 Schmidt, Deutschen, S. 196.
17 Zitiert nach: Giscard, Macht, S. 119.
18 Geyer, Amerika, S. 160.

19 Den Hinweis auf den Begriff verdanke ich David Schoenbaum.
20 Vgl. Eintrag Grünewalds vom 13.9.1978, GNB.
21 Jäger/Link, Ära Schmidt, S. 424.
22 Wobei allerdings der Hinweis nicht fehlen darf, daß Carter darauf verzichtete, die Abhängigkeit Bonns von den USA in der Sicherheits- und Deutschlandpolitik sowie hinsichtlich West-Berlins zu instrumentalisieren, um Schmidt engere Grenzen zu setzen.
23 Vgl. Heep, Schmidt, S. 241 ff.
24 Neustadt/May, Thinking, S. 186.
25 Vgl. Hoffmann, Hell, S. 10 f.
26 Vgl. Brief von Vest an Stoessel vom 28.11.1980, Folder 5 F, Box 1, WSC GU. Vest berichtete darin von einem Gespräch mit McCloy, der den Kenntnismangel beklagte. Vest zufolge sah man im State Department und anderen Bereichen der Regierung das Problem genauso.
27 Vgl. Memorandum von Brzezinski an Carter vom 21.1.1980, »Subject: Your Meeting with FRG Foreign Minister Genscher on Tuesday, January 22 at 9:45 a.m.«, »CO 54-2, 11/1/77–1/20/81«, CO-26, WHCF SF, JCL.
28 Interview mit George Carver am 17.11.1993.
29 Brzezinski, Power, S. 292.
30 Vgl. Bourne, Carter, S. 398.
31 Vgl. Cohen, America, S. 213.
32 Memorandum von Richard Baltimore an Leon Billing vom 25.7.1980, »Subject: Issues 80«, State Department.
33 In diesem Zusammenhang sind auch die Behauptungen Schmidts zu sehen, die Bundesregierung habe nie eine Stationierung von Mittelstreckenraketen gefordert; er sei immer nur für eine Rüstungskontroll-Lösung eingetreten (vgl. »Gespräch Bundeskanzler Helmut Schmidt mit sechs Journalisten der Westküste am 22. Juli 1982 in San Francisco«, WBNL).
34 Vgl. Weidenfeld, W., Kühles Kalkül. Die neue Ära der transatlantischen Beziehungen, in: *Internationale Politik*, 6/2001, S. 1–9.

Quellen- und Literaturverzeichnis

I. Quellen

I. 1. Archivalische Quellen

1. Archiv des Deutschen Liberalismus, Gummersbach (ADL)
   - Bestand FDP
2. Archiv des Presse- und Informationsamtes der Bundesregierung, Bonn (BPA)
   - Büro des Regierungssprechers
   - Materialsammlung, Stichwort Helmut Schmidt
3. Archiv der sozialen Demokratie, Bonn (AdsD)
   - Depositum Helmut Schmidt (HSD)
   - Depositum Hans-Jürgen Wischnewski
   - Nachlaß Willy Brandt (WBNL)
   - Nachlaß Fritz Erler
   - Nachlaß Kurt Mattick
   - Sammlung Personalia
   - SPD-Bundestagsfraktion
   - SPD-Parteivorstand
4. Brookings Institution Archive, Washington
   - Charles L. Schultze's Private Papers (CSPP)
5. Bundesbeauftragter für die Unterlagen des Staatssicherheitsdienstes der ehemaligen DDR, Berlin (BStU)
   - Hauptabteilung II
   - Hauptverwaltung Aufklärung (HVA)
   - Rechtsstelle
   - Sekretariat des Ministers
   - Zentrale Auswertungs- und Informationsgruppe (ZAIG)
6. Deutsche Gesellschaft für Auswärtige Politik, Bonn (DGAP)
   - Studiengruppe für internationale Sicherheit
   - Studiengruppe Ost-West-Beziehungen in Europa
7. Gerald Ford Library, Ann Arbor (GFL)
   - Arthur Burns Papers
   - Richard Cheney Files
   - Office of the Assistant to the President for National Security Affairs
   - Ron Nessen Files

– Presidential Handwriting Files
– A. James Reichley Files
– William Seidman Files
– William E. Simon Papers
– Staff Office Files
– U.S. Council of Economic Advisers Records
– White House Central Files

8. Georgetown University, Washington (GU)
   – Walter Stoessel Collection (WSC)
9. Jimmy Carter Library, Atlanta (JCL)

A.) President's Files

– Peter Bourne's Files
– Hugh Carter's Files
– Lloyd Cutler's Files
– Hedley Donovan's Files
– Stuart Eizenstat's Files
– Hamilton Jordan's Files
– Robert Lipshutz' Files
– National Security Advisor's Files
– National Security Affairs – Brzezinski Material, President's Correspondence With Foreign Leaders File
– Jody Powell's Files
– Office of the Staff Secretary, Presidential Handwriting Files
– Press Office, Edward's Files
– Rex Granum's Files
– Speechwriters-Chron Files
– Speechwriters-Subject Files
– Vertical Files
– White House Central Files

B.) Donated Historical Material

– James T. Mcintyre Collection
– Gerald Rafshoon Collection
– Anthony Solomon Collection

C.) Oral Histories

– White House Staff Exit Interviews
– National Park Service Interviews
– White Burkett Miller Center Jimmy Carter Project
– Miscellaneous Interviews

10. Library of Congress, Washington (LoC)
    – Depositum Paul H. Nitze
11. National Security Archive, Washington (NSA)
    – Nuclear History Collection
    – Afghanistan Collection
12. Privatarchiv Jürgen Brandt (JBPA)
13. Privatarchiv Helmut Schmidt, Hamburg (HSPA)
14. State Department, Washington

– Case Number 8200032, »Human Rights Policy During the Carter Administration 1976–1980«
– Case Number 8300105, »Documents Prepared for Zbigniew Brzezinski's Trip to London, Bonn & Madrid 1979«
– Case Number 8300757, »Guadeloupe: President Carter's Meeting with Heads of State, Jan. 1979«
– Case Number 8704193, »Brazil, Nuclear Materials Production 1980–1987«
– Case Number 8802969, »London, Nuclear Suppliers Group 1973–1976«
– Case Number 8802971, »International Fuel Cycle Evaluation Talks, 1977«
– Case Number 8902044, »Saudi Arabia / U.S. Oil Pricing Policy 1976–81«
– Case Number 9002831, »Edmund Muskie Archive 1980«
– Case Number 9103426, »Brazil, West Germany: Nuclear Agreement of June 27, 1975«
– Case Number 9103649, »NSC Policy Review, Eastern Europe«

15. Stiftung Archiv der Parteien und Massenorganisationen der DDR im Bundesarchiv, Berlin (SAPMO); SED-Parteiarchiv
– Abteilung Internationale Verbindungen
– Außenpolitische Kommission
– Büro Axen
– Büro Honecker
– ZK/Westabteilung

16. Stiftung Wissenschaft und Politik, Ebenhausen (heute Berlin) (SWP)
– Sammlung Nuclear History Project

I. 2. Unveröffentlichte Aufzeichnungen

Eizenstat, S., Notizen
Grünewald, A., Notizbücher
Thomson, J. A., Evolution of U.S. Theater Nuclear Policy: 1975–1979, unveröffentlichtes Ms.

I. 3. Agenturen, Zeitschriften, Zeitungen

Agence Europe
Bild
Bild am Sonntag
Der Spiegel
Deutsche Zeitung / Christ und Welt
Deutsches Allgemeines Sonntagsblatt
Die Welt
Die Zeit
Fortune
Frankfurter Allgemeine Sonntagszeitung

Frankfurter Allgemeine Zeitung
Frankfurter Neue Presse
Frankfurter Rundschau
General-Anzeiger für Bonn und Umgebung
Handelsblatt
International Herald Tribune
Iswestija
Kölner Stadt-Anzeiger
Kölnische Rundschau
Neue Gesellschaft
Neue Ruhr Zeitung
New York Times
Newsweek
Reader's Digest
Rhein-Neckar-Zeitung
Rheinische Post
Rheinischer Merkur
Saarbrücker Zeitung
Stern
Stuttgarter Nachrichten
Stuttgarter Zeitung
Süddeutsche Zeitung
The New Yorker
Time
Vorwärts
VWD-Finanzen
Wall Street Journal
Washington Post
Welt am Sonntag
Welt der Arbeit
Westfälische Rundschau

I. 4. Dokumentensammlungen, Parteipublikationen und amtliche Veröffentlichungen

Adam, E. P. / Stebbins, R. P. (Hg.), American Foreign Relations 1975. A Documentary Record, New York 1977

– (Hg.), American Foreign Relations 1977. A Documentary Record, New York 1979

Atlantik-Brücke e.V. (Hg.), The Tenth American-German Conference on »The Economic Future of the Western Alliance, Changing East-West-Relations, and Security and Arms Control«, Freiburg 1979

Breitinger, E., The Presidential Campaign 1976, Frankfurt a.M. 1978

Bundesministerium der Verteidigung (Hg.), Weißbuch 1975/76. Zur Sicherheit der Bundesrepublik und zur Entwicklung der Bundeswehr, Bonn 1976

Bundesvorstand der Jusos (Hg.), Aufruf zur Initiative für Frieden und Abrüstung der Jungsozialisten in der SPD: Für eine aktive Friedenspolitik! Schluß mit dem Rüstungswettlauf!, Bonn 1978

Carter, J., The Presidential Campaign 1976, Vol. 1, Part 1 und 2, Washington 1978

Deutsche Bundesbank (Hg.), Auszüge aus Presseartikeln, Frankfurt a.M. 1977 ff.

FDP (Hg.), Freie demokratische Korrespondenz

Grebing, H. / Schöllgen, G. / Winkler, H. A. (Hg.), Willy Brandt. Die Entspannung unzerstörbar machen. Internationale Beziehungen und deutsche Frage 1974–1982, Bonn 2002 (Berliner Ausgabe, Bd. 9)

IEA (Hg.), Energy Policies and Programmes of IEA Countries. 1979 Review, Paris 1980

IEA (Hg.), Energy Policies and Programmes of IEA Countries. 1980 Review, Paris 1981
IMF (Hg.), International Financial Statistics 30 (1977), Washington 1977
Kernenergie auf dem Prüfstand: Sichere Energiequelle oder nicht beherrschbares Risiko? Bericht des 2. Untersuchungsausschusses der 11. Wahlperiode, Drucksache 11/7800 des Deutschen Bundestages
Kubina, M. / Wilke, M. (Hg.), »Hart und kompromißlos durchgreifen«. Die SED contra Polen 1980/81, Berlin 1995
Monatsberichte der Deutschen Bundesbank, Jg. 31 (1979), Frankfurt a.M. 1979
Nakath, D. / Stephan, G.-R. (Hg.), Die Häber-Protokolle. Schlaglichter der SED-Westpolitik 1973–1985, Berlin 1999
NATO Information Service (Hg.), Text of Final Communiques (Volume II), Issued by Ministerial Sessions of the North Atlantic Council, the Defence Planning Committee and the Nuclear Planning Group, 1975–1980, Brüssel o.J.
Presse- und Informationsamt der Bundesregierung (Hg.), *Bulletin des Presse- und Informationsamtes der Bundesregierung*
Presse- und Informationsamt der Bundesregierung, Referat III A 2 (Hg.), Die Neutronenwaffe, Bonn 1981
Sachverständigenrat zur Begutachtung der gesamtwirtschaftlichen Entwicklung (Hg.), Mehr Wachstum. Mehr Beschäftigung. Jahresgutachten 1977/78, Stuttgart und Mainz, o.J. (1977)
– (Hg.), Zeit zum Investieren. Jahresgutachten 1976/77, Stuttgart und Mainz, o.J. (1976)
Siegler, H. v. (Hg.), *Archiv der Gegenwart*, Jg. 49 (1979), Sankt Augustin o.J. (1979)
– (Hg.), *Archiv der Gegenwart*, Jg. 50 (1980), Sankt Augustin o.J. (1980)
SPD-Bundestagsfraktion (Hg.), Informationen der sozialdemokratischen Bundestagsfraktion
– (Hg.), ppp – politisch-parlamentarischer Pressedienst
SPD-Parteivorstand (Hg.), Jahrbuch der SPD 1975–1977, Bonn o.J.
– (Hg.), Sozialdemokraten-Service, Presse-Funk-TV
Statistisches Bundesamt (Hg.), Statistisches Jahrbuch 1980 für die Bundesrepublik Deutschland, Wiesbaden 1980
Statistisches Bundesamt (Hg.), Statistisches Jahrbuch 1982 für die Bundesrepublik Deutschland, Wiesbaden 1982
The Dollar Rescue Operations and Their Domestic Implications. Hearings before the Subcommittee on International Economics of the Joint Economic Committee, Congress of the United States, 95th Congress, 2nd Session, 14./15.12.1978, Washington 1979
The International Institute for Strategic Studies (Hg.), The Military Balance 1976–1977, London 1976
Verhandlungen des Deutschen Bundestages. Stenographische Berichte und Drucksachen, 6. Wahlperiode (1969–1972) – 8. Wahlperiode (1976–1980), Bonn 1969–1980

I. 5. Memoirenliteratur, Reden, Vorträge, Aufsätze

Altenburg, W., Militärische Überlegungen zur Sicherheit Westeuropas, in: Würzbach, P.-K. (Hg.), Die Atomschwelle heben. Moderne Friedenssicherung für übermorgen, Koblenz 1983, S. 107–134

Apel, H., Der Abstieg. Politisches Tagebuch eines Jahrzehnts, 3. Aufl., Stuttgart 1990

Arbatow, G., Das System, Frankfurt a.M. 1993

Bahr, E., Zu meiner Zeit, München 1996

Benn, T., The Benn Diaries, London 1990

Brandt, W., Erinnerungen, Berlin und Frankfurt a.M. 1990

Brandt, W., Begegnungen und Einsichten. Die Jahre 1960–1975, München und Zürich 1975

Brzezinski, Z., America in a Hostile World, in: *Foreign Policy*, Vol. 23 (Summer 1976), S. 65–96

–, Between Two Ages: America's Role in the Technetronic Era, New York 1970

–, East-West Relations: Strategic Crosswords, in: *Trialogue*, Vol. 30, No. 1 (1982), S. 18–21

–, Power and Principle. Memoirs of the National Security Advisor 1977–1981, New York 1983

–, The Deceptive Structure of Peace, in: *Foreign Policy*, Vol. 14 (Spring 1974), S. 35–56

–, The European Crossroads, in: Chace/Ravenal (Hg.), Atlantis Lost, S. 85–102

–, U.S. Foreign Policy: The Search for Focus, in: *Foreign Affairs*, Vol. 51, No. 4 (July 1973), S. 708–727

–, White House Diary, 1980, in: *Orbis*, Vol. 32, No. 1 (Winter 1988), S. 32–48

Bundy, M., Danger and Survival, New York 1988

Callaghan, J., Time and Chance, London 1987

Carswell, R., Economic Sanctions and the Iran Experience, in: *Foreign Affairs*, Vol. 60, No. 2 (1981/82), S. 247–265

Carter, J., Keeping Faith. Memoirs of a President, Toronto u.a. 1982

–, Why not the Best?, Nashville 1975

Carter, R., First Lady from Plains, Boston 1984

Cooper, R. N., Global Economic Policy in a World of Energy Shortage, in: – (Hg.), Economic Policy in an Interdependent World. Essays in World Economics, London 1986, S. 53–70

Davis, L. E., NATO's Requirements and Policy for LRTNF. Discussion Paper for the Conference on the History of NATO TNF Policy: The Role of Studies, Analysis and Exercises, Sandia National Laboratories, 12.–14.9.1990

Ehmke, H., Mittendrin. Von der Großen Koalition bis zur deutschen Einheit, Berlin 1994

–, Was will die deutsche Sozialdemokratie?, in: Ristock, H. (Hg.), Mit-

te-Links. Energie, Umwelt, Wirtschaftswachstum, o. O. 1977, S. 25–58
Emminger, O., D-Mark, Dollar, Währungskrisen. Erinnerungen eines ehemaligen Bundesbankpräsidenten, Stuttgart 1986
Falin, V., Politische Erinnerungen, München 1995
Fallows, J., The Passionless Presidency. The Trouble with Jimmy Carter's Administration, in: *The Atlantic*, May 1979
Ford, G., A Time to Heal. The Autobiography of Gerald R. Ford, New York 1979
Genscher, H.-D., Erinnerungen, Berlin 1995
Giscard d'Estaing, V., Macht und Leben. Erinnerungen, Frankfurt a. M. und Berlin 1988
Hein, W., Economic Embargoes and Individual Rights Under German Law, in: *Law and Policy in International Business*, Vol. 15 (1983), No. 2, S. 401–423
Hillenbrand, M., Fragments of Our Time. Memoirs of a Diplomat, Athens und London 1998
Jordan, H., Crisis. The Last Year of the Carter Presidency, Toronto 1982
Keworkow, W., Der geheime Kanal. Moskau, der KGB und die Bonner Ostpolitik, Berlin 1995
Kissinger, H., Memoiren, 1968–1973, München 1979
Kwizinskij, J. A., Vor dem Sturm. Erinnerungen eines Diplomaten, Berlin 1993
Leber, G., Georg Leber erinnert sich, Folge 1 bis 4, *WamS*, 2.4.–30.4.1995
–, Vom Frieden, München 1980
Leisler Kiep, W., Was bleibt ist große Zuversicht, Berlin und Wien 1999
McGhee, G., At the Creation of a New Germany. From Adenauer to Brandt. An Ambassador's Account, New Haven und London 1989
Moersch, K., Immer wieder war's ein Abenteuer. Erinnerungen, Stuttgart und München 2001
Osterheld, H., Außenpolitik unter Bundeskanzler Ludwig Erhard 1963–1966. Ein dokumentarischer Bericht aus dem Kanzleramt, Düsseldorf 1992
Parsons, A., Iran and Western Europe, in: *Middle East Journal*, Vol. 43, No. 2 (Spring 1989), S. 218–229
Reiff, K., Polen. Als deutscher Diplomat an der Weichsel, Bonn 1990
Schmidt, H., Deutsch-französische Zusammenarbeit in der Sicherheitspolitik, in: *EA*, Bd. 42 (1987), H. 11, S. 303–312
–, Die Deutschen und ihre Nachbarn, Bonn 1990
–, Jahrhundertwende. Gespräche mit Lee Kuan Yew, Jimmy Carter u. a., hg. von Dorothea Hauser, Berlin 1998
– u. a. (Hg.), Kindheit und Jugend unter Hitler, Berlin 1992
–, Menschen und Mächte, Berlin 1987

–, Probleme der militärischen Strategie, in: *NG*, Jg. 12 (1965), H. 2, S. 616–628
–, Strategie des Gleichgewichts, Stuttgart 1969
–, The Alastair Buchan Memorial Lecture, abgedruckt in: Haftendorn, Sicherheit und Stabilität, S. 195–212
–, Vortrag vor dem Polnischen Institut für Internationale Angelegenheiten (PISM) in Warschau am 22. November 1977, abgedruckt in: *EA*, Bd. 33 (1978), H. 2, S. D24–D32
–, Weggefährten. Erinnerungen und Reflexionen, Berlin 1998
Strauß, F. J., Die Erinnerungen, Berlin 1989
Thomson, J., The LRTNF decision: evolution of US theater nuclear policy, 1975–9, in: *International Affairs*, 1984, S. 601–614
Turner, S., Terrorism and Democracy, Boston 1991
Vance, C., Hard Choices: Critical Years in America's Foreign Policy, New York 1983
Vershbow, A. R., The Cruise Missile: the End of Arms Control?, in: *Foreign Affairs*, Vol. 55, No. 1 (October 1976), S. 133–146
Weber, H.-H., Germany and the Coordination of Stabilization Policies among the OECD Countries, in: Kohl/Basevi (Hg.), West Germany, S. 63–72
Wischnewski, H.-J., Mit Leidenschaft und Augenmaß. In Mogadischu und anderswo. Politische Memoiren, München 1989

I. 6. Interviews

Wolfgang Altenburg, David Anderson, Hans Apel, Egon Bahr, Rainer Barzel, Robert Beckel, Robert Beecroft, Christoph Bertram, David Binder, Michael Blumenthal, Klaus Bölling, Peter Bourne, Jürgen Brandt, Harold Brown, Werner Bruns, Zbigniew Brzezinski, Jonathan Carr, George Carver, Richard Cooper, Peter Corterier, Lloyd Cutler, Fredo Dannenbring, Jonathan Dean, Dieter Dettke, Marion Gräfin Dönhoff, Stuart Eizenstat, Valentin Falin, Lou Finch, Gerald Ford, Otto von der Gablenz, Hank Gaffney, Dietrich Genschel, David Gompert, Andrew Goodpaster, William Griffith, Armin Grünewald, Helge Hansen, Arthur Hartman, Christoph Hase, Werner Hein, Axel Herbst, Peter Hermes, Wolfgang Heydrich, Martin van Heuven, Wilhelm Höynk, Gunter Hofmann, Josef Holik, Robert Hormats, Rolf Hüttel, Samuel Huntington, William Hyland, Edward Ifft, Karl Kaiser, Spurgeon Keeny, Catherine Kelleher, Charles Kirbo, Friedhelm Krüger-Sprengel, Harald Kujat, Klaus Dieter Leister, Udo Löwke, Ernst Lutz, Georg Leber, Robert Lipshutz, Gerald Livingston, John Mapother, David McGiffert, William Miller, Roger Molander, Uwe Nerlich, Joseph Nye, William Odom, Bernd Oldenkott, Henry Owen, Karl-Theodor Paschke, Rolf Pauls, Horst Peters, Hans-Jochen Peters, Robert Putnam, Jan Reifenberg, Lothar Rühl, Jürgen Ruhfus, Friedrich Ruth, Hans-Henning von

Sandrat, Jerrold Schecter, James Schlesinger, Helmut Schmidt, Loki Schmidt, Wolfgang Schreiber, Manfred Schüler, Charles Schultze, Eugen Selbmann, Wladimir Semjonow, Jack Seymour, Gerald Smith, William R. Smyser, Theo Sommer, Helmut Sonnenfeldt, Anthony Solomon, Berndt von Staden, Carola Stern, Walter Stützle, Martin Süskind, Peter Tandecki, Dan Tate, Gregory Treverton, James Thompson, Dale Vesser, George Vest, Paul Warnke, Günther van Well, Craig Whitney, Hans-Georg Wieck, Hans-Jürgen Wischnewski, William Woessner, John Woodworth, Harald Wust.

II. Sekundärliteratur

Auf die Aufnahme von Artikeln und Interviews in Zeitungen, nichtwissenschaftlichen Zeitschriften und Magazinen wurde verzichtet.

Albach, H. / Lehnen, F., Die Bedeutung der Rohstoffversorgung und des Welthandels für die Entwicklung der Bundesrepublik Deutschland, in: *Zeitschrift für Wirtschafts- und Sozialwissenschaften*, Bd. 99 (1979), H. 1/4, S. 243–271

Allan, P. / Kläy, D., Zwischen Bürokratie und Ideologie. Entscheidungsprozesse in Moskaus Afghanistankonflikt, Bern 1999

Alm, A. L. / Colglazier, W. / Kates-Garnick, B., Coping with Interruptions, in: Deese, D. A. / Nye, J. S. (Hg.), Energy and Security, Cambridge (MA) 1981, S. 303–346

Ambrose, S. E., Rise to Globalism. American Foreign Policy Since 1938, 5., überarb. Aufl., New York 1988

Andersen, U., Konjunktur- und Beschäftigungspolitik, in: Grosser, D. (Hg.), Der Staat in der Wirtschaft der Bundesrepublik, Opladen 1985, S. 375–454

Arenth, J., Die Bewährungsprobe der Special Relationship: Washington und Bonn (1961–1969), in: Larres/Oppelland (Hg.), Deutschland, S. 151–177

–, Johnson, Vietnam und der Westen. Transatlantische Belastungen, München 1994

Art, R. J. / Ockenden, S. E., The Domestic Politics of Cruise Missile Development 1970–1980, in: Betts, R. K. (Hg.), Cruise Missiles. Technology, Strategy, Politics, Washington 1981, S. 359–413

Auger, V. A., The Dynamics of Foreign Policy Analysis. The Carter Administration and the Neutron Bomb, Lanham und London 1996

Backer, J. H., Die Entscheidung zur Teilung Deutschlands. Die amerikanische Deutschlandpolitik 1943–1948, München 1981

Badger, D. / Belgrave, R., Oil Supply and Price: What Went Right in 1980?, Paris 1982

Baker, J. T., A Southern Baptist in the White House, Philadelphia 1977

Baring, A., Machtwechsel. Die Ära Brandt-Scheel, Stuttgart 1984
–, Die »Wende«: Rückblick und Ausblick, in: Bleek/Maull (Hg.), Staat, S. 107–116
Beckman, R. L., Nuclear Non-Proliferation. Congress and the Control of Peaceful Nuclear Activities, Boulder 1985
Behrmann, C., Geschichte und aktuelle Struktur des Antiamerikanismus, in: *APuZ*, B 29–30/1984, S. 3–14
Bellers, J., Außenwirtschaftspolitik der Bundesrepublik Deutschland, München 1990
Bender, P., Die »Neue Ostpolitik« und ihre Folgen. Vom Mauerbau bis zur Vereinigung, 3., überarb. u. erw. Neuaufl., München 1995
Benz, W., Die Gründung der Bundesrepublik. Von der Bizone zum souveränen Staat, 3. Aufl., München 1989
Beyer, H.-J., Der Bundestagswahlkampf 1976 der F.D.P., in: *ZParl.*, Jg. 10 (1979), H. 1, S. 88–100
Beyfuss, J., Die Position der Bundesrepublik Deutschland im Welthandel, Köln 1981
Bierling, S., Die Außenpolitik der Bundesrepublik Deutschland. Normen, Akteure, Entscheidungen, München und Wien 1999
Bingen, D., Die Polenpolitik der Bonner Republik von Adenauer bis Kohl 1949–1991, Baden-Baden 1998
Bitzer, L. / Rueter, T., Carters vs. Ford. The Counterfeit Debates of 1976, Madison und London 1980
Biven, C. W., Economic Advice in the Carter Administration, in: Rosenbaum/Ugrinsky (Hg.), Presidency, S. 611–623
Black, E. / Black, M., The Vital South. How Presidents are Elected, Cambridge (MA) und London 1992
Bleek, W. / Maull, H. (Hg.), Ein ganz normaler Staat? Perspektiven nach 40 Jahren Bundesrepublik, München und Zürich 1989
Boche, J., Franco-German Economic Relations: National Strategies and Cooperation in the European Community, SAIS Washington, Ph.D. thesis 1992
Bourne, P., Jimmy Carter. A Comprehensive Biography from Plains to Postpresidency, New York 1997
Bracher, K. D. / Jäger, W. / Link, W., Republik im Wandel 1969–1982. Die Ära Brandt, Stuttgart 1986
Breitinger, E., The Presidential Campaign 1976, Frankfurt a.M. 1978
Brenner, M. J., Nuclear Power and Non-Proliferation. The Remaking of U.S. Policy, Cambridge (MA) 1981
Bromley, S., American Hegemony and World Oil: The Industry, the State System and the World Economy, Cambridge (MA) 1991
Buchheim, C., Von der aufgeklärten Hegemonie zur Partnerschaft: Die USA und Westdeutschland in der Weltwirtschaft 1945–1968, in: Junker (Hg.), Handbuch, Bd. I, S. 401–423
Buteux, P., Strategy, Doctrine and the Politics of Alliance. Theatre Nuclear Force Modernisation in NATO, Boulder (CO) 1983

Caldwell, D., The Dynamics of Domestic Politics and Arms Control. The SALT II Treaty Ratification Debate, Columbia (SC) 1991
–, US Domestic Politics and the Demise of Détente, in: Westad (Hg.), Fall, S. 95–117
Calleo, D., Beyond American Hegemony: The Future of the Western Alliance, Brighton 1987
– / Rowland, B. M., America and the World Political Economy. Atlantic Dreams and National Realities, Bloomington 1973
Carr, J., Helmut Schmidt, Düsseldorf und Wien 1984
Chace, J. / Ravenal, E. C. (Hg.), Atlantis Lost. U.S.-European Relations after the Cold War, New York 1976
Childs, D., Britain Since 1945. A Political History, 2. Aufl., London 1986
Cimbala, S. J. (Hg.), Mysteries of the Cold War, Aldershot 1999
Clark, J. G., The Political Economy of World Energy. A Twentieth-Century Perspective, New York 1990
Clifford, L. X., An Examination of the Carter Administration's Selection of Secretary of State and National Security Advisor, in: Rosenbaum/ Ugrinsky (Hg.), Carter, S. 5–17
Cochrane, J. L., Carter's Energy Policy and the Ninety-fifth Congress, in: Goodwin, C. D., u. a. (Hg.), Energy Policy in Perspective: Today's Problems, Yesterday's Solutions, Washington 1981, S. 547–600
Cohen, S. D. / Meltzer, R. I., United States International Economic Policy in Action. Diversity of Decision Making, New York 1982
Cohen, W. I., America in the Age of Soviet Power, 1945–1991, Cambridge (MA) 1991
Cooley, J. K., Unholy Wars. Afghanistan, America and International Terrorism, London 1999
Cooper, R. N. (Hg.), Economic Policy in an Interdependent World. Essays in World Economics, London 1986
–, Flexible Exchange Rates 1973–80: How Bad Have They Really Been?, in: – u. a. (Hg.), The International Monetary System under Flexible Exchange Rates, Cambridge (MA) 1982
– u. a. (Hg.), Can Nations Agree? Issues in International Economic Cooperation, Washington 1989
Cooper, W. J., Jr. / Terril, T. E., The American South. A History, New York 1990
Czerwick, E. / Sarcinelli, U., Außenpolitik und Wahlkampf. Eine Analyse zur Rolle der Außenpolitik im Bundestagswahlkampf 1979/80, Koblenz 1982
Daalder, I. H., The Nature and Practice of Flexible Response, New York 1991
Davis, H. D., Energy Politics, New York 1993
Destler, I. M. / Henning, C. R., Dollar Politics: Exchange Rate Pomaking in the United States, Washington 1989
– / Gelb, L. / Lake, A., Our Own Worst Enemy. The Unmaking of American Foreign Policy, New York 1984

Deutsch, K.-G., Weltmarktintegration und wohlfahrtsstaatliche Politik. Die Bundesrepublik Deutschland auf den Weltwirtschaftsgipfeln 1975–1990, Münster 1991

Diner, D., Verkehrte Welten. Antiamerikanismus in Deutschland, Frankfurt a. M. 1993

Dittberner, J., FDP – Partei der zweiten Wahl, Opladen 1987

Dittgen, H., Die Ära der Ost-West-Verhandlungen und der Wirtschafts- und Währungskrisen (1969–1981), in: Larres/Oppelland (Hg.), Deutschland, S. 178–203

–, Amerikanische Demokratie und Weltpolitik. Außenpolitik in den Vereinigten Staaten, Paderborn u. a. 1998

–, Deutsch-amerikanische Sicherheitsbeziehungen in der Ära Helmut Schmidt. Vorgeschichte und Folgen des NATO-Doppelbeschlusses, München 1991

Dobson, W., Economic Policy Coordination. Requiem or Prologue?, Washington 1991

Dönhoff, M. Gräfin, Amerikanische Wechselbäder, Stuttgart 1983

Dumbrell, J., The Carter Presidency. A Re-evaluation, Manchester und New York 1993

Eizenstat, S., President Carter, the Democratic Party, and the Making of Domestic Policy, in: Rosenbaum/Ugrinsky (Hg.), Presidency, S. 3–16

Enders, T., Die SPD und die äußere Sicherheit. Zum Wandel der sicherheitspolitischen Konzeption der Partei in der Zeit der Regierungsverantwortung (1966–1982), Melle 1987

Eschenburg, T., Jahre der Besatzung, Stuttgart und Wiesbaden 1983

Feigl, H., Lagenotiz: Anmerkungen zur Entwicklung der Neutronenbombe, August 1977, SWP-LN 2139

Fetscher, I., Politische Kultur in der Entwicklung der Bundesrepublik, in: Hrbek, R. (Hg.), Personen und Institutionen in der Entwicklung der Bundesrepublik Deutschland. Symposion aus Anlaß des 80. Geburtstages von Theodor Eschenburg, Kehl 1985

Firestone, B. J. / Ugrinsky, A. (Hg.), Gerald R. Ford and the Politics of Post-Watergate America, Westport (CT) und London 1993

Fischer, A., Verteidigungshaushalt der Zukunft – eine Trend-Prognose, in: *Wehrtechnik*, Nr. 5/1989, S. 36–42

Fischer, F., »Im deutschen Interesse«. Die Ostpolitik der SPD von 1969 bis 1989, Husum 2001

Flanagan, S. J., The Domestic Politics of SALT II: Implications for the Foreign Policy Process, in: Spanier, J. / Nogee, J. (Hg.), Congress, the Presidency and American Foreign Policy, New York u. a. 1981, S. 44–76

Fuchs, S., »Dreiecksverhältnisse sind immer kompliziert«. Kissinger, Bahr und die Ostpolitik, Hamburg 1999

Gaddis, J. L., On Starting All Over Again: A Naive Approach to the Study of the Cold War, in: Westad, O. A. (Hg.), Reviewing the Cold War. Approaches, Interpretations, Theory, London und Portland 2000, S. 27–42

–, Strategies of Containment. A Critical Appraisal of Postwar American National Security Policy, Oxford 1982
–, The United States and the Origins of the Cold War, 1941–1947, New York 1972
–, We Now Know. Rethinking Cold War History, New York 1997
Gall, N., Atoms for Brazil. Dangers for All, in: *Foreign Policy*, Vol. 23 (Summer 1976), S. 155–201
Garthoff, R. L., Détente and Confrontation. American-Soviet Relations from Nixon to Reagan, überarb. Aufl., Washington 1994
–, A Journey Through the Cold War, Washington 2001
Garton Ash, T., In Europe's Name. Germany and the Divided Continent, London 1993
Gatzke, H., Germany and the United States. A »Special Relationship«?, Cambridge (MA) und London 1980
Gebert, D. / Scheide, J., Die Lokomotiven-Strategie als wirtschaftspolitisches Konzept, Kiel 1980
Gershman, C., The Rise & Fall of the New Foreign Policy Establishment, in: Commentary, Juli 1980, S. 15–24
Geyer, M., Amerika in Deutschland. Amerikanische Macht und die Sehnsucht nach Sicherheit, in: Trommler, F. / Shore, E. (Hg.), Deutsch-amerikanische Begegnungen. Konflikt und Kooperation im 19. und 20. Jahrhundert, Stuttgart und München 2001, S. 155–187
Ginsbourg, P., A History of Contemporary Italy. Society and Politics 1943–1988, London 1990
Gisselquist, D., Oil Prices and Trade Deficits. U.S. Conflicts with Japan and West Germany, New York 1979
Glad, B., Jimmy Carter. In Search of the Great White House, New York und London 1980
–, Personality, Political and Group Process Variables in Foreign Policy Decision-Making: Jimmy Carter's Handling of the Iranian Hostage Crisis, in: *International Political Science Review*, Vol. 10 (1989), No. 1, S. 35–61
Gleske, L., Die Devisenpolitik der Deutschen Bundesbank, in: *Kredit und Kapital*, Nr. 15 (1982), S. 259–274
Görtemaker, M., Geschichte der Bundesrepublik Deutschland. Von der Gründung bis zur Gegenwart, München 1999
Golub, S. S., The Current-Account Balance and the Dollar: 1977–78 and 1983–84, Princeton (NJ) 1986
Grabbe, H.-J., Unionsparteien, Sozialdemokratie und Vereinigte Staaten von Amerika 1945–1966, Düsseldorf 1983
Greene, J. R., The Limits of Power. The Nixon and Ford Administrations, Bloomington (IN) 1992
Greiner, B., Zwischen »Totalem Krieg« und »Kleinen Kriegen«. Überlegungen zum historischen Ort des Kalten Krieges, in: *Mittelweg* 36, Jg. 12 (April/Mai 2003), S. 3–20
Greiner, C. / Maier, K. A. / Rebhan, H., Die Nato als Militärallianz.

Strategie, Organisation und nukleare Kontrolle im Bündnis 1949 bis 1959, München 2003
Gress, D. R., Die deutsch-amerikanischen Beziehungen von 1945 bis 1987, in: *APuZ*, B 3/1988, S. 16–27
Gringmuth, H. F. W., Der Handlungsspielraum der Freien Demokratischen Partei als Artikulationspartei. Wahlen und Forderungsverhalten der Freien Demokraten – unter Berücksichtigung ihres Einflusses in der Koalition gegenüber der SPD, Frankfurt a. M. 1984
Grohs, G. / Cadete, E. M. / Noelke, M., Portugals Beitritt zur Europäischen Gemeinschaft. Probleme der europäischen Integration, Bonn 1982
Grosser, A., Das Bündnis. Die westeuropäischen Länder und die USA seit dem Krieg, München 1982
Grosser, D., Das Wagnis der Währungs-, Wirtschafts- und Sozialunion. Politische Zwänge im Konflikt mit ökonomischen Regeln, Stuttgart 1998
Guldin, H., Außenwirtschaftspolitik und außenpolitische Einflußfaktoren im Prozeß der Staatswerdung der Bundesrepublik Deutschland (1947–1952), in: *APuZ*, B 32/1987, S. 3–10
Haas, G. A., Jimmy Carter and the Politics of Frustration, Jefferson (NC) und London 1992
Hacke, C., Die neue Bedeutung des nationalen Interesses für die Außenpolitik der Bundesrepublik Deutschland, in: *APuZ*, B 1–2/1997, S. 3–14
–, Triumph und Tragik der amerikanischen Iran-Politik, in: *Beiträge zur Konfliktforschung*, Bd. 15 (1985), H. 1, S. 63–88
–, Weltmacht wider Willen. Die Außenpolitik der Bundesrepublik Deutschland, aktual. u. erw. Ausgabe, Berlin 1993
–, Zur Weltmacht verdammt. Die amerikanische Außenpolitik von Kennedy bis Clinton, Berlin 1997
Häckel, E., The Politics of Nuclear Exports in West Germany, in: Boardman, R. / Keeley, J. F. (Hg.), Nuclear Exports and World Politics, New York 1983, S. 62–78
Häde, U., Rechtliche Aspekte des Irak-Embargos, in: *BayVBl*, 1991, S. 484–495
Haftendorn, H., Das doppelte Mißverständnis. Zur Vorgeschichte des NATO-Doppelbeschlusses von 1979, in: *VfZ*, Jg. 35 (1985), H. 3, S. 244–287
–, Deutsche Außenpolitik zwischen Selbstbeschränkung und Selbstbehauptung, Stuttgart und München 2001
–, Krise des internationalen Nuklearsystems. Nuklearpolitik im Widerstreit politischer, ökonomischer und sicherheitspolitischer Interessen, in: *APuZ*, B 5/1979, S. 3–27
–, Sicherheit und Entspannung. Zur Außenpolitik der Bundesrepublik Deutschland 1955–1982, 2., rev. Aufl., Baden-Baden 1986
–, Sicherheit und Stabilität. Außenbeziehungen der Bundesrepublik zwischen Ölkrise und NATO-Doppelbeschluß, München 1986

Hagemann, H., Der amerikanische Einfluß auf das deutsche Wirtschaftsdenken, in: Junker (Hg.), Handbuch, Bd. I, S. 553–563
Hager, W., Germany as an Extraordinary Trader, in: Kohl/Basevi (Hg.), West Germany, S. 3–19
Hahn, E. J., U.S. Policy on a West German Constitution, 1947–1949, in: Diefendorf, J. M. / Frohn, A. / Rupieper, H.-J. (Hg.), American Policy and the Reconstruction of West Germany 1945–1955, Cambridge (MA) 1993, S. 21–44
Halverson, T. E., The Last Great Nuclear Debate. NATO and Short-Range Nuclear Weapons in the 1980s, New York 1995
Hankel, W., Germany: Economic Nationalism in the International Economy, in: Kohl/Basevi (Hg.), West Germany, S. 21–43
Hanrieder, W., Deutschland, Europa, Amerika. Die Außenpolitik der Bundesrepublik Deutschland 1949–1994, 2., völlig überarb. u. erw. Aufl., Paderborn u. a. 1995
–, West German Foreign Policy 1949–1963. International Pressure and Domestic Response, Stanford (CA) 1967
Hargrove, E. C., Jimmy Carter as President. Leadership and the Politics of Public Good, Baton Rouge (LA) und London 1988
– , The Carter Presidency in Historical Perspective, in: Rosenbaum/Ugrinsky (Hg.), Presidency, S. 17–28
Harrison, H. M., Ulbricht and the Concrete »Rose«: New Archival Evidence of the Dynamics of Soviet-East German Relations and the Berlin Crisis, 1958–1961, CWIHP Working Paper Nr. 5, Washington 1993
Heep, B., Helmut Schmidt und Amerika. Eine schwierige Partnerschaft, Bonn 1990
Heesch, J., Antikommunismus, Pro-Amerikanismus und Amerikakritik im politischen Denken von Helmut Schmidt, in: G. Schwan, Antikommunismus und Antiamerikanismus in Deutschland. Kontinuität und Wandel nach 1945, Baden-Baden 1999, S. 220–273
Heidel, T., Wechselkursschwankungen, Wechselkurserwartungen und Devisenmarkteffizienz. Eine theoretische und empirische Analyse des DM/Dollar-Wechselkurses mit Hilfe der Technischen Analyse im Zeitraum 1974–1985: Beat the Market, Münster 1990
Hemmerich, F., Die Beschäftigungspolitik in der Bundesrepublik Deutschland in den Jahren 1974–1982, Berlin 1982
Henderson, M., The OECD as an Instrument of National Policy, in: *International Journal*, Vol. 36 (1981), No. 4, S. 793–814
Herbst, L., Option für den Westen. Vom Marshallplan bis zum deutsch-französischen Vertrag, München 1989
Herf, J. War by Other Means: Soviet Power, West German Resistance, and the Battle of the Euromissiles, New York 1991
Herzinger, R. / Stein, H., Endzeit-Propheten oder Die Offensive der Antiwestler, Reinbek 1995
Heuser, B., NATO, Britain, France and the FRG. Nuclear Strategies and Forces for Europe, 1949–2000, London 1997

–, Nuclear Mentalities? Strategies and Beliefs in Britain, France and the FRG, London 1998
–, Warshaw Pact Military Doctrines in the 1970s and 1980s. Findings in the East German Archives, in: *Comparative Strategy*, Vol. 12, No. 4 (October 1993), S. 437–457
Hildebrand, K., Von Erhard zur Großen Koalition 1963–1969, Stuttgart 1984
Hobsbawm, E., Age of Extremes. The Short Twentieth Century, London 1994
Hoffmann, H., Die Atompartner Washington – Bonn und die Modernisierung der taktischen Kernwaffen. Vorgeschichte und Management der Neutronenwaffe und des Doppelbeschlusses der NATO, Koblenz 1986
Hoffmann, S., No Trumps, No Luck, No Will: Gloomy Thoughts on Europe's Plight, in: Chace/Ravenal (Hg.), Atlantis, S. 1–46
–, The Hell of Good Intentions, in: *Foreign Policy*, Vol. 29 (Winter 1977/78), S. 3–26
Hohensee, J., Der erste Ölpreisschock 1973/74. Die politischen und gesellschaftlichen Auswirkungen der arabischen Erdölpolitik auf die Bundesrepublik und Westeuropa, Stuttgart 1996
Hollander, P., Anti-Americanism. Critiques at Home and Abroad 1965–1990, New York 1992
Holtham, G., German Macroeconomic Policy and the 1978 Bonn Summit, in: Cooper u. a. (Hg.), Can Nations Agree?, S. 141–177
Holzer, J., Der Kommunismus in Europa. Politische Bewegung und Herrschaftssystem, Frankfurt a. M. 1998
–, Solidarität. Die Geschichte einer freien Gewerkschaft in Polen, hg. von Hans Henning Hahn, München 1985
Hulme, D. L., The Political Olympics. Moscow, Afghanistan and the 1980 U.S. Boycott, New York 1990
Huntington, S., Renewed Hostility, in: Nye, J. S., Jr. (Hg.), The Making of America's Soviet Policy, New Haven (CT) und London 1984, S. 265–289
Hyland, W. G., Mortal Rivals. Superpower Relations from Nixon to Reagan, New York 1987
Isensee, J., Regierbarkeit in einer parlamentarischen Demokratie, in: Zur Regierbarkeit der parlamentarischen Demokratie. Ein Cappenberger Gespräch, Köln 1979, (Cappenberger Gespräche der Freiherr-vom-Stein-Gesellschaft, Bd. 14), S. 15–47
Jäger, W. / Link, W., Republik im Wandel 1969–1982. Die Ära Schmidt, Stuttgart 1987
James, H., International Monetary Cooperation Since Bretton Woods, New York und Oxford 1996
–, Kooperation, Konkurrenz und Konflikt: Wirtschaftsbeziehungen zwischen den USA und der Bundesrepublik 1968–1990, in: Junker (Hg.), Handbuch, Bd. II, S. 293–316

–, D-Mark und Dollar: Preisstabilität im Inneren und internationale Währungspolitik, in: Junker (Hg.), Handbuch, Bd. II, S. 351–362
Joffe, J., The Limited Partnership: Europe and the United States and the Burdens of Alliance, Cambridge (MA) 1987
Jones, C. O., The Trusteeship Presidency: Jimmy Carter and the United States Congress, Baton Rouge (LA) 1988
Junker, D. (Hg. in Verbindung mit P. Gassert, W. Mausbach u. D. B. Morris), Die USA und Deutschland im Zeitalter des Kalten Krieges 1945–1990. Ein Handbuch, Band I: 1945–1968, Stuttgart und München 2001
– (Hg. in Verbindung mit P. Gassert, W. Mausbach u. D. B. Morris), Die USA und Deutschland im Zeitalter des Kalten Krieges 1945–1990. Ein Handbuch, Band II: 1968–1990, Stuttgart und München 2001
Kaelble, H. (Hg.), Der Boom 1948–1973. Gesellschaftliche und wirtschaftliche Folgen in der Bundesrepublik Deutschland und in Europa, Opladen 1992
Kagan, R., Macht und Ohnmacht. Amerika und Europa in der neuen Weltordnung, Berlin 2003
Kaiser, K., Die Auswirkungen der Energiekrise auf die westliche Allianz, in: *EA*, Bd. 24 (1974), S. 813–824
–, The Great Nuclear Debate: German-American Disagreements, in: *Foreign Policy*, Vol. 30 (Spring 1978), S. 83–110
Kapstein, E. B., The Insecure Alliance. Energy Crises and Western Politics Since 1944, New York und Oxford 1990
Katz, J. E., Congress and National Energy Policy, New Brunswick (NJ) und London 1984
Kaufman, B. I., The Presidency of James Earl Carter, Jr., Lawrence (KS) 1993
Kennedy, P., The Rise and Fall of the Great Powers, New York 1987
Keohane, R. O., After Hegemony. Cooperation and Discord in the World Political Economy, Princeton (NJ) 1984
–, The Big Influence of Small Allies, in: *Foreign Policy*, Vol. 2 (Spring 1971), S. 161–183
Kielmansegg, P. Graf, Nach der Katastrophe. Eine Geschichte des geteilten Deutschland, Berlin 2000
Kleinsteuber, H.-J., Zur politischen Funktion des Antiamerikanismus: Einige Anmerkungen, in: *Amerikastudien*, Jg. 31 (1986), S. 375–382
Klotten, N. u. a., West Germany's Stabilization Performance, in: Lindberg, L. N. / Maier, C. S. (Hg.), The Politics of Inflation and Economic Stagnation. Theoretical Approaches and International Case Studies, Washington 1985, S. 353–402
Knapp, M., Politische und wirtschaftliche Interdependenzen im Verhältnis USA – (Bundesrepublik) Deutschland 1945–1975, in: Ders. u. a. (Hg.), Die USA und Deutschland 1918–1975. Deutsch-amerikanische Beziehungen zwischen Rivalität und Partnerschaft, München 1978, S. 153–219

Knauer, S., Lieben wir die USA? Was die Deutschen über die Amerikaner denken, Hamburg 1987

Kohl, W. L. / Basevi, G. (Hg.), West Germany: A European and Global Power, Lexington (MA) und Toronto 1980

Korb, J., Where Did All the Money Go? The 1980's US Defence Build-Up and the End of the Cold War, in: Cimbala (Hg.), Mysteries, S. 3–18

Kramer, M., Soviet Policy During the Polish Crisis, *CWIHP Bulletin*, Issue 5 (Spring 1995)

–, Warshaw Pact Military Planning in Central Europe: Revelations from the East German Archives, *CWIHP Bulletin*, Issue 2 (Fall 1992)

Kreikamp, H.-D., Die amerikanische Deutschlandpolitik im Herbst 1946 und die Byrnes-Rede in Stuttgart, in: *VfZ*, Jg. 29 (1981), H. 2, S. 269–285

LaFeber, W., America, Russia and the Cold War, 1945–1980, 4. Aufl., New York u. a. 1980

Lammersdorf, R., Germany in the Cold War Since the 1960s, in: *Bulletin of the German Historical Institute*, Vol. 30 (Spring 2002), S. 180–184

Larres, K., Eisenhower, Dulles und Adenauer: Bündnis des Vertrauens oder Allianz des Mißtrauens? (1953–1961), in: Ders./Oppelland (Hg.), Deutschland, S. 119–150

– / Oppelland, T. (Hg.), Deutschland und die USA im 20. Jahrhundert. Geschichte der politischen Beziehungen, Darmstadt 1997

Layritz, S., Der NATO-Doppelbeschluß. Westliche Sicherheitspolitik im Spannungsfeld von Innen-, Bündnis- und Außenpolitik, Frankfurt a. M. u. a. 1992

Lawrence, R. Z., An Analysis of the 1977 U.S. Trade Deficit, in: *Brookings Paper on Economic Activity 1*, Washington 1978, S. 159–189

Leisler Kiep, W., Good-Bye America – was dann? Der deutsche Standpunkt im Wandel der Weltpolitik, Stuttgart 1972

Lieber, R., The Oil Decade. Conflict and Cooperation in the West, New York 1983

Lindemeyer, B., Das Handelsembargo als wirtschaftliches Zwangsmittel der staatlichen Außenpolitik. Das Iran-Embargo und seine Auswirkungen auf den Außenhandel, in: *Recht der Internationalen Wirtschaft*, 1/1981, S. 10–23

Longerich, M., Die SPD als »Friedenspartei« – mehr als nur Wahltaktik? Auswirkungen sozialdemokratischer Traditionen auf die friedenspolitischen Diskussionen 1959–1983, Frankfurt a. M. 1990

Loth, W., Die doppelte Eindämmung. Überlegungen zur Genesis des Kalten Krieges 1945–1947, in: *HZ*, Jg. 238 (1984), S. 611–631

Lucas, N., Western European Energy Policies. A Comparative Study of the Influence of Institutional Structure on Technical Change, Oxford 1985

Ludlow, P., The Making of the EMS: A Case Study of the Politics of the European Community, London 1982

Lutz, F. P., Transatlantische Netzwerke: Eliten in den deutsch-amerikanischen Beziehungen, in: Junker (Hg.), Handbuch Bd. II, S. 665–674
Makins, C., Bringing in the Allies, in: *Foreign Policy*, Vol. 35 (Summer 1979), S. 91–108
Maresca, J., To Helsinki. The Conference on Security and Cooperation in Europa 1973–1975, Durham (NC) 1987
Matthée, V., Die Neutronenwaffe zwischen Bündnis und Innenpolitik. Eine Studie über die Verknüpfung nationaler und allianzinterner Willensbildungsprozesse, Herford und Bonn 1985
Mathiopoulos, M., The American President Seen Through German Eyes – Continuity and Change from the Adenauer to the Kohl Era, in: *Presidential Studies Quarterly*, Vol. XV (1985), No. 4, S. 673–706
Maull, H. W., Die bemäkelte Weltwirtschaftsmacht, in: Bleck/Maull (Hg.), Staat, S. 286–300
May, B., Ein schwieriger Lernprozeß: Die Weltwirtschaftsgipfel, in: Junker (Hg.), Handbuch, Bd. II, S. 381–392
Mazlish, B. / Diamond, E., Jimmy Carter: A Character Portrait, New York 1979
Meier, E.-C., Deutsch-amerikanische Beziehungen und der NATO-Doppelbeschluß. Die Auswirkungen NATO-interner Interessendivergenzen auf die Nuklearpolitik des Bündnisses, 2 Bde., Rheinfelden 1986
Melanson, R. A., American Foreign Policy Since the Vietnam War. The Search for Consensus from Nixon to Clinton, New York 1996
Melloan, G. / Melloan, J., The Carter Economy, New York 1978
Meyer, P., James Earl Carter. The Man and the Myth, Kansas City 1978
Meyer-Renschhausen, M., Das Energieprogramm der Bundesregierung. Ursachen und Probleme staatlicher Planung im Energiesektor der Bundesregierung, Frankfurt a.M. und New York 1981
Morris, K. E., Jimmy Carter. American Moralist, Athens (*GA*) 1996
Moltmann, G., Antiamerikanismus in der Bundesrepublik: Eine Legende, in: *Amerikastudien*, Jg. 31 (1986), S. 363–370
Müller, E.-P., Antiamerikanismus in Deutschland. Zwischen Care-Paket und Cruise Missile, Köln 1986
Muravchik, J., The Uncertain Crusade. Jimmy Carter and the Dilemmas of Human Rights Policy, Washington 1986
Mutz, R., Die Bundesrepublik und MBFR. Bedingungen und Wirkungen der Rolle Bonns bei den Wiener Verhandlungen über Truppen- und Rüstungsreduzierungen in Mitteleuropa, Berlin 1981
Nerlich, U. (Hg.), Beyond Deterrence. New Aims, New Arms, New York 1977
–, Washington und Bonn. Entwicklungsstrukturen im deutsch-amerikanischen Verhältnis, in: Kaiser, K. / Schwarz, H.-P. (Hg.), Amerika und Westeuropa. Gegenwarts- und Zukunftsperspektiven, Stuttgart und Zürich 1977, S. 330–357
Neustadt, R. E., Alliance Politics, New York 1970

– / May E. R., Thinking in Time. The Uses of History for Decision-Making, New York 1986

Nickel, H., The Inside Story of the Dollar Rescue, in: *Fortune*, 4.12.1978, S. 40–44

Niedhart, G., Der alte Freund und der neue Partner: Die Bundesrepublik und die Supermächte, in: Junker (Hg.), Handbuch, Bd. II, S. 46–55

–, Deutsche Außenpolitik: Vom Teilstaat mit begrenzter Souveränität zum postmodernen Nationalstaat, in: *APuZ*, B 1–2/1997, S. 15–23

Niemöller, M. u.a. (Hg.), Die Neutronen-Bombe. Analysen und Stellungnahmen, Köln 1977

Ninkovich, F., Germany and the United States. The Transformation of the German Question Since 1945, Boston 1988

–, The Wilsonian Century. U.S. Foreign Policy Since 1900, Chicago und London 1999

Njölstad, O., The Carter Administration and Italy: Keeping the Communists Out Of Power Without Interfering, in: *Journal of Cold War Studies*, Vol. 4, No. 3 (Summer 2002), S. 56–94

–, Keys of Keys? SALT II and the Breakdown of Détente, in: Westad (Hg.), The Fall of Détente, S. 34–71

–, Peacekeeper and Troublemaker. The Containment Policy of Jimmy Carter, 1977–1978, Oslo 1995

Noelle-Neumann, E. (Hg.), Allensbacher Jahrbuch der Demoskopie 1976, Bd. VI, Wien u.a. 1976

– (Hg.), Allensbacher Jahrbuch der Demoskopie 1976–1977, Bd. VII, Wien u.a. 1977

– / Köcher, R., Die verletzte Nation. Über den Versuch der Deutschen, ihren Charakter zu ändern, Stuttgart 1987

– / Piel, E. (Hg.), Allensbacher Jahrbuch der Demoskopie 1976–1983, Bd. VIII, München u.a. 1983

Notz, A., Die SPD und der NATO-Doppelbeschluß. Abkehr von einer Sicherheitspolitik der Vernunft, Baden-Baden 1990

Obermeyer, U., Das Nein der SPD – Eine neue Ära? SPD und Raketen 1977–1983, Marburg 1985

Orlebeke, C., Saving New York: The Ford Administration and the New York City Fiscal Crisis, in: Firestone/Ugrinsky (Hg.), Ford, S. 359–385

Paes, T., Die Carter-Administration und die Regierung Schmidt: Konsens und Dissens über die Sowjetunion-Politik 1977–1981, Rheinfelden 1991

Peters, I., Vom »Scheinzwerg« zum »Scheinriesen« – deutsche Außenpolitik in der Analyse, in: *Zeitschrift für Internationale Beziehungen*, Jg. 4 (1997), H. 2, S. 361–388

Peters, S., The Germans and the INF Missiles. Getting their Way in NATO's Strategy of Flexible Response, Baden-Baden 1990

Pflüger, F., Die Menschenrechtspolitik der USA, München und Wien 1983

Pittman, A., From Ostpolitik to Reunification: West German – Soviet Political Relations Since 1974, Cambridge 1992
Pohl, R., Ein empirischer Versuch zur Erklärung der Dollarkurstendenz, in: *Schriften des Vereins für Socialpolitik*, NF 172 (1988), S. 61–75
Pulzer, P. Stabilität und Immobilität, in: Bleek/Maull (Hg.), Staat, S. 117–127
Putnam, R. D. / Bayne, N., Weltwirtschaftsgipfel im Wandel, Bonn 1985
– / Henning, C. R., The Bonn Summit of 1978: A Case Study in Coordination, in: Cooper u. a. (Hg.), Can Nations Agree?, S. 12–140
Rebentisch, D., Gipfeldiplomatie und Weltökonomie. Weltwirtschaftliches Krisenmanagement während der Kanzlerschaft Helmut Schmidts, in: *Archiv für Sozialgeschichte*, Bd. 28 (1988), S. 307–332
Risse-Kappen, T., Cooperation among Democracies. The European Influence on U.S. Foreign Policy, Princeton (NJ) 1995
–, Null-Lösung. Entscheidungsprozesse zu den Mittelstreckenwaffen 1970–1987, Frankfurt a. M. und New York 1988
Rochau, L. A. von, Grundsätze der Reapolitik. Angewendet auf die staatlichen Zustände Deutschlands, Hg. von H.-U. Wehler, Frankfurt a. M. u. a. 1972
Rödder, A., Die Bundesrepublik Deutschland 1969–1990, München 2003
Rosati, J. A., The Carter Administration's Quest for Global Community: Beliefs and their Impact on Behaviour, Columbia (SC) 1987
–, The Rise and Fall of America's First Post-Cold War Foreign Policy, in: Rosenbaum/Ugrinsky (Hg.), Carter, S. 35–52
Rosenbach, H., Der Preis der Freiheit. Die deutsch-amerikanischen Verhandlungen über den Devisenausgleich (1961–1967), in: *VfZ*, Jg. 46 (1998), H. 4, S. 709–746
Rosenbaum, H. D. / Ugrinsky, A. (Hg.), Jimmy Carter: Foreign Policy and Post-Presidential Years, Westport (CT) und London 1994
– (Hg.), The Presidency and Domestic Policies of Jimmy Carter, Westport (CT) und London 1994
Rothstein, R. L., Alliances and Small Powers, New York 1968
Rozell, M., Carter Rehabilitated: What Caused the 39th President's Press Transformation?, in: *Presidential Studies Quarterly*, Vol. XXIII, No. 2 (Spring 1993), S. 317–330
Rühl, L., Die Nichtentscheidung über die »Neutronenwaffe«. Ein Beispiel verfehlter Bündnispolitik, in: *EA*, Bd. 34 (1979), H. 5, S. 137–150
–, Mittelstreckenwaffen in Europa: Ihre Bedeutung in Strategie, Rüstungskontrolle und Bündnispolitik, Baden-Baden 1987
Rupieper, H. J., Der besetzte Verbündete. Die amerikanische Deutschlandpolitik 1949–1955, Opladen 1991
Rupp, H. K., Die Bundesrepublik als »Sonderweg« der europäischen Geschichte?, in: *APuZ*, B 39–40/1999, S. 12–20
–, Politische Geschichte der Bundesrepublik Deutschland, 3., völlig überarb., erw. u. aktual. Aufl., München und Wien 2000

Rupps, M. H., Helmut Schmidt. Eine politische Biographie, Stuttgart und Leipzig 2002

–, Helmut Schmidt. Politikverständnis und geistige Grundlagen, Bonn 1997

Rushefsky, M. E., Energy Policy, in: Spanier, J. / Nogee, J. (Hg.), Congress, the Presidency and American Foreign Policy, New York u.a. 1981, S. 161–188

Salinger, P., America Held Hostage. The Secret Negotiations, Garden City, New York 1981

Sarotte, M. E., Dealing with the Devil. East Germany, Détente, and Ostpolitik, 1969–1973, Chapel Hill (NC) und London 2001

Schaal, P., Die Wirtschaftsbeziehungen zwischen den USA und der Bundesrepublik Deutschland, in: *APuZ*, B 13/1983, S. 22–41

Scharpf, F., Sozialdemokratische Krisenpolitik in Europa, 2. Aufl., Frankfurt a.M. 1987

Scharrer, H.-E., Währungspolitische Perspektiven für die Bundesrepublik Deutschland in der Post-Bretton-Woods-Ära, in: *WSI-Mitteilungen*, Nr. 5/1976, S. 298–306

Schertz, A., Die Deutschlandpolitik Kennedys und Johnsons. Unterschiedliche Ansätze innerhalb der amerikanischen Regierungen, Köln u.a. 1992

Schiffer, H.-W., Bedeutung und Funktion der Spotmärkte für die Ölversorgung, in: *Glückauf*, Jg. 117 (1981), H. 1, S. 47 ff

–, Energiemarkt Bundesrepublik Deutschland, Köln 1988

Schlupp, F., Modell Deutschland and the International Division of Labour: The Federal Republic of Germany in the World Political Economy, in: Krippendorff, E. / Rittberger, V. (Hg.), The Foreign Policy of Western Germany. Formation and Contents, London 1980, S. 33–110

Schmidt, M. G., Die Politik des mittleren Weges, in: *APuZ*, B 9–10/1990, S. 23–31

Schmitt, D., West German Energy Policy, in: Kohl, W. L. (Hg.), After the Second Oil Crisis. Energy Policies in Europe, America and Japan, Lexington (MA) 1982, S. 137–157

Schöllgen, G., Die Außenpolitik der Bundesrepublik Deutschland. Von den Anfängen bis zur Gegenwart, München 1999

Schoenbaum, D. / Pond, E., The German Question and Other German Questions, Oxford 1996

Schröder, H.-J., USA und westdeutscher Wiederaufstieg (1945–1952), in: Larres/Oppelland (Hg.), Deutschland, S. 95–118

Schröder, K., Der Weg in die Stagnation. Eine empirische Studie zur Konjunkturentwicklung in der Bundesrepublik von 1967–1982, Opladen 1984

Schröder, M., Wirtschaftssanktionen der Europäischen Gemeinschaften gegenüber Drittstaaten. Dargestellt am Beispiel des Iranembargos, in: German Yearbook of International Law, Bd. 23 (1980), S. 110–125

Schulzinger, R. D., American Diplomacy in the Twentieth Century, 3. Aufl., New York 1994
Schwabe, K., Entspannung und Multipolarität: Die politischen Beziehungen in der zweiten Hälfte des Kalten Krieges 1968–1990, in: Junker (Hg.), Handbuch, Bd. II, S. 11–34
Schwartz, D. N., NATO's Nuclear Dilemmas, Washington 1983
Schwartz, T. A., »No Harder Enterprise«: Politik und Prinzipien in den deutsch-amerikanischen Beziehungen 1945–1968, in: Junker (Hg.), Handbuch, Bd. I, S. 59–81
Schwarz, H.-P., Die außenpolitischen Grundlagen des westdeutschen Staates, in: Ders. / Löwenthal, R. (Hg.), Die zweite Republik. 25 Jahre Bundesrepublik Deutschland – eine Bilanz, Stuttgart 1974, S. 27–63
–, Die Zentralmacht Europas. Deutschlands Rückkehr auf die Weltbühne, Berlin 1994
Schweigler, G., Grundlagen der außenpolitischen Orientierung der Bundesrepublik Deutschland. Rahmenbedingungen, Motive, Einstellungen, Baden-Baden 1985
–, Institutionen, Entscheidungsprozesse und Instrumente der Außenpolitik, in: Adams, W. P. u. a. (Hg.), Länderbericht USA, Bd. II, 2., aktual. u. erw. Aufl., Bonn 1992, S. 3–31
–, Von Kissinger zu Carter. Entspannung im Widerstreit von Innen- und Außenpolitik 1969–1981, München und Wien 1982
Sick, G., All Fall Down. America's Tragic Encounter with Iran, New York 1985
–, October Surprise. America's Hostages in Iran and the Election of Ronald Reagan, New York 1991
Simonian, H., The Privileged Partnership. Franco-German Relations in the European Community 1969–1984, Oxford 1985
Skidmore, D., Carter and the Failure of Foreign Policy Reform, in: *Political Science Quarterly*, Vol. 8 (1993–94), Nr. 4, S. 699–729
Smith, G., Morality, Reason and Power. American Diplomacy in the Carter Years, New York 1986
Smith, R. J., Missile Deployments Roil Europe, in: *Science*, 27.1.1984, S. 371–376
Smith, T., America's Mission. The United States and the Worldwide Struggle for Democracy in the Twentieth Century, Princeton (NJ) 1994
Smyser, W. R., German-American Relations, Washington 1980 (The Washington Papers, Vol. VIII/74)
Soell, H., Fritz Erler. Eine politische Biographie, 2 Bde., Berlin 1976
–, Helmut Schmidt. Vernunft und Leidenschaft, München 2003
–, Wandel durch Annäherung – bei normativer Distanz. Die Bonner Ost- und Deutschlandpolitik in den sechziger und siebziger Jahren im internationalen Rahmen, in: Faulenbach, B. / Meckel M. / Weber, H. (Hg.), Die Partei hat immer recht – Aufarbeitung von Geschichte und Folgen der SED-Diktatur, Essen 1994, S. 138–164

Sontheimer, K., So war Deutschland nie. Anmerkungen zur politischen Kultur der Bundesrepublik, München 1999
Spector, L. S. (with J. R. Smith), Nuclear Ambitions. The Spread of Nuclear Weapons 1989–1990, Boulder (CO) 1990
Spencer, D. S., The Carter Implosion: Jimmy Carter and the Amateur Style of Diplomacy, New York 1988
Staack, M., Großmacht oder Handelsstaat? Deutschlands außenpolitische Grundorientierungen in einem neuen internationalen System, in: *APuZ*, B 12/1998, S. 14–24
Staden, B. v., Deutsche und Amerikaner – Irritationen, in: *Außenpolitik*, Bd. 35 (1984), S. 44–53
Steffahn, H., Helmut Schmidt, Reinbek 1990
Stein, H., Presidential Economics. The Making of Economic Policy from Roosevelt to Reagan and Beyond, New York 1988
Steinhoff, J. / Pommerin, R., Strategiewechsel. Bundesrepublik und Nuklearstrategie in der Ära Adenauer und Kennedy, Baden-Baden 1992
Steitz, M., Oil Decontrol and the Windfall Profits Tax, in: Scheppach, R. C. / Ehrlich, E. M. (Hg.), Energy-Policy Analysis and Congressional Action, Lexington (MA) 1982, S. 77–95
Stent, A., From Embargo To Ostpolitik, Cambridge (MA) 1981
Stern, F., Amerikanisch-deutsche Beziehungen. Ein Bündnis, das normal geworden ist, in: Trommler, F. (Hg.), Amerika und die Deutschen. Bestandsaufnahme einer 300jährigen Geschichte, Opladen 1986, S. 479–490
Stevenson, R. W., The Rise and Fall of Détente. Relations of Tension in U.S. – Soviet Relations 1953–1984, London 1985
Stewart, R., The Age of Interdependence. Economic Policy in a Shrinking World, Boston 1984
Szabo, S., Changing German Images of America, in: Fletcher, W. / Szabo, S. / Sloan, S. (Hg.), United States – German Relations. Past and Present, Washington 1984, S. 10–15
Talbott, S., Endgame. The Inside Story of SALT II, New York 1979
The Nuclear Energy Policy Study Group, Nuclear Power Issues and Choices, Cambridge (MA) 1977
Thiel, E., Die Verknüpfung währungs- und stationierungspolitischer Zielsetzungen in den deutsch-amerikanischen Beziehungen. Vereinbarungen über eine Lastenteilung durch Devisenausgleich für Truppenausgaben, Ebenhausen 1978
Thompson, K. W. (Hg.), The Ford Presidency. Twenty-Two Intimate Perspectives on Gerald R. Ford, Lanham (MD) u.a. 1998
Thränhardt, D., Geschichte der Bundesrepublik Deutschland, Frankfurt a.M. 1986
Tugwell, F., The Energy Crisis and the American Political Economy. Politics and Markets in the Management of Natural Resources, Stanford (CA) 1988

Van Dijk, R., Den Frieden gewinnen. Die USA, Westdeutschland und die Ambivalenzen der doppelten Eindämmung 1945–1950, in: Junker (Hg.), Handbuch, Bd. I, S. 132–142
Vietor, R. H. K., Energy Policy in America Since 1945. A Study of Business-Government Relations, Cambridge (MA) 1984
Vogelsang, S., American Dream, Global Nightmare. The Dilemma of U.S. Human Rights Policy, New York 1980
Vogtmeier, A., Egon Bahr und die deutsche Frage. Zur Entwicklung der sozialdemokratischen Ost- und Deutschlandpolitik vom Kriegsende bis zur Vereinigung, Bonn 1996
Wasserman, S.L., The Neutron Bomb Controversy, New York 1983
Weidenfeld, W., Kühles Kalkül. Die neue Ära der transatlantischen Beziehungen, in: *Internationale Politik*, 6/2001, S. 1–9
Weinberg, G., Germany and the United States: Perspectives and Problems, in: *Amerikastudien*, Bd. 33 (1988), H. 4, S. 459–468
Weingardt, M., Deutsche Israel- und Nahostpolitik. Die Geschichte einer Gratwanderung seit 1949, Frankfurt a.M. und New York 2002
Westad, O. A. (Hg.), The Fall of Détente. Soviet-American Relations during the Carter Years, Oslo 1997
–, The Road to Kabul: Soviet Policy on Afghanistan, 1978–1979, in: Ders. (Hg.), Fall, S. 118–148
Wiegrefe, K., Wider die Politik der Supermächte: Helmut Schmidts Ringen um die Entspannungspolitik 1977–1982, in: Sywottek, A. (Hg.), Der Kalte Krieg – Vorspiel zum Frieden?, Münster und Hamburg 1993, S. 102–127
Wilker, L., Das Brasilien-Geschäft – ein diplomatischer Betriebsunfall?, in: Haftendorn, H. u.a. (Hg.), Verwaltete Außenpolitik. Sicherheits- und entspannungspolitische Entscheidungsprozesse in Bonn, Köln 1978, S. 191–208
Winkler, H. A., Abschied von den Sonderwegen. Die Deutschen vor und nach der Wiedervereinigung, in: –, Streitfragen der deutschen Geschichte. Essays zum 19. und 20. Jahrhundert, München 1997, S. 123–147
–, Der lange Weg nach Westen. Teil 2: Deutsche Geschichte vom »Dritten Reich« bis zur Wiedervereinigung, München 2000
Wonder, E. F., Nuclear Commerce and Nuclear Proliferation: Germany and Brazil 1975, in: *Orbis*, Vol. 21 (Summer 1977), S. 277–306
Yaffe, M. D., Origins of the Tactical Nuclear Weapons Modernization Program: 1969–1979, Dissertation, University of Pennsylvania 1991
Yager, J. A., The Energy Battles of 1979, in: Goodwin, C. D. u.a. (Hg.), Energy Policy in Perspective: Today's Problems, Yesterday's Solutions, Washington 1983, S. 601 ff.
Yergin, D., The Prize. The Epic Quest for Oil, Money, and Power, New York 1991
Zimmer, M., Die deutschen Parteien und die USA, in: Junker (Hg.), Handbuch, Band II, S. 142–151

Personenregister

Propyläen ist ein Verlag der Ullstein Buchverlage GmbH
ISBN 3-549-07250-3

Satz: Pinkuin Satz und Datentechnik, Berlin
Druck und Bindung: Bercker, Graphischer Großbetrieb
GmbH & Co. KG, Kevelaer